S0-BNX-190

3
Auténtico
Pearson
Boston, Massachusetts Chandler, Arizona
Glenview, Illinois New York, New York

Front cover: Carso complex; Mexico City, Mexico

Pearson, 330 Hudson Street, New York, NY 10013.

ISBN-13: 978-0-328-93439-3
ISBN-10: 0-328-93439-9

6 18

3

Auténtico

Go **Online** to practice

PEARSON realize™

PearsonSchool.com/Autentico

AUDIO

VIDEO

WRITING

SPEAK/RECORD

MAPA GLOBAL

AUTÉNTICO

FLASCHARDS

ETEXT 2.0

GAMES

Peggy Palo Boyles
OKLAHOMA CITY, OK

Myriam Met
EDGEWATER, MD

Richard S. Sayers
LONGMONT, CO

Auténtico Authors

Peggy Palo Boyles

During her foreign language career of over forty years, Peggy Palo Boyles has taught elementary, secondary, and university students in both private and public schools. She is currently an independent consultant who provides assistance to schools, districts, universities, state departments of education, and other organizations of foreign language education in the areas of curriculum, assessment, cultural instruction, professional development, and program evaluation. She was a member of the ACTFL Performance Guidelines for the K–12 Learners task force and served as a Senior Editor for the project. She served on the Advisory Committee for the ACTFL Assessment for Performance and Proficiency of Languages (AAPPL). Peggy is a Past-President of the National Association of District Supervisors of Foreign Language (NADSFL) and was a recipient of ACTFL's K–12 Steiner Award for Leadership in K–12 Foreign Language Education.

Myriam Met

For most of her professional life, Myriam (Mimi) Met has worked in the public schools, first as a high school teacher in New York, then as K–12 supervisor of language programs in the Cincinnati Public Schools, and finally as a Coordinator of Foreign Language in Montgomery County (MD) Public Schools. After a long career in the public schools, she joined the National Foreign Language Center, University of Maryland, where she worked on K–12 language policy and infrastructure development. She currently works with schools and school districts as an independent consultant.

Richard S. Sayers

Rich Sayers has been involved in world languages education since 1978. He taught Spanish at Niwot High School in Longmont, CO for 18 years, where he taught levels 1 through AP Spanish. While at Niwot High School, Rich served as department chair, district foreign language coordinator, and board member of the Colorado Congress of Foreign Language Teachers and the Southwest Conference on Language Teaching. In 1991, Rich was selected as one of the Disney Company's Foreign Language Teacher Honorees for the American Teacher Awards. Rich has served as a world languages consultant for Pearson since 1996. He is currently the Vice President of Humanities in Pearson's Sales division.

Contributing Writers

Eduardo Aparicio
Chicago, IL

Daniel J. Bender
New Trier High School, Winnetka, IL

Marie Deer
Bloomington, IN

Leslie M. Grahn
Howard County Public Schools, Ellicott City, MD

Thomasina Hannum
Albuquerque, NM

Nancy S. Hernández
World Languages Supervisor, Simsbury (CT) Public Schools

Patricia J. Kule
Fountain Valley School of Colorado, Colorado Springs, CO

Jacqueline Hall Minet
Upper Montclair, NJ

Alex Paredes
Simi Valley, CA

Martha Singer Semmer
Breckenridge, CO

Dee Dee Drisdale Stafford
Putnam City Schools, Oklahoma City, OK

Christine S. Wells
Cheyenne Mountain Junior High School, Colorado Springs, CO

Michael Werner
University of Chicago, Chicago, IL

Digital Course Realize

AUTÉNTICO includes lots of online resources to help you learn Spanish! You'll find these resources highlighted with technology icons on the pages of your print or online Student Edition.

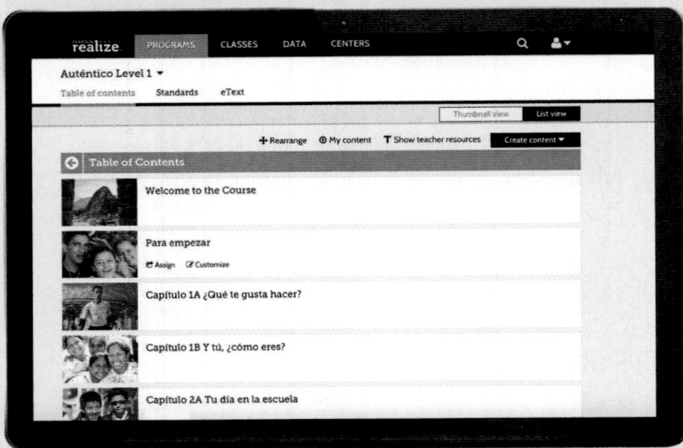

PEARSON realize™

The digital course on Realize!

The program's digital course on Realize puts the Student Edition, workbooks, video, audio, flashcards, games, and more at your fingertips.

Look for these icons in your *Auténtico* textbook or digital course.

AUDIO
Audio to learn and practice vocabulary and pronunciation, and increase your listening skills

VIDEO
Videodocumentario Cultural overviews of each theme

Videohistoria Vocabulary videos with an entertaining storyline to practice listening to new words in an authentic context

Grammar Tutorials Clear explanations of grammar with comparisons to English

WRITING
Practice activities with writing

SPEAK/RECORD
Speak-and-record tool for speaking activities, you can save your recording

MAPA GLOBAL INTERACTIVO
Links to interactive maps for virtual exploration of the Spanish-speaking world. You can download .kmz files from PearsonSchool.com/Autentico and link to sites using Google Earth™ or other geographic information systems.

AUTÉNTICO
Collection of authentic video, audio, and text resources organized by theme

FLASHCARDS
Practice for the new vocabulary

ETEXT 2.0
Complete textbook online

GAMES
Interactive, fun practice and review games such as concentration, crosswords, word search and more

PDF
Video scripts, readings

WORKBOOK
Core and Guided practice activities

Learn Spanish Using Authentic Resources

To become proficient in Spanish, you need to learn to understand and speak it in real-world situations. In *Auténtico*, you will learn about the language and cultures of Spanish-speaking countries as you watch, read, and listen to material created for Spanish speakers.

The ***Auténtico*** pages in your textbook feature strategies that will help you build your language skills and increase your confidence as you watch videos, listen to audio, and read authentic articles and blogs. ▼

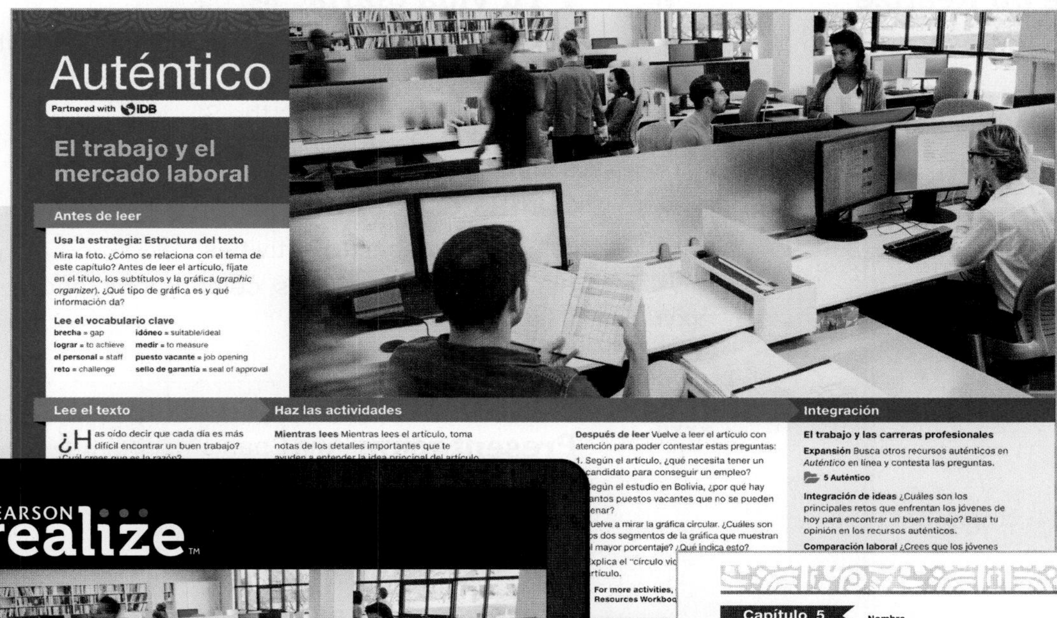

Auténtico

Partnered with IDB

El trabajo y el mercado laboral

Antes de leer

Usa la estrategia: Estructura del texto
Mira la foto. ¿Cómo se relaciona con el tema de este capítulo? Antes de leer el artículo, fíjate en el título, los subtítulos y la gráfica (*graphic organizer*). ¿Qué tipo de gráfica es y qué información da?

Lee el vocabulario clave

brecha = gap	**idóneo** = suitable/ideal
lograr = to achieve	**medir** = to measure
el personal = staff	**puesto vacante** = job opening
reto = challenge	**sello de garantía** = seal of approval

Lee el texto

¿Has oído decir que cada día es más difícil encontrar un buen trabajo?

Haz las actividades

Mientras lees Mientras lees el artículo, toma notas de los detalles importantes que te

Después de leer Vuelve a leer el artículo con atención para poder contestar estas preguntas:

1. Según el artículo, ¿qué necesita tener un candidato para conseguir un empleo?

Integración

El trabajo y las carreras profesionales

Expansión Busca otros recursos auténticos en *Auténtico* en línea y contesta las preguntas.

5 Auténtico

Integración de ideas ¿Cuáles son los principales retos que enfrentan los jóvenes de hoy para encontrar un buen trabajo? Basa tu opinión en los recursos auténticos.

Comparación laboral ¿Crees que los jóvenes

PEARSON realize™

▲ In the the digital course on Realize, you'll find a collection of authentic resources that you can use to improve your understanding of Spanish.

The ***Authentic Resources Workbook*** will prepare and guide you as you watch, listen to, or read the materials. Activities will help you focus your attention on key elements of the video, audio, or text. Post-viewing, post-listening, and post-reading activities check your comprehension. ▶

Capítulo 5 Nombre ________ Fecha ________

Video informativo de **Contáctica**

Cómo buscar empleo

Escucha algunos consejos que te serán muy útiles cuando comiences a buscar trabajo, ya sea a tiempo parcial o a tiempo completo.

Para ver el video, ve a:
> *Auténtico* digital course
> Authentic Resources folder
> Capítulo 5

TEMA *El trabajo*
AP THEME *La vida contemporánea: La educación y las carreras profesionales*

¿De qué maneras la sociedad moderna ayuda a la gente a buscar y encontrar trabajo?

▶ Antes de ver el video

Anticipar ¿Alguna vez has buscado trabajo? ¿Qué pasos tomaste para buscarlo? Escribe tres consejos para encontrar trabajo que crees que te darán en el video.

1. ____________
2. ____________
3. ____________

Vocabulario clave

empleo	job/employment	**herramientas**	tools
trabajos disponibles	available jobs	**próximo empleo**	next job
navegador	browser	**¡éxito!**	good luck!
desempleado	unemployed		

Estrategia para ver: Identificar los cognados Al ver un video que tiene textos escritos, los cognados verdaderos (*true cognates*) te pueden ayudar a entender mejor a la persona que habla. Recuerda que los cognados verdaderos son palabras que se escriben muy parecido en inglés y español y que quieren decir lo mismo, como ***evidente/evident***.

¡Comienza a buscar trabajo!

◀ Hay varias estrategias para buscar trabajo.

Tabla de materias

Getting started with AUTÉNTICO

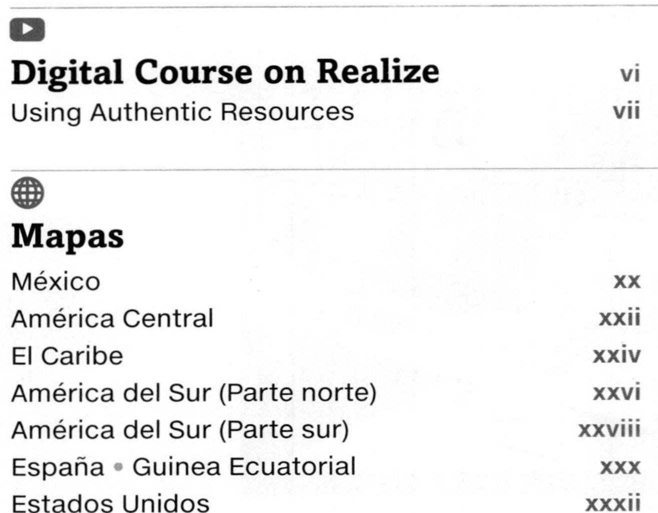

Para empezar

CAPÍTULO 1

Días inolvidables

CAPÍTULO 2

¿Cómo te expresas?

CAPÍTULO 3

¿Qué haces para estar en forma?

CAPÍTULO 4

¿Cómo te llevas con los demás?

CAPÍTULO 5

Trabajo y comunidad

CAPÍTULO 6

¿Qué nos traerá el futuro?

CAPÍTULO 7

¿Mito o realidad?

CAPÍTULO 8

Encuentro entre culturas

CAPÍTULO 9

Cuidemos nuestro planeta

CAPÍTULO 10

¿Cuáles son tus derechos y deberes?

México

Celebración del equinoccio de primavera, Teotihuacán, México

México

Capital México, D.F.

Población 121.7 millones

Área 758,449 mi cuadradas / 1,964,375 km cuadrados

Idiomas español (idioma oficial), náhuatl, varios idiomas mayas y de otros grupos indígenas

Gobierno república federal

Moneda peso mexicano

Exportaciones productos manufacturados, petróleo y sus derivados, plata, café, algodón, frutas, verduras

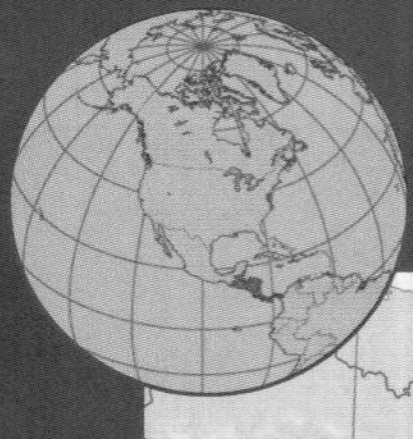

América Central

MÉXICO
Parque Nacional Tikal
Lago Petén Itzá
BELICE
Golfo de Honduras
Lago de Izabal
GUATEMALA
Quetzaltenango
Ciudad de Guatemala
Antigua
Copán
San Pedro Sula
HONDURAS
Santa Rosa de Copán
Cerro El Pital
Volcán de Santa Ana
Santa Ana
San Salvador
La Libertad
Santa Rosa de Lima
Tegucigalpa
EL SALVADOR
Golfo de Fonseca
CORDILLERA ISABELIA
CORDILLERA CHONTALEÑA
Lago de Managua
NICARAGUA
Managua
Masaya
Granada
Lago de Nicaragua
Los Chiles
COSTA RICA
Puerto Limón
San José
Golfo de Nicoya
OCÉANO PACÍFICO
Golfo Dulce
Mar Caribe
JAMAICA
Canal de Panamá
Colón
Ciudad de Panamá
PANAMÁ
Golfo de Panamá
Parque Nacional Darién
COLOMBIA
92° O
88° O
84° O
80° O
16° N
12° N
8° N

LEYENDA
Elevación
Metros Pies
3,000 9,840
2,000 6,560
1,000 3,280
500 1,640
200 656
Frontera nacional
Capital
Ciudad
Volcán o montaña
Zona arqueológica
0 100 Millas
0 100 Kilómetros
Proyección azimutal equivalente de Lambert

Guatemala

Capital Ciudad de Guatemala

Población 14.9 millones

Área 42,042 mi cuadradas / 108,889 km cuadrados

Idiomas español (idioma oficial), quiché y otros idiomas indígenas

Gobierno república democrática constitucional

Moneda quetzal, dólar

Exportaciones café, azúcar, petróleo, ropa, textiles, plátano

El Salvador

Capital San Salvador

Población 6.1 millones

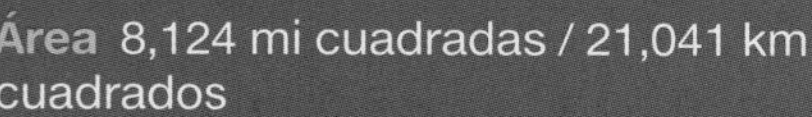

Área 8,124 mi cuadradas / 21,041 km cuadrados

Idiomas español (idioma oficial), nahua

Gobierno república

Moneda dólar

Exportaciones elaboración de productos con materiales fabricados en el extranjero, café, azúcar, textiles, productos químicos

Honduras

Capital Tegucigalpa

Población 8.7 millones

Área 43,278 mi cuadradas / 112,090 km cuadrados

Idiomas español (idioma oficial), idiomas indígenas

Gobierno república democrática constitucional

Moneda lempira

Exportaciones café, plátano, camarón, langosta, ropa, oro, madera

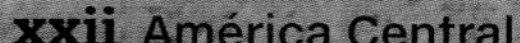

Go **Online** to practice PEARSON realize. PearsonSchool.com/Autentico

MAPA GLOBAL

Ruinas mayas, Tikal, Guatemala

Nicaragua

Capital Managua

Población 5.9 millones

Área 50,336 mi cuadradas / 130,370 km cuadrados

Idiomas español (idioma oficial), inglés, miskito y otros idiomas indígenas

Gobierno república

Moneda córdoba

Exportaciones café, camarón, langosta, algodón, tabaco, carne, azúcar, oro

Costa Rica

Capital San José

Población 4.8 millones

Área 19,730 mi cuadradas / 51,100 km cuadrados

Idiomas español (idioma oficial) e inglés

Gobierno república democrática

Moneda colón

Exportaciones café, plátano, azúcar, piña, componentes electrónicos

Panamá

Capital Ciudad de Panamá

Población 3.7 millones

Área 29,120 mi cuadradas / 75,420 km cuadrados

Idiomas español (idioma oficial), idiomas indígenas

Gobierno democracia constitucional

Moneda balboa, dólar

Exportaciones fruta, fruto seco, pescado, sobrante de hierro y acero, madera

El Caribe

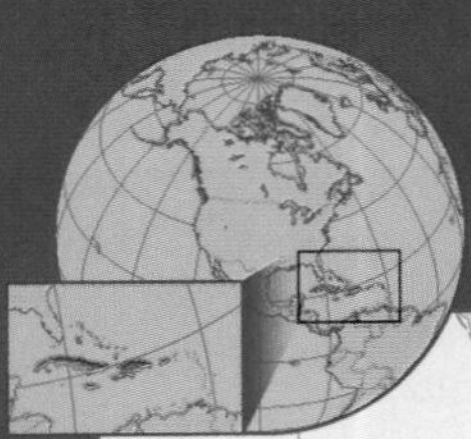

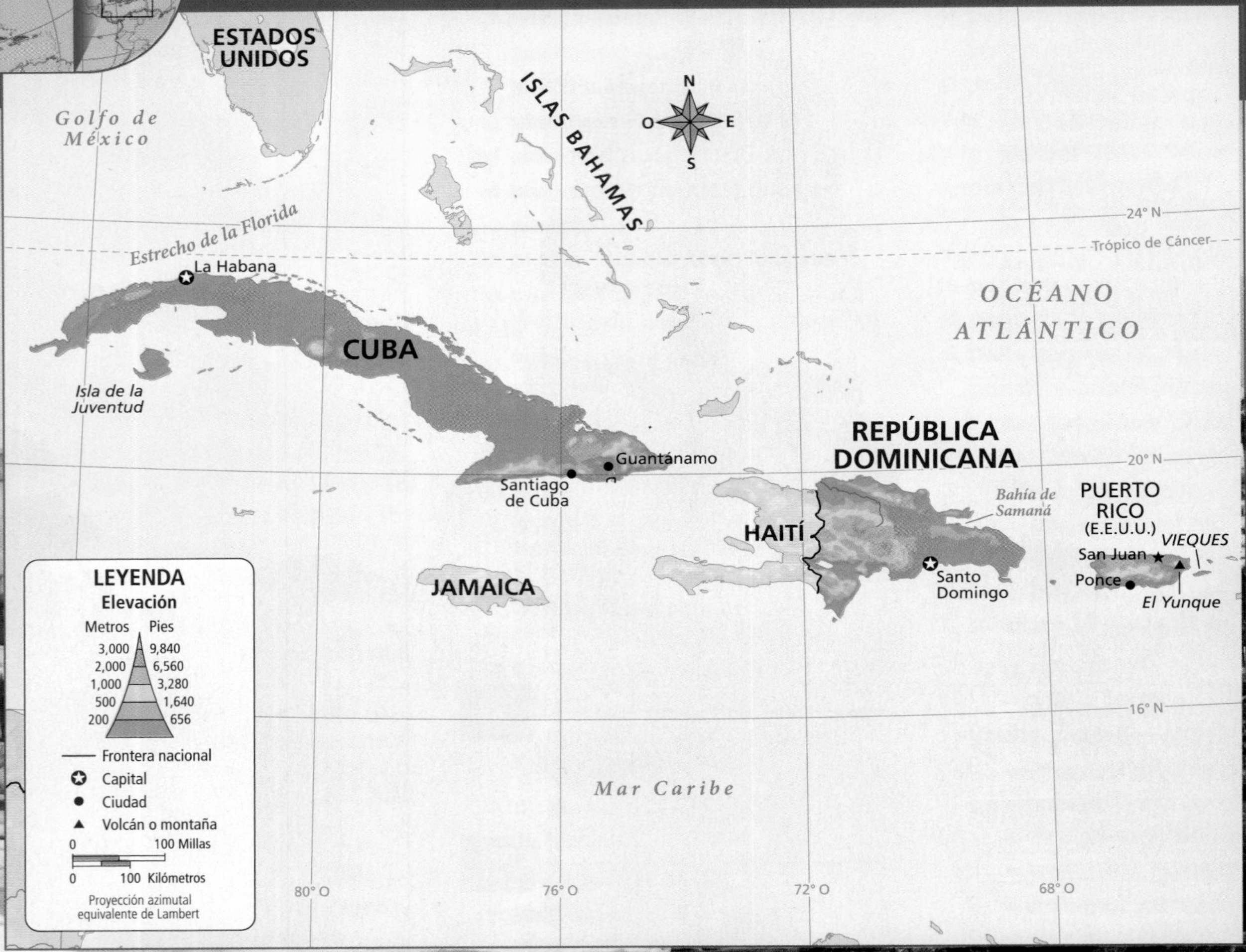

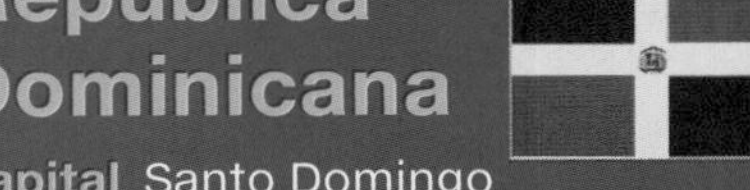

Cuba

Capital La Habana

Población 11 millones

Área 42,803 mi cuadradas / 110,860 km cuadrados

Idiomas español (idioma oficial)

Gobierno estado comunista

Moneda peso cubano

Exportaciones azúcar, níquel, tabaco, mariscos, productos médicos, cítricos, café

República Dominicana

Capital Santo Domingo

Población 10.5 millones

Área 18,792 mi cuadradas / 48,670 km cuadrados

Idiomas español (idioma oficial)

Gobierno república democrática

Moneda peso dominicano

Exportaciones azúcar, oro, plata, cacao, tabaco, carne

Puerto Rico

Capital San Juan

Población 3.6 millones

Área 5,325 mi cuadradas / 13,791 km cuadrados

Idiomas español e inglés (idiomas oficiales)

Gobierno estado libre asociado de Estados Unidos

Moneda dólar estadounidense

Exportaciones productos químicos, productos electrónicos, ropa, atún enlatado, concentrados de bebidas

Go **Online** to practice
PEARSON realize

PearsonSchool.com/Autentico

MAPA GLOBAL

Fortaleza El Morro,
San Juan, Puerto Rico

América del Sur (PARTE NORTE)

Colombia

Capital Bogotá

Población 46.7 millones

Área 439,736 mi cuadradas / 1,138,910 km cuadrados

Idiomas español (idioma oficial)

Gobierno república

Moneda peso colombiano

Exportaciones petróleo, carbón, café, esmeraldas, plátano, flores, níquel

Ecuador

Capital Quito

Población 15.9 millones

Área 109,483 mi cuadradas / 283,561 km cuadrados

Idiomas español (idioma oficial), quechua y otros idiomas indígenas

Gobierno república

Moneda dólar

Exportaciones petróleo, plátano, flores, camarón, cacao, café, madera

Go **Online** to practice
PEARSON realize

PearsonSchool.com/Autentico

MAPA GLOBAL

Música folklórica, Sicuani, Perú

Perú

Capital Lima

Población 30.4 millones

Área 496,225 mi cuadradas / 1,285,216 km cuadrados

Idiomas español, quechua, aymara (idiomas oficiales) y otros idiomas indígenas

Gobierno república constitucional

Moneda nuevo sol

Exportaciones oro, cinc, cobre, pescado y productos de pescado

Venezuela

Capital Caracas

Población 29.3 millones

Área 352,144 mi cuadradas / 912,050 km cuadrados

Idiomas español (idioma oficial), idiomas indígenas

Gobierno república federal

Moneda bolívar fuerte

Exportaciones petróleo y productos de petróleo, aluminio, mineral, productos químicos

Bolivia

Capitales La Paz, Sucre

Población 10.8 millones

Área 424,164 mi cuadradas / 1,098,581 km cuadrados

Idiomas español, quechua, aymara, guaraní (idiomas oficiales) y otros idiomas

Gobierno república (estado unitario social)

Moneda boliviano

Exportaciones soja y productos de soja, gas natural, estaño, oro

América del Sur (PARTE SUR)

Mar Caribe
N
O
E
S
VENEZUELA
COLOMBIA
Ecuador
ECUADOR
0°
BRASIL
PERÚ
OCÉANO PACÍFICO
BOLIVIA
ALTIPLANO
CORDILLERA DE LOS ANDES
Río Paraguay
GRAN CHACO
PARAGUAY
20° S
Asunción
Cataratas del Iguazú
Trópico de Capricornio
CHILE
Río Paraná
ARGENTINA
URUGUAY
Rosario
Viña del Mar
Valparaíso
Santiago
Cerro Aconcagua
Buenos Aires
Montevideo
Punta del Este
PAMPAS
Río de la Plata
Mar del Plata
OCÉANO ATLÁNTICO
40° S
PATAGONIA
Cerro de San Valentín
Torres del Paine
Estrecho de Magallanes
TIERRA DEL FUEGO
Cabo de Hornos

LEYENDA

Elevación

Metros	Pies
3,000	9,840
2,000	6,560
1,000	3,280
500	1,640
200	656

Frontera nacional
Capital
Ciudad
Volcán o montaña
0 400 Millas
0 400 Kilómetros
Proyección azimutal equivalente de Lambert

Chile

Capital Santiago

Población 17.5 millones

Área 291,933 mi cuadradas / 756,102 km cuadrados

Idiomas español (idioma oficial), inglés e idiomas indígenas

Gobierno república

Moneda peso chileno

Exportaciones cobre, pescado, fruta, papel y pulpa, productos químicos, vino

Go **Online** to practice

PEARSON realize

PearsonSchool.com/Autentico

MAPA GLOBAL

Esquiar en las montañas, Chile

Paraguay

Capital Asunción

Población 6.8 millones

Área 157,048 mi cuadradas / 406,752 km cuadrados

Idiomas español y guaraní (idiomas oficiales)

Gobierno república constitucional

Moneda guaraní

Exportaciones soja, algodón, carne, aceite comestible, madera, cuero

Argentina

Capital Buenos Aires

Población 43.4 millones

Área 1,073,518 mi cuadradas / 2,780,400 km cuadrados

Idiomas español (idioma oficial), inglés, francés, italiano, alemán e idiomas indígenas

Gobierno república

Moneda peso argentino

Exportaciones soja y productos de soja, petróleo, gas, vehículos

Uruguay

Capital Montevideo

Población 3.3 millones

Área 68,037 mi cuadradas / 176,215 km cuadrados

Idiomas español (idioma oficial), portuñol/brasilero

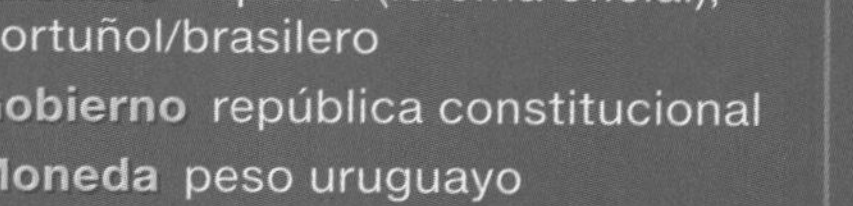

Gobierno república constitucional

Moneda peso uruguayo

Exportaciones carne, celulosa, soja, arroz, trigo, madera, productos lácteos, lana

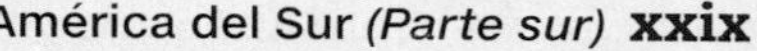

España
Guinea Ecuatorial

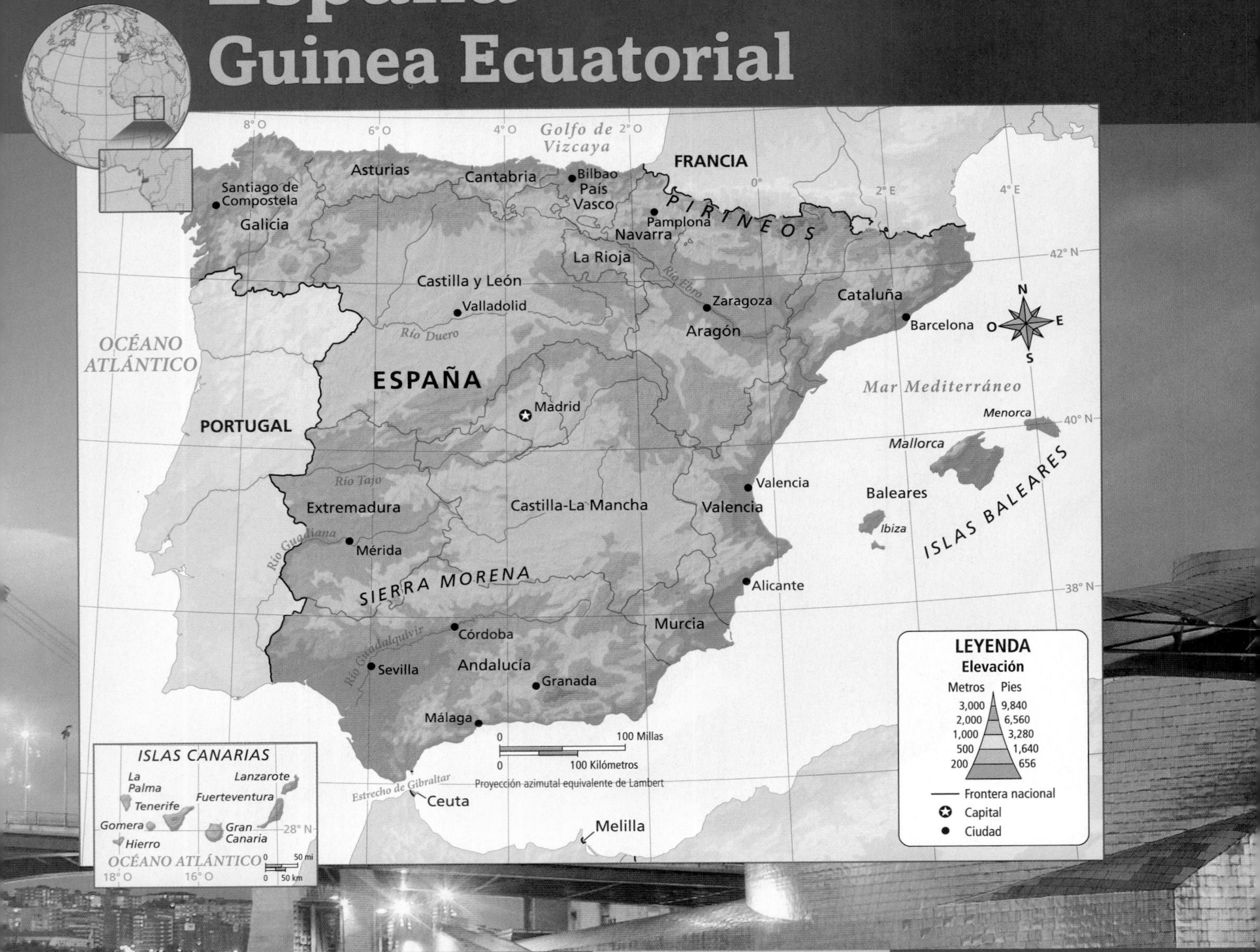

8° O
6° O
4° O
2° O
Golfo de Vizcaya
FRANCIA
0°
2° E
4° E
42° N
40° N
38° N
Asturias
Cantabria
Bilbao
País Vasco
Santiago de Compostela
Galicia
Pamplona
Navarra
PIRINEOS
La Rioja
Castilla y León
Valladolid
Río Duero
Río Ebro
Zaragoza
Aragón
Cataluña
Barcelona
N
O
E
S
OCÉANO ATLÁNTICO
ESPAÑA
PORTUGAL
Madrid
Mar Mediterráneo
Menorca
Mallorca
Río Tajo
Extremadura
Castilla-La Mancha
Valencia
Valencia
Baleares
Ibiza
ISLAS BALEARES
Río Guadiana
Mérida
SIERRA MORENA
Alicante
Córdoba
Murcia
Río Guadalquivir
Sevilla
Andalucía
Granada
Málaga
0 100 Millas
0 100 Kilómetros
Proyección azimutal equivalente de Lambert
Estrecho de Gibraltar
Ceuta
Melilla

ISLAS CANARIAS
La Palma
Lanzarote
Tenerife
Fuerteventura
Gomera
Gran Canaria
Hierro
28° N
OCÉANO ATLÁNTICO
18° O
16° O
0 50 mi
0 50 km

LEYENDA
Elevación
Metros Pies
3,000 9,840
2,000 6,560
1,000 3,280
500 1,640
200 656
Frontera nacional
Capital
Ciudad

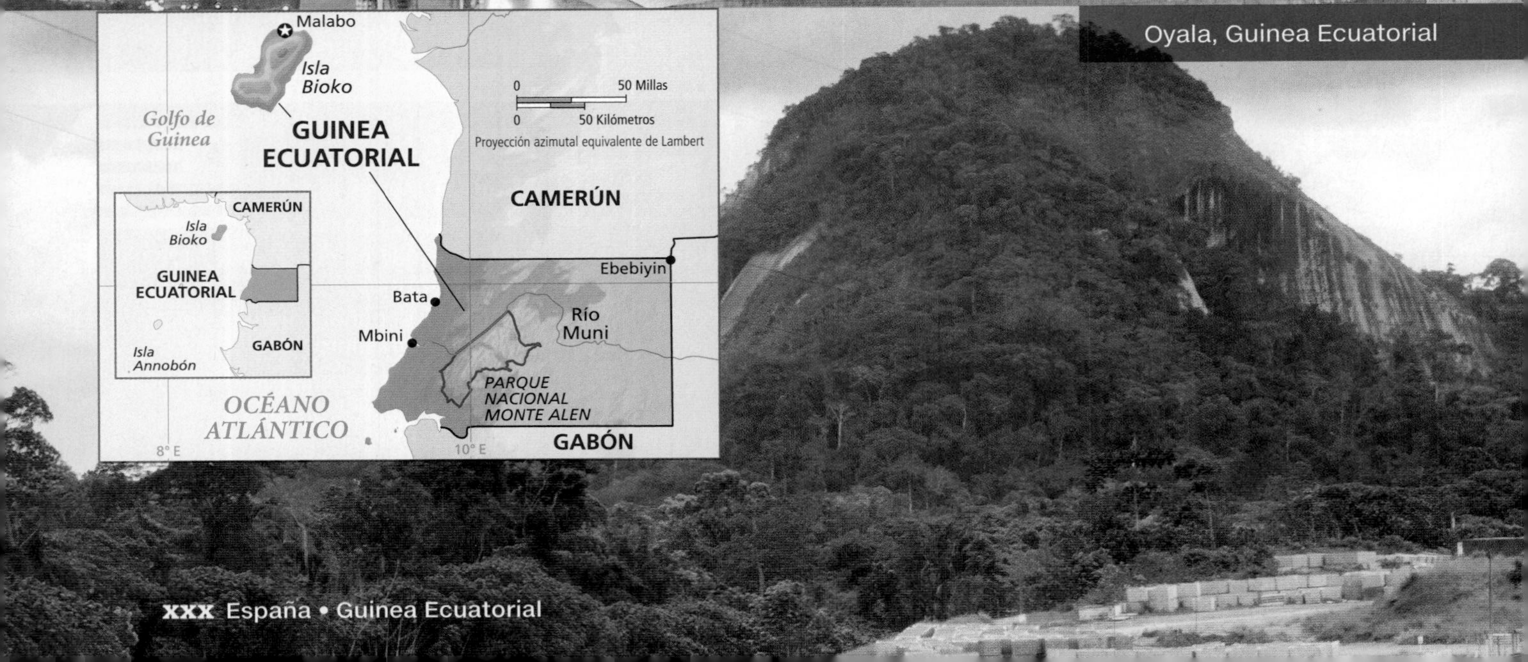

Oyala, Guinea Ecuatorial

Go **Online** to practice
PEARSON realize
PearsonSchool.com/Autentico
MAPA GLOBAL

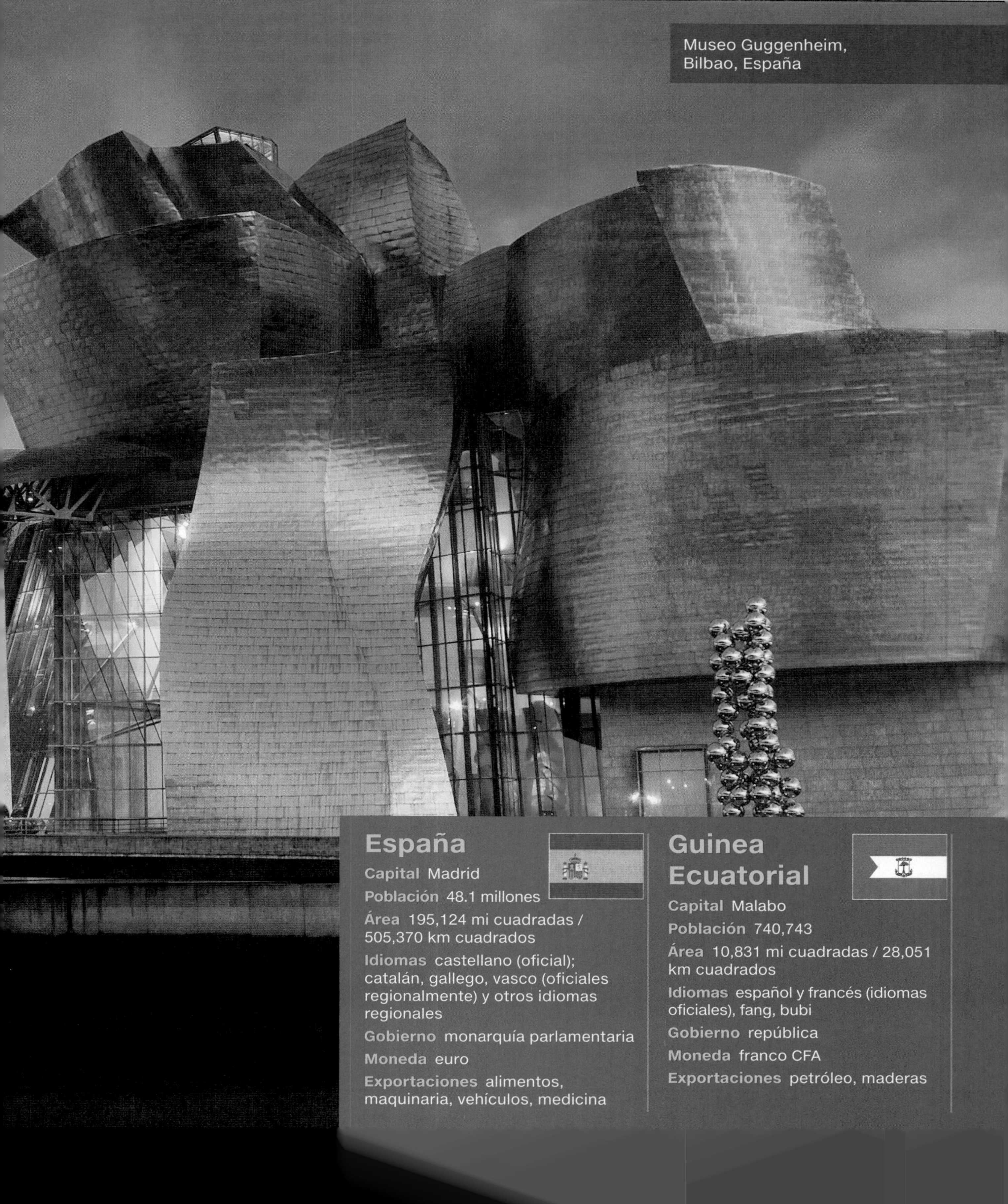

Museo Guggenheim, Bilbao, España

España

Capital Madrid

Población 48.1 millones

Área 195,124 mi cuadradas / 505,370 km cuadrados

Idiomas castellano (oficial); catalán, gallego, vasco (oficiales regionalmente) y otros idiomas regionales

Gobierno monarquía parlamentaria

Moneda euro

Exportaciones alimentos, maquinaria, vehículos, medicina

Guinea Ecuatorial

Capital Malabo

Población 740,743

Área 10,831 mi cuadradas / 28,051 km cuadrados

Idiomas español y francés (idiomas oficiales), fang, bubi

Gobierno república

Moneda franco CFA

Exportaciones petróleo, maderas

Estados Unidos

San Antonio Riverwalk, Texas

Estados Unidos

Capital Washington, D.C.

Población 321.4 millones

Área 3,796,742 mi cuadradas / 9,833,517 km cuadrados

Idiomas inglés, español, idiomas indígenas, idiomas asiáticas y del Pacífico Sur, otros idiomas

Gobierno república federal

Moneda dólar estadounidense

Exportaciones vehículos automotores, medicinas, equipos de telecomunicaciones, equipos electrónicos, productos químicos, soja, fruta, maíz

Para empezar

CHAPTER OBJECTIVES

Communication

By the end of *Para empezar* you will be able to

- Talk about your daily life
- Write about leisure and after-school activities

You will demonstrate what you know and can do

- Presentación oral: Mi vida
- Presentación escrita: Actividades en mi comunidad

You will also learn to:

1 Tu vida diaria

- Talk about school and non-school daily activities
- Describe your day before and after school

2 Días especiales

- Talk about weekend activities
- Discuss special events, celebrations, and vacations

ARTE y CULTURA España

Vida diaria de los jóvenes ¿Qué cosas son importantes para los jóvenes de España? Según una encuesta *(survey)*, para los jóvenes españoles son importantes los amigos, la familia, la salud, la libertad[1], las cosas que tienen, el tiempo libre, los estudios, la situación económica y el trabajo. ¿Qué hacen en su tiempo libre? Los días de semana practican deportes, estudian instrumentos musicales o idiomas, escuchan música, ven la televisión o usan la computadora. Los fines de semana salen con sus amigos, van al cine o a bailar.

▸ ¿En qué te pareces y en qué te diferencias de los jóvenes que respondieron a la encuesta?

[1]freedom

Go **Online** to practice

PEARSON **realize**

PearsonSchool.com/Autentico

AUDIO

VIDEO

WRITING

SPEAK/RECORD

MAPA GLOBAL

FLASCHARDS

ETEXT 2.0

GAMES

Un grupo de chicas juega al fútbol en Cuzco, Perú.

1 Tu vida diaria

OBJECTIVES

- Talk and write about your daily routine
- Discuss school and extracurricular activities

¿Cómo pasan los días los jóvenes?

ROSA

"Durante la semana trabajo de las 3 a las 6 en el supermercado y por la noche tengo que estudiar. Me gusta poner música cuando hago la tarea para la escuela. Los fines de semana mi novio y yo vamos al parque para jugar con el perro. En el invierno nos gusta pasar tiempo en el gimnasio. Tienen una piscina excelente."

"Juego al fútbol en el otoño y al béisbol en la primavera, así que tengo práctica todos los días. Por la noche tengo que hacer la tarea y ayudar a mi hermano con las matemáticas. Los fines de semana salgo con mis amigos a jugar deportes o vamos al centro comunitario para jugar a los videojuegos."

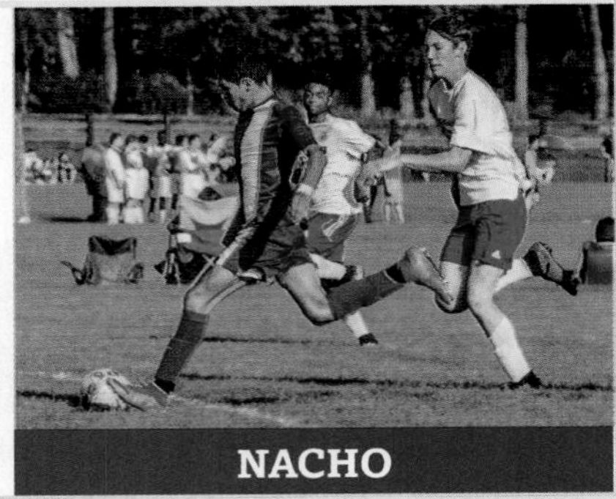

NACHO

1

¿Qué hacen?

LEER, HABLAR EN PAREJA Contesta las preguntas sobre los blogs de los jóvenes.

1. ¿Cuántas horas trabaja Rosa y dónde?
2. ¿Adónde va para jugar con el perro y con quién?
3. ¿Qué deportes juega Nacho?
4. ¿Qué hace Nacho por la noche?
5. ¿Con qué elementos de la vida de Nacho y Rosa te identificas?

2

Tu vida diaria

ESCRIBIR ¿Qué haces durante el día? Completa las frases con lo que haces en un día típico.

1. Voy . . .
2. Hago . . .
3. Tomo . . .
4. Juego . . .
5. Pongo . . .
6. Salgo . . .
7. Miro . . .
8. Ayudo . . .
9. Estudio . . .
10. Escucho . . .

Gramática Repaso

Go **Online** to practice
PEARSON realize™

PearsonSchool.com/Autentico

AUDIO

VIDEO

WRITING

SPEAK/RECORD

Verbos irregulares

Remember that some verbs in Spanish are irregular in the first person singular of the present tense. Look at the following examples. Note that other verbs you know that are conjugated like *conocer* are *obedecer, ofrecer,* and *parecer*.

conocer	cono**zco**	poner	pon**go**	traer	trai**go**
dar	**doy**	saber	**sé**	ver	**veo**
hacer	ha**go**	salir	sal**go**	caer	cai**go**

Also, there are some verbs in Spanish that are irregular in all the persons of the present tense:

ser

soy	**somos**
eres	**sois**
es	**son**

ir

voy	**vamos**
vas	**vais**
va	**van**

decir

digo	**decimos**
dices	**decís**
dice	**dicen**

estar

estoy	**estamos**
estás	**estáis**
está	**están**

oír

oigo	**oímos**
oyes	**oís**
oye	**oyen**

tener

tengo	**tenemos**
tienes	**tenéis**
tiene	**tienen**

Más recursos ONLINE

Tutorials: *-er* verbs, *-ir* verbs, Stem-endings

3

¿Qué haces tú?

HABLAR EN PAREJA No todas las personas hacen las mismas actividades durante el día. Trabaja con otro(a) estudiante para hablar sobre las actividades que hacen usando los verbos del recuadro. Usen *¿qué?, ¿cómo?, ¿cuándo?, ¿dónde?, ¿para qué?, ¿a qué hora?,* y *¿por qué?* para hacer las preguntas.

Videomodelo

A —*¿A qué hora* ***desayunas****?*
B —*Yo* ***desayuno*** *a las ocho de la mañana.*

comer	ir de compras	ir a la escuela
estudiar	hacer la tarea	llegar
ir al gimnasio	hacer/practicar un deporte	tomar (lecciones)
ver la tele	hablar por teléfono	navegar en la Red
salir de paseo	tomar el desayuno	

4

Elena y su familia

LEER, ESCUCHAR

1. Lee la siguiente descripción de Elena de los quehaceres que hace cada miembro de su familia.

En mi familia todos ayudamos con los quehaceres de la casa. Cada uno de nosotros tiene una tarea específica.

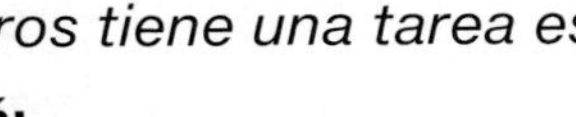

Mamá:
- *preparar el almuerzo*
- *limpiar la cocina y el baño*
- *lavar la ropa*

Yo:
- *arreglar mi cuarto*
- *dar de comer al perro*
- *poner la mesa*

Papá:
- *hacer el desayuno*
- *cortar el césped*
- *lavar el coche*

Mi hermano mayor:
- *preparar la cena*
- *arreglar su cuarto y hacer la cama*
- *pasar la aspiradora*

Como todos ayudamos con los quehaceres, las tareas se hacen más rápido y tenemos más tiempo libre.

2. Escribe los números del 1 al 6 en una hoja. Escucha las frases y escribe *C* si la frase es cierta y *F* si es falsa.

5

En tu familia

ESCRIBIR, HABLAR EN PAREJA

1. Escribe una breve descripción sobre quiénes hacen los quehaceres en tu casa y qué hace cada uno. Escribe la información en forma de frase.

2. Trabaja con un(a) compañero(a) para comparar las descripciones que escribieron. Decidan qué actividades tienen en común y por qué.

6

Tu actividad favorita

ESCRIBIR, HABLAR EN GRUPO

1. Describe cuál es tu actividad favorita. No digas qué es. Usa oraciones conectadas con detalles y elaboradas.

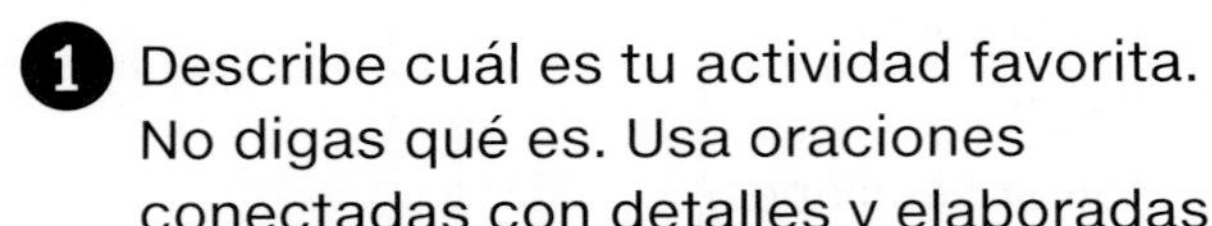

Modelo
Leo mis libros. Escribo muchas cosas.

2. En grupo, cada uno(a) lee su descripción. El resto debe adivinar de qué actividad se trata.

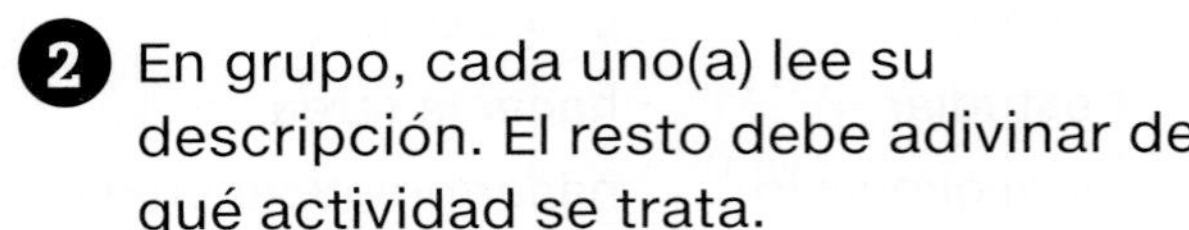

Modelo
Tu actividad favorita es hacer la tarea.

Gramática Repaso

Go **Online** to practice PEARSON realize PearsonSchool.com/Autentico

AUDIO

VIDEO

WRITING

Presente de los verbos con cambios de raíz

Remember that in Spanish there are three groups of stem-changing verbs. The stem change occurs in all forms except the *nosotros(as)* and *vosotros(as)* forms. Here are the present-tense forms of *perder (ie), poder (ue)* and *pedir (i)*.

perder (e → ie)

p**ie**rdo	perdemos
p**ie**rdes	perdéis
p**ie**rde	p**ie**rden

Other verbs like *perder* are: *empezar, querer, preferir, pensar, divertirse, despertarse, sentirse, mentir, cerrar, comenzar, entender.*

poder (o → ue)

p**ue**do	podemos
p**ue**des	podéis
p**ue**de	p**ue**den

Other verbs like *poder* are: *jugar (u → ue), contar, costar, encontrar, recordar, volar, dormir, volver, devolver, acostarse, almorzar.*

pedir (e → i)

p**i**do	pedimos
p**i**des	pedís
p**i**de	p**i**den

Other verbs like *pedir* are *servir, repetir, reír, sonreír, seguir, vestirse.*

Más recursos ONLINE

 **Tutorial:** Conjugation of stem-changing verbs

7

Vida deportiva

LEER , ESCRIBIR Lee lo que escribió Carmen sobre su equipo de fútbol Completa el párrafo con la forma correcta del verbo apropiado en el presente.

Después de la escuela yo __1.__ (*preferir / dormir*) ir al club para jugar al fútbol. Mis compañeras y yo __2.__ (*recordar / jugar*) bastante bien pero nuestra entrenadora __3.__ (*poder / pensar*) que el equipo rival __4.__ (*empezar / jugar*) mejor. A veces nosotras __5.__ (*perder / servir*) un partido, pero cuando nuestro equipo __6.__ (*poder / comenzar*) meter un gol es fabuloso.

8

Actividades de la semana

ESCRIBIR Haz planes con otro(a) estudiante por texto. Usa los verbos del recuadro.

Modelo

A —¿Qué quieres hacer después de la escuela? ¿Vamos al cine?
B —No puedo. Tengo que estudiar.

servir	perder
dormir	sentirse
querer	jugar
poder	preferir

9 Roberto y Lucas

LEER, ESCRIBIR

1. Imagina que conoces a dos hermanos muy diferentes entre sí *(from each other)*. Observa las fotos y lee el texto.

   Roberto y Lucas son hermanos. Ellos son muy diferentes entre sí. Los fines de semana, Roberto duerme hasta las siete de la mañana. A las ocho, juega al fútbol con sus amigos y a las diez vuelve a casa. Lucas prefiere levantarse tarde. No entiende cómo su hermano puede levantarse temprano. A Lucas le gusta tocar la guitarra. Sonríe mucho cuando escucha música, porque le encanta. Cuando Lucas toca la guitarra muy alto *(loudly)*, Roberto se vuelve loco. Lucas se vuelve loco cuando Roberto enciende la luz y lo despierta.

2. ¿Te pareces más a Roberto o a Lucas? Indica con una *X* quién hace cada una de estas actividades y si tú también las haces. Luego, escribe un párrafo comparándote a ti mismo con Roberto y Lucas.

   Modelo

   Lucas y yo preferimos escuchar música que hacer deportes.

Actividad	Roberto	Lucas	Yo
jugar al fútbol			
tocar la guitarra			
sonreír al escuchar música			
preferir levantarse tarde			
encender la luz temprano			

10 ¿Y qué haces tú?

ESCRIBIR Imagina que estás en una reunión de amigos y comienzan a hablar de lo que hacen. Escribe frases usando las palabras de las tres columnas.

Modelo

yo / cortarse / el pelo

Yo me corto el pelo todos los meses.

A	B	C
yo tú Carlos nosotros ustedes mis amigos	ayudar correr desayunar hacer salir tomar	autobús de paseo en el parque quehaceres tarea de la escuela temprano / tarde

Gramática Repaso

Go **Online** to practice PEARSON realize

PearsonSchool.com/Autentico

WRITING

Los verbos reflexivos

To say that people do something to or for themselves, you use reflexive verbs. A reflexive verb has two parts: a reflexive pronoun *(me, te, se, nos, os)* and a verb form. Here are all the present-tense forms of *levantarse*:

me levanto	**nos** levantamos
te levantas	**os** levantáis
se levanta	**se** levantan

Many reflexive verbs in Spanish describe daily routine actions:

acostarse (ue), afeitarse, arreglarse, bañarse, cepillarse, despertarse (ie), ducharse, lavarse, pintarse, ponerse, secarse, vestirse (i).

Except for *se,* the reflexive pronouns are the same as the indirect object pronouns. They usually come before the verb, but they may also be attached to an infinitive.

Me lavo la cara.

Voy a **lavarme** la cara.

Remember that with reflexive verbs, you usually use the definite article with parts of the body or articles of clothing.

Me pongo **la** chaqueta.

Me cepillo **los** dientes.

Más recursos ONLINE

Tutorial: Reflexive pronoun forms

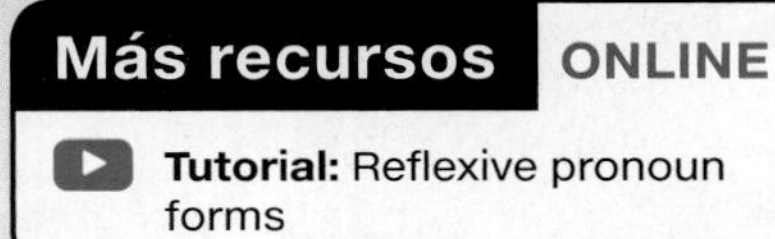

11 Lo opuesto a ti

ESCRIBIR Imagina que tienes hermanos(as) muy diferentes a ti. Lo que a ti te gusta hacer, a ellos(as) no. Escribe frases comparándose.

Modelo

secarse el pelo

Mi hermana no se seca el pelo antes de salir de la casa pero yo sí.

1. lavarse la cara
2. cepillarse los dientes
3. vestirse con ropa moderna
4. cortarse el pelo todos los meses
5. despertarse
6. acostarse

12 A las 7:00 . . .

ESCRIBIR Describe lo que haces cada mañana desde que abres los ojos hasta que sales para ir a la escuela.

Modelo

7:00: Me despierto. 7:05: Me levanto de la cama.

2 Días especiales

OBJECTIVES

- Write and talk about special events and activities
- Exchange information about favorite movies, TV programs, and sports
- Write about and discuss vacations

Todos los años, la revista *Familia* hace una encuesta. A continuación aparecen algunas de las respuestas más interesantes a la encuesta "¿Cuál es tu día de fiesta favorito?".

MARGARITA

Mi día de fiesta favorito es el día de mi cumpleaños. Siempre hacemos una fiesta. Mis padres y yo decoramos la casa con globos y luces. Mi mamá siempre me prepara un pastel. Pero lo mejor es que todos mis amigos vienen y traen música y nos pasamos la noche bailando.

LAURA

Lo que más me gustan son las fiestas especiales, como las quinceañeras y las bodas. Me gustan porque puedo charlar con mis amigos y bailar. Además me encanta arreglarme para las fiestas. Con mis amigas siempre nos reunimos en una de las casas para prepararnos e ir juntas.

MANUEL

Mi día preferido es el día que la familia entera se reúne para celebrar algún evento importante, como una boda o una graduación. La abuela prepara una gran cena pero todos ayudamos con algo. Yo tengo la tarea de cuidar a mis primos y hermanos más pequeños.

13

Los días de fiesta

LEER, ESCRIBIR Contesta las preguntas sobre los jóvenes de la encuesta.

1. ¿Cuál es el día favorito de Margarita? ¿Y el de Manuel?
2. ¿Por qué se reúnen Manuel y sus parientes?
3. ¿Cómo se arregla Laura para las fiestas especiales?
4. ¿Qué es lo mejor para Margarita?
5. ¿Qué tarea tiene Manuel en las fiestas?
6. ¿En qué se parecen los días favoritos de Margarita y Laura?

14

Actividades de una joven

LEER, ESCRIBIR, HABLAR EN GRUPO

1. Lucía participa en una encuesta. Lee la siguiente gráfica que indica cuántas veces Lucía realiza cada actividad.

Actividad	1 a 3 veces por semana	1 vez al mes	1 a 3 veces al año	Nunca
ir a bailar		*X*		
practicar deportes	*X*			
ir al cine		*X*		
ver la televisión	*X*			
ir a una fiesta de sorpresa			*X*	
tocar un instrumento musical	*X*			
reunirse con amigos	*X*			
ir de vacaciones			*X*	
tener una cita		*X*		
ir a una boda				*X*
hacer una audición		*X*		

2. Copia la gráfica y úsala para hacer la encuesta a tres estudiantes.

Videomodelo

A —*¿Cuántas veces al mes o al año vas a bailar?*
B —*Voy a bailar una vez al mes.*

3. Con los resultados que obtengas, escribe cinco frases sobre las actividades de tus compañeros.

15

Tu día favorito

LEER, ESCRIBIR

1. Por medio de textos, haz planes con un(a) amigo(a) para un día de fiesta. Incluye con quién van a celebrar, qué prepararán y qué harán.

2. Basándote en tus textos, escribe un párrafo usando oraciones conectadas con detalles y elaboración, para describir tu día favorito del año y decir cuál es. Cuenta lo que ocurre ese día.

16

Las películas

LEER, ESCRIBIR

1 Una actividad que le gusta hacer a casi todo el mundo es ir al cine. Lee lo que dicen estos jóvenes venezolanos de la película *El señor de los anillos* y contesta las preguntas que siguen.

1. Nombra tres cosas que le gustan a Pedro de la película.
2. ¿Qué cree Sandra sobre cómo la película se compara al libro?
3. Nombra una cosa que le gusta y una cosa que no le gusta a Lucas.

¿Recuerdas?

Para hablar de las películas:
un drama
una comedia
una película de ciencia ficción
una película policíaca
una película romántica
una película de horror

¿Qué estás pensando?

Ana Casas *El señor de los anillos* me parece fabuloso. ¿Qué opinan?

Pedro Rosas Es una película impresionante. Me encantan los personajes y el argumento. La música y los efectos especiales son fantásticos. La gente no se aburre de verla. Su director es un genio.
–***A Emilia y a Fede les gusta.*** ☺

Sandra Gómez La película es interesante pero los actores no me gustan. No muestran (show) bien cómo son los personajes del libro. El director no cuenta la historia con detalles y es difícil de entender. La gente que no conoce el libro no puede entender de qué trata.

Lucas Pérez La película no se parece al libro, pero mantiene la misma idea. Me gusta la imaginación del director. Los actores hacen un buen trabajo, pero el argumento no me fascina. Recomiendo la película para pasar un buen momento.

2 Piensa en una película que te gusta mucho o que no te gusta nada. Escribe una descripción de la película. Puedes usar las palabras del recuadro.

inolvidable	artístico(a)	emocionante
típico(a)	talentoso(a)	exagerado(a)
estupendo(a)	despacio(a)	horrible
bello(a)	divertido(a)	violento(a)

Gramática Repaso

Go **Online** to practice PEARSON realize

PearsonSchool.com/Autentico

 VIDEO  WRITING  SPEAK/RECORD

Verbos que se conjugan como *gustar*

You already know several verbs that always use the indirect object pronouns *me, te, le, nos, os, les*:

encantar	*to love*	**importar**	*to matter*
gustar	*to like*	**interesar**	*to be interested in*

These verbs all use the same construction: indirect object pronoun + verb + subject.

Me gusta el fútbol. ¿**Te interesan** las pinturas?

Remember, in the sentences above, the verb forms *gusta* (singular) and *interesan* (plural) agree with the subjects *fútbol* and *pinturas*. The words *me* and *te* are indirect object pronouns.

Más recursos ONLINE

Tutorial: *Gustar* and similar verbs

17 Los programas de televisión

HABLAR EN PAREJA ¿Qué programas te gustan? Trabaja con un(a) compañero(a) para hablar sobre sus programas favoritos. Usa *gustar, encantar,* e *interesar*.

Videomodelo

A —*¿**Te interesan** los programas de noticias?*
B —*Sí, me interesan mucho. Me gusta saber lo que pasa en el mundo.*
o: —*No, no me gustan porque son aburridos.*

Estudiante A

1. los programas educativos
2. los programas de la vida real
3. los programas de dibujos animados
4. los programas de deportes
5. las telenovelas

Estudiante B

¡Respuesta personal!

18 Programas de deportes

HABLAR EN PAREJA Trabaja con otro(a) estudiante para hacer y contestar preguntas sobre tus deportes favoritos y otras actividades que haces en tu vida diaria. Usa los verbos *gustar, encantar, importar* e *interesar*.

Gramática Repaso

Adjetivos posesivos

Remember that possessive adjectives in Spanish agree in gender and number with the nouns they describe. They are placed in front of the noun.

Singular		Plural	
mi, tu, su, nuestro, vuestro	vuelo	**mis, tus, sus, nuestros, vuestros**	vuelos
mi, tu, su, nuestra, vuestra	maleta	**mis, tus, sus, nuestras, vuestras**	maletas

Since *su* and *sus* have many meanings, use the prepositional phrase *de* + name/pronoun instead for clarity or emphasis.

Sus pantalones son elegantes.

¿Los pantalones **de ella?**

No, los **de usted.**

Más recursos ONLINE

Tutorial: Possessive adjectives

19

¡A esquiar!

LEER, ESCRIBIR Pablo sale mañana para esquiar con su familia en Bariloche, Argentina. Él está muy emocionado *(excited)* y escribe cómo se siente en su blog. Lee lo que escribe y llena los espacios con la forma correcta del adjetivo posesivo apropiado.

> Mañana voy con __1.__ familia a esquiar en Bariloche. Estamos un poco nerviosos porque __2.__ vuelo sale muy temprano y todavía tenemos que recoger __3.__ boletos en el aeropuerto. __4.__ agente de viajes nos dice que __5.__ reservaciones están confirmadas, y yo le creo.
>
> Estoy muy emocionado con esquiar. ¡Hace una semana que están hechas __6.__ maletas! __7.__ padres y __8.__ hermana mayor tienen maletas muy grandes a causa de __9.__ ropa. Mi hermano menor también lleva una maleta grande a causa de __10.__ juguetes... ¡tiene muchos!

CULTURA Argentina

Esquiar en Bariloche Cuando hay nieve, mucha gente aprovecha *(takes advantage)* para practicar su deporte preferido: esquiar. En Bariloche, Argentina, se encuentra uno de los centros de esquí más famosos de Latinoamérica. Esquiadores de todas partes del mundo, tanto profesionales como principiantes *(beginners)*, llegan a este lugar cada año. Aquí pueden disfrutar de modernas pistas de esquí y también de los impresionantes paisajes *(scenery)* que hay a su alrededor. Bariloche es un lugar ideal para hacer deportes y conocer las bellezas naturales que nos ofrece nuestro planeta.

Pre-AP® Integration La identidad nacional: Se dice que Bariloche es la Suiza de América del Sur. ¿Qué regiones de Norteamérica se identifican con características similares?

Mapa global interactivo Explore Bariloche e investiga su clima y su geografía.

20

Días de vacaciones

LEER, ESCRIBIR

1. Lee esta tarjeta postal que Rosa le escribe a una amiga sobre sus vacaciones de verano.
2. Escribe un párrafo con oraciones conectadas con detalles y elaboración. Incluye todas las cosas que hace Rosa en sus vacaciones.

Modelo

Rosa se levanta tarde, desayuna y va a la playa. Después...

Querida Sara:

¿Cómo estás? Te escribo desde la playa, en Miami. ¡Me encanta estar de vacaciones! Todos los días me levanto tarde, desayuno y voy a la playa con mi familia. Mis hermanos y yo nos bañamos en el mar todo el día, y a veces salimos a dar vueltas por la ciudad en nuestras bicicletas. Mi hermano también se encuentra con sus amigos. Todas las noches, después de cenar, voy con mi hermano y sus amigos al cine o a comer helado. Nuestro hotel también es fantástico. Hay un vendedor que vende artesanías en la playa y me encanta mirar sus aretes de plata. ¡Qué divertido!

Saludos, Rosa

21

Unas preguntas sobre tus vacaciones

ESCRIBIR, HABLAR EN PAREJA

1. Piensa en las cosas que haces durante tus vacaciones. En una hoja de papel escribe las respuestas a estas preguntas.
   1. ¿Qué haces durante tus vacaciones?
   2. ¿Te quedas en la ciudad todo el tiempo?
   3. ¿Viajas con tu familia o amigos a algún lugar? ¿Adónde?
   4. ¿Qué haces generalmente en un día de vacaciones?
   5. ¿A qué hora te levantas? ¿Y a qué hora te acuestas?
   6. ¿Qué lugar te gusta más para irte de vacaciones?
2. Trabaja con otro(a) estudiante para hablar sobre las vacaciones. Usen las preguntas anteriores como modelo para su conversación. Usa oraciones conectadas con detalles y elaboración para escribir un párrafo sobre los eventos de tus vacaciones.

Presentación oral

OBJECTIVES

- Give an oral presentation about a daily activity

Estudiantes comen pizza después de la escuela en la República Dominicana.

Mi vida

TAREA Imagina que tienes que hacer una presentación oral en español. Escoge uno de estos aspectos de tu vida y expresa tus preferencias. Incluye detalles para defender y apoyar tu opinión.

- Un día en la escuela. ¿Qué haces antes de ir a la escuela? ¿Te diviertes en tu escuela? ¿Cómo son tus amigos? ¿Qué actividades haces después de la escuela?
- Tu película o programa de televisión favorito. ¿Quiénes son los personajes del programa o de la película? ¿Qué problemas tienen? ¿Qué hacen para resolverlos?
- El deporte que practicas. ¿Por qué te gusta ese deporte? ¿Con quiénes practicas ese deporte? ¿Dónde lo practicas? ¿Qué se necesita para ser un buen jugador?

1. **Prepárate** Contesta las preguntas o escribe frases y palabras que te van a ayudar a hacer tu presentación.

2. **Practica** Vuelve a leer la información que escribiste y piensa cómo la vas a presentar. Puedes usar tus notas para practicar, pero no al hablar ante la clase. Después, vas a ir donde están los estudiantes que hablarán del mismo tema para practicar.

3. **Haz tu presentación** Habla de tu tema con tu grupo como ayuda para pensar en más ideas. Al final, cada estudiante debe presentar el tema ante la clase.

4. **Evaluación** Tu profesor(a) utilizará la siguiente rúbrica para evaluar tu presentación.

Rubric	Score 1	Score 3	Score 5
How well you organize your ideas	You have too few ideas. Your ideas aren't organized.	Some organizational problems make your speech hard to follow.	You organize ideas well, making your speech easy to follow.
How well you use details	You include no details in your speech.	You include one or two interesting details and supporting statements, but need more.	Good use of details and supporting statements makes your speech interesting.
How effectively you deliver your speech	You read your speech and make no eye contact with your audience.	You make some eye contact, and you use some intonation.	Your eye contact is good. Your intonation helps get your message across.

Presentación escrita

OBJECTIVES

- Create a Web page about activities and places in your community
- Use your lead sentence to evaluate content and add details

Go **Online** to practice
PEARSON realize
PearsonSchool.com/Autentico

WRITING

Actividades en mi comunidad

TAREA Imagínate que tienes que hacer una página Web describiendo las actividades que hacen los jóvenes de tu ciudad. Imagina que la leen jóvenes de otros países que planean visitar los Estados Unidos y necesitan saber qué cosas pueden hacer en tu ciudad.

Estrategia

Evaluate your lead sentence to see whether added details might help to generate more interest in your topic. Make notes to suggest areas for further development, and jot down ideas that will make the paragraphs and the information more appealing.

1. **Antes de escribir** Piensa en los siguientes temas:
   - gimnasios
   - cines y teatros
   - restaurantes
   - lugares para bailar o ir de compras
   - escuelas de música, idiomas, computación
2. **Borrador** Escribe tu borrador de la página Web. Usa la información de arriba. Piensa en las ilustraciones que acompañan la página Web.
3. **Redacción/Revisión** Trabaja con otro(a) estudiante para intercambiar los borradores de las páginas Web y leerlos. Habla de qué se puede hacer para mejorarlos. Usa oraciones conectadas con detalles y elaboración.
   - ¿Incluye la página Web información sobre los temas de la sección *Antes de escribir*?
   - ¿Usaste correctamente verbos y adjetivos posesivos?
4. **Publicación** Revisa otra vez tu borrador y escribe el texto de la página Web en una hoja grande de papel para hacer un póster. Añade fotos o ilustraciones.
5. **Evaluación** Tu profesor(a) utilizará la siguiente rúbrica para evaluar tu presentación.

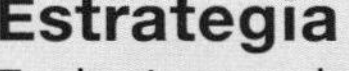

Rubric	Score 1	Score 3	Score 5
Completion of task	Your Web page is incomplete.	Your Web page is complete, but some parts still need work.	Your Web page is complete and carefully revised.
Effective development	Your topic is undeveloped.	You have some ideas that enhance your topic.	Your ideas are all well developed and enhance your topic.
Grammar, spelling, mechanics	You make too many grammar, spelling, and/or mechanics errors.	You make some grammar, spelling, and/or mechanics errors.	You make very few grammar, spelling, and/or mechanics errors.

A ver si recuerdas

OBJECTIVES

- Write about and discuss outdoor activities
- Exchange information about past actions and vacations

Vocabulario

Lugares
el campo
el lago
el mar
las montañas
el parque
la playa
el río

Actividades
dar una caminata
ir de pesca
ir de vacaciones
ir de viaje
montar en bicicleta
montar a caballo
tomar el sol

El tiempo
llueve (llover)
nieva (nevar)
hace . . .
buen tiempo
calor
frío
mal tiempo

Otras actividades
hacer . . .
esquí acuático
moto acuática
surf de vela
una fogata
una parrillada
un picnic

Animales / Insectos
las hormigas
el mono
los mosquitos
el oso
el pájaro
los peces

1

¿Adónde vas?

ESCRIBIR, HABLAR EN PAREJA

1. Escoge dos lugares de la lista adonde a veces vas de vacaciones. Escribe dos actividades que haces allí, el tiempo que hace y los animales que puedes encontrar.
2. Ahora trabaja con otro(a) estudiante para hablar de sus vacaciones. Usen palabras de las listas y las preguntas modelo para elaborar frases sobre sus vidas diarias.
   - Y tú, ¿adónde vas de vacaciones generalmente?
     Voy a . . .
   - ¿Qué actividades te gusta hacer allí?
     Me gusta . . .
   - ¿Qué tiempo hace?
     Hace . . .

Go **Online** to practice
PEARSON realize

PearsonSchool.com/Autentico

WRITING

SPEAK/RECORD

Gramática

El pretérito de los verbos

You use the preterite to talk about things that happened in the past. Here are the regular preterite forms of verbs ending in *-ar*, *-er*, and *-ir*:

caminar

camin**é**	camin**amos**
camin**aste**	camin**asteis**
camin**ó**	camin**aron**

comer

com**í**	com**imos**
com**iste**	com**isteis**
com**ió**	com**ieron**

vivir

viv**í**	viv**imos**
viv**iste**	viv**isteis**
viv**ió**	viv**ieron**

Here are the preterite forms of the irregular verbs *hacer, dar,* and *ver*:

hacer

hice	**hicimos**
hiciste	**hicisteis**
hizo	**hicieron**

dar

di	**dimos**
diste	**disteis**
dio	**dieron**

ver

vi	**vimos**
viste	**visteis**
vio	**vieron**

2

El fin de semana pasado

LEER, ESCRIBIR Carmen describe lo que hizo su familia durante el fin de semana. Completa las siguientes frases con la forma correcta del pretérito de los verbos.

hacer	visitar	correr	dar
pasear	comer	aprender	ver

1. (Yo) _____ a mis abuelos.
2. Mis hermanos _____ en bote.
3. Tú _____ muchas películas.
4. Nosotros _____ a montar a caballo.
5. Mi padre _____ caminatas.
6. Mis primos _____ por la playa.
7. Tú y yo _____ helados.
8. Mi hermana _____ ejercicio.

3

Las vacaciones

ESCRIBIR, HABLAR EN PAREJA

1 Haz una lista de ocho actividades que tú y otras personas hicieron durante las vacaciones pasadas.

Modelo
Caminé por la playa.
Mi familia y yo hicimos un picnic en el campo.

2 Con otro(a) estudiante hablen de sus vacaciones. Recuerden usar las expresiones apropiadas y un estilo menos formal cuando hablen.

A ver si recuerdas

OBJECTIVES
- Talk and write about sports and competitions
- Write about where you and others went and what you did

Vocabulario

Deportes
correr
esquiar
jugar al fútbol
montar en monopatín
nadar
navegar
patinar

El cuerpo
el brazo
el codo
el dedo
el hueso
la mano
la muñeca
el músculo
el pie
la pierna
la rodilla
el tobillo

Acciones
ganar
jugar
participar
perder
practicar

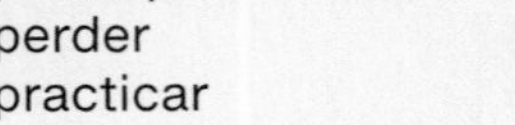

Accidentes
caerse
cortarse
lastimarse
romperse
torcerse

Reacciones
¡Fantástico!
¡Genial!
¡Increíble!
Lo siento.
¡Qué lástima!
¡Qué pena!
¡Uy!

Competencias
el campeón, la campeona
el campeonato
la competencia
competir
el concurso
el equipo
el jugador, la jugadora
el partido
el premio
el tanteo

4

El campeonato

LEER, HABLAR EN PAREJA Trabaja con otro(a) estudiante para leer y reaccionar a los comentarios siguientes. Usen gestos apropiados para expresar más emoción.

Videomodelo
A —Perdimos el partido.
B —*¡Qué lástima!*

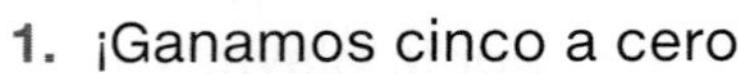

1. ¡Ganamos cinco a cero!
2. El jugador se cayó y se lastimó.
3. Me torcí el tobillo.
4. Nuestro equipo quedó campeón.
5. Les metimos tres goles.
6. ¡Perdimos el campeonato!
7. Hoy llovió y no pudimos jugar.

5

Definiciones

LEER, ESCRIBIR Empareja cada definición con la palabra correspondiente. Luego, escribe un diálogo o un cuento usando cuatro de las palabras o expresiones de la segunda columna.

1. una parte del cuerpo que usas para jugar al fútbol
2. un grupo de personas que juegan un partido
3. la persona que siempre gana una competencia
4. lo que dices si te caes
5. un tipo de accidente

a. el pie
b. el campeón / la campeona
c. torcerse la muñeca
d. un equipo
e. ¡Uy!

Go **Online** to practice

PEARSON realize™

PearsonSchool.com/Autentico

VIDEO

WRITING

SPEAK / RECORD

Gramática

El pretérito de los verbos *ir* y *ser*, y de los verbos que terminan en *-car*, *-gar* y *-zar*

The preterite forms of *ir* and *ser* are exactly the same.

Carlos **fue** de vacaciones a las montañas. (ir)
Mi equipo **fue** campeón escolar el año pasado. (ser)

fui	fuimos
fuiste	fuisteis
fue	fueron

Remember that verbs ending in *-car*, *-gar*, or *-zar* have a spelling change in the *yo* form in the preterite. The other forms of these verbs are regular.

buscar	yo bus**qué**
chocar	yo cho**qué**
practicar	yo practi**qué**
sacar	yo sa**qué**

investigar	yo investi**gué**
navegar	yo nave**gué**
jugar	yo ju**gué**
llegar	yo lle**gué**

almorzar	yo almor**cé**
comenzar	yo comen**cé**
cruzar	yo cru**cé**
empezar	yo empe**cé**

6

El partido ayer

LEER, ESCRIBIR Completa las siguientes frases sobre el partido de ayer con el pretérito de *ser* o *ir*. Indica si usaste una forma del verbo *ser* o del verbo *ir*.

Modelo

Yo no ***fui*** al partido ayer. ***(Ir)***

1. El partido de fútbol _____ ayer por la noche.
2. Todos los padres _____ al estadio.
3. Tú _____ el mejor jugador del equipo.
4. El partido _____ muy emocionante.
5. Este equipo _____ campeón hace dos años.
6. Durante el partido, nosotros _____ a comprar unas salchichas.
7. El partido duró más de tres horas. _____ muy largo.
8. Después del partido, los campeones _____ a celebrar a un restaurante.

7

La tarea

LEER, ESCRIBIR Luisa no pudo hacer la tarea. Completa este correo electrónico que le escribió a su profesora con la forma correcta del verbo apropiado.

> Estimada Srta. Herrera:
>
> Perdón, yo no pude hacer la tarea, por eso no la __1.__ *(entregar / llegar)*. Ayer pensaba jugar al tenis pero no __2.__ *(caminar / jugar)*. Por la mañana __3.__ *(salir / llegar)* al club deportivo. Después __4.__ *(buscar / pintar)* mi raqueta y la __5.__ *(llevar / sacar)* del bolso. Cuando yo __6.__ *(ganar / empezar)* a jugar __7.__ *(comenzar / ir)* a llover. Entonces __8.__ *(cantar / tropezar)* y me lastimé la mano. Esta nota la escribió mi hermano.
>
> Gracias, Luisa

CAPÍTULO 1

Días inolvidables

Country Connections Explorar el mundo hispano

CHAPTER OBJECTIVES

Communication

By the end of the chapter you will be able to:

- Listen and read about excursions and competitions
- Talk and write about nature and sports events
- Describe a trip

Culture

You will also be able to:

- Compare a famous pilgrimage route in Spain with similar trips in your community
- Understand the relationship between legends and nature
- Compare cultural practices in an authentic video about an adventure park in Puerto Rico

You will demonstrate what you know and can do

- Presentación oral, Una experiencia inolvidable
- Presentación escrita, Aventuras bajo el sol

You will use

Vocabulary

- Outdoor activities and camping
- Natural environment
- Sports and competitions
- Expressing emotions and impressions

Grammar

- Verbs with spelling and stem changes in the preterite
- Irregular verbs in the preterite
- The imperfect

ARTE y CULTURA Chile

Paisaje chileno Imagínate un lugar que tiene el desierto más árido del mundo, glaciares eternos, volcanes, un inmenso océano y además majestuosas montañas. Pues este lugar no está solo en tu imaginación. Se llama Chile y sus diversos paisajes han inspirado a famosos artistas. Entre ellos está la pintora Matilde Pérez (1920-2014), quien escogió el tema de la Cordillera de los Andes para crear este cuadro.

▶ ¿Qué paisaje es típico de la región donde vives? ¿Y cómo te hace sentir?

Mapa global interactivo Explora Chile y compara el desierto de Atacama con regiones similares en los Estados Unidos.

"Paisaje chileno", Matilde Pérez

Go **Online** to practice

PEARSON realize

PearsonSchool.com/Autentico

AUDIO

VIDEO

WRITING

SPEAK/RECORD

MAPA GLOBAL

AUTÉNTICO

FLASCHARDS

ETEXT 2.0

GAMES

El Glaciar Grey en el Parque Nacional Torres del Paine, Chile

Videonovela **¡Pura vida!**

Vocabulario en contexto 1

OBJECTIVES

Read, listen to, and understand information about

- Camping activities
- Features of the natural environment

¡Cámping!

Ir de cámping es una buena manera de explorar **la naturaleza.** Sin embargo, antes de ir al **bosque, valle** o **desierto** es necesario tener el equipo apropiado. En la actualidad, la tecnología ofrece opciones increíbles.

el repelente de insectos

la linterna

el bosque

los binoculares

la brújula

el valle

el desierto

la tienda de acampar

el saco de dormir

"Cuando vas de cámping, puedes llevar una **linterna** con radio y un cargador (charger) para tu teléfono, una tableta con **brújula**, termómetro y GPS o unos **binoculares** con grabadora. **Así** puedes grabar un video de todo lo que ves."

Go **Online** to practice
PEARSON realize.
PearsonSchool.com/Autentico

AUDIO

"Todos los años miles de personas van de cámping a **las sierras** chilenas y **lo pasan muy bien.** ¡Los **paisajes** son **hermosos!** Éstas son unas fotos de una familia y sus maravillosas vacaciones."

Al **amanecer**, mi familia y yo **dimos un paseo** a caballo.

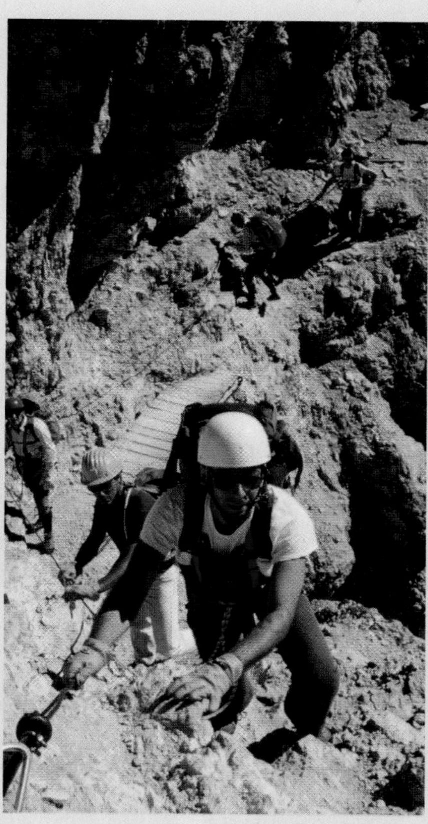

Durante nuestro viaje nos gustaba **escalar rocas.**

Al anochecer las estrellas se veían muy claras y cercanas.

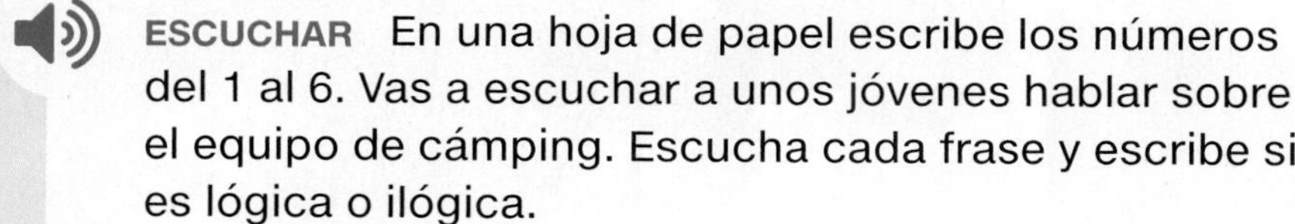

1 Equipo de cámping

ESCUCHAR En una hoja de papel escribe los números del 1 al 6. Vas a escuchar a unos jóvenes hablar sobre el equipo de cámping. Escucha cada frase y escribe si es lógica o ilógica.

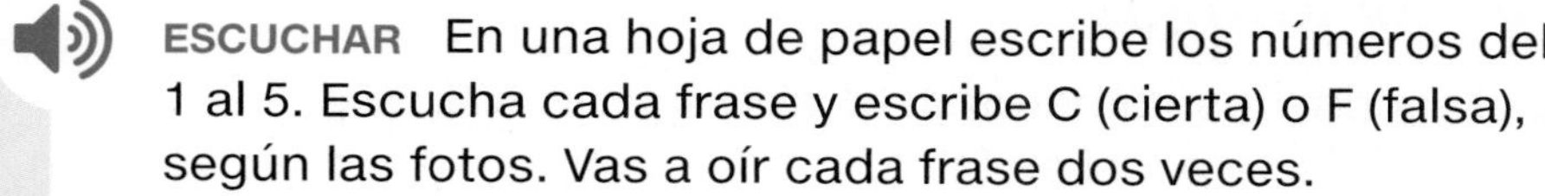

2 Ir de cámping

ESCUCHAR En una hoja de papel escribe los números del 1 al 5. Escucha cada frase y escribe C (cierta) o F (falsa), según las fotos. Vas a oír cada frase dos veces.

Jairo le cuenta a su mamá cómo le fue en su paseo por la sierra.

Jairo / Mamá

Mamá: Hola hijo, ¿qué tal te fue en tu paseo?

Jairo: Nos divertimos mucho, mami. ¡Pero no te imaginas lo que nos pasó!

Mamá: ¿Qué **sucedió?**

Jairo: Cuando estábamos escalando una montaña, vimos **relámpagos** y oímos un **trueno.** ¡Luego comenzó a **caer granizo**!

Mamá: ¡No me digas! ¿Y qué hicieron?

Jairo: **Nos refugiamos** en una caverna. **Una vez allí,** nos sentamos a hablar mientras pasaba el mal tiempo. Nos **impresionó** el tamaño del granizo. ¡Parecían bolas de golf!

Mamá: ¡Qué bueno que encontraron **refugio**!

Jairo: Sí, pero ahí no terminó todo. Cuando **dejó de** llover salimos de la caverna y comenzamos a bajar la montaña. El suelo estaba mojado y Miguel **perdió el equilibrio,** pero no se cayó.

Mamá: ¡Ay, qué bien! ¿Y entonces qué pasó?

Jairo: Bajamos la montaña y **anduvimos** por **un rato** hasta que **nos acercamos** a un bosque grande. Habíamos olvidado la linterna y la brújula en la caverna. ¡Yo sabía que íbamos a **perdernos**!

Mamá: ¿Y cómo volvieron entonces?

Jairo: Al rato **apareció** un guardabosques *(park ranger)* que nos mostró **hacia** dónde ir. Llegamos a la tienda al anochecer.

Mamá: ¡Ay, hijo, tus aventuras me **asustan** mucho!

3

La aventura de Jairo y sus amigos

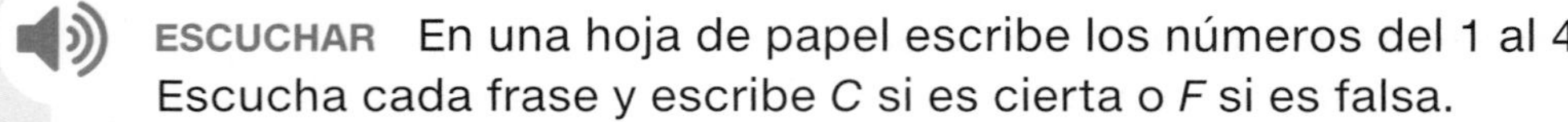

ESCUCHAR En una hoja de papel escribe los números del 1 al 4. Escucha cada frase y escribe *C* si es cierta o *F* si es falsa.

Videohistoria

Go **Online** to practice
PEARSON realize
PearsonSchool.com/Autentico

AUDIO

VIDEO

WRITING

SCRIPT

Entre el mar, el valle y la sierra

Antes de ver

Usar las imágenes como contexto Piensa en qué información te dan estas fotos. ¿Qué clase de lugar muestra cada una? ¿Qué hacen las personas? Al ver el video, usa las imágenes para inferir palabras y frases desconocidas.

Haz la actividad

En medio de la naturaleza Haz una lista de distintos tipos de actividades y deportes que se pueden hacer en medio de la naturaleza. Comienza con las actividades que se muestran en las fotos.

Ve el video

Teo y Camila hablan de dos divertidas actividades al aire libre: una es en el mar, la otra en el valle y la sierra. ¿Qué actividades pueden ser?

Ve a **PearsonSchool.com/Autentico** y busca el video ***Entre el mar, el valle y la sierra.*** También puedes leer el guión[1].

Camila

Teo

Después de ver

ESCRIBIR Contesta las siguientes preguntas:

1. ¿De qué actividad comienzan a hablar Teo y Camila?
2. ¿Por qué Camila le habla a Teo del paseo que hicieron a la sierra?
3. ¿Qué imágenes te ayudan a entender mejor de qué habla Camila?
4. Parafrasea lo que Daniel dice en el video.
5. ¿Por qué crees que el video se llama *Entre el mar, el valle y la sierra?*

Tu opinión ¿Qué te parece más divertido, hacer surfing o ir de camping? ¿Por qué? Da razones específicas.

[1]script

Vocabulario en uso 1

OBJECTIVES

- Talk about outdoor activities and camping equipment
- Discuss excursions and camping adventures
- Write about and discuss places you would like to explore

4 Un paseo en bicicleta

LEER, ESCRIBIR Completa el blog con las palabras correctas.

un rato	una vez allí	relámpagos
dar un paseo	truenos	nos refugiamos
al amanecer	hacia	

El blog de Jóse 

___1.___ nos levantamos y preparamos las bicicletas para ___2.___ por el campo. ___3.___ paramos para descansar y almorzar. Después de ___4.___ empezó a llover. Vimos ___5.___ y oímos unos ___6.___ que nos asustaron mucho. Corrimos ___7.___ una casa donde ___8.___. ¡Fue un día inolvidable!

5 Definiciones

ESCRIBIR Empareja cada palabra o frase con su definición. Escribe después un cuento breve usando algunas palabras de la primera columna.

1. suceder
2. perder el equilibrio
3. refugiarse
4. acercarse a
5. al anochecer
6. al amanecer

a. ir cerca de
b. cuando empieza la mañana
c. caerse
d. esconderse
e. cuando empieza la noche
f. pasar

6 ¿Qué vas a llevar?

ESCRIBIR, HABLAR EN PAREJA

1. Vas de cámping este fin de semana. Haz una lista de siete cosas que necesitas llevar y explica para qué las necesitas.
2. Dejaste en casa algunas cosas que necesitas para ir de cámping. Usa la lista que escribiste para hablar con otro(a) estudiante.

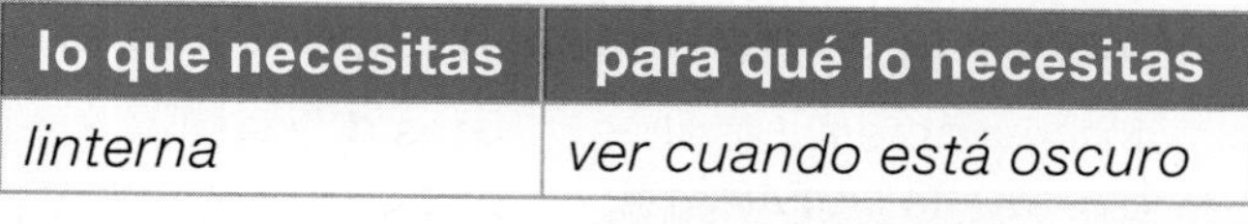

lo que necesitas	para qué lo necesitas
linterna	*ver cuando está oscuro*

Videomodelo

A —*¡Ay, caramba! Dejé la* ***linterna*** *en casa.*

B —*¡Qué pena! Ahora no* ***puedes caminar por el bosque por la noche.***

1 

2 

3 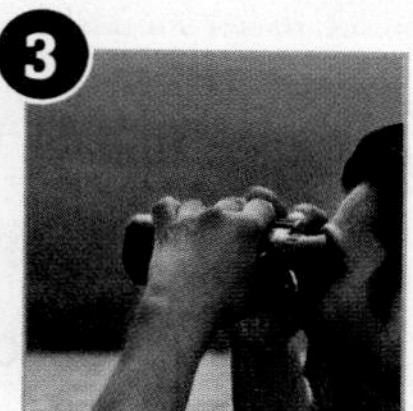

4 

5 

6 

7 

VIDEO WRITING SPEAK/RECORD MAPA GLOBAL

7 Al mal tiempo buena cara

HABLAR EN PAREJA Habla con otro(a) estudiante de las excursiones que hicieron a varios lugares y de lo que les sucedió.

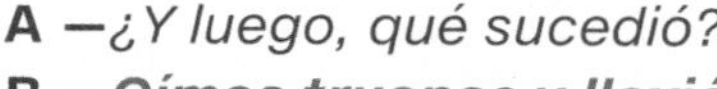

Videomodelo

A —*¿Qué hicieron en* ***el océano?***
B —***Navegamos todo el día.***

A —*¿Y luego, qué sucedió?*
B —***Oímos truenos y llovió.***

navegar / oír truenos

1. observar pájaros / ver relámpagos

2. dar un paseo / caer granizo

3. escalar rocas / perder el equilibrio y caerse

4. dar un paseo a caballo / perderse

5. nadar / empezar a llover

6. **¡Respuesta personal!**

CULTURA Chile • Argentina

Parques nacionales de América del Sur En la última década las visitas a los parques nacionales de América del Sur, especialmente de Chile y Argentina, aumentaron mucho. Esto se debe a[1] un creciente[2] interés por estar en contacto con la naturaleza y disfrutar de actividades al aire libre. ¿Quiénes son los visitantes? Familias, grupos de jóvenes recién egresados[3] de la escuela secundaria, grupos de estudiantes en excursiones de estudio y personas de todas las edades interesadas en conocer nuevas especies de animales y plantas y estar en contacto con la naturaleza. La gran variedad de parques nacionales atrae[4] a todo tipo de gente. En la Argentina hay selvas tropicales en el Parque Nacional Baritú, enormes cataratas[5] en el Parque Nacional Iguazú y hasta glaciares en el Parque Nacional Perito Moreno.

Pre-AP Integration: Los viajes y el ocio ¿Por qué crees que ha aumentado el número de personas que visita los parques nacionales de Chile y Argentina?

Mapa global interactivo Explora la geografía del Parque Nacional Perito Moreno e investiga los procesos relacionados con sus glaciares.

Las Cataratas del Iguazú, en el Parque Nacional Iguazú, Argentina

[1]is due to [2]growing [3]graduated [4]attracts [5]waterfalls

Ampliación del lenguaje Ir de . . .

Muchas acciones en español se pueden expresar usando *ir de* más un sustantivo *(noun)* de la misma familia que el verbo. Por ejemplo:

ir de pesca	pescar
ir de paseo	pasear

Como puedes ver, el sustantivo *pesca* y el verbo *pescar* pertenecen a la misma familia de palabras.

¿Puedes adivinar *(guess)* cuáles son los verbos que corresponden a las siguientes expresiones con *ir de . . .*?

ir de compras
ir de caza *(hunting)*
ir de visita
ir de viaje

8

¿Qué pasó?

LEER, ESCRIBIR Imagina lo que pasó en cada situación y escribe una frase usando los verbos entre paréntesis.

Modelo
Fuimos de pesca el sábado. *(perder)*
Perdimos el equilibrio en el bote y nos caímos al agua.

1. Mis padres fueron de paseo. *(acercarse)*
2. Mi hermana fue de compras. *(pasarlo bien)*
3. Fui de viaje con mi familia. *(impresionar)*
4. Fuimos de caza al amanecer. *(asustar)*
5. Mis abuelos fueron de visita. *(perderse)*

9

¡Fue un desastre!

ESCRIBIR Acabas de regresar de una excursión de cámping desastrosa. Quieres escribir un mensaje electrónico a un(a) amigo(a) para decirle cómo lo pasaste. Escribe cinco frases para describir tu experiencia. Escoge entre las siguientes palabras y expresiones:

Modelo
Durante toda la noche cayó granizo sobre la tienda de acampar.

una vez allí	aparecer	dejar de
caer granizo	llover	relámpago
trueno	así	impresionar
perderse	refugiarse	

10

Juego

HABLAR EN GRUPO Trabaja con un grupo de cuatro estudiantes y escojan uno de los mensajes electrónicos que escribieron para la Actividad 9. Actúen el mensaje mientras otro grupo cuenta lo que pasó. Usen gestos y expresiones apropiados.

Go Online to practice PEARSON realize PearsonSchool.com/Autentico

WRITING SPEAK/RECORD MAPA GLOBAL

11

Las estrellas del sur

LEER, ESCRIBIR Lee este párrafo para aprender sobre las estrellas del hemisferio sur y contesta las preguntas.

Conexiones Las ciencias

Desde América del Sur, por estar en otra latitud, el cielo se ve diferente. Solo en la línea ecuatorial[1] se ve todo el cielo durante todo el año. Esto crea un problema para los astrónomos, porque solo pueden ver una parte del cielo si no están en el ecuador. Por ejemplo, solamente en el hemisferio sur se ve la constelación de la Cruz del Sur.

- ¿Adónde puedes ir para ver las estrellas?
- ¿Qué constelaciones puedes ver donde tú vives?

Mapa global interactivo Explora algunos observatorios en el mundo hispanohablante y averigua la importancia de su ubicación.

[1]Equator

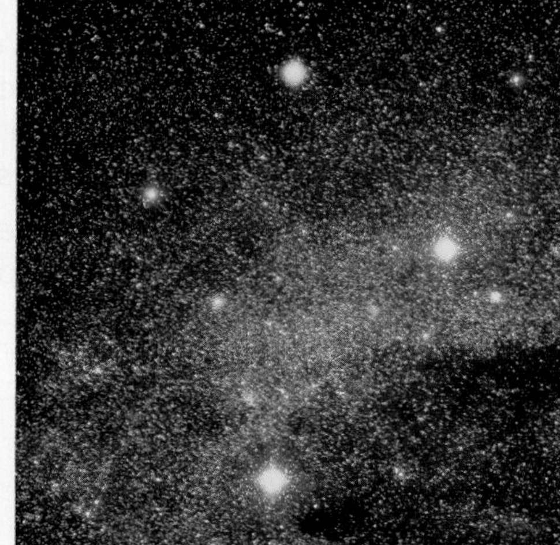

▲ La Cruz del Sur

12

Lugares para explorar

ESCRIBIR, HABLAR EN GRUPO

1. Piensa en un lugar que te gustaría explorar: el desierto, el océano, el mar, el bosque, la sierra o una selva tropical. Escribe un texto a un(a) amigo(a) y pregúntale sus planes. Él o ella te contesta con su preferencia.

   Modelo

   A— *¿Dónde quieres explorar primero?*
   B— *Quiero ir a la sierra porque me gusta el paisaje.*

2. Forma un grupo con otros estudiantes que escogieron el mismo lugar que tú. Conversen sobre sus preferencias personales.
3. Usa las ideas del grupo para escribir una breve conversación explicando tus razones para explorar ese lugar.
4. Expresa tu preferencia a la clase. Recuerda explicar por qué recomiendas ese lugar.

13

Y tú, ¿qué dices?

ESCRIBIR, HABLAR

1. Imagina que estás haciendo planes para ir a un parque nacional. Envía un texto a un(a) compañero(a) con preguntas. Él o ella te dirá lo que necesitas hacer y por qué.

   Modelo

   A— *¿Qué hago en la noche?*
   B— *Necesitas ver las estrellas. Son increíbles.*

2. Los parques nacionales son refugios de muchos animales como osos, coyotes y búfalos. ¿Alguna vez se acercó a ti uno de estos animales? ¿Te asustó? ¿Qué hiciste? Relata una ocasión en que algo te asustó y describe tu reacción. Usa oraciones conectadas con detalles y elaboración.

Gramática Repaso

OBJECTIVES

- Talk and write about outdoor adventures
- Listen to and write about what happened

El pretérito de los verbos con el cambio ortográfico *i* → *y*

Verbs ending in *-uir,* such as *destruir,* have a spelling change in the preterite. The *i* becomes *y* in the *Ud. / él / ella* and *Uds. / ellos / ellas* forms.

Other verbs, such as *leer, creer, oír,* and *caerse,* follow a similar pattern.

destruí	destruimos
destruiste	destruisteis
destru**y**ó	destru**y**eron

Note that the *i* is only accented in the *yo* form.

leí	leímos
leíste	leísteis
le**y**ó	le**y**eron

In these verbs, the *i* is always accented.

Más recursos ONLINE

- **Tutorial:** Spelling Changes in the Preterite

14 En el bosque

LEER, ESCRIBIR

1. En una hoja de papel escribe los números del 1 al 9. Completa este cuento con el pretérito del verbo apropiado.
2. Ahora, con otro(a) estudiante, escribe un final para el cuento.

El verano pasado, Tomás y yo __1.__ *(dar / leer)* un paseo por el bosque. Nos sentamos a descansar, cuando de repente, Tomás __2.__ *(creer / oír)* un ruido arriba de un árbol. Tomás __3.__ *(creer / caerse)* que era un mono, pero cuando nos acercamos al árbol, nosotros no __4.__ *(ver / comer)* ni __5.__ *(oír / destruir)* nada. Pero entonces, Tomás perdió el equilibrio y __6.__ *(creer / caerse)*. Afortunadamente, no se lastimó mucho. Un poco después __7.__ *(empezar / hacer)* a llover. __8.__ *(caer / leer)* granizo. Nosotros __9.__ *(correr / vivir)* a refugiarnos pero . . .

15 Después de la tormenta

ESCUCHAR, LEER, ESCRIBIR

1. Escucha lo que pasó después de una tormenta y escribe los verbos.

   Ayer, después de la tormenta, __1.__ tres árboles en el parque. Hicieron un ruido tremendo. Nosotros estábamos en el lago, pero lo __2.__ claramente. Uno de los árboles __3.__ un puente. Esta mañana, mi hermana __4.__ la noticia en el periódico. Ella no estaba con nosotros en el lago y no __5.__ la historia hasta que vio la noticia.

2. Ahora parafrasea la idea principal, el tema y los detalles. Usa las preguntas para ayudarte.
   1. ¿Cuántos árboles se cayeron?
   2. ¿Qué destruyó uno de los árboles?
   3. ¿Quién no creyó esta historia? ¿Por qué?

Gramática Repaso

OBJECTIVES

- Listen to and write about a rafting adventure
- Talk and write about what people did
- Exchange information about camping activities

Go **Online** to practice PEARSON realize

PearsonSchool.com/Autentico

AUDIO

VIDEO

WRITING

El pretérito de los verbos irregulares

Some verbs have irregular stems in the preterite.

tener	andar	estar	poder	poner	saber	venir
tuve	anduve	estuve	pude	puse	supe	vine
tuviste	anduviste	estuviste	pudiste	pusiste	supiste	viniste
tuvo	anduvo	estuvo	pudo	puso	supo	vino
tuvimos	anduvimos	estuvimos	pudimos	pusimos	supimos	vinimos
tuvisteis	anduvisteis	estuvisteis	pudisteis	pusisteis	supisteis	vinisteis
tuvieron	anduvieron	estuvieron	pudieron	pusieron	supieron	vinieron

The verbs *decir* and *traer* also have irregular stems in the preterite.

decir

dije	dijimos
dijiste	dijisteis
dijo	dijeron*

traer

traje	trajimos
trajiste	trajisteis
trajo	trajeron*

*Note that the Uds./ellos/ellas endings for decir and traer are slightly different from the verbs listed above.

Más recursos ONLINE

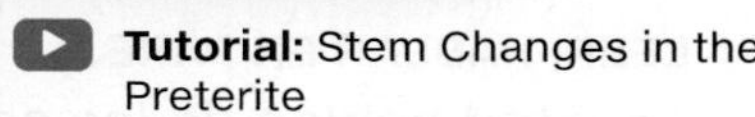
Tutorial: Stem Changes in the Preterite

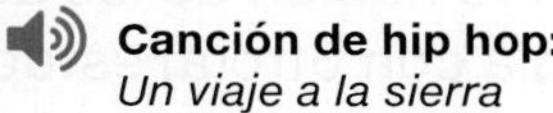
Canción de hip hop: *Un viaje a la sierra*

16 Un paseo en balsa

ESCUCHAR, LEER, ESCRIBIR

1 Escucha esta descripción de un viaje en balsa *(raft)*. Lee las preguntas y levanta la mano derecha si escoges la opción **a**, y la mano izquierda si escoges la opción **b**.

1. ¿Los chicos pusieron **a. las balsas** o **b. las mochilas** encima del coche?
2. ¿El guía vino **a. unos minutos después** o **b. una hora después**?
3. ¿El guía les dijo que iban a ir **a. al centro de Santiago** o **b. al río Maipo**?
4. ¿Los chicos tuvieron que llevar las balsas **a. al río** o **b. al coche**?
5. Antes de comenzar el viaje, ¿los chicos se pusieron **a. las gorras** o **b. los trajes de baño**?
6. Después del viaje, ¿todos estuvieron de acuerdo en que **a. lo pasaron bien** o en que **b. lo pasaron mal**?

2 Ahora, parafrasea la idea principal del audio. Incluye el tema y los detalles más importantes.

17 Una invitación a la playa

ESCRIBIR Carolina invitó a sus amigos a ir con ella a la playa. Describe cómo respondió cada amigo(a) usando el pretérito del verbo entre paréntesis y las palabras apropiadas del recuadro.

Modelo

José *(venir)* / después de un rato.
*José **vino después de un rato.***

el traje de baño	muy ocupados(as)	venir
en bicicleta	la comida	"¡Claro que sí!"

1. Yo no *(poder)*
2. Nosotros *(traer)*
3. Perla *(ponerse)*
4. Raúl y Silvia *(estar)*
5. Tú *(venir)*
6. Todos *(decir)*

18 En el Campamento Amistad

LEER, HABLAR EN PAREJA Los consejeros del Campamento Amistad hablan de las actividades que hicieron los niños. Trabaja con otro(a) estudiante para hablar del horario. Puedes usar los verbos *andar, estar, poder, poner, venir, tener* y *traer*.

Videomodelo

A —*¿Dónde estuvo Daniel a las 11:00?*
B —*Estuvo en **la piscina.***
A —*¿Qué tuvo que hacer Julián a la 1:00?*
B —*Tuvo que **servir la comida.***

Horario del grupo "Los piratas" para el 15 de julio					
Nombre	*9:00 a 10:30*	*11:00 a 12:30*	*1:00 a 1:15*	*3:00 a 5:00*	*6:00 a 7:00*
Daniel	*campo de deportes/jugar al fútbol*	*piscina/traer el traje de baño*	*comedor/lavar los platos*	*playa/bucear*	*sala/usar la computadora*
Marta	*campo de deportes/jugar al tenis*	*piscina/traer las toallas*	*comedor/traer el pan*	*lago/navegar*	*sala/poner flores*
Estela	*campo de deportes/jugar al tenis*	*bosque/ andar por los senderos*	*comedor/ poner la mesa*	*campo/montar a caballo*	*jardín/traer los binoculares*
Julián	*en cama/ enfermo*	*lago/navegar*	*comedor/ servir la comida*	*playa/nadar*	*playa/hacer una fogata*

Gramática Repaso

OBJECTIVES

- Talk and write about past family trips
- Exchange information about parties and excursions
- Write about excursions and places in Chile

Go **Online** to practice

PearsonSchool.com/Autentico

VIDEO

WRITING

SPEAK/RECORD

El pretérito de los verbos con los cambios e → *i*, o → *u* en la raíz

Stem changing *-ir* verbs in the present tense also have a stem change in the preterite tense. The changes are *e* → *i* and *o* → *u* and take place in the *Ud. / él / ella* and *Uds. / ellos / ellas* forms only.

Here are the preterite forms of *pedir, sentir,* and *dormir:*

pedí	pedimos
pediste	pedisteis
p**i**dió	p**i**dieron

sentí	sentimos
sentiste	sentisteis
s**i**ntió	s**i**ntieron

dormí	dormimos
dormiste	dormisteis
d**u**rmió	d**u**rmieron

Other verbs like *pedir (i)* and *sentir (i)* are: *divertirse, preferir, sugerir, vestirse.* Another verb like *dormir (u)* is: *morir.*

Más recursos ONLINE

Tutorial: Irregular Preterite Forms

19 ¿Qué pasó en el picnic?

LEER, ESCRIBIR La familia Suárez hizo un picnic en la playa. Completa las frases con el pretérito del verbo apropiado.

1. Yo *(preferir / dormir)* ir a la playa.
2. Mis hermanitos *(morirse / pedir)* de miedo cuando hicieron moto acuática.
3. Fuimos de pesca y *(morirse / divertirse).*
4. Mi hermanita *(pedir / dormir)* más postre.
5. Después de comer mis hermanos y yo *(dormir / servir)* una siesta.

20 ¿Cómo lo pasaron?

HABLAR EN PAREJA Una semana después, los hermanos Suárez fueron de cámping por cinco días. Habla con otro(a) estudiante de su experiencia.

Videomodelo

¿A qué hora? / dormirse

A —*¿A qué hora **se durmieron**?*

B —***Se durmieron** a las siete.*

Estudiante A

1. ¿Por dónde? / andar los hermanos
2. ¿Dónde? / dormir los hermanos
3. ¿Qué? / tener el hermano menor
4. ¿Qué? / traer los chicos para beber

Estudiante B

21 ¿Cómo lo pasaron?

ESCRIBIR, HABLAR EN PAREJA

1 Escribe cinco preguntas que puedes hacerle a otro(a) estudiante sobre cómo lo pasó en una fiesta. Usen los verbos del recuadro.

divertirse	servir	preferir	sugerir
sentirse	vestirse	estar	poder

Modelo

estar

¿Estuvo buena la fiesta de Ernesto?

2 Ahora, usando las preguntas que escribiste en el Paso 1, habla con otro(a) estudiante sobre cómo lo pasaron en la fiesta.

Videomodelo

A —*¿Estuvo buena la fiesta de Ernesto?*

B —*Sí, bailé toda la noche. Lo pasé muy bien. ¿Y tú?*

22 Una excursión al aire libre

HABLAR EN PAREJA

1 Piensa en la última vez que hiciste una excursión y contesta las preguntas.

1. ¿Adónde fuiste?
2. ¿Quién te sugirió el lugar?
3. ¿Cómo te vestiste?
4. ¿Qué tuviste que traer?
5. ¿Qué hiciste?
6. ¿Te divertiste o no?

2 Ahora manda un texto a otro(a) estudiante con cuatro de las preguntas modelo y escribe dos nuevas preguntas. El otro estudiante te mandará sus respuestas.

3 Presenta las respuestas a la clase.

23 Lluvia en el desierto

ESCRIBIR, HABLAR EN PAREJA ¿Sabías que a veces llueve en los desiertos? Lee la siguiente información sobre el desierto de Atacama y resuelve el problema con otro(a) estudiante.

Conexiones Las matemáticas

El desierto de Atacama, al norte de Chile, generalmente recibe sólo 5 mm de precipitación al año. Pero, el 12 de julio de 1997 cayeron 95 mm de agua en solo 15 horas.

Si en los próximos años recibe la precipitación habitual, ¿cuántos meses hay que esperar hasta llegar a la cantidad de precipitación del 12 de julio de 1997?

Desierto de Atacama, Chile

24

Una caminata por Torres del Paine

LEER, ESCRIBIR Imagina que vas a ir a hacer una excursión como la que se describe en este anuncio turístico del Parque Nacional Torres del Paine. Escribe un correo electrónico a un(a) compañero(a) y pregúntale lo que necesitas hacer para participar en cada actividad. Él o ella te contestará con lo que necesitas o lo que tienes que hacer y por qué.

25

Los Ecocamps de Torres del Paine

LEER, ESCRIBIR Lee el texto sobre el Parque Nacional Torres del Paine y los Ecocamps y contesta las siguientes preguntas.

El Parque Nacional Torres del Paine, situado en la zona patagónica de Chile, es uno de los lugares más hermosos de nuestro planeta. Los senderos del parque ofrecen vistas magníficas del paisaje patagónico: montañas, bosques, ríos, glaciares, lagos y abundante flora y fauna. Este parque, remoto y misterioso, atrae a miles de turistas y aventureros de todo el mundo que vienen cada año a hacer caminatas, montar a caballo o navegar. Y la gran demanda por visitar el parque ha generado problemas serios de impacto ecológico y en la calidad de los servicios turísticos en general.

Una solución a este problema ha sido cambiar los hoteles por "Ecocamps", tiendas de acampar modernas, cómodas y transportables. Los "Ecocamps" permiten a los visitantes estar más cerca de la naturaleza y producen menos basura que los hoteles.

1. ¿Qué tipos de paisajes ofrece el Parque Nacional Torres del Paine?
2. ¿Qué solución ofrecen los Ecocamps para mejorar los problemas de impacto ecológico?
3. ¿Qué crees que puedes hacer tú para ayudar a cuidar lugares como éste?

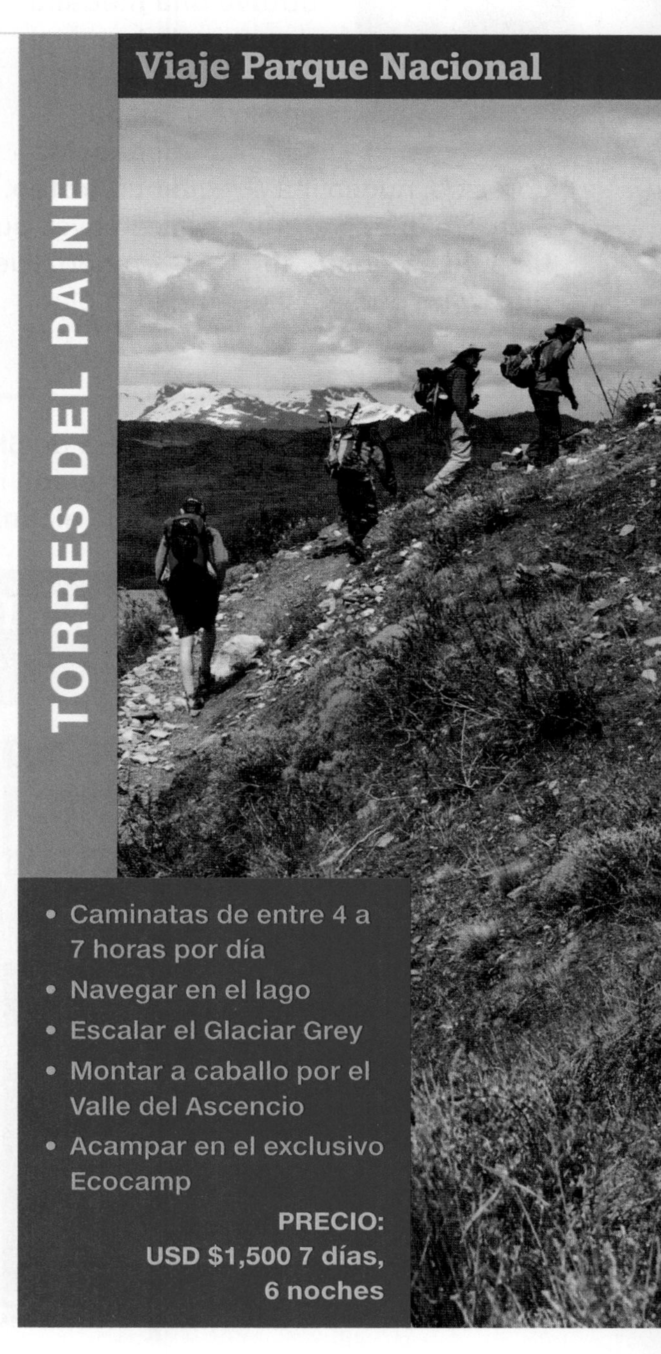

Vocabulario en contexto 2

OBJECTIVES

Read, listen to, and understand information about
- Athletic events
- Other kinds of competitions
- Goals and prizes

Cómo alcanzar tus metas

El blog de María

MARIA

Mi vida cambió cuando **obtuve una medalla** después de terminar mi primera **carrera** de 5k. No quería **salir campeona**. Me conozco: nunca iba a recibir un **trofeo**. Siempre quería correr pero cada vez que **hice un esfuerzo**, terminé llorando. Fue **duro** y no pude. Así que hice un plan.

MI PLAN

1. **Inscribirme en una carrera de 5K**
   Cuando completé la **inscripción** me sentí motivada para ponerme en forma. ¡Tenía una meta que **alcanzar**!

CARRERA FAMILIAR DE 5 KILÓMETROS

SÁBADO 10 DE AGOSTO

¡Todos los participantes reciben premios!

la medalla

Carrera 5K
Certificado de Excelencia
Ganadores de la Competencia

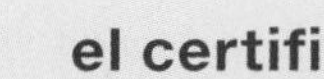
el certificado

el trofeo

Inscripciones: Carrera 5K.com

2 **Completar el entrenamiento** Estaba muy **animada, sin embargo** fue muy duro. **Al principio**, solo caminaba. Después empecé a correr 30 segundos y a caminar 2 o 3 minutos durante 20 minutos. Después de unas semanas, **me di cuenta** de que podía correr más y más tiempo. Corría cuatro o cinco veces por semana.

3 **Tener paciencia** Cuando no podía ni siquiera *caminar* los 5 kilómetros, me sentía muy **desanimada**. Pero sabía que con un poco de paciencia podía mejorar. La **carrera** de 5k **tuvo lugar** en agosto. Empecé a **entrenarme** en enero. Así que fueron 7 meses DUROS de levantarme temprano, comer bien y salir a correr en el frío, el calor o el mal tiempo.

4 **Aceptar las felicitaciones** No terminé en primer lugar. No me importa. **Me emocioné** mucho al final. Estoy muy **orgullosa** porque logré mi **meta**. Ahora estoy más feliz, más sana y ¡SOY CORREDORA!

26

¿Qué pasó?

ESCRIBIR Completa cada oración con la palabra o frase correcta.

1. Su primera (carrera/medalla) era de 5k.
2. No recibió un(a) (trofeo/medalla).
3. Quería correr pero era (duro/fácil).
4. Quería alcanzar un(a) (meta/plan).
5. Su vida cambió cuando (salió campeona/obtuvo una medalla).

27

¿Cuál era el plan?

ESCUCHAR Escribe en una hoja los números del 1 al 7. Escucha las frases. Escribe *C* (cierto) o *F* (falso) para cada frase.

LA VOZ del ESTUDIANTE

Santiago, 23 de septiembre

Nuestros jóvenes maestros

Diez estudiantes de nuestra escuela participaron en el concurso de ajedrez. **Desafortunadamente**, nuestra escuela no ganó el primer premio, pero **estamos orgullosos de** nuestros **representantes**.

POESÍA

El poder de las palabras

¡Felicitaciones a nuestros poetas estudiantiles! **La ceremonia** de **entrega de premios** tuvo lugar la semana pasada en el teatro de la escuela. Al final de la ceremonia los ganadores estaban muy contentos.

DEPORTES

¡Campeonas de fútbol!

¿Recuerdan cuando el año pasado **eliminaron** a nuestro equipo del campeonato de fútbol? Pues este año, con mucho **entrenamiento** y esfuerzo, las chicas del equipo de nuestra escuela jugaron **contra** el equipo rival del Liceo San Martín y **vencieron** 3 a 1. ¡FELICITACIONES, CAMPEONAS!

28

¿Comprendiste?

ESCRIBIR

1. ¿Qué concurso no ganaron los estudiantes de la escuela?
2. ¿Cómo se sintieron los jóvenes poetas al final de la ceremonia?
3. ¿Qué le pasó el año pasado al equipo de fútbol de la escuela?
4. ¿Quién perdió el partido de fútbol este año?
5. ¿Por qué crees que los estudiantes están orgullosos de sus jugadores de ajedrez?

AUDIO

WRITING

SPEAK/RECORD

29

¡Salimos campeonas!

ESCUCHAR Escucha las siguientes frases e indica a qué dibujo se refiere cada una. Cada dibujo puede referirse a más de una frase.

Estrategia

Order of events Determining the order of events in a story will help you understand it better. When you listen to a story in Spanish, pay attention to words such as *antes, al principio, durante, después, más tarde,* and *finalmente* to determine the sequence.

1

2

3

30

Ordena tus notas

LEER, ESCRIBIR Imagina que eres reportero(a) de *La Voz del Estudiante*. Acabas de tomar unas notas sobre el partido de básquetbol, pero tus notas no están en orden. Escribe las frases en orden.

- Durante el partido tuvimos que hacer un gran esfuerzo porque el otro equipo era muy bueno.
- Más tarde, tuvimos un empate de 42 a 42.
- Cuando nos dieron el trofeo, todas nos emocionamos mucho.
- Antes del partido, nuestra entrenadora nos hizo practicar con la pelota.
- Finalmente, pudimos vencer a nuestras rivales 68 a 62.

31

Evalúa las actividades

HABLAR EN PAREJA En el periódico se habla de tres actividades en las que participan los estudiantes. Con un(a) compañero(a), expresen sus preferencias personales sobre las actividades. Expliquen por qué piensan así. Usen:

Prefiero . . .

No disfruto mucho . . . porque. . .

No me gusta . . .

Vocabulario en uso 2

OBJECTIVES

- Talk and write about sports competitions and prizes
- Listen to a report about a tennis competition
- Write about and discuss a sports event

32

El concurso

LEER, ESCRIBIR Completa los párrafos con las palabras de los recuadros.

desafortunadamente	eliminaron	desanimados	meta	representantes

Los __1.__ de mi escuela organizaron un concurso de música. Su __2.__ era obtener suficiente dinero para construir un nuevo teatro. Todos los padres de la escuela participaron. Vendieron refrescos y galletas. __3.__ nuestra banda no llegó a los finales y nos __4.__ de la competencia. Todos nos sentimos muy __5.__.

animados	orgulloso	sin embargo	se dio cuenta	alcanzar

__6.__, al día siguiente, tuvimos una gran sorpresa. El director de la escuela __7.__ de que con la venta de galletas pudimos __8.__ nuestra meta. Después, dijo que estaba muy __9.__ de los esfuerzos de nuestro equipo. Esta vez, todos nos sentimos muy __10.__.

CULTURA El mundo hispano

La Olimpíada Iberoamericana de Matemática Cada año, chicos y chicas de América Latina y España participan en la Olimpíada Iberoamericana de Matemática. Es una competencia para jóvenes de escuela secundaria. Las olimpíadas tienen como meta estimular el estudio de las matemáticas y el desarrollo[1] de jóvenes con talento para esta ciencia, a través de[2] la resolución ingeniosa de problemas matemáticos en un tiempo limitado.

¿Dónde y cuándo? La Olimpíada Iberoamericana de Matemática tiene lugar cada año en un país diferente de América Latina o en España. Otros países del mundo también tienen olimpíadas de matemáticas.

Pre-AP Integration: La ciencia y la tecnología ¿Crees que esta competencia ha impulsado el desarrollo o la innovación en las matemáticas? ¿Cómo?

[1]development [2]through

33 La entrega de premios

HABLAR Di qué premios obtuvieron los atletas en la ceremonia de entrega de premios.

Modelo

el atleta que salió en tercer lugar
El atleta que salió en tercer lugar ***obtuvo una camiseta.***

1. el equipo campeón 
2. el atleta que ganó la carrera 
3. el atleta que salió en segundo lugar 
4. todos los participantes 
5. los entrenadores 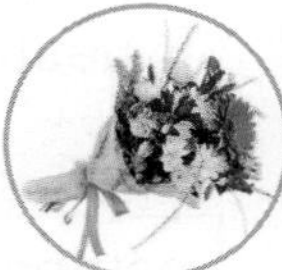

¿Recuerdas?
El verbo *obtener* tiene las mismas terminaciones en el pretérito que *tener*.

34 El campeonato de tenis

ESCUCHAR, ESCRIBIR Escucha el reportaje sobre el campeonato de tenis. Luego contesta las preguntas.

1. ¿Qué significa la expresión "tuvo lugar"? ¿Qué otras palabras te ayudaron con el significado?
2. ¿Cómo fue el partido?
3. ¿Cuándo hizo un gran esfuerzo María?
4. ¿Quién ganó?
5. ¿Qué recibió como premio la campeona?
6. ¿Cómo se sintieron las dos tenistas al final?

35 El festival deportivo

ESCRIBIR, HABLAR EN PAREJA

1 Imagina que fuiste a un festival deportivo en el que había partidos de diferentes deportes, comida y premios. Un(a) estudiante te entrevista para aprender un poco más del festival. Contesta sus preguntas.

1. ¿Cuándo y dónde tuvo lugar el festival?
2. ¿Cuánto costó la inscripción?
3. ¿Qué eventos deportivos había?
4. ¿En cuáles participaste tú?
5. ¿Jugaste con un equipo? ¿Contra quién jugaste?
6. ¿Participaste en alguna carrera?
7. ¿Ganaste algún premio? Si es así, ¿qué ganaste?
8. ¿Cómo se sintieron los participantes después de la ceremonia de entrega de premios?
9. ¿Cómo lo pasaste?

2 Trabaja con otro(a) estudiante para hacer y contestar preguntas sobre el festival.

Un partido de béisbol en Cuba

Gramática Repaso

OBJECTIVES
- Talk and write about childhood activities
- Discuss activities you used to do

El imperfecto

Use the imperfect tense to talk about actions that happened regularly. In English you often say "used to" or "would" to express this idea.

Todos los meses, mi escuela **organizaba** una carrera. Nuestro equipo nunca **perdía.**

¿Recuerdas?
Expresiones como *generalmente, a menudo, muchas veces, todos los días, siempre* y *nunca* indican el uso del imperfecto.

estar

est**aba**	estáb**amos**
est**abas**	est**abais**
est**aba**	est**aban**

tener

ten**ía**	ten**íamos**
ten**ías**	ten**íais**
ten**ía**	ten**ían**

vivir

viv**ía**	viv**íamos**
viv**ías**	viv**íais**
viv**ía**	viv**ían**

- Stem-changing verbs do not have a stem change in the imperfect.
  Quería participar en el campeonato pero no **me sentía** bien.

  The verbs *ir, ser*, and *ver* are the only irregular verbs in the imperfect. Here are their forms:

Más recursos ONLINE
- **Tutorial:** Uses of the Imperfect
- **Canción de hip hop:** *Cuando era niño*

ir

ib**a**	íb**amos**
ib**as**	ib**ais**
ib**a**	ib**an**

ser

er**a**	ér**amos**
er**as**	er**ais**
er**a**	er**an**

ver

ve**ía**	ve**íamos**
ve**ías**	ve**íais**
ve**ía**	ve**ían**

- The imperfect form of *hay* is *había* ("there was / were, there used to be").
  Generalmente, no **había** muchos participantes en el campeonato.

36

Recuerdos de mi niñez

LEER, ESCRIBIR Completa con la forma del imperfecto del verbo.

ir	tener	ser	leer	sacar

Cuando yo 1. niño, me gustaba mucho leer. Yo 2. más de cien libros. Todos los sábados, mi hermana y yo 3. a la biblioteca. Mi hermana 4. libros de historia. Yo, en cambio, 5. los libros de aventura.

molestar	devolver	pedir	enojar	ser

A veces, mis amigos me 6. prestado un libro. A mí no me 7. compartir los libros, pero cuando ellos no los 8., entonces yo me 9. mucho. Los libros 10. mis mejores amigos.

37

Campeonatos escolares

LEER, HABLAR EN PAREJA Marilú recuerda los deportes y las actividades que hacía de niña en la escuela primaria. Depués de leer su descripción, trabaja con otro(a) estudiante para hacer y contestar preguntas sobre los recuerdos de Marilú.

"Cuando yo asistía a la escuela primaria, jugaba en un equipo de fútbol que siempre vencía a los demás. Mis compañeras y yo nos entrenábamos todos los días y nuestros entrenadores nos ayudaban mucho. Nuestros padres siempre nos animaban para alcanzar nuestra meta, que era hacer el mejor esfuerzo posible para ganar.

Un año, salimos campeonas del estado y nos dieron un trofeo.

—¡Felicitaciones campeonas! —nos decían todos durante la entrega de premios. Nos emocionamos mucho".

Videomodelo

A —*¿A qué deporte jugaba Marilú de niña?*
B —*Marilú jugaba al fútbol.*

38

¿Qué hacías de niño(a)?

ESCRIBIR, HABLAR EN PAREJA

1. Escribe una descripción de tu vida cuando eras niño(a). Incluye:
   - los juegos
   - los deportes
   - la familia
   - los programas de televisión
   - la comida
   - los(as) amigos(as)
2. Ahora, pregúntale a otro(a) estudiante si hacía las mismas cosas que tú. Toma notas de sus respuestas.

Videomodelo

A —*De niño(a)* ***yo leía libros de cuentos****. ¿Tú también leías libros de cuentos?*
B —*Sí, a mí me gustaba leer libros de cuentos.*

3. Preséntale a la clase una comparación entre tu vida de niño(a) y la de tu compañero(a).

Modelo

Los dos comíamos cosas dulces. Yo prefería chocolate y él prefería helado.

Gramática Repaso

OBJECTIVES

- Write about regular past actions
- Talk and write about athletes and competitions

Usos del imperfecto

You have learned to use the imperfect to describe something that used to take place regularly. You also use the imperfect

Más recursos ONLINE

Tutorial: Uses of the Imperfect

- to describe people, places, and situations in the past.

  Hacía mucho calor. El estadio **estaba** lleno. Los espectadores **gritaban.**
- to talk about a past action that was continuous or that kept happening.

  Los atletas se **entrenaban** en el gimnasio.
- to describe the date, time, age, and weather in the past.

  Era el 5 de noviembre. **Eran** las seis de la mañana pero ya **hacía** calor.

39 Los sábados del pasado

ESCRIBIR Hazle preguntas sobre su vida diaria a un(a) compañero(a) por correo eléctronico. Pregúntale qué hacía los sábados cuando era pequeño. Él o ella te responde con los verbos *ir, ver* o *ser*.

1. Por las mañanas, mis hermanos y yo . . .
2. Por las tardes, yo . . .
3. Muchas veces, yo . . .
4. Mis padres . . .
5. Los quehaceres . . .
6. Por la tarde, mis amigos . . .

40 Entrevista

HABLAR EN PAREJA, ESCRIBIR

1 Entrevista a un(a) compañero(a). Hazle preguntas sobre alguna competencia a la que asistió o en la que participó. Toma notas de sus respuestas.

1. ¿Dónde tuvo lugar la competencia de . . . ?
2. ¿A qué hora era?
3. ¿Cómo era el auditorio / estadio / salón / gimnasio?
4. ¿Quiénes eran los participantes?
5. ¿Quiénes asistieron al evento?
6. ¿Cómo se sintió el público?
7. ¿Qué premios entregaron a los ganadores?
8. ¿Cómo se sentían los ganadores después de recibir sus premios?

2 Escribe un reportaje basado en las notas de la entrevista que hiciste. Usa oraciones conectadas con detalles y elaboración. Luego, lee tu reportaje a la clase.

VIDEO

WRITING

SPEAK/RECORD

41

Un atleta olímpico

LEER, ESCRIBIR

1 Completa la biografía del atleta olímpico Leonel Manzano con el pretérito o el imperfecto del verbo en paréntesis.

Leonel __1.__ *(nacer)* en México y __2.__ *(mudarse)* a Texas con su familia cuando __3.__ *(tener)* cuatro años. __4.__ *(Comenzar)* a correr a una edad temprana. __5.__ *(Ganar)* nueve campeonatos del estado de Texas para Marble Falls High School. Luego, __6.__ *(competir)* para la Universidad de Texas y __7.__ *(ser)* el primer estudiante en la historia de la escuela de conseguir una posición en el equipo olímpico de los Estados Unidos para la carrera de 1,500m. En 2012, __8.__ *(lograr)* su sueño y __9.__ *(conseguir)* una medalla de plata en los Juegos Olímpicos. Después, Leonel __10.__ *(enviar)* un tweet "¡La medalla de plata! Siento como gané representando dos países, Estados Unidos y México". En 2014, __11.__ *(ser)* campeón de la carrera USTAF al aire libre de 1,500m en un tiempo de 3:38.63.

¿Recuerdas?
Los verbos *competir* y *conseguir* tienen el cambio *e* → *i* en el pretérito.

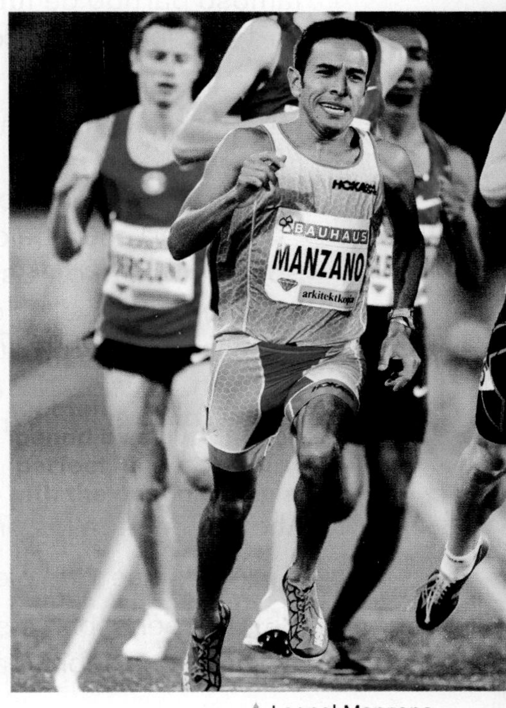

▲ Leonel Manzano

2 Contesta las preguntas sobre Leonel Manzano.

1. ¿Qué características personales crees que ayudaron a Leonel a triunfar?
2. ¿Por qué crees que dijo que se sentía ganador cuando quedó en segundo lugar?
3. ¿Qué importancia tiene la medalla olímpica de Leonel para otros jóvenes hispanohablantes de los Estados Unidos?
4. ¿Conoces a otros(as) campeones(as) olímpicos(as) de habla hispana? ¿Qué hacen?

El español en el mundo del trabajo

El español y el fútbol americano

"Hoy en día, muchos latinoamericanos que viven en los Estados Unidos disfrutan del fútbol americano. Algunas cadenas[1] de televisión transmiten sus programas sobre fútbol americano también en español. Mi labor es traducir[2] lo que dicen los jugadores y locutores. Pero ese deporte no se practica mucho en América Latina ni en España, por eso a veces es difícil buscar la palabra que exprese en español la jugada, el error o la regla que no existe en nuestro idioma. Muchas veces hay que inventar la palabra o expresión que necesitamos. Traducir es hacer que dos culturas distintas puedan conversar . . . hasta de deportes".

[1]networks [2]translate

42

Un partido inolvidable

LEER, ESCRIBIR

1 Completa esta descripción de un famoso partido de fútbol que tuvo lugar en 1928 en España, con el pretérito o el imperfecto del verbo entre paréntesis.

__1.__ *(ser)* el 28 de mayo de 1928. __2.__ *(llover)* y __3.__ *(hacer)* viento. __4.__ *(ser)* un día muy especial para Santander. __5.__ *(jugar)* el Barcelona y La Real Sociedad. Platko y Samitier __6.__ *(ser)* las grandes estrellas del Barcelona. Las estrellas de la Real __7.__ *(ser)* Zaldúa y Cholín. Por fin __8.__ *(comenzar)* el partido. En un momento en que la Real __9.__ *(ir)* hacia el área del Barcelona, Cholín avanzó[1] hasta el arco[2]. Cuando el gol __10.__ *(parecer)* inevitable, el guardameta[3] Platko se arrojó[4] sobre el pie de Cholín y __11.__ *(parar)* la pelota. Sin embargo, el pie de Cholín __12.__ *(dar)* contra la cabeza de Platko, quien __13.__ *(tener)* que salir del campo, con la frente[5] llena de sangre. A los pocos minutos se __14.__ *(llegar)* al descanso, con un empate de cero a cero. Los aficionados del Barcelona __15.__ *(estar)* desanimados. ¿Cómo podían ganar el campeonato sin Platko, su gran guardameta?

[1]moved forward [2]goal [3]goalkeeper [4]leaped [5]forehead

2 Ahora, contesta las preguntas.

1. ¿Crees que Platko era valiente? ¿Por qué?
2. ¿Qué pensaban los aficionados del Barcelona sobre Platko? ¿Cómo lo sabes?
3. ¿Alguna vez te sentiste como los aficionados del Barcelona? ¿Por qué?

En voz alta

¿Sabes cómo terminó el partido? Platko volvió al juego. Su equipo ganó uno de los encuentros más emocionantes de la historia del fútbol.

El equipo de Barcelona tiene unos cánticos[1] que son conocidos en todo el mundo. Se cantan en catalán, el idioma de la región de Cataluña. La mayoría de los cánticos utilizan melodías de música conocidas. Uno se puede imaginar que los aficionados de Barcelona cantaron estos cánticos muchas veces durante este partido inolvidable.

Escucha los cánticos, unos traducidos al español, y trata de repetirlos. Luego, contesta las preguntas.

- ¿Qué palabras o frases se repiten? ¿Cuál es el efecto de esta repetición?
- ¿Cuál de los tres cánticos está en catalán? En tu opinión, ¿qué significa?

¿Recuerdas?

En América Latina y en partes de España, la *c* antes de las vocales *e* e *i*, y la *z* antes de una vocal se pronuncian como la *s* en inglés de la palabra *sink*. En otras regiones de España esas letras se parecen al sonido de *th* en la palabra *think*.

Pronuncia estas palabras usando los dos sonidos de la letra *c* y escucha la diferencia: *nació, Barcelona.*

Cánticos del Fútbol Club Barcelona

Cántico 1

1899, nació el club que llevo en el corazón,
azulgrana[2] son los colores,
¡Fútbol Cluuub Barcelooona!
Le le le le leeee,
le le le le le leeeee,
¡Fútbol Cluuub Barcelooona!

Cántico 2

O le le le, o la la la
Ser del Barça es, el mejor que hay.

Cántico 3

Força Barça!

[1]cheers [2]blue and scarlet

Go **Online** to practice PEARSON realize. PearsonSchool.com/Autentico

AUDIO

WRITING

SPEAK/RECORD

43

Una competencia artística

ESCRIBIR Fuiste a una competencia artística y tuviste que escribir un informe para presentar en tu clase. Usa las fotos para escribir lo que sucedió. Usa las formas correctas del pretérito y del imperfecto.

Estrategia

Describing events When you describe a sequence of events, it is useful to write words such as *primero* (first), *luego* (next), *después* (then), *al final* (finally) to describe the order in which these events have occurred.

1 

2 
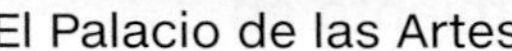
El Palacio de las Artes

3 

4 

5 

6 

7 

8 

44

Un cuento en grupo

ESCRIBIR, HABLAR EN GRUPO

1 Usa tu imaginación para completar este cuento con cuatro de tus compañeros(as). Traten de incorporar en su cuento el vocabulario y la gramática que aprendieron en este capítulo.

1. Había una vez un(a) . . .
2. Era una persona muy . . . y . . .
3. Vivía en . . . con su(s) . . . y su(s) . . .
4. Siempre le gustaba . . . y . . .
5. Un día, al amanecer, (nombre) fue . . .
6. Era un lugar . . . y . . .
7. De repente, oyó / vio . . .
8. ¡Era un(a) . . . !
9. Cuando el / la . . . se acercó, (nombre) empezó a . . .
10. Pero entonces, se dio cuenta de . . . y . . . a pasear por . . .
11. Al final, (nombre) . . .
12. Fue una aventura muy . . .

2 Trabajen en grupo para leer, comentar y corregir el cuento que escribieron. ¿Usaron el pretérito y el imperfecto correctamente? ¿Las oraciones están conectadas? ¿Hay suficiente elaboración? Añadan más detalles si es necesario.

3 Presenten su cuento a la clase. La clase va a votar por el cuento más imaginativo, el más divertido y el mejor cuento de horror.

Puente a la cultura

OBJECTIVES

- Read about a famous pilgrimage route in Spain
- Apply your prior knowledge of pilgrims to understand the reading
- Compare a pilgrimage to your own travel experiences

El Camino de Santiago

Los peregrinos de Plymouth, Massachusetts, buscaban la libertad religiosa. Otros peregrinos viajan en busca de algo sagrado o religioso, como los peregrinos musulmanes que viajan a La Meca y los peregrinos judíos y cristianos que viajan a Jerusalén.

Hace más de mil años, en el extremo noroeste de España se descubrió la tumba del apóstol Santiago[1], una figura fundamental de la religión católica. Empezaron a viajar peregrinos de toda Europa al lugar del descubrimiento en donde se fundó la ciudad de Santiago de Compostela. La ruta sagrada que seguían los peregrinos se dio a conocer[2] como El Camino de Santiago y terminaba en el portal de la Catedral de Santiago de Compostela.

A lo largo de[3] la ruta construyeron iglesias y albergues[4] para recibir a los peregrinos. Algunos peregrinos venían de lugares tan lejanos como Rusia y tardaban años para completar su viaje a pie.

Hoy en día muchas personas viajan a Santiago por la misma razón que los peregrinos de hace mil años: por motivos[5] religiosos. Otros lo recorren[6] como turistas o por motivos culturales debido a su importancia histórica.

[1]the apostle Saint James [2]became known as [3]All along [4]hostels [5]reasons [6]travel along

Estrategia

Activating prior knowledge

A *peregrino* (pilgrim) is a person who makes a trip for spiritual reasons. To better understand the selection, think of other pilgrims you might know of. Why did the Pilgrims come from England to Plymouth, Massachusetts in the 17th century? Why did they found a colony? Look at the maps on these pages to see the route of another group of pilgrims.

Online Cultural Reading

Go to **Auténtico ONLINE** to read and understand a website for tourists.

Estrategia Use visuals: Use images to figure out what unfamiliar language means.

¡Inténtalo! Look at the website. Can you figure out words that you don't understand by looking at the pictures? List the words or phrases that you just learned.

Jovénes en camino hacia Santiago de Compostela

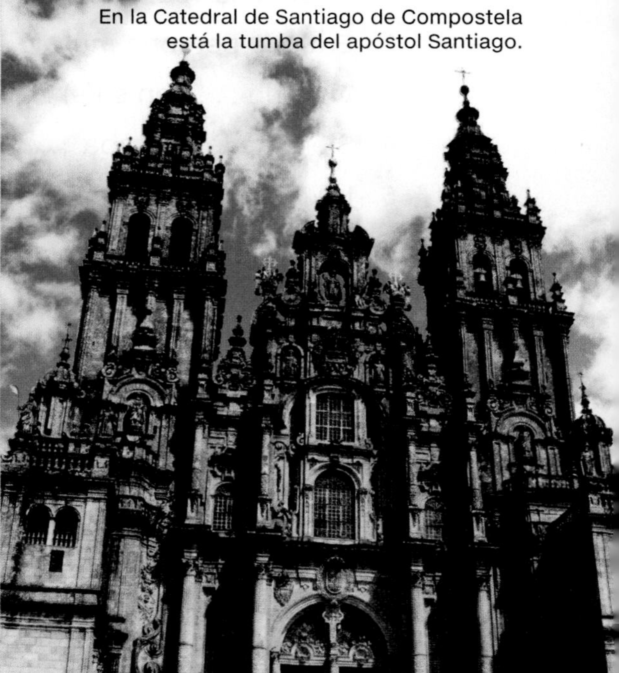

En la Catedral de Santiago de Compostela está la tumba del apóstol Santiago.

Go **Online** to practice
PEARSON realize™

PearsonSchool.com/Autentico

VIDEO

WRITING

MAPA GLOBAL

Muchos de los que hacen este viaje son jóvenes. Algunos lo hacen a pie, otros en bicicleta y otros ¡hasta a caballo! Por eso mismo, hay muchos albergues juveniles que ofrecen servicios muy baratos. Para quedarte en ellos, debes llevar tu propia comida. Los albergues son lugares excelentes para conocer a chicos y chicas de todo el mundo.

◀ Un peregrino de la antigüedad

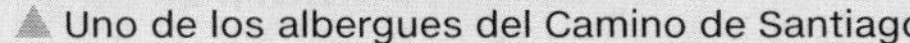
▲ Uno de los albergues del Camino de Santiago

¿Comprendiste?

1. Nombra los cuatro grupos de peregrinos que se mencionan en la lectura. En general, ¿qué buscan los peregrinos?
2. ¿De dónde eran los peregrinos que iban a Santiago?
3. ¿Cuáles son tres motivos para seguir el Camino de Santiago hoy en día?
4. ¿Qué atractivos tiene el Camino para una persona joven?

Mi propio camino

1. Piensa en un viaje o una excursión que hiciste el año pasado. ¿Adónde fuiste? ¿Por qué fuiste allí? ¿Cómo fuiste? ¿Qué tuviste que llevar? ¿Dónde te quedaste? ¿Cómo era el lugar? ¿Qué había allí? ¿A quién(es) conociste?
2. Ahora compara tu experiencia con el recorrido que hacen muchos jóvenes a Santiago de Compostela. ¿En qué se parecen? ¿En qué se diferencian?

Videodocumentario Los deportes en el mundo hispano

Mapa global interactivo Explora el camino que tomaron los peregrinos y haz conexiones con su historia y tradiciones.

Pre-AP® Integración

OBJECTIVES

- Listen to and read about an excursion and a sports competition
- Write a comparison of two past events

¿Qué me cuentas?: Dos aventuras

El fin de semana pasado hubo dos eventos en el Parque Nacional Tierra del Fuego. Compara lo que sucedió en cada uno. Primero escucha una descripción del paseo. Anota las respuestas a las preguntas y guárdalas para usarlas en el paso 3.

1 Escucha las siguientes descripciones. Después de cada descripción vas a oír tres preguntas. Escoge la mejor respuesta para cada pregunta.

1. **a.** no hacía buen tiempo **b.** hacía calor **c.** llovía
2. **a.** por el bosque **b.** por el valle **c.** por la playa
3. **a.** hasta una roca **b.** hasta un árbol **c.** hasta el pie de una montaña
4. **a.** mosquitos **b.** pájaros **c.** peces
5. **a.** binoculares **b.** repelente de insectos **c.** brújula
6. **a.** empezó a llover **b.** empezó a nevar **c.** cayeron relámpagos

2 Ahora lee un artículo sobre la competencia que ocurrió el mismo día.

El maratón vuelve a Ushuaia

Domingo, 30 de marzo

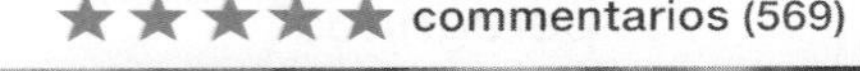

Ushuaia, Arg. — Hacía frío cuando los atletas empezaron a correr en el maratón que tuvo lugar ayer en el Parque Nacional Tierra del Fuego. Más de 250 atletas, representantes de unos veinte países, se inscribieron en la carrera. La carrera fue dura, no solo por las temperaturas bajas, sino también por el viento fuerte. Los competidores corrieron por un camino de roca que cruzaba el bosque y contra un viento que a veces superaba los 65 kilómetros por hora. Mientras los atletas corrían los últimos veinte kilómetros, empezó a llover y a caer granizo. Sin embargo, el público estaba animado y se emocionó cuando los primeros atletas alcanzaron la meta.

Los vientos de Ushuaia deforman los árboles

3 Escribe dos párrafos y compara los dos eventos del fin de semana pasado. Piensa en el tiempo que hacía en el parque y en lo que sucedió en cada aventura. ¿Qué esfuerzo hicieron los participantes en cada aventura? ¿Cómo crees que se sentían y por qué? Mientras escribes, usa estas expresiones para conectar tus ideas.

al principio	una vez allí
entonces	más tarde
al final	de repente
sin embargo	durante

Presentación oral

OBJECTIVES
- Demonstrate how to tell a story about a personal experience
- Use the information you know about your audience to choose a topic

Una experiencia inolvidable

TAREA Trabajas en un campamento para niños. Cuéntales a los niños de una experiencia inolvidable que tuviste.

Estrategia

Choosing a topic When giving an oral presentation, think about your audience as you choose a topic. Make a list of details that support your main idea and make sure you have enough interesting information.

1 Prepárate Responde a las preguntas de la tabla.

¿Adónde fuiste?	
¿Cómo era el lugar?	
¿Qué había allí?	
¿Qué sucedió?	
¿Cómo te sentiste?	
¿Cómo terminó?	

2 Practica Vuelve a leer la información que anotaste en la tabla. Practica varias veces tu presentación. Puedes usar tus notas para practicar, pero no al hablar ante la clase. Recuerda:

- describir claramente todo lo que sucedió
- mirar directamente al público
- usar el vocabulario que aprendiste en esta lección
- usar oraciones conectadas con detalles y elaboración

Modelo

Hace un tiempo, fui a acampar al valle. El paisaje era impresionante. Había flores de todos los colores. Después de caminar un rato, me perdí. Entonces me di cuenta de que no tenía mi brújula. Sentí miedo. Después de un rato oí unas voces. ¡Eran mis amigos!

3 Haz tu presentación Imagina que tus compañeros son los niños del campamento. Cuéntales tu experiencia inolvidable usando oraciones conectadas con detalles y elaboración.

4 Evaluación Tu profesor(a) utilizará la siguiente rúbrica para evaluar tu presentación.

Rubric	Score 1	Score 3	Score 5
How well you narrate the event	You don't include narration or have incomplete narration.	You present an idea for narration, but it needs more elaboration.	Your narration uses connected sentences with details and elaboration.
How well you use chapter vocabulary	Your chapter vocabulary is absent.	You used one or two chapter vocabulary items.	You used several chapter vocabulary items appropriately.
How effectively you deliver your speech	You have no eye contact with the audience. There is little or no intonation.	You made some eye contact. You used intonation, but not convincingly.	You have good eye contact with the audience. Intonation and gestures made the narration interesting.

Presentación escrita

OBJECTIVES
- Narrate a special experience in the past tense
- Add details in order to improve the story

Aventuras bajo el sol

Imagínate que acabas de participar en una de las actividades que muestran las fotos de este capítulo. Escribe un cuento sobre esa aventura. ¿Quiénes participaron? ¿Cómo era el lugar? ¿Qué querían ver? ¿Cómo lo pasaron? ¿Fue emocionante? ¿Qué opinas de la actividad? ¿La recomiendas a otras personas?

Estrategia

Adding details Adding details to our writing makes it more interesting. If you say "*oí un ruido* y *me asusté,*" the reader cannot imagine the setting very well. But if you write: "*En la oscuridad de la noche, sentí un ruido como de un trueno . . . comencé a gritar,*" your reader will have a better picture of what happened.

1 Antes de escribir Usa una red de palabras para organizar tus ideas.

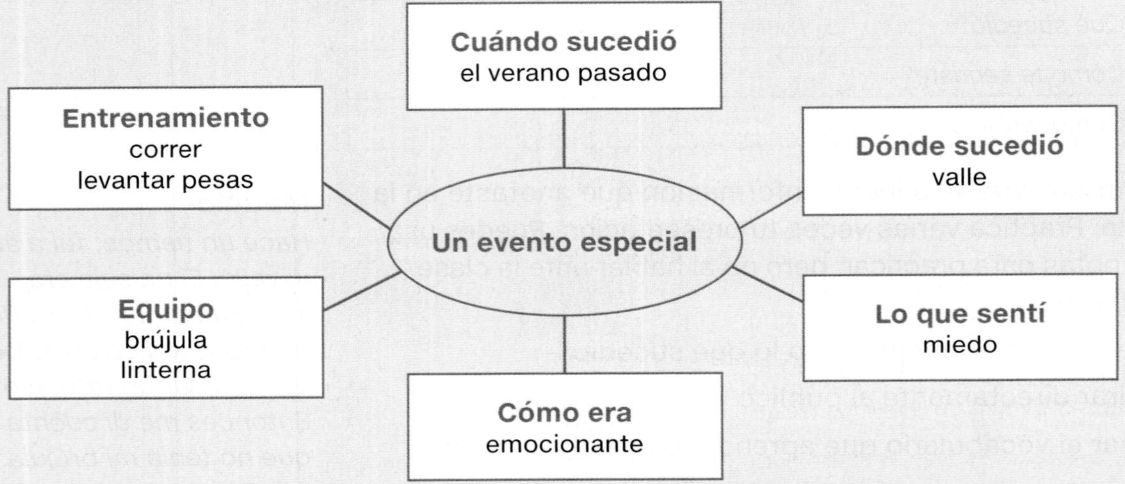

2 Borrador Escribe tu borrador. Usa el pretérito y el imperfecto y el vocabulario de esta lección en oraciones conectadas con detalles y elaboración. Escribe tus ideas en orden lógico, así tu cuento va a ser más interesante y más fácil de entender.

Modelo

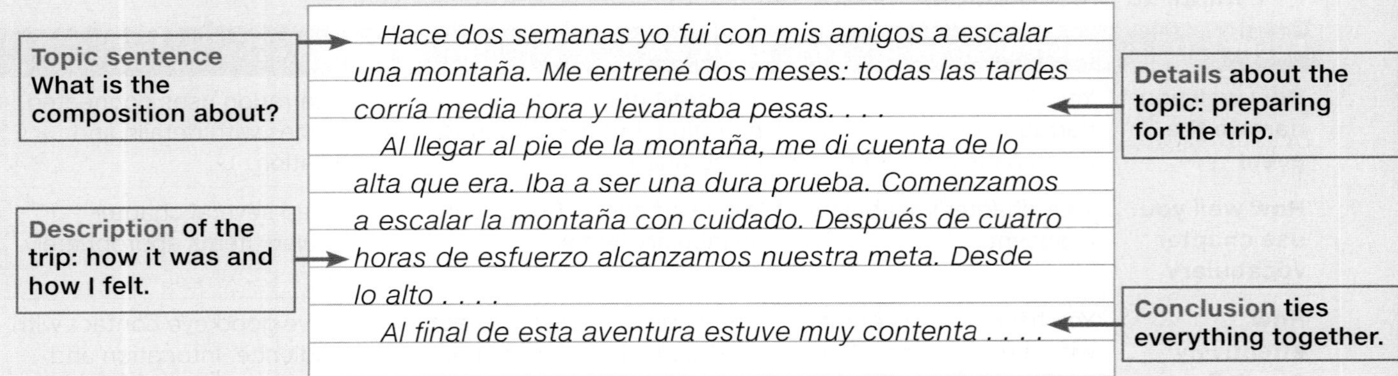

3 **Redacción/Revisión** Después de escribir el primer borrador de la composición, trabaja con otro(a) estudiante para intercambiar los trabajos y leerlos. Decidan qué aspectos son más efectivos. Fíjense en cómo el escritor del modelo incluyó detalles en su composición. Cada persona puede decir qué se puede hacer para mejorar la composición que leyó.

Haz lo siguiente: Subraya con una línea los verbos en pretérito y con dos líneas los verbos en imperfecto.

- ¿Hay concordancia *(agreement)* entre cada sujeto y verbo?
- ¿El pretérito y el imperfecto están empleados correctamente?
- ¿Están las oraciones conectadas con detalles y elaboración?

Hace dos semanas ~~yo fueron~~ fui con mis amigos a escalar una montaña. Me entrené dos meses: todas las tardes ~~corrían~~ corría media hora y levantaba pesas.

4 **Publicación** Antes de crear la versión final, lee de nuevo tu borrador y repasa los siguientes puntos:

- ¿Sigue mi cuento un orden lógico?
- ¿Tiene un argumento, con un principio, un cuerpo y un final?
- ¿Incluí recomendaciones y detalles que defienden mi opinión?
- ¿Hay otros detalles que debo poner en mi composición? ¿Hay algo que debo quitar?

Después de revisar el borrador, escribe tu composición en limpio.

5 **Evaluación** Se utilizará la siguiente rúbrica para evaluar tu presentación.

Rubric	Score 1	Score 3	Score 5
Completion of task	You don't highlight any special event.	Your idea for narration is present but needs development.	Your special event is clearly narrated and made prominent.
Organization and level of detail	Your ideas aren't presented in logical order nor with detail.	You have some organizational problems. One or two details are provided.	Your organization is easy to follow. You use good details.
Sentence structure	Your sentences are run-on or are fragmented with many errors.	You use sentences consistently, but with some errors.	Your sentence structure is correct with few errors.

Lectura

OBJECTIVES

- Read and understand a Mexican legend
- Make predictions to increase interest
- Discuss legends that explain natural phenomena

El Iztaccíhuatl y el Popocatépetl

Estrategia

Making predictions Making predictions about what will happen in a story allows us to focus on what we read and increases our interest in the story.

- Do you know any stories that explain a natural phenomenon?
- Look at the picture of the volcanoes. What do you think this story will explain?

Al leer

El cuento que vas a leer es una leyenda mexicana que relaciona una historia de amor con dos volcanes en México. Copia la gráfica organizadora de la página 57. Mientras lees la selección, llena todos los espacios de la gráfica con la información del cuento.

Mientras lees, presta atención a los siguientes puntos:

- el conflicto entre las dos familias
- la relación entre los personajes principales y la naturaleza

Hace mucho tiempo, en la gran ciudad de Teotihuacán, había un rey tolteca que tenía una hija muy hermosa. El pelo de la princesa era tan negro y suave como una noche de verano, sus ojos eran tan grandes y oscuros como las aguas de un lago secreto y su sonrisa era tan bonita que decían que el sol miraba por las montañas todas las mañanas para ser el primero en verla.

Muchos príncipes ricos y famosos venían de todas partes de la región tolteca para ganar el amor de la princesa, pero ella no se enamoraba de ninguno. El rey, que quería para su hija un esposo rico de buena posición en la sociedad tolteca, ya estaba impaciente. A veces le preguntaba a la princesa qué esperaba.

—No sé —contestaba la muchacha—. Sólo sé que mi esposo va a ser alguien que voy a amar desde el principio y para siempre.

Un día llegó a la ciudad un príncipe chichimeca. Los chichimecas no tenían una civilización tan espléndida como la de los toltecas. Vivían de la caza[1] y la pesca en las montañas. Los toltecas pensaban que los chichimecas vivían como perros, y se reían de ellos.

[1]hunting

El príncipe chichimeca venía para visitar el gran mercado de Teotihuacán, donde vendían hermosísimos objetos de oro, ropa de brillantes colores, animales exóticos y muchas otras cosas.

Ese mismo día, la princesa tolteca estaba en el mercado comprando canastas[2], telas y alfombras para su palacio. Pasó que, de repente, entre toda la gente y el ruido del mercado, el príncipe y la princesa se fijaron[3] uno en el otro. Sin una palabra, desde el principio y para siempre, el príncipe y la princesa se enamoraron.

Los dos sabían muy bien que su amor era prohibido. Cada uno debía casarse con alguien de su pueblo y su clase: la princesa tolteca con un príncipe tolteca y el príncipe chichimeca con una princesa chichimeca.

Las señoras que acompañaban[4] a la princesa se dieron cuenta de lo que pasaba, y rápidamente llevaron a la princesa a su palacio. El príncipe también regresó al suyo en las montañas. Trató de olvidar a la bella princesa, pero no pudo.

Después de un tiempo, el príncipe decidió volver a Teotihuacán, a pedir la mano de la princesa. Un día se vistió de su ropa más fina y fue al palacio del rey tolteca. Allí mandó[5] a sus mensajeros a hablar con el rey para pedirle a su hija como esposa.

Cuando oyó las palabras de los mensajeros del príncipe, el rey tembló[6] de furia y gritó:
—¡Mi hija sólo se va a casar con un príncipe tolteca, nunca con un chichimeca que vive en las montañas como un animal!

[2]large round basket [3]they noticed [4]escorted [5]sent [6]shook

Cuando la princesa oyó todo esto, se sintió muy triste. Le tenía mucho respeto a su papá, pero sabía que no podía vivir sin el amor del príncipe chichimeca. Salió de su palacio y se reunió con el príncipe para decirle que sí quería casarse con él. Se fueron a las montañas, y esa noche se casaron.

Al día siguiente, la princesa regresó a Teotihuacán y le dijo a su padre que ya era la esposa del príncipe chichimeca. Le pidió perdón y esperó la comprensión de su padre. Pero el rey estaba furioso: —¿Cómo pudiste hacerme eso? —le preguntó a su hija—. ¡Vete de aquí y no vuelvas nunca! ¡Y no le pidas ni comida ni casa a ningún tolteca, que no te va a dar nada! ¡Lo prohíbo!

Lo mismo le pasó al príncipe cuando volvió a su palacio. Su padre le gritó: —¿Te casaste con una tolteca? ¡Ya no eres mi hijo, ni eres chichimeca! ¡No esperes nunca la ayuda de ningún chichimeca!

Con el corazón muy triste, el príncipe y la princesa se reunieron y empezaron a buscar dónde vivir en las montañas. Nadie los quería ayudar o darles un lugar para descansar y refugiarse de los vientos fríos. Comían sólo hierbas[7] y frutas, porque el príncipe no tenía nada con qué cazar o pescar. Poco a poco, los esposos se estaban muriendo.

Una noche muy fría y larga, el príncipe se dio cuenta de que pronto se iban a morir los dos. Estaban en un valle pequeño desde donde podían ver la ciudad de Teotihuacán. La princesa pensaba en su casa, y el príncipe la miraba con tristeza y amor, sabiendo lo que pensaba.

—Mi bella princesa —le dijo—, ya nos vamos a morir. Nos vamos a separar ahora en este mundo para estar siempre juntos en el otro. Duerme por última vez en mis brazos esta noche. En la mañana, tú te vas a ir a la montaña más baja que mira sobre tu ciudad, y yo me voy a ir a la montaña más alta que también mira sobre tu ciudad. Allí vamos a

descansar, allí te voy a cuidar para siempre y nuestros espíritus[8] van a ser un solo espíritu. Al día siguiente los dos se separaron, y cada uno empezó a subir su montaña. La princesa subió la montaña Iztaccíhuatl y el príncipe subió la montaña Popocatépetl.

Cuando la princesa llegó a la cumbre[9] de su montaña, se durmió y la nieve la cubrió[10]. El príncipe se puso de rodillas, mirando hacia la princesa y la nieve también lo cubrió.

De esta manera podemos ver hoy al príncipe y a la princesa, en la cumbre del Iztaccíhuatl y el Popocatépetl. A veces hay grandes ruidos desde muy dentro del Popocatépetl. Es el príncipe llorando por su princesa.

---

[7]grass [8]spirits, souls [9]summit [10]covered

Interacción con la lectura

1. Llena el organizador gráfico con detalles del argumento.

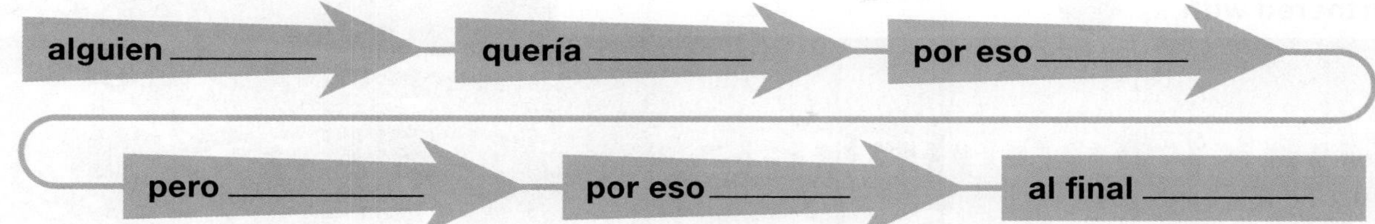

2. Trabaja con otro(a) estudiante para comparar la información de sus organizadores. Contesten las preguntas y añadan a sus organizadores cualquier otro detalle interesante que recuerden.
   - ¿Cómo conoció el príncipe a la princesa? ¿Por qué no podían casarse?
   - ¿Qué hicieron los jóvenes? ¿Crees que hicieron bien?
   - ¿Qué emociones expresan los personajes al comienzo, después y al final del cuento?
   - ¿Cómo terminó la historia? ¿Pudo tener otro final?

3. Ahora parafrasea la idea principal, el tema y los detalles del cuento basándote en el organizador gráfico.

4. Trabaja con un grupo para contestar estas preguntas.
   - ¿Qué cuentos, obras de teatro o películas conocen que cuentan una historia similar?
   - ¿Por qué en casi todas las culturas hay historias de jóvenes enamorados a quienes sus padres no comprenden?

CULTURA México

Los indígenas americanos vivían en íntimo contacto con la naturaleza. Algunos de sus mitos y leyendas explicaban fenómenos naturales como los eclipses, las tormentas y las erupciones volcánicas. La leyenda de Iztaccíhuatl y Popocatépetl explica la formación de dos volcanes cerca de la Ciudad de México. Iztaccíhuatl, el volcán más antiguo, tiene la forma de una mujer reclinada. En efecto, su nombre en la lengua náhuatl quiere decir "mujer dormida". Popocatépetl, el volcán más joven, es todavía activo. Su nombre náhuatl significa "montaña que humea" (*smoking mountain*).

- ¿Qué otra leyenda conoces que explique un fenómeno natural? Compara la leyenda con la de los dos volcanes.

El volcán Popocatépetl

Mapa global interactivo Examina el área de México donde vivía la civilización chichimeca y haz conexiones entre los volcanes y las leyendas mexicanas.

Auténtico

Partered with 

En las montañas de Puerto Rico

Antes de ver

Usa la estrategia: Identificar la idea principal y los detalles

Mira la foto del video. ¿En qué lugar crees que fue tomada? Al ver el video, trata de identificar la idea principal, el tema y los detalles importantes. Usa las imágenes para entender mejor lo que oyes.

Lee el vocabulario clave

lugar idóneo = ideal place
adentrarse = to go deeper
charla de seguridad = safety talk
cueva = cave
cuerpo de agua = body of water
corriente = current

 Ve el video

Cuando piensas en una isla del Caribe seguro imaginas playa, mar y palmas, ¿verdad? Pero, ¿sabías que también puede haber montañas, selvas y ríos?

Ve a **PearsonSchool.com/Autentico** para ver el video ***Parques de aventura en las montañas de Puerto Rico.*** Descubre qué opciones de ecoturismo se ofrecen en esta isla del Caribe, también conocida como Borinquen y la Isla del Encanto.

Haz las actividades

Mientras ves Fíjate muy bien en las distintas secciones del video y en qué dice cada persona en cada sección. ¿Cómo empieza el video? ¿Qué sigue después? ¿Y más adelante? Identifica quién habla en cada sección. Cada sección te da detalles que te ayudan a entender la idea principal del video.

Integración

Después de ver Vuelve a ver el video una o dos veces más para poder contestar estas preguntas:

1. Parafrasea la idea principal, el tema y los detalles importantes del video.
2. Según lo que dice el video, ¿qué oportunidades turísticas ofrece Puerto Rico?
3. Compara las actividades turísticas de Puerto Rico con las que tú conoces.
4. Parafrasea lo que dice la reportera sobre las piedras que hay en el río.

 **For more activities, go to the Authentic Resources Workbook.**

El ocio y la naturaleza

Expansión Busca estos recursos en *Auténtico* en línea y contesta las preguntas.

 **1 Auténtico**

Integración de ideas ¿Qué relación hay entre las formaciones y bellezas de la naturaleza con nuestras actividades de ocio *(leisure activities)*? Respalda tu respuesta con detalles.

Comparación cultural: Investiga sobre un parque nacional de Estados Unidos, como el Gran Cañón o Yellowstone. Compara las actividades turísticas que se ofrecen allí con las que se ofrecen en las montañas de Puerto Rico.

Repaso del capítulo

OBJECTIVES

▶ Review the vocabulary and grammar

Vocabulario

para hablar de actividades

acercarse a	to approach
andar	to walk, to move
dar un paseo	to take a walk, stroll
dejar de	to stop (doing something)
escalar	to climb (a rock or mountain)
perderse	to get lost
refugiarse	to take shelter

para describir la naturaleza

el bosque	wood, forest
el desierto	desert
hermoso, -a	beautiful
la naturaleza	nature
el paisaje	landscape
el refugio	refuge, shelter
la roca	rock
la sierra	sierra, mountain range
el valle	valley

para hablar de cámping

los binoculares	binoculars
la brújula	compass
la linterna	flashlight
el repelente de insectos	insect repellent
el saco de dormir	sleeping bag
la tienda de acampar	tent

para hablar del tiempo

caer granizo	to hail
el granizo	hail
el relámpago	lightning
el trueno	thunder

para indicar que sucede algo

suceder	to occur
tener lugar	to take place

para indicar cuándo sucede algo

al amanecer	at dawn
al anochecer	at dusk
al principio	at the beginning
un rato	a while
una vez allí	once there

para prepararse para un evento deportivo

el entrenamiento	training
entrenarse	to train
hacer un esfuerzo	to make an effort
inscribirse	to register
la inscripción	registration

para hablar de competencias deportivas

alcanzar	to reach
la carrera	race
la ceremonia	ceremony
el certificado	certificate, diploma
contra	against
eliminar	to eliminate
la entrega de premios	awards ceremony
¡Felicitaciones!	Congratulations!
la medalla	medal
la meta	goal
obtener	to obtain, get
el / la participante	participant
el / la representante	representative
salir campeón, campeona	to become the champion
el trofeo	trophy
vencer	to beat

para expresar emociones e impresiones

animado, -a	excited
asustar	to scare
darse cuenta de	to realize
desafortunadamente	unfortunately
desanimado, -a	discouraged
duro, -a	hard
emocionarse	to be moved
estar orgulloso / orgullosa de	to be proud of
impresionar	to impress
pasarlo bien / mal	to have a good / bad time

otras palabras y expresiones

aparecer	to appear
así	this way
hacia	toward
perder el equilibrio	to lose one's balance
sin embargo	however

Más recursos PearsonSchool.com/Autentico

Games Flashcards Instant check Tutorials

Gramática

el pretérito

destruir *to destroy*

destruí	destruimos
destruiste	destruisteis
destruyó	destruyeron

leer *to read*

leí	leímos
leíste	leísteis
leyó	leyeron

The verbs *creer, oír,* and *caerse* follow the same pattern as *leer*.

tener *to have*

tuve	tuvimos
tuviste	tuvisteis
tuvo	tuvieron

Other verbs that have an irregular stem in the preterite and share the same endings as *tener* are: *andar, estar, poder, poner, venir.*

decir *to tell*

dije	dijimos
dijiste	dijisteis
dijo	dijeron

The verb *traer* follows the same pattern as *decir*.

pedir (i) *to ask for*

pedí	pedimos
pediste	pedisteis
pidió	pidieron

The verbs *sentir, divertirse, preferir, sugerir,* and *vestirse* follow the same pattern as pedir.

dormir (u) *to sleep*

dormí	dormimos
dormiste	dormisteis
durmió	durmieron

The verb *morir* follows the same pattern as *dormir*.

el imperfecto

estar (-ar) *to be*

estaba	estábamos
estabas	estabais
estaba	estaban

tener (-er) *to have*

tenía	teníamos
tenías	teníais
tenía	tenían

vivir (-ir) *to live*

vivía	vivíamos
vivías	vivíais
vivía	vivían

ir *to go*

iba	íbamos
ibas	ibais
iba	iban

ser *to be*

era	éramos
eras	erais
era	eran

ver *to see*

veía	veíamos
veías	veíais
veía	veían

The imperfect of *hay* is *había*.

Repaso del capítulo

OBJECTIVE

▶ Demonstrate that you can perform the tasks on these pages

Preparación para el examen

1 Vocabulario Escribe la letra de la palabra o expresión que mejor complete cada frase. Escribe tus respuestas en una hoja aparte.

1. Me levanté muy temprano, ______, para ir de cámping.
   a. por la tarde
   b. al anochecer
   c. por la noche
   d. al amanecer
2. Cuando fuimos al bosque, Luis trajo ______ porque no había mucha luz.
   a. unos binoculares
   b. una linterna
   c. un repelente de insectos
   d. un saco de dormir
3. El paisaje era impresionante. ______ mucho cuando vi las montañas.
   a. Me cansé
   b. Me asusté
   c. Me emocioné
   d. Me aburrí
4. Cuando gané el campeonato mis padres me dijeron que estaban muy ______ de mis esfuerzos.
   a. orgullosos
   b. desanimados
   c. asustados
   d. tristes
5. Buscamos un refugio porque ______.
   a. perdí el equilibrio
   b. nos eliminaron
   c. comenzó a caer granizo
   d. no dormimos bien
6. Cuando llegué tarde a casa mis padres me preguntaron: "¿Qué te ______?"
   a. dieron
   b. sucedió
   c. rompiste
   d. pusiste
7. Antes de participar en el campeonato, la chica ______ por tres meses.
   a. se entrenó
   b. se perdió
   c. se divirtió
   d. se durmió
8. Fue un partido muy ______. Todos tuvimos que hacer un gran esfuerzo para ganar.
   a. agitado
   b. fácil
   c. aburrido
   d. duro

2 Gramática Escribe la letra de la palabra o expresión que mejor complete cada frase. Escribe tus respuestas en una hoja aparte.

1. Leí en el diario que la tormenta ______ muchos árboles.
   a. destruye
   b. destruía
   c. destruyendo
   d. destruyó
2. No puedo creer que te olvidaste la mochila. ¿Por qué no la ______?
   a. trajiste
   b. traen
   c. trajeron
   d. traían
3. ______ la una de la tarde cuando llegamos al campamento.
   a. Fue
   b. Era
   c. Eran
   d. Estaban
4. El sábado pasado, los chicos ______ dos horas por los senderos.
   a. anduvieron
   b. andaban
   c. andan
   d. anduviste
5. Anoche, después del partido, el campeón ______ diez horas porque estaba cansado.
   a. dormía
   b. durmió
   c. está durmiendo
   d. duerme
6. De niña, a menudo yo ______ a los partidos de tenis con mis tíos.
   a. voy
   b. fui
   c. iba
   d. iban
7. El atleta que salió en primer lugar ______ un trofeo.
   a. obtuvo
   b. obtiene
   c. obtenía
   d. obtuviste
8. Generalmente, ¿cómo ______ cuando tu equipo perdía un partido?
   a. te sientes
   b. te sentiste
   c. se sentían
   d. te sentías

Más recursos PearsonSchool.com/Autentico

 Games  Flashcards  Instant check

Tutorials

En el examen vas a . . .	Éstas son las tareas de práctica que te pueden ser útiles para el examen . . .	Para repasar, ve a tu libro de texto impreso o digital . . .
Interpretive		
 **3 ESCUCHAR** Yo puedo escuchar y comprender la descripción de una excursión a un parque nacional.	Un amigo(a) te deja un mensaje por teléfono sobre una excursión que hizo a un parque nacional. (a) ¿Adónde fue? (b) ¿Qué vio? (c) ¿Qué hizo allí? (d) ¿Qué le sucedió? (e) ¿Cómo lo pasó?	**pp. 22–25** *Vocabulario en contexto 1* **p. 23** Actividades 1–2 **p. 24** Actividad 3 **p. 30** Actividad 15
Interpersonal		
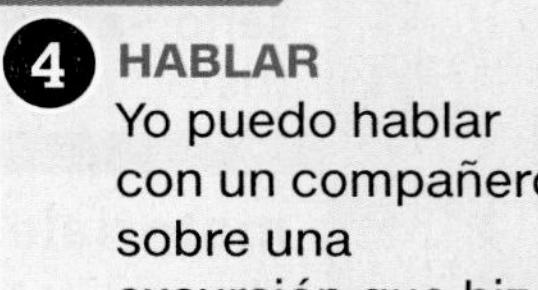 **4 HABLAR** Yo puedo hablar con un compañero sobre una excursión que hizo mi clase.	Tu clase fue de excursión a un lugar especial. Cuéntale lo que pasó a un(a) compañero(a) que no pudo ir. Él o ella te hará preguntas que incluyen: quiénes fueron, adónde fueron, qué había allí, qué tiempo hacía, qué hicieron y cómo lo pasaron. Usa una forma de hablar amistosa y menos formal.	**p. 50** *¿Qué me cuentas?* **p. 51** *Presentación oral*
Interpretive		
 **5 LEER** Yo puedo leer y comprender un anuncio sobre un concurso.	Lee el anuncio que apareció en el periódico de la escuela y decide: (a) qué tipo de concurso es; (b) cuándo es la inscripción; (c) quiénes pueden participar; (d) cuándo es la audición; (e) qué premio va a obtener el / la ganador(a). ***Concurso de Música*** *Invitamos a todos los estudiantes de tercer y cuarto año a participar en nuestro concurso.* **Fecha de inscripción:** *6 de octubre* **Audición:** *9 de octubre* **Primer premio:** *dos entradas* (tickets) *para un concierto en el teatro San Martín*	**pp. 36–39** *Vocabulario en contexto 2* **p. 40** *Cultura* **p. 41** Actividades 33, 35
Presentational		
 **6 ESCRIBIR** Yo puedo escribir un artículo sobre un evento deportivo importante para el periódico de la escuela.	Imagina que eres reportero del periódico de la escuela. Tienes que escribir un artículo sobre el último partido del año de un equipo de tu escuela. Luego, usa oraciones conectadas y elaboradas con detalles que incluyen: (a) quiénes jugaron, (b) dónde y cuándo fue, (c) si hacía buen tiempo, (d) cómo se sentían los jugadores, (e) qué sucedió, (f) cómo se sentían al final, (g) si fue un partido aburrido o emocionante y por qué.	**p. 43** Actividad 38 **p. 44** Actividad 40 **p. 45** Actividad 41
Comparisons		
 **7 COMPARAR** Yo puedo comparar los peregrinos de hoy y de ayer.	Piensa en el viaje de los peregrinos de Santiago de Compostela hace mil años. ¿Por qué quieren seguir la misma ruta muchos jóvenes hoy en día? ¿Hay lugares aquí en los Estados Unidos como Santiago de Compostela? ¿Cuáles son los motivos para viajar a estos lugares? ¿En qué se parecen? ¿En qué se diferencian?	**pp. 48–49** *Puente a la cultura*

A ver si recuerdas

OBJECTIVES

- Discuss and express opinions about paintings
- Read and write about art and artists

Vocabulario

color y luz
amarillo, -a
anaranjado, -a
azul
blanco, -a
claro, -a
gris
marrón
morado, -a
negro, -a
oscuro, -a
pastel
rojo, -a
rosado, -a
verde
vivo, -a

opiniones
a mí también / tampoco
creo que . . .
estoy / no estoy de acuerdo
me parece que . . .
me gusta / no me gusta
no estoy seguro, -a
para mí, ti . . .
¿qué te parece?

el arte y los artistas
el / la artista
el cuadro
dibujar
el estilo
la estatua
el museo
pintar
el pintor, la pintora

descripciones
aburrido, -a
bonito, -a
complicado, -a
divertido, -a
exagerado, -a
fascinante
feo, -a
horrible
interesante
mejor
moderno, -a
peor
realista
sencillo, -a
serio, -a
triste

materiales
el oro
el papel
la piedra
el plástico
la plata

comparaciones
más / menos . . . que
mejor / peor . . . que
tan . . . como

1 El arte

ESCRIBIR, HABLAR EN PAREJA

1. Haz una lista de diez palabras que describan la obra de arte.
2. Usa la información que escribiste para describir la pintura a tu compañero(a). Usa como guía las siguientes preguntas: ¿Cómo es? ¿Qué representa?

   El cuadro de . . . es . . .

   El cuadro de . . . representa . . .

3. Manda un mensaje de texto para intercambiar opiniones con tu compañero(a).
   - Pregúntale su opinión.
     ¿Qué te parece . . . ?
   - Expresa tu opinión.
     Yo creo que el cuadro de . . .
     No estoy de acuerdo . . . porque . . .

"Paisaje hondureño de San Antonio de Oriente", (1957), José Antonio Velásquez

Oil on canvas. 26" x 37". Collection of the Art Museum of the Americas. Organization of American States.

WRITING

SPEAK/RECORD

Gramática

Concordancia y comparación de adjetivos

Adjectives agree in gender and number with the persons or things they describe. Masculine adjectives usually end in *-o* and feminine adjectives usually end in *-a.*

una estatua **moderna** un cuadro **moderno**

- Adjectives that end in *-e* or in a consonant may be either feminine or masculine.

un cuadro **interesante** una estatua **gris**

- Adjectives that end in *-ista* may be either masculine or feminine.

un dibujo **realista** una pintora **surrealista**

- To form the feminine form of adjectives that end in *-or,* add *-a* at the end.

un niño **trabajador** una niña **trabajadora**

- If an adjective describes a combination of masculine and feminine nouns, the masculine plural ending is used.

Ese cuadro y esa estatua no son **feos.**

To express a comparison of similarity, use *tan* + adjective + *como.*

El cuadro de Picasso es **tan bonito como** el cuadro de Velásquez.

To express a comparison of difference, use *más / menos* + adjective + *que.*

El cuadro de Dalí me parece **más / menos abstracto que** el de Miró.

- These adjectives have irregular comparative forms. The words *más / menos* are not used.

bueno(a)	**mejor (que)**	viejo(a)	**mayor (que)**
malo(a)	**peor (que)**	joven	**menor (que)**

2 El museo de arte

LEER, ESCRIBIR Completa el diálogo con la forma correcta de los adjetivos del recuadro.

complicado	exagerado
moderno	fascinante
plástico	

A —Ayer fui a un museo de arte __1.__ y vi unos cuadros __2.__. Me gustaron mucho. Sin embargo, las estatuas de __3.__ son __4.__.

B —¿Sí? Pues yo no entiendo el arte moderno. Es muy __5.__.

3 En mi opinión

ESCRIBIR Usa los adjetivos para escribir un texto de cinco frases que comparen dos obras de arte. Usa *más / menos . . . que* o *tan . . . como*.

serio	moderno
realista	sencillo
bonito	

Modelo

El cuadro de Velásquez me parece ***tan interesante como*** *el cuadro de Picasso.*

A ver si recuerdas

OBJECTIVES

- Read and write about a theater performance
- Discuss performing arts and compare artists

Vocabulario

en el teatro
la actuación
el argumento
la comedia
el concierto
el drama
los efectos especiales
el ensayo
la escena
la luz
la obra de teatro

comentarios
emocionante
estar basado, -a en . . .
flojo, -a
increíble
inolvidable
largo, -a
más o menos
talentoso, -a

en el concierto
el auditorio
la banda
la canción
el coro
la música
la orquesta
la voz

participantes
el actor, la actriz
el bailarín, la bailarina
el / la cantante
el crítico, la crítica
el director, la directora
el galán
el músico, la música
el personaje

actividades
bailar
cantar
ensayar
hacer el papel de . . .
hacer el papel principal
tener éxito
tocar . . .
la guitarra
el piano

reacciones
aburrirse
aplaudir
divertirse
dormirse
gritar

4

En el teatro

LEER, ESCRIBIR

1 Completa el siguiente mensaje usando las palabras del recuadro.

galán	drama	aplaudió	argumento	comedia	actor

Anoche fui al teatro. Desde el principio, el __1.__ de la obra me pareció muy divertido. Prefiero ir al teatro a reír con una __2.__ que llorar con un __3.__. El __4.__ que hacía el papel del __5.__ tuvo una actuación extraordinaria. Al final, el público __6.__ por más de cinco minutos.

2 Usa las palabras del vocabulario para escribir una descripción de estas personas. Incluye lo que hace la persona y dónde lo hace.

Modelo
un actor
Un actor hace el papel de un personaje en una película o una obra de teatro.

1. un(a) músico(a)
2. un(a) crítico(a)
3. un(a) cantante
4. un bailarín, una bailarina

Go **Online** to practice
PEARSON realize
PearsonSchool.com/Autentico

WRITING

SPEAK/RECORD

Gramática

Comparación de sustantivos y el superlativo

To make a comparison or differentiation between two nouns, use *más / menos* + noun + *que.*

Hoy hay **menos gente que** ayer en el teatro.

To make a comparison between two similar nouns, use: *tanto(a)* + noun + *como.* Since *tanto* is an adjective, it should agree with the noun in both gender (masculine or feminine) and number (singular or plural).

Hoy hay **tanto público como** ayer en el teatro.

Hoy hay **tantas personas como** ayer en el teatro.

The superlative is used to say something is the "most" or the "least." To express a superlative comparison use: *el / la / los / las* + noun + *más / menos* + adjective.

El concierto más emocionante fue el de ayer.

Para mí, **la obra menos divertida** es "Algún día".

- When *mejor* and *peor* are used as superlatives, the following construction is used: *el / la / los / las* + *mejor(es) / peor(es)* + noun.

Pienso que Alejandra Ruiz es **la mejor bailarina.**

¡Ustedes son **los peores cantantes!**

- The preposition *de* is used after the adjective when the superlative comparison occurs within a group or category.

El concierto de ayer fue **el más emocionante de** todos.

5

¿Qué opinas?

HABLAR EN PAREJA Un(a) compañero(a) y tú van a expresar su opinión sobre los siguientes temas.

Modelo

la mejor película del año

A —*Para ti, ¿cuál fue la mejor película del año?*

B —*Para mí, la mejor película fue "Relatos salvajes". El director es fantástico.*

a. el mejor actor de teatro

b. la peor actriz de Hollywood

c. la canción más romántica de este año

d. el baile que les gusta más a los jóvenes

e. el programa de tele más aburrido de la semana

6

La fiesta

ESCRIBIR Escribe comparaciones entre dos artistas o grupos de música. Usa los siguientes temas.

- número de canciones que grabaron
- talento que tienen
- instrumentos que tocan

Modelo

Shakira tiene más canciones en español que Jennifer López.

CAPÍTULO 2

¿Cómo te expresas?

CHAPTER OBJECTIVES

Communication

By the end of the chapter you will be able to:

- Listen and read about art and music
- Talk and write about music and theater performances
- Discuss and explain art school activities

Culture

You will also be able to:

- Compare how artists express their ideas
- Understand the historical context of a famous artist
- Understand the perspective of a person living between cultures
- Compare cultural practices in an authentic video about Mexican Talavera pottery.

You will demonstrate what you know and can do

- Presentación oral, "Artista del Año"
- Presentación escrita, El mejor candidato
- Preparación para el examen

You will use

Vocabulary

- Art forms, genres, materials and professions
- Works of art and artists
- Performing arts: Music, dance, stage

Grammar

- Preterite vs. imperfect
- Verb *estar* + participle
- *Ser* and *estar*
- Verbs with different meanings in the imperfect and preterite

ARTE y CULTURA España

Picasso y el cubismo Observa esta pintura del artista español Pablo Picasso (1881–1973). Vas a notar que el artista representa a la modelo, a la izquierda, y al pintor, a la derecha, con formas geométricas. Esta forma de expresión se conoce como cubismo, un movimiento artístico que comenzó en Francia y tuvo gran importancia en Europa y los Estados Unidos.

Pre-AP® Integration: Las artes visuales y escénicas ¿Cómo refleja el cubismo la perspectiva cultural de Europa o los Estados Unidos?

Mapa global interactivo Explora Málaga, España, e investiga la relación de Pablo Picasso con su ambiente.

"El pintor y su modelo", (1928), Pablo Picasso

Oil on canvas, 51 1/8 x 64 1/4 inches. The Sidney and Harriet Janis Collection, #644.19. © 2016 Estate of Pablo Picasso/Artists Rights Society (ARS), New York. Photo: © The Museum of Modern Art/Scala/Art Resource, NY.

Go **Online** to practice

PEARSON realize

PearsonSchool.com/Autentico

AUDIO

VIDEO

WRITING

SPEAK/RECORD

MAPA GLOBAL

AUTENTICO

FLASCHARDS

ETEXT 2.0

GAMES

Clase de música del proyecto juvenil *Por mi Barrio* en San Salvador, El Salvador

Videonovela **¡Pura vida!**

Vocabulario en contexto 1

OBJECTIVES

Read, listen to, and understand information about
- Different types of art
- Art materials
- Works of art

Arte para todos

Este fin de semana mis amigos y yo fuimos al centro para ver **obras de arte** hispanas en el museo. Había **pinturas** y **esculturas** de varios artistas **famosos** del **siglo** XX y algunas fotos de los artistas, también.

Estrategia

Context clues When you read, try to determine the meaning of unknown words by looking at other words in the same sentence or surrounding sentences. For example, the words "él lo pintó" may help you understand that **autorretrato** is a self portrait.

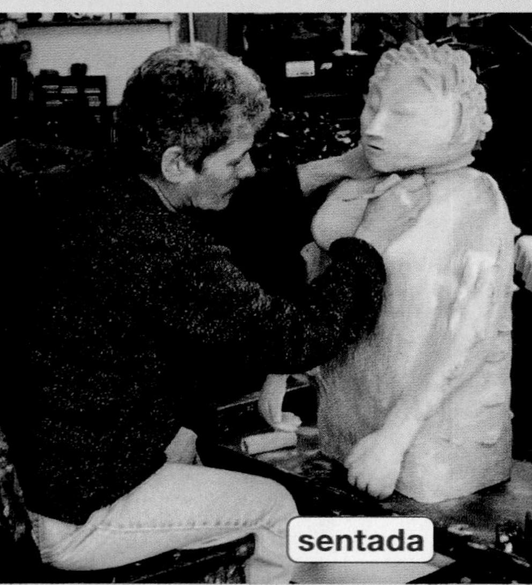

Vimos una escultura **abstracta** de Joan Miró que me fascinó y un **retrato** de Pablo Picasso, más bien un **autorretrato**, pues él lo pintó. Había una foto de la escultora argentina Dina Bursztyn **sentada** en su **taller** y otro de Fernando Botero **parado** delante de una obra suya, con **paleta** y **pincel**. También tenían una **naturaleza muerta** de Pablo Picasso.

El día **se volvió** aun más interesante cuando fuimos al festival de arte cerca del museo. Había muchas obras interesantes. Varias personas participaban en un proyecto muy especial: pintar un gran **mural** en el parque. Los artistas no son profesionales, pero su arte **representa** muchos estilos diferentes y **expresa** sus **sentimientos** personales. Compré una pintura hermosa con un árbol en **primer plano** y el mar en **el fondo**.

1 El festival de arte

ESCUCHAR Escribe los números del 1 al 6 en una hoja de papel. Escucha cada frase y escribe *C* (cierto) o *F* (falso) según las fotos y la información de la lectura. Vas a oír cada frase dos veces.

2 En el museo de arte

ESCUCHAR Escucha la descripción de las obras de arte. Señala cada obra que se describe.

Clara toma clases de **cerámica** en el taller del profesor Torres. Hoy están hablando sobre las cerámicas que se hacen en Puebla, una ciudad de México.

Clara / Professor Torres

Profesor Torres: **A través** de la cerámica, los artistas mexicanos **muestran** muchos aspectos de la cultura de su país. La cerámica de Puebla es parte de un **movimiento** artístico muy interesante.

Clara: ¡A mí me encanta este tipo de cerámica! Sus colores y **figuras** son increíbles.

Profesor Torres: Así es. Mira estos platos. ¿Cuál crees que fue la **fuente de inspiración** para el artista?

Clara: ¡Las flores de México! Este país tiene flores muy lindas.

Profesor Torres: De acuerdo. Fíjate en el plato de arriba. ¿Cómo se representan las flores aquí?

Clara: De manera simétrica. Y por los colores azul y blanco, el artista se debió **inspirar** en las cerámicas de Talavera, que se hacen en España.

Profesor Torres: Así es. España **influyó** mucho en este tipo de cerámica. ¿Y qué me dices de los otros dos platos?

Clara: Las **imágenes** del plato de la mitad son realistas. Se ven claramente las flores. Las del plato de abajo son más abstractas.

Profesor Torres: Exacto. Los tres platos tienen el **tema** de las flores pero con un estilo diferente.

3

Las cerámicas de México

ESCUCHAR Escribe los números del 1 al 4 en una hoja. Escucha cada frase y escribe *C* (cierto) si la frase es correcta o *F* (falso) si la frase es falsa.

4

Los platos de Puebla

HABLAR EN PAREJA Habla con un compañero(a). Elige el plato que más te guste y descríbelo. Explica por qué lo elegiste.

5

Festival de arte

ESCRIBIR Vas a participar en un festival de arte. Escoge 5 obras que vas a incluir. Descríbelas en detalle.

Videohistoria

Go Online to practice PearsonSchool.com/Autentico

AUDIO

VIDEO

WRITING

SCRIPT

Una mirada al arte de los mayas

Antes de ver

Usar experiencias previas Piensa en las obras de arte que ves en un museo. Piensa también en los libros, fotos y otros materiales que te ayudan a aprender de los grandes pintores y escultores del pasado. Tus experiencias previas te ayudarán a inferir palabras o frases desconocidas que encontrarás en este video.

Haz la actividad

El arte de los mayas Estas fotos muestran obras de arte hechas por la cultura maya, de México. Haz una lista de palabras en español que ya sabes para describir cada obra.

Ve el video

Ximena y Seba comparten un gran interés hacia el arte. ¿De qué estarán hablando hoy? ¿Qué le mostrará Ximena a Seba?

Ve a **PearsonSchool.com/Autentico** para ver el video ***Una mirada al arte de los mayas.*** También puedes leer el guión.

Ximena Seba

Después de ver

ESCRIBIR Contesta las siguientes preguntas:

1. ¿Qué le muestra Ximena a Seba y porqué?
2. Identifica tres detalles claves *(key details)* sobre el arte de los mayas.
3. Usa las imágenes para inferir el significado del término "serpiente emplumada". Explica qué es en tus propias palabras.
4. ¿Qué opinión tiene Ximena sobre los dibujos que hace Seba? ¿Y a ti cómo te parecen?

Comparación cultural Compara el arte de los mayas con el de otra cultura indígena.

Vocabulario en uso 1

OBJECTIVES

- Discuss art materials and details in paintings
- Talk about famous painters
- Write about artists and what influences them

6

Definiciones

LEER, ESCRIBIR Completa cada frase con una palabra o expresión apropiada del recuadro. Luego, escribe frases usando las palabras del recuadro.

una naturaleza muerta	inspiración	un taller	mural	un siglo

1. Los artistas generalmente trabajan en _____ .
2. Un cuadro que representa objetos, frutas o comida es _____ .
3. _____ son cien años.
4. Un artista necesita _____ para crear su obra.
5. Cuando la pintura se hace en una pared, se llama _____.

7

¿La paleta o el pincel?

HABLAR EN PAREJA En el taller de arte, los estudiantes usan diferentes materiales para crear sus obras. Lea la pregunta modelo, entonces pregunta a un(a) compañero(a) sobre lo que usa los artistas. Él o ella responde con lo que usa cada artista y para qué lo usa.

Videomodelo

los niños

A —*Los niños usan **tijeras**, ¿no?*

B —*Sí, las usan para **cortar papel**.*

Estudiante A

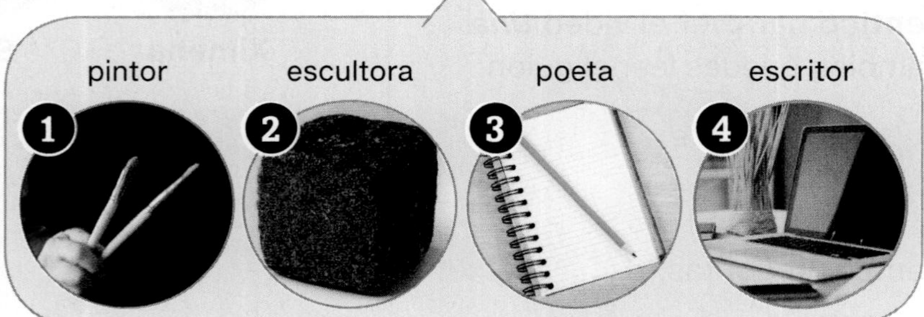

Estudiante B

¡Respuesta personal!

Ampliación del lenguaje

El sufijo *-ismo* se usa para nombrar una doctrina o un movimiento artístico. Para hablar de los pintores que hacen pinturas *románticas,* usamos la palabra *romanticismo.* Otros ejemplos son:

cubo → ***cubismo*** futuro → ***futurismo*** surreal → ***surrealismo***

Completa cada frase.

Un pintor dijo que quería pintar la *impresión* que tenía del paisaje, por eso llamaron al movimiento __1.__ . Otros querían pintar la vida *real*, y llamaron a su movimiento __2.__ .

VIDEO

WRITING

SPEAK/RECORD

8

La inspiración de un joven artista

LEER, ESCRIBIR Lee la siguiente entrevista con el pintor chileno Alfonso Fernández. Después, observa el cuadro de este artista y contesta las preguntas.

Pintor chileno > Alfonso Fernández

¿Qué te gustaba hacer cuando eras joven?
"Desde joven me gustaba dibujar más que salir a bailar. Hasta los 15 años, los temas históricos fueron mi fuente de inspiración".

¿Qué artista influyó en tu obra y por qué?
"Cuando empecé a estudiar arte me inspiré en la obra del famoso pintor español Goya, porque a través de su obra criticó el momento político y cultural en que vivió".

¿De qué época era Goya?
"Goya era del siglo XIX".

¿En qué se parece tu obra a la de Goya?
"Goya, como yo, representó al pueblo *(common people)* en su obra".

¿Qué consejo le puedes dar a un joven artista? "Es importante expresar tus sentimientos en tu obra".

"Naturaleza muerta", (1999), Alfonso Fernández

1. ¿Qué temas inspiraban a Fernández cuando era joven?
2. Más tarde, ¿qué artista influyó en su arte? ¿Cuándo vivió ese artista? ¿En qué se parecen el arte de ese artista y el de Fernández?
3. ¿Qué cree Fernández que debe hacer un joven artista?
4. ¿Tú te expresas a través del arte? ¿Cómo? ¿A través del dibujo, de la pintura o de la escultura? ¿Cuáles son tus fuentes de inspiración?

9

Describe el cuadro

HABLAR EN PAREJA Diego Rodríguez de Silva y Velázquez (1599–1660) fue el pintor de la corte del rey Felipe IV de España. "Las Meninas", un retrato de la familia real, es su obra maestra. Trabaja con otro(a) estudiante para hablar de los detalles de este cuadro. Usen las siguientes expresiones con gestos apropiados. También hablan en una manera casual, pero no muy informal.

Videomodelo

A —*¿Qué se ve **a la derecha de la niña rubia**?*
B —*Se ve **la figura de un perro sentado**.*

Estudiante A

1. en el centro, a la izquierda
2. al fondo, en la puerta
3. en primer plano
4. a la izquierda de la niña rubia
5. en la pared del fondo

Estudiante B

el pintor, parado con los pinceles y la paleta
una niña rubia de pelo largo
un hombre
un cuadro
una joven que le ofrece algo

▲ "Las Meninas", (1656), Diego Velázquez

10 Juego

HABLAR EN PAREJA Escoge una de las obras de arte que se encuentran en las páginas 70 a 72. No se la muestres a tu compañero(a). Tu compañero(a) te va a hacer preguntas como las que están al final de la Actividad 11 y va a intentar adivinar la obra. ¡Después, cambien los papeles!

11 Los mundos de Miró y de Dalí

LEER, ESCRIBIR

1. Lee este artículo sobre los artistas surrealistas Joan Miró y Salvador Dalí.

2. Ahora contesta las siguientes preguntas y usa las respuestas para escribir una comparación de los dos cuadros.

Los artistas > Surrealistas Salvador Dalí y Joan Miró

El movimiento surrealista empezó poco después de la Primera Guerra Mundial. Los pintores del surrealismo se inspiraban en temas de su propia imaginación. Querían capturar en sus cuadros ideas e imágenes del subconsciente *(subconscious)*, como las que vemos en los sueños. El español Salvador Dalí (1904–1989) fue uno de los pintores más famosos de este grupo.

"La persistencia de la memoria", (1931), Salvador Dalí ▲

"Escaleras cruzan el cielo azul en una rueda de fuego", (1953), Joan Miró ▶

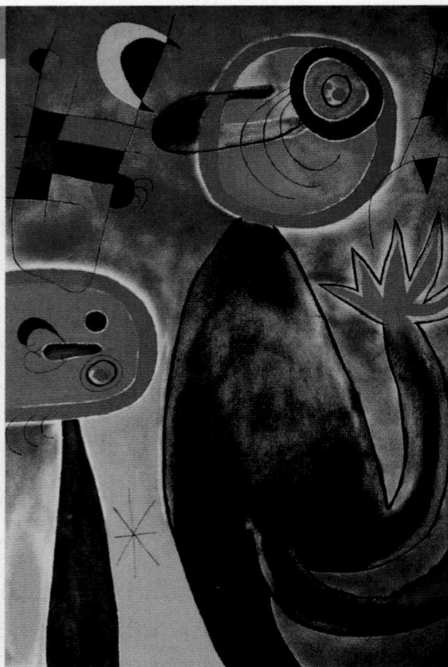

Como muchos otros artistas, el español Joan Miró (1893–1983) se fue a París a principios de los años veinte. Allí lo influyeron los surrealistas, aunque su estilo es más abstracto que el de Salvador Dalí. Además, Miró usa colores vivos y figuras que recuerdan a los dibujos de un niño. Su obra es una fiesta de imaginación y colores.

1. ¿De qué país son estos artistas?
2. ¿En qué siglo pintaron?
3. En cada cuadro, ¿qué se ve en primer plano? ¿Qué se ve al fondo?
4. ¿Qué se ve a la izquierda?
5. ¿Qué colores usa más cada artista?
6. ¿Cómo son las figuras, realistas o más abstractas?
7. ¿Qué tipo de arte es?
8. ¿Cómo te hace sentir este arte?
9. ¿Te gusta alguno de los cuadros?

Mapa global interactivo Explora los museos en Cataluña, España e investiga la relación de Salvador Dalí con su ambiente.

12

Diego Rivera: Arte y revolución

LEER, ESCRIBIR La obra del pintor mexicano Diego Rivera (1886–1957) muestra una preocupación por los ideales de la Revolución Mexicana. Lee el siguiente artículo sobre una de las figuras principales de la obra de Rivera y contesta las preguntas.

Estrategia

Using illustrations The details in a painting or illustration can give you clues about the main theme of a text. Observe the painting on the right. What does it tell you about the main theme of this article?

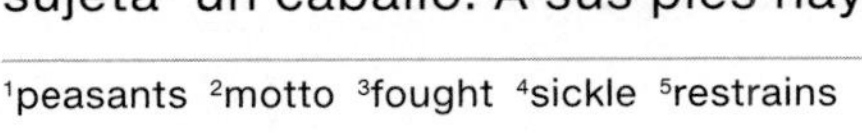

Conexiones El arte y la historia

Diego Rivera creía que el arte debe ayudar a los campesinos[1] a entender su propia historia. Este panel titulado "Emiliano Zapata" representa a Zapata, el líder de los campesinos durante la Revolución Mexicana. Con el famoso lema[2] "tierra y libertad", Zapata luchó[3] por una reforma agraria a principios del siglo XX.

Diego Rivera pensaba que Zapata era un verdadero héroe de la Revolución. En este panel, que es parte de un mural del Palacio Nacional de la Ciudad de México, vemos a Zapata en primer plano y a sus revolucionarios campesinos detrás de él. En la mano derecha lleva una hoz[4] y con la mano izquierda sujeta[5] un caballo. A sus pies hay un hombre muerto.

[1]peasants [2]motto [3]fought [4]sickle [5]restrains

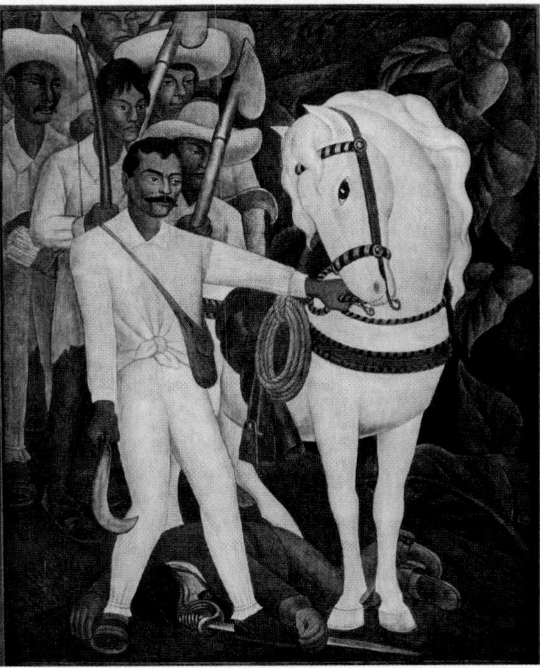

▲"Emiliano Zapata" (panel de un mural), (1931), Diego Rivera

Observa los detalles del panel.

1. ¿Quién es la figura central en esta composición? ¿Cómo está vestido?
2. ¿Qué representa el caballo blanco?
3. ¿Qué representa la hoz?
4. ¿Qué comunica Rivera con los hombres que están al fondo?
5. ¿Qué representa el hombre muerto a los pies de Zapata?
6. ¿Qué crees que sucedió en esta escena?

13

Nuestra obra de arte

ESCRIBIR, DIBUJAR, HABLAR EN PAREJA Trabaja con un(a) compañero(a) para escoger un tema histórico que les gustaría pintar. Escriban una descripción de su pintura. Si es posible, hagan un dibujo de lo que van a pintar. Usen por lo menos tres símbolos *(symbols)* para representar el tema que escogieron. Luego, presenten la descripción a la clase. Usen oraciones conectadas con detalles y elaboración. Incluyan la siguiente información:

- el título
- el tema y por qué lo escogieron
- qué o a quién van a mostrar en primer plano
- qué o a quién van a mostrar al fondo
- qué representan los símbolos que incluyeron

Gramática Repaso

OBJECTIVES

- Talk about activities in the past
- Listen to art-related activities in the past

¿Recuerdas?

Expresiones como *generalmente, a menudo* y *muchas veces* se usan frecuentemente en frases que tienen verbos en imperfecto. Las expresiones como *ayer, la semana pasada* y *una vez* se usan en frases que llevan verbos en pretérito.

Pretérito vs. *imperfecto*

When speaking about the past, you can use either the preterite or the imperfect, depending on the sentence and the meaning you wish to convey. Compare:

Este fin de semana **tomé** una clase de cerámica. Cuando **era** niño, **tomaba** clases de escultura.

- Use the preterite to tell about past actions that happened and are complete.

El sábado, la clase **empezó** a las 10 de la mañana.

- Use the imperfect to tell about habitual actions in the past.

Cuando **era** niño, las clases **empezaban** a las 5 de la tarde.

- Use the preterite to give a sequence of actions in the past.

Cuando **llegamos,** la profesora **sacó** su pintura y sus pinceles y **empezó** a pintar.

- Use the imperfect to give background details such as time, location, weather, mood, age, and physical and mental descriptions.

Eran las dos de la tarde. **Estábamos** en el parque. **Era** un día de otoño. Todos **estábamos** muy contentos.

- Use the preterite and the imperfect together when an action (preterite) interrupts another that is taking place in the past (imperfect).

Estábamos en el taller cuando **entró** el profesor.

- Use the imperfect when two or more actions are taking place simultaneouly in the past.

Mientras los niños **pintaban**, el profesor **observaba** las pinturas.

14

Una familia de artistas

LEER, ESCRIBIR Desde niños, todos los miembros de la familia Gutiérrez participan en muchos proyectos de arte. Completa estas frases con el tiempo verbal correcto.

1. Cuando era niño *(tomé / tomaba)* clases de pintura todas las tardes.
2. Este fin de semana, *(me inscribí / me inscribía)* en un concurso de cerámica.
3. La semana pasada, mi hermano Juan *(fue / iba)* a pintar en la playa.
4. Ayer, mi mamá *(trabajó / trabajaba)* varias horas en un retrato.
5. *(Eran / Fueron)* las dos de la tarde cuando nosotros *(llegué / llegamos)* a la clase de escultura.
6. Todos los años, nuestra tía nos *(llevó / llevaba)* a ver su taller.
7. Generalmente, mis padres *(visitaron / visitaban)* el museo todos los fines de semana.

Go **Online** to practice PEARSON **realize** PearsonSchool.com/Autentico

 AUDIO  VIDEO  WRITING  SPEAK/RECORD

15 ¿Qué pasó en el museo?

HABLAR EN PAREJA Con otro(a) estudiante, hablen de la visita de la clase al museo, la semana pasada.

Videomodelo

ustedes / llegar al museo / 11:15

A —*¿Cuándo* ***llegaron al museo****?*

B —***Eran las 11:15 cuando llegamos.***

1. la maestra / ir a comprar los boletos / 11:20
2. ustedes / comenzar la visita / 11:30
3. Juan y Lucía / perderse en el museo / 12:00
4. la maestra / darse cuenta / 12:20
5. tú / encontrar a Juan y a Lucía / 1:00
6. ustedes / salir del museo / 2:30

16 ¿Imperfecto o pretérito?

ESCUCHAR, ESCRIBIR, HABLAR EN PAREJA En una hoja de papel, haz una tabla de dos columnas. Escribe *Pretérito* en la columna de la izquierda e *Imperfecto* en la columna de la derecha. Vas a escuchar una historia con los verbos en infinitivo. Cada vez que escuches un verbo, decide si debe ir en pretérito o imperfecto y escríbelo en la columna correcta. Luego, habla con otro(a) estudiante sobre las formas que escogieron.

17 Vida de artista: Remedios Varo

ESCRIBIR Completa esta corta biografía de la artista surrealista Remedios Varo con los verbos entre paréntesis. Usa la forma apropiada del pretérito o del imperfecto.

María de los Remedios Varo y Uranga _1._ *(nacer)* el 16 de diciembre de 1908, en Anglés, un pequeño pueblo al norte de Barcelona, España. _2._ *(ser)* hija de Rodrigo Varo y de Ignacia Uranga. Su padre _3._ *(ser)* ingeniero. _4._ *(construir)* canales. A causa de su trabajo, Rodrigo Varo _5._ *(llevar)* a su familia por muchas partes de España y del Norte de África. Desde joven, a Remedios le _6._ *(gustar)* pintar. Como otros artistas y escritores españoles de su generación, ella _7._ *(viajar)* a París en 1930 en búsqueda de nuevas ideas. Allí _8._ *(encontrar)* una fuente de inspiración en el movimiento surrealista. Los surrealistas _9._ *(tratar)* de expresar imágenes del subconsciente. En 1936, a causa de la Guerra Civil española, Remedios _10._ *(tener)* que buscar refugio en México. Allí, Remedios _11._ *(crear)* algunas de las obras más originales de la pintura moderna.

"Still Life Reviving", (1963), Remedios Varo

18 Escena en el parque

HABLAR Contesta las preguntas. Usa las respuestas para describir lo que pasó en el parque. Incluye oraciones conectadas con detalles y elaboración.

1. ¿Qué hora era?
2. ¿Qué estación del año crees que era, probablemente? ¿Cómo lo sabes?
3. ¿Qué hacían las niñas cuando llegó la mamá?
4. ¿Quién robó las salchichas? ¿Por qué?
5. ¿Cómo se sentía Carlos? ¿Por qué?
6. ¿Qué hacía Eva?
7. ¿Qué hacía Luis mientras su papá leía?
8. ¿Quién se acostó debajo de un árbol? ¿Por qué?

CULTURA México

David Alfaro Siqueiros A principios del siglo XX, ocurrían muchos cambios sociales en México. En 1910, terminó el régimen de Porfirio Díaz, quien fue Presidente de México durante 30 años, y comenzó la Revolución Mexicana.

Junto a Rivera y Orozco, David Alfaro Siqueiros (1898–1974) fue uno de los grandes artistas del muralismo mexicano, el movimiento artístico que se inspiró en los ideales de la Revolución.

A través de su obra, Siqueiros nos habla de los tiempos y cambios que vive su país. Sus murales nos muestran una nueva realidad en la que los pobres son las figuras centrales de la historia de México.

Pre-AP® Integration: Las artes visuales y escénicas ¿Cómo crees que este mural refleja la vida y cultura de los mexicanos durante esta época?

"Del Porfirismo a la Revolución", (1906–1913), David Alfaro Siqueiros

Museo Nacional de Historia, Castillo de Chapultepec, Mexico City, D.F., Mexico.

Photo: Schalkwijk/Art Resource, NY.

Gramática

OBJECTIVES

- Listen to the description of a family portrait
- Write about a description of a scene
- Talk about art museums and artists

Go **Online** to practice

PEARSON realize

PearsonSchool.com/Autentico

AUDIO

VIDEO

SPEAK/RECORD

Estar + participio

Many adjectives in Spanish are actually past participles of verbs. Recall that to form a past participle you add *-ado* to the root of *-ar* verbs and *-ido* to the root of *-er* and *-ir* verbs.

decor**ar** decor**ado**	conoc**er** conoc**ido**	prefer**ir** prefer**ido**

- The past participle is frequently used with *estar* to describe conditions that are the result of a previous action. In those cases, the past participle agrees with the subject in gender and number.

  El pintor **está sentado.** Las paredes **estaban pintadas.**

- Recall that there are a number of cases in which the past participle is irregular.

abrir: **abierto**	escribir: **escrito**	ver: **visto**
poner: **puesto**	romper: **roto**	morir: **muerto**
decir: **dicho**	hacer: **hecho**	volver: **vuelto**
resolver: **resuelto**		

Más recursos ONLINE

Tutorial: Past Participle Used as Adjective

Canción de hip hop: *Obra de arte*

19

Retrato de familia

ESCUCHAR, ESCRIBIR Rosario describe un retrato de una fiesta familiar. ¿Quiénes estaban allí? ¿Cómo estaban? En una hoja de papel, copia la siguiente tabla. Escucha la descripción del retrato y escribe cómo estaban las siguientes personas y cosas.

¿Quién? o ¿Qué?	¿Cómo estaban?
Yo	
Mi padrino	
Mi papá	
Mi tía Luisa	
Mi primo Jorge	
La mesa	
Los refrescos	
Los niños	
Mis primos más pequeños	

20

En el cuarto de la pintora

HABLAR, ESCRIBIR Una artista te invitó a visitar su taller. Describe la escena que viste cuando llegaste. Usa el participio pasado de los siguientes verbos: *abrir, dormir, hacer, romper, esconder, encender, parar.*

Modelo

Cuando llegué a su taller, ***el niño estaba sentado.***

21

Pepón Osorio, artista entre dos culturas

LEER, ESCRIBIR ¿Cómo refleja un artista una vida entre dos culturas? Lee este artículo y contesta las preguntas.

Conexiones El arte

Pepón Osorio nació en 1955, en Santurce, Puerto Rico. A los 20 años se fue a vivir a Nueva York para empezar su carrera de artista. Osorio cree que los artistas deben hacer trabajos que muestren su época y su país de origen. Gran parte de su obra representa su niñez y adolescencia en Puerto Rico, así como su experiencia multicultural como artista puertorriqueño en Nueva York. Dice que los puertorriqueños son multiculturales porque viven entre dos culturas, la puertorriqueña y la neoyorquina.

Osorio hace montajes[1] de cosas que encuentra. En "100% Boricua"[2], Osorio mezcla recuerdos turísticos de Nueva York con banderas puertorriqueñas y otros objetos típicos del Caribe.

Su objetivo es reunir los elementos de toda una comunidad en un solo lugar.

[1]assemblages [2]*Boricua* is a term Puerto Ricans use to describe themselves as natives to the island.

▲ "100% Boricua", (1991), Pepón Osorio

1. Observa el montaje de Osorio. ¿En qué se parece un montaje a otras obras de arte? ¿En qué se diferencia?
2. Ahora vas a planear tu propio montaje. Piensa en varios objetos que representan parte de tu historia. Escribe un corto párrafo describiendo cada objeto con detalles y elaboración. Explica por qué es importante para ti. Ponle un título y preséntalo a la clase.

22

Una visita a El Museo del Arte

LEER, HABLAR EN PAREJA

1. Lee el siguiente anuncio de El Museo del Palacio de Bellas Artes y contesta las preguntas:
   - ¿Dónde está el museo del Palacio de Bellas Artes?
   - ¿Qué artistas presenta?
   - ¿Qué puedes aprender si visitas el museo?
2. Trabaja con otro(a) estudiante para representar una visita a un museo. Hablen del museo y de las obras que tiene (autorretratos, esculturas, cerámica). Describan qué es lo que les gusta o no les gusta (tema, forma, colores). Digan cuál prefieren. Expliquen por qué, usando expresiones y una forma de hablar apropiadas.

EL MUSEO DEL PALACIO DE BELLAS ARTES

Murales

- Conoce las obras de los principales muralistas de México como Diego Rivera, José Clemente Orozco, David Alfaro Siqueiros y otros.
- Aprende más sobre los murales, los muralistas y el proyecto de conservación.

Contacto

Museo del Palacio de Bellas Artes, Eje Central Lázaro Cárdenas, Esquina con Avenida Juárez

martes a domingo
12:30 a 16:30

El español en la comunidad

El Museo del Barrio En 1969, un grupo de educadores, artistas y representantes puertorriqueños fundaron El Museo del Barrio en Harlem del Este. Su objetivo era ayudar a mantener la cultura, las tradiciones y el idioma de los puertorriqueños, y en general, de todos los latinoamericanos de Nueva York.

El Museo ha influido en la población hispanohablante de Nueva York gracias a sus programas educativos para la comunidad. Los estudiantes universitarios pueden hacer prácticas *(internships)* en El Museo y ser guías de visitas, ayudar a realizar talleres de orientación sobre arte y ayudar a los maestros de arte a preparar sus clases.

El Museo del Barrio es una de las instituciones culturales de la población hispanohablante más importantes de los Estados Unidos. Sirve de puente de comunicación entre los diferentes grupos latinoamericanos de Nueva York y también entre la cultura hispanohablante y la anglosajona. Ese fue el sueño de sus fundadores.

- Imagina que vas a trabajar durante el verano en El Museo del Barrio como voluntario(a). ¿Qué trabajo quieres hacer? ¿En qué crees que puedes ayudar?
- Identifica otros ejemplos de instituciones culturales que representen a las comunidades hispanohablantes en los Estados Unidos.

Vocabulario en contexto 2

OBJECTIVES

Read, listen to, and understand information about

- Places to go when you're not in school
- Plans for leisure time

Los talleres de artes

El verano pasado hubo talleres de artes en la universidad. Ofrecieron clases de **danza clásica** y moderna, drama, música y literatura. Al final se organizaron unos **espectáculos**. **Las entradas** fueron gratis y asistieron muchas personas. Las **reseñas** de los participantes fueron positivas.

Carlos / Juana

Juana: Participé en el taller de literatura con mi hermana. Ella y yo no **actuamos**, pero leímos unos **poemas** de la famosa **poeta** y **escritora** Sandra Cisneros. Todos aplaudieron con mucho **entusiasmo**. **Me identifico** mucho con sus poemas.

Carlos: Mi **conjunto** tocó varias canciones. Muchas parejas empezaron a bailar al **ritmo** de la música. **Se destacó** el solo de **trompeta**. Al final el público **se paró** para darnos unos fuertes **aplausos**.

Juana: El taller de danza fue increíble. Mi grupo de ballet **realizó una interpretación** de "Cenicienta" y otro grupo presentó una danza de hip hop. Me encantaron los **movimientos** y **los pasos** de los bailarines de hip hop.

Carlos: "¡Qué divertida fue la obra de "Don Quijote!" Cuando **interpreté** el papel de Sancho Panza, tuve que practicar mucho. Era necesario **parecerme** a un señor cómico, pero no quería **exagerar** los **gestos** y quería que la risa **sonara** real.

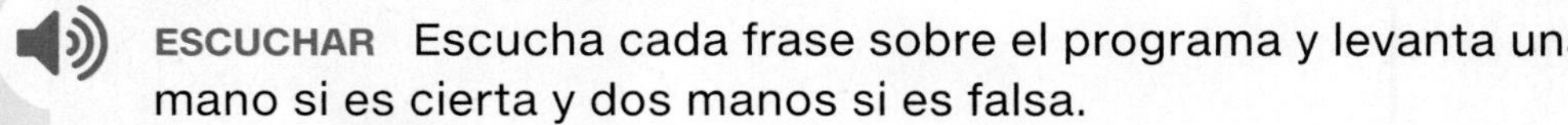

23 ¿Estás de acuerdo?

ESCUCHAR Escucha cada frase sobre el programa y levanta una mano si es cierta y dos manos si es falsa.

24 ¡Muchas actividades!

ESCRIBIR, HABLAR EN PAREJA Trabaja con un(a) estudiante. Si pudieras participar en tres de estos talleres, ¿cuál sería tu primera selección? ¿Y la segunda y tercera? Explica tus selecciones.

Espectáculos del mundo latino

¿Alguna vez buscaste información sobre un espectáculo en una revista, en un periódico o en la Red? Las reseñas te pueden ayudar a encontrar las películas, las obras de teatro y las exposiciones que más te interesan. ¿Qué dicen estas reseñas?

LILA DOWNS EN CONCIERTO

El 25 de octubre, la cantante mexicana Lila Downs dio un concierto en Costa Mesa, California. Nacida en Oaxaca y criada entre los EE. UU. y México, Downs es la autora de la letra y la melodía de sus canciones que combinan la música popular mexicana con poemas indígenas y el Jazz. En esta ocasión cantó las canciones de su nuevo álbum "Balas y chocolate".

MÚSICA ARGENTINA: ¡EL TANGO!

El tango en Buenos Aires ofrece muchos espectáculos de gran esplendor. En ellos se destacan los cantantes y bailarines que acompañan a la pareja central del espectáculo. Ellos, luego de actuar, enseñan a los visitantes los pasos básicos del tango.

Go **Online** to practice
PEARSON realize

PearsonSchool.com/Autentico

AUDIO

WRITING

Una vez más, se vendieron todas las entradas para el concierto de Marc Anthony en el Madison Square Garden. Después de interpretar sus éxitos "Vivir mi vida" y "Te conozco bien", el público se unió a Anthony para cantar otros éxitos y bailar al compás de su música.

25

El mundo del espectáculo

ESCUCHAR, ESCRIBIR Escribe los números del 1 al 5 en una hoja de papel. Escucha las siguientes preguntas y escribe la respuesta correcta.

26

¿Es cierto?

LEER, ESCRIBIR Lee las frases y escribe *C* (cierto) o *F* (falso) según lo que leíste en "Espectáculos del mundo latino".

1. En los espectáculos de tango, los visitantes aprenden a bailar salsa.
2. Marc Anthony solo canta canciones en inglés.
3. Lila Downs escribe la letra y la melodía de sus canciones.
4. El tango es una música típica de Oaxaca.

27

Quisiera ir

ESCRIBIR Después de leer estos artículos escribe una frase para cada una, diciendo por qué sí o por qué no te gustaría ir a ese espectáculo.

Vocabulario en uso 2

OBJECTIVES

- Read and write about different forms of entertainment
- Discuss a performance
- Talk about your favorite music

28 ¡Quita la palabra!

LEER, ESCRIBIR Escribe en una hoja de papel los números del 1 al 6. Para cada grupo de palabras, escribe en la hoja la letra de la palabra que no está relacionada con las otras. Después, haz una lista de las palabras que no están relacionadas con las demás y escribe una frase con cada una.

1. **a.** la melodía **b.** el ritmo **c.** el compás **d.** el gesto
2. **a.** el poema **b.** la danza **c.** el paso **d.** bailar
3. **a.** la actuación **b.** el gesto **c.** interpretar **d.** el conjunto
4. **a.** el escenario **b.** realizar **c.** la entrada **d.** la interpretación
5. **a.** el escritor **b.** el poeta **c.** el poema **d.** el micrófono
6. **a.** el tambor **b.** la trompeta **c.** el actor **d.** el piano

29 Una reseña

LEER, ESCRIBIR Loreto Michea, un crítico, escribe sobre un popular programa de tele, *Sábado Gigante*. Completa la reseña con la palabra correcta.

"Sábado Gigante no era solo un programa familiar. Era un lugar donde la audiencia __1.__ *(actuaba / se identificaba)* con otros hispanohablantes, sin importar en qué lugar de América vivían. Pero los concursos, la música, el humor, __2.__ *(los pasos / las actuaciones)* y las entrevistas, no eran los elementos del programa que más __3.__ *(se destacaban / se exageraban)*. Don Francisco, su único presentador durante 53 años, era la clave *(key)* del éxito del programa. Era un animador __4.__ *(aburrido / cómico)* y con mucha energía que utilizaba sus __5.__ *(libros / gestos)*, su voz y su picardía *(wit)* para divertir al público. Su __6.__ *(entusiasmo / paso)* era impresionante, y cuando los cantantes __7.__ *(interpretaban/ actuaban)* las canciones populares o los artistas aparecían en el escenario para __8.__ *(exagerar/ actuar)*, la energía de Don Francisco inspiraba al público."

30

Un espectáculo de flamenco

ESCRIBIR, HABLAR EN PAREJA Imagina que estuviste en el espectáculo de flamenco de la ilustración y describe la escena. Escribe frases en pretérito o imperfecto. Puedes usar las palabras y frases del recuadro. Luego, otro(a) estudiante te va a hacer preguntas sobre lo que escribiste.

el fondo	parado
al lado	el escenario
el micrófono	al frente
tocar la guitarra	a la izquierda
el cantante	los bailarines
cantar	el paso
sentado	

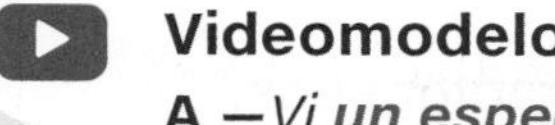

Videomodelo

A —*Vi **un espectáculo en el escenario.***
B —*¿Que **clase de espectáculo fue?***
A —*Fue **un espectáculo de flamenco.***

31

¡Viva la música!

HABLAR EN PAREJA, ESCRIBIR

1 ¿Cuál es tu álbum de música favorito? ¿Por qué? Piensa en algunas palabras que describan los diferentes elementos de tu canción o álbum de música favorito. En una hoja de papel, dibuja y completa una tabla como la siguiente.

Elemento	Álbum de música/Canción
el compás/ el ritmo	
la melodía	
la voz	
los instrumentos	
la letra	
el tema	

2 Habla con otro(a) estudiante e intercambia opiniones sobre tu canción o álbum de música favorito. Usa las palabras que escribiste en la tabla y apoya tus opiniones.

Videomodelo

A —***¿Qué te parece la melodía de la primera canción del álbum de música de Shakira?***
B —***La melodía es muy original, me gusta mucho.***
A —***¿Cómo suenan las guitarras en esta canción?***
B —***Suenan demasiado alto, no se oye la voz.***

Estudiante B

interesante	largo(a)
original	corto(a)
alegre	alto(a)
aburrido(a)	bajo(a)
tradicional	rápido(a)
	lento(a)

Estudiante A

¿Qué te parece . . . ?
¿Cómo suena . . . ?
¿Cómo es . . . ?
¿Qué canción tiene mejor . . . ?

Gramática Repaso

OBJECTIVES

- Listen to an interview with an artist
- Describe a performance
- Write and illustrate a haiku

Ser y *estar*

Remember that *ser* and *estar* both mean "to be." They are used in different situations and have different meanings.

Use *ser:*

- to describe permanent characteristics of objects and people

  Esa canción **es** muy original.

- to indicate origin, nationality, or profession

  Mi tía **es** escritora. **Es** de Madrid.

- to indicate when and where something takes place

  El concierto **es** el viernes. **Es** en el teatro.

- to indicate possession

  La guitarra **es** de Elisa.

Use *estar:*

- to describe temporary characteristics, emotional states, or conditions

  El teatro **está** cerrado a esta hora.
  Los actores **están** muy nerviosos.

- to indicate location

  El conjunto **está** en el escenario.

- to form the progressive tense

  El bailarín **está** interpretando a Cabral.

Some adjectives have different meanings depending on whether they are used with *ser* or with *estar.*

La bailarina **es bonita.** *The dancer is pretty. (She's a pretty person.)*
La bailarina **está** muy **bonita** hoy. *The dancer looks pretty today. (She doesn't always look this pretty.)*
El cómico **es aburrido.** *(He is boring.)* El cómico **está aburrido.** *(He is bored.)*
El cantante **es rico.** *(He is wealthy.)* El postre **está rico.** *(It tastes very good.)*

Más recursos ONLINE

Tutorial: Ser and Estar

32

Invitación a Caras y Caretas

LEER, ESCRIBIR El secretario del club de teatro mandó esta invitación por correo electrónico. Completa la invitación con la forma correcta de *ser* o *estar.*

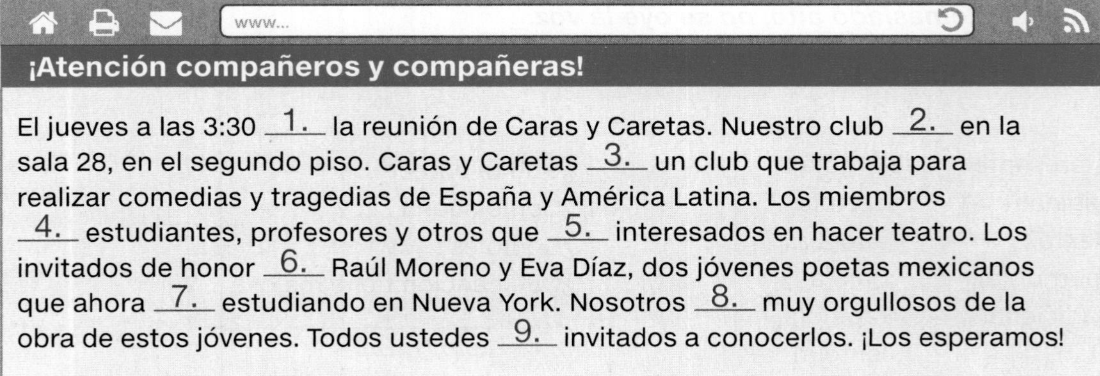

¡Atención compañeros y compañeras!

El jueves a las 3:30 __1.__ la reunión de Caras y Caretas. Nuestro club __2.__ en la sala 28, en el segundo piso. Caras y Caretas __3.__ un club que trabaja para realizar comedias y tragedias de España y América Latina. Los miembros __4.__ estudiantes, profesores y otros que __5.__ interesados en hacer teatro. Los invitados de honor __6.__ Raúl Moreno y Eva Díaz, dos jóvenes poetas mexicanos que ahora __7.__ estudiando en Nueva York. Nosotros __8.__ muy orgullosos de la obra de estos jóvenes. Todos ustedes __9.__ invitados a conocerlos. ¡Los esperamos!

33

Entrevista en la radio

ESCUCHAR Escucha la entrevista en la radio con Carlos Galán y luego contesta las preguntas.

1. ¿De dónde es Carlos?
2. ¿Cuál es su profesión?
3. ¿Por qué está en Chicago?
4. ¿Quiénes están con Carlos?
5. ¿Quién es colombiano?
6. ¿Cuándo es el concierto?
7. ¿Cómo se siente Carlos?

34

Escena de teatro

LEER, ESCRIBIR, HABLAR EN PAREJA Tú y otro(a) estudiante están hablando de una visita que hicieron al teatro. Túrnense para combinar palabras o expresiones de las dos listas y escriban preguntas y frases completas con el imperfecto de *ser* o *estar*. Usen las formas correctas de los adjetivos para elaborar.

Videomodelo

el cantante / alto y guapo

A —*¿Cómo era **el cantante?***

B —***El cantante** era **alto y guapo.***

1. las bailarinas
2. el micrófono
3. el teatro
4. los pasos del tango
5. la melodía
6. el concierto
7. los actores
8. nosotros

a. muy difícil
b. nervioso
c. en la calle Bolívar
d. muy bonito
e. el viernes a las ocho
f. entusiasmado con el espectáculo
g. alto
h. fondo del escenario
i. argentino

35

Poeta por un día

ESCRIBIR, DIBUJAR, HABLAR EN GRUPO Los poemas haiku tienen tres líneas. La primera tiene 5 sílabas, la segunda 7 y la tercera 5. Por lo general, hablan de la naturaleza, escenas de la vida, las artes y los sentimientos que inspiran.

1 Piensa en un lugar, cosa o situación que te gusta o no te gusta. Por ejemplo, un baile, una fiesta o un museo. ¿Qué sientes cuando estás allí? Mira el ejemplo e inspírate para escribir tu propio haiku. Usa el presente de *ser* o *estar* para escribir tus frases, y no olvides que necesitas 5, 7 y 5 sílabas.

2 Después de escribir tu haiku, haz un dibujo para ilustrarlo.

3 Ahora estás listo(a) para presentar tu haiku a la clase. Explica en qué te inspiraste para escribirlo y muestra la ilustración.

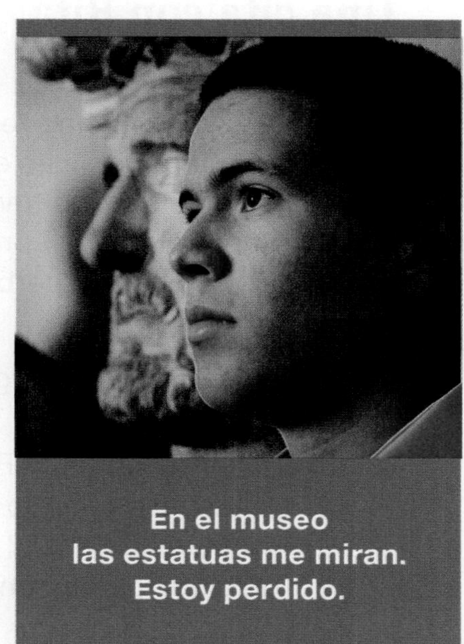

En el museo
las estatuas me miran.
Estoy perdido.

Gramática

OBJECTIVES

- Talk about music and dancing
- Discuss a theater review
- Write about a performance you attended

Verbos con distinto sentido en el pretérito y en el imperfecto

A few Spanish verbs have different meanings in the imperfect and the preterite tenses.

	IMPERFECT	PRETERITE
saber	*knew* ¿**Sabías** que el concierto empezaba tarde?	*found out, learned* Sí, **supe** ayer que empezaba tarde.
conocer	*knew (somebody)* Pedro **conocía** muy bien a esa actriz.	*met (somebody) for the first time* Luis la **conoció** el año pasado.
querer	*wanted to* Luis **quería** comprar las entradas hoy.	*tried to* Yo **quise** comprarlas, pero me enfermé.
no querer	*didn't want to* **No querían** ver esa obra de teatro.	*refused to* **No quisieron** ver esa obra de teatro.
poder	*was able to, could* Ella **podía** aprender la letra de la canción.	*managed to, succeeded in* Ella **pudo** aprender la letra de esa canción.

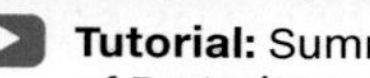

ONLINE

 **Tutorial:** Summary of Uses of Preterite and Imperfect

 ***Canción de hip hop:*** *El concierto*

36

Una cita con Rita

LEER, ESCRIBIR

1 A veces las citas no resultan como queremos. Lee el blog sobre la cita que Ricardo tuvo con Rita y complétalo con el pretérito o el imperfecto de los verbos entre paréntesis.

2 Ahora, contesta las siguientes preguntas.

1. ¿Cuándo conoció Ricardo a Rita?
2. ¿Qué pasó cuando salieron de la escuela de danza?
3. ¿Por qué estaba enojado Ricardo?

El blog de Ricardo

Yo no __1.__ *(conocer)* bien a Rita. Era solo nuestra segunda cita. Recuerdo que la __2.__ *(conocer)* el verano pasado en una clase de danza. Ella __3.__ *(querer)* aprender salsa, pero no __4.__ *(poder)* seguir bien los pasos. Yo le pregunté si __5.__ *(saber)* los movimientos de baile. Ella me dijo que no. Entonces, yo la ayudé y al final ella __6.__ *(poder)* aprenderlos. Cuando salimos de la escuela de danza, Rita me dijo que __7.__ *(querer)* comer algo. Después, me dijo que ya era tarde y que tenía una cita con otro muchacho. Me invitó a ir con ellos, pero yo no __8.__ *(querer)* ir. Ya estaba bastante enojado. ¡No volví a salir con ella!

SPEAK/RECORD

CULTURA Cuba • Estados Unidos

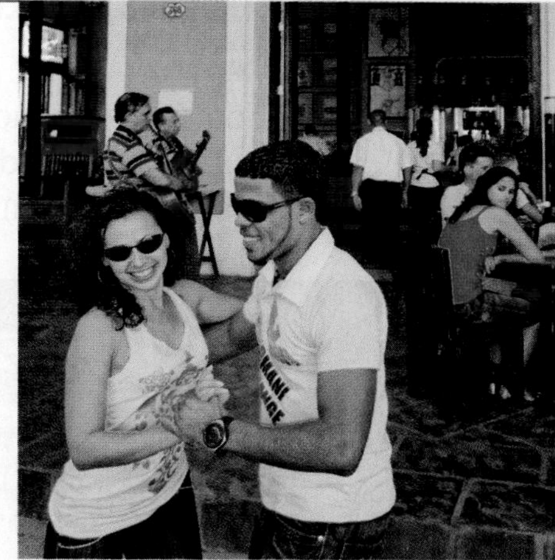

La salsa tiene origen en el *son,* una mezcla de ritmos africanos y europeos que nació en Cuba. Al principio, el *son* se interpretaba con tambores y maracas. Luego se añadieron otros instrumentos como el bajo *(bass)* y la guitarra. El término *salsa* empezó a usarse en los años sesenta en Nueva York y sirve para definir una música que es mezcla del *son* cubano y otros ritmos del Caribe. La salsa es uno de los bailes más populares en los Estados Unidos.

- ¿Qué nombres de cantantes o grupos de salsa conoces?
- ¿Por qué crees que la salsa tiene tanto éxito en los Estados Unidos?

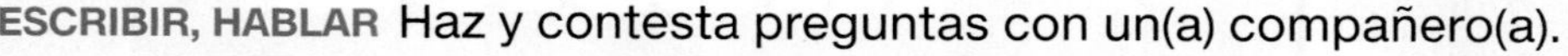

37

Y tú, ¿qué dices?

ESCRIBIR, HABLAR Haz y contesta preguntas con un(a) compañero(a).

1. Piensa en un momento en que quisiste hacer algo pero no pudiste. ¿Qué fue?
2. ¿Hay algo que nunca pudiste hacer bien? ¿Por qué no podías hacerlo?
3. ¿Qué poemas o canciones sabías de niño(a)? ¿Los sabías de memoria?
4. Piensa en una ocasión en que no quisiste hacer algo. ¿Qué fue?
5. ¿Conocías ya a muchos(as) de tus compañeros(as) cuando empezaste esta clase?
6. ¿Conociste a alguien famoso(a) alguna vez? ¿A quién? ¿Cómo sabías que era famoso(a)?

¿Recuerdas?

En español, las letras *b* y *v* se pronuncian igual. Al principio de una palabra, el sonido es similar a la *b* en *boy*. En otras posiciones, el sonido es más suave.

En voz alta

Juan Luis Guerra creció escuchando la música popular de la República Dominicana y a los Beatles en la radio. Más tarde, asistió al Conservatorio Nacional y al Berklee College of Music de Massachusetts, donde recibió la influencia del jazz. Con todas esas experiencias, Guerra comenzó a componer[1] canciones de merengue, el popular ritmo dominicano. Las canciones de Juan Luis Guerra son perfectas para bailar, pero su letra es mucho más rica y compleja[2] que la de los merengues tradicionales.

Escucha este fragmento de la letra de una canción de Juan Luis Guerra y luego trata de repetirla en voz alta.

¿Qué quiere decir Guerra cuando canta "haz el camino y seguiré tus huellas"?

[1]compose [2]complex

"Amigos" *de Juan Luis Guerra*

Yo soy tu amigo cuando a nadie le interesas.
Tan solo llámame y enseguida tocaré a tu puerta.
Yo soy tu amigo cuando buscas y no encuentras.

Tan solo llámame y estaré a tu lado cuando
quieras. Somos el viento que despierta el alba,
dos nubes blancas bajo la ventana.
Yo soy tu carga que no pesa nada,
tú eres el río donde bebo el agua.
Tómalo todo, pide lo que quieras,
haz el camino y seguiré tus huellas.

38

Una reseña de teatro

LEER, ESCRIBIR, HABLAR Lee esta reseña de una obra musical presentada en la Ciudad de México, que fue adaptada de una película estadounidense, y luego intercambia opiniones con un(a) compañero(a) y contesten las preguntas.

Estrategia

Context clues When you read, look for cognates (words similar to English), which will make reading easier. Then, if you do not recognize a word, look at the words around it to try and guess what it means.

Reseña de un musical

El Rey León Siempre asusta el hecho de ver convertida una buena película en un musical. Sin embargo, en este caso se trata de una buena adaptación. A pesar de que se hicieron varios cambios con respecto a la película, son cambios que mejoran la adaptación musical. Por ejemplo, se agregaron más canciones y algunas escenas dramáticas. Sin dudas, el musical El Rey León es un gran éxito en la Ciudad de México.

La primera presentación del musical, traído de Broadway, es el 7 de mayo en el Teatro Telcel. Los 53 actores que trabajan en El Rey León bailan, cantan y entretienen al público con esta obra que parece hecha a medida[1] para convertirse en musical. El espectáculo lo completa el colorido vestuario[2] y los efectos especiales, que hacen que el público se sienta en la sabana[3] de África. ¡Hakuna Matata!

[1]made to measure [2]colorful wardrobe [3]savannah

1. ¿De qué tipo de espectáculo se habla en el artículo? ¿Qué dice sobre la adaptación de *El Rey León?*
2. ¿Crees que es una buena idea convertir una película en obra teatral? ¿Por qué?
3. ¿Qué cambios tiene este musical con respecto a la película?
4. ¿Qué elementos positivos del musical menciona el artículo?
5. ¿Sabes cuál es el argumento de la obra? ¿Por qué crees que el escritor de la reseña no dice cuál es el argumento o dónde ocurre la acción?
6. ¿Crees que la persona que escribió la reseña está a favor o en contra de esta comedia musical? ¿Por qué?

Go Online to practice PEARSON realize

PearsonSchool.com/Autentico

WRITING SPEAK/RECORD MAPA GLOBAL

39 Los críticos

ESCRIBIR, HABLAR EN PAREJA

1. Trabaja con otro(a) estudiante. Escojan un espectáculo que vieron, que les gustó o que no les gustó. Escriban una lista de datos del espectáculo como los siguientes:
   - tipo de espectáculo (película o musical, etc.)
   - el autor o la autora
   - los personajes
   - el argumento
   - dónde ocurría la acción
   - la interpretación de los actores principales (cómica, aburrida)
   - el orden de los sucesos
   - con qué personajes se identificaron
   - cómo reaccionó el público cuando terminó (lloró, se rió, aplaudió)

▲ Concierto de Juan Diego Flórez en el Teatro Real de Madrid

2. Escriban una reseña con los datos que juntaron. Si es posible, acompañen la reseña con fotos o anuncios del espectáculo.

   Modelo

   La obra de teatro "Romeo y Julieta" es un drama de William Shakespeare. Los personajes principales son . . . El problema es que . . . La acción tiene lugar en . . . En general, nos gustó . . . Los actores . . .

3. Hablen con otra pareja y expresen sus opiniones sobre las reseñas. Luego, reaccionen a las opiniones. ¿Están de acuerdo?

CULTURA España

La zarzuela ¿Ópera . . . opereta . . . obra musical de Broadway? Se parece un poco a cada una de estas formas musicales, pero es una expresión de la cultura, la historia y las costumbres de España. La zarzuela nació en el siglo XVII. En el siglo XIX se construyeron los dos teatros más famosos de la zarzuela en Madrid, el Teatro de La Zarzuela (1856) y el Teatro Apolo (1873–1929), y las compañías comenzaron a visitar América Latina. Su popularidad aumentó *(increased)* en el siglo XX, cuando varias zarzuelas se llevaron al cine.

Generalmente, la zarzuela tiene diálogos, canciones y bailes. Puede ser cómica, trágica y a veces el argumento es romántico.

- ¿Qué películas u obras de teatro similares a la zarzuela conoces? ¿Por qué crees se hizo tan popular? Sugiere dos ideas.

Mapa global interactivo Explora varios teatros en Madrid y haz comparaciones de los teatros españoles y los de tu pueblo.

Puente a la cultura

OBJECTIVES

- Read about a famous Spanish painter
- Use visuals as an aid to understand the reading
- Relate a painter's life to his/her work

El mundo de Francisco de Goya

Francisco de Goya nació en 1746 en España. Murió en Francia en 1828, a los 82 años de edad y sordo[1], a causa de una misteriosa enfermedad. Goya es uno de los artistas más conocidos de todos los tiempos. Su obra es extensa y muy variada. Realizó murales religiosos, retratos de la corte española, dibujos de toros, cuadros sobre la guerra, y hasta sus propias pesadillas[2] que pintó en las paredes de su casa.

Uno de sus grandes triunfos artísticos fue llegar a ser Pintor de Cámara[3], o sea el pintor oficial de los reyes. Goya pintó retratos de la familia real y de otros personajes de la corte madrileña[4]. De esta época[5] son muy conocidos los retratos que hizo de la Duquesa de Alba, según algunos, una de las mujeres más hermosas de su época. Durante 18 años, Goya trabajó para la Real Fábrica de Tapices[6] de Santa Bárbara. Allí se dedicó a dibujar bocetos[7] de escenas alegres y pintorescas, que representaban la vida cotidiana[8] en Madrid. Estos bocetos luego aparecían en tapices que adornaban las paredes de los palacios reales.

[1]deaf [2]nightmares [3]Chamber Painter [4]Court of Madrid [5]period
[6]Royal Tapestry Factory [7]sketches [8]everyday

Estrategia

Using visuals Looking at the visuals before reading a selection allows us to better understand it. What do you notice about the paintings on this page and the next one? What might your observations tell you about what you will read about the painter?

Online Cultural Reading

Go to Auténtico ONLINE to read and understand a website about Goya's paintings.

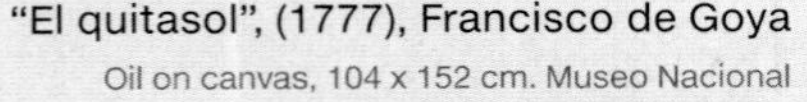

"El quitasol", (1777), Francisco de Goya
Oil on canvas, 104 x 152 cm. Museo Nacional del Prado, Madrid, Spain.

"Duquesa de Alba", (1795), Francisco de Goya
194 x 130 cm. Madrid, the Dukes of Alba's collection.

Go **Online** to practice PEARSON realize™ PearsonSchool.com/Autentico

 VIDEO  WRITING

"El 3 de mayo de 1808", (1814), Francisco de Goya

Oil on canvas, 8 ft. 9 in. x 13 ft. 4 in. Museo Nacional del Prado, Madrid. Copyright Lessing/Art Resource, NY.

La pintura de Goya cambió con el tiempo para mostrar los sucesos que ocurrían en su país. Los españoles lucharon[9] durante siete años contra las tropas francesas que Napoleón envió para invadir España. La obra más famosa de Goya sobre el tema de la guerra[10] contra Francia es el cuadro "El 3 de mayo de 1808".

Al final de su vida, Goya estuvo muy enfermo. Sus obras de esta época se llaman Pinturas Negras, ya que Goya representaba imágenes de pesadillas, como monstruos, con fondos oscuros.

Los cuadros de Goya están en los museos más importantes del mundo. Para celebrar los 250 años del nacimiento del pintor, el Museo del Prado de Madrid organizó una gran exposición en 1996. La obra de Goya sigue siendo muy popular hoy en día. ¿Por qué crees que es así?

[9]fought [10]war

¿Comprendiste?

1. ¿Cuándo, en qué lugar y cómo se celebraron los 250 años del nacimiento de Goya?
2. ¿Por qué podemos decir que las pinturas de la página 96 son representativas de las obras de Goya cuando era Pintor de Cámara? ¿Qué puedes inferir del significado de "Pintor de Cámara"?
3. La pintura de Goya cambió según las diferentes épocas de su vida. Da dos ejemplos y explica cómo se relacionan esas pinturas con los cambios en su vida.
4. ¿Cuáles son las razones del éxito de Goya como pintor? Explica las razones y el por qué. Presenta y defiende tu opinión frente a la clase.

Escribe tu opinión

Acabas de leer sobre los diferentes períodos de la pintura de Goya. Basándote en la información que leíste y las obras que ves aquí, escribe si te gustaría ver más obras de Goya y explica por qué. Presenta y defiende tu opinión a la clase.

 **Videodocumentario** El arte en el mundo hispano.

"El sueño de la razón producemonstruos", (1799), Francisco de Goya

Plate 43 of 'Los Caprichos', published c. 1810 (color engraving). Bibliothèque Nationale, Paris, France. Archives Charmet. Bridgeman Art Library, London.

Pre-AP® Integración

OBJECTIVES

- Listen to and read descriptions of paintings and the art genre of still life
- Discuss two paintings

¿Qué me cuentas?: Naturaleza muerta

Compara el cuadro de naturaleza muerta de Irigoyen con el de Picasso. Primero escucha unas descripciones de los cuadros. Guarda lo que escribes para usarlo en el paso 3.

1 Vas a escuchar unas descripciones sobre los dos cuadros de esta página. Escribe cada descripción e indica si pertenece al cuadro de Irigoyen o de Picasso.

▲ "Naturaleza muerta/Still Life", (1910), José María de la Luz Irigoyen

▲ "Naturaleza muerta con guitarra", (1924), Pablo Picasso

2 Ahora lee la información sobre el género de naturaleza muerta.

La pintura de naturaleza muerta tiene como fuente de inspiración los objetos inanimados de la vida diaria. El pintor puede tener diferentes metas. Algunos artistas quieren hacer una representación detallada de la realidad y se concentran en la técnica de la pintura. Cuando pintan, destacan detalles en la imagen, como la textura de los objetos o los efectos de la luz. A veces los artistas quieren comunicar un mensaje e incluyen objetos simbólicos. Por ejemplo, los libros o mapas simbolizan la educación. Las frutas cortadas o flores marchitas[1] pueden simbolizar la muerte. A través de los siglos, los artistas han interpretado este género según las ideas de los movimientos artísticos de su época[2].

[1]withered [2]era

3 Habla con otro estudiante y comparen el cuadro de Irigoyen y el de Picasso. Piensen en los títulos. ¿Por qué se llaman así? Observen las pinturas y compárenlas según el tema, los colores, las imágenes y lo que quiere expresar el artista. Expliquen cómo el artista adapta su estilo, realista o surrealista, al género de la naturaleza muerta. Usen las siguientes expresiones y hagan gestos apropiados en la interacción.

Por un lado . . . *(on the one hand)*	Esto me parece más . . .	Sin embargo . . .
Por otra parte . . . *(on the other hand)*	En primer lugar . . .	En contraste . . .

Presentación oral

OBJECTIVES

- Demonstrate how to give a presentation about your favorite artist
- Use key points to organize information

Go **Online** to practice

PearsonSchool.com/Autentico

AUDIO

SPEAK/RECORD

"Artista del Año"

TAREA Imagina que en tu clase van a seleccionar a un(a) artista como candidato(a) al premio "Artista del Año". Puede ser un(a) pintor(a), un actor, una actriz, o un(a) cantante que te guste. Explica quién debe ser el / la candidato(a) y por qué.

Estrategia

Organize information Organize the key points you may want to talk about by listing them in a chart. This will help you give a more effective presentation.

1 Prepárate Escoge tu artista preferido(a). Completa una tabla como ésta sobre tu candidato(a). Recuerda que puedes usar tus notas para prepararte, pero no al hacer la presentación oral.

Nombre	
Tipo de artista	
Puntos positivos	
Experiencia	
Originalidad, personalidad	

▼ Pitbull y Enrique Iglesias

2 Practica Haz tu presentación ante el grupo. Al final, se va a hacer una votación para escoger un(a) ganador(a). Recuerda que debes:

- incluir el nombre del / de la artista, su especialidad y lo que hizo
- describir los puntos positivos del / de la candidato(a)
- decir claramente por qué debe ganar el premio
- usar el vocabulario de este capítulo

3 Haz tu presentación Haz tu presentación ante la clase. Al final, todos los estudiantes votan para elegir al / a la "Artista del Milenio".

4 Evaluación Tu profesor(a) utilizará la siguiente rúbrica para evaluar tu presentación.

Rubric	Score 1	Score 3	Score 5
How well you provide information	You lack vital information, such as the artist's identity.	Your vital information about the artist is present.	Your information about the artist is clearly presented.
How well you support your opinion	You have little or no convincing evidence.	Your supporting evidence is present, but not developed.	Your supporting evidence is clear and convincing.
How effectively you deliver your speech	You have no eye contact with the audience.	You make some eye contact. You use intonation, but not convincingly.	You make good eye contact with the audience. You have good intonation and gestures.

Presentación escrita

OBJECTIVES

- Write an evaluation about a student's audition
- Categorize information for clarity

El mejor candidato

Imagina que te piden que des tu opinión sobre la audición de un(a) artista y por qué deben aceptarlo(a) en una escuela famosa. Escribe un informe para explicar por qué crees que será un(a) buen(a) estudiante. Recuerda defender tu opinión con declaraciones que apoyan tu manera de pensar.

Estrategia

Categorizing When writing a report you must include the greatest amount of information in the clearest way possible. If you organize the information into categories and write everything about one topic before going to the next one, the reader will have no trouble understanding your report.

1 Antes de escribir Contesta estas preguntas:

- ¿Qué tipo de artista es y qué experiencia tuvo? ¿Tuvo actuaciones en público? ¿Cuándo?
- Si canta, ¿sabe la letra?, ¿sigue la música? Si baila, ¿sabe los pasos?, ¿sigue el ritmo? Si hace teatro, ¿representa bien al personaje?, ¿sabe los diálogos?
- ¿Qué aptitudes naturales tiene el(la) estudiante?

Antes de escribir tu composición, usa un organizador gráfico como este para ordenar tus ideas.

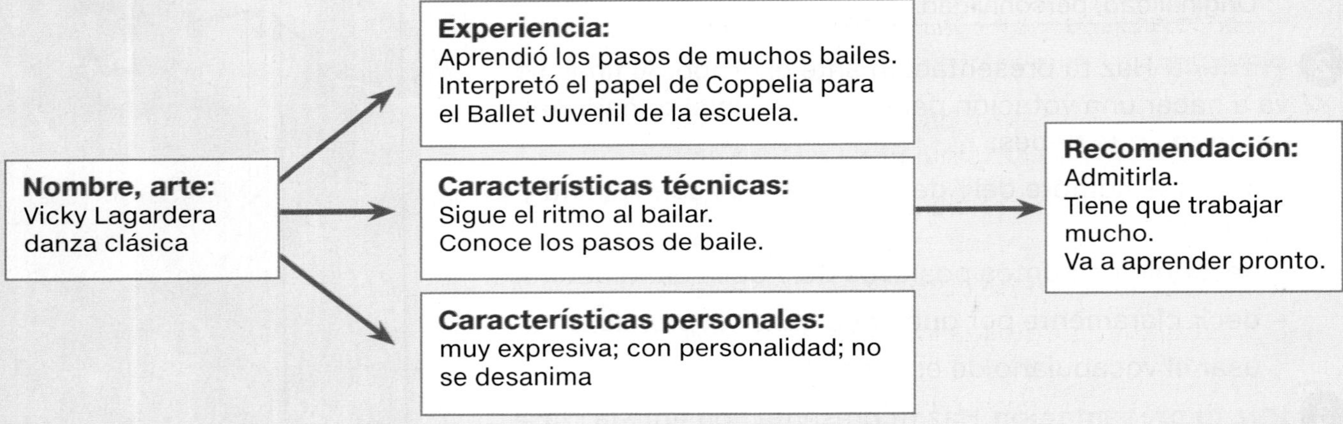

2 Borrador Escribe tu borrador. Escribe un informe con toda la información del organizador gráfico. Más tarde lo podrás revisar.

Modelo

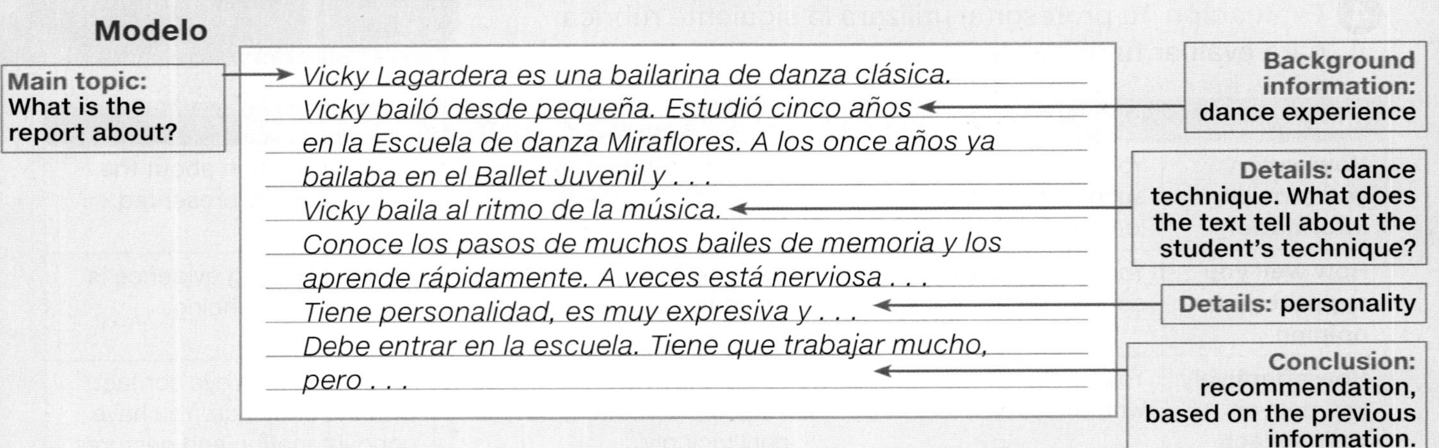

3 Redacción/Revisión Después de escribir el primer borrador, trabaja con otro(a) estudiante para intercambiar los trabajos y leerlos. Luego, hagan sugerencias para mejorar sus informes.

- ¿Seguiste el plan que hiciste en tu organizador gráfico? ¿Escribiste todas las ideas que querías expresar?
- ¿Están bien organizados los párrafos? ¿Comunicaste claramente la información?
- ¿Defendiste tu opinión con oraciones que la apoyan?
- ¿Usaste los verbos y los tiempos verbales correctos?

Haz lo siguiente: Verifica si usaste correctamente los verbos en pretérito o imperfecto.

Vicky ~~bailé~~ bailó desde pequeña. ~~Estudiaba~~ Estudió cinco años en la Escuela de danza Miraflores. A los once años ya ~~bailó~~ bailaba en el Ballet Juvenil y . . .

4 Publicación Antes de crear la versión final, lee de nuevo el informe y repasa los siguientes puntos:

- ¿Explica mi informe claramente lo que pienso del / de la estudiante que quiere entrar en la escuela?
- ¿Usé el vocabulario apropiado para este tema?
- ¿Debo añadir detalles importantes?

5 Evaluación Se utilizará la siguiente rúbrica para evaluar tu presentación.

Rubric	Score 1	Score 3	Score 5
How well you organize information	Your vital information about the candidate is missing.	You present vital information but it's unorganized.	Your information is clearly presented and organized.
How well you support your choice	You have few or no convincing details about the candidate.	Your details convince us to vote for the candidate.	Your details about the candidate are organized and convincing.
Sentence structure/ grammar, spelling, mechanics	Your sentences are run-on or are fragmented with many errors.	You use sentences effectively, but with a few errors.	Your sentence structure is varied with very few errors.

Lectura

OBJECTIVES

- Read an excerpt of an autobiography
- Monitor reading to increase understanding
- Give your opinion about the advantages of living between two cultures

Estrategia

Monitoring your reading When you are reading a long selection, stop to ask yourself questions such as: What is the main idea? How does this idea relate to the theme of the reading? Which details are important? This strategy will help you understand better what you are reading.

Al leer

Vas a leer un fragmento de una autobiografía. Se trata de Esmeralda Santiago, una joven puertorriqueña que emigró con su familia a Nueva York. Esmeralda da una audición en la famosa escuela secundaria Performing Arts. Mientras lees, anota en la tabla de la derecha los puntos indicados.

Qué hace y cómo se siente Esmeralda	
antes de la audición	
durante la audición	
después de la audición	

Fragmento de *Cuando era puertorriqueña*

—¡Las pruebas son en menos de un mes! Tienes que aprender una escena dramática, y la vas a realizar enfrente de un jurado[1]. Si lo haces bien, y tus notas aquí son altas, puede ser que te admitan a la escuela.

El Mister Barone se encargó de prepararme para la prueba. Seleccionó un soliloquio de una obra de Sidney Howard titulada *The Silver Cord,* montada[2] por primera vez en 1926, pero la acción de la cual acontecía en una sala de estrado en Nueva York, alrededor del año 1905.

—Mister Gatti, el maestro de gramática, te dirigirá . . . Y Missis Johnson te hablará acerca de lo que te debes de poner y esas cosas.

Mi parte era la de Cristina, una joven casada confrontando a su suegra[3]. Aprendí el soliloquio fonéticamente, bajo la dirección de Mister Gatti. Mis primeras palabras eran: "You belong to a type that's very common in this country, Mrs. Phelps, a type of self-centered, self-pitying, son-devouring tigress, with unmentionable proclivities suppressed on the side".

—No tenemos tiempo de aprender lo que quiere decir cada palabra —dijo Mister Gatti—. Solo asegúrate de que las pronuncies todas.

Yo había soñado[4] con este momento durante varias semanas. Más que nada, quería impresionar al jurado con mi talento para que me aceptaran en Performing Arts High School y para poder salir de Brooklyn todos los días, y un día nunca volver.

Pero en cuanto me enfrenté con las tres mujeres bien cuidadas que formaban el jurado de la audición, se me olvidó el inglés que había aprendido y las lecciones que Missis Johnson me había inculcado sobre cómo portarme como una dama. En la agonía de contestar sus preguntas incomprensibles, puyaba[5] mis manos hacia aquí y hacia allá, formando palabras con mis dedos porque no me salían por la boca.

—¿Por qué no nos dejas oír tu soliloquio ahora? —preguntó la señora de los lentes colgantes.

Me paré como asustada, y mi silla cayó patas arriba como a tres pies de donde yo estaba

[1]jury panel [2]put on stage [3]mother-in-law [4]The usage of *había* with the past participle expresses what a person *had* done. *Había soñado* = I had dreamed [5]moved, pushed

parada. La fui a buscar, deseando con toda mi alma que un relámpago entrara por la ventana y me hiciera cenizas allí mismo.

—No te aflijas —dijo la señora—. Sabemos que estás nerviosa.

Cerré los ojos y respiré profundamente, caminé al centro del salón y empecé mi soliloquio.

—Llu bilón tú é tayp dats beri cómo in dis contri Missis Felps. É tayp of selfcente red self pí tí in són de baurin taygrés huid on menshonabol proclibétis on de sayd.

A pesar de las instrucciones de Mister Gatti de hablar lentamente y pronunciar bien las palabras aunque no las entendiera, recité mi monólogo de tres minutos en un minuto sin respirar ni una vez.

Las pestañas[6] falsas de la señora bajita parecían haber crecido de sorpresa. La cara serena de la señora elegante temblaba con risa controlada.

La señora alta vestida de pardo me dio una sonrisa dulce.

—Gracias, querida. ¿Puedes esperar afuera un ratito?

Resistí el deseo de hacerle reverencia. El pasillo era largo, con paneles de madera angostos pegados verticalmente entre el piso y el cielo raso.

Lámparas con bombillas grandes y redondas colgaban de cordones largos, creando charcos amarillos en el piso pulido. Unas muchachas como de mi edad estaban sentadas en sillas a la orilla del corredor, esperando su turno. Me miraron de arriba a abajo cuando salí, cerrando la puerta tras de mí. Mami se paró de su silla al fondo del corredor. Se veía tan asustada como me sentía yo.

—¿Qué te pasó?

—Na'[7]—no me atrevía a hablar, porque si empezaba a contarle lo que había sucedido, empezaría a llorar enfrente de las otras personas, cuyos ojos me seguían como si

[6]eyelashes [7]nothing

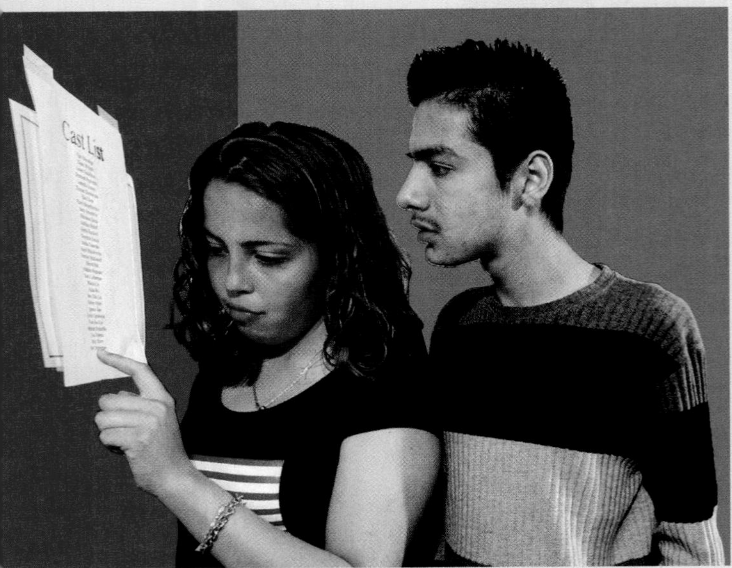

buscando señas de lo que les esperaba. Caminamos hasta la puerta de salida—. Tengo que esperar aquí un momentito.

—¿No te dijeron nada?

—No. Solo que espere aquí.

Nos recostamos contra la pared. Enfrente de nosotras había una pizarra de corcho con recortes de periódico acerca de graduados de la escuela. En las orillas, alguien había escrito en letras de bloque, "P.A." y el año cuando el actor, bailarín o músico se había graduado. Cerré mis ojos y traté de imaginar un retrato de mí contra el corcho y la leyenda "P.A. '66" en la orilla.

La puerta al otro lado del pasillo se abrió, y la señora vestida de pardo sacó la cabeza.

—¿Esmeralda?

—¡Presente! quiero decir, aquí —alcé la mano.

Me esperó hasta que entré al salón. Había otra muchacha adentro, a quien me presentó como Bonnie, una estudiante en la escuela.

—¿Sabes lo que es una pantomima? —preguntó la señora. Señalé con la cabeza que sí—. Bonnie y tú son hermanas decorando el árbol de Navidad.

Bonnie se parecía mucho a Juanita Marín, a quien yo había visto por última vez cuatro años antes. Decidimos dónde poner el árbol invisible, y nos sentamos en el piso y actuamos como que estábamos sacando las decoraciones de una caja y colgándolas en las ramas.

Mi familia nunca había puesto un árbol de Navidad, pero yo me acordaba de cómo una vez yo ayudé a Papi a ponerle luces de colores alrededor de una mata de berenjenas[8] que dividía nuestra parcela de la de Doña Ana.

Empezamos por abajo, y le envolvimos el cordón eléctrico con las lucecitas rojas alrededor de la mata hasta que no nos quedaba más. Entonces Papi enchufó otro cordón eléctrico con más luces, y seguimos envolviéndolo hasta que las ramas se doblaban con el peso y la mata parecía estar prendida en llamas.

En un ratito se me olvidó dónde estaba, y que el árbol no existía, y que Bonnie no era mi hermana. Hizo como que me pasaba una decoración bien delicada y, al yo extender la mano para cogerla, hizo como que se me cayó y se rompió. Me asusté de que Mami entraría gritándonos que le habíamos roto una de sus figuras favoritas. Cuando empecé a recoger los fragmentos delicados de cristal invisible, una voz nos interrumpió y dijo:

—Gracias.

Bonnie se paró, sonrió y se fue.

La señora elegante estiró su mano para que se la estrechara.

—Notificaremos a tu escuela en unos días. Mucho gusto en conocerte.

Le estreché la mano a las tres señoras, y salí sin darles la espalda, en una neblina silenciosa, como si la pantomima me hubiera quitado la voz y el deseo de hablar.

De vuelta a casa, Mami me preguntaba qué había pasado, y yo le contestaba, "Na'. No pasó na'," avergonzada de que, después de tantas horas de práctica con Missis Johnson, Mister Barone y Mister Gatti, después del gasto de ropa y zapatos nuevos, después de que Mami tuvo que coger el día libre sin paga para llevarme hasta Manhattan, después de todo eso, no había pasado la prueba y nunca jamás saldría de Brooklyn.

[8]eggplant bush

WRITING

MAPA GLOBAL

Epílogo: Un día de éstos

Diez años después de mi graduación de Performing Arts High School, volví a visitar la escuela. Estaba viviendo en Boston, una estudiante becada en la universidad Harvard. La señora alta y elegante de mi prueba se había convertido en mi mentora durante mis tres años en la escuela. Después de mi graduación, se había casado con el principal de la escuela.

—Me acuerdo del día de tu prueba —me dijo, su cara angular soñadora, sus labios jugando con una sonrisa que todavía parecía tener que controlar. Me había olvidado de la niña flaca y trigueña[9] con el pelo enrizado, el vestido de lana y las manos inquietas. Pero ella no. Me dijo que el jurado tuvo que pedirme que esperara afuera para poderse reír, ya que les parecía tan cómico ver a aquella chica puertorriqueña de catorce años chapurreando[10] un soliloquio acerca de una suegra posesiva durante el cambio de siglo, las palabras incomprensibles porque pasaban tan rápido.

—Admiramos el valor necesario para pararte al frente de nosotras y hacer lo que hiciste.

—¿Quiere decir que me aceptaron en la escuela no porque tenía talento, sino porque era atrevida?

Nos reímos juntas.

[9]dark haired [10]babbling

¿Comprendiste?

En parejas, revisen la tabla que completaron y luego contesten estas preguntas:

1. ¿Crees que Esmeralda se preparó bien para su audición? ¿Por qué sí o por qué no?
2. ¿Cuál fue la verdadera razón por la que la aceptaron?
3. Muchos jóvenes inmigrantes se sienten atrapados *(trapped)* entre dos culturas. ¿Cómo creía Esmeralda que podía salir de esa situación?
4. Y tú, ¿tuviste alguna vez una experiencia similar a la de Esmeralda? ¿Sentiste alguna vez que no te identificabas con un grupo? Si es así, ¿cómo resolviste el problema?
5. Parafrasea el tema, la idea principal y los detalles de la lectura. En tu opinión, ¿crees que el título del libro refleja la idea principal? ¿Cómo?

CULTURA Puerto Rico • Estados Unidos

Esmeralda Santiago (1948-) nació en Puerto Rico y emigró con su familia a Nueva York. Fue a la escuela The High School for Performing Arts, de la cual salió con una beca *(scholarship)* para estudiar en Harvard. Dos de sus libros, *Cuando era puertorriqueña* y *Casi una mujer* son autobiográficos. Describen el proceso de adaptación a otra cultura de una joven inmigrante. Aunque escribe desde el punto de vista de otra cultura, muchos de sus lectores se identifican con sus experiencias y sentimientos.

- ¿Cuál es una ventaja (*advantage*) de vivir entre dos culturas?

Mapa global interactivo Explora Puerto Rico e investiga los motivos de la migración de los puertorriqueños a los Estados Unidos.

Esmeralda Santiago

Auténtico

Partered with 

Puebla y su famosa Talavera

Antes de ver

Usa la estrategia: Usar las imágenes

Cuando veas el video, usa las imágenes como ayuda para entender el proceso que se explica. Esto también te ayudará a inferir el significado de palabras desconocidas.

Lee el vocabulario clave

fábrica = factory
mezcla de dos barros = clay mixture
azucarera = sugar bowl
esmalte = glaze
recipientes = containers
carbon molido = coal dust
cocer = to fire (cook) pottery
torno = pottery wheel

 Ve el video

¿Cómo debe ser una cerámica para que se convierta en una obra de arte? ¿Qué características debe tener y cómo debe ser hecha?

Ve a **PearsonSchool.com/Autentico** para ver el video ***Puebla y su famosa Talavera.*** Conocerás una fábrica de México en la que se crean cerámicas que son apreciadas en todo el mundo.

Haz las actividades

Mientras ves Durante el video, se explica cómo se hacen las cerámicas de Talavera. Usa las imágenes como ayuda para entender los pasos y las materiales que se usan. Presta mucha atención a cada paso del proceso y anota palabras claves *(key words)* de cada paso.

Integración

Después de ver Vuelve a ver el video una o dos veces más para poder contestar estas preguntas:

1. ¿Cuál es el propósito principal de este video? Parafrasea la idea principal.
2. ¿De dónde viene la palabra "Talavera"?
3. Parafrasea el proceso de elaboración de las cerámicas.
4. Menciona dos características distintivas de las cerámicas de Puebla.

For more activities, go to the Authentic Resources Workbook.

El arte y la cultura

Expansión Busca otros recursos auténticos en *Auténtico* en línea y contesta las preguntas.

2 Auténtico

Integración de ideas ¿Cómo crees que el arte en sus distintas formas refleja la cultura de un país?

Comparación cultural Compara la cerámica de Puebla con algún tipo de artesanía que conozcas de Estados Unidos. ¿En qué se parecen y en qué se diferencian? ¿Qué estilo te gusta más y por qué? Da detalles que apoyen tu respuesta.

Repaso del capítulo

OBJECTIVE

- Review the vocabulary and grammar

Vocabulario

formas de arte

la cerámica	pottery
la escultura	sculpture
el mural	mural
la pintura	painting

géneros de arte

el autorretrato	self-portrait
la naturaleza muerta	still life
el retrato	portrait

materiales de arte

la paleta	palette
el pincel	brush

profesiones artísticas

el / la escritor(a)	writer
el / la escultor(a)	sculptor
el / la poeta	poet

para describir una obra de arte

abstracto, -a	abstract
expresar(se)	to express (oneself)
famoso, -a	famous
la figura	figure
el fondo	background
la fuente de inspiración	source of inspiration
la imagen	image
influir (i→y)	to influence
inspirar	to inspire
la obra de arte	work of art
el primer plano	foreground
representar	to represent
el sentimiento	feeling
el siglo	century
el tema	subject

en el escenario

el aplauso	applause
la entrada	ticket
el escenario	stage
el espectáculo	show
el micrófono	microphone

otras palabras y expresiones

a través de	through
mostrar (ue)	to show
parado, -a	to be standing
pararse	to stand up
parecerse (a)	to look, seem (like)
el poema	poem
realizar	to perform, to accomplish
la reseña	review
sentado, -a	to be seated
sonar (ue) (a)	to sound like
el taller	workshop
volverse (ue)	to become

sobre la música y la danza

clásico, -a	classical
el compás	rhythm
el conjunto	band
la danza	dance
la letra	lyrics
la melodía	melody
el movimiento	movement
el paso	step
el ritmo	rhythm
el tambor	drum
la trompeta	trumpet

sobre la actuación

actuar	to perform
destacar(se)	to stand out
el entusiasmo	enthusiasm
exagerar	to exaggerate
el gesto	gesture
identificarse con	to identify oneself with
la interpretación	interpretation
interpretar	to interpret

Gramática

pretérito e imperfecto

Use the **preterite** to tell about an action that happened once and was completed. Ayer **escribí** un poema.	Use the **imperfect** to tell about habitual actions in the past. A menudo **cantábamos** juntos.	Use the **imperfect** to give background details, like time, date and weather. **Eran** las ocho y **hacía** mucho frío.	Use the **preterite** and the **imperfect** together when an action interrupts another that is taking place in the past. **Caminábamos** por el parque cuando **empezó** a llover.

estar + participio

The **past participle** is frequently used with the verb *estar*.			
El teatro **está cerrado**.		El tren **está parado**.	
In the following cases, the **past participle** is irregular.			
hacer: **hecho**	cubrir: **cubierto**	morir: **muerto**	escribir: **escrito**
abrir: **abierto**	decir: **dicho**	poner: **puesto**	volver: **vuelto**
descubrir: **descubierto**	romper: **roto**	ver: **visto**	resolver: **resuelto**

ser y *estar*

Remember that *ser* and *estar* both mean **to be** in English, but have different meanings in Spanish.	Use *ser:* to describe permanent characteristics La actriz **es** bonita. to tell the date Mañana **es** miércoles. to indicate possession Los pinceles **son** de Luis.	Use *estar:* to describe temporary characteristics El escenario **está** oscuro. to indicate location **Están** sobre la mesa. to form the progressive tenses **Estoy** dibujando un retrato.	Some adjectives have different meanings depending on whether they are used with *ser* or *estar*. Los niños **están** aburridos. *(The children are bored.)* Los niños **son** aburridos. *(Children are boring.)*

verbos con significados diferentes en el pretérito y en el imperfecto

The following Spanish verbs have different meanings in the imperfect and the preterite tenses.	
Yo **conocía** ese cuadro. *(I knew about that painting.)*	Él **conoció** a su maestro en Perú. *(He met his teacher in Perú.)*
No sabíamos que era tan tarde. *(We didn't know it was so late.)*	Nunca **supe** dónde estaba. *(I never found out where he/she was.)*
Ellos **querían** viajar hoy. *(They wanted to travel today.)*	Sofía **quiso ir,** pero perdió el avión. *(Sofía tried to go, but she missed the plane.)*
Antes **no podía** dibujar. *(Before, I couldn't draw.)*	Nunca **pude** dibujar. *(I was never able to draw.)*

Repaso del capítulo

OBJECTIVE

▶ Demonstrate that you can perform the tasks on these pages

Preparación para el examen

1 Vocabulario Escribe la letra de la palabra o expresión que mejor complete cada frase. Escribe tus respuestas en una hoja aparte.

1. El surrealismo fue _____ de inspiración de los pintores Miró y Dalí.
   a. el espectáculo   c. la melodía
   b. la fuente   d. la reseña
2. El actor principal _____ por su actuación y entusiasmo.
   a. se interpretó   c. se destacó
   b. se volvió   d. se inspiró
3. Si quieres bailar salsa, necesitas aprender _____ .
   a. la letra   c. los pasos
   b. los gestos   d. la actuación
4. La familia es _____ principal de muchos cuadros de Botero.
   a. el estilo   c. la forma
   b. el fondo   d. el tema
5. Picasso fue un pintor del _____ XX.
   a. estilo   c. año
   b. siglo   d. ritmo
6. Cuando termina una obra se oye _____ .
   a. un paso   c. un aplauso
   b. el micrófono   d. la paleta
7. La paleta de ese pintor _____ colores vivos como el rojo y el anaranjado.
   a. actúa   c. muestra
   b. interpreta   d. realiza
8. Los actores no dijeron nada pero se expresaron muy bien con _____ exagerados.
   a. gestos   c. escenarios
   b. poemas   d. compases

2 Gramática Escribe la letra de la palabra o expresión que mejor complete cada frase. Escribe tus respuestas en una hoja aparte.

1. La semana pasada _____ en una clase de cerámica.
   a. me inscribo   c. me inscribe
   b. me inscribía   d. me inscribí
2. No te van a oír bien porque el micrófono está _____.
   a. roto   c. rompiendo
   b. rotas   d. romper
3. El museo estaba _____ todos los sábados.
   a. abrí   c. abiertos
   b. abriendo   d. abierto
4. Marta siempre _____ nerviosa antes de un ensayo.
   a. está   c. es
   b. están   d. era
5. Ayer, a causa de los truenos, yo no _____ dormir en toda la noche.
   a. pude   c. puedo
   b. podía   d. pudo
6. ¿Dónde _____ a tu mejor amigo?
   a. conociste   c. conocías
   b. conoces   d. conocieron
7. Nos perdimos porque no _____ bien la ciudad.
   a. conocemos   c. conocías
   b. conocimos   d. conocíamos
8. Yo _____ esta mañana que la función tuvo mucho éxito.
   a. sabía   c. supe
   b. sabe   d. saben

Más recursos PearsonSchool.com/Autentico

Tutorials

En el examen vas a . . .	Éstas son las tareas de práctica que te pueden ser útiles para el examen . . .	Para repasar, ve a tu libro de texto impreso o digital . . .
Interpretive		
  **ESCUCHAR** Puedo escuchar y comprender la descripción de un cuadro.	El guía de un museo está describiendo uno de los cuadros de la galería de arte moderno. (a) ¿Qué tipo de pintura describe? (b) ¿Quién es el pintor? (c) ¿Qué se ve en primer plano? (d) ¿Qué se ve al fondo? (e) ¿Cómo son los colores?	**pp. 70–71** *Vocabulario en contexto 1* **p. 75** Actividades 8–9 **p. 76** Actividad 11 **p. 77** Actividades 12, 13
Interpersonal		
 **HABLAR** Puedo hablar de las actividades que tienen lugar en una escuela de arte.	Un nuevo estudiante visita por primera vez tu escuela de arte. Tu tarea es mostrarle los talleres de la escuela y explicarle lo que pasa en cada clase. Incluye en tu descripción (a) las clases que ofrecen, (b) los materiales que necesitan para cada clase, (c) las actividades que hacen en cada clase, (d) las obras que los estudiantes realizan en cada clase.	**p. 72** *Vocabulario en contexto 1* **p. 74** Actividad 7
Interpretive		
5 **LEER** Puedo leer y comprender las notas de un álbum musical.	Lee la reseña sobre un álbum musical y di (a) ¿cuál es el tipo de música?, (b) ¿qué cosas le gustaron al crítico?, (c) ¿qué no le gustó?, (d) ¿qué cree que puede ser mejor? La letra de las canciones del conjunto *Sol y salsa* suena a poesía. Pero creo que la interpretación puede ser mejor. El ritmo que da el tambor se destaca del de la trompeta y va bien con todo el conjunto. Me gustó mucho la melodía de la primera canción. Cuando tocan la trompeta en algunas canciones, creo que exageran. Se ve que el conjunto se inspiró mucho al tocar la música.	**pp. 84–87** *Vocabulario en contexto 2* **p. 88** Actividad 29 **p. 89** Actividad 31 **pp. 94–95** Actividades 38–39
Presentational		
 **ESCRIBIR** Puedo escribir una reseña sobre una obra de teatro que presentaron en la escuela.	Trabajas como reportero(a) para el periódico de la escuela y tienes que escribir una reseña sobre una obra de teatro. Incluye (a) el nombre de la obra, (b) los actores principales, (c) una breve descripción del argumento, (d) la actuación de los protagonistas.	**pp. 86–87** *Vocabulario en contexto 2* **p. 91** Actividad 34 **pp. 94–95** Actividades 38–39
Comparisons		
 **COMPARAR** Puedo comparar las obras de tres artistas famosos.	Piensa en las obras de Goya, Dalí o Botero. ¿Como usaron su arte para expresar sus actitudes y sus perspectivas sobre lo que pasaba en sus vidas? ¿De qué manera expresan los jóvenes de hoy sus actitudes por el arte?	**pp. 88–89** Actividades 29–31 **p. 91** Actividad 35 **pp. 96–97** *Puente a la cultura*

A ver si recuerdas

OBJECTIVES
- Talk and write about food and eating habits
- Read and write about meals

Vocabulario

las frutas y las verduras
el aguacate
el ajo
la cebolla
las cerezas
el durazno
la ensalada
las fresas
los frijoles
los guisantes
las judías verdes
la lechuga
el maíz
el melón
la papa
la piña
la sandía
la sopa de verduras
el tomate
las uvas
la zanahoria

descripciones
bueno, -a / malo, -a para la salud
caliente
congelado, -a
delicioso, -a
dulce
enlatado, -a
fresco, -a
frito, -a
grasoso, -a
horrible
picante
¡Qué asco!
rico, -a
sabroso, -a

para el almuerzo o la cena
almorzar (ue)
el arroz
el bistec
el camarón
la carne de res
cenar
la chuleta de cerdo
los dulces
los espaguetis
la galleta
el helado
los mariscos
la paella
el pastel
el pavo
el pescado
el pollo
el postre

actividades
añadir
comer
cortar
probar (ue)
servir (i)

para el desayuno
el azúcar
el cereal
desayunar
el huevo
el pan con mantequilla
el pan tostado
las salchichas
el tocino
el yogur

1 Lista de ingredientes

ESCRIBIR, HABLAR EN PAREJA

1. Haz una lista de los ingredientes que se necesitan para preparar una comida mexicana y otra lista de los ingredientes para una comida estadounidense.
2. Con otro(a) estudiante, comparen sus listas. Trabajen juntos para preparar un menú para una comida completa.

2 Las comidas

ESCRIBIR, HABLAR EN PAREJA Escribe una lista de tus comidas favoritas y otra de las comidas que no te gustan. Usa la lista para hablar con tu compañero(a) de las comidas que les gustan y que no les gustan y de sus hábitos alimenticios *(eating habits)*. Hablen de lo que comen y por qué, cuándo y cómo lo comen.

Modelo

A— *Me gusta el yogur. Lo como con cereal todos los días en el desayuno porque es bueno para la salud.*

B— *A mi me gusta la fruta. La como en el desayuno porque tiene fibras y me hace bien.*

VIDEO

WRITING

SPEAK/RECORD

Gramática

Pronombres de complemento directo

Direct object pronouns tell who or what receives the action of the verb. They are used to replace a noun, in order not to repeat it. Remember that when the direct object is a person or group of people, you use the personal *a* before it.

—¿Probaste el pescado?
—Sí, **lo** probé.

—¿Ves mucho a tus amigas?
—Sí, **las** veo todos los días.

Here are all the direct object pronouns:

me	nos
te	os
lo / la	los / las

- Direct object pronouns generally go before the main verb. If there is a *no* before the verb, the pronoun goes between *no* and the verb.

—Antonio comió las uvas. **Las** comió en el desayuno. Yo no **las** comí.

- If the verb is followed by an infinitive or a present participle (present progressive), the direct object pronoun may go before the main verb or be attached to the infinitive or participle.

—¿Vas a comer el helado?
—**Lo** estoy comiendo ahora.

—Estoy comiéndo**lo** ahora.
—No, no **lo** quiero comer. / —No, no quiero comer**lo**.

3 Al restaurante

LEER, HABLAR EN PAREJA Trabaja con otro(a) estudiante. Imaginen que él (ella) fue a un restaurante con su familia. Hablen del menú y de la comida que probaron.

Videomodelo

las salchichas / mi hermano
A —*¿Alguien probó* ***las salchichas****?*
B —*Sí, mi hermano* ***las*** *probó.*

1. los espaguetis / mi papá
2. el helado de chocolate / mi hermanita
3. la sopa de pollo / todos
4. los pasteles / nadie
5. la chuleta de cerdo / yo
6. los huevos con tocino / mi hermanita y yo
7. el yogur de durazno / mi mamá y mi papá

4 La cena

HABLAR EN PAREJA, ESCRIBIR Planea una cena con un compañero(a). Hazle una de las siguientes preguntas por texto. Él/Ella debe escribir su respuesta usando el pronombre de complemento correcto del recuadro.

Modelo

A —¿Quién va a preparar **arroz**?
B —***Lo*** *va a preparar Luisa.*
o: —*Luisa va a prepararlo.*

me	nos	la	las
te	lo	los	

1. ¿Cómo vas a preparar las verduras?
2. ¿Quién va a comprar el pescado?
3. ¿Cuándo vamos a preparar la ensalada?
4. ¿Quién está cortando la fruta?
5. ¿Quieres preparar el postre?
6. ¿Quién está cortando las zanahorias?

A ver si recuerdas

OBJECTIVES

- Discuss and illustrate how you feel when you are ill
- Read and write about illnesses and accidents

Vocabulario

partes del cuerpo
el brazo
la cabeza
el codo
el cuello
el dedo (del pie)
la espalda
el estómago
la garganta
el hueso
la muñeca
el pie
la pierna
la rodilla
el tobillo

problemas
¡Ay!
doler (ue)
sentirse mal
tener . . .
  calor
  dolor (de)
  frío
  hambre
  sed

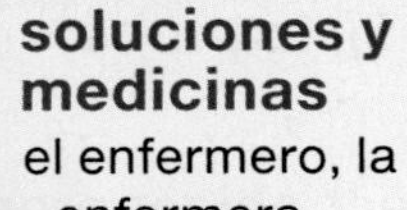

soluciones y medicinas
el enfermero, la enfermera
examinar
el médico, la médica
poner . . .
  la inyección
la radiografía
la receta
recetar . . .
  la medicina
  la pastilla
recomendar (ie)

para mantenerse sano
caminar
correr
descansar
dormir
hacer ejercicio
levantar pesas
mover(se)
quedarse en cama

5

Enfermo de nuevo

DIBUJAR, ESCRIBIR, HABLAR

1. Haz un dibujo sobre la última vez que estuviste enfermo(a). Luego, escribe:
   - qué te pasaba
     Me sentía . . .
     Me dolía(n) (mucho / un poco) . . .
   - qué te recomendó o recetó el médico
     Me recetó . . .
     Me recomendó . . .
   - qué hiciste tú
     Tuve que . . .
     Debí . . .
2. Muestra tu dibujo a dos estudiantes. Describe cómo te sentiste. Los(as) otros(as) estudiantes pueden hacerte preguntas.
   ¿Por cuánto tiempo . . . ?
   ¿También tuviste que . . . ?

Gramática

Pronombres de complemento indirecto

Indirect object pronouns indicate to whom or for whom an action is performed.

El médico **le** recetó unas pastillas a Eva.

Here are the indirect object pronouns:

me	nos
te	os
le	les

- Sometimes you can use *a* + *Ud.* / *él* / *ella* or a noun to clarify to whom the indirect pronouns *le* and *les* refer.

  El médico **le** dio una inyección **a ella**.
  ¿Quién **les** trajo las medicinas **a ustedes**?
  La enfermera **le** trajo la radiografía **al doctor**.

- If a verb is followed by an infinitive or a present participle (present progressive), the indirect object pronoun may go before the main verb or be attached to the infinitive or participle.

  Le tienen que hacer una radiografía a mi perro.
  Tienen que hacer**le** una radiografía a mi perro.
  Les estoy dando las medicinas.
  Estoy dándo**les** las medicinas.

- Remember that indirect object pronouns are used with verbs like *gustar, encantar,* and *doler*.

  Me duele el brazo. A los niños no **les** gustan las inyecciones.

6 Un accidente

LEER, ESCRIBIR Unos(as) amigos(as) hablan de un accidente y de lo que les recetó el médico. Completa las oraciones con el pronombre de complemento indirecto *(me, te, le, nos, os, les)* que corresponda.

1. Yo no me puedo mover. _____ duele todo.
2. El médico va a poner _____ una inyección a José y a mí.
3. Y a Clara, ¿qué _____ recetó el doctor?
4. Ella se siente bien, a ella no _____ recetó nada.
5. Mi hermana está en cama. Yo _____ estoy dando las medicinas.
6. ¿Y a ti _____ duele el brazo?
7. No, a mí ahora empezaron a doler _____ las piernas.

7 Una nota

LEER, ESCRIBIR Completa este mensaje de texto con los pronombres correctos. Luego, continúa el texto con sugerencias.

¿Cómo estás? Hace una semana que a mi hermana Teresa y a mí __1.__ duele la cabeza. A mí el médico __2.__ recomendó usar anteojos. __3.__ pregunté si tenía que llevarlos todo el tiempo y __4.__ dijo que sí. A Teresa no __5.__ dio nada. ¿Qué hiciste cuando __6.__ dijeron a tí?

CAPÍTULO 3

¿Qué haces para estar en forma?

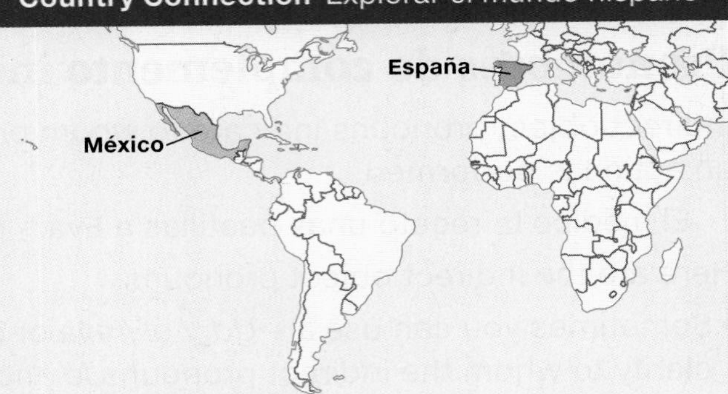

CHAPTER OBJECTIVES

Communication

By the end of the chapter you will be able to:

- Listen and read about health advice and nutrition
- Talk and write about healthy eating habits and exercise
- Give advice to others about healthy lifestyles

Culture

You will also be able to:

- Compare an ancient game with a modern game
- Understand the connection between healthy habits and lifestyle in Spanish-speaking countries
- Demonstrate understanding of an authentic video about the nutritional benefits of fruits and vegetables

You will demonstrate what you know and can do

- Presentación oral: Una vida más sana
- Presentación escrita: Por una vida más saludable

You will use

Vocabulary

- Symptoms and remedies
- Parts of the body
- Health, food, and nutrition
- Physical fitness and exercise
- Moods

Grammar

- Affirmative and negative commands with *tú*
- Affirmative and negative commands with *Ud.* and *Uds.*
- Subjunctive: Regular, stem-changing verbs, irregular verbs

ARTE y CULTURA México

Las frutas de Tamayo Rufino Tamayo (1899–1991) fue un gran pintor y muralista mexicano que nació en Oaxaca, un estado conocido por sus deliciosas frutas. Cuando Tamayo era niño, su familia vendía frutas en un mercado y él aprendió mucho de ellas. Su forma, variedad y color lo fascinaban. Sabía cuándo tenían calidad y cuándo estaban listas para comer. Él pintó muchas frutas. Decía que su único lenguaje era la pintura porque estaba hecha de formas, como las frutas.

▸ ¿Qué frutas conoces que no se producen aquí y las traen de otros países? ¿Sabes de dónde las traen?

"Sandías", Rufino Tamayo

Go **Online** to practice
PEARSON realize

PearsonSchool.com/Autentico

AUDIO

VIDEO

WRITING

SPEAK/RECORD

MAPA GLOBAL

AUTÉNTICO

FLASCHARDS

ETEXT 2.0

GAMES

Puesto de frutas y verduras en un mercado de Barcelona, España

Videonovela **¡Pura vida!**

Vocabulario en contexto 1

OBJECTIVES

Read, listen to, and understand information about

- Symptoms and remedies
- Health, food, and nutrition

La clínica comunitaria

BIENVENIDOS A LA CLÍNICA PEDROSA

Esta es la clínica de la comunidad. Aquí la gente viene a ver al médico cuando no se siente bien.

¡Algunas veces, puede tener un fuerte dolor de **oído**!

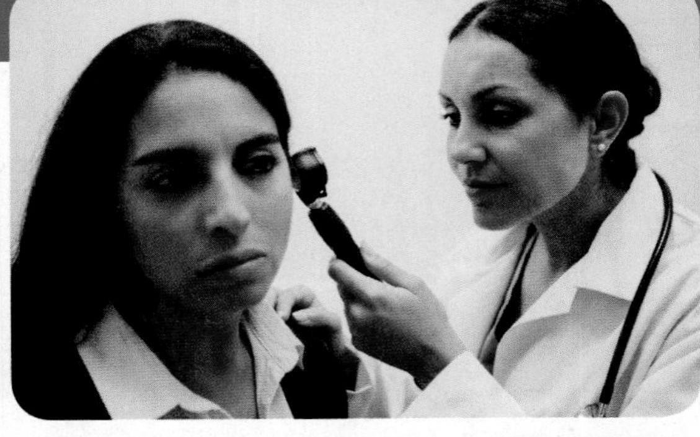

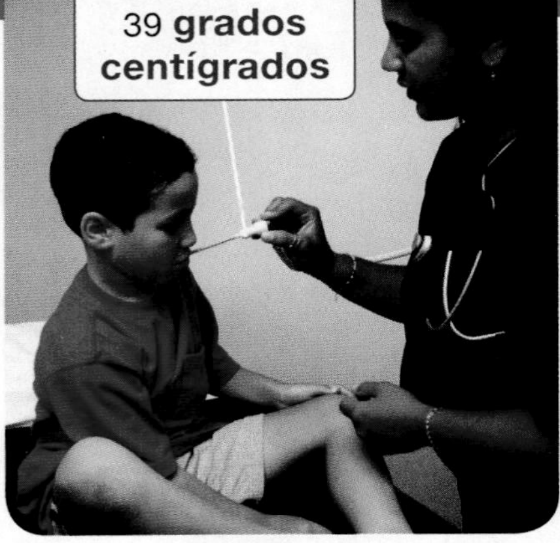

Si tiene **tos fuerte** y **estornuda**, es probable que tenga **una alergia** o un **resfriado**.

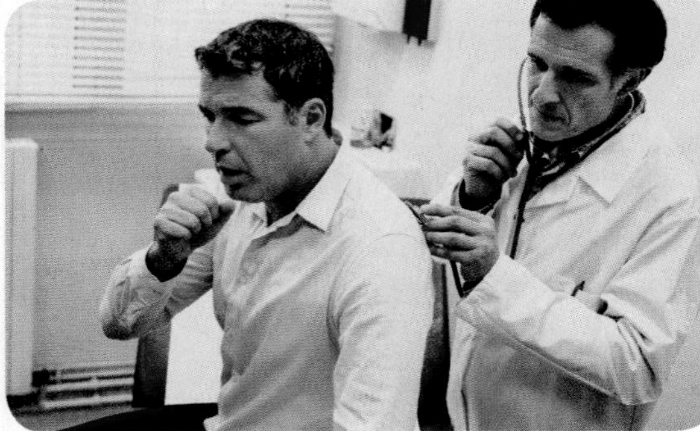

Tiene **fiebre**. Descanse y tome **aspirina**. Si tiene **gripe** y le duele **el pecho** necesitará tomar **jarabe** y **antibióticos**. Nunca **tome** remedios con el estómago **vacío**.

Nuestra clínica se especializa en nutrición

Consejo del día

Recuerde que para mantenerse sano debe evitar la **comida basura**. Coma **alimentos nutritivos**. Siempre cuide su **alimentación**.

Go **Online** to practice PEARSON realize™ **PearsonSchool.com/Autentico**

AUDIO

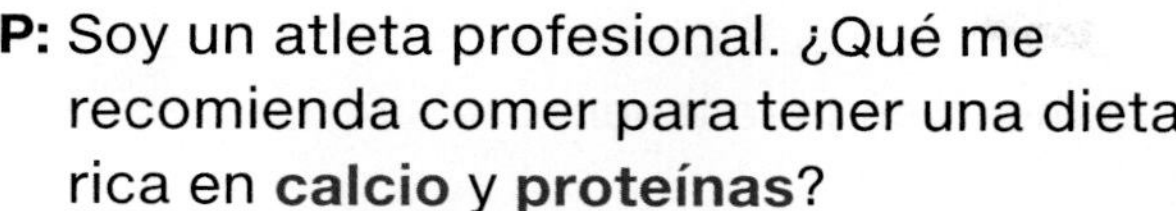

P: Soy un atleta profesional. ¿Qué me recomienda comer para tener una dieta rica en **calcio** y **proteínas**?

R: Los lácteos **contienen** calcio y ayudan a tener los huesos **fuertes**. Las carnes y los huevos son alimentos que contienen proteínas **aunque** no le recomiendo comerlos en grandes cantidades.

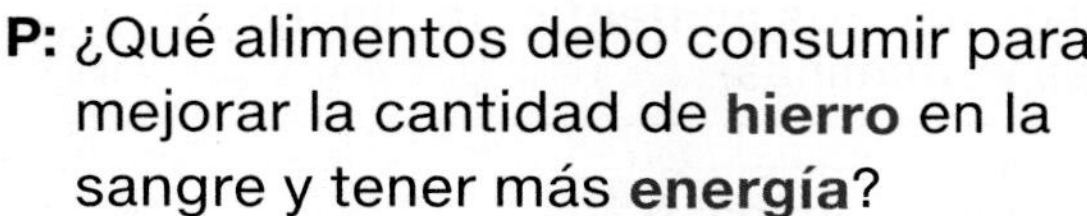

P: ¿Qué alimentos debo consumir para mejorar la cantidad de **hierro** en la sangre y tener más **energía**?

R: Las espinacas contienen un alto **nivel** de hierro. El cereal y el pan tienen **fibras** y **carbohidratos**. Ellos proveen energía.

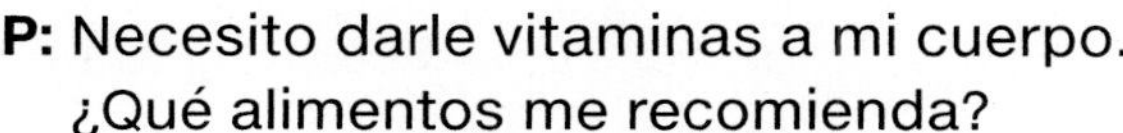

P: Necesito darle vitaminas a mi cuerpo. ¿Qué alimentos me recomienda?

R: Coma fruta todos los días. Todas las frutas son buenas. Las naranjas tienen mucha **vitamina** C.

1 Si estás enfermo...

ESCUCHAR Escribe los números del 1 al 6 en una hoja. Escucha las siguientes frases y escribe *C* (cierto) o *F* (falso) para cada una de ellas.

2 ¿Quién es quién?

ESCUCHAR Recorta tres trozos de papel. Escribe “doctor” en uno, “paciente” en otro y “nutricionista” en el último. Escucha con atención las distintas frases y levanta el papel que corresponde a la persona que está hablando.

Lucho quiere cambiar su **dieta**. Le manda un mensaje a Vero pidiéndole consejo[1].

mensajes 08:07 AM **Lucho**

Lucho ¡Tengo que cambiar mi dieta! Necesito comer bien para tener más energía y poder hacer deporte.

Vero Sí, una alimentación **saludable** es importante para tu vida.

Lucho ¿Qué crees que debo incluir en mi dieta?

Vero Lleva una dieta **equilibrada**. Es decir, come alimentos de todos los grupos.

Lucho A mí me encanta comer **meriendas**, como papitas fritas y galletas.

Vero Eso es comida basura. Tienes que dejar esos **hábitos alimenticios** tan malos. Trata de incluir alimentos que tengan fibras y vitaminas.

Lucho Mamá insiste en que no me debo **saltar** ninguna comida.

Vero Ella tiene razón. Además, debes parar de comer cuando te sientas **lleno**.

Lucho ¿Cuál será la mejor **manera** de comenzar a cambiar mi dieta?

Vero El médico te dará una dieta **apropiada** para tu **edad**, peso y **estatura**.

Lucho Gracias por tus consejos, amiga.

[1]advice

3 Vero le da consejos a Lucho

ESCRIBIR Parafrasea el diálogo en un párrafo. Usa oraciones conectadas con detalles y elaboración.

4 ¿Cómo es tu dieta?

HABLAR EN PAREJA Haz planes con un(a) amigo(a) para seguir una dieta más saludable.

Modelo

A —Primero, debemos comprar alimentos nutritivos.
B —Y no compraremos comida basura.

5 ¿Es un hábito saludable?

ESCUCHAR Escucha las frases y escribe si cada hábito alimenticio que se describe es saludable o no es saludable.

Videohistoria

Go **Online** to practice
PEARSON realize
PearsonSchool.com/Autentico

AUDIO

VIDEO

WRITING

SCRIPT

La receta del abuelo

Antes de ver

Hacer predicciones Piensa en qué te hace sentir mejor cuando tienes gripe. Ahora mira las fotos. ¿Qué relación tienen con la gripe? Basándote en estas fotos, ¿de qué crees que se trata la Videohistoria que verás?

Haz la actividad

Síntomas de la gripe Trabaja con un compañero. Comenten qué sienten cuando tienen gripe. Hagan una lista de los síntomas en español.

 Ve el video

Valentina

¿Qué pasa cuando Valentina se despierta y no se siente bien? ¿Qué hace la mamá de Valentina para tratar de que se sienta mejor?

Ve a **PearsonSchool.com/Autentico** para ver el video ***La receta del abuelo.*** También puedes leer el guión.

Después de ver

 **ESCRIBIR** Contesta las siguientes preguntas:

1. ¿Qué le duele a Valentina cuando se levanta?
2. ¿Qué cree la mamá que le pasa a Valentina?
3. ¿Qué hace la mamá para saber si Valentina tiene fiebre?
4. ¿Cuál es la receta del abuelo para aliviar la gripe? Parafrasea la receta, o explícala en tus propias palabras.

Comparación cultural Compara la receta del abuelo de Valentina con los remedios caseros *(home remedies)* y las medicinas que tus padres o abuelos usan para aliviar la gripe. Explica qué métodos crees que son más efectivos y por qué.

Vocabulario en uso 1

OBJECTIVES

- Talk about symptoms and remedies
- Discuss healthy eating choices
- Write about food and recipes

6

Llegó el otoño

LEER, ESCRIBIR En el otoño los estudiantes comienzan sus clases y todo el mundo estornuda. Completa este correo electrónico que le escribió un estudiante a su profesor con las palabras o frases del recuadro.

grados centígrados	tengo gripe
antibióticos	aunque
tenía fiebre	tenía tos

Maestro:

No puedo ir a la escuela hoy. __1.__ *anoche.* __2.__ *tomé un jarabe que me recetó el doctor, no pude dormir. Hoy por la mañana tenía mucho frío, mi mamá me puso el termómetro debajo del brazo y me dijo que* __3.__ *porque tenía 39* __4.__*. Ella cree que yo* __5.__*. En vez de recetarme* __6.__*, la doctora recomienda que yo descanse mucho y que beba mucha agua. ¡Siempre me pasa lo mismo en otoño! Espero regresar a clase pronto.*

Tomás

7

Contiene un alto nivel de . . .

HABLAR EN PAREJA Mira las fotos y explica a otro(a) estudiante lo que come cada uno de estos jóvenes y por qué es saludable o no es saludable. Usa las palabras del recuadro.

proteína	fibra	nutritivo	calcio	hierro	carbohidratos	contener

1 

2 

3 

4 

Ampliación del lenguaje · Familias de palabras

Las familias de palabras son grupos de palabras que tienen la misma raíz *(root)*. Muchas veces podemos saber el significado *(meaning)* de una palabra si conocemos otras palabras de la misma familia. Observa la relación entre las siguientes palabras y completa las frases.

Verbos	Sustantivos	Adjetivos
alimentar	alimentación	alimenticio
equilibrar	equilibrio	equilibrada
nutrir	nutrición	nutritivo
pesar	peso	pesado

1. Para obtener una buena _____, debemos comer alimentos nutritivos.
2. Tenemos un buen hábito _____ cuando no nos alimentamos con comida basura.

8

Preparándose para la carrera

LEER, HABLAR EN PAREJA, ESCRIBIR Trabaja con otro(a) estudiante para terminar el cuento sobre este atleta. Usa por lo menos cinco palabras del recuadro.

estar resfriado	nivel	hierro	energía
carbohidratos	hábitos	aunque	evitar

Rafa era un atleta fuerte, de peso apropiado para su edad. Iba a participar en una carrera. Tenía el estómago vacío y quería comer . . .

9

¿Qué recomienda?

HABLAR EN PAREJA Túrnate con otro(a) compañero(a) para representar la conversación entre un(a) estudiante y su maestro(a). El/La maestro(a) te expresará recomendaciones con detalles.

Modelo

Estudiante —*Me duele la cabeza.*
Maestro(a) —*Necesitas tomar **una aspirina** para reducir el dolor.*

Maestro(a)

Debes . . .
Tienes que . . .
Puedes tomar . . .
El médico te puede recetar . . .

Estudiante

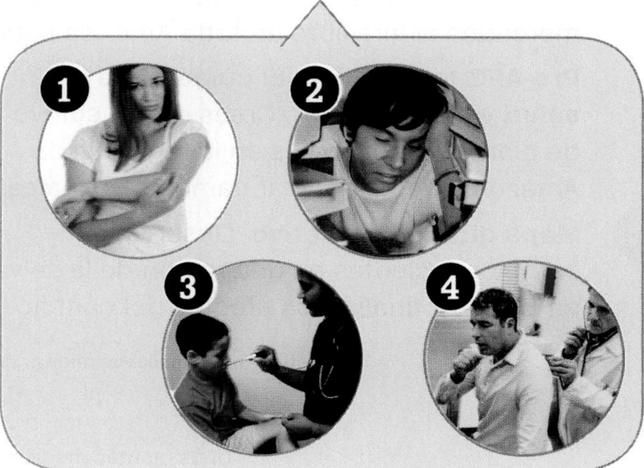

10

Una receta saludable

LEER, HABLAR EN PAREJA, ESCRIBIR

1 Ésta es una receta para preparar un postre nutritivo. Léela y explica a otro(a) estudiante por qué la receta es saludable. Habla de los ingredientes que tiene y de los que no tiene.

Modelo

El postre tiene avena. La avena es un cereal y tiene fibra, que es saludable.

Avena[1] con fresas

Ingredientes

4 tazas de leche sabor a fresa	1 taza llena de avena
azúcar al gusto	1 cucharada de vainilla
1 raja de canela[2]	10 fresas en pedazos

Preparación:

Calentar la leche a fuego bajo, junto con el azúcar y la canela, hasta que hierva. Añadir la avena y mover la mezcla hasta que se cocine. Quitarla del fuego, añadir la vainilla, y dejarla en la olla unos diez minutos. Servirla con fresas.

[1] oatmeal [2] stick of cinnamon

2 Ahora, piensen en una comida que les gusta y escriban cinco ingredientes que contiene. Luego escriban tres frases que describen el valor *(value)* nutritivo de la comida.

CULTURA El mundo hispano

Las plantas medicinales En América Latina, es muy común tomar remedios naturales para resolver problemas menores de salud, como la tos, la fiebre y los dolores de estómago o de cabeza. Estos remedios, hechos de plantas, los comenzaron a usar los indígenas de la región por sus efectos saludables y curativos[1]. Muchas de estas plantas medicinales se preparan como una infusión o té para beber. Algunos ejemplos de plantas medicinales son la manzanilla[2], que se usa para los dolores de estómago, el girasol[3], para la tos y los resfriados, y la menta[4], para los dolores de cabeza y de estómago. Estos remedios naturales se venden en ferias y mercados al aire libre en toda América Latina.

Pre-AP® Integration: El cuidado de la salud y la medicina: ¿Crees que el cultivo de plantas medicinales en la región de la Amazonia puede causar cambios? ¿Cuáles?

Mapa global interactivo Observa los cambios recientes en una región de la selva en Bolivia y analiza los efectos del cambio.

[1]curative [2]chamomile [3]sunflower [4]mint

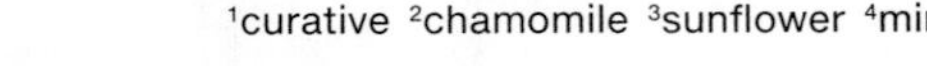
Unas plantas medicinales ▶

Gramática Repaso

OBJECTIVES
- Give informal advice about symptoms and remedies
- Give instructions to follow a recipe

Go **Online** to practice
PEARSON **realize**
PearsonSchool.com/Autentico

AUDIO VIDEO WRITING SPEAK/RECORD MAPA GLOBAL

Mandatos afirmativos con *tú*

To tell a friend or close family member to do something, use the *tú* command form. To give an affirmative command in the *tú* form, use the present indicative *Ud. / él / ella* form. This rule also applies to stem-changing verbs.

camin**ar** → camina	com**er** → come	abr**ir** → abre
jug**ar** → juega	volv**er** → vuelve	ped**ir** → pide

- Some verbs have irregular tú commands.

decir → **di**	hacer → **haz**	ir → **ve**	mantener → **mantén**	poner → **pon**
salir → **sal**	ser → **sé**	tener → **ten**	venir → **ven**	

- Attach reflexive, direct, and indirect object pronouns to the end of affirmative commands. Add an accent mark to show that the stress remains in the same place.

¡**Toma** esas vitaminas! ¡**Tómalas** ahora mismo!
Siéntate aquí.

Más recursos ONLINE
- **Tutorial:** Formation of regular tú commands
- ***Canción de hip hop:*** *Mamá*

11 Respuestas para todo

LEER, ESCRIBIR Verónica siempre tiene recomendaciones para todos los problemas. Completa la conversación con el mandato del verbo apropiado.

1. ¿Te duelen las piernas? _____ ejercicio. *(hacer / correr)*
2. ¿Estás muy cansada? _____ un rato. *(descansar / jugar)*
3. ¿Quieres mantener tu peso? _____ la comida basura. *(comprar / evitar)*
4. ¿Tienes malos hábitos alimenticios? _____ una dieta equilibrada. *(mantener / recetar)*
5. ¿Te sientes mal? _____ al médico. *(ayudar / ir)*
6. ¿Quieres sentirte mejor? _____ bien todos los días. *(comer / pedir)*
7. ¿No tienes energía? _____ unas vitaminas en la farmacia. *(comprar / ver)*
8. ¿Estás triste? _____ con tus amigos para divertirte. *(salir / buscar)*

12 ¿Cómo se prepara?

LEER, HABLAR EN PAREJA

1. Lee la receta de la Actividad 10 y después explica a otro(a) estudiante cómo se prepara.
2. Ahora, conversa con otro(a) estudiante. Hagan planes para preparar otra receta. Usen mandatos con *tú* como el modelo.

Modelo

A —*¿Qué necesito hacer para hacer avena con fresas?*
B —*Primero, compra los ingredientes.*

Gramática Repaso

OBJECTIVES

- Read and write about what you shouldn't do
- Give informal advice about health

Mandatos negativos con *tú*

To form negative *tú* commands with regular verbs, drop the *-o* of the present tense *yo* form and add the following endings:

hablar	hablo → habl + **es**	**No hables** ahora.
comer	como → com + **as**	**No comas** tanto.
abrir	abro → abr + **as**	**No abras** la boca.

- The same rule applies to verbs whose present tense *yo* form ends in *-go, -zco, -yo,* and *-jo.*

  No **salgas** si estás enferma.
  No les **ofrezcas** comida basura a tus amigos.
  No **escojas** comida con mucha grasa.

- The following verbs have irregular negative *tú* command forms.

dar → **no des**	ir → **no vayas**
estar → **no estés**	ser → **no seas**

- Verbs ending in *-car, -gar,* and *-zar* have the following spelling changes in the negative *tú* commands in order to keep the original sound.

sacar ***(c → qu)***	sa**qu** + **es**	**No saques** la basura.
llegar ***(g → gu)***	lle**gu** + **es**	**No llegues** tarde.
cruzar ***(z → c)***	cru**c** + **es**	**No cruces** aquí.

- If you are using reflexive or object pronouns with negative commands, place them after *no*.

  Estás enfermo. No **te** levantes de la cama.
  No comas el pastel. No **lo** comas.

Más recursos ONLINE

Tutorial: Formation of irregular tú commands

13

Lo que no debes hacer

LEER, ESCRIBIR Luis sacó malas notas. Ayúdale a sacar mejores notas. Completa las frases con el mandato del verbo apropiado.

1. No _____ cuando la maestra está explicando algo. *(hablar / comer)*
2. No _____ con otro estudiante en clase. *(jugar / escribir)*
3. No _____ tarde a la clase. *(hacer / llegar)*
4. No _____ a la escuela sin hacer la tarea. *(ir / lavar)*
5. No _____ tu tarea sin leerla antes. *(entregar / comprar)*
6. No _____ tan impaciente. *(ser / tomar)*

14

Cuida tu salud

HABLAR EN PAREJA Tu amiga siempre está enferma. Dale siete consejos usando los verbos del recuadro. Usa mandatos afirmativos y negativos.

Modelo
tomar
¡Toma tu medicina!

comer	hacer	ir	poner(se)
evitar	mantener	salir	

Gramática Repaso

OBJECTIVES

- Discuss good eating habits
- Read and write about a doctor's advice
- Write and talk about healthy living

Go **Online** to practice
PEARSON realize
PearsonSchool.com/Autentico

 AUDIO  VIDEO  WRITING SPEAK/RECORD

Mandatos afirmativos y negativos con *Ud.* y *Uds.*

To give commands to people other than *tú* and to more than one person, use the *Ud*. and *Uds* commands. To form a command with *Ud*., remove the *-s* from a negative *tú* command form. To form a command with *Uds*., replace the *-s* of a negative *tú* command with an *-n*.

No hable**s**.	Habl**e** (Ud.).	Hable**n** (Uds.).
No traiga**s** la receta.	Traig**a** (Ud.) la receta.	Traiga**n** (Uds.) la receta.
No vaya**s** al consultorio.	Vay**a** (Ud.) al consultorio.	Vaya**n** (Uds.) al consultorio.

- To form negative *Ud.* and *Uds.* commands just add *no* before the command.

  Coma frutas, pero **no coma** muchos dulces. **No salten** comidas.

- Attach reflexive, direct, and indirect object pronouns to the end of affirmative *Ud*. and *Uds*. commands. Add an accent mark to show that the stress remains in the same place. In negative commands, add the pronoun between *no* and the verb.

  ¡**Tomen** esas pastillas! ¡**Tómenlas** ahora mismo!
  ¡**Cepíllese** los dientes después de comer!
  Lleve la receta. Por favor, **llévela**.
  No le pidan dulces. **Pídanle** fruta.

Más recursos ONLINE

 **Tutorials:** Formation of Formal Commands
Negative Formal Commands

 ***Canción de hip hop:***
Ejercicio

15 Qué dicen todos?

 **ESCRIBIR, HABLAR EN GRUPO**

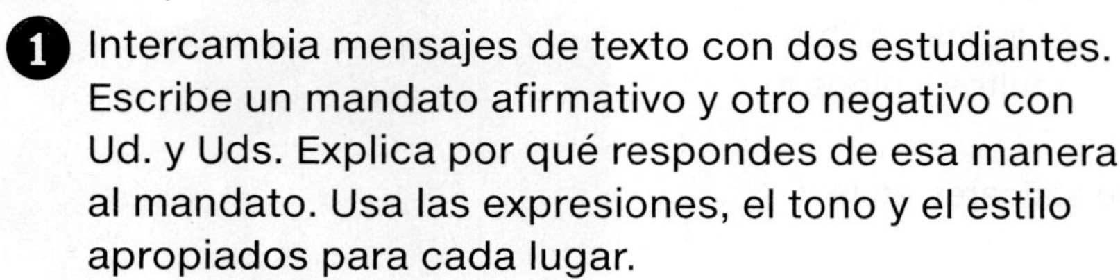

1 Intercambia mensajes de texto con dos estudiantes. Escribe un mandato afirmativo y otro negativo con Ud. y Uds. Explica por qué respondes de esa manera al mandato. Usa las expresiones, el tono y el estilo apropiados para cada lugar.

Modelo

en el consultorio
Apaguen ***el televisor. Hay mucha gente y no se escucha nada.***
No apaguen ***el televisor. Podemos ver la tele mientras esperamos al doctor.***

1. en la biblioteca
2. en el gimnasio
3. en una fiesta
4. en la cocina
5. en una tienda de ropa
6. en la clase de español

2 Ahora, cada pareja debe leer sus mandatos a la clase, y los demás deben decir si la frase es correcta. Si es correcta y no la tiene escrita otra pareja, gana un punto la pareja que la escribió. Gana la pareja que reúne más puntos.

16

Juego

ESCRIBIR, HABLAR EN PAREJA Formen grupos de cuatro estudiantes. Cada estudiante escribe un mandato en infinitivo en un pedazo de papel y lo mete en una caja. Los estudiantes se turnan para sacar un papel de la caja. El(La) que saca el papel, lee el mandato. El(La) segundo(a) estudiante forma un mandato con *tú.* El(La) siguiente forma el mandato con *Uds.* y el(la) último(a) añade un pronombre de complemento directo o indirecto a uno de los dos mandatos. Los mandatos pueden ser negativos o afirmativos.

Modelo

Comer manzanas verdes
No comas las manzanas verdes.
No coman las manzanas verdes.
No las comas.

17

Hábitos alimenticios de los jóvenes

LEER, HABLAR Lee este artículo sobre los hábitos alimenticios de los estudiantes españoles.

Conexiones Las ciencias

La OMS (Organización Mundial de la Salud) recomienda a los países a reducir el consumo de azúcares libres (glucosa o azúcar de mesa) en los adultos y niños a menos de 10%.

Esto se debe al alto contenido de azúcares en la alimentación de los jóvenes.

La OMS no se refiere a los azúcares de las frutas, verduras frescas o la leche (azúcar natural), sino a los que se encuentran "ocultos" (*hidden*) en los alimentos que generalmente no se ven como "dulces", como por ejemplo la salsa de tomate.

Las recomendaciones se hacen en base a datos científicos que muestran que la gente que consume un bajo porcentaje de azúcares, reduce la obesidad y los problemas dentales.

El azúcar es importante ya que es una fuente de energía, pero es importante el control de ella en tu dieta diaria.

- Crea una lista de alimentos que comes que contienen azúcares libres. Al lado de ellos, escribe con qué alimento de azúcar natural puedes reemplazarlo (*replace*) para evitar el consumo excesivo de azúcar. Explica a la clase qué alimentos tienen que comer para tener más energía.

Go **Online** to practice
PEARSON realize
PearsonSchool.com/Autentico

18

Un consejo del doctor

ESCRIBIR, HABLAR EN PAREJA

1. Con un(a) compañero(a), hagan de estudiante y doctor(a). Un estudiante le pregunta al doctor acerca de tres síntomas que tiene. El doctor le responderá con mandatos. Usen las expresiones y gestos apropiados con un lenguaje más formal.

   Modelo

   Estudiante: Doctor, tengo mucha tos. Usted, ¿qué recomienda?
   Doctor(a): Tome un jarabe.

2. Ahora tienes otros tres síntomas. Envía un correo electrónico al doctor preguntando lo que debes hacer ahora. El doctor responderá con otro mandato.

   Estudiante: Ahora tengo fiebre y dolor de cabeza.
   Doctor(a): Tome una aspirina. La aspirina es buena para bajar la fiebre.

19

Una gran fiesta

ESCRIBIR EN GRUPO Imagina que tú y seis de tus amigos(as) están planeando una fiesta en tu casa. Intercambia con ellos mensajes de texto sobre qué deben hacer y para qué. Usa los verbos del recuadro con expresiones apropiadas en un tono y forma formales.

llegar	traer	comprar	invitar	decorar	hacer

20

Guía para una vida sana

HABLAR EN GRUPO, ESCRIBIR

1. Vas a escribir una guía para una vida sana. Trabaja con un grupo de estudiantes. Hagan una lista de ideas sobre lo que es importante hacer y evitar para mantener la salud.

   Modelo

   No ponga mucha sal en la comida.

2. Escriban cinco frases para la guía usando la lista de ideas. Usen expresiones apropiadas en un tono y forma formales. Incluyan mandatos con *Ud*.

3. Lean a la clase la guía que escribieron. Intercambien ideas sobre lo que recomendaron. Digan qué ideas son buenas para todas las personas, cuáles solo sirven para los jóvenes y cuáles solo para las personas mayores, y expliquen por qué.

Vocabulario en contexto 2

OBJECTIVES

Read, listen to, and understand information about

- Places to go when you're not in school
- Plans for leisure time

¿Quieres estar en forma?

Las Fuentes te ofrece **hacer bicicleta, ejercicios aeróbicos, cinta, flexiones** y **abdominales.**

Club Deportivo Las Fuentes

¡Te ofrecemos clases personales!

Abierto las 24 horas, 365 días al año.

¡Ven y dale a tu cuerpo **fuerza** y energía!

21

¡Ponte en forma!

LEER, ESCUCHAR, ESCRIBIR Escribe en una hoja los números del 1 al 5. Escucha lo que le explica este chico a su amigo sobre el club deportivo Las Fuentes y escribe *C* (cierto) o *F* (falso) para cada frase.

AUDIO

WRITING

Luciana y Sebastián son dos de nuestros profesionales.

Me llamo Luci. Enseño **yoga** y meditación. Con mis ejercicios la gente aprende a **relajarse**, **respirar** y eliminar **el estrés** que les da el colegio o el trabajo.

Me llamo Seba y entreno fútbol. El fútbol es un deporte que fortalece los **músculos** y no permite que te sientas **débil**. En mis clases enseño qué hacer para evitar **calambres** y fortalecer el **corazón**.

22 El anuncio

ESCUCHAR, HABLAR Escucha el anuncio por radio de un club deportivo. Si la foto del servicio que ofrece el club aparece en el libro, señálala. Si no está, pon la mano sobre el libro.

23 Mis favoritos

ESCRIBIR En una hoja, haz una lista de tres ejercicios que te gusta hacer que se mencionan en estas páginas y dos de los servicios del gimnasio que más te gustaría usar. Escribe un correo electrónico a un amigo(a) contándole tus elecciones. Tu amigo(a) te contesta con sus preferencias.

Modelo

A —*Me gusta hacer bicicleta, flexiones y abdominales. Voy a ir a entrenar fútbol con Seba.*

B —*A mi me gusta hacer cinta. Voy a ir a la clase de yoga.*

¿Qué me aconsejas?

Cuando tenemos problemas, muchas veces les pedimos consejos a nuestros(as) amigos(as). Mira las ilustraciones y lee lo que les dijeron estas personas a sus amigos(as) para ayudarles con sus problemas.

1

Me caigo de sueño.

Te **aconsejo** que descanses.

2

3

4

5

6

24

Escoge un buen consejo

ESCUCHAR Escribe los números del 1 al 6 en una hoja. Escucha lo que aconsejan estas personas y escribe si es un buen consejo *(B)* o un mal consejo *(M)*.

Día mundial de la salud

"Por tu salud, muévete" 7 de abril

LA ACTIVIDAD FÍSICA Y LOS JÓVENES

Según la OMS (Organización Mundial de la Salud), el ejercicio es muy importante para la salud de los jóvenes. La práctica regular del ejercicio o del deporte ayuda a los niños y a los jóvenes a **desarrollar** y mantener saludables los huesos y los músculos. También ayuda a cuidar el peso, a reducir las grasas y al buen funcionamiento del corazón.

Los juegos, los deportes y otras actividades físicas permiten a los jóvenes expresarse, tener **confianza en sí mismos** y desarrollar sentimientos de éxito. Estos efectos positivos reducen el estrés de la vida de los jóvenes de hoy.

25

¿Comprendiste?

ESCRIBIR, HABLAR

1. ¿Por qué es buena la práctica regular de ejercicios?
2. ¿Cuáles son cuatro beneficios de hacer ejercicio?
3. ¿Cuáles son algunos efectos positivos de reducir el estrés con el ejercicio?
4. ¿Estás de acuerdo con que los juegos y deportes permiten a los jóvenes expresarse? Explica tu respuesta.

26

Tu propia experiencia

LEER, HABLAR EN PAREJA

Lee las frases y dile a otro(a) estudiante cuándo tienes los problemas de los que se habla aquí.

Me caigo de sueño . . .
Estoy de mal humor . . .
Me preocupo . . .
No tengo energía . . .
Estoy estresado(a) . . .
No puedo concentrarme . . .
Me quejo . . .

Modelo

Me siento fatal ***si no duermo bien.***

Vocabulario en uso 2

OBJECTIVES

- Read and write about doing exercise
- Discuss and give advice about health and fitness

27

En la clase de ejercicios aeróbicos

LEER, ESCRIBIR

1 Imagina que te inscribes en una clase de ejercicios aeróbicos. Describe cómo se siente cada estudiante usando las expresiones del recuadro.

No aguanto más o Me siento fatal	No tengo energía o Me caigo de sueño	No me puedo concentrar o Estoy en la luna

1.
¡Vamos! ¡Más rápido!
¡Ahhh! ______.

2.
¡Todos a la derecha!
No sé lo que hago. ______.

3.
¡Hagan un esfuerzo!
______, ¡por favor!

4.
Tengan confianza en sí mismos.
¡Ay! ______.

5.
¡Anímense!
______.

6.
¡Uno más!
¡______!

2 Pregunta a un(a) compañero(a) por mensaje de texto lo que cree que las personas de la clase necesitan hacer en cada situación. Él o ella te responderá con sus consejos.

VIDEO

WRITING

SPEAK/RECORD

28

Nuestra entrenadora

LEER, ESCRIBIR Completa en una hoja aparte este blog de una estudiante con las palabras apropiadas del recuadro. Usa la forma apropiada de los verbos.

consejos	exigir	confianza en sí misma
débiles	corazón	estirar y flexionar
desar	rollar	

El blog de Lupe

Nuestra entrenadora es una atleta que sabe mantenerse en forma y tiene mucha __1.__. Durante las prácticas, ella nos __2.__ mucho. Primero tenemos que __3.__ los músculos. Luego levantamos pesas para __4.__ más músculos en los brazos. Nuestra entrenadora siempre nos da __5.__ , como "Hagan ejercicio todos los días para cuidar su __6.__". Ella no quiere que seamos __7.__.

29

El deportista

HABLAR EN PAREJA El estudiante A hace preguntas a un(a) compañero(a). El estudiante B dice lo que debes hacer y explica por qué.

Videomodelo

estar en forma

A —*¿Cómo se puede estar en forma?*

B —*Se debe* ***hacer ejercicio.***

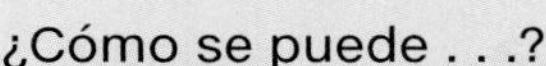

Estudiante A

¿Cómo se puede . . .?

1. evitar los calambres
2. quitar el mal humor
3. cuidar el corazón
4. hacer más fuertes los músculos del estómago
5. tener brazos menos débiles

Estudiante B

Se debe . . .
Se recomienda . . .

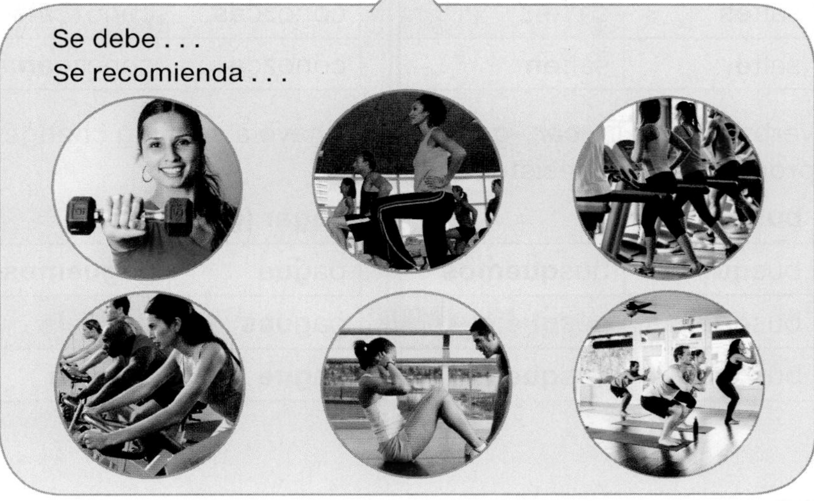

CULTURA España

¡A moverse en la calle! En abril de 2012 se celebró por primera vez en España el **Día de la Educación Física en la Calle**, una idea de los profesores que enseñan esta clase. Todo comenzó en Asturias, pero en los años siguientes se extendió por toda España. El objetivo inicial fue mostrar la importancia de la actividad física para niños y jóvenes, pero también pedir que se dedicaran más de dos horas a la educación física en las escuelas españolas. Sin embargo, hasta el año 2016, los estudiantes españoles seguían con dos horas a la semana.

Pre-AP® Integration: El cuidado de la salud y la medicina Pregunta a otros lo que se necesita hacer en las escuelas de España para mejorar esa situación. Ellos dirán lo que se tiene que hacer y sus razones.

Gramática Repaso

OBJECTIVES

- Read and write about a fitness class
- Give advice about exercise and health

El subjuntivo: Verbos regulares

To say that one person wants, suggests, or demands that someone else do something, use the *subjunctive mood*. A sentence that includes the subjunctive form has two parts, the main clause and the subordinate clause, connected by the word *que*.

Quiero que respires lentamente. **Sugiero que bebas** agua antes de correr.
El entrenador **exige que** los atletas **estiren** los músculos.

You can also suggest more general or impersonal ideas using expressions such as *es necesario . . . , es bueno . . . ,* and *es importante . . . , followed* by *que* and a form of the present subjunctive.

Es necesario que hagas ejercicio. **Es importante que** los jóvenes **coman** bien.

To form the subjunctive, drop the *-o* ending to the *yo* form of the present tense, and add the present subjunctive endings to the stem of the verb.

saltar

salt**e**	salt**emos**
salt**es**	salt**éis**
salt**e**	salt**en**

conocer

conozc**a**	conozc**amos**
conozc**as**	conozc**áis**
conozc**a**	conozc**an**

decir

dig**a**	dig**amos**
dig**as**	dig**áis**
dig**a**	dig**an**

Verbs ending in *-car, -gar,* and *-zar* have a spelling change in order to keep the pronunciation consistent.

buscar (c → qu)

bus**que**	bus**quemos**
bus**ques**	bus**quéis**
bus**que**	bus**quen**

pagar (g → gu)

pa**gue**	pa**guemos**
pa**gues**	pa**guéis**
pa**gue**	pa**guen**

cruzar (z → c)

cru**ce**	cru**cemos**
cru**ces**	cru**céis**
cru**ce**	cru**cen**

Más recursos ONLINE

Tutorial: Regular Forms of the Present Subjunctive

30 Una clase inolvidable

LEER, ESCRIBIR ¿Tuviste alguna vez una instructora que te exigía mucho? Completa la descripción con el verbo en subjuntivo.

La instructora exige que la clase __1.__ *(comenzar / cruzar)* a tiempo y que los estudiantes __2.__ *(correr / comer)* durante diez minutos antes de comenzar la sesión. Ella no permite que ellos __3.__ *(tocar / hablar)* durante la clase. A ella tampoco le gusta que __4.__ *(hacer / tener)* ruido cuando da la clase. Prefiere que nos __5.__ *(estirar / cruzar)* y que __6.__ *(apagar / subir)* escaleras para tener más energía antes de la clase.

VIDEO

WRITING

SPEAK/RECORD

31

¿Qué ejercicios hago?

HABLAR EN PAREJA Imagina que eres el(la) entrenador(a) de la escuela. Habla con otro(a) estudiante para aconsejarle algo. Usen las siguientes expresiones.

Videomodelo

Me duele(n) . . . / Es necesario que . . . .

A —*Me duelen* **las piernas cuando corro**.

B —*Es necesario que* **estires los músculos antes de correr**.

Estudiante A

1. ¿Qué hago para . . . ?
2. No puedo . . .
3. Estoy muy . . .
4. Quiero desarrollar . . .
5. Necesito . . .
6. Tengo . . .

Estudiante B

Te sugiero que . . .
Es importante que . . .
Para que estés más tranquilo(a), te aconsejo que . . .
Lo mejor es que practiques . . .
Es muy bueno que vayas a . . .
Para evitar los calambres quiero que . . .

El español en el mundo del trabajo

La consejera bilingüe

De niña, María Romero Thomas solo hablaba español en su casa e inglés en la escuela. Sus padres le decían que ella no podía olvidar la cultura de sus abuelos mexicanos, pero que debía integrarse *(to integrate)* y tener éxito en la cultura estadounidense. María quiso ayudar a otros a alcanzar también esa meta y decidió estudiar para ser consejera escolar.

La función de un(a) consejero(a) escolar es muy importante para los estudiantes y para la comunidad. Estos(as) profesionales se dedican a dar apoyo a los chicos y a guiarlos al elegir la carrera que van a seguir. También aconsejan sobre temas de salud, cómo coordinar el estudio con otras actividades como recreación, trabajo y ejercicios, en las relaciones con su familia y amigos, cómo mantener un buen estado de ánimo y cómo desarrollar sus aptitudes en la escuela. Si ven que los chicos se sienten mal, no se pueden concentrar o están muy estresados, les recomiendan ir al médico, tener una alimentación saludable y cosas que pueden hacer para relajarse.

Al comienzo de los años ochenta, María Romero Thomas se convirtió en *(became)* la primera consejera bilingüe del Sequoia Union High School District, en California. En esos años, viajaba de una escuela a otra para implementar el primer programa bilingüe del distrito. También hablaba con los padres sobre la importancia que tenía para sus hijos recibir una buena educación.

Hoy en día, hay cientos de consejeros bilingües en los distritos escolares de los Estados Unidos que ayudan a los niños hispanohablantes a vivir entre dos culturas.

32 ¿Qué le aconsejas?

HABLAR EN PAREJA Trabaja con otro(a) estudiante para hablar acerca de la salud. Uno se queja de algún problema. El otro le aconseja. Usa la forma correcta del subjuntivo y las expresiones del recuadro.

sugiero	recomiendo	quiero	es importante	es necesario

Videomodelo

Me caigo de sueño. / descansar un poco

A —*Me caigo de sueño.*

B —*Sugiero que* ***descanses un poco****.*

Estudiante A

1. Siempre estoy en la luna.
2. Quiero hacer más fuertes mi corazón y los músculos de mis piernas.
3. No tengo energía.
4. Estoy aburrido(a).
5. No aguanto más los juegos de mis amigos.
6. Siempre tengo sed.
7. Como demasiada comida basura.
8. Necesito hacer más ejercicio.

Estudiante B

sacar . . . de la biblioteca
poner . . .
respirar lentamente . . .
añadir más . . .
tomar . . .
hacer . . .
conocer . . .
hacer . . . y ejercicios . . .
¡Respuesta personal!

33 En el club atlético Sol y Salud

ESCRIBIR EN GRUPO Tres estudiantes son miembros de un club atlético y le envían un correo electrónico al presidente del club preguntándole qué pueden hacer para mejorar el servicio del club. El presidente y su equipo les contesta con una sugerencia. Combina palabras de las tres columnas para hacer frases con el subjuntivo.

Es importante que . . .	los entrenadores	limpiar
Sugerimos que . . .	tú	llegar a tiempo
Es mejor que . . .	David y Rita	lavar
(No) Queremos que . . .	nadie	explicar
Es necesario que . . .	ustedes	mostrar cómo
Exigimos que . . .	Julieta	no preocuparse por
	los profesores	(no) tener
	todos	aprender

Modelo

Queremos / Roberto / enseñar

A —*Queremos que Roberto enseñe más clases.*

B —*No hay problema. Es importante que los clientes estén contentos.*

Gramática Repaso

OBJECTIVES

- Read and write about giving advice
- Discuss ways to solve problems

Go **Online** to practice

PearsonSchool.com/Autentico

 VIDEO  WRITING  SPEAK/RECORD

El subjuntivo: Verbos irregulares

The following verbs are irregular in the present subjunctive:

dar	estar	haber	ir	saber	ser
dé	esté	haya	vaya	sepa	sea
des	estés	hayas	vayas	sepas	seas
dé	esté	haya	vaya	sepa	sea
demos	estemos	hayamos	vayamos	sepamos	seamos
deis	estéis	hayáis	vayáis	sepáis	seáis
den	estén	hayan	vayan	sepan	sean

34

Cambiar los hábitos

LEER, ESCRIBIR Rocío y Manuel están estresados. Escoge el verbo y completa las recomendaciones del consejero.

1. Es importante que Manuel _____ yoga dos veces por semana. *(cambiar / hacer)*
2. Les aconsejo que _____ más confianza en sí mismos. *(ser / tener)*
3. Recomiendo que los dos _____ caminatas por el campo. *(eliminar / dar)*
4. Rocío, te recomiendo que _____ más paciente con Manuel. *(estar / ser)*

35

Mensaje a la consejera sentimental

LEER, ESCRIBIR EN PAREJA

1. Completa esta correspondencia entre una joven y una consejera con las palabras apropiadas del recuadro.
2. Escribe un mensaje a tu compañero(a) contándole un problema similar. Él (Ella) te escribirá su sugerencia.

decir	legar	relajarse
hacer	estar	ser

Querida Ana:

Mis padres siempre me exigen demasiado. Quieren que yo siempre les __1.__ adónde voy y me exigen que __2.__ a casa antes de las 9 de la noche. Casi todos los días tenemos algún problema.

¡No aguanto más!
Frustrada en Quito

Querida Frustrada:

Primero, te aconsejo que __3.__. Es importante que __4.__ un esfuerzo para comprender lo que quieren tus padres. Ellos quieren que __5.__ segura (safe). Aunque tú quieres salir con tus amigos, es necesario que __6.__ responsable. Sé paciente y trata de hablar con tus padres y las cosas van a mejorar.
— Ana

36 Querida Laura . . .

LEER, ESCRIBIR

1. Muchos jóvenes le escriben a Laura, la escritora de la columna de consejos de una revista de Madrid. Lee el texto que una joven le escribió a Laura y luego escribe la respuesta de Laura. Usa expresiones como: *te recomiendo, te sugiero, es necesario, es bueno, es importante* y la lista de sugerencias. Pon los verbos en el subjuntivo.
2. Escribe un texto a un compañero (consejero) contándole algo que prefieres hacer pero no puedes debido a algún conflicto. El consejero te contestará con una solución y sus preferencias.

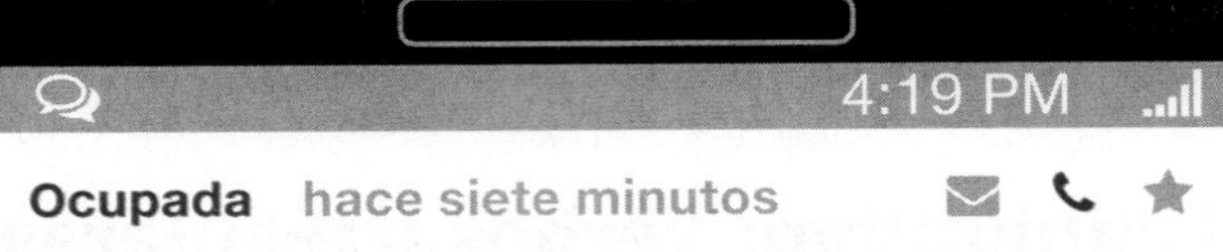

Ocupada hace siete minutos

Querida Laura:
Me encanta la clase de yoga. Siempre me siento mejor y me relajo después de ir. Pero el problema es que no tengo tiempo. Tengo mucha tarea y también estudio piano. ¿Cómo me puedo relajar y estar tranquila si no puedo ir a yoga?—***Ocupada de Burgos***

Laura hace cinco minutos

Querida Ocupada de Burgos:
Si tienes tanto trabajo y no puedes ir a tu clase de yoga, te recomiendo que . . .

Sugerencias
- cambiar el horario
- estar ocupada
- salir con los(as) amigos(as)
- tener tiempo para relajarse
- caminar todos los días

37 Intercambio de ideas

HABLAR EN GRUPO Imagina que tú eres la persona de las fotos. Tus compañeros(as) te van a dar sugerencias o consejos para ayudarte a resolver tus problemas. Usen los verbos del recuadro.

Videomodelo

A —***Estoy muy aburrido**, nunca hago nada interesante.*
B —***Es importante que salgas más.***
C —***Es bueno que conozcas más gente.***

ir	conocer	estar	tener	ser	saber

1 

2 

3 

4 

Gramática Repaso

OBJECTIVES

- Read and write about leading a healthy lifestyle
- Discuss suggestions for staying healthy and exercising

Go **Online** to practice
PEARSON realize
PearsonSchool.com/Autentico

VIDEO

WRITING

SPEAK/RECORD

El subjuntivo: Verbos con cambio de raíz

In the present subjunctive, stem-changing *-ar* and *-er* verbs have the stem change in all forms except *nosotros* and *vosotros*.

jugar (u → ue)	
j**ue**gue	juguemos
j**ue**gues	juguéis
j**ue**gue	j**ue**guen

pensar (e → ie)	
p**ie**nse	pensemos
p**ie**nses	penséis
p**ie**nse	p**ie**nsen

entender (e → ie)	
ent**ie**nda	entendamos
ent**ie**ndas	entendáis
ent**ie**nda	ent**ie**ndan

- Other verbs you know that follow these patterns are:

  o → ue: contar, poder, volver, costar, probar(se), llover, doler

  e → ie: querer, sentarse, calentar, despertar(se), empezar, entender

Stem-changing *e → ie, e → i,* and *o → ue* verbs that end in *-ir* have a stem change in all forms of the subjunctive.

sentirse (e → ie)	
me s**ie**nta	nos s**i**ntamos
te s**ie**ntas	os s**i**ntáis
se s**ie**nta	se s**ie**ntan

pedir (e → i)	
p**i**da	p**i**damos
p**i**das	p**i**dáis
p**i**da	p**i**dan

dormir (o → ue)	
d**ue**rma	d**u**rmamos
d**ue**rmas	d**u**rmáis
d**ue**rma	d**ue**rman

- Other verbs you know that follow these patterns are:

  e → ie: divertirse, preferir

  e → i: reír, repetir, servir, vestir(se), seguir, conseguir

  o → ue: morir

38

¿Qué recomienda la entrenadora?

LEER, ESCRIBIR La entrenadora te recomienda varias cosas. Lee lo que dice y escoge el verbo para completar las frases en subjuntivo.

1. Es importante que _____ mis consejos. *(sentir / seguir)*
2. Sugiero que _____ ocho horas cada noche. *(pedir / dormir)*
3. Es importante que no _____ durante las clases de ejercicio. *(sentarse / practicar)*
4. Quiero que _____ bicicleta tres veces por semana. *(repetir / hacer)*
5. También es bueno que _____ al tenis una o dos veces por semana. *(pensar / jugar)*
6. Te aconsejo que _____ con ropa cómoda. *(seguir / vestirse)*

39

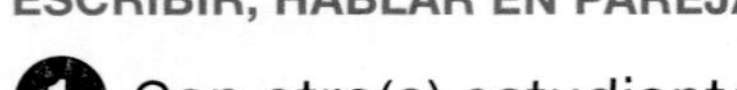

Decisiones

ESCRIBIR, HABLAR EN PAREJA

1 Con otro(a) estudiante, expresen sus recomendaciones por texto.

Modelo
importante / comer
Es importante que comamos verduras todos los días.

1. bueno / dormir
2. mejor / perder
3. bueno / pedir
4. bueno / volver
5. importante / acostarse
6. necesario / jugar
7. necesario / entender
8. importante / seguir

2 Léele las sugerencias que escribiste a otro(a) estudiante, quien va a decidir si está de acuerdo o no y por qué.

Videomodelo
A —*Es importante que comamos verduras todos los días.*
B —*Estoy de acuerdo.*
o: —*No estoy de acuerdo. Es más importante que comamos comida con menos grasa.*

En voz alta

Lee un fragmento de un corrido mexicano, un tipo de canción poética popular de México. Las letras y melodías de estas canciones son sencillas. Obtuvieron popularidad durante la Revolución Mexicana ya que servían para contar noticias, hechos importantes e historias de amor y pena. "La Adelita", uno de los más populares, cuenta de una mujer que se enamoró de un sargento y lo siguió a la guerra. La canción también representa a muchas mujeres que seguían a las tropas, les preparaban comida y cuidaban a heridos y enfermos.

Ahora, escucha la canción y trata de repetirla en voz alta.

- ¿Qué palabras que describen a Adelita pueden describir a las mujeres de la Revolución Mexicana?

¿Recuerdas?

Cuando la consonante *d* va entre vocales, su sonido es similar a la *th* en inglés de la palabra *the*.

Pronuncia estas palabras: *Adelita, acampado, además, quedar.*

"La Adelita"

En lo alto de la abrupta serranía[1]
acampado se encontraba un regimiento
y una joven que valiente lo seguía
locamente enamorada del sargento.

Popular entre la tropa era Adelita
la mujer que el sargento idolatraba
que además de ser valiente era bonita
que hasta el mismo coronel la respetaba.

Y se oía...
que decía...
aquel que tanto la quería...

Y si acaso yo muero en la guerra
y mi cuerpo en la tierra va a quedar,
Adelita por Dios te lo ruego
que por mi amor no vayas a llorar.

[1]mountainous country

AUDIO

VIDEO

WRITING

SPEAK/RECORD

40

Cómo te beneficia el ejercicio

LEER, HABLAR EN GRUPO, ESCRIBIR

1. Lee este artículo que explica diferentes clases de ejercicio aeróbico y los beneficios que tienen.

Ejercicios > Los beneficios que tienen

Correr Un ejercicio al alcance de todos

Existen distintas formas y técnicas de correr adecuadamente, desde trotar *(jog)* suavemente, hasta dar largas zancadas *(strides)*.

Beneficios: Ayuda a adquirir resistencia, agilidad y flexibilidad.

Spinning Ejercita tu corazón y todo tu cuerpo

Esta es una clase en grupo en la que se usan bicicletas estáticas. El instructor va dando distintas indicaciones para aumentar o disminuir el nivel de resistencia y dificultad.

Beneficios: Ayuda a la capacidad cardiovascular y a tonificar todo el cuerpo, especialmente glúteos y piernas.

Zumba Ejercicio aeróbico, pero con pasos de baile

La zumba mezcla pasos de bailes como la samba, el hip-hop, la salsa y el merengue. Para hacer zumba, hay que seguir el ritmo de la música con movimientos repetitivos. Es como bailar y hacer ejercicio aeróbico a la vez.

Beneficios: Hace más fuertes los músculos, mejora la coordinación.

Zumba

2. Con otros estudiantes, hablen de cada uno de los tipos de ejercicio. ¿Están de acuerdo con lo que dice el artículo? ¿Qué otros beneficios les gustaría añadir?

3. Y a ti, ¿cuál de las clases de ejercicio prefieren tomar? Explica tu respuesta a tu grupo.

4. Conversa con otro(a) estudiante por texto. Hagan recomendaciones. Usen formas del subjuntivo y oraciones que apoyan lo que recomiendan.

Puente a la cultura

OBJECTIVES

- Read about an ancient team sport played by the Native Americans in Mexico and Central America
- Use prior knowledge to increase comprehension

Un juego muy antiguo

La historia del juego de pelota comenzó hace unos 3,000 años alrededor del golfo de México. Los olmecas inventaron este deporte pero otros pueblos conocidos de Mesoamérica, como los mayas y los aztecas, también lo jugaban. El juego de pelota era uno de los eventos más importantes en el Nuevo Mundo.

Llamado *ullamalitzi* por los aztecas, el juego de pelota fue el primer deporte que se jugó en grupo. En la sociedad indígena, estos eventos sociales eran tanto actos religiosos como espectáculos para el público. Los pueblos indígenas creían que los dioses, la naturaleza y el ser humano no podían separarse. La vida, la astronomía y las matemáticas, la organización política y social, el arte, las guerras y hasta los deportes se relacionaban con la religión. Se cree que, para los pueblos indígenas, la competencia entre dos equipos en el juego de pelota representaba la lucha entre el Sol y otros astros[1]. Según los mayas, los dioses miraban el juego desde arriba[2]. Por eso, aunque todos podían ver el juego, solamente jugaban los nobles y los atletas entrenados por los sacerdotes[3].

Hasta hoy se han descubierto más de 600 canchas[4] de pelota en México. Todas tenían dos paredes, una en cada lado, con un anillo de piedra en el centro de cada una. Algunas eran tan grandes como una cancha de fútbol moderna. Las paredes estaban decoradas con escenas del juego.

[1]heavenly bodies [2]above [3]priests [4]courts

Estrategia

Using your prior knowledge
What do you know about competitive games in Roman and Greek times? Have you heard of the origin of games like baseball or basketball?

Remember that retrieving information you already know about the topic of your reading is always useful to help you better understand it.

Online Cultural Reading

Go to Auténtico ONLINE to read and understand a website about the types of ball games that people used to play in the past.

La cancha más grande se encuentra en Chichén Itzá, México

VIDEO

WRITING

MAPA GLOBAL

Para jugar se necesitaba una pelota de caucho[5] que pesaba unas 8 libras[6] y era tan grande como una pelota de básquetbol.

La pelota no podía tocar el suelo[7] y los jugadores no podían tocarla con las manos. Usaban la cabeza, los codos, las caderas[8] y las rodillas para pasar la pelota a través de uno de los anillos.

Los atletas llevaban cascos[9] y ropa de cuero para protegerse. También llevaban uniformes especiales que se cree que formaban parte de las ceremonias religiosas anteriores al juego.

[5]rubber [6]pounds [7]ground [8]hips [9]helmets

▲ Anillo para el juego

¿Comprendiste?

1. ¿Por qué crees que los sacerdotes eran los que entrenaban a los jugadores indígenas?
2. ¿Por qué el juego de pelota tiene un significado especial? Da una explicación de origen histórico y otra de origen religioso.
3. Di dos razones por las que crees que el juego de pelota se jugaba en la sociedad indígena, y compáralas con las que la gente tiene ahora para jugar deportes.
4. ¿A qué deportes actuales se parece más el juego de pelota? ¿En qué se parecen?

▲ Ilustración del antiguo juego olmeca de pelota

Usa tus conocimientos

Imagina que eres uno de los sacerdotes que van a entrenar a los nobles y los atletas. Piensa en una vez que te entrenaste para algo y escribe cinco ideas para explicarles cómo entrenarse, lo que es importante que hagan, cómo son las competiciones y qué deben evitar hacer.

Videodocumentario *¿Qué haces para estar saludable?*

Mapa global interactivo Explora la región de Mesoamérica y observa las ruinas del campo de pelota en Chichén Itzá. Investiga la importancia de este ritual en la antigua cultura maya.

▼ Olmec *hacha*

Pre-AP® Integración

OBJECTIVES
- Listen to and read about exercise routines and nutrition choices
- Write about nutrition advice

¿Qué me cuentas?: ¿Al club o a comer?

Tres amigos quieren hacer ejercicio y mejorar su estado físico. Escucha la conversación y luego lee unas recomendaciones. Guarda las respuestas para usar en el paso 3.

1 Vas a escuchar un cuento acerca de tres amigos que se reúnen para hacer ejercicio. Después de cada parte vas a oír tres preguntas. Escoge la respuesta correcta.

1. **a.** al club deportivo **b.** a un restaurante **c.** al doctor
2. **a.** para respirar **b.** para dormir bien **c.** para tener músculos fuertes
3. **a.** las flexiones **b.** los abdominales **c.** los ejercicios aeróbicos
4. **a.** se sentía fatal **b.** se caía de sueño **c.** tenía hambre
5. **a.** flexiones **b.** yoga **c.** ir juntos al club
6. **a.** para hacer lo mismo que Manu **b.** para estar en la luna **c.** para relajarse, divertirse y estar de buen humor

2 Ahora lee las recomendaciones para seguir una dieta sana.

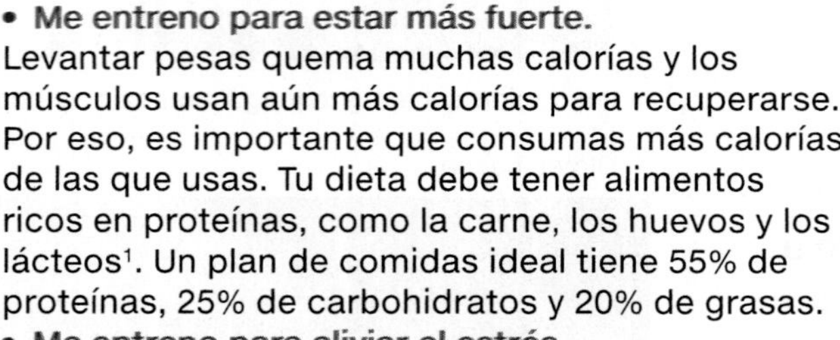

Aliméntate bien y entrénate mejor

¿Cuáles son tus razones para entrenar? ¿Sabías que una dieta apropiada mejora tu entrenamiento?

- **Me entreno para estar más fuerte.**
Levantar pesas quema muchas calorías y los músculos usan aún más calorías para recuperarse. Por eso, es importante que consumas más calorías de las que usas. Tu dieta debe tener alimentos ricos en proteínas, como la carne, los huevos y los lácteos[1]. Un plan de comidas ideal tiene 55% de proteínas, 25% de carbohidratos y 20% de grasas.
- **Me entreno para aliviar el estrés.**
Para reducir los efectos del estrés, es recomendado que incluyas entre 60% y 75% de alimentos crudos[2]. Escoge frutas y verduras frescas que tengan vitaminas B y C. También es necesario que comas carbohidratos ricos en fibra. Toma agua y evita el café, el té, las gaseosas y los alimentos procesados.
- **Me entreno para proteger el corazón.**
Es importante que mantengas una dieta equilibrada. No consumas más calorías de las que quemas. Evita las grasas saturadas, pero sí incluye las grasas saludables como el aceite de oliva. No pongas demasiada sal a las comidas y evita las gaseosas porque tienen mucho sodio[3]. Consume alimentos ricos en fibra: frutas, verduras, granos[4]. Si te gustan los lácteos, escoge los que son bajos en grasa.

[1]dairy [2]raw [3]sodium [4]grains

3 Escribe unos consejos para Manuel, Vicky y Paula. Haz planes para una dieta que corresponda a sus metas de entrenamiento. Incluye los alimentos que deben comer. Usa estas expresiones para conectar tus ideas: *así, aunque, para, por eso, es importante que, es mejor que.*

Presentación oral

OBJECTIVES

- Demonstrate how to give advice about leading a healthy lifestyle
- Pay attention to your posture to give an effective presentation

Go **Online** to practice

PEARSON realize

PearsonSchool.com/Autentico

AUDIO

WRITING

SPEAK/RECORD

Una vida más sana

TAREA Tu escuela va a organizar un evento para que los estudiantes aprendan a tener una vida más sana. A ti te toca hacer una presentación. Busca materiales y haz un cartel.

Estrategia

Making an oral presentation

When making an oral presentation make sure you face your audience at all times. You may look at the front, middle, and back rows. Remember to speak loudly enough for all to hear, and speak clearly.

1 Prepárate Escoge un tema y prepara un cartel.

temas	cartel
el ejercicio	*deportes y tipos de ejercicio*
los alimentos	*alimentos nutritivos*
las recetas, cómo preparar la comida	*recetas saludables*

2 Practica Vuelve a leer la información de tu cartel. Practica varias veces tu presentación para recordar los detalles. Usa mandatos con *Uds.* o recomendaciones con el subjuntivo para explicar a tus compañeros qué deben hacer. Recuerda:

- hablar con voz clara y mirar al público directamente
- hablar de cada uno de los temas en orden y explicar por qué es importante para la salud
- dar alguna recomendación

Modelo

Mi presentación es acerca de cómo tener una vida más sana. Voy a hablarles de qué ejercicios hacer para estar saludables. El ejercicio sirve para estar en forma. Hagan ejercicio por lo menos tres veces por semana.

3 Haz tu presentación Imagina que estás en un auditorio. Habla claro y en voz alta. Explica el tema y muestra el cartel. Al final, pregunta a los estudiantes si tienen un comentario que hacer.

4 Evaluación Tu profesor(a) utilizará la siguiente rúbrica para evaluar tu presentación.

Rubric	Score 1	Score 3	Score 5
How well your information is organized	Your ideas are undeveloped with incorrect or no transitions.	Some of your ideas are undeveloped. Your transitions are confusing.	Your ideas are well developed with clear transitions.
How effectively you deliver your speech	You make no eye contact with the audience. You have little intonation.	You make some eye contact and use intonation.	You make good eye contact and use intonation.
How effectively you use your visuals	Your visuals don't communicate the message.	You use visuals, but not effectively.	Your visuals are very helpful and are used effectively.

Presentación escrita

OBJECTIVES

- Write an article providing health tips
- Use persuasive writing to convince the audience

Por una vida más saludable

Imagina que trabajas para una revista y te piden que escribas un artículo sobre cómo las personas pueden llevar una vida más saludable. Presenta y defiende tu opinión con razones para persuadir a las personas de que cambien sus hábitos para estar más saludables.

Estrategia

Persuasive writing Use persuasive writing to convince an audience about something. Use words that clearly express your opinion about an issue. Always include facts and examples to support your opinions. A persuasive composition is always addressed to a specific audience. Therefore, it is important to choose words, tone and style that are directed to your audience.

1 Antes de escribir Piensa en los elementos que ayudan a llevar una vida saludable. Describe por qué son importantes y qué ocurre si no se ponen en práctica. Crea una tabla como la de abajo.

Para llevar una vida saludable	Ventajas y problemas que se evitan
• *mantener una dieta equilibrada*	• *se evitan las enfermedades* • *el cuerpo se mantiene sano*
• *mantenerse en forma*	

2 Borrador Escribe un blog dirigido a un público específico. Usa la escritura persuasiva. Pon las ideas de tu tabla en una composición, usando el vocabulario de este capítulo, el subjuntivo con expresiones impersonales y los mandatos.

Modelo

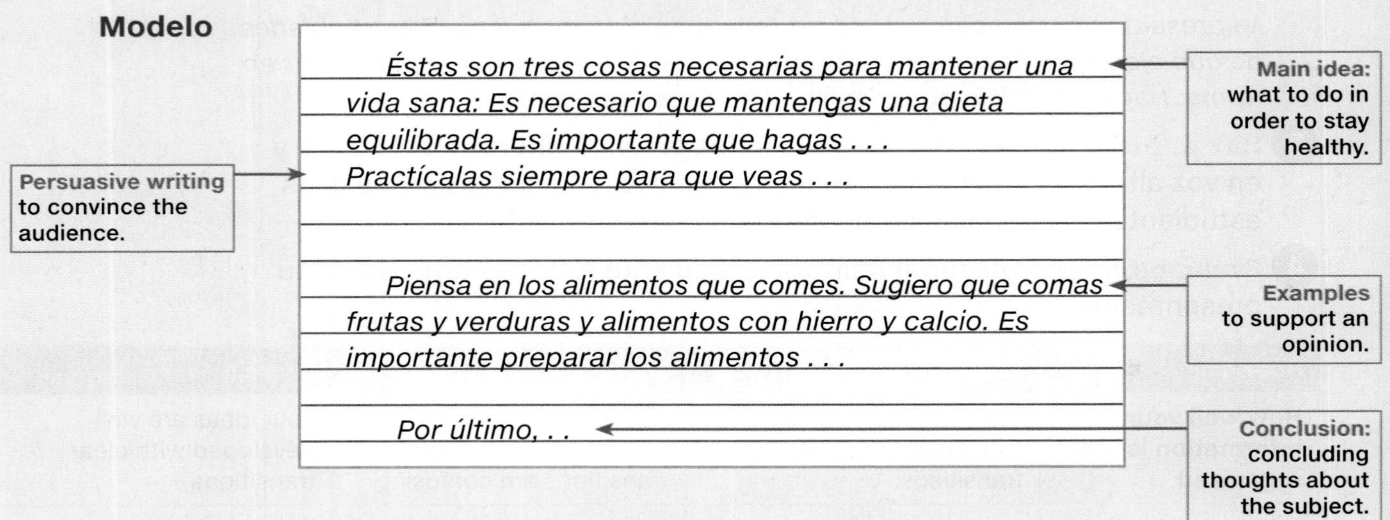

3 **Redacción/Revisión** Después de escribir el primer borrador, trabaja con otro(a) estudiante para intercambiar los trabajos y leerlos. Después de leer el trabajo de tu compañero(a), sugiere cómo puede mejorarlo y dile que haga lo mismo con el tuyo. Revisen si:

- la composición se enfoca en consejos para la salud
- para persuadir al público se usan mandatos y se dan razones
- se usan expresiones impersonales para enfatizar los consejos

Éstas son tres cosas necesarias para mantener una vida sana: Es necesario que ~~mantienes~~ mantengas una dieta equilibrada. Es importante que hagas . . . ~~Practicala~~ Practícalas siempre para . . .

Haz lo siguiente: Subraya con una línea los verbos en subjuntivo, con dos líneas los mandatos, y encierra en un círculo las expresiones impersonales.

4 **Publicación** Antes de hacer la versión final, lee de nuevo tu borrador y repasa los siguientes puntos:

- ¿Di suficientes razones para apoyar mis ideas?
- ¿Usé el vocabulario apropiado para convencer al público de que lea la revista donde van a publicar el artículo?
- ¿Están conectadas las oraciones?

Presenta y defiende tu opinión con razones para persuadir al público. Los estudiantes escribirán sus reacciones a tu blog.

5 **Evaluación** Se utilizará la siguiente rúbrica para evaluar tu presentación.

Rubric	Score 1	Score 3	Score 5
Completion of task	You are missing important parts of the article.	Parts of your article are missing or incorrect.	You include all parts and it is effectively organized.
Ability to persuade	Your lack of information organization makes message unclear.	Your message is present, but sometimes unconvincing.	Your information creates a clear message.
Sentence structure/ grammar, spelling, mechanics	Your sentences are run-on or are fragmented with many grammar, spelling, and mechanics errors.	You use sentences convincingly, but with some grammar, spelling, and/or mechanics errors.	Your sentence structure is correct and varied with very few grammar, spelling, and mechanics errors.

Lectura

OBJECTIVES

- Read about healthy eating habits
- Identify cause and effect to increase understanding
- Compare Spanish-language teen magazines with similar ones in the U.S.

¡Cambia tus hábitos!

Al leer

Nuestra vida está llena de actos que repetimos todos los días, por ejemplo, comer, dormir o estudiar. Vas a leer un artículo con recomendaciones sobre cómo cambiar tus malos hábitos para llevar una vida más saludable. Copia la tabla de la página 153. Mientras lees los artículos, llena los espacios de la gráfica con causas y efectos que encuentres en el texto.

Presta atención a los siguientes puntos:

- la importancia de tener buenos hábitos alimenticios
- la higiene personal y la salud
- cómo cuidar tu espalda aprendiendo a sentarte bien

Estrategia

Cause and effect Our personality and the way we eat, sleep, or react to fear can affect our health. If we change our bad habits, we will be healthier and more productive persons. While you read this magazine article, look for other examples of cause and effect. For example, what happens if you do not eat well, you do not drink enough water, or if you do not sit correctly and comfortably?

Aliméntate bien

Meta: "Voy a desayunar todos los días".

Saltarte el desayuno no te sirve para nada. Empieza tu día con algo ligero[1], para poner a funcionar tu metabolismo. No solo da energía sino que despierta al organismo y acelera la quema de calorías durante todo el día.

¡Lógralo!

Desayuna algo aunque sea ligero, como un licuado de frutas y verduras o una fruta, pan tostado con mermelada, cereal con leche o yogur, té o un buen vaso de leche.

Nuestros consejos:

Si tienes prisa: bebe el jugo mientras caminas a la escuela. También puedes llevar un yogur que trae una porción de cereal.

[1]light

No comas comida basura

Meta: "No voy a comer tantos dulces en la escuela".

Seguro que a la hora del recreo quieres comer chocolate o una bolsa de papas fritas. Mejor escoge alimentos que echen a andar tu motor. Si comes un almuerzo nutritivo, tu rendimiento físico y mental va a ser mucho mejor y no te vas a dormir en las últimas clases.

¡Lógralo!

Lleva de tu casa zanahorias o pepinos[2]. Las palomitas de maíz[3] y las frutas deshidratadas son una buena opción en lugar de comidas fritas.

Nuestros consejos:

¡No lleves dinero! Así evitas la tentación de comprar comida basura.

[2]cucumbers [3]popcorn

Muy limpios

Meta: "Siempre me voy a lavar las manos y los dientes".

Muchas enfermedades del estómago se deben a las bacterias que recogemos durante el día en nuestras actividades diarias. El simple hecho de abrir la puerta para salir del baño después de lavarte las manos, ya implica una contaminación de bacterias.

¡Lógralo!

La manera más efectiva de eliminar las bacterias de las manos es lavándoselas con agua y jabón. Lleva siempre jabón en tu mochila y úsalo cada vez que vayas al baño. En cuanto a los dientes, lávalos después de cada comida.

Nuestros consejos:

Compra un cepillo de dientes de viaje (algunos incluyen una crema de dientes pequeña) y llévalo en tu mochila junto con un hilo dental. ¿Se te olvidó lavarte los dientes o no tuviste tiempo? Usa una pastilla de menta o un chicle con clorofila para evitar el mal aliento.

Más H_2O

Meta: "Ahora sí voy a tomar agua".

No beber suficientes líquidos durante el día puede hacer que te sientas cansado. Los refrescos te dan energía pero solo por un momento, luego te sientes igual de cansado. Los refrescos *light* tampoco ayudan, por el contrario, te quitan energía.

¡Lógralo!

Ya te lo hemos dicho mil veces: debes tomar por lo menos 8 vasos de agua al día. No solo te mantienen hidratado, sino que ayudan al buen funcionamiento de los riñones[1].

Nuestros consejos:

¿No te gusta el agua sola? Toma jugos de fruta fresca o leche descremada durante el día.

[1]kidneys

¿Una siesta?

Meta: "Ya no voy a dormir cuando llegue de la escuela".

Nadie en tu casa entiende por qué cuando regresas de la escuela lo primero que haces es dormirte. Las causas pueden ser fisiológicas (como los niveles hormonales de la tiroides), emocionales (demasiado estrés), o estar relacionadas con tu estilo de vida (no dormir bien en las noches). Lo que debes hacer son unos cuantos ajustes en tu dieta diaria para combatir el cansancio.

¡Lógralo!

Si te sientes cansado, evita completamente las galletas, el pan dulce, los dulces, los refrescos y los jugos de fruta envasados, ya que contienen azúcares simples que te quitan energía; también evita la cafeína. Lo ideal es que comas proteínas con vegetales (como un pescado hervido con verduras).

Nuestros consejos:

Trata de hacer un poco de ejercicio para subir tus niveles de energía. O pon un disco compacto y ponte a bailar en tu cuarto.

Siéntate bien

Meta: "Me voy a sentar derecho en la silla".

No es nada fácil sentarte derecho por más de diez minutos, pero si sigues sentándote así, hundiéndote en[2] tu asiento de clases, tu cuerpo y sobre todo tu espalda se acostumbrarán y es probable que no se corrijan.

¡Lógralo!

Pega bien toda la espalda —baja, alta y lumbar— al asiento. Asegúrate de que tus pies estén bien apoyados en el piso y mantén las piernas juntas.

Nuestros consejos:

¿Se te hace muy difícil? Imagina que tienes un hilo que jala tu columna[3] hacia arriba para mantenerla derecha.

[2]sinking yourself into [3]a string that pulls your spine

WRITING

Interacción con la lectura

1. Trabaja con un grupo de estudiantes para hacer una tabla de *causa y efecto*. Cada estudiante va a añadir las relaciones de causa y efecto que escribió mientras leía el artículo.

Causa	Efecto

2. Contesten las siguientes preguntas sobre el artículo y, si notan relaciones de causa y efecto que aún no incluyeron en la tabla, añádanlas.
   - Parafrasea la idea principal, el tema y los detalles de apoyo del artículo. ¿Crees que los jóvenes en general tienen hábitos saludables? Explica tu respuesta.
   - ¿Qué recomendaciones del artículo te parecen mejores o más prácticas?
   - ¿Cuáles son tus recomendaciones? ¿Son similares o diferentes de las del artículo? Explica.
   - Según este artículo, ¿qué tipo de comidas y bebidas debes evitar para tener más energía? ¿Cuáles debes comer o beber?
3. Trabaja con un grupo para hablar sobre estos temas. Hablen con la clase de lo que piensan sobre las causas y los efectos. En parejas, hagan los papeles de doctor y paciente. El/la paciente solicita *(requests)* recomendaciones sobre los temas del artículo y el/la doctora da consejos.

CULTURA El mundo hispano

Revistas para jóvenes Al igual que en los Estados Unidos, en España y América Latina hay muchas revistas para jóvenes. En ellas puedes encontrar los temas que les interesan a los chicos y a las chicas de esos países, cómo se visten, qué música prefieren, y cuáles son sus sueños.

Si quieres leer más artículos relacionados con la salud, si te gustan los temas culturales y científicos o quieres mantenerte al día en deportes, música, libros o cine, existe un gran número de esas revistas que te pueden interesar. Estas son algunas de ellas: *Generación 21* de Ecuador, *Revista 15 a 20* de México, y *Okapi y Muy Junior* de España.

- ¿Qué crees que significa la expresión "mantenerte al día"?
- ¿Crees que los jóvenes de otros países tienen gustos *(taste)* similares con respecto a la moda o la música? ¿Por qué?

Auténtico

Partnered with NBC LEARN

Un arco iris por día

Antes de ver

Usa la estrategia: Hacer predicciones

Mira la imagen del video. ¿De qué colores son las frutas y verduras que ves? ¿A qué te recuerda la forma en que están colocadas? Predice cómo se relaciona este video con tu salud.

Lee el vocabulario clave

arco iris = rainbow
estimulante cerebral = brain booster
fitonutriente = phytonutrient*
hechas al horno = baked
patatas dulces = sweet potatoes
remolachas = beets
resfriado = cold

*¿Sabías que la palabra *phyton* en griego significa "planta"?

Ve el video

Con seguridad has oído decir que es importante comer frutas y verduras de distintos colores. ¿Pero sabes por qué es bueno seguir este consejo?

Ve a **PearsonSchool.com/Autentico** para ver el video ***Un arco iris por día*** y saber qué tiene que ver el color de las frutas y verduras con una buena salud.

Haz las actividades

Mientras ves Fíjate en las fotos e ilustraciones que aparecen a lo largo del video. Estas te ayudarán a entender el vocabulario que no conoces. Además, las palabras que van saliendo en la pantalla te darán información clave sobre el tema general del video. Anota cualquier cognado verdadero que veas. Los cognados verdaderos son palabras que se escriben muy parecido en inglés y español y que significan lo mismo, como *estimulante/stimulant*.

ITONUTRIENTES

Integración

Después de ver Vuelve a ver el video para poder contestar estas preguntas:

1. ¿Por qué el video se titula *Un arco iris por día*?
2. ¿Qué son los fitonutrientes y para qué sirven?
3. ¿En qué nos pueden ayudar las frutas o verduras de color rojo? ¿Y las verdes? ¿Y las de color naranja? ¿Y las moradas?
4. ¿Cuál de estos términos define mejor el tipo de video que acabas de ver?
   a. Información médica
   b. Recomendaciones de nutrición
   c. Opiniones de salud

For more activities, go to the Authentic Resources Workbook.

La nutrición y la salud

Expansión Busca otros recursos auténticos en *Auténtico* en línea y contesta las preguntas.

3 Auténtico

Integración de ideas Escribe un informe sobre la importancia de la nutrición en la salud. Incluye datos de los recursos auténticos.

Comparación Las recomendaciones de nutrición que dan los expertos cambian con el tiempo. Pregúntale a uno de tus abuelos o padres qué se consideraba "una buena alimentación" cuando ellos tenían tu edad. Escribe una comparación corta en español usando los términos "Antes" y "Ahora".

Repaso del capítulo

OBJECTIVE

▶ Review the vocabulary and grammar

Vocabulario

los síntomas y las medicinas

la alergia	allergy
el antibiótico	antibiotic
la aspirina	aspirin
estar resfriado, -a	to have a cold
estornudar	to sneeze
la fiebre	fever
el grado centígrado	centigrade degree
la gripe	flu
el jarabe	syrup
la tos	cough

partes del cuerpo

el corazón	heart
el músculo	muscle
el oído	ear
el pecho	chest

actividades relacionadas con la salud

aconsejar	to advise
contener	to contain
desarrollar	to develop
evitar	to avoid
exigir	to demand
incluir	to include
quejarse	to complain
saltar (una comida)	to skip (a meal)
tomar	to take, to drink

para estar en forma

abdominales	crunches
el calambre	cramp
débil	weak
ejercicios aeróbicos	aerobics
estar en forma	to be fit
estirar	to stretch
flexionar	to flex, to stretch
fuerte	strong
la fuerza	strength
hacer bicicleta	to use a stationary bike
hacer cinta	to use a treadmill
hacer flexiones	to do push-ups
relajar(se)	to relax
respirar	to breathe
yoga	yoga

la nutrición

la alimentación	nutrition, feeding
los alimentos	food
apropiado, -a	appropriate
el calcio	calcium
el carbohidrato	carbohydrate
la comida basura	junk food
la dieta	diet
la edad	age
la energía	energy
equilibrado, -a	balanced
la estatura	height
la fibra	fiber
el hábito alimenticio	eating habit
el hierro	iron
lleno, -a	full
la merienda	snack
nutritivo, -a	nutritious
el peso	weight
la proteína	protein
saludable	healthy
vacío, -a	empty
la vitamina	vitamin

expresiones útiles

aguantar	to endure, to tolerate
aunque	despite, even when
el consejo	advice
la manera	way
el nivel	level

estados de ánimo

caerse de sueño	to be exhausted, sleepy
concentrarse	to concentrate
confianza en sí mismo, -a	self-confidence
estar de buen / mal humor	to be in a good / bad mood
estar en la luna	to be daydreaming
el estrés	stress
estresado, -a	stressed out
preocuparse	to worry
sentirse fatal	to feel awful

Más recursos PearsonSchool.com/Autentico

Games  Flashcards Instant check

Tutorials

Gramática

Mandatos afirmativos y negativos

Regular and stem-changing verbs, and verbs ending in *-car, -gar,* and -zar

	tú	**Ud.**	**Uds.**
evitar	evit**a**, no evit**es**	(no) evit**e**	(no) evit**en**
volver	vuelv**e**, no vuelv**as**	(no) vuelv**a**	(no) vuelv**an**
abrir	abr**e**, no abr**as**	(no) abr**a**	(no) abr**an**
sacar	sac**a**, no sa**ques**	(no) sa**que**	(no) sa**quen**
llegar	lleg**a**, no lle**gues**	(no) lle**gue**	(no) lle**guen**
cruzar	cruz**a**, no cru**ces**	(no) cru**ce**	(no) cru**cen**

Irregular verbs

	tú	**Ud.**	**Uds.**
decir	**di, no digas**	**(no) diga**	**(no) digan**
poner	**pon, no pongas**	**(no) ponga**	**(no) pongan**
ir	**ve, no vayas**	**(no) vaya**	**(no) vayan**
hacer	**haz, no hagas**	**(no) haga**	**(no) hagan**
tener	**ten, no tengas**	**(no) tenga**	**(no) tengan**
mantener	**mantén, no mantengas**	**(no) mantenga**	**(no) mantengan**
ser	**sé, no seas**	**(no) sea**	**(no) sean**
salir	**sal, no salgas**	**(no) salga**	**(no) salgan**

Placement of pronouns

Attach reflexive or object pronouns at the end of affirmative commands.
With negative commands, place them after the word *no*.

Toma esas vitaminas. ¡**Tómalas** ahora mismo! No **las tomes**.

El subjuntivo: Verbos regulares y verbos con cambios de raíz

saltar

salt**e**	salt**emos**
salt**es**	salt**éis**
salt**e**	salt**en**

poder (o → ue)

p**ue**da	p**o**damos
p**ue**das	p**o**dáis
p**ue**da	p**ue**dan

pedir (e → i)

p**i**da	p**i**damos
p**i**das	p**i**dáis
p**i**da	p**i**dan

El subjuntivo: Verbos irregulares

dar

dé	**demos**
des	**déis**
dé	**den**

haber

haya	**hayamos**
hayas	**hayáis**
haya	**hayan**

ir

vaya	**vayamos**
vayas	**vayáis**
vaya	**vayan**

estar

esté	**estemos**
estés	**estéis**
esté	**estén**

ser

sea	**seamos**
seas	**seáis**
sea	**sean**

saber

sepa	**sepamos**
sepas	**sepáis**
sepa	**sepan**

Repaso del capítulo

OBJECTIVE

▶ Demonstrate that you can perform the tasks on these pages

Preparación para el examen

1 Vocabulario

Escribe la letra de la palabra o expresión que mejor complete cada frase. Escribe tus respuestas en una hoja aparte.

1. El médico le aconseja a Lucía que coma queso y tome leche todos los días porque contienen ______.
   a. comida basura c. dulces
   b. calcio d. fibra
2. Estoy enfermo(a) cuando ______.
   a. hago yoga c. hago ejercicio
   b. tengo fiebre d. tengo sueño
3. Te voy a recetar ______ para la tos.
   a. una gripe c. un jarabe
   b. carbohidratos d. una aspirina
4. Para evitar los calambres les recomiendo que ______.
   a. estiren los músculos c. hagan flexiones
   b. hagan abdominales d. corran rápido
5. Si ______, te aconsejo que hagas yoga.
   a. estás en la luna c. haces cinta
   b. estás estresado d. te caes de sueño
6. Doctor, ______ y tengo dolor de cabeza.
   a. tengo el oído c. me duele la gripe
   b. me duele el pecho d. estoy en forma
7. Tengo fiebre, cuando ______.
   a. tengo 39° centígrados c. tengo calambres
   b. evito los antibióticos d. mantengo mi dieta
8. ¡No aguanto más! significa que ______.
   a. estás muy contento(a) c. tienes energía
   b. te gusta hacer ejercicio d. estás muy estresado(a)

2 Gramática

Escribe la letra de la palabra o expresión que mejor complete cada frase. Escribe tus respuestas en una hoja aparte.

1. Jorge, no ______ al gimnasio hoy. Está cerrado.
   a. vas c. ve
   b. vayas d. vayan
2. Sra. Díaz, por favor ______ las vitaminas allí.
   a. ponga c. pongan
   b. pon d. pones
3. El doctor me aconseja que ______ una dieta equilibrada.
   a. mantenga c. mantengo
   b. mantén d. mantener
4. ¿Estás estresado? ______ con tus amigos para divertirte.
   a. Salgas c. Sal
   b. Sales d. Salgan
5. Es importante que ustedes ______ de buen humor durante las clases de yoga.
   a. estemos c. estamos
   b. están d. estén
6. ¡Tomen las vitaminas! ¡______ por la mañana!
   a. Tómenlas c. Tómalas
   b. Tómenlo d. Tómenlos
7. Niños, ¡______ comida basura a la escuela!
   a. no traen c. no traigan
   b. no traiga d. no traes
8. Quiero que tú me ______ las reglas del club.
   a. explicas c. explique
   b. expliquen d. expliques

Más recursos PearsonSchool.com/Autentico

 Games  Flashcards  Instant check

Tutorials

En el examen vas a . . .	Éstas son las tareas de práctica que te pueden ser útiles para el examen . . .	Para repasar, ve a tu libro de texto impreso o digital . . .
Interpretive		
 **3 ESCUCHAR** Yo puedo escuchar y comprender un programa de radio sobre consejos para la salud.	En este programa de radio, varias personas llaman al Dr. Salvavidas para pedirle consejos. (a) ¿Qué síntomas tiene cada uno?, (b) ¿Qué tienen que tomar?, (c) ¿Qué más les aconseja el doctor?	**pp. 118–121** *Vocabulario en contexto 1* **p. 119 Actividad 2** **p. 123 Actividad 9**
Presentational		
 **HABLAR** Yo puedo aconsejar a otros sobre los hábitos alimenticios.	La directora de la guardería infantil de tu barrio te pide que vengas a hablarles a los niños sobre lo importante que es tener buenos hábitos alimenticios. Haz cinco recomendaciones.	**p. 118–121** *Vocabulario en contexto 1* **p. 120 Actividad 3** **p. 122 Actividad 7** **p. 128 Actividad 17** **p. 129 Actividades 18 y 20**
Interpretive		
 **LEER** Yo puedo leer y entender un anuncio.	Lucía quiere aprender a preparar alimentos nutritivos y tomar clases para tener músculos fuertes. Lee el anuncio que ella vio y dile: (a) por qué le recomiendas las clases de ejercicio y (b) por qué debe tomar las clases para preparar alimentos. **Centro Fuente de la Salud** Si estás estresado(a) y no puedes concentrarte, tenemos clases de ejercicios para ayudar a relajarte. Aprende a tener una alimentación equilibrada. Prepara galletas nutritivas y bebidas que dan energía.	**pp. 130–133** *Vocabulario en contexto 2* **p. 140 Actividad 36** **p. 140 Actividad 40**
Presentational		
 **ESCRIBIR** Yo puedo escribir una carta para dar consejos.	Tu trabajo en una revista es contestar las cartas que mandan los jóvenes. En una carta, un chico te dice que siempre se siente cansado y de mal humor. Escríbele una respuesta con por lo menos cuatro consejos.	**p. 125 Actividad 11** **p. 129 Actividad 18** **p. 133 Actividad 25** **p. 139 Actividad 35** **p. 140 Actividad 36**
Comparisons		
 **COMPARAR** Yo puedo comparar los antiguos juegos de los olmecas de Mesoamérica con los de la actualidad.	En tu clase puedes ganar "puntos extra" si compartes algo que aprendiste en otra clase. ¿Cómo puedes explicar el juego de pelota de los olmecas de hace 3,000 años? ¿Hoy en día hay algún juego similar? Descríbelo.	**pp. 144–145** *Puente a la cultura*

A ver si recuerdas

OBJECTIVES
- Talk and write about personal qualities
- Write about daily activities and routines

Vocabulario

cualidades
artístico, -a
atlético, -a
bien educado, -a
cortés
divertido, -a
elegante
estudioso, -a
gracioso, -a
inteligente
nervioso, -a
reservado, -a
serio, -a
simpático, -a
sociable
talentoso, -a
tranquilo, -a

actividades
charlar
divertirse
encontrarse
enviar correo electrónico
escribir cartas
jugar juegos
llevarse bien / mal
navegar en la Red
participar
pasarlo bien
pasear
quedarse encasa
reunirse
reírse
salir

tiempo
antes (de)
después (de)
hasta
los días de semana
los fines de semana
los días festivos
durante
por la mañana
por la tarde
por la noche

1 Cualidades que admiras

ESCRIBIR

1. Escoge cinco cualidades que describan a tus amigos(as). Haz una lista. Compara tu lista con la de un(a) compañero(a). Luego, hagan juntos un diagrama de Venn para ver qué cualidades en común tienen sus amigos.
2. Con tu compañero(a) hablen por texto de las cualidades que sus amigos tienen en común y digan por qué las prefieren.

Modelo
Nos gustan las personas divertidas porque siempre lo pasamos bien con ellas.

Go **Online** to practice PEARSON realize

PearsonSchool.com/Autentico

VIDEO

WRITING

Gramática

Otros usos de los verbos reflexivos

A verb is reflexive in Spanish when the subject receives the action of the verb. In English this is implied by the endings *-self* and *-selves.* In Spanish the reflexive pronouns are *me, te, se, nos, os, se.*

Ella **se** levanta. *She gets **(herself)** up.*

- Many reflexive verbs in Spanish describe daily routine actions, such as *despertarse* (to wake up), *ducharse* (to take a shower), *peinarse* (to comb oneself), *vestirse* (to get dressed), and *acostarse* (to go to bed).
- Other reflexive verbs describe a physical or emotional state. Verbs of this type include *divertirse* (to enjoy oneself) and *sentirse* (to feel an emotion).
- Some reflexive verbs describe a change of state and they carry the added meaning of "to get" or "to become."

Me enojé. *I became angry (got mad)* **Se puso** muy nervioso. *He became very nervous.*

- Some verbs have a different meaning when used reflexively.

ir	*to go*	**irse**	*to leave*	**dormir**	*to sleep*	**dormirse**	*to fall asleep*
parecer	*to seem*	**parecerse a**	*to look like*	**quedar**	*to be located*	**quedarse**	*to stay*
quitar	*to take away*	**quitarse**	*to take off*	**volver**	*to return*	**volverse**	*to become*
perder	*to lose*	**perderse**	*to get lost*				

- Other verbs such as *darse cuenta de* (to realize), *quejarse* (to complain), and *portarse bien* (to behave) are always reflexive.
- Placement of reflexive pronouns with commands and the present participle follow the same rules that apply to placement of direct and indirect object pronouns.

Más recursos ONLINE

Tutorial: Reflexive pronouns

2

En familia

ESCRIBIR Completa este párrafo con los verbos para describir lo que hace una familia los sábados.

quedarse
quejarse
levantarse
cansarse
irse

Los sábados todos _1._ temprano. Mi hermano y mi papá _2._ con sus amigos a jugar al fútbol. Por la tarde, si hace buen tiempo, nadie quiere _3._ en casa. Todos vamos al parque a correr. A veces, después de correr, yo _4._ un poco pero nunca _5._. Lo pasamos muy bien.

3

Los sábados

ESCRIBIR Combina palabras de las dos listas para escribir lo que tú y tus amigos hacen los sábados.

Modelo

los chicos / reunirse

*Los chicos se reúnen **en la plaza.***

1. mi amigo y yo
2. tú
3. los chicos
4. yo
5. mi amiga

acostarse
divertirse
aburrirse
quedarse
irse

A ver si recuerdas

OBJECTIVES

- Discuss emotions and reactions
- Write about personal relationships

Vocabulario

defectos
aburrido, -a
desordenado, -a
impaciente
infantil
mal educado, -a
perezoso, -a
tonto, -a

acciones
discutir
emocionarse
enojarse
gritar
importar
llorar
mentir
molestar
pelearse

reacciones
¡ay!
¡basta!
¡déjame en paz!
¡tú tampoco!
¡uf!
¡yo también!
a mí no...
a mí sí...
a mí también...
a mí tampoco...

expresiones
hablar mal (de)
llegar tarde
no pensar (en)
ponerse...
furioso, -a
nervioso, -a
quedarse tranquilo, -a
tener paciencia
volverse loco, -a

4

Lo que no me gusta

ESCRIBIR Completa las frases siguientes para describir qué cosas te molestan de tus amigos.

Modelo

Me pongo nervioso(a) cuando...
*Me pongo nervioso(a) cuando **mi amiga no me llama.***

1. Me molesta cuando...
2. No me gusta nada cuando...
3. Me enojo cuando...
4. Me pongo furioso(a) cuando...
5. Me vuelvo loco(a) cuando...

5

Reacciona

HABLAR EN PAREJA Trabaja con otro(a) estudiante para leer y reaccionar a los siguientes comentarios. Usa la lista de reacciones de arriba.

Videomodelo

A —Me gusta cuando la profesora está contenta con mi trabajo.
B —*A mí también.*

1. ¡Vamos! ¡Levántate, perezoso!
2. ¿Me ayudas a lavar la ropa?
3. No me gustan las fresas.
4. ¡Ten cuidado! ¡Ve más despacio!
5. ¿Al cine? ¡Sí, yo quiero ir!
6. Tengo prisa. Tenemos que llegar a las tres.
7. ¿Ya estudiaste para el examen? Dicen que va a ser difícil.

Go **Online** to practice PEARSON realize PearsonSchool.com/Autentico

VIDEO

WRITING SPEAK/RECORD

Gramática

Pronombres reflexivos en acciones recíprocas

To tell what people do to or for one another use the reciprocal pronouns *nos* and *se* before the first and third person plural of certain verbs.

Mis hermanos y yo no **nos** peleamos nunca.

Alonso y Fernanda **se** llaman todos los días, pero **se** ven muy poco.

In the case of a verbal phrase with an infinitive or a present participle, you may place the reciprocal pronoun either before the conjugated verb or attached to the infinitive or participle. Remember to place an accent in the third to last syllable when you add the reciprocal pronoun to a present participle.

Vamos a ver**nos** mañana.

Nos vamos a ver mañana.

Rodrigo y Luisa estaban abrazándo**se** en el jardín.

Rodrigo y Luisa **se** estaban abrazando en el jardín.

Here are some examples of reflexive verbs that are used reciprocally:

abrazarse	contarse	llamarse
ayudarse	entenderse	llevarse bien / mal
besarse	escribirse	pelearse
comprenderse	hablarse	saludarse
conocerse	leerse	verse

6

¿La pareja ideal?

LEER, ESCRIBIR Romina siempre está hablando de la relación de su hermana Analía con su novio Nicolás. Completa las siguientes frases con el verbo que corresponda, en la forma correcta. Luego, resume en una frase qué opinas tú de la relación de esta pareja.

Analía y Nicolás...

1. _____ *(escribirse/ayudarse)* mensajes todas las mañanas.
2. _____ *(entenderse/hablarse)* muy bien y son muy felices.
3. Nunca _____ *(besarse/pelearse)* ni tienen opiniones diferentes.
4. Siempre _____ *(comprenderse/enojarse)* y _____ *(ayudarse/conocerse).*
5. _____ *(llamarse/leerse)* todas las noches y hablan horas por teléfono.
6. _____ *(entenderse/verse)* todos los viernes y los sábados.
7. _____ *(conocerse/contarse)* desde hace muchos años.
8. _____ *(llevarse/saludarse)* muy bien.

CAPÍTULO **4**

¿Cómo te llevas con los demás?

CHAPTER OBJECTIVES

Communication

By the end of the chapter you will be able to:

- Listen and read about friendship and family relationships
- Talk and write about conflicts and solutions
- Express opinions and emotions while discussing problems

Culture

You will also be able to:

- Compare cultural practices in an authentic video about an adventure park in Puerto Rico
- Understand the relationship between emotions and art in the Hispanic world
- Compare how people express and react to others' emotions

You will demonstrate what you know and can do

- Presentación oral: Una sesión del consejo estudiantil
- Presentación escrita: Una relación

You will use

Vocabulary

- Personality traits
- Relationships
- Emotions and conflicts

Grammar

- Subjunctive with verbs of emotion
- Uses of *por* and *para*
- *Nosotros* commands
- Possessive pronouns

ARTE y CULTURA España

Madre e hijo La relación entre madre e hijo puede ser una relación muy íntima y especial. El artista español Pablo Picasso tiene una serie de cuadros de varios períodos y estilos que muestran las figuras de una madre y un hijo. En este cuadro se ve la influencia del arte africano. Las caras de las figuras se parecen a máscaras *(masks)* africanas. ¿Qué elementos usa Picasso para comunicar la relación entre estas dos personas?

▶ ¿Conoces a otro(a) artista que muestre relaciones entre familias? Descríbelo(a).

"Madre e hijo", (1907), Pablo Picasso ▶

Go **Online** to practice
PEARSON realize

PearsonSchool.com/Autentico

AUDIO

VIDEO

WRITING

SPEAK/RECORD

MAPA GLOBAL

AUTÉNTICO

FLASCHARDS

ETEXT 2.0

GAMES

Una familia en Buenos Aires, Argentina

Videonovela **¡Pura vida!**

Vocabulario en contexto 1

OBJECTIVES

Read, listen to, and understand information about
- Friendship
- Personality traits

La quinceañera

Una fiesta de quinceañera es la presentación formal de una niña que pasa a la edad adulta. Emilia tiene su quinceañera en unos días. Su amiga Victoria no vino para la prueba de su vestido. Emilia está triste y llama a su hermana mayor, Lola.

Emilia llamada 20 de febrero 08:00 AM

Emilia Lola, ESTA FIESTA es el día MÁS IMPORTANTE de mi vida. ¡Es MI QUINCEAÑERA y creo que todos mis amigos **desconfían** de mí! **Temo** que no me **acepten tal como soy**.

Lola NO ES ASÍ. Todos te quieren, Emilia.

Emilia Victoria es mi **íntima** amiga. Hacemos muchas cosas **juntas** y **tenemos mucho en común**, pero ahora está **egoísta** y **celosa**. NO HA VENIDO HOY A AYUDARME.

Lola **Me sorprende**. Victoria es muy **considerada** y **te apoya** en todo. Debes **confiar** en ella.

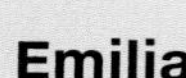

Emilia Yo creía que mi amiga Mimí sabía **guardar un secreto**. Sin embargo, Victoria me dijo que es **entrometida** y **chismosa**.

Lola Yo le tengo **confianza**. Mimí es **honesta** y **comprensiva**.

Emilia Y mi amigo Joaquín siempre fue **cariñoso** conmigo. Desde que está con Cristina es **vanidoso** Y EGOÍSTA.

Lola Pero es muy joven. Ojalá que cambie cuando sea un poco mayor.

Go **Online** to practice

PEARSON realize

PearsonSchool.com/Autentico

AUDIO WRITING

22 de febrero @ 05:00 PM ♡30

Para mi familia y mis amigos:

Quiero que todos sepan que tuve una fiesta maravillosa. Me gusta saber que mis amigos **se alegran** con las cosas buenas que me pasan. **La amistad** es muy importante en mi vida.

¡GRACIAS a todos los que compartieron este día inolvidable conmigo! ☺

—**Emilia**

1 ¿Qué dicen Emilia y Lola?

ESCUCHAR Escucha lo que opinan Emilia y Lola sobre estas personas. Escoge la respuesta apropiada.

1. Emilia quiere que sus amigos…
   - **a.** desconfíen de ella
   - **b.** la acepten como es
2. Lola piensa que Victoria es
   - **a.** celosa
   - **b.** considerada
3. Lola piensa que Mimí es
   - **a.** entrometida
   - **b.** honesta
4. Emilia dice que cuando Joaquín está con Cristina, es
   - a. cariñoso
   - **b.** vanidoso

2 Un(a) amigo(a) perfecto(a)

ESCRIBIR, HABLAR EN PAREJA ¿Cuáles son para ti las cinco cualidades *(qualities)* más importantes que debe tener un(a) buen(a) amigo(a)? Haz una lista e intercámbiala con tu compañero(a).

¡Emilia y Victoria tienen mucho qué comentar sobre la fiesta del día anterior! Apenas se despierta, Victoria le manda un mensaje a Emilia.

Emilia

Victoria: ¡Qué fiesta la de anoche! ☺

Emilia: Sí. Después de tanto preocuparme, salió perfecta. ¡Todo el mundo fue tan **amable** conmigo!

Victoria: ¡Tu vestido me encantó! Te veías muy linda.

Emilia: ¡Gracias! Una de las **cualidades** que más me gustan de ti es que te alegras de todo lo bueno que les pasa a tus amigos.

Victoria: No creas, a veces puedo **tener celos**. Sobre todo, si un chico que me gusta baila con mi mejor amiga.

Emilia: Ja, ja. ¿Lo dices por Mario? ¡Si solo bailé una vez con él!

Victoria: Sí, no te preocupes, no hablaba en serio. ☺

Emilia: ¿Quieres venir a mi casa en un rato? Así te puedo mostrar las fotos que tomó mi papá. ¡Están buenísimas!

Victoria: Gracias, pero estoy cansada. ¡Me duelen los pies de tanto bailar!

Emilia: Me imagino, porque no te quedaste quieta ni un minuto. Pero si **cambias de opinión,** me avisas. Voy a estar en casa todo el día.

Comentarios sobre la fiesta

ESCRIBIR Lee las frases. Escribe *C* (cierto) si la frase es correcta o *F* (falso) si la frase es incorrecta.

1. Emilia quedó muy contenta con su fiesta de quinceañera.
2. Los invitados a la fiesta no fueron amables con Emilia.
3. A Victoria le gustó el vestido de Emilia.
4. Victoria aceptó ir a la casa de Emilia a ver las fotos.

HABLAR La fiesta de quinceañera en muchos países latinos marca la transición de niña a mujer. Comenta con un compañero qué ritos, fiestas o celebraciones conocen que marquen la transición de niño a hombre o de niña a mujer en distintas culturas.

Videohistoria

Go **Online** to practice PEARSON realize

PearsonSchool.com/Autentico

AUDIO

VIDEO

WRITING

SCRIPT

Unidos por una causa

Antes de ver

Identificar a los personajes Al ver el video, concéntrate en identificar a los personajes *(characters)* y definir qué relación hay entre ellos. Esto te ayudará a entender mejor los sucesos *(events)* que se narran.

Haz la actividad

¿Qué relación tienen? Observa las fotos. ¿Qué crees que están haciendo estos chicos? ¿Qué actividad en común los une? Escribe un párrafo corto en español en el que digas qué tipo de relación podrían tener.

Ve el video

Valentina, Camila, Seba, Teo y Ximena participaron en un programa de voluntarios en Costa Rica. Hoy dan su testimonio de la experiencia que vivieron.

Ve a **PearsonSchool.com/Autentico** para ver el video ***Unidos por una causa.*** También puedes leer el guión.

Después de ver

ESCRIBIR Contesta las siguientes preguntas:

1. Parafrasea un detalle importante sobre la experiencia de cada chico(a).
2. Escribe un adjetivo que describa la personalidad de cada chico(a).
3. Seba dijo que este programa lo ayudó a ser menos egoísta. ¿Por qué crees que le pasó esto?
4. ¿Cuál fue el objetivo de los chicos al hacer el video sobre el programa?

Nuevas amistades Los chicos del video se hicieron amigos al trabajar como voluntarios. ¿Qué otros tipos de experiencias pueden ayudar a un(a) chico(a) a hacer nuevas amistades?

Vocabulario en uso 1

OBJECTIVES
- Read and write about relationships and personality traits
- Discuss friendships and family relationships
- Talk about your views of friendship and those of young people in Spain

5

Una carta para alguien que fue mi amigo

LEER, ESCRIBIR Federico y Roberto eran amigos íntimos hasta que se pelearon. Roberto no confía en los consejos de Federico. Cree que está celoso por su relación con Teresa, que es amiga de los dos. Lee estas frases de una carta que le escribió Federico a Roberto. Escoge las palabras que completan mejor cada frase.

1. *(Me preocupa / Me alegro de)* que no me aceptes tal como soy.
2. *(Es una lástima / Me alegro de)* que desconfíes de mí.
3. *(Es una lástima / Es bueno)* que no me comprendas.
4. *(Me alegro de / Me enoja)* que siempre cambies de opinión.
5. *(Me sorprende / Espero)* que sepas que no tengo celos.
6. *(Es triste / Es bueno)* que no nos llevemos bien.
7. *(Me alegro de / Ojalá)* que no rompamos nuestra amistad.
8. *(Espero / Temo)* que todos salgamos juntos otra vez.

6

¿Cómo te relacionas con los demás?

HABLAR EN PAREJA Trabaja con otro(a) estudiante para hablar de su relación con los amigos. Usen las fotos.

Videomodelo

A —*Eres cariñoso(a), ¿verdad?*
B —*¡Claro que sí!, soy muy cariñoso(a).*
o:—*No, no lo soy.*
o:—*Pues, sí, a veces.*

Estudiante A

Estudiante B

¡Respuesta personal!

Go **Online** to practice PEARSON realize PearsonSchool.com/Autentico

VIDEO

7

Amistad y cualidades

ESCRIBIR, HABLAR EN PAREJA

1 Escribe un verbo o una expresión que relacionas con cada una de estas cualidades.

Modelo
amable
ayudar a los demás

1. vanidoso(a)
2. perezoso(a)
3. entrometido(a)
4. celoso(a)
5. sincero(a)
6. considerado(a)

2 Trabaja con otro(a) estudiante para hablar de las cualidades y los verbos o las expresiones que relacionas con la amistad.

Videomodelo
A —*¿Te gusta estar con personas amables?*
B —*Sí, porque siempre se preocupan por los demás.*

3 Ahora tú y tu compañero(a) deben escoger una cualidad y escribir un párrafo sobre una persona que tenga esa cualidad.

Modelo
Luisa es muy amable porque ...

Ampliación del lenguaje Familias de palabras

Las familias de palabras son grupos de palabras relacionadas *(related)* por tener una misma raíz. Conocer familias de palabras nos ayuda a comprender mejor el significado individual de cada palabra. Para ampliar tu vocabulario debes aprender a reconocer *(recognize)* palabras que tienen la misma raíz, por ejemplo, *celos y celoso.*

Lee las familias de palabras de la tabla. Piensa en palabras que conoces, que pertenecen a esas familias. Escribe en una hoja de papel las palabras que faltan para llenar los recuadros.

Sustantivos	Adjetivos	Verbos
1. comprensión		comprender
2. alegría	alegre	
3. chisme	chismoso(a)	chismosear
4. consideración		considerar
5. sorpresa	sorprendido(a)	sorprenderse
6. reconciliación	reconciliado(a)	reconciliarse

Luego, completa las frases utilizando la palabra correcta:

1. Carlos cuenta muchos ______, por eso todos dicen que es un ______.
2. Me encanta ir a las fiestas con María, pues es muy ______. Siempre me da ______ estar con ella.
3. Mi amigo se ______ mucho cuando le hicimos una fiesta ______.

8 Los jóvenes viéndose a sí mismos

LEER, HABLAR EN GRUPO, ESCRIBIR Se hizo la siguiente encuesta a jóvenes de España, para saber qué piensan sobre las cualidades de sinceridad, solidaridad y generosidad. Lee los resultados.

Encuesta sobre las cualidades de los jóvenes

¿Cuál de las siguientes cualidades define mejor a los jóvenes de hoy?

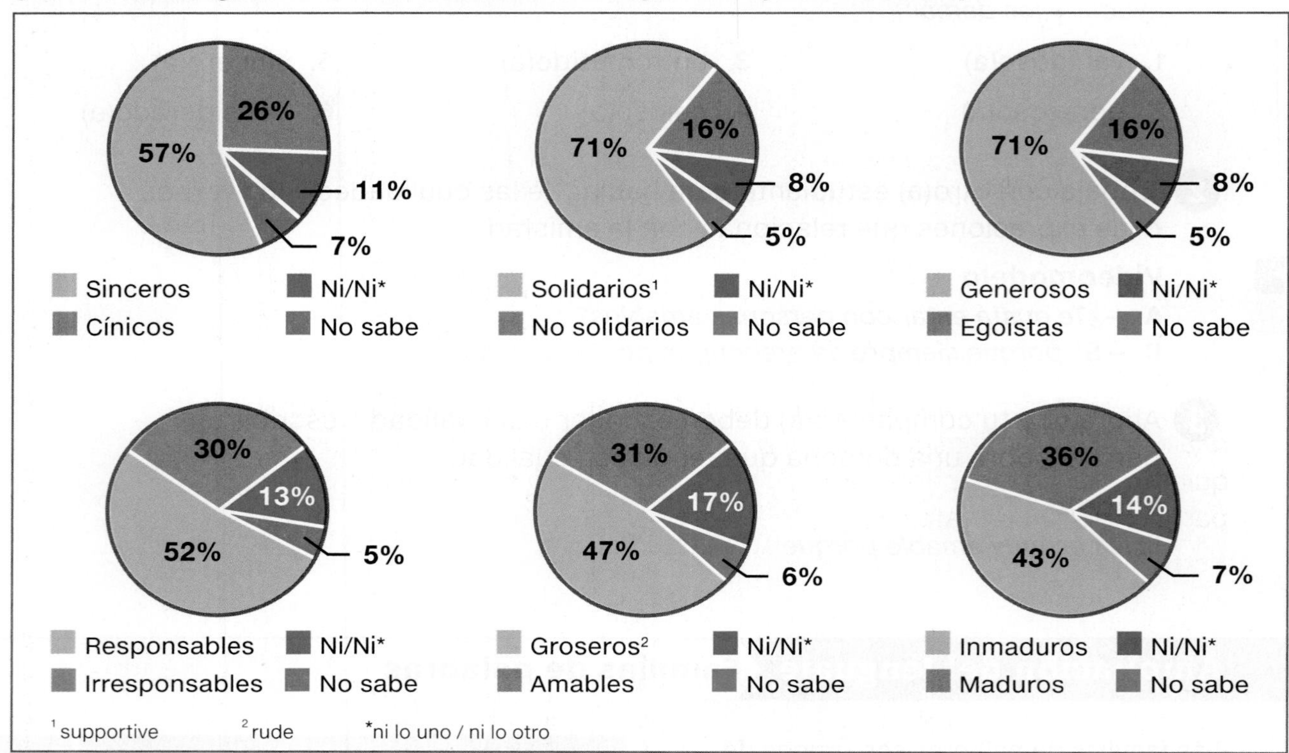

Conexiones Las matemáticas

Trabaja en grupo. Hagan una encuesta a sus compañeros y comparen las respuestas de los jóvenes españoles con las de su clase.

1. Escojan un grupo de cualidades y pregúntenles a sus compañeros(as) si piensan que describen a los jóvenes de hoy.
2. Pasen los resultados a porcentajes para poder compararlos con la encuesta española. Recuerden que, para pasar los resultados de una encuesta a porcentajes, deben seguir los siguientes pasos:
   Tomar el número de respuestas que quieren convertir y dividirlo por el número total de entrevistados. Luego, multiplicar el resultado por 100.
3. Comenten los resultados de las encuestas. ¿Los jóvenes de España son más o menos sinceros / solidarios / generosos que los de su clase?

CULTURA El mundo hispano

El Día de la Rosa y del Libro Muchas tradiciones de los países hispanohablantes celebran el amor y la amistad. Por ejemplo, en Cataluña, España, se celebra el Día de la Rosa y del Libro el 23 de abril. Ese día los chicos le regalan a su novia una rosa roja, y las chicas le regalan a su novio un libro.

En algunos países latinoamericanos el Día de San Valentín, en lugar de ser el "Día de los Enamorados", es el "Día de la Amistad", y los amigos y familiares se hacen regalos y se escriben postales.

Pre-AP® Integration: Las tradiciones y los valores sociales ¿Crees que celebrar el día de la amistad o el amor tiene un impacto socio-económico en Estados Unidos? Da un ejemplo.

9 Retrato de una amistad

ESCRIBIR Describe una relación muy importante para ti. Puede ser tu relación con un(a) amigo(a), un(a) primo(a), un familiar u otro adulto a quien quieras mucho. Describe cómo es esa amistad. Usa estos verbos como guía para escribir tu párrafo.

- conocerse
- escribirse
- contar con
- llamarse por teléfono
- enviarse mensajes electrónicos
- confiar
- apoyarse
- ayudarse
- llevarse bien
- tener en común

Modelo

Carlos y yo nos conocimos en . . . Vivíamos en el mismo barrio, pero cuando yo tenía 11 años, mi familia y yo tuvimos que irnos a . . . Ahora . . .

10 Un personaje

ESCRIBIR Cuenta un hecho o describe a un personaje de un libro o de una película que sea un buen ejemplo de alguna de estas cualidades.

a. cariñoso(a) **b.** chismoso(a) **c.** comprensivo(a) **d.** honesto(a)

Incluye:

- sus cualidades
- cómo trata a las otras personas
- ejemplos de sus acciones

Modelo

Uno de los personajes se llama Luis. Es muy amable, generoso y divertido. Sus amigos tienen mucha confianza en él.

Gramática

OBJECTIVES

- Listen to a description of friendship
- Discuss emotions and problems in relationships
- Talk about the practice of shaking hands

El subjuntivo con verbos de emoción

As you already know, we use the subjunctive after verbs indicating suggestions, desire, or demands. The subjunctive is also used after verbs and impersonal phrases indicating emotion, such as *ojalá que, temo que, tengo miedo de que, me alegro de que, me molesta que, me sorprende que, siento que, es triste que,* and *es bueno que,* among others. A sentence in the subjunctive mode has two parts, the main clause and the subordinate clause. Both clauses are connected by the word *que.*

> **Tememos que** nuestros amigos **desconfíen** de nuestras palabras.

When the sentence has only one subject, we usually use the infinitive instead of the subjunctive.

> Siento no **pasar** (yo) más tiempo con mis amigas. Siento que ellas no **pasen** más tiempo conmigo.

Más recursos ONLINE

Tutorial: Subjunctive in Noun Clauses with Verbs of Feeling and Emotions

Canción de hip hop: *¿Cómo te llevas?*

11 Una amiga muy cariñosa

ESCUCHAR, ESCRIBIR Alina es una amiga muy cariñosa, aunque a veces se preocupa demasiado por todos. Escribe los números del 1 al 5 en una hoja de papel. Presta atención a lo que dice Alina y escribe las frases que escuchas.

1. Subraya con una línea los verbos en indicativo en cada frase. Subraya con dos líneas los verbos en infinitivo y encierra en un círculo los verbos en subjuntivo.
2. Explica por qué se usó el infinitivo, el indicativo o el subjuntivo.

12 Una relación complicada

LEER, ESCRIBIR Soledad, una joven chilena, le escribió una carta a la consejera sentimental de una revista para jóvenes. Soledad se está llevando muy mal con su hermana y no sabe qué hacer. Completa la carta con el subjuntivo de los verbos del recuadro.

ser	tener
contarse	sentirse
desconfiar	llevar

Querida Consejera:

Te escribo porque mi hermana Tatiana y yo nos estamos llevando muy mal. Me preocupa que nuestra relación ya no __1.__ como antes. Creo que es importante que dos hermanas __2.__ sus problemas y sus secretos. Pero ahora temo que ella __3.__ de mí. Tatiana tiene doce años. Yo tengo quince años. A ella le molesta que yo __4.__ otros amigos de mi edad y no le gusta que yo no la __5.__ con nosotros cada vez que salimos. Es una lástima que ella __6.__ celosa de mis amigos. ¿Qué me aconsejas?

13 Díganlo de dos maneras

HABLAR EN PAREJA Trabaja con un(a) compañero(a) para hablar de las relaciones con sus amigos. Tú dices frases generales usando el infinitivo y tu compañero(a) te contesta usando el subjuntivo.

Videomodelo

importante / guardar secretos

me molesta / mi amigo(a) no . . .

A —*Es importante guardar secretos.*

B —*Sí, y me molesta que mi amigo(a) no guarde mis secretos.*

Estudiante A

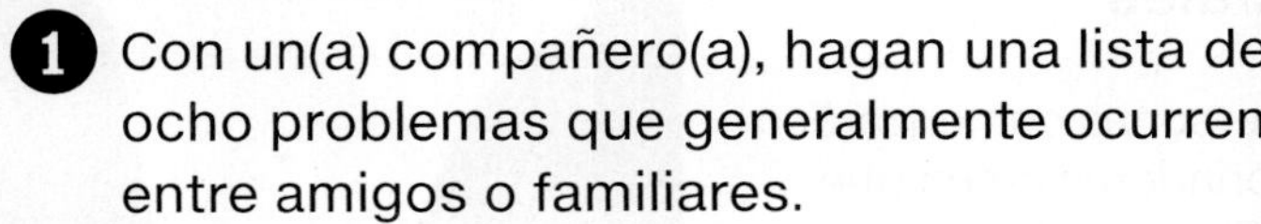

1. bueno / tener mucho en común con los amigos
2. malo / tener celos de los amigos
3. importante / aceptar a los demás tal como son
4. triste / desconfiar de los amigos íntimos
5. difícil / tener buenas relaciones con los amigos

Estudiante B

a. siento / mi amigo(a) y yo no . . .
b. me sorprende / mi amigo(a) . . .
c. me preocupa / tú no me . . .
d. siento / mi amigo(a) . . .
e. ojalá / todos nosotros . . .

14 Apoya a tus amigos

ESCRIBIR, HABLAR EN PAREJA

1 Con un(a) compañero(a), hagan una lista de ocho problemas que generalmente ocurren entre amigos o familiares.

Modelo

se pelean

2 Habla con tu compañero(a) de los problemas que incluyeron en la lista. Tu compañero(a) va a responder usando expresiones de emoción, gestos y en un tono apropiado.

Videomodelo

A —*Siempre me peleo con [nombre], él (ella) no me entiende.*

B —*Siento mucho que él (ella) no te entienda.*

15 ¿Qué te parece?

ESCRIBIR, HABLAR EN GRUPO

1. Trabaja con un(a) compañero(a) para entrevistar a cuatro estudiantes con las siguientes preguntas. Copien la tabla y complétenla con las respuestas de sus compañeros(as).
   - ¿Cómo te gusta que sea tu mejor amigo(a)?
   - ¿Qué no te gusta que haga tu mejor amigo(a)?
   - ¿Qué te preocupa que opinen tus amigos(as) de ti?
   - ¿Qué puede destruir una amistad?
   - ¿Cuál es tu mejor cualidad como amigo(a)?

2. Luego, preparen una presentación para hacer ante la clase. Usen los resultados de la encuesta para apoyar sus opiniones y expliquen qué cualidades y acciones pueden fomentar *(foster)* o destruir una amistad.

	Marisa	Rafa	Luis	Ana
¿Cómo te gusta que sea . . . ?	*generoso(a), comprensivo(a)*			
¿Qué no te gusta . . . ?	*que no me tenga confianza*			
¿Qué te preocupa . . . ?				
¿Qué puede destruir . . . ?				
¿Cuál es tu mejor . . . ?				

16 Dar la mano

LEER, HABLAR ¿Sabes de dónde sale la costumbre de dar la mano para saludarse? Lee este artículo para enterarte.

Conexiones Las ciencias sociales

Nadie sabe realmente cuándo o por qué las personas comenzaron a darse la mano para saludarse. Algunos historiadores creen que todo comenzó hace 3800 años, en Babilonia. El primer día de cada año, el rey tenía que "darle la mano" a la estatua de un dios para recibir el poder (*power*).

Otros piensan que la costumbre comenzó por otra razón. Dicen que cuando dos desconocidos se encontraban en un camino o en un lugar fuera de la ciudad, se daban la mano derecha para mostrar que no tenían armas. En esos tiempos, como las mujeres no usaban armas, solo los hombres se daban la mano.

- ¿Cómo saludas a tus amigos? ¿Y a tus familiares? ¿Les das la mano? ¿Cuándo le das la mano a alguien y cuándo lo (la) abrazas?
- ¿Conoces otros gestos o palabras de saludo? ¿Sabes cuál es su origen? Explícalo a la clase.
- Conversa con tu pareja y usen los gestos apropiados. Empiecen con un saludo.

Gramática Repaso

OBJECTIVES
- Write and talk about friendship
- Discuss a conflict from different points of view

Go Online to practice PEARSON realize
PearsonSchool.com/Autentico

VIDEO WRITING

SPEAK/RECORD

Los usos de *por* y *para*

Both *por* and *para* are prepositions. Their usages are quite different.

Use *por* to indicate:

- length of time or distance
  Estuvieron discutiendo **por** una hora.
- place where an action takes place
  Ayer caminamos **por** el parque.
- an exchange
  Cambiamos la silla vieja **por** una nueva.
- reason or motive
  Se pelearon **por** un programa de televisión.
- substitution or action on someone's behalf
  Los padres hacen mucho **por** sus hijos.
- means of communication / transportation
  Ayer hablé con Analía **por** teléfono.

Also use *por* in certain expressions:

por ejemplo	**por lo general**
por la mañana (tarde, noche)	**por primera (segunda) vez**
por favor	**por supuesto**
por eso	

Use *para* to indicate:

- purpose (in order to)
  Salí temprano **para** ver a mis amigos.
- destination
  En unos minutos nos vamos **para** la playa.
- a point in time, deadline
  Debemos terminar el trabajo **para** el lunes.
- use, purpose
  Las tijeras sirven **para** cortar.
- opinion
  Para mí, no hay nada mejor que viajar.

Más recursos ONLINE
Tutorial: *Por* and *para*

17 Cosas de amigas

HABLAR EN PAREJA, ESCRIBIR Hablas con un amigo(a). Completa las frases con *por* o *para,* según el contexto.

A — ¡Claro que sí! __1.__ supuesto que quiero ir a la fiesta. Mañana __2.__ la tarde vamos a llamar a los chicos __3.__ ver si quieren ir con nosotras.

B — ¿Qué te parece si hacemos la tarea de español antes? No quiero perderme la fiesta __4.__ tener que estudiar.

A — Sí, podemos pasar __5.__ la casa de Anita __6.__ preparar la tarea todas juntas.

18 Por dónde y para qué

ESCRIBIR, HABLAR EN PAREJA Escribe una descripción de un viaje que hiciste y léela a un(a) compañero(a). Usa *por* y *para*.

Modelo
*Viajamos a Canadá **por** tren. Fuimos **para** ...*

19 Por eso, para ellos . . .

HABLAR EN PAREJA, ESCRIBIR Trabaja con un(a) compañero(a). Inventen una historia entre dos amigos(as) imaginarios(as) completando estas frases.

- Por lo general, ellos se divierten . . .
- La semana pasada se pelearon por . . .
- Estuvieron discutiendo por . . .
- Para [nombre] es importante . . .
- Por eso, (no) les gusta . . .
- Para llevarse bien necesitan . . .
- Por supuesto, no siempre . . .

20 ¿Tienes buenos amigos?

HABLAR EN PAREJA, ESCRIBIR

1 Trabaja con un(a) compañero(a). Completa las frases para decir lo que piensas de tus amigos, mientras tu compañero(a) las escribe. Luego, tu compañero(a) completa las frases y tú las escribes.

1. Me alegro de que . . .
2. Es una lástima que . . .
3. Me preocupa que . . .
4. Me parece importante que . . .
5. Me gusta que . . .
6. Es bueno que . . .
7. Quiero que . . .
8. Temo que . . .
9. ¡Ojalá que mis amigos(as) siempre . . . !
10. Es verdad que . . .

2 Completen el diagrama de Venn con lo que piensan.

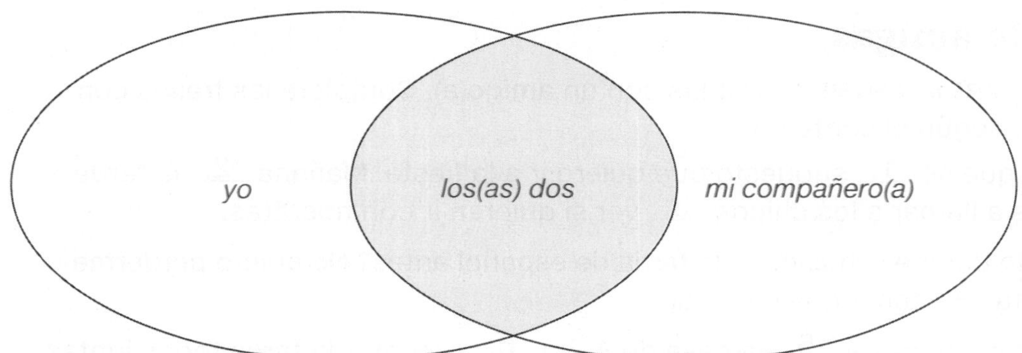

3 Escriban un breve *(short)* informe con la información de su diagrama de Venn. Presenta la información con oraciones conectadas que incluyen detalles y elaboración.

Modelo

Mi compañera Marisa y yo hablamos sobre la amistad. Las dos nos alegramos de tener muchos amigos.

21

¡No me vas a creer . . . !

LEER, ESCRIBIR, HABLAR Muchas veces, cuando hay un problema entre amigos, cada persona cree que tiene la razón. Por eso, es mejor escuchar lo que tiene que decir la otra persona.

1 Lee los relatos que hacen Luis y Manuel del mismo problema y contesta las preguntas.

1. ¿Por qué crees que Luis está tan enojado?
2. ¿Te parece sincero el relato que hace Manuel?
3. ¿Qué crees que debió hacer cada uno de los cuatro personajes para evitar este problema?
4. ¿Qué deben hacer ahora para resolver el problema que tienen?

Según Luis...

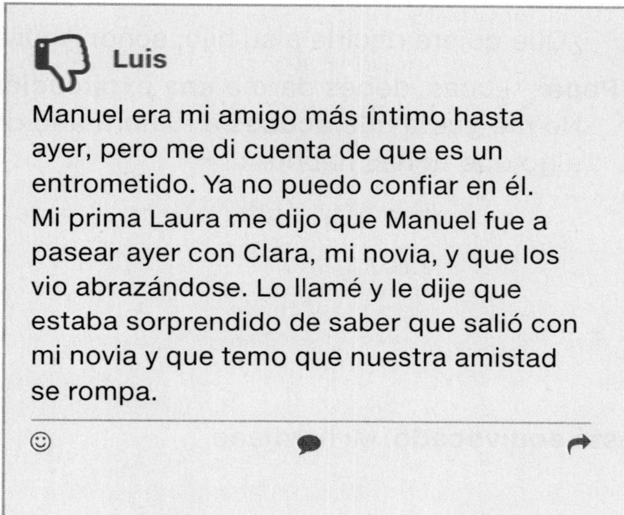

Según Manuel...

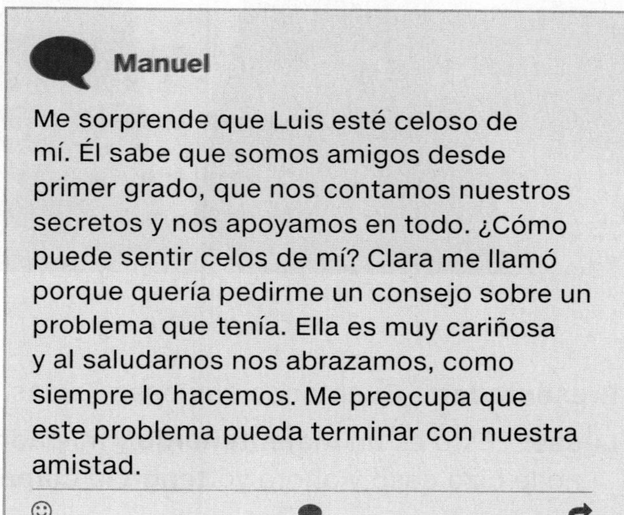

2 Escribe una frase sobre cada uno de los cuatro personajes que participan en la historia, usando las palabras del recuadro.

cariñoso(a)	celoso(a)	entrometido(a)
comprensivo(a)	honesto(a)	sincero(a)

3 Imagina que eres Clara. Relata lo que sucedió desde su punto de vista.

Modelo

No me gusta que Luis esté enojado. Yo llamé a Manuel para hablar sobre un problema que tuve . . .

Vocabulario en contexto 2

OBJECTIVES

Read, listen to, and understand information about

- Conflicts and how to resolve them
- Friends and family relationships

Estrategia

Using illustrations to predict the outcome Before reading a text, look at the illustrations. What do you think is going to happen? What details in the illustrations support your prediction? After reading, compare your prediction with what happened at the end of the story.

La familia en vivo

La familia Aguilar se presenta en un programa de televisión para tratar de solucionar un problema familiar.

Presentador: Hoy tenemos a la familia Aguilar en nuestro programa. Lucas sacó el auto de su padre sin su permiso y lo chocó contra la puerta del garaje.

Vamos a visitar a los señores Aguilar y a sus hijos Lucas y Nacho.

¿Qué quiere decirle a su hijo, señor Aguilar?

Papá: Lucas, debes darme **una explicación.** No me gusta que **acuses** a tu hermano de algo que tú has hecho.

Presentador: Cuéntanos qué pasó, Lucas.

Lucas: Esto es un **malentendido** y mi padre **está equivocado**. Mi hermano no le hizo caso y ahora yo **tengo la culpa**.

Presentador: ¿Nacho?

Nacho: **¡Qué va!** ¡Él **se atrevió** a sacar el auto sin permiso y lo chocó!

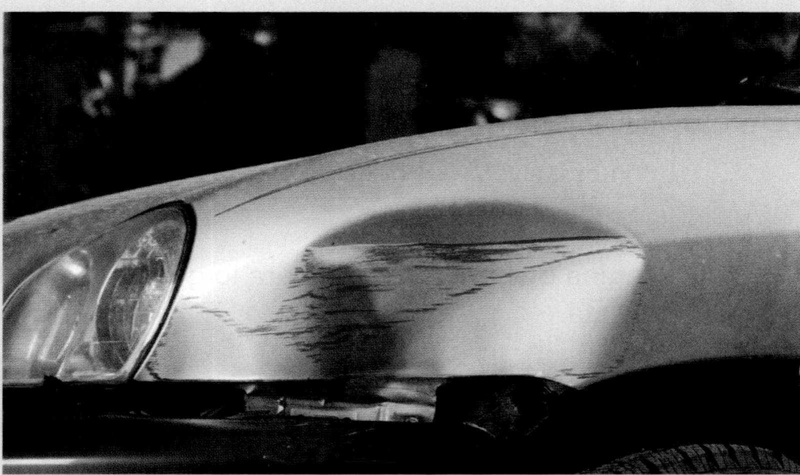

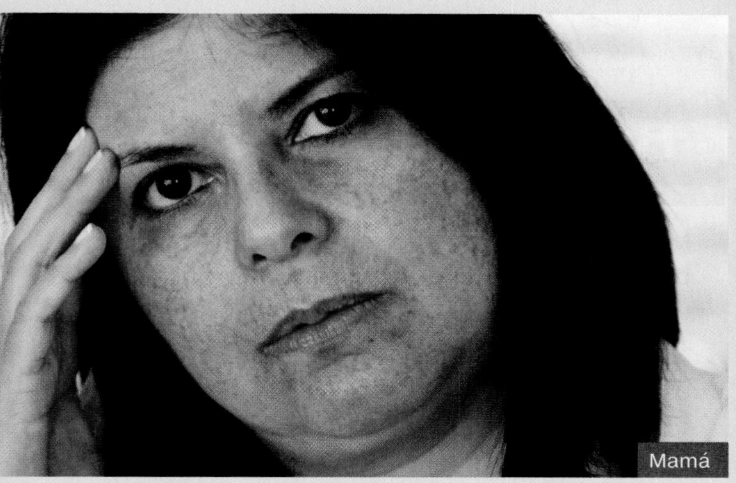
Mamá

Presentador: Señora Aguilar, ¿tiene algo que decir?

Mamá: ¡Claro! **¡Pónganse de acuerdo!** Fue solo un accidente y nadie salió lastimado. En nuestra familia siempre ha habido **armonía**. Por favor, **hagan las paces**.

Presentador: ¿Señor Aguilar?

Papá: Lucas, el auto y la puerta del garaje están rotos. Solo **piensas en ti mismo** y eso no está bien. Pero te **perdono** porque eres mi hijo y te quiero.

Presentador: Lucas, ¿qué le contestas a tu padre?

Lucas: **Reconozco** que hice mal. Yo fui el que sacó el auto del garaje sin permiso. Te **pido perdón**, papá. Voy a hacer un plan para pagar los arreglos.

Lucas y su papá

Presentador: Me gusta ver que Lucas y sus padres **resolvieron** el problema.

Esto demuestra que hablando la gente se entiende.

22

Familia en conflicto

ESCUCHAR Escribe los números del 1 al 6 en una hoja. Vas a escuchar frases sobre el problema entre Lucas y sus padres. Escribe *C* (cierto) o *F* (falso) para cada frase.

Hagamos las paces

Muchos **conflictos** ocurren cuando hay **diferencias de opinión** entre miembros de una familia.

Todas las familias tienen problemas. Pero es importante reconocer que nuestro **comportamiento** puede ayudar a mantener la armonía en la familia. Todos los miembros deben pensar en los demás y **colaborar** para tener una buena relación.

Se hizo una encuesta entre jóvenes mexicanos sobre sus relaciones con sus padres. Estas tablas muestran la información recogida en la encuesta.

Cuando hago algo que no les gusta a mis padres . . .	
Mis padres	Porcentaje
no dicen ni hacen nada	9.8 %
hablan conmigo	67.7 %
no me dejan salir	4.6 %
me **critican**	9.3 %
otra	8.6 %
Total	100.0 %

Cuando tengo algún problema con mis padres . . .			
frecuencia	lo hablo con papá	lo hablo con mamá	lo hablo con los dos
siempre	20.0 %	45.9 %	16.1 %
a veces	45.3 %	40.0 %	39.7 %
nunca	32.5 %	12.7 %	36.0 %
no quiero contestar	2.2 %	1.4 %	8.2 %

23

La armonía en la familia

ESCRIBIR, HABLAR

1. Según el artículo, ¿por qué a veces hay problemas en una familia? ¿Estás de acuerdo con esta opinión?
2. ¿Cuáles son algunas de las cosas que el artículo recomienda hacer para tener más armonía en una familia?
3. ¿Crees que por lo general las familias de esta encuesta se comunican bien o mal? ¿Por qué?
4. ¿Cómo podemos evitar conflictos?
5. Si tenemos diferencias de opinión o peleas con nuestra familia, ¿qué debemos hacer?

CONFLICTOS: Causas y soluciones

Las preguntas de estas tablas nos pueden ayudar a saber qué hacer para **mejorar** nuestra relación con las personas que más nos quieren[1].

[1] The verb *querer* in this context means "to love" or "to like."

Nota
La palabra *ignorar* tiene más de un significado. Quiere decir "no prestar atención" o "no hacer caso" y, en un contexto diferente, puede significar "no saber algo".

¿Te molesta cuando tus amigos . . .

	nunca	a veces	siempre
te **ignoran**?	○	○	○
cuentan tus secretos a otros?	○	○	○
no te **hacen caso**?	○	○	○
tienen celos?	○	○	○
no **se alegran** de tus éxitos?	○	○	○
sólo piensan en sí mismos?	○	○	○

¿Cómo reaccionas cuando tienes una pelea con un(a) amigo(a)?

	Sí	No
Gritas.	○	○
Dejas de hablarle.	○	○
Tratas de reconciliarte.	○	○
Lo(la) criticas.	○	○
Ignoras el problema.	○	○
Le **pides perdón**.	○	○

¿Cómo te reconcilias con tus padres?

	Sí	No
Hablamos del problema para resolverlo juntos.	○	○
Nos ponemos de acuerdo.	○	○
Hacemos las paces.	○	○
Reconocemos que estábamos equivocados.	○	○
Guardamos silencio hasta que pase el momento.	○	○

24 Amistad y conflicto

HABLAR EN GRUPO Trabaja con un grupo para comparar sus respuestas a las preguntas siguientes.

1. ¿Qué nos molesta?
2. ¿Por qué nos enojamos con nuestros padres?
3. ¿Qué no nos gusta que hagan nuestros amigos?
4. ¿Qué hacemos para resolver conflictos?

Vocabulario en uso 2

OBJECTIVES

- Read and write about conflicts and solutions
- Discuss relationships, problems, and reactions
- Describe the family relationships portrayed in a painting

25 Los opuestos

LEER, ESCRIBIR

Completa las frases con la mejor selección de palabras opuestas (*opposite*).

1. Es mejor vivir en _____ con nuestra familia y evitar los _____ .
   a. *pelea / comportamiento* b. *armonía / conflictos* c. *diferencia de opinión / paces*
2. El día que _____ estaban muy enojados, pero después _____ .
   a. *hicieron caso / ignoraron* b. *perdonaron / acusaron* c. *se pelearon / se reconciliaron*
3. Tú _____ , no sabes lo que dices. Alicia no quería _____ , solo ayudarte.
   a. *haces las paces / se pelea* b. *estás equivocado / criticarte* c. *prestas atención / ignorarte*
4. Yo siempre _____ a lo que dice mi hermano y hago lo que nos pide, pero Pedro muchas veces lo _____.
   a. *hago caso / ignora* b. *me reconcilio / se pelea* c. *pido perdón / acusa*
5. Amalia siempre _____ y ayuda a todo el mundo, pero su hermano es un egoísta que solo _____.
   a. *acusa / se reconcilia* b. *critica / colabora* c. *piensa en los demás / piensa en sí mismo*

CULTURA El mundo hispano

Las telenovelas son la versión latinoamericana de las *soap operas* y generalmente se transmiten entre las 6 y las 10 de la noche. El argumento es siempre una historia de amor, con personajes muy buenos o muy malos que se pelean en cada programa sin resolver sus problemas. La telenovela dura menos de un año y tiene un final emocionante, donde se resuelven los conflictos, los buenos triunfan y la muchacha y el muchacho se casan.

Pre-AP® Integration: El entretenimiento y la diversión ¿Cómo influyen los productos culturales, como las telenovelas, en la vida de la gente en los países latinoamericanos y los Estados Unidos?

Jauma Mateu y Michelle Renaud, *Pasión y poder*

26

Más consejos, ¡por favor!

LEER, ESCRIBIR

1 Un chico que participó en un salón de chat escribió este mensaje. Completa el mensaje con las palabras del recuadro.

Estoy colaborando con un grupo de estudiantes para hacer un informe, pero uno de mis compañeros es muy egoísta. Cuando nos debemos reunir, dice que no puede porque tiene un partido de fútbol o clases de tenis. ¡No __1.__ en nada! ¡Este chico solo __2.__ ! Ya tuvimos varias __3.__ porque temo que recibamos una mala nota, pero no __4.__ y siempre que le pedimos algo él responde: "__5.__ ".

hace caso
piensa en sí mismo
¡Qué va!
colabora
peleas

2 Con otro(a) estudiante, da un buen consejo a la persona que escribió el mensaje. Incluyan las razones en su mensaje.

27

Lomas Garza: La gran familia chicana

LEER, ESCRIBIR La obra de Carmen Lomas Garza es como un retrato de familia de la comunidad chicana, es decir, mexicano-americana, de los Estados Unidos.

Conexiones El arte

Carmen Lomas Garza (1948 –) es una artista chicana de Texas. Lomas Garza se inspiró en el Movimiento Chicano de los años sesenta, y desde entonces trata de representar en su obra la cultura de los chicanos. En sus cuadros, Lomas Garza ilustra las costumbres, las fiestas y la vida interesante y complicada de las personas que viven entre dos culturas, la mexicana y la estadounidense. Observa su cuadro "Cascarones" (*Eggshells*), de 1989, y contesta las preguntas.

- ¿Te parece que hay armonía o conflicto en esta familia?
- ¿Por qué crees que hay una figura más grande que las otras en el cuadro? ¿Qué quiso expresar la pintora con ese detalle?
- Imagínate algo que pasa entre los miembros de esta familia. Usa las palabras del recuadro para contar lo que sucede.

"Cascarones", (1989), Carmen Lomas Garza

Gouache painting. 15 x 20 inches. © 1989 Carmen Lomas Garza. Photo by: Wolfgang Dietze. Collection of Gilbert Cardenas, Notra Dame, IN.

colaborar	hacer caso	malentendido	explicación	comportamiento

28 ¿Cómo reaccionas cuando . . . ?

HABLAR EN PAREJA Con un(a) compañero(a), habla sobre tu comportamiento en las situaciones siguientes.

Videomodelo

tu amigo te ignora

A —*¿Cómo reaccionas cuando tu amigo te ignora?*

B —*Generalmente le pido una explicación.*

Estudiante A

1. tu amigo dice que estás equivocado(a)
2. tu hermano(a) te acusa de algo
3. tus padres te critican
4. tus padres te preguntan "¿por qué?"
5. alguien no te hace caso
6. alguien no quiere hacer las paces

Estudiante B

alegrarse
enojarse
dar / pedir una explicación
llorar
ponerse (feliz, furioso, contento)
reconocer el error / pedir perdón
decir "¡Qué va!" / "Yo no fui"
¡Respuesta personal!

29 Juego

ESCRIBIR, HABLAR EN GRUPO Trabaja con un grupo y pide a cada persona que escriba una de las siguientes frases en una tira de papel. Luego, pónganlos todos en una caja o bolsa y tomen turnos para sacarlos. Dos personas del grupo actúen en una conversación la frase que sacaron. Usen gestos y expresiones apropiados. ¡Sé dramático(a)!

1. Explícale a tu padre por qué llegaste tarde anoche.
2. Tuviste una pelea y te das cuenta de que estabas equivocado(a).
3. Crees que tu maestro(a) está equivocado(a). ¿Qué dices / haces? Sé muy cortés.
4. Tú y tu amigo(a) se pelearon. Hay que reconciliarse. ¿Qué dices para reconciliarte?
5. Tu hermano(a) te acusa de algo que tú no hiciste. ¿Cómo reaccionas?
6. Tu hermano(a) menor se portó mal en la tienda. ¿Qué le dices?

30 Diferencias de opinión

HABLAR EN PAREJA Trabaja con otro(a) estudiante y explícale por qué a veces peleas con estas personas. Usa las palabras del recuadro. Después, intercambien papeles.

criticar	ignorar
reconocer	hacer
acusar de	atreverse
tener la culpa	

Modelo

hermano mayor

Peleo con mi hermano mayor cuando ***no me deja escuchar MP3.***

1. papá
2. mamá
3. hermano(a)
4. hermano(a) menor
5. mejor amigo(a)
6. primo(a)
7. compañero(a) de clase

31

Encuesta: ¿Para qué necesitas permiso?

LEER, ESCRIBIR Lee en la tabla la información recogida en una encuesta que se hizo entre jóvenes mexicanos con respecto a sus padres. Después, contesta las preguntas.

Actividades	Prohibido	Necesito permiso	Yo decido Chicos	Yo decido Chicas	No aplica	No contestó	Total
Tener novio(a)	9.3%	33.0%	35.2%	16.5%	5.2%	0.8%	**100%**
Salir con amigos	5.5%	65.1%	19.9%	7.4%	1.8%	0.3%	**100%**
Vestirte como quieres	2.9%	10.5%	43.3%	42.0%	0.9%	0.4%	**100%**
Llegar tarde a casa	15.2%	60.1%	16.7%	5.0%	2.6%	0.4%	**100%**
Ponerte aretes	45.5%	8.0%	9.7%	6.1%	30.2%	0.5%	**100%**

1. ¿Qué actividad se prohíbe más? ¿Cuál se prohíbe menos?
2. ¿Qué información de la tabla te sorprende? ¿Por qué?
3. Mira la columna con el título "Yo decido". ¿Qué te dice esa información?
4. Un(a) chico(a) tiene prohibido llegar tarde a casa pero nunca hace caso. ¿Cómo crees que van a reaccionar los padres?
5. ¿Qué puede hacer después ese(a) chico(a) para resolver el conflicto con sus padres?
6. Si ese(a) mismo(a) chico(a) llegó tarde a casa porque no pasó el autobús, ¿crees que los padres deben enojarse? ¿Por qué?

32

Los conflictos

ESCRIBIR, HABLAR EN GRUPO

1. Escribe una lista de, por lo menos, tres conflictos o malentendidos que suceden a veces en una familia. Por ejemplo: alguien no arregló su cuarto o alguien llegó muy tarde a casa.
2. ¿Quiénes son las personas que participan en cada conflicto?
3. ¿Qué pueden hacer para mejorar la situación?
4. Con otro(a) estudiante, representen el conflicto ante la clase.
5. Basándote en los consejos del cartel, sugiere una solución para uno de los conflictos.

PARA RESOLVER UN CONFLICTO

1. hablen para resolver el problema

2. sugieran soluciones posibles

3. sean sinceros

4. expliquen lo que pasó

Gramática

OBJECTIVES

- Read and write about conflict resolution
- Discuss suggestions for doing activities with other people

Mandatos con *nosotros*

There are two ways to suggest that others do some activity with you *(Let's . . .)*.

You can use the construction *Vamos a* + infinitive.

Vamos a hacer las paces. ***Let's** make up.*

You can also use a command with a *nosotros* form. The *nosotros* command form is the same as the *nosotros* form of the present subjunctive.

Resolvamos el conflicto.
No **reaccionemos** tan rápido.

Remember that stem-changing verbs whose infinitive ends in *-ir* have a stem change of *e* → *i*, or *o* → *u* in the *nosotros* form.

Pidamos perdón por el malentendido.
No **durmamos** al aire libre.

Verbs whose infinitive ends in *-car, -gar,* or *-zar* have a spelling change in the *nosotros* form of the present subjunctive, and consequently of the *nosotros* command.

No **critiquemos** a nuestros padres.
Empecemos a pensar un poco en ellos.

Direct and indirect object pronouns are attached at the end of affirmative *nosotros* commands, but precede the negative *nosotros* command form.

Celebremos la amistad. **Celebrémosla**.
Digámosle todo. **No le mintamos**.

When attaching reflexive or reciprocal pronouns at the end of a *nosotros* command, drop the final *-s* of the command before the pronoun.

¡Alegrémonos con sus éxitos!
Atrevámonos a darles nuestras opiniones.

Más recursos ONLINE

Tutorial: *Nosotros* Commands (Subjunctive)

Canción de hip-hop: *Conflictos*

33 Encontremos la solución

LEER, ESCRIBIR Miriam y Leonor se pelearon con Tamara, su hermana mayor. Completa las frases con el mandato con *nosotros* del verbo apropiado para saber qué sugieren para reconciliarse con Tamara.

1. ______ (*acusar / hablar*) con papá y ______ (*ver / ignorar*) cómo reacciona.
2. ______ (*pedirle / criticar*) perdón y ______ (*perder / prometer*) no mentir nunca más.
3. ______ (*mejorar / ignorar*) todo y ______ (*decirle / perdonarla*).
4. ______ (*darle / reaccionar*) una explicación y ______ (*terminar / reaccionar*) la pelea.

34 Un plan para el sábado

ESCRIBIR Imagina que el sábado quieres ir al cine con un(a) amigo(a). Escribe tres preguntas por texto para sugerir lo que pueden hacer. Ahora, tu amigo(a) escribe las respuestas a tus preguntas. Pueden usar las palabras del recuadro.

comer antes
cenar después
invitar a Juana
ver la primera o la segunda película
ir en autobús

Modelo

A —¿Adónde quieres ir el sábado?
B —Escojamos una película para ver.

A —¿Cuándo compramos las entradas?
B —Lleguemos al cine temprano.

AUDIO

VIDEO

WRITING

SPEAK/RECORD

35

¿Y ahora qué hacemos?

HABLAR EN PAREJA Raúl y Rosalía nunca se ponen de acuerdo. Con otro(a) estudiante, hagan los papeles de Raúl y Rosalía. Uno(a) sugiere lo que aparece en el dibujo y el (la) otro(a) sugiere hacer otra cosa.

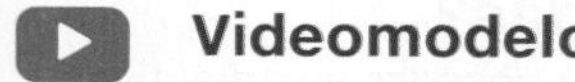

Videomodelo

A —*Caminemos por el parque.*

B —***Dijeron que va a llover. Volvamos a casa.***

1

2

3

En voz alta

Hay una rima tradicional que los niños en Colombia y otros países de América Latina usan para jugar. Se llama *Juguemos en el bosque.* Un niño del grupo es el "lobo", mientras que los demás niños se toman de las manos y dan vueltas cantando la rima. Cuando el lobo se termina de vestir, les anuncia a los niños que ya va a salir. Entonces los demás niños salen corriendo para que el lobo no los pueda alcanzar. Escucha la rima, luego trata de repetirla en voz alta. ¿Conoces rimas, canciones o juegos similares de tu cultura?

¿Recuerdas?

En español la letra *j* se pronuncia como la letra *h* en la palabra *hat* pero con un sonido más fuerte. Escucha y repite esta palabra: *juguemos.*

En español la letra *h* casi nunca suena: *hablemos.*

Juguemos en el bosque

Juguemos en el bosque, mientras el lobo no está.
—¿Lobo estás?
—Me estoy poniendo los pantalones.
Bailemos en el bosque, mientras el lobo no está.
—¿Lobo estás?
—Me estoy poniendo el chaleco.
Caminemos en el bosque, mientras el lobo no está.
—¿Lobo estás?
—Me estoy poniendo el sombrerito.
Corramos en el bosque, mientras el lobo no está.
—¿Lobo estás?
—¡Sí y salgo a perseguirlos[1]!

[1] chase

Gramática

OBJECTIVES
- Discuss aspects of your life
- Read and write about friend and family relationships

Pronombres posesivos

To form the possessive pronouns, use the long form of possessive adjectives preceded by the definite article. Both the article and the possessive must agree in number and gender with the noun they replace.

Mis padres son muy serios. ¿Y **los tuyos**? **Los míos** son bastante divertidos.

Tu familia es muy pequeña. **La mía** es bastante grande.

We often omit the article between the verb *ser* and the possessive pronoun.

Esas maletas **son nuestras**.
Mi hermano siempre dice que toda la culpa **es mía**.

¿Recuerdas?

The long form possessive adjectives are used for clarity or emphasis.

1st, 2nd, and 3rd Person Sing.		
mío(s)	**mía(s)**	*my, mine*
tuyo(s)	**tuya(s)**	*your, yours*
suyo(s)	**suya(s)**	*your, yours his, her, hers*
1st, 2nd, and 3rd Person Plural		
nuestro(s)	**nuestra(s)**	*our, ours*
vuestro(s)	**vuestra(s)**	*your, yours*
suyo(s)	**suya(s)**	*your, yours their, theirs*

36

¿Cuándo vamos al cine?

LEER, ESCRIBIR

1 Débora se enojó con Pablo porque él no pudo ir al cine con ella y le escribió un mensaje de texto diciéndoselo. Entonces, Pablo le escribió un correo electrónico para reconciliarse. Completa el correo electrónico de Pablo con las formas correctas de los pronombres posesivos del recuadro. Algunas se pueden usar más de una vez.

tuyo
mío
suyo

Hola Débora,

Leí tu mensaje de texto. Entiendo tus razones pero yo tengo las __1.__ para no ir al cine. Tus padres te dejan ir al cine siempre, pero los __2.__ nunca me dejan. Ayer tu mamá llamó a la __3.__ para pedirle que me dejara ir a tu casa, pero mi mamá dijo que su coche no funciona. Tu mamá dijo que podía llevarme en el __4.__, pero mi mamá no quiso. Yo quiero mucho a mis padres, pero me gustaría que fueran como los __5.__. Espero que me perdones. Creo que el sábado que viene sí me van a dejar ir contigo. ¡Nos vamos a divertir!

Pablo

2 Ahora escríbele un correo electrónico a un compañero(a) diciéndole adónde prefieres ir tú el sábado. El compañero te responde con sus preferencias para salir juntos.

Go **Online** to practice PEARSON realize PearsonSchool.com/Autentico

VIDEO

WRITING

SPEAK/RECORD

37

Los míos, los tuyos, los nuestros

HABLAR EN PAREJA Con otro(a) estudiante, hablen sobre los siguientes aspectos de su vida.

- mi computadora
- nuestro coche
- mis comidas favoritas
- mis abuelos
- mi familia
- nuestros(as) amigos(as)
- mi ropa
- mi perro

Videomodelo

mis padres

A —*Mis padres son serios, pero comprensivos. ¿Cómo son los tuyos?*

B —*Los míos son muy generosos, y siempre piensan en los demás.*

38

Retrato de familia

ESCRIBIR, HABLAR EN PAREJA

1 Piensa en una familia de una película, un libro o un programa de televisión que conoces. Imagina que eres un miembro de esa familia. Con un compañero(a), hagan y contesten preguntas por texto acerca de la familia.

1. ¿Cómo es tu familia? (cuántos son, quiénes son, cómo es cada uno)
2. ¿Quién piensa siempre en los demás y quién piensa más en sí mismo?
3. ¿Quién se pelea con los demás? ¿Quién trata de mantener la armonía?
4. ¿Cómo resuelven los conflictos?

2 Basándote en las respuestas a las preguntas anteriores, escribe una descripción de tu familia imaginaria.

3 Con otro(a) estudiante, hablen de las descripciones que escribieron y comparen sus familias imaginarias.

El español en la comunidad

Niños bilingües En muchas familias latinas de los Estados Unidos los niños aprenden el nuevo idioma más rápido que los adultos, y son los intérpretes, o traductores, de la familia.

A veces, esto ayuda a la armonía de la familia, pues todos colaboran para adaptarse a la nueva cultura. Pero otras veces hay conflictos, porque los padres sienten que pierden control sobre los hijos y los hijos piensan que sus padres no los entienden.

Ahora que tú sabes hablar español, puedes servir de intérprete de los nuevos estudiantes hispanohablantes y así ser útil a tu comunidad.

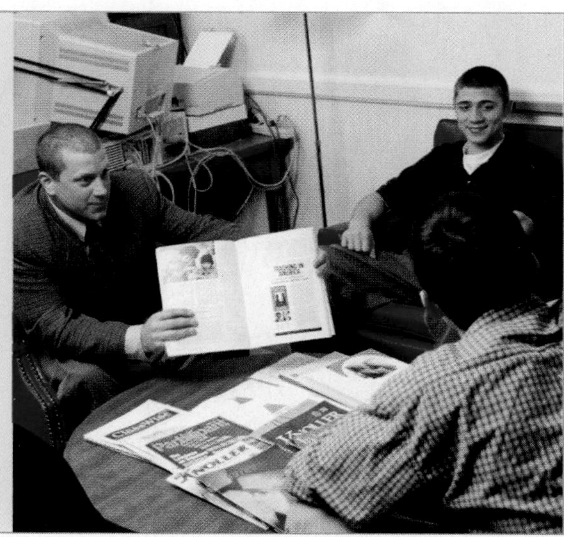

Puente a la cultura

OBJECTIVES

- Read about expressions of love in Latin American and Spanish arts
- Compare and contrast different historical and cultural expressions of love

El amor en las artes

A través de su arte y literatura, los países de América Latina y España han expresado siempre la importancia que tiene el amor. Esta característica de la cultura del mundo hispanohablante se mantuvo a través de los siglos y sigue viva hoy.

Estrategia

Compare and contrast To compare, look for ways that people, events, things, or ideas are the same. To contrast, think about ways they are different. Think about their use, color, size, and shape, or other characteristics.

El amor en la pintura

Quizá el sentimiento de amor más importante en la cultura latinoamericana y española es el amor a la madre. Además de poemas y estatuas, el amor a la madre ha inspirado a muchos pintores. Uno de ellos es Diego Rivera (1886–1957). Este famoso pintor y muralista disfrutaba pintando mujeres con niños, especialmente mujeres indígenas a quienes presentaba con hermosos niños, y vestidas de brillantes colores.

La pintura en murales ha sido otra forma de expresión artística del amor, el amor a la comunidad. Judith Francisca Baca es una artista de California que ha fundado programas de creación de murales. Con su arte ha ayudado a embellecer la comunidad, a hacer conocer otras culturas y a alentar[1] a miles de jóvenes a interesarse en las artes. En la creación de uno de sus murales, *"The Great Wall"*, participaron más de 400 jóvenes de 14 a 21 años de edad.

[1]to encourage

Online Cultural Reading

Go to Auténtico
ONLINE to read and understand a website with a personality quiz from the Spanish-speaking world.

Estrategia: Use the structure: When you are familiar with the genre of a website, you can predict what kind of information it will provide.

¡Inténtalo! Scan the website. Have you encountered sites with a similar format? What do you think the purpose of this site is?

"The Great Wall of Los Angeles", (1976–1984), Judith Baca

Go **Online** to practice PEARSON realize

PearsonSchool.com/Autentico

VIDEO

WRITING
MAPA GLOBAL

El amor en la música

La música es otra de las artes que se han usado para expresar el amor. Se escucha siempre en los grandes festivales y eventos patrióticos, en las elegantes bodas, en paseos y en funerales.

Agustín Lara (1897–1970), uno de los grandes compositores mexicanos, compuso la letra y la melodía de más de 600 canciones y sus éxitos suman cientos. La fuente de inspiración de la mayoría de sus canciones fue el amor a la mujer, ya que su vida estuvo llena de romances. Pero Agustín también fue un enamorado de España y dedicó canciones a las ciudades de Sevilla, Toledo, Navarra, Murcia, Valencia y Madrid. Su canción "Granada" ha dado la vuelta al mundo en las voces de los más famosos artistas.

El amor en la poesía

De todas las formas de expresar el amor en la literatura, quizás la más apropiada es la poesía. Un ejemplo es la obra del gran poeta español Gustavo Adolfo Bécquer (1836–1870). Cuando la escuela en donde estudiaba náutica cerró, Gustavo Adolfo se mudó a Madrid donde fundó la revista "España Artística" con algunos amigos. Allí empezó a tener problemas económicos y de salud, lo que lo llevó a instalarse en el Monasterio de Veruela en donde escribió, entre otras obras, las famosas "Cartas desde mi celda". Su escritura era simple y sentimental. Una de sus obras más reconocidas es "Rimas", un conjunto de poemas breves. Gustavo Adolfo Bécquer fue sin duda un escritor romántico.

Amor eterno

Podrá nublarse el sol
eternamente;
Podrá secarse en un
instante el mar;
Podrá romperse el eje[1] de la tierra
Como un débil cristal.
¡Todo sucederá! Podrá la muerte
Cubrirme con su fúnebre crespón[2];
Pero jamás en mí podrá apagarse
La llama[3] de tu amor.

[1]axis [2]black cloak [3]flame

¿Comprendiste?

1. Según el artículo, ¿en qué manifestaciones del arte de los países hispanohablantes se nota la importancia del amor? Da algunos ejemplos.
2. En el artículo se dice que el amor a la madre es el sentimiento más importante en la cultura hispanohablante. ¿Qué lugar crees que tiene en tu cultura? ¿Por qué?
3. Da ejemplos de otros sentimientos de amor que pueden expresarse en las artes.
4. Piensa en una expresión de amor de una canción, un poema o una pintura que conozcas. Escribe una composición para comparar tu ejemplo con el del artículo y di en qué se parecen y en qué se diferencian.

Videodocumentario Una amistad entre hermanos

Mapa global interactivo Explora el mural "La gran muralla de Los Ángeles", de Judith Baca, en Los Ángeles, California. Investiga las conexiones entre el arte público y la vida de las comunidades.

Pre-AP® Integración

OBJECTIVES

- Listen to and read about a description of a relationship
- Talk about the conflict and its solutions

¿Qué me cuentas?: Conflictos con y sin solución

¿Qué consejos das a los demás? Primero escucha una versión de un conflicto que pasó entre dos jóvenes. Anota las respuestas a las preguntas y guárdalas para usarlas en el paso 3.

1 Vas a escuchar lo que ocurrió entre Laura y Enrique. Después de cada descripción, vas a oír dos preguntas. Escoge la respuesta correcta para cada pregunta.

1. **a.** Fueron a ver una película en el cine. **b.** Fueron a dar un paseo por el barrio.
2. **a.** tres meses **b.** nueve meses
3. **a.** de que la cena no estaba hecha **b.** de que no tenía su bolsa
4. **a.** Regresó al parque para ver si encontraba la bolsa. **b.** Fue a la casa de Enrique para ver si él tenía la bolsa.
5. **a.** a Enrique con otra chica **b.** a una chica con su bolsa
6. **a.** que lo perdonaba **b.** "¡Adiós!"

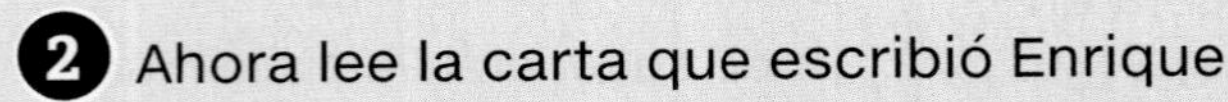

2 Ahora lee la carta que escribió Enrique.

Diana Dice

DIFERENCIA DE OPINIÓN

Estimada Diana: Necesito que me ayude con un problema. Laura y yo llevamos tres meses de novios. Es una chica fantástica y me encanta pasar tiempo con ella. Pero la verdad es que soy joven (tengo solo 16 años), y quiero conocer más chicas. Hace poco, pasé un día entero con Laura y nos divertimos mucho, pero por la noche tenía una cita con una amiga nueva. Fui con ellla al parque para conversar cuando de repente pasó Laura y nos vio. Se enojó y salió corriendo. Laura ya no contesta mis llamadas ni me habla en el colegio. Normalmente es una chica muy comprensiva. Quiero reconciliarme con ella, pero temo que ella ya no confíe en mí. No creo que la culpa sea mía, y quiero que hagamos las paces. ¿Qué hago?

—Malentendido en Santiago

3 Habla con un(a) compañero(a) sobre el conflicto entre Laura y Enrique. ¿Qué opinan de cada joven? ¿Qué aconsejan a Enrique? ¿Está equivocado? ¿Debe pedirle perdón a Laura? ¿Y qué aconsejan a Laura? ¿Debe confiar en Enrique? ¿Deben seguir de novios? Presenten sus recomendaciones a la clase. Si no están de acuerdo, expliquen sus diferencias de opinión. Usen las expresiones para conectar sus ideas.

- cuando
- entonces
- porque
- es importante que
- es una lástima que

Presentación oral

OBJECTIVES

- Demonstrate how to discuss and solve problems
- Get into the character you are representing to improve your performance

Go **Online** to practice

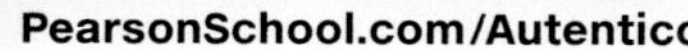

PEARSON realize

PearsonSchool.com/Autentico

AUDIO

SPEAK/RECORD

Una sesión del consejo estudiantil

TAREA Un consejo estudiantil *(student council)* es un grupo de estudiantes que ayuda a resolver problemas en la escuela. Trabaja con un grupo para representar ante la clase una sesión del consejo estudiantil.

1 Prepárate Al reunirse el consejo, algunos miembros deben presentar un problema y otros deben expresar sus recomendaciones para resolver el problema y justificar su opinión. Anoten sus ideas en una tabla como ésta.

Problemas	Soluciones posibles
•	•

Estrategia

Getting into your character In some cases, your oral presentation will require you to act something out. Keep in mind the character you are representing and try to act, look, and speak in the same way your character would using culturally appropriate expressions, gestures, and register.

2 Practica Uno(a) de ustedes explica un problema y otro(a) sugiere soluciones. Lean lo que escribieron en la tabla y asignen turnos para que todos presenten por lo menos un problema o una solución.

Modelo

Miembro del consejo 1: *El problema que quiero presentar es el siguiente: Los estudiantes de los grados 10 y 11 siempre discuten en el gimnasio. Todos quieren jugar al básquetbol a la vez.*

Miembro del consejo 2: *Hablemos con el director para que tengamos recreos más largos y a horas diferentes.*

Miembro del consejo 3: *Pongámonos de acuerdo con ellos y tomemos turnos para usar el gimnasio.*

3 Haz tu presentación Hagan la representación ante la clase. Usen oraciones conectadas con detalles y elaboración. El estudiante cuenta en detalle el problema. Si lo desea, puede ponerse de pie.

4 Evaluación Tu profesor(a) utilizará la siguiente rúbrica para evaluar tu presentación.

Rubric	Score 1	Score 3	Score 5
How well you presented a problem	You presented no problem, or your problem could not be understood.	You mentioned a problem but it wasn't clearly presented.	Your problem was clearly and completely presented.
How well you presented solutions	You offered no solutions.	You offered some recommendations, but they need more supporting statements.	Your solutions were clearly and completely presented.
How well you portrayed your characters	Your speakers said very little. You offered no character portrayal.	Your speakers read their lines.	Your speakers clearly portrayed realistic characters.

Presentación escrita

OBJECTIVES
- Write a description of a relationship
- Use the characters' actions to describe them

 Una relación

Piensa en algún cuento sobre la amistad entre dos personas. Escribe una composición sobre los personajes. Describe cómo son, qué cosas tienen en común, en qué son diferentes y cómo es su relación.

Estrategia
Describing relationships
Good writers help readers deduce the relationships between characters from their actions, words, and thoughts.

1 Antes de escribir Para ayudarte a recordar a los personajes de tu composición, puedes hacerte las siguientes preguntas.

- ¿Quiénes eran los personajes? ¿Qué cualidades tenían?
- ¿Qué cosas tenían en común? ¿En qué se diferenciaban?
- ¿Tuvieron algún problema? ¿Cómo lo resolvieron?

Completa la tabla para preparar tu composición. En la primera columna, apunta los nombres de los personajes. En la segunda, haz una lista de sus cualidades. En la tercera, apunta las acciones de los personajes que contribuyen *(contribute)* a la armonía o al conflicto. En la cuarta, describe por qué los personajes hacen lo que hacen y, finalmente, en la quinta, saca conclusiones sobre cómo sus acciones y cualidades influyen en la relación que tienen.

Personajes	Cualidades	Acciones	¿Por qué?	¿Cómo influyen en la relación?
Sandra	generosa, alegre, habla mucho, hace bromas	alguien dijo que ella se había copiado en un examen	hacía muchas bromas	
Paola	callada, honesta	le dijo a Sandra que hablara con la profesora	sabía que era un malentendido	

2 Borrador Escribe tu borrador. Para empezar, describe a los personajes. Luego cuenta qué problema tuvieron y cómo lo resolvieron. Por último, saca conclusiones sobre la relación.

Modelo

Presenting the main characters: Describe the characters using specific words.

Sandra y Paola son amigas. Sandra es generosa y alegre. Paola es callada y honesta. Le preocupa que Sandra tenga problemas por hacer tantas bromas. Alguien le contó a la profesora que Sandra se había copiado en la prueba. Paola estaba segura de que era una broma. Luego . . .

Main conflict: Describe the characters' actions.

Conflict resolution: Explain the consequences of the characters' actions.

Sandra fue a hablar con la profesora para resolver el malentendido.

Creo que estas chicas tienen una buena amistad. Lo que hizo Paola muestra que piensa en los demás, y que Sandra le hizo caso muestra que tiene confianza en su amiga.

Conclusion: Draw conclusions about the relationship.

3 **Redacción/Revisión** Después de escribir el borrador, intercambia tu trabajo con el de un(a) compañero(a) y hagan sugerencias para mejorarlo. Revisen si:

- usaron palabras específicas para describir a los personajes
- hay concordancia *(agreement)* entre sustantivos, adjetivos, verbos y pronombres

Haz lo siguiente: Subraya con una línea los sustantivos, con dos líneas los adjetivos y encierra en un círculo los verbos. Asegúrate de que en cada oración haya concordancia.

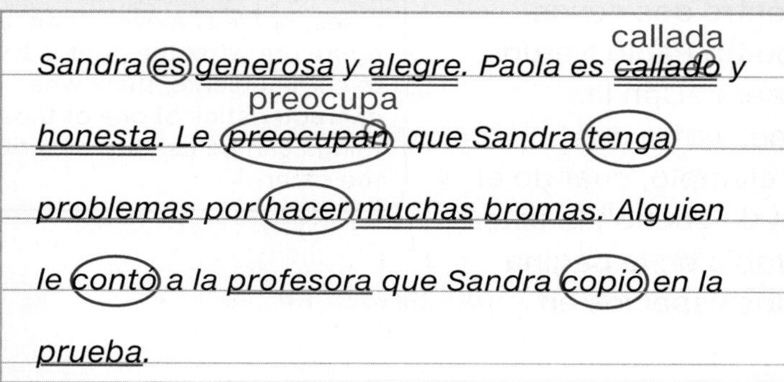

4 **Publicación** Antes de hacer la versión final, lee tu borrador y repasa los siguientes puntos:

- ¿Describí claramente a los personajes?
- ¿Expliqué el conflicto y las acciones de los personajes?
- ¿Corresponde la conclusión a la descripción de los personajes?

Después de revisar el borrador, escribe una copia en limpio y ponle un título.

5 **Evaluación** Se utilizará la siguiente rúbrica para evaluar tu presentación.

Rubric	Score 1	Score 3	Score 5
Your completion of task	Your lack of information or organization makes the writing unclear.	You offer descriptions, but important information is missing.	Choice and organization of information creates a convincing message.
Your description of characters	Your characters are not identified or described.	Your character descriptions need more development.	Your characters are clearly portrayed.
Sentence structure/ grammar, spelling, mechanics	Your sentences are run-on or are fragmented. There are many grammar, spelling, and mechanics errors.	You use sentences consistently, but some grammar, spelling, and/or mechanics errors are present.	You use correct structure. There are few grammar, spelling, and mechanics errors. Your sentences are connected and contain details and elaboration.

Lectura

OBJECTIVES

- Read about poems of love and friendship
- Identify figurative language to understand a poem
- Express your opinion about rap and rap poetry readings

La poesía, expresión de amor y amistad

Al leer

En la cultura del mundo hispanohablante la poesía es una de las formas preferidas para expresar lo que sentimos. Para crear sus poemas, los poetas usan figuras retóricas *(figures of speech)* como la metáfora y el símil.

El símil es una comparación que se hace entre dos cosas usando la palabra *como*. Por ejemplo, el poeta Pablo Neruda habla de un "silencio claro como una lámpara". Con las metáforas también se hacen comparaciones entre dos cosas, pero sin usar la palabra *como*. Por ejemplo, cuando el poeta llama a la mujer que ama "mariposa de sueño", la está comparando con una mariposa. Copia la tabla de la página 195. Mientras lees los poemas, completa los espacios en blanco de la tabla.

Presta atención a los siguientes puntos:

- cómo los poemas expresan amor o amistad
- el uso de las metáforas y los símiles
- las imágenes que usa el o la poeta

Estrategia

Identifying and understanding figurative language When somebody says *He ruffled his friend's feathers,* do you think that the friend is a bird? Of course not. This is a figurative language expression that means "to bother" or "to annoy". To identify figurative language, pay attention to phrases that connect two different kinds of things, for example *cheeks like roses,* or *life is a river.* Then, to figure out what the poet is trying to communicate, think what characteristics of one of those things can be used to describe the other.

Poema No.15

Pablo Neruda

Me gustas cuando callas[1] porque estás como ausente[2],
y me oyes desde lejos, y mi voz no te toca.
Parece que los ojos se te hubieran volado[3] y
parece que un beso te cerrara la boca.

Como todas las cosas están llenas de mi alma[4]
emerges de las cosas, llena del alma mía.
Mariposa de sueño[5], te pareces a mi alma,
y te pareces a la palabra melancolía.

Me gustas cuando callas y estás como distante.
Y estás como quejándote, mariposa en arrullo[6].
Y me oyes desde lejos, y mi voz no te alcanza:
déjame que me calle con el silencio tuyo.

Déjame que te hable también con tu silencio
claro como una lámpara, simple como un anillo.
Eres como la noche, callada y constelada.
Tu silencio es de estrella, tan lejano y sencillo.

Me gustas cuando callas porque estás como
ausente.
Distante y dolorosa como si hubieras muerto.
Una palabra entonces, una sonrisa bastan[7].
Y estoy alegre, alegre de que no sea cierto.

[1]you are quiet [2]absent [3]had flown [4]soul [5]dream butterfly [6]cooing [7]suffice

Homenaje a los padres chicanos

Abelardo Delgado

Con el semblante[1] callado,
con el consejo bien templado[2],
demandando siempre respeto,
con la mano ampollada[3] y el orgullo repleto,
así eres tú y nosotros te hablamos este día,
padre, papá, apá, jefito, dad, daddy . . . father,
como acostumbremos llamarte, eres el mismo.
La cultura nuestra dicta[4]
        que el cariño que te tenemos
lo demostremos poco
        y unos hasta creemos
que father's day
        es cosa de los gringos
                pero no . . .
tu sacrificio es muy sagrado
para dejarlo pasar hoy en callado.
Tu sudor[5] es agua bendita[6]
y tu palabra sabia[7],
derecha como esos surcos[8]
que con fe unos labran[9] día tras día,
nos sirve de alimento espiritual
y tu sufrir por tierras
y costumbres extrañas,
tu aguante[10], tu amparo[11], tu apoyo,
todo eso lo reconocemos y lo agradecemos
y te llamamos hoy con fuerza
        para que oigas
aun si[12] ya estás muerto,
        aun si la carga fue mucha
o la tentación bastante y
        nos abandonaste
aun si estás en la cárcel[13]
o en un hospital . . .
óyeme, padre chicano, oye también a mis
hermanos, hoy y siempre, papá, te veneramos.

[1]face [2]tempered [3]blistered [4]dictates [5]sweat [6]holy water [7]wise [8]grooves [9]plow [10]endurance [11]protection [12]even if [13]jail

¿Comprendiste?

Trabaja con un grupo para hablar de las poesías y contestar estas preguntas:

1. ¿Qué quiere decir el poeta con "Me gusta cuando callas porque estás como ausente"?
2. ¿Qué te parece que quiere decir Neruda con "tu silencio claro como una lámpara, simple como un anillo"?
3. ¿Por qué se alegra el poeta en la última estrofa del "Poema No. 15"?
4. ¿Qué crees que quiere decir Delgado con "con la mano ampollada y el orgullo repleto"?
5. Describe las características de los padres que admira Delgado.

Mapa global interactivo Explora la ubicación de las tres casas de Pablo Neruda en Chile.

El amor en preguntas

Elizabeth Torres *(15 años)*

¿Qué me hace falta para amar?
¿Qué es necesario para ser amado,
para entender la vida y saber soñar?
Tengo acaso que obtener permisos,
girar el mundo,
volver a nacer,
inventar la gente,
dar para merecer[1],
responder preguntas,
crecer[2] otra vez?

¿O se necesita estar inspirado,
abarcar[3] el mundo,
ser iluminado?

Estallar[4] el alma . . .
¡sólo para amar!

[1]to deserve [2]to grow [3]to cover [4]to burst

"La salchichona", (1917), Pablo Picasso

Oil on canvas, 116 x 89 cm. Musée Picasso, Barcelona, Spain.

Rimas

Gustavo Adolfo Bécquer

XXI

¿Qué es poesía? —dices mientras clavas[1]
en mi pupila tu pupila azul—.
¿Qué es poesía? ¿Y tú me lo preguntas?
Poesía . . . eres tú.

XXIII

Por[2] una mirada, un mundo;
por una sonrisa, un cielo,
por un beso . . . , ¡yo no sé
qué te diera[3] por un beso!

XXVIII

Los suspiros[4] son aire y van al aire.
Las lágrimas[5] son agua y van al mar.
Dime, mujer: cuando el amor se
olvida, ¿sabes tú a dónde va?

[1]fix [2]in exchange for [3]I would give [4]sighs [5]tears

Como tú

Roque Dalton

Yo, como tú,
amo el amor, la vida, el dulce encanto
de las cosas, el paisaje
celeste de los días de enero.

También mi sangre bulle[1]
y río por los ojos que
han conocido el brote[2] de las lágrimas.

Creo que el mundo es bello,
que la poesía es como el pan, de todos.

Y que mis venas[3] no terminan en mí
sino en la sangre unánime
de los que luchan por la vida,
el amor,
las cosas,
el paisaje y el pan,
la poesía de todos.

[1]boils [2]outpouring [3]veins

Go **Online** to practice
PEARSON realize. PearsonSchool.com/Autentico

WRITING

Interacción con la lectura

Trabaja con la clase para completar una tabla como la de al lado y comentar lo que cada poeta quiere decir.

- Identifiquen y apunten todas las metáforas y símiles que encuentren en los poemas.
- Hablen acerca de lo que quiere trasmitir el poeta con cada uno(a).

Metáfora	Símil

¿Comprendiste?

1. Parafrasea la idea principal de cada poema. Incluye el tema y los detalles más importantes.
2. Según Bécquer, ¿la poesía está en las palabras de un poema? ¿Estás de acuerdo con el poeta? ¿Por qué?
3. En la "Rima XXVIII", ¿qué comparación hace el autor entre los suspiros, las lágrimas y el amor?
4. Después de leer el poema de Elizabeth Torres, ¿crees que es necesario hacer cosas extraordinarias para ser amado por las otras personas? ¿Por qué?
5. ¿Qué quiere decir Roque Dalton cuando escribe "mis venas no terminan en mí"?
6. ¿Cuál de los poemas te gustó más? ¿Por qué?
7. Forma un grupo con tres compañeros(as) para dar su opinión sobre estos temas:
   - ¿Qué medios usan los jóvenes para expresar sus sentimientos? Hagan una lista.
   - ¿De qué manera esas expresiones de sentimientos benefician a la comunidad?

CULTURA El mundo hispano

La lectura de poemas por sus propios autores es una costumbre muy popular en bibliotecas y librerías de toda España y América Latina. De igual manera, en los Estados Unidos se realiza una actividad cultural similar; en muchos centros comunitarios[1] se hacen concursos de poesía y rap, en los cuales los poetas leen sus obras ante el público. Por ejemplo, en la Ciudad de Nueva York, el *Nuyorican Poet's Cafe,* organiza concursos literarios y lecturas en español y en inglés.

- Muchas personas creen que el rap es una forma de poesía. ¿Estás de acuerdo? ¿Por qué?
- ¿Te interesa asistir a un concurso en el que los poetas de rap recitan sus poemas? ¿Por qué?
- ¿Te interesa asistir a un concurso de poesía que no sea rap? ¿Por qué?

[1]community centers

Auténtico

Partnered with 

La amargura es contagiosa

Antes de ver

Usa la estrategia: Lenguaje corporal

Mira la imagen del video. ¿Qué emoción expresa esta persona? Al ver el video, pon atención a los gestos de las personas que hablan. Esto te ayudará a inferir el significado de palabras o términos que no conoces.

Lee el vocabulario clave

amargura = bitterness
inconsciente = unconscious [could also be "unaware"]
entorno = surroundings
dar taconazos = stomp one's feet
apacible = peaceful
carcajada = fit of laughter

 Ve el video

¿Crees que las emociones son contagiosas? Por ejemplo, ¿crees que si una persona que está junto a ti se enoja, tú también puedes llegar a sentirte enojado(a)?

Ve a **PearsonSchool.com/Autentico** para ver el video ***¡Toma nota!: la amargura de los demás sí se contagia.*** Conocerás los resultados de una interesante investigación sobre este tema.

Haz las actividades

Mientras ves Mientras ves el video, identifica a las personas que hablan. Hazte estas preguntas:

- ¿Quién hace las preguntas?
- ¿Quién da la información más importante?
- ¿Qué papel tienen las demás personas del panel?

¿TE ESTÁS CONTAGIANDO DE LA AMARGURA DE LAS PERSONAS QUE TE RODEAN?

Integración

Después de ver Vuelve a ver el video para poder contestar estas preguntas:

1. Según la presentadora del video, ¿qué tiene que ver la gripe con las emociones?
2. ¿Qué explicación científica da Ismael sobre cómo se contagian las emociones?
3. Parafrasea los dos ejemplos que da Ismael sobre cómo se contagian las emociones.
4. ¿Cómo podemos aprovechar el contagio de las emociones de manera positiva?

 **For more activities, go to the Authentic Resources Workbook.**

Las emociones humanas

Expansión Busca otros recursos auténticos en *Auténtico* en línea y contesta las preguntas.

 **4 Auténtico**

Integración de ideas ¿Qué circunstancias internas y externas pueden afectar las emociones que siente una persona? Respalda tu respuesta con detalles.

Comparación cultural ¿Qué diferencias puede haber entre el modo en que tú expresas tus emociones y el modo en que las expresa alguien de otro país o cultura?

Repaso del capítulo

OBJECTIVE

▸ Review the vocabulary and grammar

Vocabulario

cualidades

amable	kind
cariñoso, -a	loving, affectionate
celoso, -a	jealous
chismoso, -a	gossipy
comprensivo, -a	understanding
considerado, -a	considerate
egoísta	selfish
entrometido, -a	meddlesome, interfering
honesto, -a	honest
íntimo, -a	intimate
sincero, -a	sincere
vanidoso, -a	vain, conceited

sustantivos

la amistad	friendship
la armonía	harmony
el comportamiento	behavior
la confianza	trust
el conflicto	conflict
la cualidad	quality
la explicación	explanation
el malentendido	misunderstanding
la pelea	fight
el secreto	secret

verbos

acusar	to accuse
alegrarse	to be delighted
apoyar(se)	to support, to back (each other)
atreverse	to dare
colaborar	to collaborate
confiar (i → í)	to trust
contar con	to count on
criticar	to criticize
desconfiar (i → í)	to mistrust
esperar	to hope (for)
estar equivocado, -a	to be mistaken
guardar (un secreto)	to keep (a secret)
ignorar	to ignore
mejorar	to improve
pedir perdón	to ask for forgiveness
perdonar	to forgive
ponerse de acuerdo	to reach an agreement
reaccionar	to react
reconciliarse	to become friends again
reconocer (c → zc)	to admit, recognize
resolver (o → ue)	to resolve
sorprender(se)	to (be) surprised
temer	to fear

expresiones

aceptar tal como (soy)	to accept (me) the way (I am)
cambiar de opinión	to change one's mind
la diferencia de opinión	difference of opinion
hacer caso	to pay attention / to obey
hacer las paces	to make peace (with)
juntos, -as	together
ojalá	I wish, I hope
pensar en sí mismo(a)	to think of oneself
¡Qué va!	No way!
tener en común	to have in common
tener celos	to be jealous
tener la culpa	to be guilty
¡Yo no fui!	It wasn't me!

Gramática

El subjuntivo con verbos de emoción

Use the *subjunctive* following verbs indicating suggestions, desire or demands. **Te sugiero** que **vengas.** **Esperamos** que **llueva.** **Nos exigió** que **estudiemos.** **¡Ojalá** que **se diviertan!**	Use the *subjunctive* after verbs and impersonal phrases indicating emotion. **Tememos** que nuestros amigos **desconfíen** de nosotros. **Es una lástima** que no **hagan** las paces.	When the sentence has only one subject, we usually use the *infinitive* instead of the subjunctive. **Espero ir** mañana al cine. **Espero ver** esa película.

Los usos de *por* y *para*

Use *por* to indicate: length of time or distance, where an action takes place, an exchange, a reason or motive, an action on behalf of someone, a means of communication or transportation. Bailamos **por** varias horas. Busqué **por** todos los pasillos. Te cambio el café **por** un dulce. Me puse muy feliz **por** tu llegada. Fue a una marcha **por** la paz. Mandó la carta **por** avión.	Use *por* in certain expressions: **por** ejemplo **por** eso (tanto) **por** la (mañana, tarde, noche) **por** favor **por** lo general **por** primera (segunda, tercera, última) vez **por** supuesto	Use *para* to indicate: purpose, destination, a point in time, use, opinion. Estudio **para** tener un buen futuro. Salimos **para** la ciudad dentro de una hora. **Para** las ocho ya estaban allí. Ponte la chaqueta **para** no tener frío. **Para** ustedes todo es divertido.

Mandatos con *nosotros*

Regular verbs		**Stem-changing verbs whose infinitive ends in *–ir***		**Verbs ending in *–car, –gar,* and *–zar***	
olvidar	**olvidemos**	ped**ir**	**pidamos**	criti**car**	**critiquemos**
pensar	**pensemos**	dorm**ir**	**durmamos**	pa**gar**	**paguemos**
reconocer	**reconozcamos**			empe**zar**	**empecemos**

Direct and **indirect pronouns** are attached at the end of affirmative *nosotros* commands but precede the negative *nosotros* command form. **Digámosle toda** la verdad. No **les mintamos.**	To attach **reflexive** or **reciprocal pronouns** at the end of a *nosotros* command, drop the final *–s* of the command before the pronoun. **Alegrémonos** con nuestro éxito. **Abracémonos** uno al otro.

Pronombres posesivos

To form the **possesive pronouns,** use the long form possessive adjectives preceded by the definite article.

Mis padres son muy serios. ¿Y **los suyos**?
Su vestido es grande. **El nuestro** es pequeño.

We often omit the article between the verb *ser* and the possessive pronoun.

Esas maletas **son nuestras,** pero la mochila **es suya.**

Repaso del capítulo

OBJECTIVE

▶ Demonstrate that you can perform the tasks on these pages

Preparación para el examen

1 Vocabulario

Escribe la letra de la palabra o expresión que mejor complete cada frase. Escribe tus respuestas en una hoja aparte.

1. Mis sobrinos siempre me besan y me abrazan. Son muy ______.
   a. cariñosos c. entrometidos
   b. sinceros d. honestos
2. Cuando dos amigos se reconcilian, ______.
   a. piensan en sí mismos c. piensan en los demás
   b. hacen las paces d. tienen la culpa
3. Una persona ______ no sabe guardar secretos.
   a. vanidosa c. celosa
   b. egoísta d. chismosa
4. Beto y Graciela son ______. Nunca mienten.
   a. armonía c. amables
   b. sinceros d. comprensivos
5. Cuando acusé a mi amigo de romper mi cámara, él me contestó, "______. ¡Yo no fui!"
   a. ¡Qué lástima! c. ¡Qué va!
   b. ¡Ojalá! d. ¡Tienes razón!
6. Mis padres nunca me ______. Me aceptan tal como soy.
   a. hacen caso c. temen
   b. critican d. piden perdón
7. Mis amigos y yo tenemos ______. Nos gusta montar en monopatín y jugar videojuegos.
   a. celos c. muchas peleas
   b. mucha confianza d. mucho en común
8. El cariño y la confianza son dos ______ importantes en una amistad.
   a. cualidades c. consejos
   b. conflictos d. explicaciones

2 Gramática

Escribe la letra de la palabra o expresión que complete mejor cada frase. Escribe tus respuestas en una hoja aparte.

1. Me molesta que ustedes ______ tan chismosos.
   a. son c. sean
   b. seas d. es
2. Ojalá que ella me ______.
   a. perdone c. perdona
   b. perdonado d. perdonando
3. Es triste ______ nuestra amistad.
   a. rompa c. roto
   b. romper d. rompo
4. Fernando y Pedro ______ todos los días.
   a. nos escribíamos c. les escribí
   b. se escribían d. se escribió
5. Mis hermanas y yo ______ contábamos todos los secretos.
   a. nos c. se
   b. me d. lo
6. Después de pelearse con su mejor amigo, Jorge le dijo: "______ las paces".
   a. hacíamos c. hicimos
   b. hacemos d. hagamos
7. "¿Nos reconciliamos?", preguntó Ana. "Sí, ______," contestó Gaby.
   a. reconciliarme c. reconciliémosnos
   b. reconciliémonos d. reconciliamos
8. Mis padres son muy comprensivos. ¿Cómo son ______?
   a. los tuyos c. las tuyas
   b. tuyos d. tuyas

Más recursos PearsonSchool.com/Autentico

 Games  Flashcards

Tutorials Instant check

En el examen vas a . . .	Éstas son las tareas de práctica que te pueden ser útiles para el examen . . .	Para repasar, ve a tu libro de texto impreso o digital . . .
Interpretive		
  **ESCUCHAR** Yo puedo escuchar y comprender la descripción de un buen amigo o de una buena amiga.	El locutor de un canal de televisión entrevistó a varios jóvenes sobre lo que piensan de sus amigos. Escucha lo que dijo cada joven y, según lo que dijo, decide: (a) qué cualidades tiene su mejor amigo(a); (b) qué le molesta de su amigo(a); (c) qué tienen en común.	**pp. 160–163** *Vocabulario en contexto 1* **pp. 164–165 Actividades 6–7** **p. 166 Actividad 8**
Interpersonal		
 **HABLAR** Yo puedo expresar opiniones y emociones sobre el comportamiento de otra persona.	Estás cuidando a tu hermano menor que a veces se porta bien y a veces bastante mal. Dile a tu hermano lo que piensas y sientes acerca de su comportamiento. Usa por lo menos cinco frases. Por ejemplo, puedes decir: *Me alegro de que no tengas celos de nuestra hermanita. Es triste que no le hagas caso a mamá.*	**p. 168** *El subjuntivo con verbos de emoción* **p. 169 Actividades 13–14** **p. 181 Actividad 32**
Interpretive		
5 **LEER** Yo puedo leer y comprender un mensaje en un salón de chat.	Lee este mensaje que una joven puso en un salón de chat. Decide por qué tiene tantos conflictos con sus amigos y qué debe hacer para mejorar su relación con ellos. **No entiendo por qué mis amigos están enojados conmigo. Ana dice que nunca le presto mis revistas. Lucía está enojada porque le conté a su mamá que sacó una mala nota. Luis está furioso porque llegué dos horas tarde al cine y no pudimos ver la película. En fin, ¡mi vida es un desastre! ¿Qué puedo hacer?**	**p. 160–163** *Vocabulario en contexto 1* **p. 168 Actividad 12** **p. 173 Actividad 21** **pp. 174–177** *Vocabulario en contexto 2*
Presentational		
 **ESCRIBIR** Yo puedo escribir sobre un conflicto entre amigos(as).	Escribe sobre un conflicto que ocurre entre dos amigos(as) en una película que viste o entre amigos(as) de la vida real. Explica por qué se rompe la armonía y cómo se reconcilian esas personas. Incluye oraciones conectadas con detalles y elaboración.	**p. 170 Actividad 15** **p. 172 Actividad 20** **p. 173 Actividad 21** **p. 179 Actividad 26** **p. 181 Actividad 32**
Comparisons		
 **COMPARAR** Yo puedo comparar cómo se relacionan los jóvenes con sus familias.	En México se hizo una serie de encuestas sobre la vida de los jóvenes y sus familias. Piensa en la información que leíste sobre este tema en el capítulo y compara las respuestas de los jóvenes mexicanos con tu propia experiencia.	**pp. 176–177 Actividades 23–24** **p. 181 Actividad 31**

A ver si recuerdas

OBJECTIVES
- Talk and write about jobs
- Discuss what is happening

Vocabulario

trabajos
el / la agente de viajes
el / la atleta
el bombero, la bombera
el cajero, la cajera
el camarero, la camarera
el científico, la científica
el / la dentista
el / la detective
el empleado, la empleada
el entrenador, la entrenadora
el fotógrafo la fotógrafa
el locutor, la locutora
el / la piloto
el reportero, la reportera
el vendedor, la vendedora

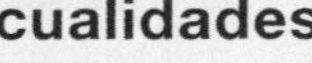

cualidades
animado, -a
artístico, -a
atlético, -a
bien educado, -a
cortés
interesante
obediente
ordenado, -a
paciente
trabajador, -a
tranquilo, -a

lugares
el banco
la biblioteca
el centro comercial
el cine
la escuela
la estación de servicio
la farmacia
el gimnasio
la guardería infantil
la librería
el museo
el restaurante
el supermercado
el teatro
la tienda

acciones
cortar el césped
cuidar niños
decorar
dibujar
hablar por teléfono
lavar el coche
lavar los platos
limpiar
pasar la aspiradora
pasear perros
sacar fotos
tocar un instrumento
usar la computadora

1 El trabajo

HABLAR EN PAREJA, ESCRIBIR

1. Describe en qué trabajas ahora y qué trabajos has tenido antes.
2. Ahora, escribe en una hoja de papel dos trabajos que te gustaría hacer y dos que no te gustaría hacer. Junto a cada trabajo, pon lo que tienes que hacer, las cualidades que se necesitan y el lugar donde se hace el trabajo.
3. Con otro(a) estudiante, hagan y contesten preguntas sobre por qué les gustarían o no les gustarían los trabajos que escribieron.

Videomodelo

A —*Me gustaría **ser reportero.***
B —*¿Por qué?*
A —***Un reportero escribe sobre cosas que pasan. Para ser reportero, debes saber escribir bien y sacar fotos.***

Go **Online** to practice PEARSON realize™ PearsonSchool.com/Autentico

VIDEO

WRITING

SPEAK/RECORD

Gramática

El participio presente

The present participle conveys a sense of ongoing action. To form the present participle add *-ando* to the stem of *-ar* verbs and *-iendo* to the stem of *-er* and *-ir* verbs.

trabajar	traba**jando**
hacer	hac**iendo**
recibir	recib**iendo**

- Verbs that have irregular third person forms in the preterite undergo the same change in the present participle.

dormir	d**u**rmiendo
pedir	p**i**diendo
decir	d**i**ciendo
reír	r**i**endo

- The verbs *ir* and *oír* and verbs ending in *-aer, -eer,* and *-uir* have present participles that end in *-yendo*.

ir	**yendo**
oír	**oyendo**
caer	**cayendo**
leer	**leyendo**
destruir	**destruyendo**

- The present participle is used together with a form of *estar* to form the progressive tense:

  ¡No me molestes! **Estoy leyendo.**

  Estábamos durmiendo cuando llamaste.

- Reflexive or object pronouns can be placed before the form of *estar,* or they can be attached to the end of the present participle. If they are attached to the present participle, a written accent is needed.

  Ahora **me** estoy **bañando**. / Estoy **bañándome**.

  Las está **ayudando**. / **Está ayudándolas**.

Más recursos ONLINE

- **GramActiva Video:** Present progressive
- **Tutorial:** Present progressive

2 ¿Qué está pasando?

ESCRIBIR Escribe lo que está sucediendo en la clase en este momento. Nombra a las personas que están haciendo las siguientes actividades. Usa el presente progresivo en tus frases.

leer	darle	observar	dormirse	decirme

Modelo
mirar
La profesora está mirando a la clase.

3 ¿Quién está haciéndolo?

HABLAR Indica quién está haciendo cada cosa en tu clase en este momento.

Modelo
escribir en su cuaderno
Laura está escribiendo en su cuaderno.
o: *Nadie está escribiendo en su cuaderno.*

1. ayudar a otro estudiante
2. recoger los papeles del piso
3. limpiar su escritorio
4. leer el libro de español
5. poner sus cosas en la mochila

A ver si recuerdas

OBJECTIVES

- Talk and write about community work
- Discuss volunteer jobs

Vocabulario

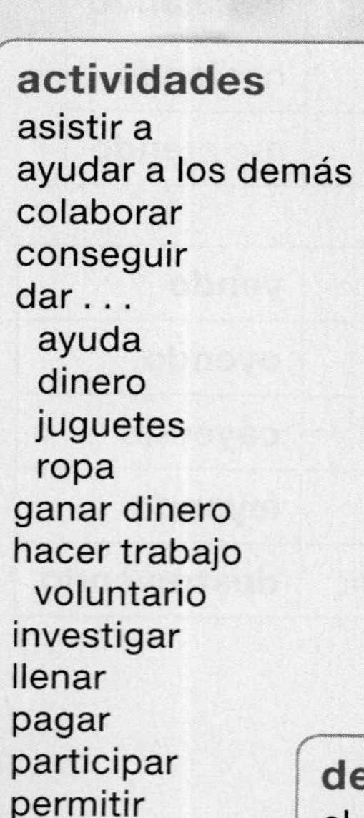

actividades
asistir a
ayudar a los demás
colaborar
conseguir
dar . . .
  ayuda
  dinero
  juguetes
  ropa
ganar dinero
hacer trabajo voluntario
investigar
llenar
pagar
participar
permitir
planear
recoger basura
registrar

desastres
el accidente
la explosión
el huracán
el incendio
la inundación
el terremoto
la tormenta

personas
los ancianos
la gente pobre
el niño, la niña
el paramédico, la paramédica
la víctima
el voluntario, la voluntaria

lugares
el aeropuerto
la agencia de viajes
el club atlético
el consultorio
el laboratorio
el mercado
el quiosco
el salón de belleza

expresiones
¿cómo se hace . . .?
ganarse la vida
no te olvides de . . .
seguir una carrera

4

Para la comunidad

ESCRIBIR Haz una tabla como la siguiente. Escribe tres lugares de tu comunidad donde se pueda hacer trabajo voluntario. Al lado de cada lugar escribe qué trabajo se puede hacer y para qué o quién.

Lugar	Para quién / qué	Trabajo
el hospital	*jugar*	*los niños enfermos*

5

Trabajo voluntario

HABLAR EN PAREJA Tu compañero(a) trabaja como voluntario(a).

1 Pregúntale:

- dónde trabaja
- qué hace allí
- a quién ayuda

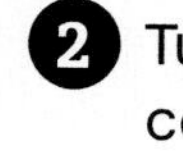

2 Tu compañero(a) te invita a trabajar con él (ella). Acepta la invitación o da una excusa.

Go **Online** to practice **PearsonSchool.com/Autentico**

PEARSON realize

VIDEO

WRITING

Gramática

Dónde van los pronombres reflexivos y de complemento

Reflexive pronouns, as well as direct and indirect object pronouns, may be placed either before a verb or after it.

- When there are two verbs, as with a participle or an infinitive, the pronoun may come either before the first verb or after the second verb.

  Estamos divirtiéndo**nos** mucho.
  Nos estamos divirtiendo mucho.
  Voy a acostar**me** temprano.
  Me voy a acostar temprano.

- If the sentence is negative, place the pronoun between *no* and the verb.

  No **me** estoy aburriendo.
  No **las** voy a comprar.

- In affirmative commands, pronouns are attached to the end of the verb

  Carlos, despiérta**te.** Chicos, láven**se** las manos.
  ¿Los niños? Cuída**los.** ¿El parque? Límpie**lo.**

- In negative commands, place the pronoun between *no* and the verb.

  Esa película es mala. No **la** veas.

- Notice that written accent marks must often be added when a pronoun is attached to a verb.

  Recoge la basura. **Recógela.**
  Estoy lavando los platos. Estoy **lavándolos.**

Más recursos ONLINE

Tutorials: Indirect object pronouns, Placement of indirect object pronouns, Placement of reflexive pronouns

6 Según el director

LEER, ESCRIBIR El señor Díaz es el director de un centro de ayuda y da muchos mandatos. Usa los verbos y el pronombre apropiado para completar los mandatos que les dio a sus voluntarios.

recoger	limpiar	servir	abrir	ayudar	lavarse

Modelo

¿Los libros? _____ en la biblioteca.
*¿Los libros? **Pónganlos** en la biblioteca.*

1. ¿La comida? _____ al mediodía y _____ las manos antes de servirla.
2. ¿Las ventanas? No _____ ahora.
3. ¿La basura? No _____ ahora.
4. ¿Los niños? _____ con la tarea.
5. ¿El comedor? _____ después del almuerzo.

7 Metas personales

ESCRIBIR Escribe cinco metas *(goals)* que quieres alcanzar *(reach)* este año. Usa los pronombres apropiados.

Modelo

No voy a quejarme. / No me voy a quejar.
Quiero ayudar a los niños. / Quiero ayudarlos.

CAPÍTULO 5

Trabajo y comunidad

Country Connections Explorar el mundo hispano

CHAPTER OBJECTIVES

Communication

By the end of the chapter you will be able to:

- Listen to and read about job interviews and classified ads
- Talk and write about applying for a job
- Exchange information about your skills, background experience, and job opportunities

Culture

You will also be able to:

- Understand the influence of Hispanics in the U.S.
- Compare a Mayan folktale with myths and stories in the U.S.
- **Auténtico:** Compare cultural practices in an authentic text about education and employment opportunities

You will demonstrate what you know and can do

- Presentación oral: La elección de la clase
- Presentación escrita: La carta para solicitar empleo

You will use

Vocabulary

- Jobs and activities in the workplace
- Personal qualities and skills needed
- Volunteer and community work
- Job interviews

Grammar

- Present perfect
- Pluperfect
- Present perfect subjunctive
- Demonstrative adjectives and pronouns

ARTE y CULTURA El mundo hispano

Jardines comunitarios En América Latina, muchas casas tienen jardines. A veces, dos o más casas comparten un jardín y las familias trabajan juntas para cuidarlo. Pueden sembrar (*plant*) plantas o flores, como los girasoles (*sunflowers*) que ves en este cuadro de Diego Rivera (1886–1957).

- ¿Hay un jardín en tu comunidad que se comparta entre familias? ¿Qué plantas o flores tiene?

"Muchacha con Girasoles", (1941), Diego Rivera ▶

Go **Online** to practice
PEARSON realize

PearsonSchool.com/Autentico

AUDIO

VIDEO

WRITING

SPEAK/RECORD

MAPA GLOBAL

AUTÉNTICO

FLASCHARDS

ETEXT 2.O

GAMES

Proyecto de ayuda a la comunidad en Miami, Florida

Videonovela **¡Pura vida!**

Vocabulario en contexto 1

OBJECTIVES

Read, listen to, and understand information about

- getting a job
- skills and abilities needed to perform a job
- interviewing techniques

¿Estás buscando trabajo?

¿Estás cansado de pedirles dinero a tus padres? ¿Crees que es tiempo de buscar trabajo, pero no sabes por dónde empezar? Si buscas **un puesto a tiempo parcial** o **a tiempo completo**, debes **solicitar** trabajo con mucha determinación y motivación. ¡Y un poco de inteligencia, por favor! Hay ciertas cosas que debes hacer y otras cosas que debes evitar.

el salvavida

el mensajero

la clienta

la recepcionista

la niñera

los consejeros

Go **Online** to practice
PEARSON realize
PearsonSchool.com/Autentico

AUDIO

Lo que debes hacer

Es mejor conocer tus **habilidades** y buscar trabajos que te interesen. A este joven le gusta **la computación**, así que **solicitó** trabajo en tiendas donde venden computadoras.

Debes ir bien vestido a **la entrevista**. Ella consiguió el trabajo porque **se presentó** bien vestida ante **el gerente** y dejó una buena impresión.

Lo que no debes hacer

Debes ser **puntual**. Nunca debes llegar tarde a las entrevistas o **seguirás buscando** trabajo por mucho tiempo.

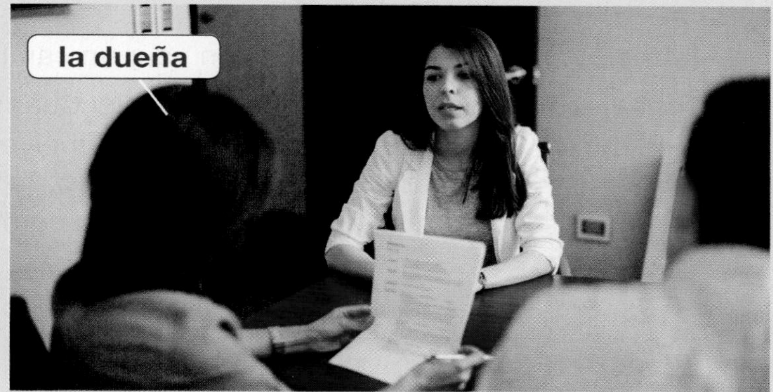

En tu entrevista, no le preguntes a **la dueña** inmediatamente sobre **el salario** o **los beneficios**.

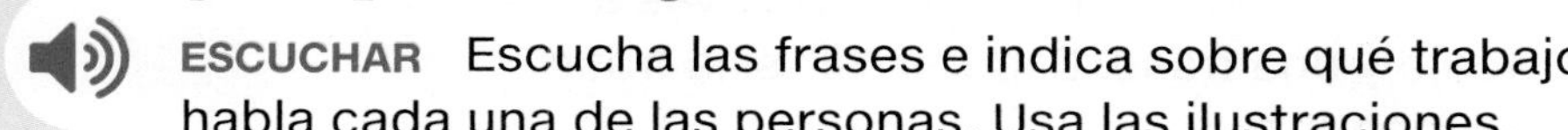

1

¿En qué trabaja?

ESCUCHAR Escucha las frases e indica sobre qué trabajo habla cada una de las personas. Usa las ilustraciones.

2

¿Qué debes hacer?

ESCUCHAR En una hoja de papel, escribe los números del 1 al 5. Escucha lo que dice cada persona. Escribe *C* si la información es cierta o *F* si es falsa.

Jaime quiere conseguir un trabajo a tiempo parcial. Su consejero le está dando algunas ideas.

Jaime   Consejero

Consejero: Trata de buscar un trabajo en el que uses tus **conocimientos.** Por ejemplo, si eres bueno con las computadoras, podrías trabajar en una oficina. O si sabes manejar bien, podrías ser **repartidor** en una **compañía** que **reparte** paquetes.

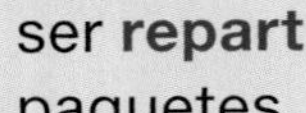

Jaime: Tengo habilidad para **reparar** cosas. ¡Mi abuelo me enseñó a reparar radios y televisores que no funcionan!

Consejero: ¡Qué bueno! Entonces podrías trabajar para una compañía que repara electrodomésticos. **Suelen** buscar gente que se **encargue de** ir a las casas para reparar los aparatos.

Jaime: Me gusta la idea. Aprendo rápido y soy **dedicado** y **responsable** cuando algo me interesa. También soy **flexible.** Es probable que me pidan cambiar la hora de una cita.

Consejero: Así es. Además, veo que **cumples con** un **requisito** básico: eres muy **agradable.** Eso es importante para **atender** bien a los clientes.

Jaime: Espero que me dejen usar un camión.

Consejero: ¡Primero consigue el trabajo! Cuando veas un **anuncio clasificado** que te interese, vuelve aquí. Yo te puedo ayudar a llenar la **solicitud de empleo.** Te pedirán tu **fecha de nacimiento** y otros datos, así como algunas **referencias.**

3 Un buen trabajo para Jaime

ESCUCHAR Escribe en un papel los números del 1 al 4. Escribe *C* (cierto) si la frase es correcta o *F* (falsa) si la frase es incorrecta.

4 Un trabajo perfecto

ESCUCHAR Escribe los números del 1 al 4 en una hoja de papel. Vas a escuchar una descripción de trabajo y una frase. Escribe "sí" si la frase identifica el trabajo y "no" si no lo identifica.

5 Mi trabajo ideal

LEER, HABLAR EN PAREJA Vuelve a leer las páginas 214–216. Comenta con un compañero(a) cuál de estos trabajos preferirías tener y por qué. Expresa tu preferencia con razones.

Videohistoria

Go Online to practice PEARSON realize | PearsonSchool.com/Autentico

AUDIO

VIDEO

WRITING

SCRIPT

La entrevista de trabajo

Antes de ver

Hacer inferencias Observa bien las fotos. ¿Qué puedes inferir al verlas? ¿Cómo se relacionan con el tema de este capítulo? Al ver el video, haz inferencias que te ayuden a comprender mejor la historia que se cuenta.

Haz la actividad

Trabajos a tiempo parcial Haz una lista en español de los trabajos a tiempo parcial que te interesaría tener. Ponlos en orden de preferencia.

Ve el video

Ximena tiene una entrevista de trabajo hoy. ¿Qué preguntas le harán? ¿Cómo responderá ella?

Ve a **PearsonSchool.com/Autentico** para ver el video ***La entrevista de trabajo.*** También puedes leer el guión.

Ximena

Valentina

Después de ver

ESCRIBIR Contesta estas preguntas:

1. ¿Qué tipo de trabajo está solicitando Ximena?
2. ¿Por qué le parece importante a Ximena escribir un blog? Parafrasea su respuesta.
3. ¿Sobré qué temas le gusta más a Ximena escribir?
4. ¿Crees que a Ximena le fue bien en la entrevista? Justifica tu respuesta.

Cambia la entrevista Piensa en la entrevista de trabajo que tuvo Ximena. Ahora imagina que ella quiere trabajar como niñera. ¿Cómo crees que cambiaría la entrevista y por qué? ¿Qué preguntas le podrían hacer?

Vocabulario en uso 1

OBJECTIVES
- Listen to a description of and write about a workplace
- Discuss skills and qualities needed
- Talk and write about jobs and preferences

6

¿Quiénes son?

ESCUCHAR, ESCRIBIR La ilustración de abajo muestra las personas que trabajan en la florería de la mamá de Laura. Escucha a Laura describir lo que hace cada persona. Identifica quién es cada persona en la ilustración. Luego, escribe dos detalles acerca de cada una.

7

Consejos para conseguir un trabajo

LEER, ESCRIBIR Tu amigo(a) busca trabajo. Dale consejos, usando la palabra que mejor complete la definición en la frase.

una referencia	requisitos	habilidades	suelen	conocimientos

1. En general, los _____ para conseguir trabajo son: ser paciente, tener habilidades para hacer el trabajo y prepararse para la entrevista.
2. Tienes _____ sobre cine, parece que has visto todas las películas. Quizás te den trabajo en una tienda de videos.
3. ¿Qué puedes hacer bien en este trabajo? ¿Tienes las _____ que se necesitan para hacerlo?
4. A veces en una entrevista te piden _____, como el nombre de una persona que te conoce.
5. Las entrevistas _____ ser formales. Debes vestirte bien.

8

¿Qué quieren decir?

ESCRIBIR, HABLAR EN PAREJA Escribe cinco palabras del vocabulario de las páginas 214–217 en una hoja de papel, y en otra, escribe una definición para cada una. Túrnate con otro(a) estudiante para leer las definiciones de cada uno(a) y digan de qué palabra se trata.

Go **Online** to practice
PEARSON realize
PearsonSchool.com/Autentico

AUDIO VIDEO WRITING SPEAK/RECORD

9

¿En qué te gustaría trabajar?

HABLAR EN PAREJA Imagina que estás haciendo planes para conseguir un trabajo. Con otro(a) estudiante, piensen en varios trabajos a tiempo parcial, digan cuáles les gustaría hacer y por qué. Decidan qué tipo de trabajo les gustaría más conseguir.

Videomodelo

A —*Dime, ¿qué te gustaría más, trabajar de **gerente** o de **consejero de campamento?***

B —*Me gustaría trabajar de **gerente porque soy responsable.** Y a ti, ¿qué te gustaría hacer?*

A —*A mí me gustaría trabajar como **consejero de campamento. Me gusta mucho trabajar con niños.***

Estudiante A

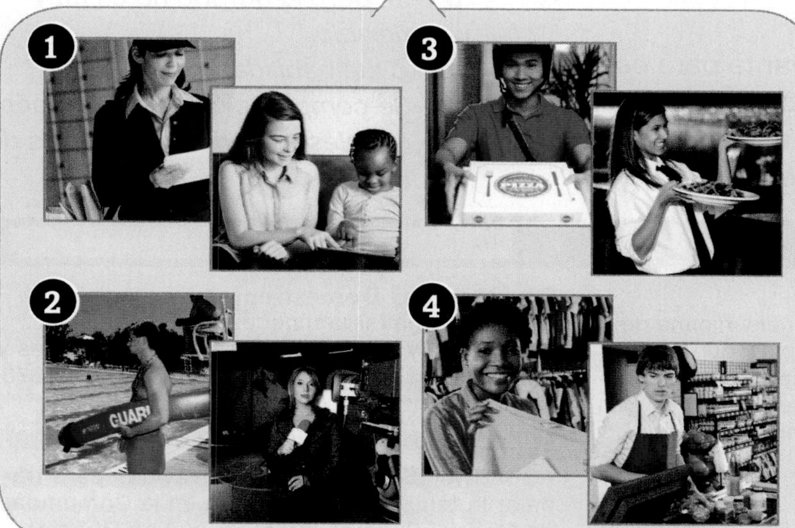

Estudiante B

¡Respuesta personal!

10

¿A quién conoces?

HABLAR EN PAREJA Trabaja con otro(a) estudiante. Lean la lista de trabajos y túrnense para hacer preguntas y contestarlas.

agente de viajes	locutor(a)
gerente	salvavida
bombero(a)	fotógrafo(a)
reportero(a)	dentista
camarero(a)	

Videomodelo

A —*¿A quién conoces que trabaje de **locutor?***

B —***El hermano de María es locutor.***

A —*¿**De qué se encarga** él en su trabajo?*

Estudiante A

1. ¿A quién conoces que trabaje de (en) . . . ?
2. ¿De qué se encarga esa persona en su trabajo?
3. ¿Qué cualidades y habilidades tiene esa persona?
4. ¿Cuándo suele trabajar?

Estudiante B

¡Respuesta personal!

11 El mejor trabajo para ti

LEER, ESCRIBIR, HABLAR EN PAREJA

Estrategia
Scanning
Scanning a text such as an ad may help you to get key information.

1. Haz una lista de las habilidades y cualidades necesarias para cada trabajo mencionado en los anuncios clasificados.
2. Escoge un anuncio y escribe un mínimo de cinco preguntas para hacer una entrevista a una persona que se presenta para el puesto. Puedes preguntar datos como el horario que puede trabajar, el salario, su experiencia anterior y sus habilidades.
3. Entrevista a otro(a) estudiante para ese puesto. Recuerda que debes usar palabras y un estilo de hablar apropiado y más formal. Luego, cambien de papeles.

Videomodelo

Para el puesto de secretaria:

A —*¿Trabajó usted de secretaria antes?*
B —*Sí, trabajo en una compañía desde el verano pasado.*
A —*¿Sigue trabajando allí?*
B —*Sí, pero el horario no es muy flexible.*
A —*¿Qué habilidades tiene?*
B —*Sé computación, hablo español e inglés y escribo bien en los dos idiomas.*

Trabajos Buscar

Secretario(a) Receptionista
Requisitos indispensables: Experiencia mínima de 2 años, extremadamente responsable y puntual, 2 cartas de recomendación con número telefónico, nivel intermedio de inglés y de preferencia domicilio particular cercano a nuestra zona en Distrito Federal, México.

Mensajero(a) / Repartidor(a)
Se necesitan personas activas, excelente orientación de servicio, con iniciativa y muy responsables, para cumplir funciones de mensajero(a) y repartidor(a) motorizado(a). Se requiere la licencia de manejar correspondiente. Enviar currículum. Santiago, Chile

Empleado(a) Doméstico(a)
Agencia Doña Miriam necesita urgente niñeros(as) y personas para trabajar en casas y cocinar. Salarios C$1000 a C$2000. Tel 249-3736. Nicaragua

Salvavidas
AQUASWIM SL necesita 25 salvavidas para trabajar la temporada de verano en la Comunidad de Madrid. Si estás interesado(a) en trabajar con nosotros, ponte en contacto llamando al tlf. 605587464. España

CULTURA El mundo hispano

El trabajo y la juventud En América Latina, la edad oficial para poder empezar a trabajar suele ser 15 años. Pero socialmente no se ve bien que un joven trabaje porque los padres piensan que interfiere con la vida escolar. En todo caso, se ven jóvenes haciendo trabajos a tiempo parcial, tales como llenar bolsas para los clientes en el supermercado o servir en los restaurantes de comida rápida. Los jóvenes usan el dinero de sus salarios para salir a divertirse o comprarse cosas.

- ¿Qué piensa la gente en los Estados Unidos de los jóvenes que tienen un trabajo a tiempo parcial?

12

Un anuncio clasificado

HABLAR EN GRUPO, ESCRIBIR

1. Trabaja con cuatro estudiantes para escribir un anuncio clasificado. Sigan los siguientes pasos.
   - Escojan un trabajo que puede hacer un estudiante y digan de qué se va a encargar.
   - Determinen el horario, si es a tiempo completo o a tiempo parcial.
   - Incluyan los beneficios y el salario.
   - Hagan una lista de los requisitos.
   - Escriban el anuncio.

2. La clase va a participar en una feria de trabajo *(job fair)*. Cada grupo va a poner su anuncio clasificado en las paredes de la clase. Los estudiantes van a escoger un anuncio y turnarse para hacer los papeles de la persona que hace la entrevista y el (la) candidato(a).

13

Y tú, ¿qué dices?

HABLAR, ESCRIBIR

1. ¿Tienes un trabajo después de las clases? ¿Qué haces?
2. En tu opinión, ¿cuáles son tus habilidades? Haz una lista.
3. ¿Cuáles son algunos beneficios de tener un trabajo a tiempo parcial?
4. ¿Qué tres consejos puedes darle a un(a) estudiante que busca trabajo?
5. Escribe un párrafo en el que describas otro trabajo que hiciste y si cumpliste con lo que te pidieron. Explica qué te gustó más. Intercambia ideas con un(a) compañero.

Ampliación del lenguaje

Muchos sustantivos *(nouns)* que terminan con el sufijo *-ero, -era* se refieren a profesiones relacionadas con los sustantivos de los que se derivan. Por ejemplo, el sustantivo *niñera(o)* nombra a la persona que cuida a los niños. Lee las palabras de la tabla y completa las frases.

Sustantivo	Profesión
mensaje	mensaj**ero(a)**
caja	caj**ero(a)**
consejo	consej**ero(a)**
carta	cart**ero(a)**

Cristina me escribió una __1.__ hace una semana. El __2.__ la dejó hoy en mi buzón. Después de comprar la comida en el supermercado, fuimos a pagar a la __3.__. El __4.__ tomó nuestro dinero.

Gramática Repaso

OBJECTIVES

- Read and write about a job interview
- Discuss personal job experiences
- Write about your personal qualities and skills

El presente perfecto

To form the present perfect tense, combine the present tense of the verb *haber* with a past participle. You generally use the Spanish present perfect in the same way you use its English equivalent.

No **he reparado** la bicicleta todavía.
***I haven't repaired** the bicycle yet.*

¿Qué trabajos **has tenido?**
*What jobs **have you had?***

Here are the present perfect forms of *hablar.*

he hablado	hemos hablado
has hablado	habéis hablado
ha hablado	han hablado

- Recall that to form the past participle of a verb in Spanish, you add *-ado* to the stem of *-ar* verbs and *-ido* to the stem of *-er* and *-ir* verbs.

  habl**ar** → habl**ado** com**er** → com**ido**
  viv**ir** → viv**ido**

- Verbs that have two vowels in the infinitive form (except for *ui*) require an accent mark on the *í* in the past participle.

  caer → caído oír → oído traer → traído
  reír → reído leer → leído creer → creído

- Many Spanish verbs have irregular past participles. You have already learned some of these.

  abrir → **abierto** resolver → **resuelto**
  decir → **dicho** romper → **roto**
  escribir → **escrito** ser → **sido**
  morir → **muerto** ver → **visto**
  poner → **puesto**

- Place negative words, object pronouns, and reflexive pronouns before the form of *haber.*

  No he repartido las flores todavía.

  Mi profesora **me** ha escrito una carta de recomendación.

  El dueño **se** ha ido temprano a la oficina.

Más recursos ONLINE

Tutorial: Formation of present perfect indicative

Canción de hip hop: *¿Qué trabajos has tenido?*

14

Después de la entrevista

LEER, ESCRIBIR Tamara y Juan fueron a una entrevista de trabajo. Completa la conversación que tuvieron con el presente perfecto de los verbos del recuadro.

decir	ponerse
ir	leer
dar	responder

—Juan, ¿cómo te __1.__ esta manaña en la entrevista?

—Creo que no muy bien, Tamara. No __2.__ a todas las preguntas.

—Yo tampoco. Además, __3.__ muy nerviosa. El gerente quería gente con mucha experiencia.

—Sí, Tamara. Él me __4.__ que buscaba jóvenes muy ordenados, puntuales y responsables.

—Yo le __5.__ mis referencias, pero él no las __6.__. Dijo que no las necesitaba.

—Bueno, a ver qué pasa . . .

15

Juego

ESCRIBIR, HABLAR EN GRUPO Vas a jugar con los(as) compañeros(as) de tu clase.

1. Escribe siete preguntas para saber si tus compañeros(as) han hecho o no cosas como *trabajar en un parque de diversiones.* Para hacer tus preguntas, usa el presente perfecto de los verbos.
2. Escribe un texto a otro(a) estudiante y haz y contesta las preguntas. Usa una forma de hablar informal con un estilo apropriado. Incluye las siguientes palabras o expresiones.

no . . . todavía	varias veces
casi nunca	algunas veces
muchas veces	casi siempre
de vez en cuando	una vez

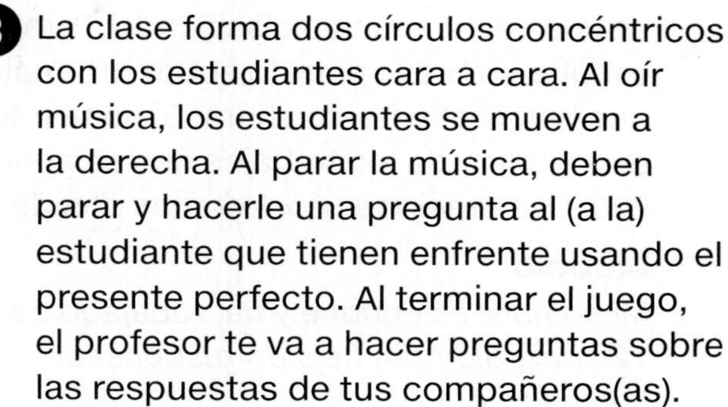

3. La clase forma dos círculos concéntricos con los estudiantes cara a cara. Al oír música, los estudiantes se mueven a la derecha. Al parar la música, deben parar y hacerle una pregunta al (a la) estudiante que tienen enfrente usando el presente perfecto. Al terminar el juego, el profesor te va a hacer preguntas sobre las respuestas de tus compañeros(as).

Videomodelo

A —***¿Has trabajado en un parque de diversiones** alguna vez?*

B —***Sí, trabajé una vez en el verano.***

En voz alta

Los trabalenguas[1] son una forma de literatura popular muy común en la mayoría de los países e idiomas del mundo. ¡Seguro tu conoces muchos en inglés! El reto de estos juegos de palabras consiste en repetir rápidamente una serie de palabras parecidas que hacen que se nos trabe[2] la lengua. Además de ser divertidos, los trabalenguas tienen varios propósitos didácticos, como mejorar las habilidades de lectura y pronunciación, ayudar en la memorización, enseñar gramática y transmitir costumbres, ideas y tradiciones.

En español existen muchos trabalenguas populares que pasan de una generación a otra. En este trabalenguas se usa el verbo decir en presente perfecto y el sustantivo dicho[3]. ¡Repítelo varias veces hasta que la lengua no se te trabe!

[1]tongue-twister [2]get stuck [3]a saying

- ¿Cómo quedaría el trabalenguas si cambias el verbo "dicho" por "contado" y el sustantivo "dicho" por "cuento"? ¡Inténtalo!
- Busca otro trabalenguas en español y practícalo.

¿Recuerdas?

En español, la letra *h* es muda, o sea que no se pronuncia. Pero cuando se combina con la letra *c*, el resultado es el sonido *che*. Hasta muy recientemente, la *ch* se consideraba una letra individual del alfabeto.

Trabalenguas popular

Me han dicho

Me han dicho que has dicho un dicho
que han dicho que he dicho yo,
el que lo ha dicho, mintió,
y en caso que hubiese dicho
ese dicho que tú has dicho
que han dicho que he dicho yo,
dicho y redicho quedó,
y estaría muy bien dicho,
siempre que yo hubiera dicho
ese dicho que tú has dicho
que han dicho que he dicho yo.

16

¿Cómo te describes a ti mismo?

LEER, ESCRIBIR Imagina que estás buscando trabajo y lees en línea este anuncio clasificado. Para contestar al anuncio, escribe un breve párrafo sobre tus cualidades y las cosas que has hecho hasta ahora. Si no te interesa este trabajo, escoge uno de los trabajos que se anuncian en la página 220. Usa oraciones conectadas con detalles y elaboración.

Modelo

Mi nombre es Enrique y he trabajado con niños desde los 12 años. Siempre he sido responsable, puntual y he cumplido con mi trabajo.

Anuncios

Se busca joven responsable y cortés para trabajar en un campamento de verano. Debe gustarle la naturaleza y los niños. Enviar un párrafo breve describiendo sus cualidades y lo que ha hecho en materia de trabajo y estudio.

17

Preparación para una entrevista

ESCRIBIR, HABLAR EN PAREJA

1. Haz una lista de cinco cosas que has hecho para prepararte para una entrevista.

   Modelo

   He leído los anuncios clasificados.

2. Piensa en un trabajo específico y escribe cinco preguntas que puedan hacerte en la entrevista.
3. Ensaya la entrevista con otro(a) estudiante.

CULTURA Estados Unidos

La Fundación de Herencia Hispana *(Hispanic Heritage Foundation)* es una organización establecida para promover una mayor comprensión de las contribuciones que han hecho los hispanoamericanos en los Estados Unidos. Cada año, la Fundación premia a hispanoamericanos prominentes, entre ellos, científicos, artistas, atletas y, últimamente, a jóvenes hispanos. Los ganadores suelen ser profesionales y líderes que se han destacado en su campo profesional y estudiantes que han demostrado excelencia académica, participación activa en la comunidad, y orgullo cultural. Algunos de los ganadores recientes del premio han sido el músico cubano Arturo Sandoval, el cineasta Robert Rodríguez, la doctora María Gómez, la cantante Ana Gabriel, el científico Vladimir Alvarado, el exjugador de béisbol Pedro Martínez y la cantante Becky G.

Pre-AP® Integration: La educación y las carreras profesionales ¿Cuál de las personas mencionadas te impresiona más? ¿Cómo contribuye el individuo a la sociedad hispana?

La cantante Becky G

Gramática Repaso

OBJECTIVES
- Read and write about looking for a job
- Exchange information about past work experiences

El pluscuamperfecto

You use the pluperfect tense to describe an action in the past that occurred *before* another action in the past. To form the pluperfect tense, combine the imperfect tense of the verb *haber* with a past participle. You generally use the Spanish pluperfect in the same way you use its English equivalent.

Cuando llegué a la oficina, el gerente ya **había leído** mis cartas de recomendación

*When I arrived in the office, the manager **had** already **read** my letters of recommendation.*

Después de la entrevista, yo estaba muy nerviosa porque la dueña de la compañía me **había pedido** referencias.

*After the interview, I was feeling nervous because the owner of the company **had asked** me for references.*

Here are the pluperfect forms of *hablar:*

había hablado	habíamos hablado
habías hablado	habíais hablado
había hablado	habían hablado

Más recursos ONLINE

Tutorial: Use of Pluperfect Indicative

18

En la agencia de empleos

LEER, ESCRIBIR Jorge y Agustín fueron a una agencia de empleos a pedir trabajo. Completa las siguientes frases con los verbos del recuadro en la forma correcta del pluscuamperfecto.

encargarse	tener	escribir	llenar
pedir	atender	cumplir	solicitar

1. Antes de ir a la agencia, Jorge y Agustín _____ varias solicitudes de empleo.
2. Antes de llenar las solicitudes, Agustín ya _____una lista de sus habilidades.
3. El año pasado, durante varios meses, Jorge _____ de cuidar niños.
4. Estaban sorprendidos porque la recepcionista los _____ muy rápido.
5. Poco después de entrar a la oficina, el gerente les _____ cartas de recomendación y les _____ referencias.
6. En un momento durante la entrevista, les preguntó qué salario ellos _____ en sus otros trabajos.
7. Cuando terminó la entrevista, la recepcionista ya _____ con su trabajo.

19 Trabajos en bicicleta

LEER, ESCRIBIR

Ayer Andrés empezó a trabajar. Lee lo que le sucedió y completa el relato con el pluscuamperfecto del verbo apropiado.

Andrés __1.__ *(buscar / creer)* trabajo por mucho tiempo. Finalmente __2.__ *(destruir / conseguir)* un trabajo como mensajero en bicicleta, en la compañía donde trabajaba su amigo Luis. Ayer era su primer día. Él __3.__ *(preparar / comer)* sus cosas desde el día anterior para no llegar tarde. Esa mañana, Luis lo __4.__ *(oír / estar)* esperando en la parada del autobús para irse juntos a trabajar. Como Andrés no llegaba, Luis lo llamó a la casa. Andrés nunca antes __5.__ *(presentarse / entrar)* tarde a una cita. La mamá le dijo que Andrés __6.__ *(levantarse / acostarse)* hacía diez minutos y se estaba duchando. Luis se fue entonces solo en autobús. Cuando llegó a la compañía, Andrés ya estaba allí. Él __7.__ *(correr / andar)* en bicicleta hasta allí. Más tarde, Andrés le explicó que __8.__ *(caer / querer)* dar una buena impresión el primer día.

20 Una persona que trabaja

ESCRIBIR, HABLAR EN PAREJA

1 Piensa en una persona que conozcas bien y que tenga un trabajo. Haz una línea de tiempo como la de abajo para indicar qué había hecho esa persona antes de conseguir este trabajo. Responde a las siguientes preguntas como ayuda.

- ¿De qué trabaja esa persona ahora?
- ¿Qué trabajo o responsabilidades tenía el año pasado?
- ¿De qué otras responsabilidades se había encargado antes?

Antes	El año pasado	Hoy
Había trabajado de empleado.	Era gerente de otra tienda	Es gerente en una tienda de zapatos

2 Escribe un párrafo describiendo a esta persona y sus experiencias en el mundo del trabajo. Usa oraciones conectadas con detalles y elaboración.

3 Intercambia papeles con otro(a) estudiante. Háganse preguntas sobre las experiencias de la persona que han descrito.

21

Mi trabajo el año pasado

HABLAR EN PAREJA Habla con otro(a) estudiante y dile tres cosas que hiciste durante el año pasado. Luego, dile si habías hecho lo mismo años anteriores.

Videomodelo

A —*El año pasado ganamos el campeonato de fútbol.*
B —*¿Habían ganado el campeonato antes?*

22

El trabajo en el arte

LEER, ESCRIBIR El tema del trabajo siempre estuvo presente en la obra de Diego Rivera, el gran pintor de México.

Conexiones El arte

En los años 1920, el tema principal de la pintura de Diego Rivera fue los campesinos mexicanos. Sin embargo, en los Estados Unidos Rivera pintó obras en las que el trabajador estadounidense era el tema central. Ya en 1930, Rivera había pintado obras importantes en San Francisco y era un artista conocido en los Estados Unidos.

Henry Ford, el dueño de la compañía Ford, y su hijo Edsel, pidieron a Rivera que pintara un mural en el Detroit Institute of Arts. Rivera comenzó a pintarlo en 1932. Había escogido a los trabajadores de Ford como tema de su obra.

Desde 1930, las ideas políticas que Rivera expresaba en sus obras habían causado muchas críticas. Cuando terminó su obra del Detroit Institute en 1933, muchos la criticaron por esa razón. Pero gracias al apoyo de Edsel Ford, el mural sigue hoy en su lugar.

- Mira el detalle *(detail)* del mural que aparece en esta página. ¿Qué crees que nos quiere decir el artista?
- ¿Conoces otro artista al que han criticado por las ideas políticas que expresa en sus obras? ¿Qué piensas tú sobre su obra?

Mapa global interactivo Explora la ubicación de tres ciudades en los Estados Unidos asociadas con la obra de Diego Rivera. Investiga la relación del artista con el ambiente de una de ellas.

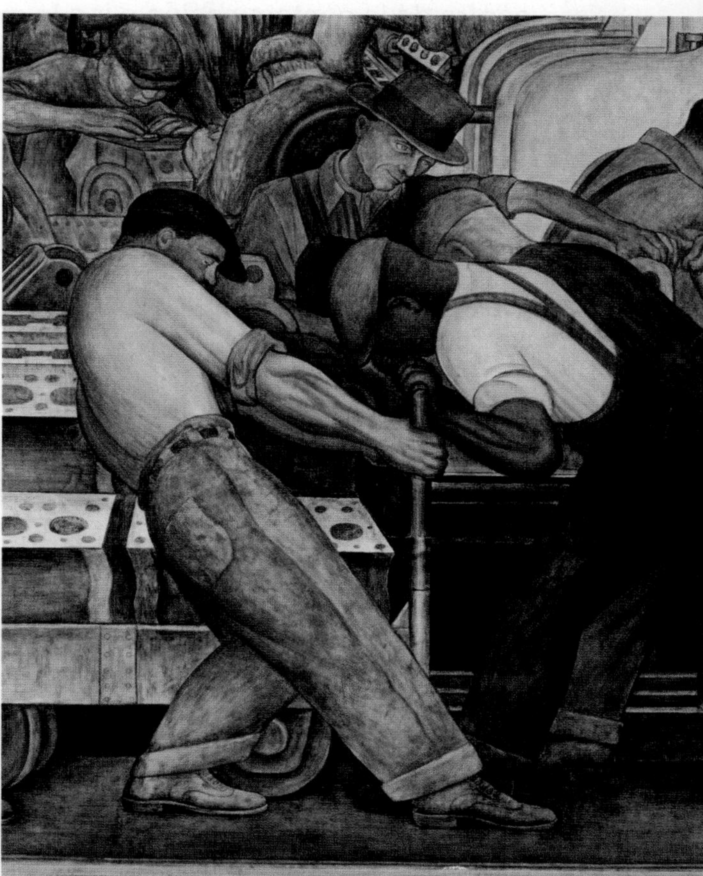

▲ Detalle del mural del Detroit Institute of Arts

Detroit Industry, (1933), Diego Rivera.

Vocabulario en contexto 2

OBJECTIVES

Read, listen to, and understand information about
- Volunteer work opportunities in your community
- How you can help your community

30 obras buenas en 30 días

¡Hacer algo para **beneficiar** a las personas de tu comunidad es una experiencia inolvidable! Necesitamos tu ayuda durante los próximos 30 días.

FUNDACIÓN DE VOLUNTARIOS

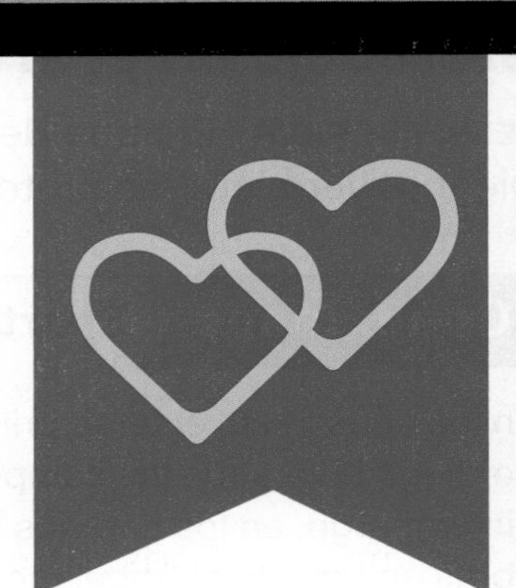

¿Quieres **proteger el medio ambiente**? Entonces tal vez **te encantaría** participar en **una manifestación** en contra de la contaminación e ir a **la marcha** a la capital. ¿**Te es imposible** ir a la capital? Entonces, este fin de semana puedes reunirte con otros voluntarios a plantar árboles y **sembrar** verduras en el jardín público. Hay cientos de posibilidades de colaborar como voluntario.

Escoge una de estas oportunidades que te interesaría y que va con tus habilidades:

Servir comida en **el comedor de beneficencia**

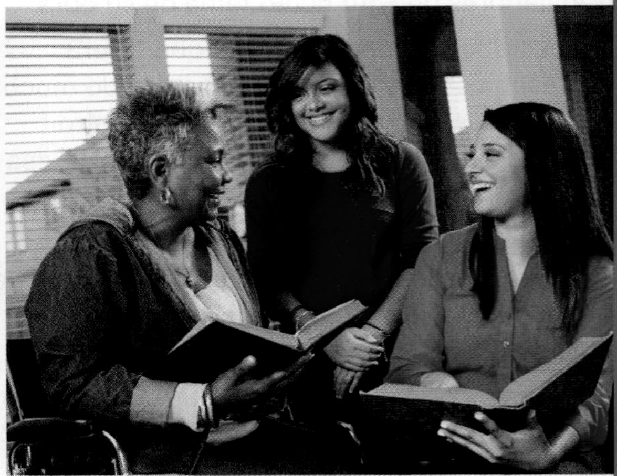

Compartir tu talento en **el hogar de ancianos**

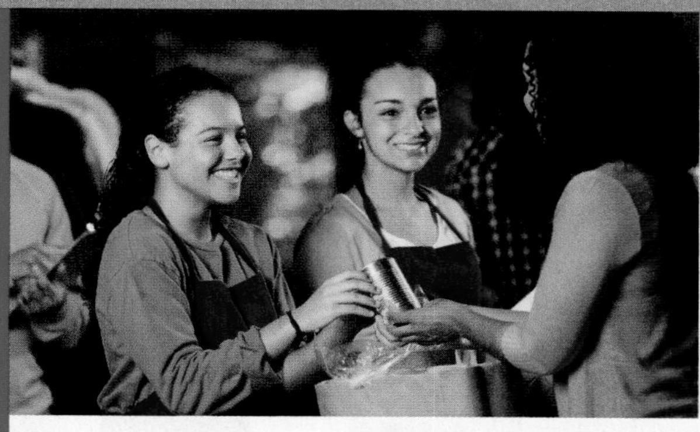

Donar objetos para **el centro de la comunidad**

Organizar actividades para **el centro recreativo**

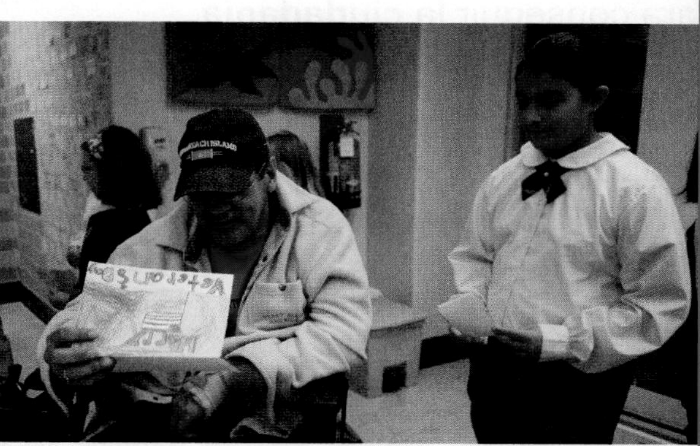

Ayudar a los veteranos del **centro de rehabilitación**

Esperamos que esta página haya sido una inspiración para ayudar a tu comunidad. Para más oportunidades e información, haz clic en estos enlaces:

Organizar eventos

Juntar fondos

Ayudar a **la gente sin hogar**

Más ideas

23 Dónde puedes ayudar

ESCUCHAR, ESCRIBIR Escribe los números del 1 al 5 en una hoja. Escucha la descripción de estos lugares y escribe el nombre del lugar.

24 ¿Quieres ser voluntario?

ESCRIBIR Escribe un texto a un amigo(a) sobre cómo quieren ayudar a su comunidad. Intercambien sus ideas usando expresiones apropiadas como *me encantaría* o *me es imposible*.

Se buscan voluntarios hispanohablantes para ayudar a inmigrantes

¿No sabes qué hacer con tu tiempo libre? Ayuda a un inmigrante a hacerse **ciudadano.**

Buscamos voluntarios para dar clases a inmigrantes. El objetivo de las clases es **educar** a los inmigrantes para conseguir **la ciudadanía.**

¿Qué hacen los voluntarios en las clases?

Un abogado explica **las leyes** de inmigración y luego, los voluntarios ayudan a las personas a llenar los formularios y a estudiar para el examen de ciudadanía.

Para más información, visítanos en Roosevelt Ave. y 84th St., Queens, NY

25

¿Comprendiste?

ESCRIBIR

1. ¿Qué pueden hacer los voluntarios para beneficiar a los inmigrantes?
2. ¿Por qué es importante que los inmigrantes comprendan las leyes antes de obtener la ciudadanía?
3. ¿Crees que todos debemos ayudar y educar a las personas que lo necesitan? ¿Por qué?

26

Ayuda a inmigrantes

ESCUCHAR Escucha la conversación de unos jóvenes voluntarios. Luego, completa cada frase según lo que dijeron los jóvenes.

1. Un abogado explicó cómo (*llenar los formularios / solicitar la ciudadanía*).
2. Los voluntarios ayudaron a (*hacer el examen / llenar los formularios*).
3. Paola tuvo que estudiar (*las leyes de inmigración / la historia del país*).
4. A Luis le (*es imposible / encantaría*) ayudar en las clases para inmigrantes.

¿A quién van a escoger?

La Sociedad de Beneficencia Manuel García

La Sociedad es una organización que tiene un hogar de ancianos y un hospital para niños. Cada cuatro años se hace una **campaña** para elegir *(elect)* un presidente. Lee sobre los candidatos de este año y sus causas, es decir, lo que piensan que es más importante.

Soy María Luna de Soto. Estoy **a favor de** proteger **los derechos** de todos los niños, por eso quiero que haya más programas de **servicio social**. Debemos **garantizar** los fondos para comprar medicinas para nuestros ciudadanos más jóvenes, los niños, y buscar voluntarios que ayuden a las personas que lo necesitan. Es **injusto** que sólo algunas personas reciban cuidado y ayuda.

Soy Mauricio Gutiérrez. Pienso que ser presidente de la Sociedad de Beneficencia es una gran **responsabilidad.** Estoy a favor de comprar equipo médico y garantizar así una mejor atención a la salud de nuestros pacientes. También quiero **construir** un centro recreativo junto al hogar de ancianos. Me parece **justo** que los ancianos tengan un lugar donde descansar y recibir todo el cuidado que ellos necesitan.

27

¿Quién está a favor de esto?

ESCUCHAR En una hoja, escribe los números del 1 al 6. Después de leer sobre los dos candidatos, escucha estas frases y escribe *Mauricio* o *María* según quién haya expresado esa idea.

Vocabulario en uso 2

OBJECTIVES

- Read and write about helping people in need
- Talk about community work and social services
- Discuss what can be done to help your community

28

Ayudar es fácil

LEER, ESCRIBIR

Completa la entrevista sobre la campaña de Rocío Hernández.

servicio social	campaña
dona	responsabilidad
ciudadana	juntar fondos

comedores de beneficencia	gente sin hogar
donen	sociedad
construir	

Cuando supe que 24,000 personas en el mundo mueren de hambre cada día y que el 75% son niños, pensé que era mi __1.__, como __2.__ del mundo, ayudar a eliminar el hambre. Decidí crear una __3.__ de __4.__ con el nombre de "Ayudachicos". Allí buscamos diferentes maneras de ayudar. Por ejemplo, encontramos un sitio en la Red que se llama "Hunger Site". Cada vez que haces un clic, se __5.__ comida a los ciudadanos de un país pobre. También hicimos una marcha para __6.__ que luego enviamos a UNICEF.

Además, escribimos a varias compañías de comida enlatada[1] para que donen parte de sus productos a la __7.__ de Aldeas Infantiles SOS. En nuestro pueblo, pedimos donaciones de comida y las llevamos a los __8.__. Ahora, vamos a solicitar a arquitectos y a compañías de construcción que __9.__ materiales y proyectos de construcción a "Hábitat para la humanidad", que se encarga de __10.__ casas para la __11.__.

[1]canned food

29

Jóvenes ciudadanos

LEER, ESCRIBIR Lee este anuncio de una organización que beneficia a la comunidad y contesta las preguntas.

1. ¿Cuál es la responsabilidad de los ciudadanos?
2. ¿Cuál es el objetivo principal de esta organización?
3. ¿A qué dos grupos beneficia esta organización? ¿Cómo los ayuda?
4. ¿Te interesaría participar en este proyecto? ¿Estás a favor o en contra de su causa? Intercambia tu opinión con un/a compañero/a y explica por qué.

¡CAMPAÑA PARA VOTAR!

¿Quiere cumplir con su responsabilidad como ciudadano?

- Educamos a los ancianos a entender sus derechos.
- Ayudamos a los inmigrantes a solicitar la ciudadanía.
- Juntamos fondos para la campaña.

Reuniones cada jueves a las 5:00 PM
931 E. Market St. Salinas, CA 93905

30

El servicio social

HABLAR EN PAREJA Habla con un(a) compañero(a) sobre el servicio social. Expresa tus preferencias y explica por qué piensas así.

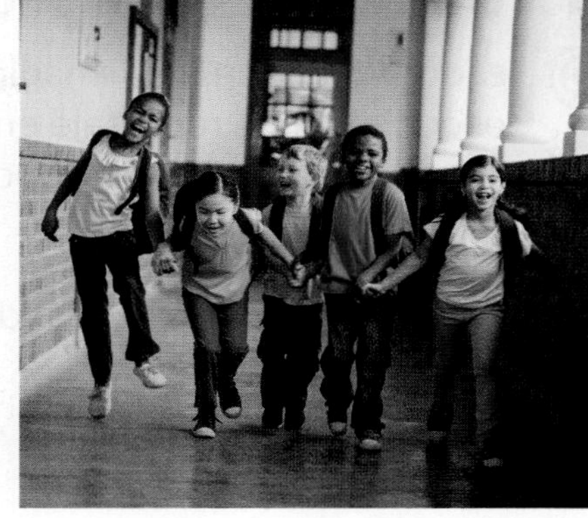

Videomodelo

A —*¿Te interesaría hacer servicio social en **una escuela primaria**?*

B —*Sí, me encantaría porque **me gusta encargarme de los niños**.*

o: *No, me es imposible porque **tengo miedo de hablar frente a un grupo**.*

Estudiante A

Estudiante B

Me encantaría
Me interesaría
No me gustaría
Me es imposible
¡Respuesta personal!

31

Compañeros voluntarios . . .

ESCRIBIR, HABLAR EN PAREJA, DIBUJAR

1. Haz una lista de cinco acciones que recomiendas y que benefician a la sociedad, tales como *donar ropa a la gente sin hogar*.
2. En grupos de cuatro, hablen de las acciones que todos escribieron. ¿Cuáles creen que son las cinco recomendaciones más importantes? ¿Por qué?

Videomodelo

A —*Es importante donar ropa a la gente sin hogar.*

B —*Estoy de acuerdo, pero para mí es más importante que los niños tengan comida.*

3. En grupo, escriban las acciones en orden de importancia (1 = lo más importante; 5 = lo menos importante). Escojan las tres acciones que a ustedes les parecen más importantes y hagan un cartel para animar a otros(as) jóvenes a hacer trabajo voluntario.

32

Un reportaje especial

ESCUCHAR, ESCRIBIR Imagina que estás en Caracas, Venezuela y que escuchas este reportaje en la radio. Completa las frases siguientes con la información del reportaje. Luego, usa esta información para hacer un resumen.

1. Sepúlveda es dueño de ____.
2. Donó ____.
3. La campaña se llama "Educar ____".
4. La escuela va a beneficiar a ____.
5. Sepúlveda decide ayudar porque ____.

33

Y tú, ¿qué dices?

ESCRIBIR, HABLAR

1. ¿Qué servicios sociales hay en la comunidad donde vives? ¿A quién(es) beneficia(n)? En tu opinión, ¿cuál es el más importante? ¿Por qué?
2. ¿En cuál de estos servicios sociales participas o has participado? Si no has participado en ninguno, ¿en cuál te gustaría participar?
3. Imagina que vas a crear una organización de servicio social. ¿Qué organización recomiendas para tu comunidad? ¿Por qué? Intercambia ideas con un(a) compañero(a).

CULTURA Estados Unidos

José Gálvez, fotógrafo En todos los tiempos, los artistas han utilizado el arte como una forma de protesta social. Hoy en día puedes ver arte de artistas chicanos que expresan posiciones a favor de algo o en su contra.

José Gálvez creció en Tucson, Arizona. Era fotógrafo para los periódicos *The Arizona Daily Star* y *The Los Angeles Times.* Su cámara siempre ha estado preparada para capturar la experiencia de la comunidad hispanohablante. En 1984 ganó el Premio Pulitzer por una serie de fotos sobre la experiencia mexicano-americana en Los Ángeles. En 2015 Gálvez presentó su exhibición de fotografías "Nosotros estamos aquí", que retrata la vida de los latinos en Estados Unidos. Gálvez dice que el verdadero concepto de la fotografía se ha perdido con los avances tecnológicos y las llamadas "selfies".

- Compara la protesta social de los artistas con la de las personas que participan en una marcha o una manifestación. ¿En qué se parecen y en qué se diferencian?
- Habla con otros(as) estudiantes sobre personas que han logrado cambios con protestas sociales.

José Gálvez

Gramática

OBJECTIVES
- Read and write about voluntary work
- Discuss volunteer opportunities

PearsonSchool.com/Autentico

El presente perfecto del subjuntivo

The present perfect subjunctive refers to actions or situations that may have occurred before the action in the main verb.

Me alegro de que **hayas trabajado** de voluntario.
*I'm glad that you **have worked** as a volunteer.*

Ojalá que ellos **hayan juntado** mucho dinero.
*I hope that they **have collected** a lot of money.*

Siento que no **hayan participado** en la campaña.
*I'm sorry that you **haven't participated** in the campaign.*

To form the present perfect subjunctive, we use the present subjunctive of the verb *haber* with a past participle. Here are the present perfect subjunctive forms of *trabajar*.

haya trabajado	hayamos trabajado
hayas trabajado	hayáis trabajado
haya trabajado	hayan trabajado

The present perfect subjunctive uses the same regular and irregular past participles as the other perfect tenses you have learned. To review irregular past participles see pages 222–225.

Más recursos ONLINE

Tutorial: Formation of the Present Perfect Subjunctive

Canción de hip hop: *Voluntario*

34 La bienvenida al comedor

ESCRIBIR, LEER

1. Santiago es el presidente de un comedor de beneficencia. Completa lo que dice a los voluntarios con el presente perfecto del subjuntivo del verbo apropiado.

juntar	escribir	decidir	tener
colaborar	organizar	enviar	

2. Imagina que eres Santiago y escribe dos frases más en un texto a los voluntarios. Usa el presente perfecto del subjuntivo y las expresiones con un estilo y una forma de escribir apropiados. Otro(a) estudiante hace el papel de un voluntario y reponda a tu texto.

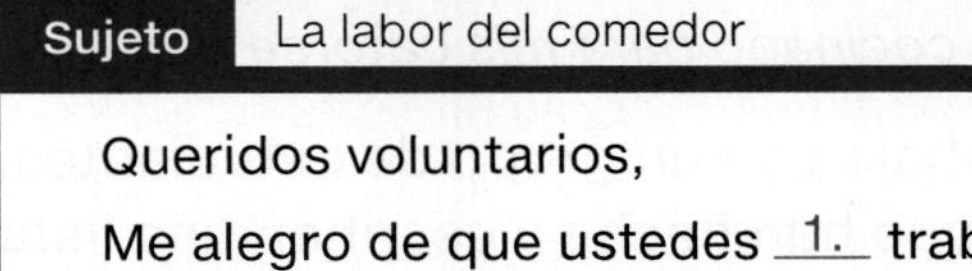

Queridos voluntarios,

Me alegro de que ustedes __1.__ trabajar como voluntarios en el comedor. Creo que es justo que los ancianos y la gente sin hogar __2.__ esta oportunidad de recibir alimentos todos los días. Es muy bueno que un voluntario __3.__ fondos para comprar alimentos y espero que nosotros __4.__ para hacer más fácil su trabajo. Ojalá que cuando termine este año, nosotros __5.__ mejor la forma de servir la comida. Estoy contento de que ustedes __6.__ sus comentarios y los __7.__ a la dirección electrónica que les di.

Santiago

35 ¿Qué hacen cada día?

ESCRIBIR, HABLAR EN PAREJA

1. Imagina que eres voluntario(a) de un centro de rehabilitación. Escribe cinco preguntas que puedes hacerle al (a la) director(a) del centro para saber lo que ha pasado y lo que necesitas hacer.

2. Trabaja con otro(a) estudiante. Hagan los papeles del (de la) director(a) y el (la) voluntario(a). El (la) director(a) explica lo que no se ha hecho todavía y por qué es importante que se haga. Recuerda que debes usar un estilo culturalmente apropiado en tu diálogo. La conversación debe ser más formal entre un(a) director(a) y un estudiante.

Modelo

A —*¿Los pacientes han hecho sus ejercicios de rehabilitación? ¿Deben hacer sus ejercicios?*

B —*No sé. Espero que ya los hayan hecho. Es importante que hagan sus ejercicios todos los días. Deben hacer sus ejercicios.*

36 Ayudando a otros

ESCRIBIR, HABLAR EN GRUPO

1. Haz una lista de trabajos que hayas hecho para ayudar a otros.

Modelo

He atendido a ancianos.
He cocinado para mis catorce primos.

2. Trabaja con un grupo de estudiantes. Comenten lo que han hecho y escriban una lista de todos los trabajos. Observen la lista y piensen en algunos trabajos que no hayan hecho y que pueden ayudar a la comunidad. Usen las expresiones siguientes para comentar sobre lo que han hecho y lo que no han hecho.

estoy orgulloso(a) de . . .	me alegro de . . .
es una lástima que . . .	me sorprende que . . .

Modelo

Me alegro de que varios estudiantes hayan donado ropa a la gente sin hogar. Me sorprende que nadie haya trabajado como voluntario en un hogar de ancianos.

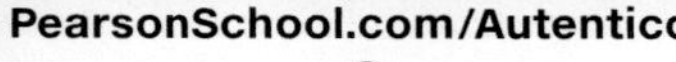

Gramática Repaso

OBJECTIVES

- Read and write about volunteer jobs
- Discuss preparations for a demonstration
- Point out objects

Go Online to practice PEARSON realize PearsonSchool.com/Autentico SPEAK/RECORD

Los adjetivos y los pronombres demostrativos

Remember that you use demonstrative adjectives to point out people or things that are nearby and farther away. A demonstrative adjective always comes before the noun and agrees with it in gender and number.

Me gusta **este** centro recreativo.
*I like **this** recreation center.*

¿Quién donó **esa** comida?
*Who donated **that** food?*

Voy a ayudar a **aquellos** pacientes.
*I'm going to help **those** patients.*

▲ Éste es un perro marrón.

Demonstrative adjectives can also be used as pronouns to replace nouns. To distinguish them from demonstrative adjectives, they have a written accent*.

No puedo trabajar para **este** candidato, pero me gustaría trabajar para **ése**.
*I can't work for **this** candidate, but I would like to work for **that one**.*

¿Ves **esas** bolsas? Por favor, recoge **ésa**, pero no recojas **aquélla**.
*Do you see those bags? Please pick up **that one**, but don't pick up **that one over there**.*

▲ Ése es un perro blanco.

To refer to an idea, or something that has not been identified, use the demonstrative pronouns *esto, eso,* or *aquello*. None of them has an accent mark.

Esto es injusto. — ***This** is unfair.*
Me encantaría **eso**. — *I would love **that**.*
¿Qué es **aquello**? — *What is **that (over there)**?*

▲ Aquél es un perro negro.

Here are all the demonstrative adjectives and pronouns.

	Close to you		Closer to the person you are talking to		Far from both of you	
Adjectives	este esta	estos estas	ese esa	esos esas	aquel aquella	aquellos aquellas
Pronouns	éste ésta	éstos éstas	ése ésa	ésos ésas	aquél aquélla	aquéllos aquéllas

*Note that accents on demonstrative pronouns are no longer required by Spain's Royal Academy. However, many people continue to use them for purposes of clarity. Anything written before 2009 will include accents on demonstrative pronouns.

37 ¿Éste o aquél?

LEER, ESCRIBIR Margarita es voluntaria en el centro de la comunidad. El supervisor del centro le dice lo que tiene que hacer. Completa las siguientes frases con el adjetivo demostrativo o el pronombre demostrativo correcto.

1. *(Esta / Ésta)* lista no es la de los nuevos ciudadanos. *(Aquella / Aquélla)* es la lista.
2. *(Estos / Éstos)* son los fondos que juntó el centro *(este / estos)* mes.
3. Todo *(aquel / aquello)* beneficia al centro que organiza la marcha.
4. *(Aquel / Aquél)* escritorio no es el tuyo, *(esa / ése)* es el tuyo.
5. *(Aquéllas / Esas)* son las donaciones de alimentos que trajo la gente.
6. Debes leer *(esto / este)* artículo sobre el medio ambiente.
7. *(Esas / Éstas)* son las plantas que deben sembrarse en el parque.
8. Tenemos que publicar en nuestro informe *(esto / esos)* que dice el artículo sobre los servicios sociales.
9. No tienes que leer todas *(ésas / esas)* páginas. *(Esta / Ésta)* es la más importante.
10. *(Éste / Este)* es el informe que tienes que leer.

El español en la comunidad

Profesores voluntarios por la paz, los derechos humanos y el medio ambiente

Peace Boat es una organización no gubernamental (ONG) que tiene como objetivo ayudar a grupos que promueven *(promote)* los derechos humanos, la paz y la protección del medio ambiente en distintos países. Para alcanzar su objetivo, *Peace Boat* organiza viajes en un barco alrededor del mundo para visitar países donde se pueda dar ayuda.

Como muchos de los países que el barco visita son hispanohablantes, y muchos de los participantes no hablan español, en el barco se ofrecen clases de español todos los días durante el viaje. Todos los profesores de español de *Peace Boat* son voluntarios. La organización paga solamente el boleto, la comida y las medicinas para los profesores. Todos los pasajeros pueden asistir a las clases, que se ofrecen en un "curso intensivo" para las personas que tienen bastante tiempo para estudiar. Y pueden participar en "clases libres" los pasajeros que no tienen tiempo para estudiar todos los días pero quieren disfrutar y aprender un poquito de español. Es una hermosa manera *(way)* de enseñar español, promover la paz y los derechos humanos y ayudar a proteger el medio ambiente, todo a la misma vez.

Go **Online** to practice PEARSON realize PearsonSchool.com/Autentico

VIDEO WRITING

SPEAK/RECORD

38

Ésta, ésa, aquélla

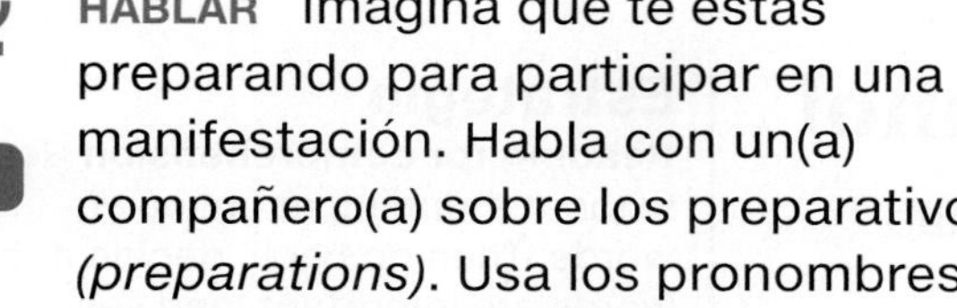

HABLAR Imagina que te estás preparando para participar en una manifestación. Habla con un(a) compañero(a) sobre los preparativos *(preparations)*. Usa los pronombres demostrativos apropiados.

Videomodelo

artículo / en la página 2 del periódico

A —*¿Cuál es el artículo* ***que habla sobre la manifestación?***

B —***Éste, el que está*** *en la página 2 del periódico.*

Estudiante A

1. carteles
2. banderas
3. anuncios
4. tambores
5. libros
6. camisetas de la manifestación

Estudiante B

en el piso
en el armario
de color azul
sobre la mesa
allí
al lado de la puerta

39

A sugerir soluciones

ESCRIBIR, HABLAR EN GRUPO

1 La clase va a dividirse en dos grupos. Un grupo cree que el trabajo voluntario debe ser obligatorio para la graduación; el otro piensa que no. Cada grupo trata de convencer al otro. Hablen sobre:

- tipos de trabajo
- cuándo deben hacer el trabajo (después de clases, fines de semana)
- si debe ser parte del currículum o no
- los beneficios futuros que puede tener

2 Formen grupos y preparen la representación de una marcha o una manifestación. Decidan

- a favor o en contra de qué o de quiénes protestan
- qué exigen o qué resultados esperan
- qué pasará si no consiguen lo que quieren

3 Uno o dos estudiantes pueden representar a reporteros de televisión y entrevistar a los que protestan.

CULTURA Cuba

Silvio Rodríguez es el cantante más importante del "Movimiento de la Nueva Trova", un movimiento musical que apareció en Cuba en los años 60 y tuvo gran influencia en América Latina. Aunque ha escrito canciones de amor, frecuentemente en sus letras habla de los problemas de la sociedad, de lo que cree que es justo o injusto, de las causas que apoya.

Pre-AP® Integration: La conciencia social ¿Qué cantante o grupo musical conoces que hable en sus canciones de la sociedad? ¿Cuáles son los problemas sociales de que canta?

- Pregunta a un(a) compañero(a) lo que se debería hacer para resolver algunos de estos problemas. Él o ella te dirá sus ideas, incluyendo información que apoye sus razones.

Silvio Rodríguez

Puente a la cultura

OBJECTIVES

- Read about Hispanic American contributions to U.S. society
- Identify key information to improve understanding

Los Estados Unidos . . . en español

Desde el origen de nuestro país, los hispanohablantes han hecho importantes contribuciones. Ya en 1776, el capitán Jorge Ferragut había venido desde España para luchar por la independencia. Hoy día los hispanohablantes son una importante parte de la población[1] y sus contribuciones se pueden observar en todas las áreas de la sociedad.

La población

Según datos de la oficina del censo en el año 2010, la población hispanohablante representa el 15 por ciento del total de la población y es el grupo minoritario más grande de los Estados Unidos. Del año 2000 al año 2010 la población hispana aumentó en un 43 por ciento. Según el último censo del año 2010, el 13 por ciento de la población total (50.5 millones de personas) habla español en casa. Como el número de hispanohablantes sigue aumentando cada año, el español tiene cada vez más fuerza e influye en muchos campos del país. Por eso podemos decir que el español es ahora parte importante de la cultura de los Estados Unidos.

La política

Julián Castro es el decimosexto Secretario del Departamento de Vivienda y Desarrollo Urbano. Antes de aceptar el puesto en 2014, era alcalde de San Antonio, Texas, donde el 63% de la población es de origen mexicano. Su misión es "crear comunidades fuertes, sostenibles y de inclusión..."

Sonia Sotomayor es la primera jueza hispana de la Corte Suprema de los Estados Unidos y la tercera mujer en conseguir este puesto, en el año 2009. Sus padres se mudaron a Nueva York desde Puerto Rico. Sotomayor nació y se crió en el barrio neoyorquino del Bronx, donde hay una gran comunidad puertorriqueña. Estudió derecho en la Universidad de Yale, una de las más prestigiosas del país.

[1]population [2]grew

Estrategia

Reading for comprehension Read without stopping at unknown words. Then go back, decide if the words are important, and see if you can guess the meaning. If you do not understand the meaning, then look at the footnotes or a dictionary.

Online Cultural Reading

Go to Auténtico
ONLINE to read and understand a website about organizations in a Latin American country that help homeless children.

Sonia Sotomayor ▶

Go **Online** to practice PEARSON realize™ **PearsonSchool.com/Autentico**

 VIDEO  WRITING

Hilda Solís, nacida en Los Ángeles de padres inmigrantes, fue la primera mujer hispana que trabajó como miembro del Senado de California y como Secretaria de Trabajo en el gobierno de Obama. La californiana de origen mexicano Rosa Gumataotao es la sexta latina en ocupar el puesto de Tesorera de los Estados Unidos, que obtuvo en el año 2009.

Los negocios[3]

De las 500 compañías que la revista *Fortune* considera las más importantes de los Estados Unidos, nueve tienen hispanohablantes como directores generales.

Linda G. Alvarado además de ser directora general de su propia compañía, Alvarado Construction, es también dueña de los Colorado Rockies. Es la primera mujer hispana que compró un equipo de béisbol de las ligas mayores.

Las ciencias

Los hispanohablantes se han destacado[4] también como científicos. Por ejemplo, el Dr. Luis W. Álvarez recibió el Premio Nobel de Física por sus estudios sobre partículas elementales[5] y el Dr. Mario J. Molina ganó el Premio Nobel de Química por sus estudios sobre la capa de ozono.

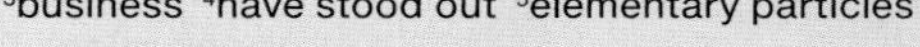

[3]business [4]have stood out [5]elementary particles

▲ Rosa Gumataotao

▲ Linda G. Alvarado

¿Comprendiste?

1. ¿Puede decirse que la población hispanohablante es una minoría importante en Estados Unidos? ¿Por qué? ¿Qué ha pasado con esta población desde los años noventa?
2. ¿En qué campos trabajan y hacen importantes contribuciones los hispanohablantes de Estados Unidos?
3. ¿Los hispanohablantes participan en la política de Estados Unidos? Da un ejemplo.

Escribe tu opinión

Después de leer el artículo, piensa cómo puede servirle aprender español a una persona que no lo habla. Escribe un párrafo en el que expliques cómo el español puede ayudar a esa persona a encontrar un trabajo.

 **Videodocumentario** Un voluntario en la comunidad

Dr. Mario Molina

Pre-AP® Integración

OBJECTIVES

- Listen to and read about two community centers
- Write a cover letter to apply for a job

¿Qué me cuentas?: En busca de empleo

En tu colegio, ¿es necesario cumplir con un número de horas de servicio comunitario? Escucha una entrevista en una organización que busca voluntarios.

1 Vas a escuchar una narración en tres partes. Después de cada parte, vas a oír una o dos preguntas. Escoge la respuesta que corresponda a cada pregunta.

1. **a.** comedor de beneficencia **b.** hogar de niños **c.** centro recreativo
2. **a.** llevarlas a la entrevista **b.** pedirlas a los ancianos **c.** leerlas
3. **a.** si tenía responsabilidad **b.** si le gustaba ser voluntario **c.** si sabía cocinar
4. **a.** de horario flexible **b.** sólo a tiempo parcial **c.** fácil
5. **a.** si donan fondos **b.** cuál es el salario **c.** ¡Felicitaciones!

2 Ahora lee el folleto sobre otro lugar.

Centro Comunitario San Felipe: Ayudamos a nuestra gente

En el Centro Comunitario San Felipe, siempre necesitamos voluntarios para...

- revisar los alimentos y la ropa que se ha donado
- repartir alimentos de La Bodega
- ayudar a la gente
- ayudar a juntar fondos y donaciones de comida y ropa
- dar orientación legal y económica
- donar tiempo, comida o dinero

Buscamos a voluntarios que sean...

- amables y sinceros
- organizados y responsables
- trabajadores
- bilingües

En el Centro Comunitario San Felipe ayudamos a la gente de la comunidad con programas de salud y educación, y con orientación legal y económica. También repartimos alimentos y ropa entre la gente más necesitada y ofrecemos un lugar seguro para los jóvenes después del horario escolar. Para educar a la gente, ofrecemos clases de español e inglés. El centro está abierto los siete días de la semana y ayuda a casi 2000 familias.

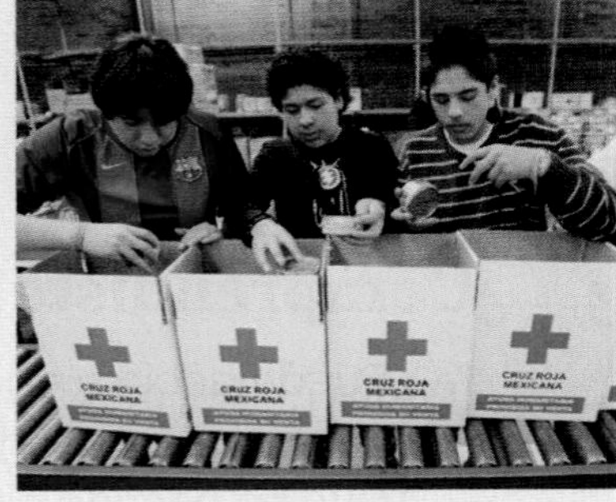

Si quiere donar fondos, comida, ropa o su tiempo voluntariamente, por favor llame al 805–123–9876.

3 En una lista, compara y contrasta las dos oportunidades de trabajo voluntario. Luego, escoge un lugar y escribe una carta al director. Explica por qué te gustaría trabajar allí como voluntario y cuánto tiempo puedes dedicar. ¿Qué cualidades o habilidades puedes ofrecer? ¿Qué experiencias anteriores has tenido que te sirven como voluntario? Usa las siguientes expresiones para conectar tus ideas.

me interesaría	en cuanto *(as soon as)*	mientras
me encantaría	para empezar	durante

Presentación oral

OBJECTIVES

- Demonstrate how to give a speech to be president of your class
- Use visual aids to improve your presentation

PearsonSchool.com/Autentico

La elección de la clase

TAREA Vas a presentarte como candidato(a) a presidente(a) de la clase. Prepara un discurso para convencer a los estudiantes de que eres el (la) mejor porque has ayudado a los demás y eres responsable. Haz un cartel.

Estrategia

Using visual aids If you create visual aids such as graphs and charts to support the topic of your speech, they will strengthen your argument while adding visual appeal.

1 Prepárate Anota en una tabla como la siguiente las razones por las que piensas que eres el (la) mejor candidato(a) para el trabajo.

Cualidades y habilidades	*Éxitos importantes*	*Trabajos realizados*	*Problemas de la clase*	*Ideas para resolverlos*

2 Practica Vuelve a leer la información y organízala. Explica tus cualidades y lo que has hecho, los problemas de la clase y tus soluciones. Usa tus notas solo para practicar. Recuerda expresar tus opiniones en forma convincente *(a convincing way)* y hablar con voz clara y defender tu opinión

Modelo

Soy la mejor candidata para presidenta de la clase. Siempre me han preocupado los problemas de mis compañeros. Tengo muchas ideas . . .

3 Haz tu presentación Piensa que tus compañeros(as) de clase son los que van a votar a favor del (de la) mejor candidato(a). Usa un cartel u otra ayuda gráfica para apoyar tu presentación y defender tu opinión.

4 Evaluación Tu maestro(a) utilizará la siguiente rúbrica para evaluar tu presentación.

Rubric	Score 1	Score 3	Score 5
How well your information is organized	Your ideas are undeveloped with incorrect or no transitions.	You leave some ideas undeveloped, with some confusing details.	Your ideas are well developed with clear, consistent transitions.
How convincing you are	Your supporting evidence is weak. Your speech is read.	Some of your evidence is convincing. You make some eye contact with audience.	All your evidence is convincing. You have good eye contact and use of gestures.
How effectively you use your visuals	You hardly use visuals, or they don't communicate the message.	You use visuals sometimes, but they're not always effective.	Your visuals are very helpful and are used effectively.

Presentación escrita

OBJECTIVES
- Write an email to apply for a job
- Include information to persuade the reader

El correo electrónico para solicitar empleo

Quieres pedir trabajo en un centro recreativo. Escribe un correo electrónico para solicitar empleo en la que expliques tus cualidades, tu experiencia y las razones por las que te gustaría trabajar allí.

1 Antes de escribir Piensa en los datos que quieres incluir. Crea una gráfica con la información que debes poner en cada parte. Imagina el nombre de la organización y del gerente al que escribes.

Estrategia

Writing to persuade When you write to persuade, you want to convince someone to do or think the way you do. Here, you are offering to be the best candidate for an opening.

- Think about the needs of the person you are writing to.
- Think of the reasons why you might be the best candidate.
- Organize the reasons and let the person you are writing to know you are the solution.
- Invite your reader to take action.

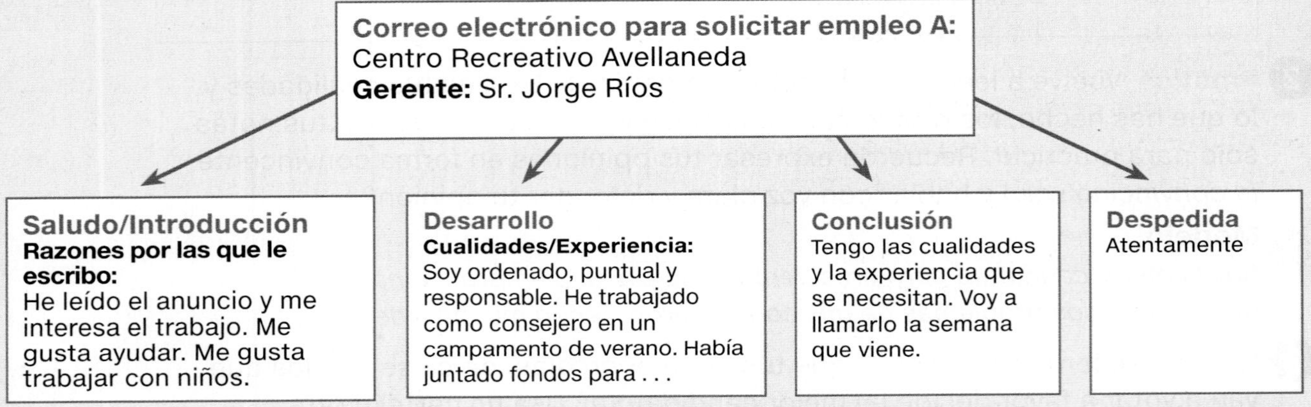

2 Borrador Recuerda que el correo electrónico es para el gerente del centro recreativo. Escribe tus ideas siguiendo la gráfica. Usa un estilo de escribir formal y apropiado.

Modelo

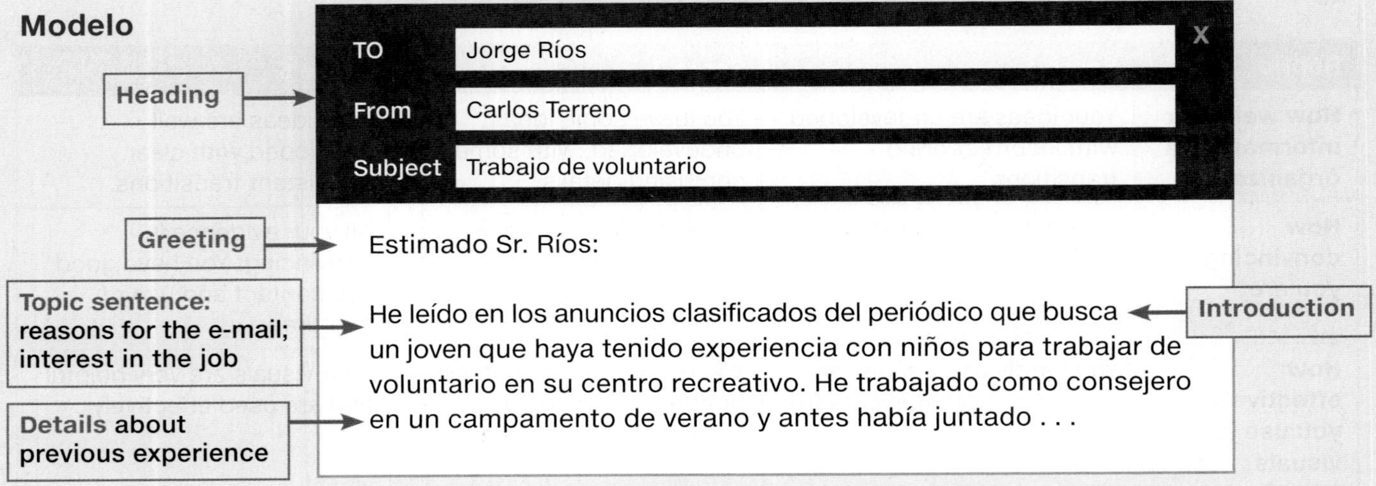

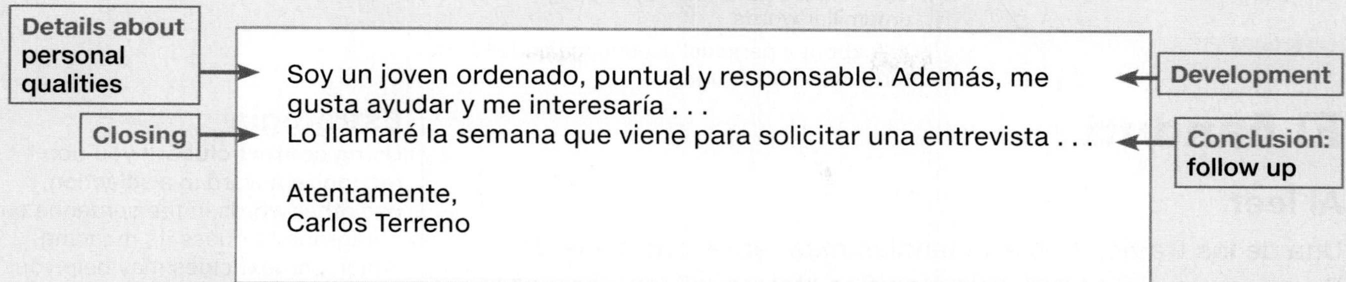

3 Redacción/Revisión Después de escribir el primer borrador de tu correo electrónico, trabaja con otro(a) estudiante para intercambiar los trabajos y leerlos. Digan qué aspectos de los correos son más efectivos.

Haz lo siguiente: Subraya con una línea los verbos en presente perfecto, con dos los verbos en pluscuamperfecto, y encierra en un círculo los verbos en presente perfecto del subjuntivo. Corrige los errores de verbos, ortografía y concordancia.

He leído en los anuncios clasificado del periódico que busca un joven que haya tenido experiencia con niños para trabajar como voluntario en su centro recreativo. He trabajé (trabajado) como consejero en un campamento de verano y antes habíamos (había) juntado . . .

4 Publicación Antes de escribir la versión final, lee de nuevo tu correo electrónico y repasa los siguientes puntos:

- ¿Sigue mi correo electrónico el formato de un correo para solicitar empleo?
- ¿Puse detalles sobre mis cualidades y mi experiencia de trabajo?

Después de revisar el borrador, escribe una copia en limpio de tu correo electrónico.

5 Evaluación Se utilizará la siguiente rúbrica para evaluar tu presentación.

Rubric	Score 1	Score 3	Score 5
Completion of task	Important parts of your e-mail are missing.	Minor parts of your e-mail are missing or incorrect.	All of your information is included and effectively organized.
Ability to persuade	Your lack of information or organization makes the message unclear.	Your message is present, but sometimes unconvincing.	Your choice and organization of information create a clear, convincing message.
Sentence structure/ grammar, spelling, mechanics	Your sentences are run-on or are fragmented with many errors.	You use sentences consistently, but they contain some errors. Your sentences are connected but may lack a few details or elaboration.	Your sentence structure is correct and varied with very few errors. Your sentences are connected with details and elaboration.

Lectura

OBJECTIVES

- Read and understand a Paraguayan legend
- Use context clues to find meaning of unfamiliar words
- Talk about a personal experience and how to turn one's life around

El ñandutí

Estrategia

Using context clues If you don't recognize a word in a selection, use other words in the sentence or paragraph to guess its meaning. Which context clues may help you to guess the meaning of words such as *doloroso, casona* and *desconsolada?*

Al leer

Una de las tradiciones artesanales más representativas de Paraguay es el ñandutí, que significa "telaraña" *(spider web)* en lengua indígena guaraní. Se trata de un tejido de encaje *(lace)* tan fino y delicado, que parecería que fuera fabricado por la laboriosa araña. En todas partes del país, miles de artesanos elaboran con paciencia y dedicación vestidos, manteles, tapetes y adornos hechos con este delicado encaje.

Se dice que Paraguay heredó este arte de España. El cuento que leerás, *El ñandutí,* es tomado del libro *Leyendas del mundo hispano*. Es una de las muchas versiones sobre la leyenda de cómo se comenzó a elaborar este precioso encaje en territorio paraguayo.

Antes de leer el cuento, copia la tabla de la página 249. Llena la segunda columna mientras lees y presta atención a los siguientes puntos:

- qué relación hay entre Manuela e Ibotí
- qué le pasa a Manuela
- cómo trata Ibotí de ayudar a Manuela

Antes de partir para América—en la época de la colonia—, Manuela, la esposa de un joven oficial del ejército español destinado al Paraguay, fue a decir adiós a su madre. El encuentro fue muy doloroso, pues no sabían si volverían a verse en vida. Entre las muchas cosas que la madre le dio en aquella ocasión para su nuevo hogar, había una de especial belleza: una mantilla[1] de un encaje exquisito.

[1]lace scarf

—Cuídala como si fueran tus ojos—le dijo su madre abrazándola—. Si así lo haces, tendrás abundantes años de ventura[2] y prosperidad, como yo los he tenido.

Manuela prometió cuidar de la mantilla, besó entre lágrimas a su madre y se despidió de ella, tal vez para siempre. Ella y su marido abandonaron España al día siguiente.

Una vez en América, la joven pareja se estableció en el pueblecito de Itaguá. El matrimonio habitaba una casona en el centro del pueblo. Al poco de su llegada, empezó a vivir con ellos una muchacha guaraní, Ibotí. Ibotí ayudaría a Manuela con las tareas de la casa. Pronto nació entre ambas mujeres una amistad sincera y un cariño profundo. Todavía el corazón bañado de nostalgia, Manuela hizo de la muchacha su confidente. Se sentaban las dos en el patio al atardecer, a la sombra de algún árbol, y Manuela abría su alma a los recuerdos. Le hablaba a Ibotí de su patria y de su madre. ¡Qué gran consuelo era para ella poder desahogar de esa manera el corazón!

En cierta ocasión, el marido de Manuela tuvo que ausentarse del hogar, con motivo de una expedición militar. La casa ahora parecía más grande y vacía. No sabiendo en qué ocupar su tiempo, un día la joven esposa decidió revisar todos los baúles[3] traídos de España. Ibotí participaba en esta labor. Muchas cosas hermosas salieron a la luz: tejidos, vestidos, manteles, cubiertos, candelabros, joyas. Entre tanto objeto bello, el recuerdo más entrañable seguía siendo la mantilla. Manuela no pudo evitar lágrimas al verla, acordándose de su madre.

Sin embargo, el tiempo no había pasado en balde[3] desde su salida de España: la mantilla estaba amarilla y un poco gastada. Manuela pensó en devolverle su blancura y antiguo esplendor. Pidió a Ibotí que la lavara con agua y jabón, recomendándole que fuera muy cuidadosa. La muchacha la fregó con toda delicadeza y cariño; no obstante, al sacarla del agua, vio desconsolada que la mantilla estaba completamente deshilachada[4]. Cuando Manuela supo lo ocurrido, sintió que una parte de su memoria se había perdido, y lloró con angustia.

[2]fortune [3]trunks [4]unravelling

Un extraño presentimiento anidó[5] entonces en el pecho de la mujer. Además, los días pasaban y no se tenían noticias del esposo. Una mañana, Manuela despertó con los ojos aterrados. En sueños, había revivido las palabras de despedida de su madre. Ahora estaba convencida de que su marido corría peligro. La tristeza más absoluta empezó a residir en la casona. El silencio se alojaba[6] en cada habitación. Y seguía sin tener noticias del oficial español. Ibotí trataba de animar a su señora. Era imposible.

Una noche, Ibotí soñó con el encaje de la mantilla. ¡Lo veía clarísimamente! Los dibujos se arremolinaban[7] en el agua. Después, los remolinos se tranquilizaron y grabaron en las ondas de un riachuelo[8] los trazos exactos del encaje. La joven despertó agitada. "¡Tejeré una mantilla igual que la de la señora!", se dijo esperanzada.

A partir de aquel momento, no hubo noche en que Ibotí no trabajara tejiendo una mantilla. Empezaba su trabajo cada anochecer con ilusión; pero cada amanecer la desengañaba. Nada de lo que hacía era como lo que había soñado. Nada de lo que hacía era como la mantilla deshecha de su señora. Y Manuela estaba más y más triste, más y más enferma.

Una noche de hermosa luna y cálido aire, Ibotí salió al patio a calmar su pena. Ya no sabía qué hacer. De pronto, un rayo de luna doró la tela que una arañita tejía. El corazón de la buena Ibotí palpitó violentamente. ¡Las líneas que aquella araña dibujaba eran como las de la mantilla de Manuela! Durante las siguientes semanas, todas las tardes Ibotí salía al patio y observaba la tela de la araña. Tan pronto como oscurecía, corría a su habitación y se ponía a tejer la mantilla. Tejía y tejía, y no conocía el cansancio. Por fin, una madrugada, poco antes del alba[9], el trabajo estuvo acabado.

Aquella mañana, cuando despertó Manuela, vio ante sus ojos una mantilla prácticamente idéntica a la que se había perdido. Creía estar soñando.

—¡Ibotí!, ¿qué es esto?—preguntó asombrada—. ¿De dónde ha salido esta mantilla?

—Es "ñandutí", tela de araña. La he tejido yo misma—contestó Ibotí modesta y risueña[10].

Manuela recuperó gran parte de su alegría. Se sentía casi feliz. Y aquella misma tarde su dicha fue completa, pues tuvo noticias de su querido esposo: estaba bien y pronto vendría a casa.

Ibotí, por su parte, encontró su camino. Siguió tejiendo y fabricó otras muchas mantillas maravillosas. También enseñó a hacerlas a las jóvenes guaraníes del lugar. Desde entonces, el pueblo de Itaguá es conocido por sus bellos tejidos de ñandutí, o "tela de araña".

---

[5]nestled [6]to harbor (a feeling or sensation) [7]to wrap around [8]stream [9]dawn [10]cheerful

Go **Online** to practice PEARSON realize
PearsonSchool.com/Autentico

WRITING

Interacción con la lectura

1. Completa la tabla con claves del contexto.
2. Trabaja en grupo. Completen sus tablas. Usen las palabras clave para decir cuál creen que es el significado de las palabras desconocidas. Escriban el significado de cada palabra.
3. Comenta con tu grupo lo que escribieron en sus tablas y contesta las preguntas.
   - Parafrasea la idea principal y los detalles de apoyo del cuento. ¿Cuál es el tema?
   - ¿Qué significa tenía la mantilla en la vida de Manuela?
4. ¿Conoces otras leyendas sobre el origen de una tradición, arte o costumbre? Escribe un párrafo sobre alguna leyenda que conozcas.

CLAVES DEL CONTEXTO		
palabra desconocida	**palabras clave**	**significado**
desahogar		
entrañable		
fregó		
esperanzada		
desengañaba		
palpitó		
asombrada		
cansancio		
recuperó		

CULTURA Estados Unidos

Vuelta de hoja La vida de Luis Rodríguez iba por un camino peligroso. A los 7 años, ya era un ladrón. No pasaba de los 13 años, cuando estuvo en un centro de detención juvenil[1] y a los 15, dejó la escuela. Pero a los 18 años "comencé a darle vuelta a mi vida", recuerda Rodríguez. Con ayuda, empezó a trabajar. "Pero a lo largo de todo, leí todo lo que pude. Los libros salvaron mi vida", dice Rodríguez.

En diciembre del 2001, Rodríguez abrió al noreste de Los Ángeles el Café Cultural Tía Chucha, para los jóvenes hispanohablantes y sus familias. Allí tienen charlas de historia y libros, presentaciones musicales y exhibiciones de películas. Rodríguez quiere ayudar a otros jóvenes a desarrollar sus habilidades y a curarse[2] ellos mismos, tal como él se curó. Él es un escritor y activista mexicano-americano que nació en El Paso, Texas. Su padre, Alfonso, un director de escuela en México, fue quien fomentó su amor por los libros.

- ¿Conoces algún centro de la comunidad en tu barrio que te haya ayudado a ti o a algún(a) joven que conoces? ¿Cómo los(as) ayudó?
- ¿Por qué crees que el café de Rodríguez puede gustarles a los jóvenes? ¿Qué otras cosas crees que puede añadir al café?

[1]juvenile detention center [2]to heal

▲ Luis Rodríguez en el Café Cultural Tía Chucha

Auténtico

Partnered with 

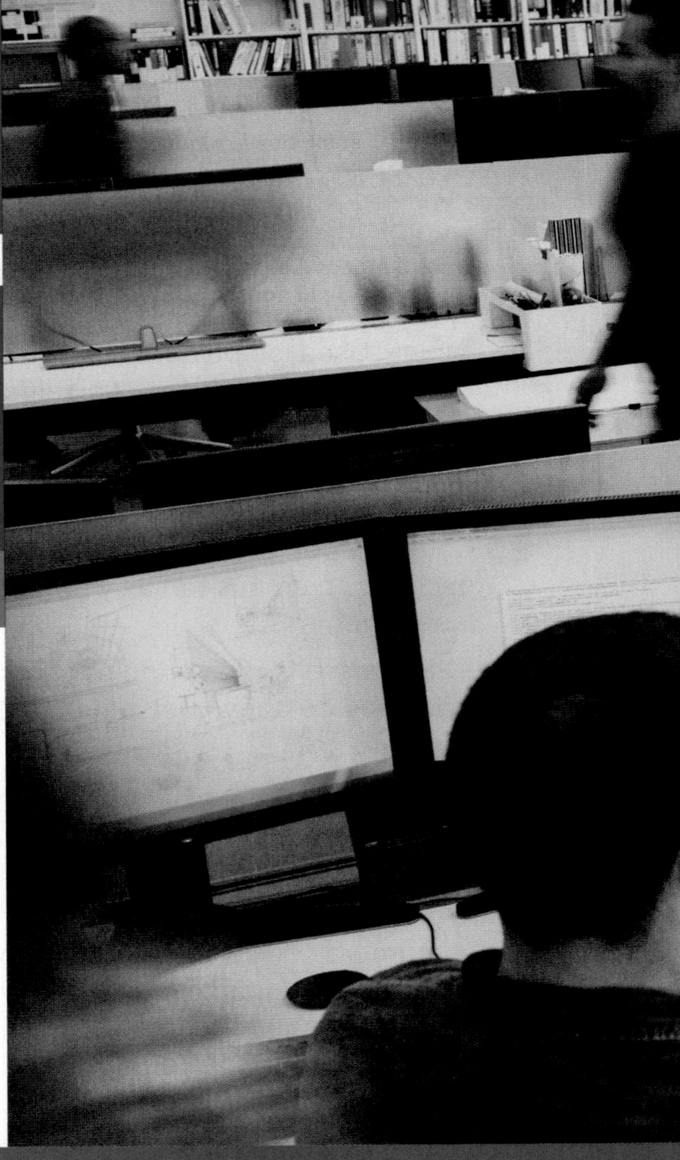

El trabajo y el mercado laboral

Antes de leer

Usa la estrategia: Estructura del texto

Mira la foto. ¿Cómo se relaciona con el tema de este capítulo? Antes de leer el artículo, fíjate en el título, los subtítulos y la gráfica (*graphic organizer*). ¿Qué tipo de gráfica es y qué información da?

Lee el vocabulario clave

brecha = gap	**idóneo** = suitable/ideal
lograr = to achieve	**medir** = to measure
el personal = staff	**puesto vacante** = job opening
reto = challenge	**sello de garantía** = seal of approval

Lee el texto

¿Has oído decir que cada día es más difícil encontrar un buen trabajo? ¿Cuál crees que es la razón?

Ve a **PearsonSchool.com/Autentico** para leer el artículo ***¿Es suficiente estudiar para lograr un buen trabajo?*** El artículo se refiere a una encuesta (*survey*) que se hizo a empresarios (*employers*) en Bolivia. ¿Creo que los resultados serían similares en tu país? ¿Por qué?

Haz las actividades

Mientras lees Mientras lees el artículo, toma notas de los detalles importantes que te ayuden a entender la idea principal del artículo. Mira con atención la gráfica. ¿Cuál es el título de la gráfica? ¿Qué información da y cómo la presenta? ¿De qué manera te ayuda la gráfica a entender mejor el artículo?

Después de leer Vuelve a leer el artículo con atención para poder contestar estas preguntas:

1. Según el artículo, ¿qué necesita tener un candidato para conseguir un empleo?
2. Según el estudio en Bolivia, ¿por qué hay tantos puestos vacantes que no se pueden llenar?
3. Vuelve a mirar la gráfica circular. ¿Cuáles son los dos segmentos de la gráfica que muestran el mayor porcentaje? ¿Qué indica esto?
4. Explica el "círculo vicioso" del que habla el artículo.

 **For more activities, go to the Authentic Resources Workbook.**

Integración

El trabajo y las carreras profesionales

Expansión Busca otros recursos auténticos en *Auténtico* en línea y contesta las preguntas.

 **5 Auténtico**

Integración de ideas ¿Cuáles son los principales retos que enfrentan los jóvenes de hoy para encontrar un buen trabajo? Basa tu opinión en los recursos auténticos.

Comparación laboral ¿Crees que los jóvenes de América Latina tienen más o menos oportunidades de trabajo que los de Estados Unidos? Justifica tu respuesta con datos que puedes buscar en el sitio web del US Department of Labor Statistics.

Repaso del capítulo

OBJECTIVE

▶ Review the vocabulary and grammar

Vocabulario

en el trabajo

el anuncio clasificado	classified ad
los beneficios	benefits
el / la cliente (-a)	client
la compañía	firm / company
el / la dueño(a)	owner
la fecha de nacimiento	date of birth
el / la gerente	manager
el puesto	position
el salario (*o* el sueldo)	salary
la solicitud de empleo	job application

los trabajos

la computación	computer science
el / la consejero(a)	counselor
el / la mensajero(a)	messenger
el / la niñero(a)	babysitter
el / la repartidor(a)	delivery person
el / la recepcionista	receptionist
el / la salvavida	lifeguard

cualidades y características

agradable	pleasant
dedicado, -a	dedicated
flexible	flexible
injusto, -a	unfair
justo, -a	fair
puntual	punctual
la responsabilidad	responsibility
responsable	responsible

para la entrevista

los conocimientos	knowledge
la entrevista	interview
la habilidad	skill
la referencia	reference
el requisito	requirement

el trabajo

a tiempo completo	full time
a tiempo parcial	part time

actividades

atender	to help, to assist
construir (i → y)	to build
cumplir con	to carry out, to perform
donar	to donate
encargarse (de) (g → gu)	to be in charge of
juntar fondos	to fundraise
presentarse	to apply for a job
reparar	to repair
repartir	to deliver
seguir (+ gerund)	to keep on (doing)
sembrar (ie)	to sow (a seed)
soler (ue)	to usually do something
solicitar	to request

la comunidad

la campaña	campaign
el centro de la comunidad	community center
el centro de rehabilitación	rehabilitation center
el centro recreativo	recreation center
la ciudadanía	citizenship
el / la ciudadano(a)	citizen
el comedor de beneficencia	soup kitchen
los derechos	rights
la gente sin hogar	homeless people
el hogar de ancianos	home for the elderly
la ley	law
la manifestación	demonstration
la marcha	march
el medio ambiente	environment
el servicio social	social service
la sociedad	society

acciones

beneficiar	to benefit
educar	to educate
garantizar	to guarantee
organizar	to organize
proteger	to protect

expresiones

a favor de	in favor of
en contra (de)	against
me es imposible	It is impossible for me. . .
me encantaría	I would love to. . .
me interesaría	I would be interested . . .

Más recursos PearsonSchool.com/Autentico

Games Flashcards

Tutorials Instant check

Gramática

El presente perfecto

To form the **present perfect tense**, combine the present tense of the verb *haber* with a past participle.

he hablado	**hemos hablado**
has hablado	**habéis hablado**
ha hablado	**han hablado**

To form the past participle of a verb, add *-ado* to the stem of *-ar* verbs and *-ido* to the stem of *-er* and *-ir* verbs.

habl**ar** → habl**ado** com**er** → com**ido** viv**ir** → viv**ido**

Some verbs that have a double vowel in the infinitive (except for *ui*) require an accent mark on the *í* in the past participle.

ca**er** → ca*í*do **oír** → oído

Many Spanish verbs have irregular past participles:

abrir	→ **abierto**	morir	→	**muerto**	romper	→	**roto**
decir	→ **dicho**	poner	→	**puesto**	ser	→	**sido**
escribir	→ **escrito**	resolver	→	**resuelto**	ver	→	**visto**

When using the present perfect tense, place negative words, object pronouns and reflexive pronouns before the form of *haber.*

No he repartido las flores.
Mi profesora **me** ha escrito un poema.
El dueño **se** ha ido temprano a la oficina.

El pluscuamperfecto

To form the **pluperfect,** combine the imperfect tense of the verb *haber* with a past participle.

había hablado	**habíamos hablado**
habías hablado	**habíais hablado**
había hablado	**habían hablado**

El presente perfecto del subjuntivo

To form the **present perfect subjunctive,** use the present subjunctive of the verb *haber* with a past participle.

haya trabajado	**hayamos trabajado**
hayas trabajado	**hayáis trabajado**
haya trabajado	**hayan trabajado**

Los adjetivos y los pronombres demostrativos

	Close to you	Closer to the person you are talking to	Far from both of you
Adjectives	este estos esta estas	ese esos esa esas	aquel aquellos aquella aquellas
Pronouns	éste éstos ésta éstas	ése ésos ésa ésas	aquél aquéllos aquélla aquéllas

To refer to an idea, or something that has not been identified, we use the demonstrative pronouns *esto, eso,* or *aquello.*

Repaso del capítulo

OBJECTIVE

▶ Demonstrate that you can perform the tasks on these pages

Preparación para el examen

1 Vocabulario Escribe la letra de la palabra o expresión que mejor complete cada frase. Escribe tus respuestas en una hoja aparte.

1. Cuando llenas una solicitud de empleo te piden tu ______.
   a. derecho c. requisito
   b. fecha de nacimiento d. entrevista
2. Vamos a participar en una ______ para proteger a la gente sin hogar.
   a. campaña c. rehabilitación
   b. ciudadanía d. responsabilidad
3. No quiero trabajar todos los días. Necesito un puesto a tiempo ______.
   a. puntual c. clasificado
   b. completo d. parcial
4. Una recepcionista debe ______ bien a los clientes.
   a. reparar c. repartir
   b. atender d. conseguir
5. ¿Quieres ayudarnos a ______ árboles en el jardín de la comunidad?
   a. educar c. sembrar
   b. beneficiar d. solicitar
6. Me gustaría trabajar de ______ en una piscina.
   a. salvavida c. vendedor
   b. mensajero d. repartidor
7. Las leyes de nuestro país ______ educar a todos los niños.
   a. benefician c. rescatan
   b. solicitan d. garantizan
8. Muchos jóvenes voluntarios ______ casas para la gente sin hogar.
   a. construyen c. limpian
   b. destruyen d. protegen

2 Gramática Escribe la letra de la palabra o expresión que mejor complete cada frase. Escribe tus respuestas en una hoja aparte.

1. Antes de trabajar en el hogar de ancianos, Pilar ______ en un centro recreativo.
   a. ha trabajado c. está trabajando
   b. había trabajado d. trabaja
2. Me interesaría este puesto, pero prefiero más ______.
   a. aquella c. aquél
   b. aquellos d. aquellas
3. Espero que mi profesora me ______ una buena carta de referencia.
   a. haya escrito c. ha escrito
   b. había escrito d. está escribiendo
4. No sé dónde está el gerente. No lo ______ en varias horas.
   a. he visto c. veía
   b. había visto d. haya visto
5. Quiero que te encargues de ______ solicitudes de empleo.
   a. estos c. estas
   b. esto d. este
6. Espero que ustedes ______ suficientes fondos para el hogar de ancianos.
   a. han juntado c. habían juntado
   b. hayan juntado d. juntan
7. "¿Cuántas bicicletas ya ______ este año?", le preguntó a Julio el dueño del taller.
   a. estás reparando c. hayas reparado
   b. reparabas d. has reparado
8. Cuando llegué al comedor de beneficencia, los voluntarios ya ______ la mesa.
   a. habían puesto c. van a poner
   b. han puesto d. hayan puesto

Más recursos PearsonSchool.com/Autentico

 Games
 Flashcards
Tutorials
Instant check

En el examen vas a . . .	Éstas son las tareas de práctica que te pueden ser útiles para el examen . . .	Para repasar, ve a tu libro de texto impreso o digital . . .
Interpretive		
 **3 ESCUCHAR** Yo puedo escuchar a varios estudiantes en entrevistas de trabajo e identificar los empleos	Escucha lo que dicen estos estudiantes en sus entrevistas de trabajo. Presta atención a lo que dicen y di a qué empleo se presentaron Verónica, Ariel, José y Patricia.	**pp. 214–217** *Vocabulario en contexto 1* **p. 215** Actividad 1 **p. 215** Actividad 2 **p. 216** Actividades 3 and 4 **p. 217** *Videohistoria* **pp. 250–251** *Auténtico*
Interpersonal		
 **4 HABLAR** En una feria de trabajo, puedo hablar con un compañero de mi experiencia y hacer preguntas sobre los empleos	Imagina que vas a una feria de trabajo. Di lo que le dirías a un consejero acerca de tus conocimientos y habilidades, en qué te interesaría trabajar y en qué has trabajado antes. También haz preguntas sobre el empleo, por ejemplo: lo que necesitas hacer diario, el horario, el sueldo y los beneficios.	**p. 219** Actividad 9 **p. 220** Actividad 11 **p. 220** Actividad 12 **p. 223** Actividad 15 **p. 224** Actividad 17
Interpretive		
 **5 LEER** Yo puedo leer y comprender un anuncio clasificado	Lee este anuncio. ¿Qué tipo de empleo se ofrece? ¿Es un trabajo a tiempo completo o a tiempo parcial? ¿Qué conocimientos o habilidades se necesitan? **Recepcionista. Se necesita joven bilingüe, puntual y responsable para atender el teléfono y otros trabajos de oficina. Otros requisitos: saber trabajar con computadoras y tener buenas referencias. Lunes a viernes de 8 a.m. a 5 p.m.**	**p. 217** *Vocabulario en contexto 1* **p. 220** Actividad 11 **p. 224** Actividad 16
Presentational		
 **6 ESCRIBIR** Yo puedo escribir una carta para solicitar empleo	Imagina que vas a solicitar empleo. Piensa qué tipo de trabajo es, y escribe una carta para solicitar empleo. En tu carta di (a) por qué te interesa el trabajo, (b) qué cualidades personales tienes por las que serías el (la) mejor para ese puesto y (c) qué experiencia de trabajo tienes.	**p. 221** Actividad 13 **p. 234** Actividad 33 **pp. 244–245** *Presentación escrita*
Comparisons		
 **7 COMPARAR** Yo puedo comparar las contribuciones de los hispanohablantes y de otras personas	¿Cuál es el impacto de algunos hispanohablantes en la cultura de los Estados Unidos? También piensa en cómo les influimos a ellos en sus países, como en la política, los negocios, las artes, las ciencias y el deporte.	**p. 234** *Cultura* **pp. 240–241** *Puente a la cultura*

A ver si recuerdas

OBJECTIVES
- Discuss professions and needed qualifications
- Talk and write about things and people we know

Vocabulario

los estudios
la graduación
la universidad

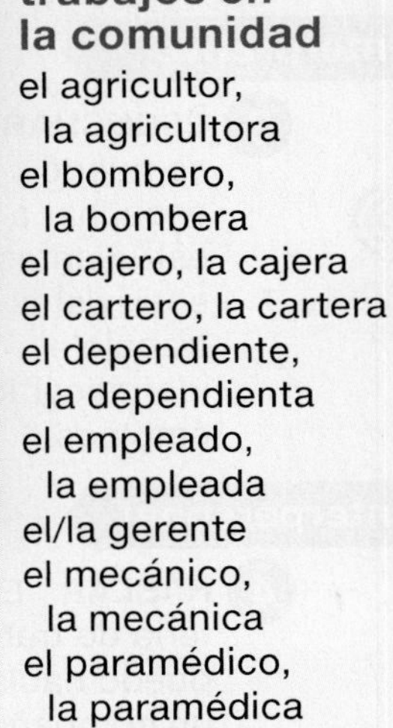

trabajos en la comunidad
el agricultor, la agricultora
el bombero, la bombera
el cajero, la cajera
el cartero, la cartera
el dependiente, la dependienta
el empleado, la empleada
el/la gerente
el mecánico, la mecánica
el paramédico, la paramédica
el/la policía
el político, la política
el secretario, la secretaria

el mundo del espectáculo
el actor, la actriz
el bailarín, la bailarina
el/la cantante
el crítico, la crítica

el mundo de las artes
el/la artista
el escritor, la escritora
el escultor, la escultora
el pintor, la pintora

el mundo de las ciencias y la tecnología
el/la dentista
el enfermero, la enfermera
el médico, la médica
el técnico, la técnica
el veterinario, la veterinaria

1

Las profesiones

HABLAR EN PAREJA

1 Empareja cada actividad o área de trabajo con una profesión.

1. actuar, el teatro	**a.** policía
2. los animales, las ciencias naturales	**b.** escritor(a)
3. cuidar y proteger a la gente	**c.** abogado(a)
4. los libros, escribir	**d.** veterinario(a)
5. las leyes, las ciencias sociales	**e.** actor, actriz

2 Con un(a) compañero(a), habla de las profesiones de las listas de Vocabulario y da recomendaciones.

Modelo

A —*A mí me gusta investigar.*
B —*Entonces, creo que debes ser científico.*

Go **Online** to practice
PEARSON realize
PearsonSchool.com/Autentico

VIDEO

WRITING

SPEAK/RECORD

Gramática

Saber vs. *conocer*

Both *saber* and *conocer* mean "to know."

You use *saber* to talk about knowing facts or information.

Nadie **sabe** la fecha del examen.
¿**Saben** Uds. quién es ese actor?

Saber followed by an infinitive means "to know how to do something."

Por supuesto, yo **sé usar** la computadora.
No, mi hermanito no **sabe manejar**.

Conocer means "to know" in the sense of being familiar with a person, place, or thing.

Conocemos al Dr. Fernández y a toda su familia.
¿**Conocen** Uds. el jardín zoológico?

In the preterite, *conocer* means "to meet someone for the first time."

Conocí a dos críticos que trabajan para el periódico.
¿Los **conociste** en la conferencia?

Más recursos ONLINE
- **GramActiva:** *Saber* and *conocer*
- **Tutorial:** *Saber* and *conocer*

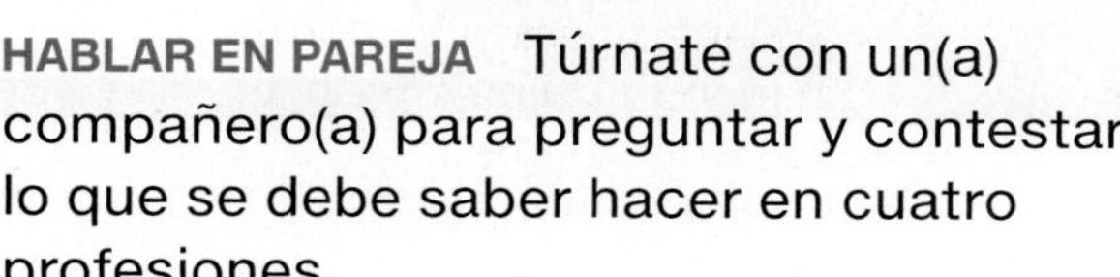

2 ¿Qué debe saber?

HABLAR EN PAREJA Túrnate con un(a) compañero(a) para preguntar y contestar lo que se debe saber hacer en cuatro profesiones.

Modelo

A —*¿Qué debe hacer un periodista?*
B —*Un periodista **debe saber escribir** bien. Debes seguir cursos de escritura.*

3 ¿Saber o conocer?

HABLAR EN PAREJA Túrnate con tu compañero(a) para hacer y contestar preguntas usando *saber* y *conocer*.

Videomodelo

el número de teléfono de (nombre) . . .
A —*¿Sabes el número de teléfono de Alex?*
B —*Sí, lo sé, es 555-1719. / No, no lo sé.*

- la fecha de hoy
- la respuesta
- al profesor (nombre)
- la Ciudad de México
- alguna canción en español
- montar en bicicleta
- alguna mujer de negocios
- a qué hora abre el museo

4 La fiesta

LEER, ESCRIBIR Dos amigos hablan en una fiesta. Completa la conversación con el verbo *saber* o *conocer* según corresponda.

A —¿ __1.__ quién es esa señora?
B —Es la doctora Rubio. Yo __2.__ a sus hijos.
A —¿De veras? ¿Dónde los __3.__ ?
B —En la universidad. Ellos __4.__ a mi amiga.

A ver si recuerdas

OBJECTIVES
- Discuss and write about how things have changed
- Express ideas about people and things in general

Vocabulario

la tecnología
la computadora
la computadora portátil
el correo electrónico
el disco compacto
la página Web
la Red
el salón de chat
el televisor
el video

la ciudad
el apartamento
el barrio
la calle
la casa
la comunidad
el edificio de apartamentos
la gente
el tráfico

el medio ambiente
el agua
el aire
los animales
limpio, -a
la naturaleza
puro, -a
sucio, -a

acciones
beneficiar
cambiar
construir
crear
darse cuenta de
eliminar
mejorar
obtener
preocuparse
proteger
realizar
tener lugar

para comparar
ahora
antes
desafortunadamente
hace . . . que
hasta
más . . . (que)
mejor
menos . . . (que)
peor
pero

5 Cambios en mi barrio

ESCRIBIR, HABLAR Haz una lista de cuatro cosas que hayan cambiado en tu barrio o comunidad en los últimos años. Luego escribe frases comparando cómo son las cosas ahora y cómo eran antes. Usa las palabras de la lista. Comparte tus frases con un(a) compañero(a).

Modelo
tráfico
El tráfico en mi comunidad es ahora peor que antes porque hay más gente que vive en el barrio.

6 En el pasado

HABLAR EN PAREJA Túrnate con un(a) compañero(a) para decir qué había o no había en los períodos de tiempo indicados. Usen las palabras o expresiones de las listas.

Modelo
Hace 50 años . . .
Hace 50 años había televisión pero no había discos compactos.

1. Hace 40 años . . .
2. En 1975 . . .
3. El año pasado . . .
4. Hace 10 años . . .
5. En 1930 . . .
6. Hace 20 años . . .

Go **Online** to practice
PEARSON realize
PearsonSchool.com/Autentico
VIDEO WRITING SPEAK/RECORD

Gramática

El *se* impersonal

In English you often use *they, you, one,* or *people* in an impersonal or an indefinite sense meaning "people in general." In Spanish you use *se* + the *Ud. / él / ella* or the *Uds. / ellos / ellas* form of the verb.

Se habla español. **Se** venden computadoras baratas.

- Note that you don't know who performs the action. The word that follows the verb determines whether the verb is singular or plural.

Se creó una página web. **Se crearon** páginas web.

- When the word following the conjugated verb is an infinitive, the verb form is singular.

Se necesita construir un nuevo edificio.

Más recursos ONLINE
Tutorial: Impersonal *se*

7 Lugares y actividades

HABLAR EN PAREJA Trabaja con otro(a) estudiante para hacer la pregunta *¿Dónde . . . ?* y contestarla. Luego inventen y contesten tres preguntas más con *¿Dónde?*

Videomodelo

escribir reseñas

A —*¿Dónde se escriben reseñas?*
B —***En el periódico*** *se escriben reseñas.*

1. ver mucha gente tomando el sol
2. no permitir sacar fotos
3. vender ropa barata
4. poder esquiar
5. comer muy bien
6. **¡Respuesta personal!**

8 En el periódico

ESCRIBIR Trabajas en la sección de anuncios clasificados de un periódico. En una hoja aparte escribe títulos para anuncios usando los siguientes verbos y las palabras de abajo. Recuerda que si la palabra que va después del verbo es plural el verbo debe ir en plural.

vender	reparar	alquilar
necesitar	buscar	comprar

1. un coche
2. computadoras
3. apartamento nuevo
4. personas con experiencia
5. bicicletas usadas
6. joven cortés
7. casas viejas
8. videos y discos compactos

CAPÍTULO 6

¿Qué nos traerá el futuro?

CHAPTER OBJECTIVES

Communication

By the end of the chapter you will be able to:

- Listen and read about future plans and predictions
- Talk and write about future problems and advances
- Explain your career goals for the future

Culture

You will also be able to:

- Compare cultural practices and perspectives in an authentic video about the banker of the future
- Understand how architects from the Hispanic world are shaping the architecture of the future
- Compare the living situations of many Spanish college graduates with those of graduates in the U.S.

You will demonstrate what you know and can do

- Presentación oral: Mi escuela del futuro
- Presentación escrita: El futuro según el presente

You will use

Vocabulary

- Professions and careers
- Personal qualities
- Future ideas and actions
- Careers of the future

Grammar

- Future
- Future of probability
- Future perfect tense
- Uses of the direct and indirect pronouns

ARTE y CULTURA Chile

Matta y el surrealismo El surrealismo fue un movimiento literario y artístico muy importante de la primera mitad *(half)* del siglo XX. Entre sus artistas principales se destaca el pintor chileno Roberto Matta (1911–2002). Matta vivió la mayor parte de su vida en Europa y los Estados Unidos, y sus influencias más importantes fueron Dalí y Picasso. Sus obras se caracterizan por el uso de figuras abstractas, el espacio, la transparencia, el movimiento, la energía y los colores brillantes *(bright)*. Este cuadro es un ejemplo de la pintura surrealista.

▶ ¿Cómo crees que se diferencia el realismo del surrealismo en la pintura?

"L'Étang de No", (1958), Roberto Matta ▲

Go **Online** to practice PEARSON realize™

PearsonSchool.com/Autentico

AUDIO

VIDEO

WRITING

SPEAK/RECORD

MAPA GLOBAL

AUTÉNTICO

FLASCHARDS

ETEXT 2.0

GAMES

El Metropol Parasol en Sevilla, España

Videonovela **¡Pura vida!**

Vocabulario en contexto 1

OBJECTIVES

Read, listen to, and understand information about professions and future plans.

Haz lo que amas...Ama lo que haces

Una investigación hecha por **científicos** descubrió que las personas que son felices, son mejores trabajadores. Con esa idea, un grupo de estudiantes **emprendedores** de la clase de sociología buscaron las personas más felices en su trabajo.

los cocineros

el científico

la arquitecta

la jueza

el abogado

el peluquero

el redactor

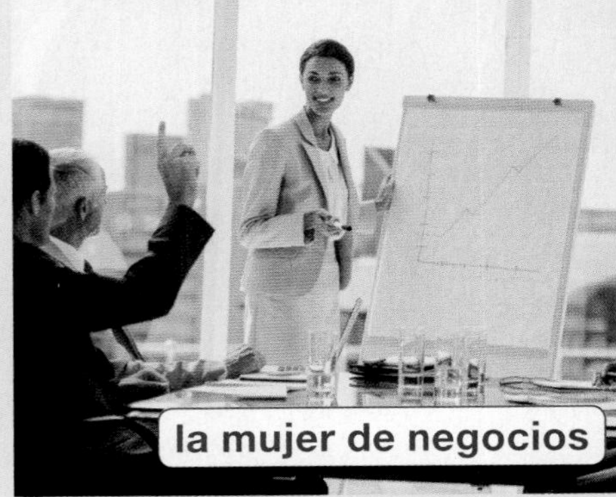
la mujer de negocios

Go **Online** to practice
PEARSON realize
PearsonSchool.com/Autentico

AUDIO

Lo que dijeron

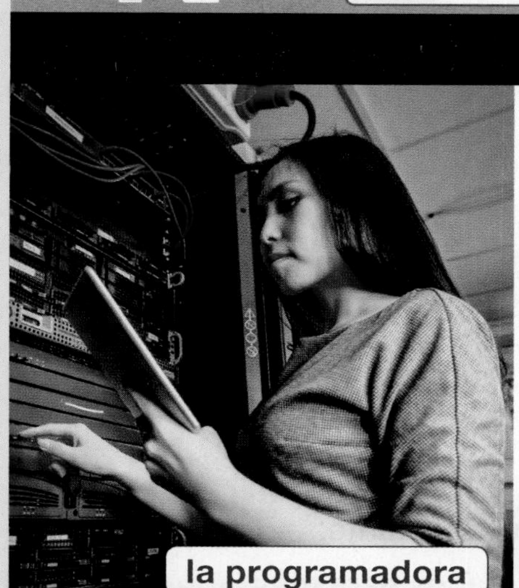

la programadora

Edmundo

“Soy un profesional **capaz de** manejar el dinero de compañías importantes. Siempre me han fascinado las **finanzas.**”

la diseñadora

Claudia

“¡Tengo el mejor trabajo del mundo! Hay que ser **eficiente** y **cuidadoso** con los detalles, pero puedo jugar en mi computadora todo el día.”

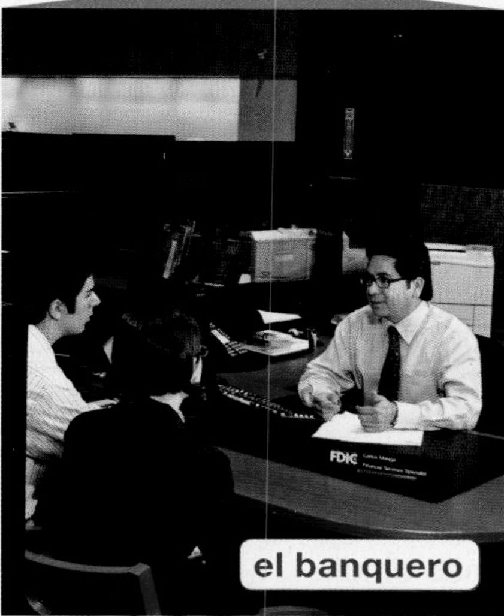

el banquero

Sara

“Soy una persona artística y me encanta **diseñar** mi propia ropa. ¡Los colores brillantes me hacen feliz!”

Es la hora de **tomar decisiones** acerca de tu futuro. ¿Qué tipo de trabajo buscarás después de **graduarte**? **Además de** buscar una carrera interesante, recuerda elegir lo que te hace feliz.

1

¿Qué trabajo?

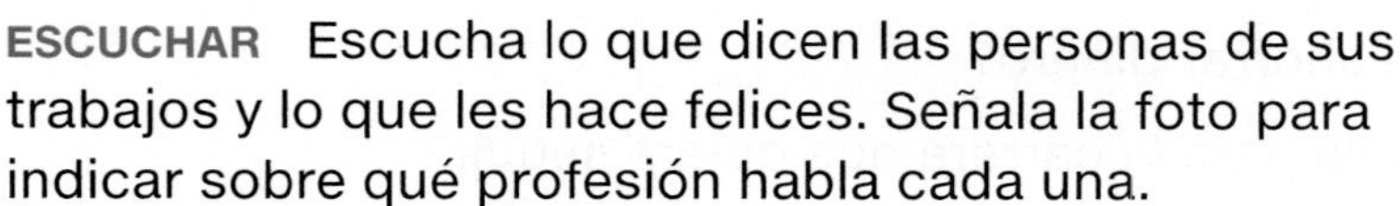

ESCUCHAR Escucha lo que dicen las personas de sus trabajos y lo que les hace felices. Señala la foto para indicar sobre qué profesión habla cada una.

Manuela y Alejandra hablan sobre sus planes para cuando terminen la escuela secundaria.

Manuela

Alejandra

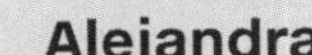

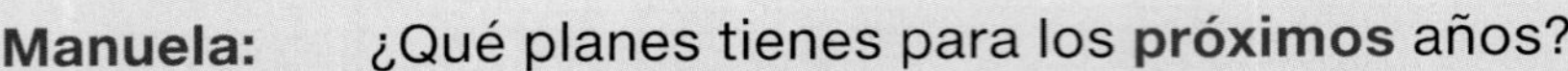

Manuela: ¿Qué planes tienes para los **próximos** años?

Alejandra: Tú sabes que soy muy **ambiciosa** y quiero llegar muy alto. Quiero ser **ingeniera** y **desempeñar un cargo** en una **empresa** que construya edificios. ¿Y qué planes tienes tú?

Manuela: Quiero **seguir una carrera** en la que use el español y el inglés. **Así que** creo que **me haré traductora**. Quiero tener mi propia empresa y ser mi propia **jefa**. ¡Ya tengo experiencia! Siempre les **traduzco** todo a mis abuelitos.

Alejandra: A mi papá le gustaría que yo fuera **contadora**, como él, pero sabe que yo quiero ser ingeniera. Me prometió ayudarme a pagar mis estudios, pero yo también tengo que **ahorrar** bastante.

Manuela: Yo tengo que **averiguar** si hay buenas universidades para mi carrera por aquí. Mamá no quiere que **me mude** lejos de ella.

Alejandra: ¡Pero si tú siempre **hacías lo que se te daba la gana**!

Manuela: Sí, pero ya soy mayor y más **madura**. **Por lo tanto**, escucho lo que me dice mamá.

Alejandra: ¡Ojalá las dos podamos **lograr** nuestras metas mientras somos **solteras** y **nos dedicamos** solo a la carrera! Una vez **casadas** será más difícil.

Manuela: ¡Para eso falta mucho!

2 Los planes de Alejandra y Manuela

ESCRIBIR Contesta las siguientes preguntas:

1. ¿ En qué tipo de empresa le gustaría trabajar a Alejandra?
2. ¿A qué se quiere dedicar Manuela?
3. ¿Por qué Alejandra tiene que ahorrar dinero?
4. ¿Con quiénes practica Manuela para la carrera que quiere seguir?

3 Planes para el futuro

ESCUCHAR En una hoja escribe los números del 1 al 5. Después, escucha lo que dicen las personas y escribe si es lógico o ilógico. Corrige las oraciones ilógicas.

Videohistoria

¿Cuáles son mis aptitudes?

Antes de ver

Personalizar Piensa en qué te gustaría hacer en el futuro. Ahora mira las fotos. ¿Te interesa alguna de estas profesiones? Al ver la Videohistoria, establece conexiones entre tus experiencias y lo que dicen los chicos.

Haz la actividad

Tu futura carrera Piensa en qué carrera te gustaría seguir. Haz una lista en español de las aptitudes que crees que se requieren para esa carrera.

Ve el video

Valentina, Camila y Teo hicieron pruebas de aptitudes que les indicarán qué tipo de carreras deben seguir. ¿Cuáles serán los resultados?

Ve a **PearsonSchool.com/Autentico** para ver el video ***¿Cuáles son mis aptitudes?*** También puedes leer el guión.

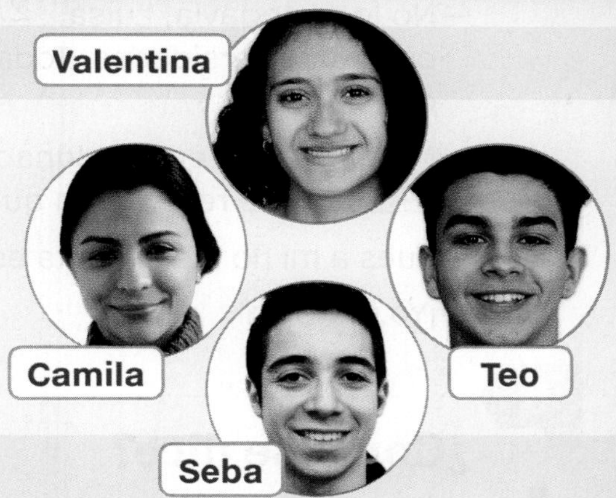

Después de ver

ESCRIBIR Contesta las siguientes preguntas:

1. ¿Qué aptitudes tiene Teo? Parafrasea los detalles de su prueba.
2. Según la prueba, Camila tiene aptitudes para ser ingeniera, científica o programadora. ¿Qué pueden tener en común estas tres carreras?
3. ¿Por qué a Teo no le recomiendan ser científico, redactor ni traductor?
4. ¿Qué carrera quiere seguir Valentina y por qué?

Expresa tu opinión ¿Crees que las pruebas de aptitudes son o no son un buen indicador de las carreras que debe seguir una persona? ¿Por qué? Justifica tu opinión.

Vocabulario en uso 1

OBJECTIVES

- Listen to classified ads
- Discuss professions, qualifications, and plans for the future
- Read about summer workshops and job hunting

4

Las cualidades necesarias

ESCUCHAR, ESCRIBIR, HABLAR EN PAREJA En una hoja, escribe los números del 1 al 4. Escucha los anuncios clasificados y escribe la profesión y la cualidad o las cualidades que se necesitan para cada trabajo. Compara tu lista con la de otro(a) estudiante.

5

Los 17 años

ESCRIBIR, LEER A los 17 años, los jóvenes también tienen nuevas responsabilidades y problemas. Completa lo que dicen estos dos amigos sobre esta edad.

por lo tanto	casado(a)	soltero(a)	además de	próximo

—¿Sabes a qué universidad vas a asistir el año __1.__, Roberto?

—No lo sé todavía, Luisa. __2.__ la Universidad San Ignacio, he escrito a cuatro universidades. Todas están lejos de aquí, __3.__ sé que voy a tener que mudarme.

—Me dicen que en San Ignacio te ayudan a alquilar apartamento si estás __4.__ porque reconocen que es más difícil para dos personas.

—Pues a mí no me importa eso. Voy a estar __5.__ hasta cumplir los 30 años.

—¡Yo también!

6

¿Cómo se dice?

ESCRIBIR, HABLAR EN PAREJA

1 Imagina que te olvidaste de estas palabras. Escribe frases que quieran decir lo mismo.

Modelo

responsable
persona ***que es capaz de tomar decisiones y desempeñar un cargo***

1. amable	**3.** ambicioso	**5.** capaz	**7.** cuidadoso
2. emprendedor	**4.** honesto	**6.** maduro	**8.** puntual

2 Con otro(a) estudiante, decidan qué características deben tener los siguientes profesionales: ingeniero(a), contador(a), hombre / mujer de negocios, mecánico(a), peluquero(a).

Estrategia

Circumlocution
When you can't remember or don't know a word, you can use circumlocution to describe or exemplify it without naming it (e.g., *the thing you open a door with for doorknob*).

7

¿Qué quieres ser?

HABLAR EN PAREJA

1 ¿Qué trabajo prefieres? Con un(a) compañero(a) hablen sobre los trabajos.

Videomodelo

A —*¿Te gustaría ser* ***banquero?***
B —*Sí, porque* ***me fascinan los números.***
o: *¿Yo? ¡Qué va!* ***No me interesan nada los números.***

Estudiante A

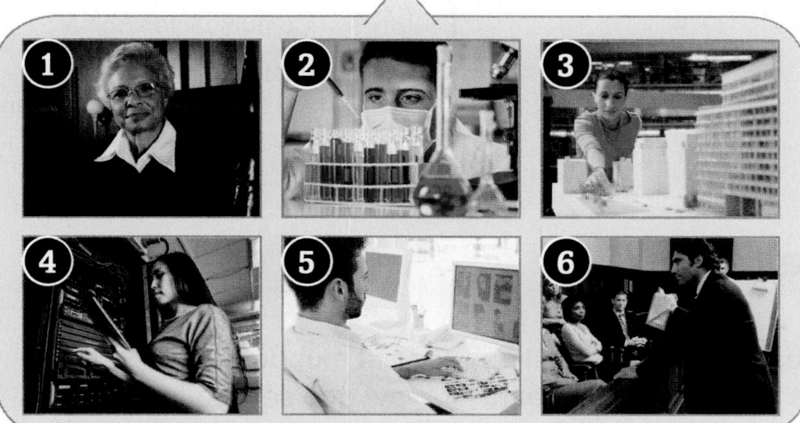

Estudiante B

organizado(a)
eficiente
responsable
creativo(a)
capaz
amable
ambicioso(a)
emprendedor(a)
¡Respuesta personal!

2 Con otro(a) compañero(a), hagan los papeles de estudiante y consejero. El estudiante le envía un e-mail al consejero preguntándole lo que necesita hacer para seguir dos carreras que le gustan. El consejero le responde. Apoya tus ideas.

Modelo:

A —*Me gustaría estudiar computación y diseño gráfico. ¿Qué hago?*
B —*Necesitas tomar cursos en los dos. Así podrás combinar las dos carreras.*

CULTURA España

En casa de mamá Según un estudio, casi el 80% de los jóvenes españoles menores de 30 años vive con sus padres. Hay varias razones importantes. En España es bastante difícil conseguir un empleo que les permita vivir solos. Además, no es fácil conseguir una casa o un apartamento barato para mudarse. Otros dicen que el problema es que los jóvenes no quieren tener responsabilidades y por eso viven con sus padres. También hay quienes piensan que en la cultura española la familia y padres son muy importantes para los jóvenes.

Pre-AP® Integration: Los estilos de vida

- ¿Por qué viven muchos jóvenes españoles con sus padres? ¿Cómo influye esta práctica en la vida contemporánea?
- Compara la situación de los jóvenes españoles y los estadounidenses. ¿Qué tienen en común? ¿Cuál es la diferencia?

8

Talleres de verano

LEER, HABLAR EN GRUPO Trabaja con un grupo de tres estudiantes para decidir a que taller(es) quisieras asistir si quieres ser:

1. escritor(a)
2. actor / actriz en obras musicales
3. hombre / mujer de negocios
4. político(a)
5. bailarín / bailarina
6. coreógrafo(a)

UNIVERSIDAD RODRIGO CABEZAS
Departamento de actividades culturales
Facultad de humanidades

Talleres de verano
6 de diciembre al 12 de febrero

DANZA CONTEMPORÁNEA
Profesor: Lucía Suárez, bailarina y coreógrafa

NEGOCIACIÓN Y DEBATE
Profesor: Olivero Rojas, periodista, licenciado en Comunicación Social

Inscripciones e informaciones hasta el 2 de diciembre en San Martín 301

9

Hablar sobre el trabajo

LEER, HABLAR EN GRUPO

1 La búsqueda de trabajo es un tema sobre el que todo el mundo tiene diferentes opiniones. Lee la siguiente encuesta *(survey)* que se hizo a un grupo de jóvenes sobre de qué depende encontrar un trabajo.

¿De qué depende encontrar un buen trabajo? ¿Y en segundo lugar?		
	Primer lugar (%)	**Segundo lugar (%)**
De estar bien preparado.	50	27
De tener buenas recomendaciones.	28	30
De la buena suerte.	16	23
De saber hablar bien.	3	11
De ser guapo(a).	2	7
No sé.	1	2

2 Trabaja con un grupo de estudiantes para hablar de la encuesta y responder a las siguientes preguntas.

1. ¿Están de acuerdo con los resultados de la encuesta? ¿Por qué? Den ejemplos de algunas personas que conocen.
2. ¿Pueden añadir alguna otra razón a la lista?

3 Habla con un(a) compañero(a) y pregúntale lo que debe hacer una persona que quiere seguir una carrera o comenzar una nueva profesión. Él/ella debe incluir sus razones en su respuesta.

10 Y tú, ¿qué dices?

ESCRIBIR, HABLAR

1. ¿A qué se dedican tus padres? ¿Vas a seguir la misma carrera? ¿Por qué?
2. ¿Cuál es el sueño que quieres alcanzar? ¿Qué quieres lograr en el futuro?
3. ¿Te gustaría mudarte a otra ciudad, otro estado u otro país? ¿Por qué?
4. Imagina que no necesitas ahorrar dinero. ¿A qué te gustaría dedicarte después de graduarte de la universidad?
5. ¿Qué carreras no te gustaría seguir? ¿Por qué?
6. ¿Qué te gustaría hacer con tu tiempo libre?
7. ¿Cuáles son las mayores responsabilidades que tienes a tu edad? ¿Y los problemas? ¿Qué quieres cambiar o lograr en el futuro?

Ampliación del lenguaje

Profesiones En español hay varios sufijos que indican profesión. Muchas palabras que terminan con los sufijos *-or/-ora, -ero/-era, -ario/-aria* nombran profesiones que tienen relación con los verbos o sustantivos de los que derivan.

Verbo	Sustantivo	Profesión
vender	venta	vendedor(a)
traducir	traducción	traductor(a)
escribir	escrito	escritor(a)
programar	programa	programador(a)
redactar	redacción	redactor(a)
dirigir	dirección	director(a)
diseñar	diseño	diseñador(a)
	biblioteca	bibliotecario(a)
	carta	cartero(a)
cocinar	cocina	cocinero(a)
	banco	banquero(a)

Lee las palabras de la tabla y escribe ocho frases en las que uses las profesiones y los verbos o sustantivos relacionados.

Modelo

vender / vendedor(a)
*Un **vendedor** trabaja tratando de **vender** cosas a otras personas.*

carta / cartero(a)
*Mi tío es **cartero**. Entrega **cartas** en las casas y apartamentos de nuestra ciudad.*

Gramática Repaso

OBJECTIVES

- Discuss and write about plans for the future
- Discuss relationships with family and friends in the future

El futuro

You can express the future in Spanish in three ways: by using *ir* + *a* + infinitive, the present tense, or the future tense. In the future tense, all verbs have the same endings. For most verbs, attach the endings to the infinitive.

Here are the future tense forms of the regular verbs *pasar, comer,* and *pedir:*

pasar**é**	comer**é**	pedir**é**
pasar**ás**	comer**ás**	pedir**ás**
pasar**á**	comer**á**	pedir**á**
pasar**emos**	comer**emos**	pedir**emos**
pasar**éis**	comer**éis**	pedir**éis**
pasar**án**	comer**án**	pedir**án**

Some verbs have irregular stems in the future tense. Note that their future endings *(-é, -ás, -á, -emos, -éis, -án)* are the same as those of regular verbs.

haber	→	habr-	
poder	→	podr-	
querer	→	querr-	-é
saber	→	sabr-	-ás
poner	→	pondr-	-á
salir	→	saldr-	-emos
tener	→	tendr-	-éis
venir	→	vendr-	-án
decir	→	dir-	
hacer	→	har-	

Más recursos ONLINE

- **Tutorials:** Formation of Regular Future Tense
  Use of Future Tense
  Verbs with Irregular Stems in Future Tense
- ***Canción de hip hop:*** *El futuro*

11 Los sueños

ESCRIBIR, LEER Lorena escribe en su diario sobre sus experiencias y sueños para el futuro. Completa este fragmento de su diario con el futuro de los verbos del recuadro.

poder	estudiar	hacer	visitar
pasar	alcanzar	ir	

disfrutar	regresar	llamar
diseñar	tener	

Hoy, después de regresar del parque, decidí lo que __1.__ el año próximo. Yo __2.__ a una universidad famosa y allí __3.__ mi sueño. __4.__ arquitectura. Después de estudiar, __5.__ unos años en Japón y __6.__ los parques más famosos. Así __7.__ aprender mucho.

Finalmente, __8.__ a este país para crear mi propia empresa. Se __9.__ "Parques y jardines de oriente" y yo __10.__ los jardines. Estoy segura de que __11.__ mucho éxito y muchas personas __12.__ de mis jardines y parques.

12

En el futuro

HABLAR EN PAREJA ¿Sabes lo que quieres hacer en el futuro? Pregúntale a otro(a) estudiante sobre sus planes. Después, intercambien papeles.

Videomodelo

mudarse a otra ciudad para estudiar

A —*¿**Te mudarás** a otra ciudad para estudiar en la universidad?*

B —*No, iré a la universidad de mi ciudad.*

Estudiante A

1. seguir una carrera después de graduarse
2. dedicarse a hacer trabajo de voluntario
3. averiguar información sobre la carrera de ingeniería
4. ir a ver a un consejero
5. hacer lo que le dé la gana
6. tener un trabajo y ahorrar mucho dinero
7. estudiar finanzas en unos años
8. tomar decisiones importantes para una empresa

Estudiante B

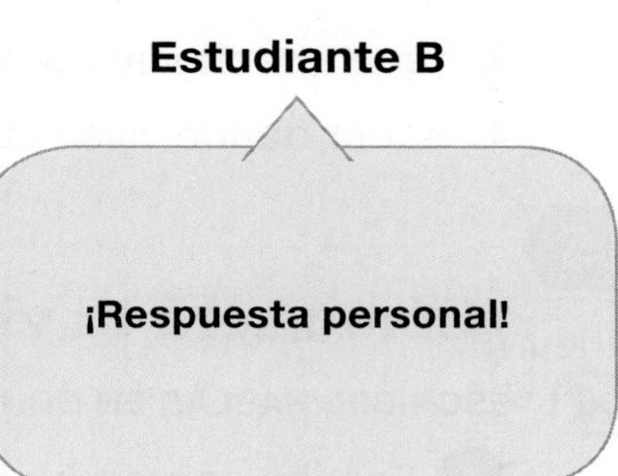

¡Respuesta personal!

13

¿Qué hará . . . ?

LEER, ESCRIBIR Piensa en personas de tu escuela, familia, comunidad o programa de televisión favorito que correspondan a estas descripciones. ¿Qué harán en el futuro? Usa el futuro de los verbos del recuadro para escribir frases sobre lo que hará cada persona.

hacerse . . .	dedicarse a . . .	lograr ser . . .	trabajar como / en . . .
tener . . .	estudiar para ser . . .	ser . . .	mudarse a . . .

Modelo

Pinta cuadros muy bonitos.
Santiago será un pintor famoso.

1. Le encanta arreglarles el pelo a sus amigas.
2. Le gusta planear y construir caminos y puentes.
3. Le gustan los animales.
4. Es cuidadoso(a) y escribe muy bien.
5. Le gustan las matemáticas.
6. Me fascina traducir textos.
7. Tiene mucho talento artístico.
8. Le interesan los negocios y las finanzas.

14 Después de . . .

HABLAR EN PAREJA Con un(a) compañero(a), hablen de cómo serán sus relaciones en el futuro usando las frases de abajo. Hablen de sus relaciones con los amigos, la familia o las personas de la escuela o de la comunidad.

Videomodelo

verse cada semana

A —*En diez años, ¿tus amigos y tú* ***se verán*** *cada semana?*

B —*No, no nos veremos cada semana pero quizás cada mes.*

1. escribirse por correo electrónico
2. asistir a la misma universidad
3. tener mucho en común
4. saber dónde viven sus amigos de la escuela
5. salir juntos los fines de semana
6. recordar todo lo que pasó en la escuela secundaria

15 ¿Cómo será tu vida en el futuro?

ESCRIBIR, HABLAR EN GRUPO

1 Escribe sobre tu futuro. Incluye la siguiente información:

- quedarse en la misma ciudad o mudarse
- asistir a la universidad o encontrar trabajo
- seguir una carrera
- viajar y adónde
- casarse o seguir soltero(a)
- tener hijos y cuántos

2 Ahora, compara tus respuestas con las de un(a) compañero(a). Completen una tabla como la siguiente con las semejanzas y las diferencias.

SEMEJANZAS	*DIFERENCIAS*

3 Usa la tabla para escribir un párrafo acerca de tu futuro y el futuro de tu compañero(a).

CULTURA Estados Unidos

Jóvenes hispanohablantes en Washington El *Congressional Hispanic Caucus Institute,* CHCI, selecciona todos los años a unos 50 jóvenes para participar en su programa de pasantías[1]. Los seleccionados trabajan en Washington, D.C., disfrutando de las ventajas de poder observar al gobierno en acción. "CHCI me ha enseñado que tengo el poder de ser un agente de cambio y me ha dado las técnicas para ser un líder en mi comunidad", dijo Pablo Galindo-Payan, un participante del programa.

- ¿Por qué es importante para los estudiantes participar en un programa de pasantías?

[1]internships

Gramática

OBJECTIVES
- Express the probability of something occurring
- Make predictions about careers and accomplishments

Go **Online** to practice
PEARSON realize

PearsonSchool.com/Autentico

 VIDEO
 WRITING
 SPEAK/RECORD

El futuro de probabilidad

In Spanish, you use the future tense to express uncertainty or probability in the present.

¿Qué hora será?
I wonder what time it is.

Serán las seis.
It's probably *six o'clock.*

Estarán debajo de tu cama.
They must be *under your bed.*

The English equivalents in these cases are *I wonder, it's probably, it must be,* and so on.

¿Dónde estarán mis calcetines?
Where can *my socks* ***be?***

Más recursos ONLINE
- **Tutorial:** Use of Future Tense

16 Probablemente . . .

LEER, ESCRIBIR En una fiesta, conoces a las siguientes personas y comienzas a imaginarte qué cosas tendrán o qué harán en sus trabajos. Lee las siguientes frases. Escribe una segunda frase relacionada con la primera. Usa la forma correcta de los verbos del recuadro en el futuro para indicar probabilidad.

Modelo
Marcela es escritora.
Tendrá *muchos libros.*

tener	saber	vender	comprar	trabajar
estudiar	dedicarse	ser	aprender	seguir

1. El Sr. Paz es abogado.
2. Carmen es una mujer de negocios.
3. Andrés quiere ser traductor.
4. La Sra. Dávila es peluquera.
5. Héctor espera ser ingeniero.
6. Los hermanos González son agricultores.
7. Roberto quiere ser diseñador.
8. Margarita quiere ser científica.
9. El Sr. Pérez es juez.
10. Jaime y Elena quieren ser cocineros.

En voz alta

El poeta español Gustavo Adolfo Bécquer nació en Sevilla en 1836. Era hijo de un pintor famoso que murió cuando Bécquer tenía sólo 5 años. Desde joven, Bécquer comenzó a escribir poesía. A los 22 años conoció a Julia Espín, la mujer que inspiró la mayoría de sus famosas *Rimas*. El poeta murió en 1870, a los 34 años de edad.

Bécquer fue quizás el último de los poetas románticos. Sus *Rimas* fueron durante mucho tiempo los poemas de amor más famosos en el mundo hispanohablante.

Lee este fragmento de la "Rima LIII" y luego trata de repetirlo en voz alta.

"Rima LIII"
de Gustavo Adolfo Bécquer

Volverán las oscuras golondrinas[1]
en tu balcón sus nidos[2] a colgar[3],
y otra vez con el ala[4] a sus cristales
jugando llamarán.

Pero aquellas que el vuelo refrenaban[5] tu
hermosura y mi dicha[6] a contemplar, aquellas
que aprendieron nuestros nombres . . .
Ésas . . . ¡no volverán!

[1]swallows [2]nests [3]hang [4]wing [5]slowed down [6] happiness

¿Recuerdas?

Al hablar en voz alta muchas veces se combinan la última vocal de una palabra con la primera vocal de la siguiente en una sola sílaba. Por ejemplo: *que aprendieron; que el.*

17 ¿Dónde estarán en diez años?

ESCRIBIR, HABLAR EN PAREJA

1 Haz predicciones sobre tus amigos, profesores, artistas o políticos famosos. Completa la tabla usando por lo menos seis verbos de la lista en futuro.

ser	trabajar	dedicarse	realizar	mudarse	desempeñar
lograr	estar	tener	hacer	ahorrar	poder

¿Cuándo?	Predicción
El próximo año	*(Nombre) tendrá. . .*
En cinco años	
En diez años	
En veinte años	

2 Ahora, habla con un(a) compañero(a) sobre las predicciones que hizo cada uno. Escojan una de ellas, digan si están de acuerdo o no, y vuelvan a contarla añadiendo más detalles. Usen su imaginación y añadan todos los detalles que puedan.

Modelo

en diez años / mi amiga Ana

A —*En diez años, mi amiga Ana será una actriz famosa.*

B —*Sí, primero se mudará a Hollywood y logrará un papel importante. Será muy popular.*

Go **Online** to practice PearsonSchool.com/Autentico

PEARSON realize

WRITING SPEAK/RECORD

18

¿Qué lograrás?

ESCRIBIR ¿Qué harás en las siguientes situaciones? Completa las frases de una manera original usando el futuro.

Nota

Cuando una frase comienza con *si* + presente indicativo, generalmente es seguida de una frase que usa el futuro.

Modelo

Si ahorro mucho dinero, . . .
Si ahorro mucho dinero, podré viajar a Guinea Ecuatorial.

1. Si consigo el empleo de mis sueños, . . .
2. Si conozco a un(a) chico(a) que me gusta mucho, . . .
3. Si encuentro un millón de dólares en la calle, . . .
4. Si logro entrar en la universidad, . . .
5. Si me ofrecen estudiar en el extranjero, . . .
6. Si mis padres se mudan a otro estado, . . .
7. Si logro tener mi propia empresa, . . .
8. Si me piden trabajar como voluntario(a), . . .

19

Los trabajos del futuro

LEER, HABLAR EN PAREJA

1. ¿Qué profesiones serán importantes para el año 2036? Lee el artículo y haz una lista con un(a) compañero(a).
2. Expliquen de qué hablan las predicciones del artículo. Busquen ejemplos que apoyen estas opiniones.
3. Escojan dos profesiones y pregunta a tu compañero(a) por texto lo que él o ella piensa que se necesita para obtener estas carerras. Él o ella te responderá con su opinión y sus razones.

PROFESIONES DEL FUTURO

Según un artículo de la revista Forbes, entre las diez profesiones del futuro está el granjero eólico *(wind farmer)*, diseñador de vehículos alternativos y el nanomédico. Dicen también que los médicos, paramédicos, enfermeros, cocineros y maestros no perderán su importancia. Esto se debe a que las personas no dejarán de enfermarse y siempre necesitarán comer y estudiar. Incluso con el avance del tiempo estas profesiones tendrán más importancia que ahora.

Vocabulario en contexto 2

OBJECTIVES

Read, listen to, and understand information about

- Changes in technology
- The impact of technology on our lives

Ya vivimos en el futuro

La tecnología tiene un papel importante en el trabajo y el tiempo de **ocio**. Hoy podemos **curar** enfermedades y **prolongar** la vida de las personas. Además, con el uso de nueva tecnología, los científicos **han descubierto** nuevas **fuentes de energía** y mejores maneras de **comunicarse**, por ejemplo **vía satélite**.

Eduardo

Ana

la realidad virtual

Eduardo: ¡Qué fabuloso! La tecnología de **realidad virtual** es algo increíble.

Ana: Estoy de acuerdo. Es una experiencia **como si fuera** real. Pero hay muchos más inventos interesantes en el siglo 21.

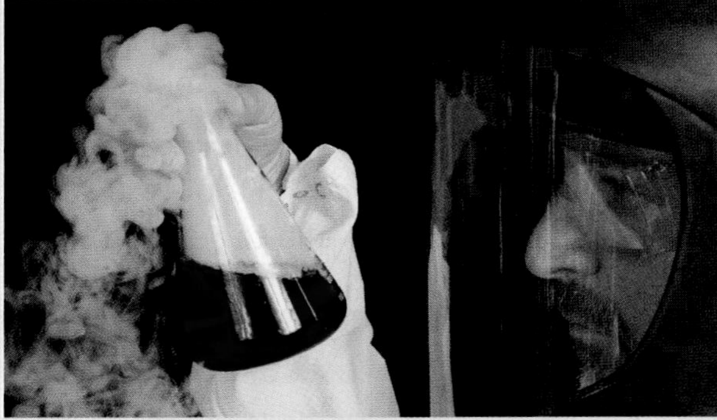

Ana: Eduardo, ¿sabías que en 2010, Berndnaut Smilde **inventó** nubes que pueden formarse adentro de las **viviendas** u otros lugares? Sé que **desaparecen** rápido, pero, qué interesante, ¿no?

Eduardo: Pues, no tanto. ¿Por qué necesito nubes en mi casa? Para mí **el invento** más espectacular es el coche híbrido porque no **contamina** y **reduce** nuestro impacto al medio ambiente. **Predigo** que pronto **reemplazará** a los coches con **motores** que usan gasolina.

AUDIO

WRITING

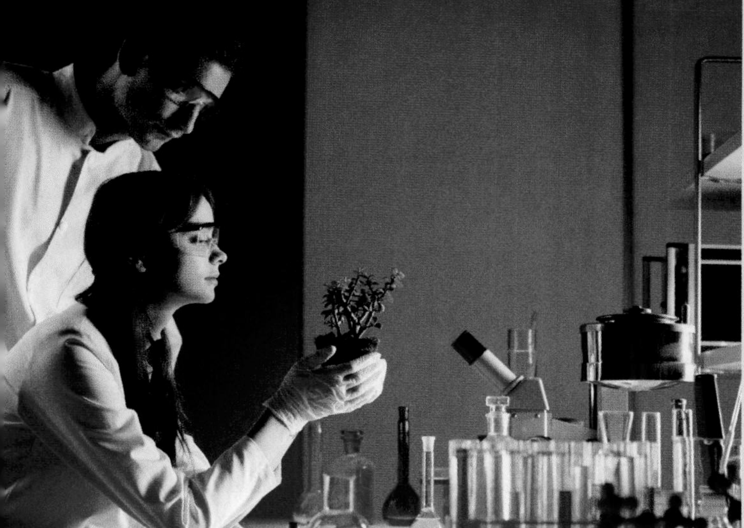

Ana: En medicina también hubo nuevos e interesantes **avances tecnológicos.**

Eduardo: Bueno, sé que ha habido avances con el estudio de **los genes** y **la genética** en general.

Ana: Me enteré que **de hoy en adelante** las personas sin uso de las piernas pueden usar un aparato robótico que les permita caminar.

Eduardo: ¡Fenomenal! Primero empezaron los robots en **las fábricas** y ahora los hay por todas partes. Ya estamos viviendo en el futuro.

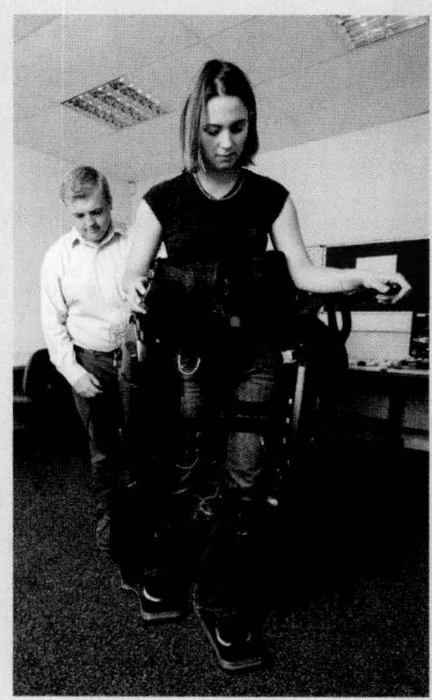

máquinas robóticas

20 Avances científicos

ESCUCHAR Escribe los números del 1 al 6. Vas a escuchar lo que se dice sobre unos avances científicos. Escucha cada frase y escribe si es lógica o ilógica.

21 ¿Qué invento te gusta?

ESCRIBIR Escribe un texto a un(a) compañero(a) y pregúntale sobre qué invento cree que es más útil y cuál le gustaría usar. Tu compañero(a) responde con su opinión.

9:00 AM

Tres campos que tienen futuro

Según estudios de los últimos años, para el año 2050 habrá desaparecido la mayoría de los trabajos que ahora existen. Aunque habrá demanda de médicos, abogados y economistas, estos son los campos con más futuro:

1 Informática Con el uso de las computadoras y de la Red, la informática es la profesión del futuro. Por todo el mundo, los ingenieros de sistemas y programadores se dedican al **desarrollo** de nuevos y mejores programas de computación.

2 Hospitalidad La hospitalidad se ha vuelto una **industria.** Habrá mucho trabajo en hoteles y empresas turísticas. Se necesitarán cocineros, agentes de viaje, camareros y administradores.

3 Servicios Las **empresas** en general tendrán menos empleados, pero necesitarán de los servicios de profesionales como vendedores, secretarios y diseñadores gráficos.

Las personas que trabajan en el campo de **mercadeo** desarrollan **estrategias** para vender **productos.**

La demanda de traductores **aumentará** porque habrá más comercio entre los diferentes países.

Agencia Traduce

TRADUCCIONES

- Traducciones bilingües: inglés-español y español-inglés
- Especializados en documentos legales, informes de mercadeo, libros científicos
- Servicio rápido y eficiente
- Traductores certificados

Tel: 111-555-5555
www.agenciatraduce.cr

22

Campos de trabajo

ESCUCHAR Escribe los números del 1 al 5 en una hoja de papel. Escucha la descripción de cada trabajo y escribe a qué campo se refiere.

23

¿Comprendiste?

ESCRIBIR, HABLAR

1. ¿Qué empleados(as) se necesitarán para ofrecer servicios a empresas?
2. Según lo que leíste, ¿cuál es la profesión del futuro? Parafrasea los detalles que te ayudan a explicar por qué crees eso.
3. ¿Por qué se necesitarán más traductores en el futuro?
4. ¿Por qué crees que habrá más demanda de empleados en la industria de la hospitalidad?
5. ¿Puedes describir una estrategia de mercadeo que se usa para vender un producto que conoces?

Vocabulario en uso 2

OBJECTIVES

- Read about technology and its application
- Discuss future technologies
- Talk and write about life in the near future

24

¿Nos ayudarán los robots?

ESCRIBIR Muchas personas creen que el uso del robot cambiará mucho nuestra vida en el futuro. Completa cada frase con la palabra correcta.

1. En el futuro, ¿nos darán los robots más tiempo para dedicarlo al _____ y al descanso?
   a. uso **b.** ocio **c.** avance
2. La _____ de las fábricas ya tienen o pronto tendrán robots para hacer gran parte del trabajo allí.
   a. máquina **b.** tecnología **c.** mayoría
3. La _____ para vender los robots al público será a través de la Red.
   a. estrategia **b.** informática **c.** vía satélite
4. Veremos robots en muchas _____ también. Los usarán en casas y apartamentos para los trabajos diarios.
   a. demandas **b.** viviendas **c.** enfermedades
5. Muchas personas que predicen el futuro creen que el robot será uno de los _____ tecnológicos más importantes del siglo.
   a. avances **b.** genes **c.** campos

25

Una vida diferente

ESCRIBIR ¿Qué piensas acerca de las computadoras? Completa el párrafo con las palabras o expresiones del recuadro.

el uso	reemplazar	predecir	la realidad virtual	los inventos
como si fuera	los avances	el campo	tener en cuenta	

Es imposible __1.__ el futuro, pero no hay duda de que __2.__ de la tecnología va a aumentar. Cada día, los ingenieros de sistemas escriben programas que cambian nuestra vida. Claro, las computadoras nunca van a __3.__ a las personas, pero __4.__ como __5.__, muestran cómo una computadora puede funcionar __6.__ una persona. Pero con todos __7.__ en __8.__ de la informática, es importante __9.__ que las computadoras nunca serán personas.

26

Las profesiones del mañana

LEER, ESCRIBIR, HABLAR EN PAREJA

1. En otro papel, escribe los números del 1 al 8. Escribe la información apropiada para cada espacio en blanco de la tabla.
2. Con otro(a) estudiante hablen de cuál o cuáles de esos trabajos recomiendan y por qué.
3. Habla con tu compañero(a) sobre la importancia de estas profesiones ahora y en el futuro.

Industria	Profesión	Servicio / Producto
transporte	*ingeniero*	**1**
medios de comunicación	**2.**	*teléfono celular*
finanzas	**3.**	*cajero automático*
4.	**5.**	*programa de computación*
medicina	**6.**	**7.**
8.	*mujer de negocios*	*estrategias para vender productos*

27

Y tú, ¿qué dices?

ESCRIBIR, HABLAR Imagina que vas a vivir solo(a) durante ocho semanas en un observatorio, en medio del desierto. Haz una lista de los aparatos, la tecnología o los inventos que te gustaría tener allí.

1. ¿Cuáles te parecen más importantes? ¿Cuáles crees que usarás más frecuentemente?
2. ¿Cuáles de esos aparatos o inventos crees que desaparecerán en el futuro? ¿Por qué?
3. ¿Cuáles crees que serán los mejores avances que verás en el futuro?
4. ¿Qué cosas piensas que habrá en el futuro que no te gustarán? ¿Qué crees que se puede hacer para evitarlas?

CULTURA El mundo hispano

Bachillerato Internacional El Bachillerato Internacional es un programa de estudios común para las escuelas preparatorias de América Latina y otros países. Actualmente[1], más de 4,276 colegios[2] de todo el mundo forman parte del programa. Tiene una gran ventaja[3] para los estudiantes que cambian de país con frecuencia ya que pueden ir, sin problemas, de un colegio que ofrece Bachillerato Internacional a otro.

Los programas se enseñan en el idioma del país. Por ejemplo, un estudiante de Francia que estudia en España tiene el mismo currículum que el de su país, pero lo aprende en español. El programa empezó en 1968 y es reconocido por universidades de todo el mundo. Busca la excelencia académica, desarrolla el pensamiento crítico y ayuda a la comprensión intercultural entre los jóvenes de todos los países.

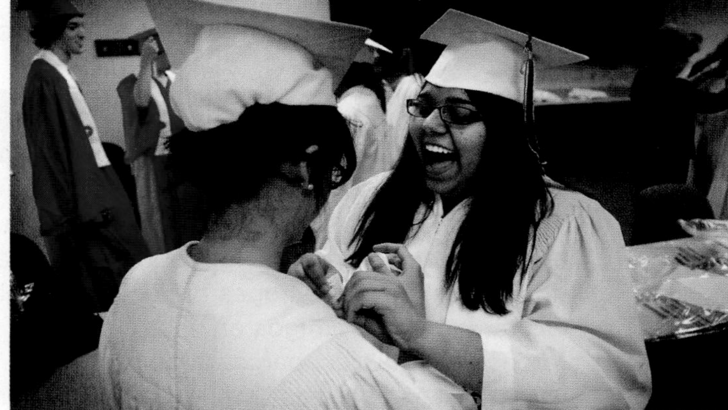

- ¿Has oído hablar del Bachillerato Internacional? ¿Conoces alguna escuela que ofrece este programa?
- ¿Qué opinas de un programa de estudios que es igual en todo el mundo? ¿Es buena idea? ¿Por qué? ¿Por qué no?

[1]Currently [2]high schools [3]advantage

28 Predicciones

ESCRIBIR, HABLAR EN PAREJA

1 Averigua qué piensan tus compañeros(as) sobre cómo será la vida en 50 años. Completa las siguientes preguntas con el futuro del verbo correcto.

aumentar	comunicarse	curar	desaparecer	descubrir
enterarse	inventar	prolongar	reducir	reemplazar

1. ¿Los robots _____ a los empleados de las fábricas?
2. En el campo de la medicina, ¿_____ a las personas que sufren de cáncer?
3. ¿_____ nosotros con extraterrestres?
4. ¿Nuevas medicinas _____ la vida hasta los cien años?
5. ¿Nuevos métodos tecnológicos _____ la contaminación del aire?
6. ¿_____ nosotros de las causas del cáncer?
7. ¿_____ las enfermedades, como el resfriado común?
8. ¿_____ los ingenieros nuevos aparatos que harán más fáciles los quehaceres diarios?
9. ¿Los autobuses eléctricos _____ el ahorro de gasolina?
10. ¿Los científicos _____ nuevas fuentes de energía en el medio ambiente?

2 Con otro(a) estudiante preparen respuestas para tres de las preguntas y expliquen por qué dieron esas respuestas.

29 Los futurólogos predicen . . .

LEER, HABLAR EN PAREJA

1 Lee estos fragmentos de un artículo sobre la vida en el año 2050.

LA VIDA EN EL 2050

Los futurólogos no son adivinos, son científicos que basan sus predicciones en el estado de la ciencia y la sociedad del presente. Predicen que en el 2050 los robots realizarán las tareas de la casa y toda clase de operaciones médicas. La realidad virtual nos permitirá visitar lugares o amigos en el otro lado del mundo, en segundos. La prensa escrita desaparecerá por completo y tambien los libros y revistas. Las energías limpias pasarán a ser comunes en nuestras vidas. Los carros y el transporte público serán eléctricos además de automáticos. También la realidad virtual tendrá muchas utilidades: por ejemplo, como una herramienta para aprender en las escuelas.

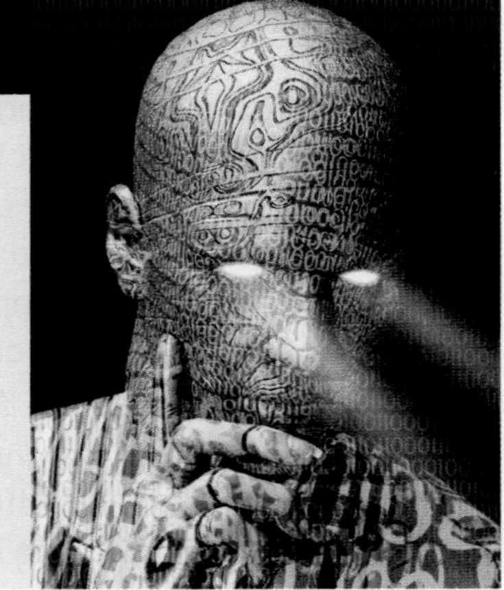

2 Habla con otro(a) estudiante sobre cómo será más fácil la vida y cómo podremos hacer más rápidamente las cosas, según el artículo.

3 Expliquen por qué son positivos o negativos los cambios que se mencionan en el artículo.

Gramática

OBJECTIVES
- Read about future accomplishments
- Discuss inventions and predictions

Go Online to practice PEARSON realize PearsonSchool.com/Autentico AUDIO VIDEO WRITING

El futuro perfecto

Use the future perfect tense to express what will have happened by a certain time. To form the future perfect, use the future of the verb *haber* with the past participle of the verb.

Here are all the future perfect tense forms of *inventar*:

habré inventado	habremos inventado
habrás inventado	habréis inventado
habrá inventado	habrán inventado

Para el año 2050 los científicos **habrán descubierto** otras fuentes de energía.
*By 2050, scientists **will have discovered** other energy sources.*

- The future perfect tense is often used with *dentro de* + time.

Dentro de cinco años, **habremos aprendido** mucho sobre la genética.
*In five years, we **will have learned** a lot about genetics.*

- You also use the future perfect tense to speculate about something that may have happened in the past.

—Laura no me llamó. ¿Qué le **habrá pasado**?
—**Se habrá enterado** de que no ibas.

—*Laura didn't call me. What **could have happened** to her?*
—***Perhaps she found out** you were not coming.*

¿Recuerdas?

Varios verbos tienen participios irregulares, como *escribir, escrito* y *volver, vuelto.* Los participios pasados de los verbos *descubrir* y *resolver* también son irregulares: *descubierto, resuelto.*

Más recursos ONLINE

Tutorials: Formation of Future Perfect
Use of Future Perfect
Canción de hip hop: *Los misterios del mundo*

30

¿Qué habremos logrado para el año . . .?

ESCRIBIR

1 Completa las siguientes predicciones con el futuro perfecto del verbo correcto.

1. En unos diez años, la mejor estudiante de geología de mi clase _____ *(descubrir / desaparecer)* nuevos materiales de la Luna.
2. Dentro de veinte años, nuestra amiga escritora _____ *(conseguir / permitir)* el Premio Nobel de Literatura.
3. Para las próximas Olimpiadas, mi patinadora favorita _____ *(inventar / reemplazar)* a la campeona mundial.
4. Si sigo estudiando, dentro de dos años _____ *(aumentar / eliminar)* mi vocabulario de español.

2 Envía un texto a un estudiante de tu clase y hazle 4 preguntas con algunos de los verbos de la Parte 1. El otro estudiante debe contestar tu texto expresando su opinión más allá de la vida diaria.

Más y más rápido

LEER, HABLAR EN PAREJA Muchas veces, pasan años antes de que la gente empiece a usar los inventos. Lee la tabla siguiente. Con otro(a) estudiante, piensa por qué unos inventos habrán tardado mucho *(taken a long time)* en usarse mientras que otros inventos habrán tardado poco. Escojan cuatro inventos y preparen explicaciones.

Videomodelo

electricidad / 46 años

A —*¿Por qué habrán pasado 46 años entre el invento de la electricidad y su uso masivo?*

B —*Habrá pasado mucho tiempo porque . . .*

▲ Coche antiguo

Más y más rapido		
Invento	**Fecha**	**Años para su uso masivo *(widespread)***
Electricidad	1873	46
Teléfono	1876	35
Coche	1886	55
Radio	1906	22
Televisión	1927	26
La Red	1991	7
Teléfono inteligente	1992	5
Tableta electrónica	1993	17

32

Predicciones para el año 2030

HABLAR EN PAREJA En grupos de cuatro, hagan predicciones para el año 2030. ¿Qué habrá pasado en el mundo? ¿Qué pasará? Piensen en sus metas, su escuela, su comunidad, sus viajes de vacaciones, los deportes, la moda y los alimentos.

Modelo

Para el año 2030, habré terminado una carrera y estaré trabajando como abogada.

Gramática

OBJECTIVES

- Read about plans for the future and advances in technology
- Talk about people and about giving things to other people

Uso de los complementos directos e indirectos

You already know the direct object pronouns *(me, te, lo, la, nos, os, los, las)* and the indirect object pronouns *(me, te, le, nos, os, les)* in Spanish.

When you use a direct and an indirect object pronoun together, place the indirect object pronoun before the direct object pronoun.

—Si necesitas un teléfono celular, yo **te lo** doy. ¿Quién **te** prestará la computadora?

—Octavio **me la** prestará.

When the indirect object pronoun *le* or *les* comes before the direct object pronoun *lo, la, los,* or *las,* change *le* or *les* to *se*. In these cases, you often add the prepositional phrase *a Ud., a él, a ella,* etc. or *a* + a noun or a person's name for clarification.

—¿A quién **le** comunicarán la noticia del descubrimiento?

—**Se la** comunicaremos **a Carlos**.

—José y Adela quieren leer los libros sobre el nuevo invento. ¿Puedes **prestárselos**?

When you attach two object pronouns to an infinitive, a command, or a present participle, you must add an accent mark to preserve the original stress.

—Quiero ver las fotos que van a usar para el mercadeo. **Dámelas**, por favor.

—No puedo **dártelas** hoy, espera hasta mañana.

33

Sobre el futuro

LEER, ESCRIBIR Completa las oraciones con los complementos apropiados.

1. Laura quiere que le preste mi libro sobre genética pero no *(se lo / me lo)* _____ voy a prestar.
2. ¿Viste el programa vía satélite sobre la importancia del español en el mundo? *(Se lo / Te lo)* _____ recomiendo.
3. No recibimos la información sobre los nuevos aparatos eléctricos. El gerente de la empresa dice que *(nos la / se la)* _____ enviará la próxima semana.
4. Sé que ustedes comprarán una televisión digital. *(Me la / Se la)* _____ pediré prestada.
5. Quiero leer el artículo sobre informática. ¿*(Me lo / Te lo)* _____ das?
6. Nos explicaron la tarea sobre las nuevas fuentes de energía que habrá en el 2040, pero no *(te la / nos la)* _____ explicaron muy bien.
7. Me compré un programa de realidad virtual. *(Se lo / Te lo)* _____ mostraré cuando vengas a casa.

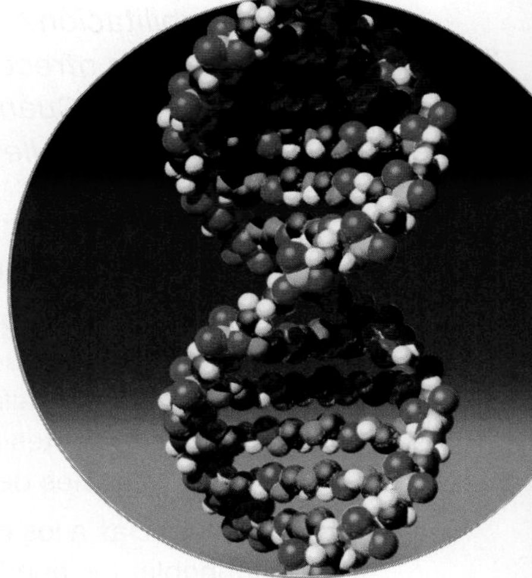
Una cadena de ADN

34 ¿Qué les darás?

HABLAR EN PAREJA

1. Imagina que vas a mudarte a un apartamento muy pequeño. Haz una lista de las cosas que no vas a necesitar y que les puedes regalar a tus amigos.
2. Intercambia tu lista con la de un(a) compañero(a). Tu compañero(a) te va a preguntar a quién le darás cada una de tus cosas.

Videomodelo

la televisión

A —*¿A quién le vas a dar la televisión?*

B —*Voy a dársela a Marta.*

35 ¿Qué les podemos ofrecer?

HABLAR EN GRUPO

1. Tú y tus amigos van a donar cosas a las siguientes personas que las necesitan. Para cada persona, escribe una cosa que le puedes ofrecer.

   Modelo

   un paciente de un centro de rehabilitación

   unas revistas o una novela

- un inmigrante que acaba de llegar
- una mujer sin hogar
- una persona de un hogar de ancianos
- un niño de un centro de rehabilitación

2. Trabaja con otro(a) estudiante. Hablen de las cosas que pueden ofrecer, cuándo las donarán y cómo las entregarán.

Videomodelo

A —*¿Qué le podemos ofrecer a un paciente de un centro de rehabilitación?*

B —*Le podemos ofrecer unos refrescos.*

A —*¡Buena idea! ¿Cuándo podemos llevárselos?*

B —*Se los podemos llevar este fin de semana.*

El español en la comunidad

Diarios digitales Las personas hispanohablantes en los Estados Unidos siempre han querido enterarse de las noticias de sus países de origen. Es lógico, allí tienen sus raíces y parte de sus familias. Algunas de las fuentes de información en español más usadas son los periódicos y canales de televisión en español de los Estados Unidos.

Además, gracias a los diarios digitales que hay en la Red, los hispanohablantes pueden leer periódicos de sus países todos los días.

La Red también les ofrece a los estudiantes de español la oportunidad de practicar el idioma y aprender sobre los países hispanohablantes. Pueden saber, por ejemplo, no sólo las noticias importantes de Quito, sino también qué restaurante está de moda, qué película es más popular o qué obra de teatro están poniendo. La Red hace del mundo un lugar verdaderamente pequeño.

36 Las cosas que traerá el futuro

HABLAR EN GRUPO, ESCRIBIR, ESCUCHAR

1. Trabaja con un grupo de tres o cuatro estudiantes. Escojan uno de los temas de la lista y hagan predicciones sobre ese tema. Luego, preparen una pequeña presentación para la clase. Mientras escuchan las presentaciones de los demás grupos, tomen notas.
   - la vivienda
   - la tecnología
   - las carreras
   - los medios de comunicación
   - el ocio
   - los alimentos

2. Con tu compañero(a), usen sus notas para intercambiar sus opiniones personales sobre lo que dijeron los demás grupos. Escriban algunas frases que digan si las predicciones de los(as) demás estudiantes son lógicas o ilógicas y por qué.

37 Cómo la televisión hizo historia

LEER, ESCRIBIR Pocos avances tecnológicos han tenido una influencia tan grande como la televisión. En México, la televisión ha sido un agente de cambio que ha jugado papeles muy diferentes en distintos momentos históricos.

Conexiones Las ciencias sociales

La primera transmisión de televisión en México para el público fue el 16 de mayo de 1935, y tuvo lugar en la sede[1] del partido político que gobernó[2] ese país por más de 70 años. Los líderes del partido pensaban que con la televisión en sus manos podían decidir qué ideas, noticias y opiniones iba a recibir el pueblo. Por mucho tiempo, la televisión fue un instrumento de los líderes del país.

- Envíale un mensaje de texto—más allá de la vida diaria—a un compañero(a) para preguntarle sobre su opinión del papel que juega la televisión en la política de los Estados Unidos. Tu compañero(a) te responderá con otro mensaje de texto.

[1]headquarters [2]ruled

Puente a la cultura

OBJECTIVES

- Read about the architecture of the future and the architects from the Hispanic world who are shaping it
- Compare and contrast different modern buildings
- Make predictions about the architecture of the future

La arquitectura del futuro

¿Te has preguntado alguna vez cómo serán los edificios del futuro? La mayoría de los arquitectos están de acuerdo en que serán más eficientes, mejores y más inteligentes pero, ¿qué quiere decir eso?

Seguramente, los edificios del futuro usarán menos ladrillo[1] y piedra, pues tendrán materiales como el titanio y las fibras de carbón y grafito[2], siguiendo el ejemplo de los aviones y coches. Cada vez habrá más edificios "inteligentes", en otras palabras, edificios en los que una computadora central controla todos los aparatos y servicios para aprovechar[3] mejor la energía eléctrica, la calefacción y el aire acondicionado en el interior.

El argentino César Pelli es uno de los arquitectos que diseñan edificios futuristas. Una de sus obras más importantes son las Torres Petronas, en Kuala Lumpur, Malasia, consideradas entre los edificios más altos del mundo. Estas torres, con su planta en forma de estrella y construídas de cristal, acero[4] y concreto, tienen un diseño que es a la vez futurista e influenciado por la arquitectura islámica.

Otro edificio futurista es el Faro del Comercio, en Monterrey, México, diseñado por el arquitecto mexicano Luis Barragán. La arquitectura de Barragán reúne en un mismo diseño líneas simples y modernas con el uso de colores, texturas y materiales que recuerdan la cultura popular mexicana y los colores de la naturaleza.

[1]brick [2]titanium, and carbon and graphite fibers [3]to utilize [4]steel

Estrategia

Look at Illustrations Pictures, photographs, and other graphics are often used to emphasize a written message.

You can anticipate what the content of a text will be by examining the illustrations.

The article on this page is about architecture. Look at the photos on these pages and think about the style of the buildings. What might the article be about?

Online Cultural Reading

Go to Auténtico ONLINE to read and understand a website with online classified advertising for employment opportunities.

Hotel Camino Real, México

Torres Petronas, Malasia

Faro del Comercio, México

La Ciudad de Nueva York

Ricardo Legorreta, otro reconocido arquitecto mexicano, ha diseñado el Hotel Camino Real en Polanco, México. La arquitectura de Legorreta se caracteriza por ambientes con diseños geométricos, una armoniosa combinación de espacio y color y un uso funcional y decorativo de la luz.

Un edificio que impresiona por su estilo futurístico es el intercambiador de transportes *(transit hub)* del World Trade Center en la Ciudad de Nueva York, diseñado por el arquitecto español Santiago Calatrava. Este edificio se destaca por su forma única que combina elementos de arte y arquitectura.

¿Comprendiste?

1. ¿Qué materiales se usarán para construir los edificios del futuro? ¿Por qué crees que se usarán esos materiales?
2. ¿Qué influencias se pueden ver en las Torres Petronas y en el Faro del Comercio? ¿Conoces algún edificio similar? Explica las razones para diseñarlo así.
3. Compara un edificio de estas páginas con algún edificio moderno que te guste. ¿En qué se parecen? ¿En qué se diferencian?

El futuro de tu comunidad

Usa la información del texto y las fotos para hacer predicciones sobre los edificios del futuro de tu comunidad. ¿Cómo será la escuela?, ¿la biblioteca?, ¿el hospital? Escribe un párrafo sobre alguno de esos edificios.

Videodocumentario La tecnología en la carrera de un profesional

Mapa global interactivo Explora dos ejemplos de arquitectura moderna en Monterrey y la Ciudad de México. Compáralos con edificios similares en tu ciudad o área.

Pre-AP® Integración

OBJECTIVES

- Listen to and read about professional careers
- Discuss professions and the necessary qualifications

¿Qué me cuentas?: Cuando sea mayor

Escucha cómo un profesor describe a sus estudiantes. Anota el nombre de cada estudiante mientras contestas las preguntas. Luego, lee las descripciones de carreras profesionales y decide qué carrera será apropiada para cada estudiante.

1 Vas a escuchar una serie de descripciones. Después de cada descripción, vas a oír dos preguntas. Escoge la respuesta correcta para cada pregunta.

1.	**a.** avances tecnológicos	**b.** programas de dibujos animados	**c.** productos de mercadeo
2.	**a.** insectos	**b.** medios de comunicación	**c.** cómo curar enfermedades
3.	**a.** el mercadeo	**b.** las comunicaciones	**c.** la medicina
4.	**a.** una gerente	**b.** una cocinera	**c.** una arquitecta
5.	**a.** un disco digital	**b.** una calculadora	**c.** un teléfono celular
6.	**a.** una contadora	**b.** una actriz cómica	**c.** una abogada

2 Ahora lee este artículo sobre carreras profesionales.

Considera > Carreras del futuro

Arquitecto de viviendas eficientes En el futuro, se buscarán arquitectos que tengan conocimientos de construcción y que hayan usado nuevas fuentes de energía en sus diseños.

Diseñador de juegos virtuales educativos En el futuro, los diseñadores tendrán que tener experiencia como programadores. Los candidatos ideales serán artísticos pero lógicos y cuidadosos en su trabajo.

Vendedores de productos tecnológicos Se necesitarán representantes amables y emprendedores. Estos vendedores tendrán que buscar nuevos clientes y ofrecerles nuevos productos. Será necesario que sean bilingües o hasta trilingües.

Gerentes de turismo y hotelería Se buscarán personas maduras que puedan tomar decisiones. Es importante que se lleven bien con todo tipo de clientes y que tengan un buen sentido de humor.

Científico Las empresas farmacéuticas necesitarán personas que estén informadas sobre los últimos avances tecnológicos de genética y que tengan experiencia en el campo de la medicina.

Contador Las compañías internacionales necesitarán contadores con conocimientos de finanzas y de leyes internacionales. Se buscarán personas capaces de trabajar en forma independiente. Será necesario que tengan experiencia en el extranjero.

3 Trabaja con un(a) compañero(a) y empareja cada estudiante del paso 1 con una carrera del paso 2. Considera estas preguntas: ¿Qué tendrá que estudiar cada estudiante para seguir esa carrera? ¿Qué cualidades y habilidades serán necesarias para esa carrera? Presenten su análisis a la clase. Usen las siguientes expresiones para conectar sus ideas. Recuerden de incluir detalles que apoyan su análisis.

así que	por lo tanto	mientras
además que	por eso	aunque

Presentación oral

OBJECTIVES

- Demonstrate how to give a speech about adapting a school's technology
- Map your speech using a main idea and supporting details

PearsonSchool.com/Autentico

Mi escuela del futuro

TAREA Imagina que dentro de 10 años regresas a tu escuela y que serás el(la) nuevo(a) director(a). ¿Qué cambios harás para adaptar la escuela a los nuevos avances tecnológicos? Tienes que preparar un discurso para decir lo que harás.

1 Prepárate Responde a las preguntas sobre los cambios que harás en tu escuela. Usa una tabla como ésta.

¿Quiénes darán las clases y cómo las darán?	
¿Qué materias enseñarán?	
¿Qué cambios harás en el edificio?	
¿Cómo harán sus tareas los estudiantes?	
¿Cómo se comunicarán los estudiantes?	

2 Practica Vuelve a leer la información de la tabla. Recuerda:

- usar oraciones conectadas con detalles y elaboración
- mirar directamente al público al hablar
- usar los tiempos futuros y el vocabulario del capítulo

Modelo

Los estudiantes podrán estudiar desde sus casas. Por las tardes, un robot ayudará a todos los estudiantes con sus tareas. Cada estudiante tendrá una computadora muy avanzada, casi humana . . .

3 Haz tu presentación Imagina que las personas que escuchan no saben cómo será tu escuela en el futuro. Descríbeles la situación y narra con detalles y elaboración las cosas que harás para adaptar tu escuela a los avances del futuro. Usa oraciones conectadas.

4 Evaluación Se utilizará la siguiente rúbrica para evaluar tu presentación.

Rubric	Score 1	Score 3	Score 5
How well your information is organized	Your ideas are undeveloped or not addressed at all.	You tend to skip around from idea to idea.	Your ideas are presented in a logical, planned order.
How well you support your main ideas	Your supporting evidence is absent.	Some of your supporting evidence is weak.	All your main ideas are supported with interesting details.
How effectively you deliver your speech	You read your speech. You have no eye contact with the audience and little or no intonation.	You make some eye contact. You use intonation, but not convincingly.	You have good eye contact with the audience. Your intonation helps get the message across.

Estrategia

Mapping your speech using main idea and details To organize a speech you can *map* it in advance. Think of your presentation as an organized way to communicate your ideas. You should start with an opening statement of the main idea. Then, use the items in the chart you wrote as subtopics. As you speak, introduce each subtopic one at a time, and elaborate on it by adding details. End your presentation with a closing statement that reinforces the main idea or your opinion about it.

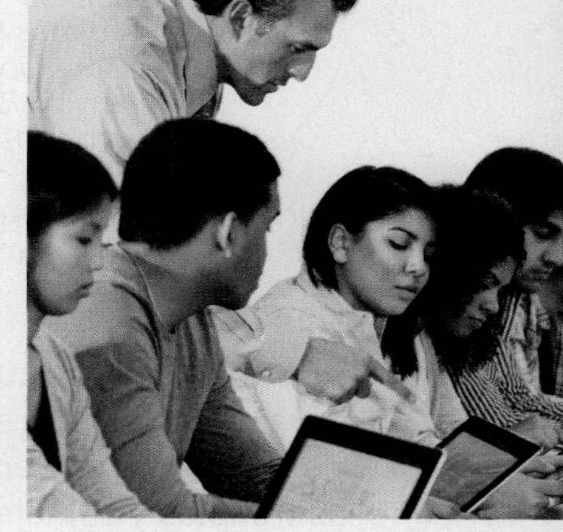

Presentación escrita

OBJECTIVES

- Write a comparison of the past and the present
- Use a Venn diagram to organize similarities and differences

El futuro según el presente

El futuro es siempre incierto *(uncertain)*. Tenemos una idea de lo que sucederá pero no podemos estar completamente seguros de ello. Podemos hacer predicciones. Para la gente que vivió en tiempos pasados el futuro también fue incierto. Escoge un período del pasado y compáralo con el presente. Escribe un ensayo *(essay)* con tus comparaciones, teniendo en cuenta la pregunta: "¿El futuro será siempre mejor que el presente?"

1 Antes de escribir Usa un diagrama como éste para anotar las semejanzas y las diferencias *(similarities and differences)* entre el período del pasado que escogiste y el presente.

2 Borrador Escribe tu borrador en forma de ensayo. Comienza con la pregunta de la introducción y presenta las épocas *(time periods)* que vas a describir. Explica las diferencias y semejanzas entre los dos períodos, según lo que escribiste en el diagrama de Venn. Usa expresiones como *pero* y *sin embargo* para comparar y contrastar.

Modelo

Muchas veces nos preguntamos si el futuro será mejor que el presente. Esa pregunta no la podemos responder ahora, porque no sabemos lo que pasará. ← **Introduction to present the topic**

Por ejemplo, si comparamos el siglo XIX con el presente, encontraremos que éstos son dos momentos de la historia muy diferentes. La gente del siglo XIX no sabía lo que iba a ocurrir en el futuro; pero nosotros tampoco lo sabemos. En el siglo XIX no había . . . ← **Details of the past**

Comparison of the past and the present →

El mundo siempre tiene problemas diferentes; sin embargo, siempre habrá un futuro. Por eso . . . ← **Conclusion** on how the past and the present are similar

Estrategia

Compare and contrast If you want to compare issues, use signal words to mark their similarities and their differences. You can say, for instance, *"En el pasado había muchas enfermedades, pero hoy, con los avances en la medicina, podemos curarlas"* or *"Antes, los viajes tardaban mucho tiempo, pero ahora tardan sólo unas horas."* Other expressions are: *"Antes . . . pero ahora . . .", "en el pasado, ambos . . . y hoy . . .", "ni entonces ni ahora . . . ."* Signal words give you clues about the structure of the passage.

Go **Online** to practice PEARSON realize | PearsonSchool.com/Autentico WRITING

3 Redacción/Revisión Después de escribir el primer borrador de tu ensayo, intercambia tu trabajo con el de otro(a) estudiante. Léanlos y hagan sugerencias sobre cómo mejorarlos. Decidan qué aspectos de los ensayos son más o menos efectivos. Fíjense en cómo el escritor del modelo conectó las oraciones e incluyó detalles en su ensayo. Hagan sugerencias sobre cómo mejorar los ensayos.

Haz lo siguiente: Subraya con una línea los verbos en presente y con dos los verbos en futuro.

- ¿Hay concordancia entre los verbos y el sujeto?
- ¿El presente y el futuro están empleados correctamente?

Muchas veces ~~preguntamos~~ (nos preguntamos) si el futuro ~~es~~ (será) mejor que ~~presente~~ (el presente). No sabemos lo que pasarán en 50 años. Ignoramos lo que se habrá descubierto entonces. Esa pregunta no la ~~podremos~~ (podemos) responder ahora, ya que . . .

4 Publicación Antes de escribir la versión final, lee de nuevo tu borrador y repasa los siguientes puntos:

- ¿Sigue mi ensayo un orden lógico?
- ¿Comparé claramente los dos períodos?
- ¿Añadí detalles a mis descripciones?
- ¿Usé oraciones conectadas con detalles y elaboración?
- ¿La conclusión es resultado de lo que dice el ensayo?

Después de revisar el borrador, escribe una copia en limpio de tu ensayo.

5 Evaluación Se utilizará la siguiente rúbrica para evaluar tu presentación.

Rubric	Score 1	Score 3	Score 5
Completion of task	Your main idea is unclear, not stated, or not developed.	Your main idea is stated, but development is weak.	Your main idea is clearly stated and developed.
Development of comparison and contrast	Your essay does not present two time periods for comparison and contrast.	You presented two time periods, but few details are compared or contrasted.	You compared and contrasted time periods clearly with good use of supporting detail.
Sentence structure/ grammar, spelling, mechanics	Your sentences run on or are fragmented with many grammar, spelling, mechanics errors.	You used sentences consistently. You have some grammar, spelling, and/or mechanics errors.	Your sentence structure is correct and varied with few grammar, spelling, mechanics errors.

Lectura

OBJECTIVES

- Read and understand a short story about today's world
- Use context to infer the meaning of unknown words
- Express your opinion about virtual education

Estrategia

Coping with unknown words When you encounter a word you don't know, try to infer its meaning from the context of the sentence. If you can't guess the meaning, skip the word and continue reading. If the word is essential and the reading doesn't help you understand it, look it up in the dictionary.

Al leer

Vas a leer un cuento de Ángel Balzarino, escritor argentino nacido en 1943. Al leer el cuento verás que el autor no nos explica dónde ocurre la acción, ni nos dice claramente quiénes son o qué hacen los personajes. De esta manera, el autor añade un elemento de suspenso. Lee el cuento una primera vez para tener una idea general de lo que pasa. Luego, copia la tabla que aparece al final de la lectura. Mientras lees por segunda vez, completa la tabla. Presta atención a los siguientes puntos:

- quiénes son los personajes
- las emociones de los personajes al principio del cuento
- la importancia de trabajar y la satisfacción de un trabajo bien realizado
- el final sorprendente (*surprising*)

Rosa

—¡Hoy es el día! —el tono de Rosa expresó cierta zozobra[1], la sensación de una derrota[2] ineludible—. ¿Por qué habrán decidido eso?

—Nadie lo sabe, querida —respondió Betty.

—Así es. Son órdenes[3] superiores —Carmen pareció resignada[4] ante esa realidad—. Simplemente debemos obedecer.

Aunque la explicación resultaba clara y sencilla, no logró convencer a Rosa. Ya nada la consolaría[5]. Ahora solo deseaba sublevarse[6], expresar abiertamente la indignación que sentía desde hacía una semana, cuando le comunicaron la orden increíble de sacarla de allí.

[1]uneasiness, anxiety [2]defeat [3]orders [4]resigned [5]would comfort [6]to revolt

—¡No quiero separarme de ustedes! —ahora su voz tuvo el carácter de un ruego angustioso[7]—. ¡No puedo aceptarlo!

—Nosotras tampoco lo deseamos, Rosa.

—Posiblemente te lleven a un sitio más importante —dijo Carmen dulcemente, tratando de animarla—. Tus antecedentes son extraordinarios. Sin duda los han tenido en cuenta para esa resolución.

—Por supuesto —confirmó Betty—. ¿Adónde te gustaría trabajar ahora?

Se produjo un largo silencio; embargada[8] por la duda, Rosa demoró[9] una respuesta concreta, como si aún no hubiera contemplado esa posibilidad.

—No lo sé. No tengo ambiciones. Me gusta estar aquí.

—Pero ya estuviste mucho tiempo, ¿no te parece?

—Tal vez sí. ¡Cuarenta y tres años! —la pesadumbre[10] de Rosa se transformó de pronto en una ráfaga de orgullo[11]—. Fui la primera que empezó a trabajar en el Control de Datos Generales. Siempre me encargaron las tareas más complicadas. Nunca tuve un problema, nadie me ha hecho una corrección.

—Lo sabemos, Rosa.

—¡Una trayectoria realmente admirable!

—Por eso querrán trasladarte. Necesitarán tus servicios en otra parte. Quizá te lleven al Centro Nacional de Comunicaciones.

Las palabras de Betty reflejaron un vibrante entusiasmo, casi tuvieron una mágica sonoridad[12]. Trabajar en ese lugar constituía un hermoso privilegio. A pesar de ser un anhelo[13] común, todas comprendían que eran remotas las posibilidades de realizarlo, como si debieran recorrer un camino lleno de escollos[14]. Preferían, tal vez para evitar una desilusión, descartar la esperanza[15] de ser escogidas.

—A cualquiera le gustaría estar allí —dijo Rosa sin énfasis—. Pero creo que ya soy demasiado vieja.

—Precisamente por eso te habrán escogido —dijo Betty con fervor—. Para trabajar allí se necesita tener mucha experiencia.

—Las cosas están cambiando, Rosa —confirmó Carmen—. Todo se presenta bajo un aspecto nuevo, casi sorprendente. Es un proceso de reestructuración. Ellos parecen decididos a dar a cada cosa el lugar que le corresponde. Sin duda comprendieron que era hora de darte una merecida recompensa[16].

—Quizá tengan razón —dijo Rosa modestamente—. Cuarenta y tres años de eficiente labor tienen un gran significado. Aunque nunca me interesó recibir un premio. Simplemente me dediqué a trabajar de la mejor manera.

—Siempre serás un ejemplo para nosotras, Rosa.

—Nadie será capaz de reemplazarte. Estamos seguras.

—Sin embargo, desearía saber a quién pondrán en mi lugar.

[7]anguished plea [8]overwhelmed [9]delayed [10]sorrow [11]burst of pride

[12]harmony [13]yearning [14]stumbling blocks [15]to leave aside any hope [16]deserved reward

Las palabras de Rosa quedaron de repente superadas[17] por el ruido de unos pasos cada vez más cercanos; entonces, algo sobresaltadas[18] por esa señal que parecía anunciar una grave amenaza[19], las tres se quedaron a la expectativa.

—¡Allí vienen!

—Sí —Rosa no se preocupó en disimular su consternación—. ¡Ha llegado el momento!

Carmen y Betty se vieron contagiadas[20] por ese estado de ánimo; después, con forzada exaltación, sólo pudieron decir a modo de despedida:

—¡Mucha suerte en tu nuevo trabajo, Rosa!

La puerta se abrió de repente y cuatro hombres jóvenes, de cuerpos esbeltos y vigorosos, entraron en el lugar donde se amontonaban[21] diversas máquinas y pantallas a las que las luces incandescentes les daban un aspecto limpio, reluciente, casi de implacable frialdad[22].

[17]overcome [18]alarmed [19]serious threat [20]infected [21]piled up [22]coldness

—¿Cuál es? —preguntó uno de ellos.

El Suplente pasó lentamente la vista a su alrededor, en una especie de reconocimiento, hasta que extendió una mano.

—Aquélla. Se la conoce con el nombre de Rosa.

Los tres hombres se acercaron con pasos firmes y decididos hacia la computadora más grande, cuyo material parecía algo deteriorado por el uso y los años.

—¿La llevamos al lugar de costumbre?

—Sí, a la Cámara[23] de Aniquilación.

—Está bien.

Mientras los hombres llevaban la vieja y pesada computadora, el Suplente fue a ocupar su puesto. Entonces no pudo evitar una franca sonrisa de seguridad, de absoluto triunfo al comprender que ya estaba a punto de finalizar la Era de las Máquinas.

[23]Chamber

Interacción con la lectura

1 Llena la tabla con información del cuento.

ELEMENTOS DEL CUENTO	
nombre del personaje principal	
dos palabras que describen al personaje	
una frase que dice cuál es el problema	
una frase que dice cuál es el final	

2 Trabaja con un grupo de estudiantes para comentar lo que escribieron en sus tablas.

- Parafrasea la idea principal del cuento. Incluye el tema y los detalles que la apoyan.
- Carmen dice que quizás lleven a Rosa a un lugar más importante. ¿Lo habrá hecho porque lo cree o para animar a Rosa?
- ¿Cómo apoyan a Rosa sus compañeras? ¿Te parece que así debe ser?
- ¿Cuál será el futuro de Rosa? ¿Por qué habrá dicho que no tiene ambiciones?
- ¿Qué te parece el final del cuento? ¿Te parece optimista o pesimista? Explica por qué.

3 Trabaja con tu grupo para buscar palabras de la lectura que no conocían o no recordaban. Hablen sobre cómo lograron determinar o recordar el significado de esas palabras para entender mejor la lectura.

4 Y tú, ¿qué piensas? ¿Somos en realidad "arquitectos de nuestro propio futuro"? ¿O crees que otras personas deciden todo por nosotros?

CULTURA México

La Nueva Escuela Virtual del Departamento de Educación de México sigue buscando maestros. En su Salón Virtual el maestro creará sus grupos de estudiantes y dará sus clases totalmente en línea.

Los interesados deben tener habilidades para el trabajo con computadoras, y tener cuentas (*accounts*) privadas de acceso a la Red.

- ¿Crees que en el futuro toda la educación será a distancia?
- ¿Cuáles serán las ventajas (*advantages*) de estos cursos? ¿Cuáles serán las desventajas?
- ¿Has pensado alguna vez en tomar clases a distancia? ¿Conoces alguna universidad o escuela que las ofrezca?

Auténtico

Partnered with 

La banca del futuro

Antes de ver

Usa la estrategia: Resumir *(summarize)*

Mira la imagen. ¿Qué relación puede tener con la banca del futuro? Al ver el video, haz pausas para resumir lo que has entendido. Al final, parafrasea el tema, las ideas principales y los detalles.

Lee el vocabulario clave

banca = banking
ahorros = savings
préstamos = loans
canalizar = to channel
a corto plazo = short-term
accionistas = shareholders
ganancias = profit
vocación de servicio = spirit of service
inversión = investment

Ve el video

¿Cómo crees que serán los banqueros del futuro? ¿Qué habilidades y talentos especiales deberán tener? ¿Qué servicios ofrecerán?

Ve a **PearsonSchool.com/Autentico** para ver el video ***La banca del futuro*** y conocer una interesante perspectiva sobre cómo serán los banqueros del mañana.

Haz las actividades

Mientras ves Mientras ves el video, pon mucha atención a los dibujos animados y al texto que ves en la pantalla porque te servirán de guía para inferir el significado de las palabras que no conoces. Toma notas de las ideas y los detalles que te ayuden a parafrasear cada parte. Guíate por estas preguntas:

- ¿Qué se compara en el video?
- ¿Cuál es el propósito del video?
- ¿Por qué se representa a la banca convencional en blanco y negro y a la banca del futuro como mujer y a color?

Integración

Después de ver Vuelve a ver el video y contesta estas preguntas.

1. Haz una tabla de dos columnas. En la primera, anota tres características del banquero convencional y en la segunda tres características del banquero del futuro.
2. Usa la información de la tabla para parafrasear el video. Incluye el tema, los detalles y las ideas principales.
3. Explica cómo los dibujos animados del video te ayudaron a inferir el significado de la frase "obtener las máximas ganancias".

 **For more activities, go to the Authentic Resources Workbook.**

Desafíos mundiales y trabajos del futuro

Expansión Busca estos recursos en *Auténtico* en línea y contesta las preguntas.

 **6 Auténtico**

Integración de ideas ¿De qué manera los trabajos del futuro podrán contribuir a solucionar algunos de los desafíos *(challenges)* mundiales que enfrentamos hoy?

Comparación cultural ¿Crees que el trabajo de los banqueros es similar en América Latina y Estados Unidos? Justifica tu respuesta con datos del video y tus concimientos previos.

Repaso del capítulo

OBJECTIVE

▶ Review the vocabulary and grammar

Vocabulario

profesiones y oficios

el / la abogado(a)	lawyer
el / la arquitecto(a)	architect
el / la banquero(a)	banker
el / la científico(a)	scientist
el / la cocinero(a)	cook
el / la contador(a)	accountant
el / la diseñador(a)	designer
la empresa	business
las finanzas	finance
el hombre de negocios, la mujer de negocios	businessman, businesswoman
el / la ingeniero(a)	engineer
el / la jefe(a)	boss
el / la juez(a) *pl.* **los jueces**	judge
el / la peluquero(a)	hairstylist
el / la programador(a)	programmer
el / la redactor(a)	editor
el / la traductor(a)	translator

cualidades

ambicioso, -a	ambitious
capaz	able
cuidadoso, -a	careful
eficiente	efficient
emprendedor, -a	enterprising
maduro, -a	mature

verbos

ahorrar	to save
aumentar	to increase
averiguar	to find out
comunicarse	to communicate
contaminar	to pollute
curar	to cure
dedicarse a	to dedicate oneself to
desaparecer	to disappear
descubrir	to discover
desempeñar un cargo	to hold a position
diseñar	to design
enterarse	to find out
graduarse (u → ú)	to graduate
hacerse	to become
inventar	to invent
lograr	to achieve, to manage (to)
mudarse	to move to
predecir	to predict
prolongar	to prolong, to extend
reducir (zc)	to reduce
reemplazar	to replace
seguir una carrera	to pursue a career
tomar decisiones	to make decisions
traducir	to translate

sustantivos asociados con el futuro

el aparato	gadget
el avance	advance
el desarrollo	development
la enfermedad	illness
la fábrica	factory
la fuente de energía	energy source
el gen, *pl.* **los genes**	gene
la genética	genetics
el invento	invention
la máquina	machine
la mayoría	the majority
los medios de comunicación	media
el ocio	free time
la realidad virtual	virtual reality
tecnológico, -a	technological
el uso	use
vía satélite	via satellite
la vivienda	housing

otras palabras y expresiones

así que	therefore
además de	in addition to
casado, -a	married
como si fuera	as though it were
de hoy en adelante	from now on
haré lo que me dé la gana	I'll do as I please
por lo tanto	therefore
próximo, -a	next
soltero, -a	single
tener en cuenta	to take into account

Más recursos PearsonSchool.com/Autentico

 Games  Flashcards Instant check Tutorials

campos y carreras del futuro

el campo	field
la demanda	demand
la estrategia	strategy
la hospitalidad	hospitality
la industria	industry
la informática	information technology
el mercadeo	marketing
el producto	product
el servicio	service

Gramática

el futuro

To express the future in Spanish, you can use *ir* + *a* + infinitive, the present tense, or the future. For most verbs, attach the endings (*-é, -ás, -á, -emos, -éis, -án*) to the infinitive.

pasar *to pass*

pasar**é**	pasar**emos**
pasar**ás**	pasar**éis**
pasar**á**	pasar**án**

comer *to eat*

comer**é**	comer**emos**
comer**ás**	comer**éis**
comer**á**	comer**án**

pedir *to ask*

pedir**é**	pedir**emos**
pedir**ás**	pedir**éis**
pedir**á**	pedir**án**

Other verbs have irregular stems in the future but have the same endings as the regular verbs.

haber	**habr-**
hacer	**har-**
saber	**sabr-**
tener	**tendr-**
poder	**podr-**
decir	**dir-**
salir	**saldr-**
querer	**querr-**
poner	**pondr-**
venir	**vendr-**

el futuro de probabilidad

In Spanish the future tense can express uncertainty or probability in the present.

¿Qué hora **será**? *(I wonder what time it is.)*

el futuro perfecto

Use the future perfect tense to express what will have happened by a certain time. To form the future perfect, use the future of the verb *haber* with the past participle of the verb.

pasar *to pass*

ha**bré** pasado	ha**bremos** pasado
ha**brás** pasado	ha**bréis** pasado
ha**brá** pasado	ha**brán** pasado

el uso de los complementos directos e indirectos

The indirect object pronoun goes before the direct object pronoun.

Te los traduciré. (los libros)

In the third person, the indirect objects *le / les* become *se* before the indirect objects *lo / la, los / las.* You can add the prepositional phrase a *Ud., a él, a ella,* etc., or *a* + a noun / name for clarification.

Se los traduciré a ella.

When the object pronouns are attached to an infinitive, a command, or a present participle, you must add an accent mark to keep the stress: *traducírmelos, tradúcemelos, traduciéndomelos.*

Repaso del capítulo

OBJECTIVE

▶ Demonstrate that you can perform the tasks on these pages

Preparación para el examen

1 Vocabulario

Escribe la letra de la palabra o expresión que mejor complete cada frase. Escribe tus respuestas en una hoja aparte.

1. Tengo que ______ qué cursos ofrecen en la universidad.
   a. desarrollar c. inventar
   b. averiguar d. prolongar
2. Después de terminar sus estudios, mi hermano piensa ______ a otro estado.
   a. dedicarse c. enterarse
   b. mudarse d. comunicarse
3. Cuando una persona sabe hacer algo bien, se dice que es ______.
   a. capaz c. madura
   b. entrometida d. sincera
4. Gracias a ______ como el teléfono celular podemos comunicarnos desde muchos lugares.
   a. aparatos c. campos
   b. transportes d. servicios
5. Los avances en la genética harán posible curar ______.
   a. la contaminación c. las enfermedades
   b. las viviendas d. el ocio
6. La ______ te permite vivir una experiencia como si fuera real.
   a. vivienda c. realidad virtual
   b. genética d. informática
7. A Jorge le gusta resolver problemas y tomar decisiones sin ayuda. Es muy ______.
   a. emprendedor c. honesto
   b. cuidadoso d. puntual
8. Creo que ______ me voy a dedicar a la medicina.
   a. así que c. tener en cuenta
   b. de hoy en adelante d. como si fuera

2 Gramática

Escribe la letra de la palabra o expresión que mejor complete cada frase. Escribe tus respuestas en una hoja aparte.

1. El año próximo ______ mi sueño de viajar por todo el mundo.
   a. realicé c. realizo
   b. realizaré d. estoy realizando
2. Andrés quiere ser traductor. El año que viene ______ en las Naciones Unidas.
   a. trabaja c. está trabajando
   b. trabajará d. trabajaba
3. No tengo reloj. ¿Qué hora ______?
   a. estará c. será
   b. saldrá d. era
4. Si necesitas un texto de genética, yo ______ prestaré.
   a. te la c. se lo
   b. te los d. te lo
5. ¿Vio usted el programa sobre los inventos del siglo XX? ______ prestaré.
   a. Se lo c. Me lo
   b. Se la d. Te la
6. Quiero ver las fotos que sacaste ayer. ______ por favor.
   a. Dámelas c. Déle
   b. Dáselas d. Déselas
7. Dentro de 20 años, ya ______ otras fuentes de energía.
   a. habrán descubierto c. descubrieron
   b. han descubierto d. están descubriendo
8. Para el año 2020, muchos aparatos que ahora se usan ya ______.
   a. han desaparecido c. están desapareciendo
   b. desaparecen d. habrán desaparecido

Más recursos PearsonSchool.com/Autentico

 Games  Flashcards 
Tutorials

En el examen vas a . . .	Éstas son las tareas de práctica que te pueden ser útiles para el examen . . .	Para repasar, ve a tu libro de texto impreso o digital . . .
Interpretive		
 **3 ESCUCHAR** Yo puedo escuchar y comprender una conversación entre dos jóvenes.	Félix y Carmen hablan sobre sus planes para el futuro. Escucha su conversación y di (a) qué intereses y habilidades tiene cada uno; (b) cuáles son sus planes para después de graduarse de la escuela secundaria; (c) cuáles son sus sueños para su carrera.	**pp. 262–264** *Vocabulario en contexto* 1 **p. 263** Actividad 1 **p. 264** Actividad 3 **p. 265** *Videohistoria* **p. 279** Actividad 22 **pp. 298–299** *Auténtico*
Interpersonal		
 **4 HABLAR** Yo puedo hablar de mis preferencias y de lo que quiero hacer en el futuro.	Imagina que te entrevistas con una consejera que te ayudará a decidir qué carrera debes estudiar y a qué universidad debes ir. Explícale cuáles son tus intereses y cualidades, qué trabajo te gustaría tener, qué sueños quieres realizar, qué quieres lograr, en fin, explícale qué quieres hacer con tu vida.	**p. 268** Actividad 9 **p. 269** Actividad 10 **p. 271** Actividad 12
Interpretive		
 **5 LEER** Yo puedo leer y comprender las predicciones de un futurólogo.	Lee este fragmento del artículo de un futurólogo. ¿Esta persona cree que el futuro será mejor o peor que el presente? ¿Por qué? *En el futuro viviremos en paz, pues en unos años habrá nuevos inventos y aparatos que permitirán una mejor comunicación entre las personas. Además, gracias a ciencias nuevas como la informática y la genética, en 50 ó 60 años no habrá hambre ni enfermedades. Todos vivirán 100 años y trabajarán mucho menos que nosotros.*	**pp. 276–279** *Vocabulario en contexto* 2 **p. 280** Actividad 25 **p. 282** Actividades 28, 29 **p. 287** Actividad 36
Presentational		
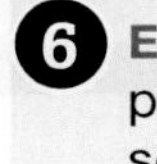 **6 ESCRIBIR** Yo puedo escribir sobre los avances que habrá en el futuro.	Escribe sobre los principales avances y problemas que crees que habrá en los 50 años que vienen. Di dos cosas que crees que habrán ocurrido. ¿Cómo cambiará la vida de la gente? ¿Cuáles serán los problemas más difíciles que tendrán que resolver?	**p. 277** Actividad 21 **p. 279** Actividad 23 **p. 281** Actividad 27 **p. 283** Actividad 30
Comparisons		
 **7 COMPARAR** Yo puedo comparar la actitud de los jóvenes norteamericanos con la de algunos jóvenes españoles que prefieren vivir con sus padres al terminar de estudiar.	Piensa por qué te gustará o no te gustará vivir con tus padres cuando termines tus estudios. Compara tus razones con las de algunos jóvenes españoles.	**p. 267** *Cultura* **p. 272** Actividad 15 **p. 292** *Presentación escrita*

A ver si recuerdas

OBJECTIVES

- Talk and write about places you visited or would like to visit
- Make positive and negative statements

Vocabulario

acciones
buscar
dejar
descubrir
encontrar
explicar
impresionar
investigar
olvidar
perder
representar

construcciones
el castillo
el edificio
la escalera
la escultura
la figura
la fuente
el monumento
el palacio
la plaza
el templo

lugares
el bosque
el desierto
el mar
las montañas
el océano
el río
la selva tropical
el valle

descripciones
antiguo, -a
enorme
hermoso, -a
histórico, -a
impresionante
increíble
moderno, -a

materiales
el oro
la piedra
el plástico
la plata
el vidrio

1 El viaje ideal

ESCRIBIR, HABLAR EN PAREJA

1. Haz una lista de:
   - dos lugares que visitaste o te gustaría visitar
   - dos construcciones que puedes encontrar en esos lugares
   - tres palabras que describan cada lugar
2. Intercambia tu lista con un(a) compañero(a). Hablen sobre por qué escogieron esos lugares, cómo son y qué se encuentra allí.

Go **Online** to practice
PEARSON realize™

PearsonSchool.com/Autentico

VIDEO

WRITING

SPEAK/RECORD

Gramática

Las construcciones negativas

Here are some affirmative and negative words that you already know. Remember that they are antonyms.

AFFIRMATIVE

alguien	*someone*
algo	*something*
alguno, alguna *(pron.)*	*some*
algún, alguna *(adj.)*	*some*
algunos, algunas *(pron., adj.)*	*some*
siempre	*always*
también	*also*

NEGATIVE

nadie	*no one*
nada	*nothing*
ninguno, ninguna *(pron.)*	*none, not any*
ningún, ninguna *(adj.)*	*no, not any*
ningunos, ningunas *(pron., adj.)*	*none, not any*
nunca	*never*
tampoco	*neither, either*

- *Alguno, alguna, algunos, algunas*, and *ninguno, ninguna* have the same number and gender as the noun they modify.
- When *alguno* and *ninguno* come before a masculine singular noun, they become *algún* and *ningún*.

- To make a sentence negative in Spanish, put *no* in front of the conjugated verb.

  No pudieron encontrar **nada**.

- If a sentence begins with a negative word, like *nunca* or *nadie,* you don't need to use the word *no* in front of the verb.

Nunca investigaron bien el interior del templo.

Más recursos ONLINE

Tutorial: Indefinite and Negative Expressions

2 ¿Qué pasó?

HABLAR EN PAREJA Tu hermano vuelve a casa después de un viaje. Túrnate con tu compañero(a) para contestar sus preguntas en negativo.

Videomodelo

A —¿Me llamó alguien por teléfono?
B —*No, nadie te llamó*.

1. ¿Pasó algo interesante?
2. ¿Vino algún amigo a verme?
3. Y Susana, ¿vino a verme?
4. ¿Llegó alguna carta para mí?

3 Una carta sin noticias

LEER Escoge la expresión adecuada para este mensaje electrónico.

¡Hola Isabel!

¡Qué pena! No tengo __1.__ *(algo/nada)* para contarte. He estado estudiando y no ha pasado __2.__ *(nada/nadie)* interesante. No he visto a __3.__ *(alguien/nadie)*. No he ido a __4.__ *(nada/ninguna)* parte. ¡Estoy muy aburrida!

Saludos, Laura

A ver si recuerdas

OBJECTIVES
- Talk and write about animals and nature
- Talk about similar people and things

Vocabulario

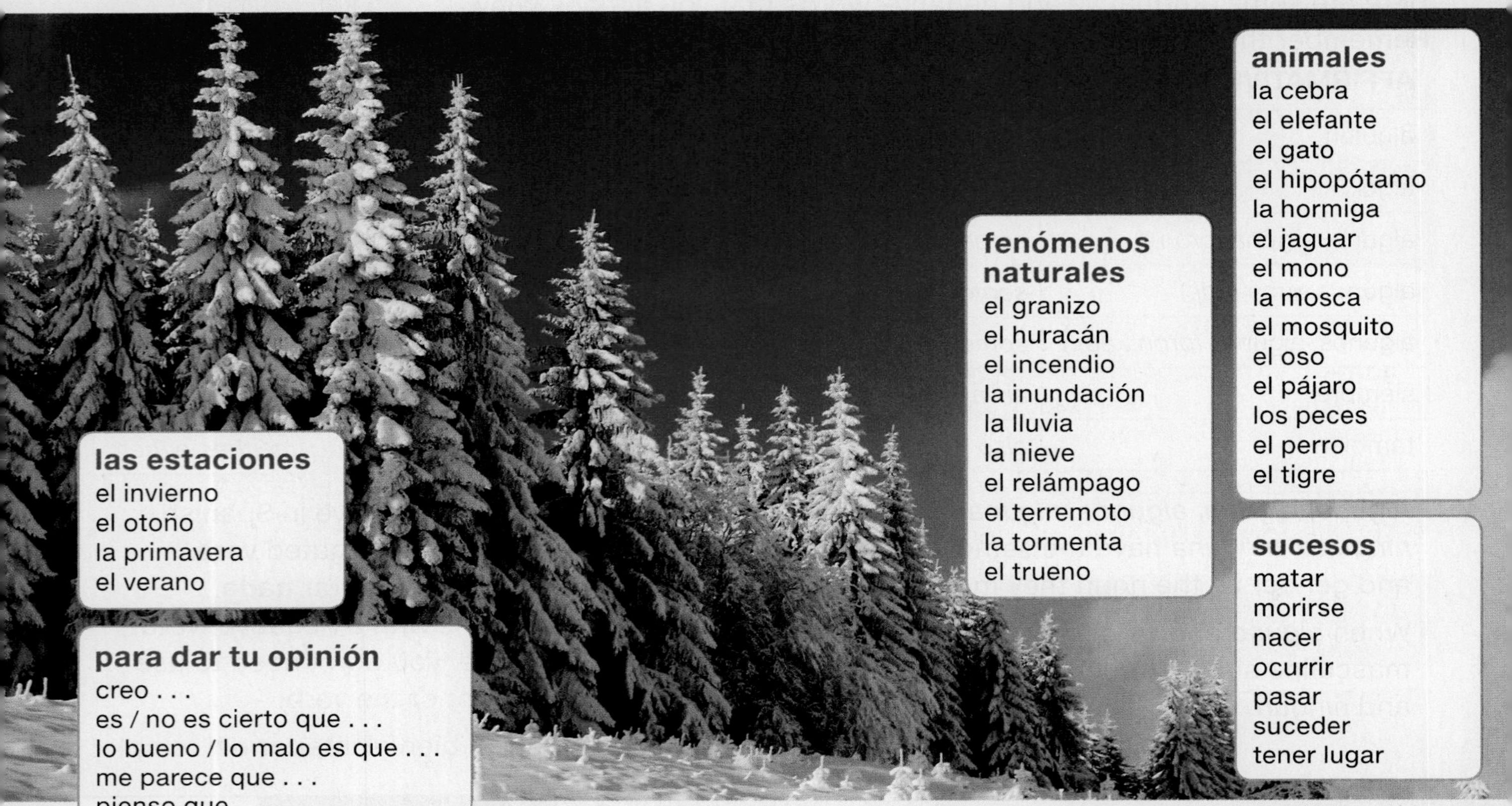

animales
la cebra
el elefante
el gato
el hipopótamo
la hormiga
el jaguar
el mono
la mosca
el mosquito
el oso
el pájaro
los peces
el perro
el tigre

fenómenos naturales
el granizo
el huracán
el incendio
la inundación
la lluvia
la nieve
el relámpago
el terremoto
la tormenta
el trueno

las estaciones
el invierno
el otoño
la primavera
el verano

sucesos
matar
morirse
nacer
ocurrir
pasar
suceder
tener lugar

para dar tu opinión
creo . . .
es / no es cierto que . . .
lo bueno / lo malo es que . . .
me parece que . . .
pienso que . . .

4 Una descripción

ESCRIBIR Escoge dos animales de la lista. Luego, con un(a) compañero(a), copien en una hoja de papel una tabla como el ejemplo. Escriban los animales que han escogido y las características de cada uno.

Animal favorito
Lugar donde vive
Fenómeno natural que lo afecta
Tu opinión sobre el animal

5 Dónde y cuándo

Trabaja con otro(a) estudiante para emparejar cada descripción con el fenómeno de la naturaleza que corresponde. Luego escoge dos de esos fenómenos y escribe una frase diciendo cuándo y dónde sucedió cada uno.

1. lluvia, truenos y relámpagos
2. luz muy viva producida en una tormenta
3. ruido fuerte que se oye en una tormenta
4. viento muy fuerte y violento

a. trueno
b. tormenta
c. huracán
d. relámpago

Go **Online** to practice

PEARSON realize™

PearsonSchool.com/Autentico

VIDEO

WRITING

SPEAK / RECORD

Gramática

Los adjetivos usados como sustantivos

When you talk about two similar things in Spanish you can avoid repeating the noun by using the adjective as a noun.

¿Qué prefieres, los edificios antiguos o **los modernos?**
¿Quieres un gato blanco o **uno gris?**

- In both cases the noun is dropped in the second part of the sentence, and the definite *(el, la, los, las)* or indefinite article *(un, una, unos, unas)* comes before the adjective.
- The adjective agrees in gender and number just as if the noun were still there; also the indefinite article *un* becomes *uno* when it is not followed by the noun.

No me gustan los edificios antiguos ni **los modernos.**
No quiero un gato blanco ni **uno gris.**

- The same applies to a prepositional phrase beginning with *a, de,* or *para.*

¿Prefieres las esculturas de la derecha o **las de la izquierda?**
¿El informe es para esta semana o **para la próxima?**

A masculine singular adjective can be made into a noun by placing *lo* before it.

Lo bueno del verano es que tenemos vacaciones.

6

En el zoológico

LEER, ESCRIBIR Dos amigos visitan el zoológico. Completa su conversación con *el, la, los, las* o *lo*.

A. —¿Vamos a la sección de los pájaros o a __1.__ de los reptiles?
B. —A mí me gusta más __2.__ de los reptiles.
A. —¡Mira ese cocodrilo! ¿No es impresionante?
B. —¿Cuál, __3.__ más grande?
A. —No, __4.__ pequeño. Para mí, __5.__ más interesante son sus dientes.
B. —A mí, __6.__ que más me interesa es no acercarme demasiado.

7

Madre y niño

HABLAR EN PAREJA Una mamá le ofrece cosas a un niño, pero él quiere algo diferente. Con un(a) compañero(a) hagan los papeles de la mamá y del niño.

Videomodelo
querer / helado de chocolate / (vainilla)

A —*¿Quieres un helado de chocolate?*
B —*¡No, quiero uno de vainilla!*

1. comprar / el globo rojo / (azul)
2. conseguir / un perrito pequeño / (grande)
3. comer / los dulces de fresa / (de limón)
4. ponerse / los pantalones largos / (cortos)

CAPÍTULO 7

¿Mito o realidad?

CHAPTER OBJECTIVES

Communication

By the end of the chapter you will be able to:

- Listen and read about archeology and Pre-Columbian legends
- Talk and write about mysterious events
- Provide logical explanations for unexplained phenomena

Culture

You will also be able to:

- Understand mysteries of past civilizations in Latin America
- Provide reasonable explanations for Pre-Columbian myths
- Compare cultural products in an authentic audio recording about Machu Picchu

You will demonstrate what you know and can do

- Presentación oral: Tu descubrimiento científico
- Presentación escrita: Tu leyenda

You will use

Vocabulary

- Discoveries
- Myths, legends, and unexplained phenomena
- Expressions of doubt
- Descriptions of the shapes and size of objects
- The universe

Grammar

- Present subjunctive and present perfect subjunctive with expressions of doubt
- Uses of *pero* and *sino*
- Subjunctive with adjective clauses

ARTE y CULTURA México

Diego Rivera, el gran pintor mexicano, basó su obra en temas políticos y sociales. Siempre tuvo un gran interés por la historia de su país, y muchas de sus pinturas representan elementos históricos. Estos elementos son una forma de honrar y preservar la herencia *(heritage)* cultural de las antiguas civilizaciones prehispánicas. En este caso, se puede apreciar un detalle del fresco "La civilización totonaca", que muestra a los jefes de los poztecas con las pirámides al fondo.

▶ ¿Qué construcciones indígenas conoces en los Estados Unidos? ¿Dónde están?

Detalle de "La civilización totonaca", (1950), Diego Rivera ▶

Go **Online** to practice
PEARSON realize

PearsonSchool.com/Autentico

AUDIO | VIDEO | WRITING | SPEAK/RECORD | MAPA GLOBAL | AUTÉNTICO | FLASCHARDS | ETEXT 2.0 | GAMES

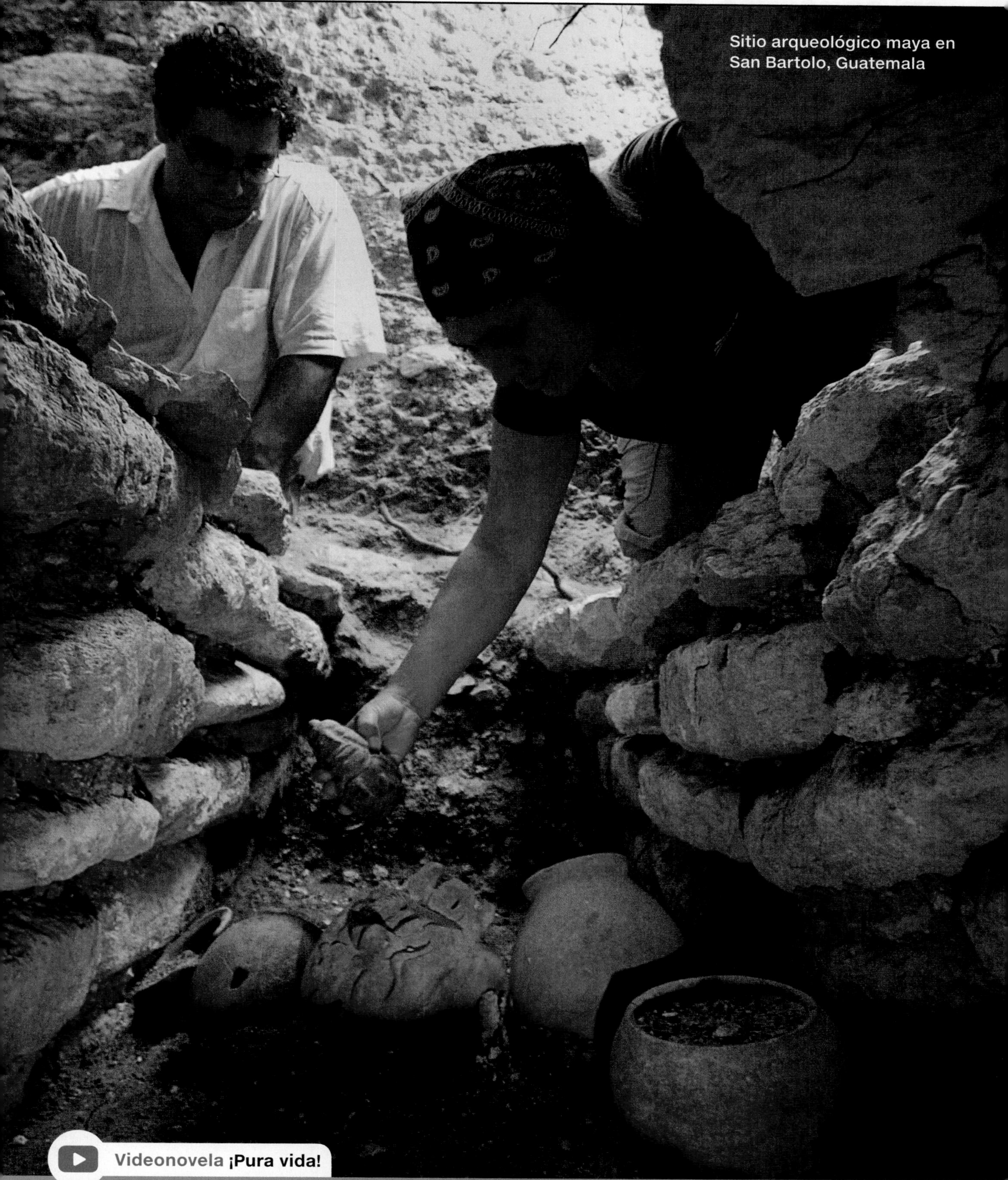

Sitio arqueológico maya en San Bartolo, Guatemala

Videonovela **¡Pura vida!**

Vocabulario en contexto 1

OBJECTIVES

Read, listen to, and understand information about

- What archeologists do
- Archeological mysteries of other civilizations

¡Visita México! ¡Es increíble!

Mi papá es **arqueólogo**. Papá elige ciudades antiguas para explorar, **excavar** y descubrir cosas del pasado. Esta vez fuimos a la Ciudad de México. Caminamos por el Centro Histórico de la ciudad. Vimos muchas **ruinas**, a poca **distancia** una de otra. Ellas representan **una civilización** muy antigua, la azteca. Los aztecas son uno de los **pueblos** que **existieron** allí entre los años 1325 y 1521.

1

En 1988, allí se encontró el Cuauhxicalli de Moctezuma, una gran piedra en forma de **círculo** con **diseños geométricos**, de un gran **diámetro**. Me fascinó. Decidí **trazar** un dibujo en mi cuaderno para no olvidarlo. Su **función** era mostrar las conquistas de los aztecas. Esta piedra pesaba más de 24 **toneladas**.

Caminas un poco más y llegas al Museo de la Ciudad. En una de sus esquinas, puedes ver una cabeza de serpiente con un gran ojo en forma de **óvalo**. Para los aztecas, la serpiente era un dios.

Go Online to practice PEARSON realize
PearsonSchool.com/Autentico
AUDIO SPEAK/RECORD

3

Más adelante aun, puedes ver el edificio de la Catedral. En 1790, en la Catedral, se encontró una figura de piedra que representaba Coatlicue, la madre de los dioses. Papá quiso calcular cuánto medía. Medía 250 **centímetros** de **alto** y 160 centímetros de **ancho**, con una base de 115 centímetros de **largo**.

¡Fue un viaje inolvidable! El año próximo iremos **al observatorio** de Chichén Itzá desde donde los aztecas miraban los movimientos del Sol y de **la Luna**. Allí visitaremos **las pirámides, estructuras** que parecen **triángulos** con **rectángulos** encima.

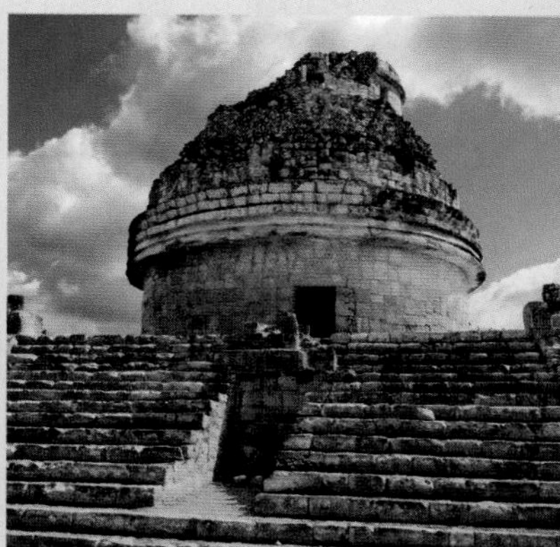

1 ¿Qué hicieron Tomás y su padre?

ESCUCHAR En una hoja escribe los números del 1 al 6. Escucha las frases. Escribe *C* si la frase es cierta o *F* si la frase es falsa.

2 Somos arqueólogos

ESCRIBIR, HABLAR EN PAREJA Imagina que quieres ser arqueólogo(a). Con un compañero(a) desarrolla un plan que incluya adónde vas a ir y qué pasos debes seguir para completar una investigación sobre las civilizaciones antiguas. Luego, hablen sobre sus planes.

Modelo

A —*Voy a la ciudad de México. Visitaré el Templo Mayor, el museo y en la biblioteca buscaré información sobre los aztecas.*

B —*Voy a pedir un mapa en la casa de turismo y haré una lista de los lugares que quiero conocer.*

Natalia es arqueóloga y está visitando las ruinas de Machu Picchu, en Perú. Le manda mensajes a su papá, quien también es arqueólogo.

Natalia

Papá

Natalia: ¡Papá, no te imaginas lo que es ver esta **misteriosa** ciudad en persona! ☺

Papá: ¡Me imagino! El **misterio** que **cubre** a esta ciudad está sin **resolver.**

Natalia: Es **inexplicable** cómo los incas juntaron las piedras de sus estructuras, **ya que** no hay ninguna **evidencia** que muestre cómo lo hicieron. 😐

Papá: Hay personas que creen que los extraterrestres los ayudaron, ¡desde una **nave espacial!** A los científicos les parece muy **improbable.**

Natalia: Para mí, lo más **probable** es que los incas tuvieran una técnica secreta para construir. ¡Y tampoco me explico cómo construyeron los edificios **redondos**!

Papá: Sí, eso es un **fenómeno** muy **extraño**, y **dudo** que tú y yo vayamos a resolver el misterio en esta conversación.

Natalia: De acuerdo, papá. Voy a explorar más esta tarde. Hablamos mañana.

edificio redondo

La visita de Natalia a Machu Picchu

ESCRIBIR Lee las frases. Escribe *C* (cierto) si la frase es correcta o *F* (falso) si es incorrecta.

1. Natalia piensa que Machu Picchu es una ciudad misteriosa.
2. El papá de Natalia dice que hay evidencias de cómo se construyó la ciudad.
3. Natalia cree que una nave espacial llegó a Machu Picchu.
4. En Machu Picchu hay algunas estructuras redondas.

Videohistoria

Go Online to practice PEARSON realize PearsonSchool.com/Autentico

AUDIO VIDEO WRITING SCRIPT

La ciudad perdida

Antes de ver

Usar conocimientos previos Piensa en lo que ya sabes sobre las ruinas que han quedado de las grandes civilizaciones del pasado. Piensa también en cómo los artistas han ilustrado esas civilizaciones. Usa esos conocimientos para inferir palabras desconocidas y entender mejor la Videohistoria que verás.

Haz la actividad

Descripción Observa las fotos. Escribe un párrafo corto en el que describas lo que ves y cómo crees que se relacionan estas fotos con el tema de este capítulo.

Ve el video

Seba llama a su grupo de amigos para compartir con ellos una gran noticia. ¿De qué se tratará?

Ve a **PearsonSchool.com/Autentico** para ver el video ***La ciudad perdida.*** También puedes leer el guión.

Después de ver

ESCRIBIR Contesta las siguientes preguntas:

1. ¿Qué noticia quería Seba darles a sus amigos?
2. Parafrasea lo que Seba cuenta sobre la Ciudad Perdida.
3. ¿Qué indígenas construyeron la Ciudad Perdida?
4. ¿Quién es Mabú? ¿Por qué lo creó Seba?
5. ¿Qué relación tiene Seba con los arhuacos?

Comparación cultural Piensa en una civilización real o mítica sobre la que has aprendido. Compárala con la civilización que Seba describe.

Vocabulario en uso 1

OBJECTIVES
- Talk and read about archeology
- Discuss the legend of Atlantis

4 A recordar palabras

LEER, ESCRIBIR Completa cada analogía con una palabra correcta del recuadro. Sigue el modelo.

triángulo	astrónomo	medir	centímetro
arqueóloga	línea	óvalo	

Modelo
cierta : verdad :: inexplicable : ***improbable***

1. cortar : papel :: trazar : ____
2. kilo : pesar :: centímetro : ____
3. reloj : círculo :: huevo : ____
4. laboratorio : científico :: observatorio : ____
5. el peso : tonelada :: el largo : ____
6. puerta : rectángulo :: pared de una pirámide : ____
7. enseñar : maestra :: excavar : ____

5 ¡A viajar!

LEER, ESCRIBIR

1. Imagina que quieres irte de viaje con tu familia. Completa este anuncio de un viaje arqueológico usando las palabras del recuadro.

redondas	arqueólogos	que
se excavaron	probable	extraños
misterios	cubría	existen

2. ¿Qué otro misterio arqueológico te gustaría visitar? ¿Por qué?
3. Haz una lista de tres cosas interesantes que puedes ver en un viaje como éste.

Viaje Arqueológico

Los <u>1.</u> de los mayas

¿Sabías que. . .

. . .todavía <u>2.</u> muchas estructuras antiguas <u>3.</u> estaban construidas de piedra?

. . .la tierra <u>4.</u> muchos monumentos importantes haste que <u>5.</u> ?

. . .hay sitios misteriosos y <u>6.</u> con piedras perfectamente <u>7.</u> ?

Explora las ruinas del Yucatán y de Centroamérica con un equipo de <u>8.</u> en la selva tropical. Visita Cobá, uno de los sitios más antiguos de los mayas. Ve a Tulum y disfruta de las aguas azules del Caribe.

¡Es muy <u>9.</u> que te diviertas!

Viajes Paraíso
calle 55, esquina Lago
Ciudad de México, México

6

Preguntas de arqueólogos

HABLAR EN PAREJA Un buen arqueólogo se hace muchas preguntas. Trabaja con un(a) compañero(a) para hablar de las fotos y los dibujos de los lugares en las páginas 310 a 313. Sigue el modelo.

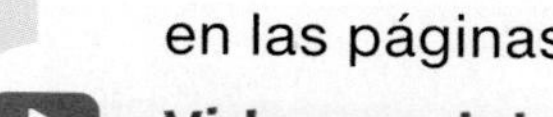

Líneas de Nazca

Videomodelo

líneas de Nazca / ¿quiénes trazaron?

A —*¿Quiénes trazaron las Líneas de Nazca?*

B —*Los extraterrestres las trazaron, según algunas personas.*

Estudiante A

1. observatorio / ¿qué miraban?
2. la gran piedra de Moctezuma / ¿qué tipo de dibujos muestran?
3. el Cuauhxicalli / ¿cuánto pesa?
4. las paredes de la pirámide / ¿qué forma tienen?
5. Coaticlue, figura de piedra / ¿qué representaba?
6. las ruinas de Machu Picchu / ¿cuál era el misterio?

Estudiante B

triángulo
más de 24 toneladas
cómo unieron las piedras para formar las paredes
la madre de los dioses
diseños geométricos
los movimientos del Sol y de la Luna

7

Juego

ESCRIBIR, HABLAR EN GRUPO Tú y tus compañeros(as) van a jugar al juego de las veinte preguntas. Cada estudiante piensa en un objeto sin decir lo que es y sus compañeros tienen que hacerle preguntas que sólo pueden ser contestadas con *sí* o *no*.

1 Cada estudiante escribe una descripción de un objeto de la sala de clases. Pueden usar las palabras del recuadro.

está hecho(a) de	pesa	mide	el ancho	el alto	el largo
óvalo	círculo	triángulo	rectángulo	redondo	sirve para

2 Los estudiantes hacen preguntas para identificar el objeto. El (La) estudiante que identifica el objeto gana dos puntos.

Modelo

¿Tiene el objeto más de 20 centímetros de largo?
¿Tiene forma redonda?

Nota

Para expresar en español el largo, ancho o alto de un objeto, puedes usar estas mismas palabras precedidas por la preposición **de**.
El monumento mide tres metros **de alto** y dos metros **de ancho.**

8

La Atlántida

LEER, ESCRIBIR, HABLAR EN GRUPO

1 Lee el siguiente artículo sobre el misterio de la Atlántida.

www...

La Atlántida

¿Un misterio o un hecho histórico?

"Una rica civilización, con unos hermosos edificios, que se hundió[1] y quedó cubierta por el mar en menos de 24 horas". Así describió el filósofo griego Platón a la gran isla de Atlántida, y a la vez, empezó la leyenda del continente perdido.

Muchas personas dicen que fue una civilización imaginaria. Otros creen que existió de verdad.

Según los estudios, es posible que la misteriosa Atlántida no haya estado en el océano Atlántico como pensaba Platón. Es probable que la isla de Creta de Minos haya sido la Atlántida. La civilización de Creta se derrumbó[2], inexplicablemente, en la cumbre[3] de su desarrollo hacia el año 1500 a.C. Esos mismos estudios dicen que por la misma época el volcán Thera, cerca de la isla de Creta, provocó una ola[4] gigantesca que la cubrió por completo.

¿Hay mucho parecido entre el relato de Platón y el fin de Creta? ¿Te parece extraña esta coincidencia? La verdad es que, por ahora, es sólo un misterio más que sigue sin resolverse.

[1]sank [2]collapsed [3]peak [4]wave

2 Ahora contesta las preguntas sobre lo que dice el artículo.

1. ¿De qué trata el artículo?
2. ¿Qué es la Atlántida y qué creen las personas acerca de la Atlántida?
3. ¿Qué sucedió con Creta?
4. ¿En qué se relacionan Creta y la Atlántida?
5. ¿Habías visto o leído antes algo sobre la Atlántida, en películas, documentales, dibujos animados, libros o artículos? ¿Qué explicación se daba allí? ¿Era parecida a la de este artículo?

3 En grupo, comenten lo que dice la leyenda. ¿Cuántos creen que es cierta? ¿Creen que hay suficiente evidencia de que la Atlántida realmente existió?

9

Compara los misterios

HABLAR EN PAREJA, ESCRIBIR

1 Trabaja con un(a) compañero(a). Hagan una lista de los misterios que han estudiado hasta ahora en el capítulo. Añadan otros misterios que conozcan.

2 Escojan dos misterios y compárenlos. ¿En qué se parecen? ¿En qué se diferencian? Pueden usar un diagrama de Venn como el siguiente para compararlos.

3 Usando el diagrama de Venn, escriban frases para comparar los misterios.

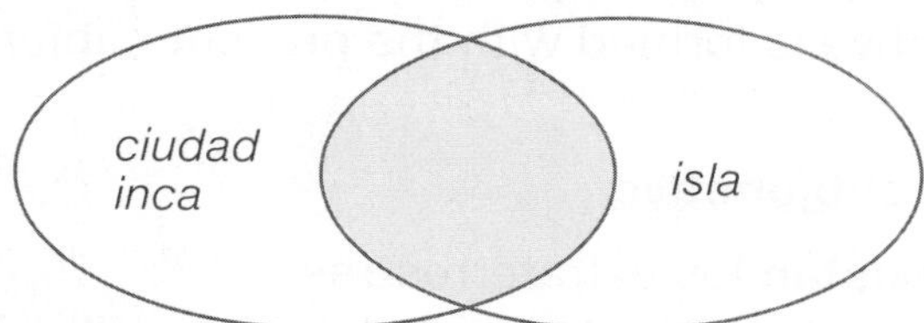

10

Y tú, ¿qué dices?

ESCRIBIR, HABLAR

1. ¿Cuánto crees que pesa tu pupitre? ¿Y el escritorio del (de la) profesor(a)? ¿Y un árbol?
2. ¿Qué objeto o edificio en los Estados Unidos tiene el alto de una pirámide? ¿Qué río crees que es el más largo del mundo?
3. ¿Cuál es mayor, el diámetro de la Luna o el de la Tierra? ¿Y qué distancia crees que es mayor, la de la Tierra al Sol o la de la Tierra a la Luna?
4. Busca formas geométricas en la clase. ¿Qué cosas tienen forma de rectángulo, triángulo, círculo u óvalo?

Ampliación del lenguaje — Familias de palabras

Muchas veces podemos averiguar el significado de una palabra si conocemos otras palabras de la misma familia. Observa la relación entre las siguientes palabras. Luego completa las frases.

1. La piedra es muy ______. ______ 20 kilos.
2. Nadie puede ______ ese fenómeno. Es ______.
3. Es ______ que él es el criminal. La ______ lo acusa.
4. Voy a participar en un concurso de ______. Debo ______ un coche súper moderno.

verbo	sustantivo	adjetivo
calcular	la calculadora	
cubrir		cubierto(a)
diseñar	el diseño	
dudar	a duda	dudoso(a)
	la evidencia	evidente
explicar	la explicación	inexplicable
	el fenómeno	fenomenal
funcionar	la función	
medir	la medida	
	el misterio	misterioso(a)
pesar	el peso	pesado(a)

Gramática

OBJECTIVES

- Expressing doubt and uncertainty about facts
- Discuss mysterious phenomena

El presente y el presente perfecto del subjuntivo con expresiones de duda

To express doubt, uncertainty, or disbelief about actions in the present, you use the present subjunctive. To express doubt, uncertainty, or disbelief about actions in the past, you use the present perfect subjunctive. Recall that the present perfect subjunctive is formed with the present subjunctive of *haber* and a past participle.

doubt, uncertainty		subjunctive
Dudo que . . . **Es posible** que . . . **Es dudoso** que . . .	+	**existan** los extraterrestres *extraterrestrials* ***exist, do exist, will exist***
disbelief		
No creo que . . . **Es imposible** que . . .	+	**hayan existido** los extraterrestres *extraterrestrials* ***existed, have existed***

Expressions of belief, knowledge, or certainty are usually followed by the indicative.

Creo que . . . **Estoy segura** que . . . **Es evidente** que . . . **Es verdad** que . . . **Sabemos** que . . . **No dudo** que . . .	+	ésas **son** ruinas mayas

Más recursos ONLINE

Tutorial: Use of Present Perfect Subjunctive

Canción de hip hop: *La Atlántida*

11 Lo dudo

LEER, ESCRIBIR Jorge está leyendo en línea un artículo de arqueología. Completa lo que piensa con el presente del indicativo o el presente del subjuntivo.

1. Dudo que los arqueólogos _____ donde no exista evidencia de otras civilizaciones. (*excavar*)
2. Es improbable que una persona _____ trazar los diseños incas. (*poder*)
3. Es posible que las ruinas _____ muchas toneladas. (*pesar*)
4. No creo que los científicos _____ el diámetro de una estructura sin ver antes la evidencia. (*calcular*)
5. Es imposible que el antiguo observatorio _____ más que un edificio moderno. (*pesar*)
6. Estoy seguro de que los científicos _____ capaces de resolver misterios. (*ser*)

AUDIO

VIDEO

WRITING

12 ¿Qué opinas?

ESCRIBIR, HABLAR EN PAREJA Trabaja con un(a) compañero(a) para dar su opinión sobre algunas teorías sobre las pirámides y otras estructuras antiguas. Usen frases de las dos columnas en un correo electrónico.

Modelo

Los extraterrestres construyeron las pirámides en México.
Dudo que los extraterrestres ***hayan*** *construido las pirámides porque . . .*

Columna A

Los extraterrestres han transportado las piedras de Machu Picchu.

Los incas construyeron Machu Picchu para protegerse de las invasiones.

El Coaticlue está sentado en una nave espacial.

La piedra de Moctezuma tiene dibujos geométricos.

Atlántida fue en realidad la isla de Creta de Minos.

Columna B

Dudo que . . .

Creo que . . .

Estoy seguro(a) de que . . .

Es imposible que . . .

Es probable / improbable que . . .

13 Noticias increíbles

LEER, HABLAR EN GRUPO, ESCRIBIR Lee este artículo sobre algo que sucedió en 1938.

1 Contesta las preguntas.

1. ¿De qué se trataba el programa de radio?
2. ¿Qué causó el pánico?
3. ¿Cree el señor en la calle que existen los extraterrestres?
4. ¿Qué cree la señorita?

2 Trabaja con un grupo para pensar en un evento o un fenómeno que pueda causar pánico al público hoy día. Escriban entre todos un guión (*script*) de un programa sobre el evento o fenómeno.

3 "Transmitan" su programa a la clase.

31 de octubre, 1938

¡Pánico por supuesta invasión de marcianos!

Programa de radio causó gran revuelo[1]

Orson Welles adaptó y transmitió por radio ayer *La guerra de los mundos* de H. G. Wells, de manera tan realista que la gente creyó que estaba escuchando las noticias de una invasión extraterrestre. Aquí les damos la opinión del público en las calles cuando todo se aclaró.

Periodista: ¡Señor, senõr! ¿Qué cree usted que ha sucedido? ¿Es posible que nos invadan los marcianos?

Señor en la calle: Quizas todos hayamos pensado que era verdad. Pero no creo que una invasión así sea posible.

Periodista: ¿Y usted, señorita?

Chica en la calle: Yo me asusté, pero en realidad, dudo que existan los marcianos.

[1]Commotion

14 Los arqueólogos

HABLAR EN PAREJA Imagina que estás trabajando en una excavación arqueológica. Algunos de tus compañeros se olvidaron de hacer sus tareas, y tú quieres confirmar que se han hecho. Observa las fotos, y con un(a) compañero(a) hagan y contesten preguntas según el modelo.

Videomodelo

Pedro / medir

A —*¿Pedro ya midió la pirámide?*

B —*No, no creo que la haya medido.*

1. Marcia / excavar

2. tú / pesar

3. Carlos y Raúl / trazar

4. usted / calcular

5. Mateo / estudiar

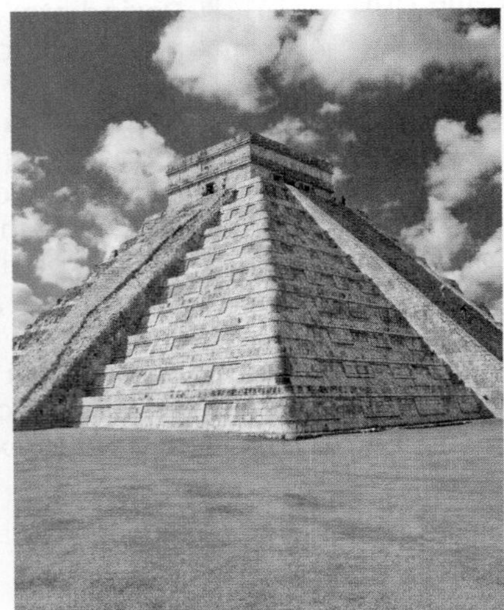

6. Teresa y Emilio / buscar

Go **Online** to practice

PEARSON realize

PearsonSchool.com/Autentico

VIDEO AUDIO SPEAK/RECORD

15

Y tú, ¿qué crees?

ESCRIBIR, HABLAR EN PAREJA Escribe tres frases acerca de tu escuela, familia, comunidad o país, y léeselas a otro(a) estudiante. Tu compañero(a) debe responder usando las expresiones del recuadro.

(no) es cierto que	(no) dudar que	(no) creer que
es (im)probable que	es (im)posible que	(no) estar seguro(a) de que

Videomodelo

A —*Creo que nuestro equipo de béisbol puede ganar el campeonato este año.*

B —*Estoy seguro de que nuestro equipo puede ganar el campeonato.*

o: —*Dudo que nuestro equipo pueda ganar este año porque Tomás Álvarez era el mejor jugador y acaba de romperse la muñeca.*

16

La civilización misteriosa

ESCUCHAR, HABLAR, ESCRIBIR

1 Un famoso arqueólogo ha descubierto las ruinas de una antigua ciudad de una misteriosa civilización. Escucha la entrevista que le hace una periodista al arqueólogo.

2 Ahora, usa las preguntas como guía y parafrasea la idea principal del audio. Incluye el tema y los detalles más importantes.

1. ¿Por qué no cree el Dr. Romero que haya existido esta civilización hace millones de años?
2. ¿El Dr. Romero cree que se puede calcular la edad de las ruinas?
3. ¿Qué formas geométricas se han usado en los diseños de los edificios?
4. Según el Dr. Romero, ¿quiénes fueron los habitantes de esta civilización?

3 Escribe un párrafo sobre cómo te imaginas tú que haya sido esta misteriosa civilización.

17 La misteriosa civilización

HABLAR EN GRUPO, DIBUJAR

1 Imagina que eres un(a) arqueólogo(a) y te envían a trabajar a un lugar misterioso. En grupos pequeños, imaginen cómo fue su viaje. Respondan a las siguientes preguntas. Recuerden que van a inventar una civilización y que deben ser creativos al responder a las preguntas.

1. ¿Adónde fueron? *(desierto, montaña, bosque, mar, playa, etc.)* ¿En qué país estaba ese lugar?
2. ¿Encontraron ruinas? ¿Cómo eran?
3. ¿Qué objetos encontraron? ¿Qué forma tenían esos objetos?
4. ¿Qué estructuras encontraron? ¿Qué creen que representan?
5. ¿Cómo se imaginan que era la civilización? ¿Creen que la crearon extraterrestres?

2 Ahora, dibujen lo que sucedió en el viaje. Pueden ilustrar las respuestas a las preguntas anteriores.

3 Cada grupo debe contar su viaje a la clase mientras muestran los dibujos que hicieron. Los estudiantes deben responderles usando diferentes expresiones del recuadro de gramática de la página 318.

CULTURA El mundo hispano

El Camino del Inca Antes de la llegada de los españoles, el imperio[1] inca iba desde lo que es hoy el norte de Chile hasta Colombia. Para poder comunicarse con todas las ciudades de este imperio tan inmenso, los incas construyeron más de 15,000 millas de caminos. El Camino Real, también llamado Camino del Inca, va desde Colombia hasta Chile y tiene 3,250 millas de largo. (Es más largo que el camino más largo construído por los romanos, que iba desde Jerusalén hasta Escocia). El camino pasa a través de montañas, selvas y desiertos, y llega a muchas de las antiguas ciudades del imperio.

Hoy en día, muchos turistas recorren[2] el Camino del Inca para visitar las ruinas de ciudades como Machu Picchu y también para ver los impresionantes paisajes de la geografía de América del Sur.

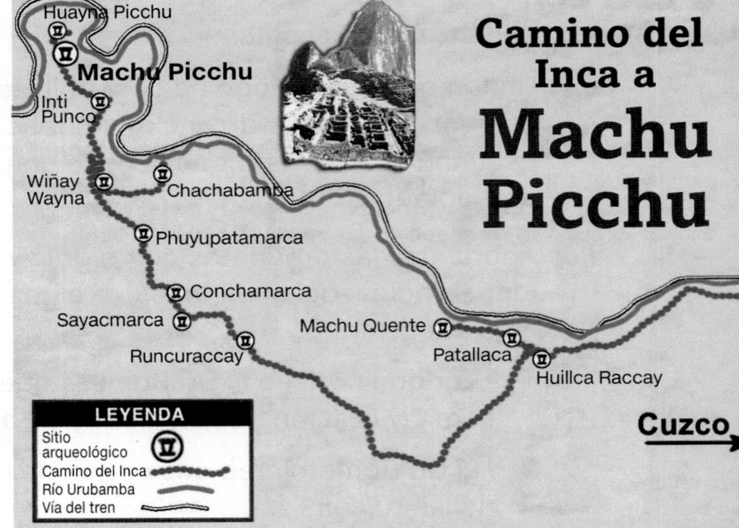

Pre-AP® Integration: Los temas económicos ¿Es importante la construcción de caminos en la sociedad actual? ¿Por qué?

Mapa global interactivo Explora una sección del Camino del Inca en Perú. Investiga la geografía del área, recorre parte de la ruta y compárala con otros senderos conocidos.

[1]empire [2]travel (along)

Go **Online** to practice
PEARSON realize

PearsonSchool.com/Autentico

WRITING MAPA GLOBAL

18

¿Cómo se explica?

LEER, ESCRIBIR, HABLAR EN GRUPO ¿Te has preguntado alguna vez sobre los misterios? En grupos de tres o cuatro estudiantes investiguen y presenten ante la clase algunos misterios inexplicables del mundo.

Para decir más

el fantasma	*ghost*
el OVNI	*UFO*
la casa encantada	*haunted house*
el poltergeist	*poltergeist*
el amuleto	*amulet*

1. Investiguen uno de los misterios que estudiaron u otros fenómenos inexplicables. Deben:
   - investigar en periódicos, revistas, libros o en la Red, cuándo, dónde y qué sucedió
   - describir los cuentos populares y leyendas que haya sobre ese misterio
   - incluir las explicaciones científicas
   - dar la opinión que ustedes tienen sobre ese misterio
2. Luego, hagan una presentación a la clase. Incluyan todo lo que encontraron, defiendan sus opiniones y recomienden sitios en donde se puede investigar más sobre estos misterios.

19

Machu Picchu

LEER, ESCRIBIR En 1911, el norteamericano Hiram Bingham descubrió unas ruinas en las montañas del Perú. Cuando se excavaron las estructuras cubiertas por la selva, se descubrió una ciudad maravillosa.

Conexiones La historia

Ubicado[1] a 2,400 metros sobre el nivel del mar, Machu Picchu es uno de los lugares más impresionantes del planeta. Esta ciudad de los incas, de casi un kilómetro de extensión, tenía aproximadamente 1,000 habitantes durante el siglo XV. Su diseño es extraordinario, y sus muros[2], acueductos y observatorios fueron perfectamente construidos sin usar ni cemento ni argamasa[3].

Machu Picchu es considerada uno de los monumentos arquitectónicos y arqueológicos más importantes del mundo, pero la historia y función de Machu Picchu siguen siendo un misterio. Algunos creen que era una fortaleza; otros creen que era un monasterio.

- ¿Por qué es un fenómeno arquitectónico Machu Picchu?
- ¿Cuál se cree que era la función de Machu Picchu?
- ¿Por qué crees que no se descubrieron las ruinas hasta 1911?

[1]located [2]walls [3]mortar

Vocabulario en contexto 2

OBJECTIVES

Read, listen to, and understand information about

- Myths and legends
- Contributions from ancient civilizations

Entrevista con una experta

Juan escribe para la revista de la escuela. Este mes entrevistó a la profesora Rita, experta en mitos y leyendas de los indígenas americanos.

Juan

Sra. Rita

Máscara de oro de los incas

Tótem de los seminoles

Juan: ¿Por qué eran tan importantes los **mitos** y las **leyendas** para los antiguos **habitantes** de las Américas, como los incas, aztecas, hopi, mowhawk y seminoles?

Sra. Rita: Estas historias explicaban el mundo como hoy lo hacen las **teorías** científicas, o sea que expresaban las **creencias** de los pueblos sobre **el origen** de su cultura, del **universo** y de los fenómenos naturales.

Serpiente emplumada en el templo de Quetzalcóatl, Teotihuacán

Vía Láctea

Juan: ¿Puede darme un ejemplo?

Sra. Rita: En muchas culturas hay mitos sobre la Vía Láctea. ¿Has visto ese conjunto de estrellas? ¡Parecen miles de luces que alguien **arrojó** al cielo! Para los incas, esa inmensa cinta que **brillaba** en el cielo entre las sombras de la noche era un río de agua **sagrada**. Para los aztecas era una serpiente, pero no **cualquier** serpiente: era uno de sus principales **dioses**.

AUDIO

WRITING

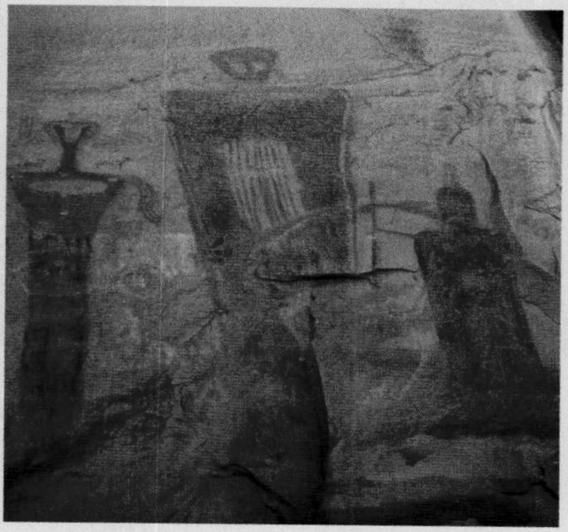

Juan: ¿La mayoría de los mitos eran sobre el cielo?

Sra. Rita: No, había mitos muy variados. Por ejemplo, los hopi creían en una civilización de hombres-hormiga que vivían en el centro de **la Tierra**. Salían a nuestro mundo por el cráter del volcán Shasta. Los hopi hicieron dibujos en la roca que muestran a esos hombres.

Juan: ¿Y las leyendas sobre animales? ¿Son similares entre distintas culturas?

Sra. Rita: Similares y diferentes. Por ejemplo, muchas culturas relacionaban al **conejo** con la inteligencia para sobrevivir. La leyenda de los seminoles describe los **intentos** del conejo por robar el fuego para dárselo a los hombres. La leyenda de los mohawk es muy distinta. Es sobre un conejo gigante que **apareció** en el bosque cuando ellos estaban cazando. Los mohawk iban a atacarlo, pero el conejo comenzó a bailar. La situación de peligro **se convirtió** en celebración y ¡todos terminaron bailando! ¡Las leyendas son distintas, pero tienen muchos temas en común!

20 ¿Qué sabes?

ESCUCHAR Escribe en una hoja los números del 1 al 6. Escucha las frases. Escribe *C* (cierto) o *F* (falso) para cada frase.

21 ¿Y el conejo?

ESCRIBIR Según el relato del conejo, ¿en qué orden se sucedieron los siguientes sucesos? Numéralos del 1 al 5.

a. El conejo empezó a bailar.
b. Los mohawk quisieron atacarlo.
c. Todos terminaron bailando.
d. El conejo apareció en silencio.
e. Los mohawk estaban cazando en el bosque.

Los mayas y los aztecas

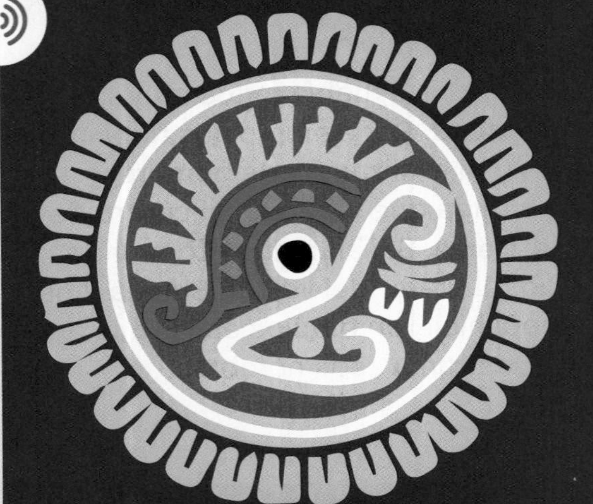

Los mayas y los aztecas eran dos pueblos que existían en México y Centroamérica cuando llegaron los españoles en el siglo XV. Las dos culturas **contribuyeron** mucho a la civilización mundial de hoy.

Algunos símbolos de la escritura azteca

La escritura y los números

Hoy en día, es común que las lenguas *(languages)* del mundo se hablen y se escriban. Pero no ha sido siempre así. Los mayas desarrollaron un sistema de **escritura** que expresaba la lengua que hablaban. Este sistema tenía cerca de 800 **símbolos**. La lengua de los mayas se habla todavía en partes de México y Centroamérica. La escritura de los aztecas mezclaba dibujos y símbolos. A veces, el número cinco era el dibujo de una mano, porque la mano tiene cinco dedos.

Los templos

Los mayas y los aztecas tenían pirámides como parte de su cultura. Como los dioses eran muy importantes, las dos civilizaciones construyeron sus templos sobre las pirámides.

"El Castillo", un templo maya sobre una pirámide en Chichén Itzá, en México

AUDIO WRITING

Observatorio "El Caracol (snail)", en la ciudad maya de Chichén Itzá

Los números y el calendario

Los mayas fueron grandes matemáticos. Descubrieron el concepto del cero, un concepto fundamental en las matemáticas que usamos hoy día. Los aztecas, **al igual que** los mayas, eran grandes **astrónomos**. Los mayas observaron los movimientos del Sol desde que salía por la mañana hasta que **se ponía** por la noche. No solo estudiaron el Sol **sino** también las estrellas, **los planetas** y la Luna.

Los mayas y los aztecas tenían dos calendarios distintos. Uno, el sagrado, estaba basado en los dioses y la religión. El otro era como el que usamos nosotros, basado en el año solar de 365 días. Los mayas no sabían cómo ocurrían **los eclipses**, pero creían que cuando el Sol estaba oscuro era porque los dioses estaban enojados.

Calendario azteca, también llamado "Piedra del Sol"

22 ¿Con qué contribuyeron?

ESCRIBIR Después de leer la información de estas páginas, completa el cuadro sobre lo que contribuyeron los mayas y los aztecas.

	Mayas	Aztecas
Astronomía		
Calendario		
Escritura		
Números		
Templos		

Vocabulario en uso 2

OBJECTIVES
- Read about ancient civilizations
- Discuss myths and legends

23 Un poco de todo . . .

LEER Completa las siguientes frases con las palabras del recuadro.

dioses	leyendas	eclipse	astrónomo	símbolos

1. Los aztecas crearon _____ para explicar el origen del universo.
2. El _____ estudia los planetas y las estrellas desde el observatorio.
3. Las civilizaciones antiguas creían en muchos _____.
4. Durante un _____, la Luna cubre el Sol y la Tierra se queda a oscuras.
5. La escritura maya tiene una gran cantidad de _____.

24 El calendario azteca

LEER Completa este párrafo con la palabra correcta que describe el calendario azteca.

El calendario azteca fue uno de los objetos más importantes de esa cultura. No sólo mostraba los días, sino que mostraba cómo __1.__ *(se movían / se convertían)* el Sol, la Luna y el __2.__ *(estrella / planeta)* Venus. El calendario es una piedra muy grande en forma de círculo y pesa 20 toneladas. En su centro está la cara de Tonatiuh, el __3.__ *(conejo / dios)* del sol que, rodeada[1] por otros __4.__ *(símbolos / mitos)*, representa el universo. Los aztecas tenían la __5.__ *(creencia / línea)* de que para mantener el orden del sistema del universo debían hacer ciertas ceremonias. Por ejemplo, los antiguos __6.__ *(sistemas / habitantes)* de la Ciudad de México ponían el calendario en posición horizontal como si fuera un espejo del cielo.

[1]surrounded

AUDIO

VIDEO

WRITING
SPEAK/RECORD

25

Según la leyenda . . .

HABLAR EN PAREJA Trabaja con tu compañero(a) para hablar sobre lo que están aprendiendo de las civilizaciones antiguas. Sigue el modelo.

Videomodelo

A —*Según una leyenda mexicana, dos volcanes eran antes unos novios, ¿no?*
B —*Sí, se casaron contra los deseos de sus padres.*

Estudiante A

Según una leyenda/un mito/una creencia . . .

1. la cinta de luces en el cielo era un río sagrado
2. unos extraterrestres construyeron el Machu Picchu
3. los hombres-hormiga vivían en el centro de la Tierra
4. los conejos existían en los tiempos de los mohawk
5. Atlántida fue una gran civilización en el Mediterráneo
6. Machu Picchu fue un centro comercial importante

Estudiante B

la erupción de un volcán causó su destrucción
los científicos no están seguros del origen de estas ruinas
lo hicieron para saber dónde aterrizar (land) sus naves espaciales
es la Vía Láctea
salían por el cráter del volcán
tienen un baile que los representa

¿Recuerdas?

In Spanish the diphthong *ue* is pronounced "*we*" as in "wet." Read and pronounce: *trueno, fuego*.

En voz alta

En México, muchos escritores de ascendencia maya escriben en el idioma nativo de sus antepasados[1]. Lo hacen para mantener vivos su idioma, cultura y para conservar los cuentos y las creencias que antes se trasmitían por tradición oral.

Feliciano Sánchez Chan nació en Yucatán, en 1960. Sus obras *Retazos*[2] *de vida* y *X-Marcela* han sido premiadas en concursos de literatura de la lengua maya.

Escucha el poema de Sánchez Chan y trata de repetirlo en voz alta.

- Nombra tres elementos naturales que se mencionan en el poema. ¿Crees que es importante la naturaleza en la cultura del poeta? ¿Por qué?

"Sueño cuarto (la luz)"

de Feliciano Sánchez Chan

Soy el trueno que ha venido
con su luz
de eternas profundidades
para alumbrar[3] el camino blanco
por donde transitan tus hijos, Madre.
. . .
El señor fuego es mi hermano mayor.
Hoy he venido
con mis cuatro hermanas:
la lluvia del oriente[4],
la lluvia del poniente[5],
la lluvia del norte
y la lluvia del sur.
. . .

[1]ancestors [2]snippets [3]to light [4]east [5]west

26 Mitos y leyendas

ESCRIBIR En los mitos y las leyendas la gente inventa razones para explicar ciertas cosas. Usa tu imaginación para escribir una frase sobre seis de los siguientes fenómenos de la naturaleza. Explica por qué . . .

Modelo

. . . hay truenos

Hay truenos ***porque los dioses están tocando los tambores.***

1. . . . cae lluvia
2. . . . hace viento
3. . . . se pone el sol
4. . . . ocurre un eclipse
5. . . . aparecen sombras
6. . . . brillan las estrellas

27 Una leyenda quiché

LEER, ESCRIBIR Lee esta leyenda de los indígenas quichés de Guatemala sobre el pájaro quetzal, símbolo de la libertad y nombre de su moneda.

Quetzal nunca muere

Quetzal era el hijo del cacique[1] de una tribu[2] quiché[3]. Todos los habitantes lo admiraban y sabían que un día Quetzal se iba a convertir en el jefe de la tribu. Pero Chiruma, el hermano del cacique, estaba celoso de Quetzal.

Cuando Quetzal fue mayor, el adivino[4] le dijo: "No morirás nunca, Quetzal. Vivirás eternamente". Durante una lucha contra otra tribu, Chiruma se dio cuenta de que las flechas[5] que le arrojaban a Quetzal nunca lo herían[6]. Entonces Chiruma pensó que debía tener un amuleto. Esa noche, cuando Quetzal dormía, Chiruma entró en su cuarto y descubrió al lado de Quetzal una pluma de colibrí[7]. Recordó que el colibrí era un símbolo de la buena suerte[8] y robó la pluma.

Cuando murió el cacique, los ancianos escogieron a Quetzal para ser el nuevo jefe. Un día Quetzal caminaba por el bosque cuando de repente apareció un colibrí. El colibrí le dijo a Quetzal: "Soy tu protector y vengo a decirte que alguien quiere matarte".

De pronto oyó un silbido[9] y una flecha penetró en su pecho. Quetzal cayó sobre la hierba[10] verde y murió. Pero los dioses, que habían predicho una vida eterna, lo convirtieron en un hermoso pájaro. Su cuerpo tomó el color del césped, su pecho conservó el color de la sangre y el sol puso en su larga cola[11] muchos colores.

[1]chief [2]tribe [3]indigenous people of Guatemala [4]fortune-teller [5]arrows [6]wounded [7]hummingbird's feather [8]luck [9]whistling sound [10]grass [11]tail

¿Comprendiste?

1. ¿Quién es Quetzal? ¿Quién es Chiruma?
2. ¿Qué hizo Chiruma para vengarse *(get revenge)* cuando no lo escogieron para ser el cacique de la tribu?
3. ¿Qué representa el símbolo de la pluma de colibrí?

Mapa global interactivo Investiga una reserva dedicada a la protección del quetzal y compárala con áreas similares en tu estado o región.

Gramática

OBJECTIVES
- Make negative statements
- Discuss and read about Aztec gods

Go **Online** to practice

PearsonSchool.com/Autentico

VIDEO WRITING MAPA GLOBAL

Pero y sino

The word *pero* is usually the equivalent of the English conjunction *but*. However, there is another word in Spanish, *sino*, that also means *but*. *Sino* is used after a negative, in order to offer the idea of an alternative: not this, *but rather* that.

No voy a beber jugo de frutas **sino** agua.

- You can also use *sino* with *no solo. . . sino también. . . (not only . . . but also)*

  Apareció **no solo** el sol **sino también** la luna.

- You use *sino que* instead of *sino* when there is a conjugated verb in the second part of the sentence.

  No vendí mis libros **sino que** los regalé.

Más recursos ONLINE

Tutorial: Use of *pero, sino* and *sino que*

28 ¿Qué dice el artículo?

LEER Imagina que estás leyendo diferentes noticias y artículos. Decide si la palabra que completa cada frase es *pero* o *sino*.

1. Hizo varios intentos por convertirse en astrónomo _____ no lo consiguió.
2. No construirán un nuevo observatorio _____ que repararán el viejo.
3. No sólo se ven sombras en la Luna _____ también figuras oscuras.
4. Creía que el lugar era sagrado _____ ahora no estoy seguro.
5. Según la creencia, no fue un solo dios _____ todos.
6. Tenían no sólo información _____ también evidencia importante.

29 Dioses de los aztecas

LEER, HABLAR EN PAREJA Lee la lista de los dioses de los aztecas. Trabaja con otro(a) compañero(a) para hacer frases usando sino y pero.

Modelo

Quetzalcóatl no sólo era el dios del conocimiento sino también de la civilización.

Los DIOSES importantes de los AZTECAS

Coatlicue – La primera diosa: creó la Luna y las estrellas

Huitzilopochtli – Dios de la guerra y el Sol

Quetzalcóatl – Dios del conocimiento y la civilización

Ehecatl – Dios del viento

Mictlantecuhtle – Dios de los muertos

Tláloc – Dios de la lluvia

Xiuhtecuhtli – Dios del fuego

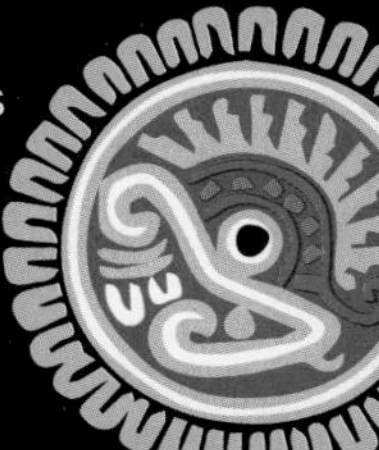

Gramática

OBJECTIVES

- ▶ Provide descriptions of people or things you know or you don't know
- ▶ Talk and write about a legend you know

El subjuntivo en cláusulas adjetivas

Sometimes you use an entire clause to describe a noun. This is called an adjective clause.

- When you have a specific person or thing in mind, you use the indicative.

  Este libro tiene un artículo **que habla** sobre los mayas.

- If you don't have a specific person or thing in mind, or if you are not sure the person exists, you use the subjunctive. Sometimes *cualquier(a)* is used in these expressions.

  Busco un libro **que tenga** un artículo sobre los mayas.
  Escoge **cualquier** cosa **que te guste**.

- You also use the subjunctive in an adjective clause when it describes a negative word such as *nadie, nada,* or *ninguno(a).*

  No hay **nadie que conozca** los símbolos aztecas.

To refer to something or someone unknown in the past, you can use the present perfect subjunctive.

Busco a una joven **que haya estudiado** arqueología.
No hay nadie **que haya visto** un extraterrestre.

Más recursos ONLINE

 **Tutorial:** Use of Subjunctive in Adjective Clauses

 ***Canción de hip hop:*** *Los misterios del mundo*

 **30**

El proyecto sobre culturas antiguas

 **LEER** Un grupo de estudiantes va a hacer un proyecto para representar algunos aspectos artísticos de las culturas antiguas. Están tratando de decidir a quiénes y qué necesitan para hacer su proyecto. Completa las siguientes frases con el presente del subjuntivo o del indicativo.

—Necesitamos encontrar a un estudiante que __1.__ *(ser)* muy artístico para hacer dibujos de los dioses.

—Yo conozco a una chica que __2.__ *(hacer)* dibujos bonitos.

—Fernando compró un libro que __3.__ *(tener)* diseños de la Pirámide del sol. Hagamos un modelo de ella. ¿Conocemos a alguien que __4.__ *(saber)* hacer construcciones de cerámica?

—No conozco ningún estudiante que __5.__ *(poder)* hacer un modelo de la pirámide.

—El calendario azteca es fascinante. Podemos dibujarlo y pintarlo como nos __6.__ *(gustar)*.

—Buena idea. Busquemos una foto que nos __7.__ *(servir)* de modelo.

31

Investigación sobre las culturas antiguas

LEER, ESCRIBIR Imagina que tienes que investigar acerca de las culturas antiguas. Usa tu imaginación y completa las frases usando la forma correcta del verbo. Añade detalles a cada frase.

Modelo

Busco una biblioteca que (***estar***). . .
Busco una biblioteca que ***esté cerca de mi casa.***

1. Necesito un libro que (explicar). . .
2. Yo sé de un libro que (hablar). . .
3. No hay nadie que (conocer). . .
4. No hay nada que (decir). . .
5. Escogeré cualquier artículo que (gustar). . .
6. Quiero encontrar una página Web que (tener). . .
7. Mi amigo tiene varios artículos que (aparecer). . .
8. Tengo que hablar con las personas que (contribuir). . .

Museo Nacional de Antropología, Ciudad de México

32

¿A quién conoces que sepa . . . ?

HABLAR EN PAREJA Trabaja con otro(a) estudiante para identificar a personas de tu escuela o comunidad que hayan hecho o sepan hacer diferentes cosas.

Videomodelo

A —***¿Hay alguien en nuestra escuela que sepa*** *hablar tres idiomas?*
B —***Sí, el padre de Berta sabe*** *hablar español, italiano e inglés.*
o: —***No sé. No conozco a nadie que sepa*** *hablar tres idiomas.*

Estudiante A

1. tener un coche deportivo
2. conocer a una persona famosa
3. haber ganado un campeonato de deportes
4. ser actor / actriz de cine
5. haber vivido en un país extranjero por más de un año
6. contribuir su tiempo como voluntario(a)

Estudiante B

¡Respuesta personal!

33

Tu anuncio clasificado

ESCRIBIR, HABLAR EN PAREJA

1. Imagina que decides aprender otro idioma o cambiar de trabajo. Escribe un anuncio clasificado para el periódico solicitando un(a) maestro(a) o una escuela de idiomas o pidiendo trabajo.

   Modelo

   Busco una escuela de idiomas que dé clases de chino.

2. Ahora, trabaja con otro(a) estudiante para intercambiar los anuncios que hicieron. Cada uno(a) debe responder al anuncio con un mensaje breve.

Videomodelo

A —*Busco una escuela de idiomas que dé clases de chino.*
B —*Yo conozco una escuela que da clases de chino.*

El español en el mundo del trabajo

Antigua, en Guatemala, es una de las ciudades más bellas de América Latina. Está llena de bellos edificios y plazas coloniales. También hay ruinas de edificios antiguos destruidos por los terremotos que ocurren en la región.

En esta ciudad se encuentra la Academia de Español de Guatemala. Allí se dan cursos de español especialmente diseñados para diferentes profesiones.

La escuela tiene cursos muy interesantes. Uno de ellos permite que los estudiantes salgan a pasear por la ciudad con el profesor mientras que él les enseña todas las palabras que deben saber para describir los edificios y las ruinas. Estos estudiantes aprenden a usar el español de manera útil e interesante.

Una Calle de Antiqua

VIDEO

WRITING

SPEAK / RECORD

34

Juego

ESCRIBIR, HABLAR EN GRUPO

1. En grupos, piensen en algún programa de televisión, libro o película que trate sobre extraterrestres o fenómenos inexplicables. Completen una tabla como la siguiente sobre el programa, el libro o la película.

Nombre del programa, libro o película
Argumento general
Ejemplos de fenómenos inexplicables
Personajes
¿Dónde ocurre?
¿Cuándo ocurre?
¿Cuál es el final?

¿¿Extraterrestres??

2. Ahora, jueguen a adivinar qué programa de televisión, libro o película escogió cada grupo. Por turnos, cada grupo pasa al frente de la clase y relata de qué trata el programa, el libro o la película que escogió sin dar el título. Pero, para hacer el juego más divertido, tienen que cambiar uno de los elementos que pusieron en sus tablas. Por ejemplo, pueden cambiar el nombre de los personajes principales o el lugar donde ocurre la historia. Gana el grupo que haya adivinado más programas, libros o películas.

Estrategia

Cooperative learning
You might assign roles to each member of the group. These roles might include:
- secretary
- editor
- illustrator
- story-teller / presenter

35

¿Recuerdas la leyenda?

HABLAR EN GRUPO, ESCRIBIR Trabaja con un grupo para escribir con tus propias palabras una leyenda conocida.

1. Escojan una leyenda que conozcan.
2. Hagan una tabla con lo siguiente y complétenla con los datos de la leyenda que escogieron.
   - el tema
   - la situación
   - los personajes
   - el lugar y la época
   - el conflicto
   - cómo se resuelve el conflicto
3. Escriban la leyenda. No se olviden de escribir el título.
4. Pueden ilustrar la leyenda e incluir música.

Puente a la cultura

OBJECTIVES

- Read about the mysteries of past civilizations in Latin America
- Use illustrations to make predictions about the text
- Use different sources to investigate a mystery of the past

Misterios del pasado

Cuando los europeos llegaron a las Américas en 1492, se encontraron con muchos pueblos indígenas. Hoy día no hay nadie que pueda explicar la desaparición de la cultura de algunos de estos pueblos.

La Isla de Pascua

En el medio del océano Pacífico se encuentra la Isla de Pascua, de unos 167 kilómetros cuadrados. Allí se encuentran los moai, unas estatuas enormes de piedra que representan enormes cabezas con orejas largas y torsos pequeños. Se encuentran en toda la isla y miran hacia el cielo como esperando a algo o alguien. Pero la pregunta es ¿cómo las construyeron y las movieron los habitantes indígenas a la isla? Se sabe que no conocían ni el metal ni la rueda. Cuando se les pregunta a los habitantes de hoy cómo llegaron las estatuas al lugar, ellos responden: —¡A pie!

Muchos esperan que aparezca la verdad acerca de estas estatuas. Hay quienes dicen que las estatuas representan a los primeros habitantes de la isla, que creen que eran polinesios. Otros dicen que representan a los dioses y muchos creen que eran extraterrestres. Quizás algún día descubramos el misterio de esta pequeña isla.

Estrategia

Using illustrations You can preview what you are about to read by looking at the illustrations or photos that accompany the text. You can also look at the illustrations to locate details while reading. Before starting to read, look at the photos on these pages and make a prediction about what the text is about. After you finish reading, check if your prediction was right.

Online Cultural Reading

Go to Auténtico ONLINE to read and understand a website with information about ancient civilizations in Mexico.

Los moai, en la Isla de Pascua

VIDEO

WRITING

MAPA GLOBAL

Los olmecas

Más de 1,500 años antes de los mayas y 25 siglos antes de los aztecas existieron los olmecas, la primera gran civilización de Mesoamérica. Entre sus ruinas se descubrieron unas cabezas de piedra gigantes que no sólo miden entre dos o tres metros de alto sino que pesan entre 11 y 24 toneladas. Pero en esa zona de México no existen piedras tan grandes. Se supone que[1] los olmecas tuvieron que mover esas piedras más de 129 kilómetros. ¿Cómo lo hicieron? Es un misterio.

Cabeza olmeca

Las Líneas de Nazca

En 1927, un arqueólogo que recorría[2] el sur del Perú observó unas largas líneas de muchas formas a los lados de la carretera. Observó las líneas desde una meseta, las dibujó en un papel y descubrió que un dibujo tenía la forma de un pájaro volando. Más tarde se encontraron en las pampas de Nazca, al sur del Perú, más de 30 dibujos que representan animales y figuras geométricas y humanas. Lo interesante de estos dibujos es que las formas solamente pueden verse desde el aire. ¿Para qué servían las líneas? ¿Cómo se hicieron?

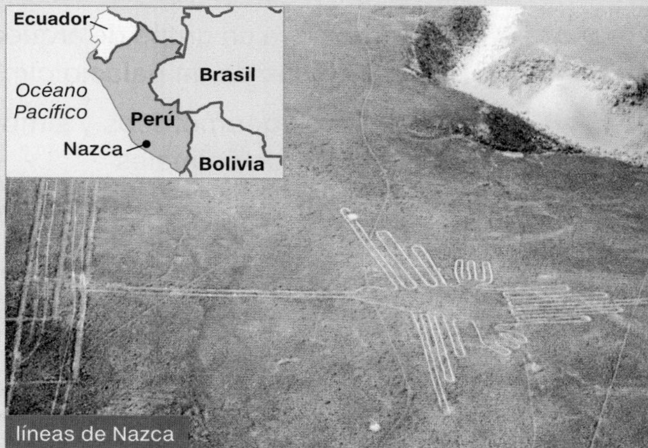

líneas de Nazca

[1]supposedly [2]travelled

¿Comprendiste?

1. ¿Qué son los moai? ¿Qué representan?
2. ¿Qué se descubrió entre las ruinas de los olmecas? ¿Por qué es un misterio?
3. ¿Qué descubrió un arqueólogo que recorría el sur del Perú?
4. ¿Qué representan los dibujos que forman las líneas de Nazca?
5. ¿Por qué es un misterio las líneas de Nazca?

Investiga

Busca en la biblioteca o en la Internet información sobre algún otro misterio del pasado, como el hombre de Palenque o la Atlántida. Escribe un pequeño párrafo que describa el misterio y expresa tu opinión sobre el tema con otro(a) estudiante por correo electrónico. Apoyen sus opiniones.

Videodocumentario ¿Cómo se explican los misterios del mundo?

Mapa global interactivo Explora la Isla de Pascua. Investiga su historia, sus misteriosos moai, y cómo la deforestación afectó el desarrollo de la cultura nativa.

También explora las zonas ocupadas por los olmecas en México y las misteriosas líneas de Nazca en Perú.

Pre-AP® Integración

OBJECTIVES

- Listen to and read descriptions of an archeological investigation
- Write a comparison of two excavations

¿Qué me cuentas?: Ver para creer

¿Qué civilizaciones existían en las Américas antes de los aztecas, mayas e incas? Escucha a una persona que habla sobre una investigación. Anota las respuestas a las preguntas para usarlas en el paso 3.

1 Escucha las siguientes descripciones. Después de cada descripción, vas a oír dos preguntas. Escoge la mejor respuesta para cada pregunta.

1. **a.** del descubrimiento de América
   b. de su trabajo arqueológico
2. **a.** conocer a un grupo de arqueólogos
   b. las ruinas de un palacio olmeca
3. **a.** diseños geométricos y símbolos
   b. dibujos de animales
4. **a.** Leyeron las notas de los olmecas.
   b. Midieron las piedras.
5. **a.** un hombre misterioso les contó acerca de una leyenda
   b. que nadie sabía que esa estructura existiera
6. **a.** porque la leyenda decía que ese lugar no existía
   b. porque existía una leyenda y la creencia de que allí vivían extraterrestres

2 Lee este artículo sobre un descubrimiento arqueológico en América del Sur.

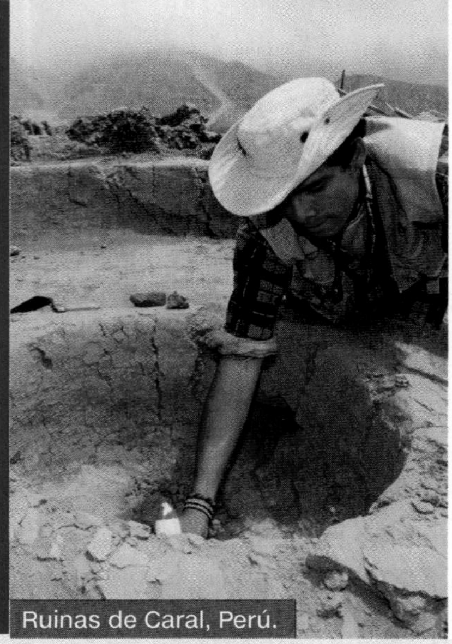
Ruinas de Caral, Perú.

América del Sur

CARAL, la ciudad más antigua de las Américas

Los descubrimientos de un equipo de arqueólogos peruanos revelaron que las ruinas de Caral en Perú, pertenecieron a[1] la civilización más antigua de las Américas. La evidencia indica que la ciudad prosperó por cinco siglos, aproximadamente desde el año 2627 a.C. Esto significa[2] que los habitantes de las comunidades alrededor del valle Supe fueron contemporáneos de las civilizaciones antiguas de la Mesopotamia y de Asia.

En el sitio de excavación, los arqueólogos ya desenterraron[3] ocho pirámides públicas, unas plataformas de forma circular que parecen plazas, seis unidades residenciales y cuatro sectores de la ciudad. En total la ciudad cubría un área de 150 ácres y se cree que fue un importante punto comercial.

[1]belonged to [2]means [3]unearthed

3 Escribe una comparación de las dos excavaciones. ¿Qué encontraron en cada lugar? Mira la foto de Caral y revisa tus notas de la descripción de las ruinas en el paso 1. ¿En qué se parecen o se diferencian? ¿Qué importancia tienen estos descubrimientos? Usa las siguientes expresiones para conectar tus ideas.

al igual que	antes de	en contraste . . .	es similar a . . .
ya que	después de	me parece . . .	es diferente de . . .

Presentación oral

OBJECTIVES
- Demonstrate how to convince your class of a new scientific theory
- Maintain your focus for clarity

Estrategia

Maintaining your focus It is important that when you are doing your speech you maintain your focus. Your focus is the message you want to communicate to your audience. Make sure your opinion is accompanied by supporting statements and is clearly understood by your audience. Avoid adding information not directly related to the topic that might interfere with the purpose of your speech.

Tu descubrimiento científico

TAREA Eres científico(a) y creaste una teoría para explicar un fenómeno extraño. Tienes que convencer (*convince*) a la clase de que tu explicación tiene sentido.

1 Prepárate Completa un organizador gráfico. Escribe el nombre y una descripción del fenómeno. A la derecha explica lo que sucedió. Puedes inventar el fenómeno y las teorías para tratar de explicarlo.

Fenómeno inexplicable: ______ → [ ] [ ] [ ]

2 Practica Vuelve a leer el organizador. Practica tu presentación. Puedes usar tus notas para practicar, pero no al hablar ante la clase. Recuerda:

- explicar claramente de qué fenómeno estás hablando
- dar razones convincentes (*convincing*) que traten de explicarlo
- mirar directamente al público al hablar

Modelo

Nadie descubrió qué les sucedió a los habitantes de la Atlántida. En mi opinión unos extraterrestres aparecieron en la Atlántida y allí se quedaron. Dudo que el clima les haya gustado, por eso se mudaron a un pueblo de Alaska.

3 Haz tu presentación Debes ser convincente y acompañar tu opinión con frases que la apoyan para que tus compañeros entiendan el fenómeno. Puedes acompañar tu presentación con un dibujo u organizador gráfico.

4 Evaluación Tu profesor(a) utilizará la siguiente rúbrica para evaluarte.

Rubric	Score 1	Score 3	Score 5
How well you maintain your focus	Your theory is undeveloped. You miss important ideas.	You present a theory, but your ideas are disorganized.	Your theory is presented in a logical, organized way.
How convincing you are	Your supporting explanations are weak.	Your supporting explanations are somewhat convincing.	You use convincing explanations.
How effectively you deliver your speech	You read your speech and make no eye contact with your audience.	You make some eye contact and you use some intonation.	Your eye contact is good. Your intonation helps get the message across.

Presentación escrita

OBJECTIVES

- Write a legend about something or someone from the past
- Combine sentences and use details to add interest to the story

Tu leyenda

Usa tu imaginación y escribe una leyenda acerca de algún personaje o lugar imaginario. Puedes escribir acerca de una leyenda ya conocida pero añadiéndole detalles propios.

1 **Antes de escribir** Contesta las preguntas como ayuda para encontrar ideas para tu leyenda.

- ¿En dónde ocurre la historia?
- ¿Quién o quiénes son los protagonistas de tu historia?
- ¿Cuál es el misterio o fenómeno inexplicable principal? ¿Qué sucede?
- ¿El misterio o fenómeno inexplicable se resuelve?
- ¿Qué título tiene la leyenda?

Recuerda que una leyenda tiene la estructura de un cuento, con una introducción, un desarrollo y un final. Completa la tabla para ordenar tus ideas.

Título de la leyenda	La leyenda del extraterrestre del valle
Introducción	Un hombre estaba dando un paseo por el valle cuando de repente apareció un extraterreste . . .
Desarrollo	Se hicieron amigos y el hombre decidió acompañar al extraterrestre a su planeta . . .
Final	Nunca más se supo del hombre . . .

2 **Borrador** Escribe tu borrador utilizando la información de la tabla. Debes añadir todos los detalles que sean posibles y usar oraciones conectadas con elaboración para que los párrafos sean más interesantes. La leyenda debe ser misteriosa e interesante. Usa el vocabulario y la gramática que aprendiste en este capítulo.

Modelo

Según cuenta la leyenda, un hombre estaba dando un paseo por el valle del pueblo cuando de repente apareció una figura muy extraña. Tenía una cabeza redonda sin pelo y sus ojos eran muy grandes y ovalados. "Dudo que existan extraterrestres", pensó el hombre en ese momento, "pero ahora no estoy tan seguro". . .

Topic sentence: Sets the story.

Description of a character: What did the stranger look like?

Estrategia

Combining sentences The paragraphs in your story may lose their impact if you use short, choppy sentences. To improve the flow of your paragraphs, combine sentences with conjunctions like *y, o,* or *pero*. For example, *"Todos los habitantes del pueblo conocen la leyenda pero ninguno habla de ella"* is more interesting than *"Todos los habitantes del pueblo conocen la leyenda. Ninguno habla de ella."* Likewise, *"El hombre no tenía ni familia ni amigos"* sounds better than *"El hombre no tenía familia. El hombre no tenía amigos."*

El desconocido se le acercó y le dijo: "Es verdad, soy un extraterrestre, pero no tenga miedo. Yo solo busco un hombre que quiera ser mi amigo". El hombre le respondió que no tenía amigos pero que podía hacer una excepción. Después de hablar por muchas horas, el extraterrestre le ofreció llevarlo a conocer su planeta. El hombre aceptó la invitación. Entonces . . .

Nunca más se supo del hombre . . .

Development: What happened after the two characters met.

Conclusion: Explains the mystery or leaves it to the reader's imagination.

3 **Redacción/Revisión** Después de escribir el primer borrador de la leyenda, trabaja con otro(a) estudiante para intercambiar los trabajos y leerlos. Decidan qué aspectos son más efectivos. Fíjense en cómo el(la) escritor(a) del modelo incluyó detalles en su composición. Cada uno puede sugerir qué cambios hacer para mejorar las leyendas.

El desconocido se le acercó y le dijo : "Es verdad, ~~sea~~ soy un extraterrestre, pero no ~~tienes~~ tenga miedo. Yo solo busco un hombre que ~~quiere~~ quiera ser mi amigo".

Haz lo siguiente: Verifica si usaste correctamente las formas del indicativo y del subjuntivo.

4 **Publicación** Antes de hacer la versión final, lee de nuevo tu borrador y repasa lo siguiente:

- ¿La leyenda tiene un orden lógico?
- ¿Es interesante la introducción?
- ¿Incluí suficientes detalles que den un ambiente *(feeling)* a la historia?
- ¿Usé oraciones conectadas con detalles y elaboración?
- ¿Es misterioso el final de la leyenda?

Después de revisar el borrador, escribe tu composición en limpio.

5 **Evaluación** Se utilizará la siguiente rúbrica para evaluar tu presentación.

Rubric	Score 1	Score 3	Score 5
Completion of task	Your writing cannot be defined as a legend.	You present an idea for a legend, but you miss important elements.	Your writing is an interesting legend, containing all necessary elements.
Use of varied sentence structure	Your sentences are all the same length.	You combine some sentences but miss some opportunities.	Your sentences are varied, interesting, and effective.
Grammar, spelling, mechanics	Your grammar, spelling, and/or mechanics errors make for difficult reading.	You make some grammar, spelling, and/or mechanics errors. Your sentences are connected but may lack a few details or elaboration.	You make very few grammar, spelling, and/or mechanics errors. Your sentences are connected with details and elaboration.

Lectura

OBJECTIVES

- Read and understand a piece of fiction
- Understand the perspective of a character who lives his own fantasy
- Read about *Don Quijote's* author, Miguel de Cervantes Saavedra

Estrategia

Characters and actions Read the passage once through to understand the events of the story. When you have read through once, think about the characters in the story. What are they like? Then, re-read the story and write down the events.

Al leer

El personaje más famoso de la literatura española es Don Quijote de la Mancha, el protagonista de la novela del mismo nombre que escribió Miguel de Cervantes. La historia cuenta que el Quijote leyó tantos libros sobre caballeros andantes (*knights*), que un día perdió el juicio (*lost his mind*) y decidió ser uno de ellos. En la época en que él vive (el siglo XVII) ya no hay caballeros andantes, pero en su imaginación, el Quijote ve a las sirvientas (*maids*) como princesas, las posadas (*inns*) como castillos y los molinos (*windmills*) como gigantes contra los que tiene que pelear. El conflicto entre la fantasía del Quijote y la realidad produce situaciones cómicas que hacen reír.

El fragmento que vas a leer es una adaptación del Capítulo XXII, en el que Don Quijote y su escudero (*squire*) y amigo Sancho Panza se encuentran con unos prisioneros.

Copia la tabla de la página 345. Complétala mientras lees. Ésta te ayudará a contestar las preguntas que aparecen al final.

Fragmento de *Don Quijote de la Mancha* Capítulo XXII

Don Quijote vio que por el camino venían doce hombres atados[1] con una gran cadena[2] de hierro por el cuello, y todos con esposas[3] en las manos. Venían con ellos dos hombres a caballo y dos a pie. Su escudero Sancho Panza dijo:

—Ésta es una cadena de prisioneros, gente forzada[4] por el rey, que va a las galeras[5].

—¿Cómo gente forzada? —preguntó Don Quijote—. ¿Es posible que el rey haga fuerza a alguien?

—No digo eso —respondió Sancho—, son personas que, por sus crímenes, van condenadas a servir al rey en las galeras por fuerza.

[1]tied [2]chain [3]handcuffs [4]forced [5]galleys

—Entonces —contestó Don Quijote— esta gente, aunque los llevan, van de por fuerza, y no porque ellos quieren.

—Así es —dijo Sancho.

—Pues —dijo su amo—, aquí puedo hacer mi tarea: deshacer fuerzas y ayudar a los miserables.

Don Quijote se acercó y le preguntó al primero que por qué crímenes iba a las galeras. Él le respondió que por enamorado.

—¿Por eso no más? —replicó Don Quijote—. Pues, si por enamorados echan a galeras, yo estaría en ellas desde hace tiempo.

—No son los amores como los que usted piensa —dijo el prisionero—; que los míos fueron que quise tanto a una cesta llena de ropa blanca, que la abracé conmigo tan fuertemente que, a no quitármela la justicia por fuerza, aún la tendría.

—Éste, señor, va por músico y cantor—, le dijeron.

—Pues, ¿cómo —repitió Don Quijote—, por músicos y cantores van también a galeras?

Pero uno de los guardas le explicó:

—Señor caballero, cantar es confesar en el tormento[6].

Luego al tercero que le preguntó Don Quijote, éste le dijo:

—Yo voy por cinco años porque me faltaron diez monedas de oro.

—Yo daré veinte de muy buena gana[7] —dijo Don Quijote— por libraros[8] de las galeras.

—Eso me parece —respondió el prisionero— como quien tiene dineros en mitad del mar y se está muriendo de hambre, sin tener adónde comprar lo que necesita. Si hubiera tenido el dinero necesario para cambiar la opinión del juez, hoy estaría paseando por la plaza de Toledo y no camino a las galeras.

Al final venía un hombre con más cadenas que los demás.

—¿Cuál es su crimen? —preguntó Don Quijote.

—Va por diez años por ladrón —replicó el guarda—. Este hombre tiene solo más crímenes que todos los otros juntos. Es el famoso Ginés de Pasamonte.

—Para servir a Dios y al rey, otra vez he estado cuatro años, —respondió Ginés—; y no me pesa mucho ir a ellas, porque allí tendré lugar de acabar de escribir mi libro.

Dijo entonces Don Quijote:

—De todo lo que me habéis dicho, he sacado en limpio que, aunque os han castigado[9] por vuestros crímenes, las penas que vais a padecer[10] no os dan mucho gusto, y que vais a ellas muy de mala gana y muy contra vuestra voluntad. Me parece duro caso hacer esclavos[11] a los que Dios y la naturaleza hizo libres. Estos pobres no han cometido nada contra vosotros, guardias. Pido que los dejéis libres pero si no lo hacen, por fuerza haré que lo hagáis.

[6]torture [7]willingly [8]*libraros* means *librarlos*; the ending *-os* is the pronoun corresponding to *vosotros* [9]punished [10]to suffer [11]slaves

Pero los guardias no hicieron caso y le dijeron:

— No ande buscando tres pies al gato[12].

—¡Vos sois el gato, y el ratón, y el bellaco! —respondió Don Quijote furioso y atacó[13] a los guardias. Sancho ayudó a dar la libertad a los prisioneros. Muy sorprendidos y asustados, los guardias se escaparon.

Don Quijote llamó entonces a los prisioneros y así les dijo:

—De gente bien educada es agradecer[14] los beneficios que reciben. Les pido que vayan a la ciudad del Toboso, y allí os presentéis ante la señora Dulcinea del Toboso y le digáis que su caballero, el de la Triste Figura, ha tenido esta famosa aventura.

Respondió por todos Ginés de Pasamonte, y dijo:

—Lo que vuestra merced[15] nos manda, señor y libertador nuestro, es imposible de toda imposibilidad cumplirlo. Lo que podemos hacer es rezar[16] por usted.

—¡No! —dijo Don Quijote furioso.

Pasamonte, que ya se había dado cuenta que Don Quijote no era muy cuerdo[17], empezó con los demás prisioneros a arrojarle piedras a Don Quijote, le quitaron la ropa a Sancho y huyeron[18]. Solos quedaron Sancho y Don Quijote; Don Quijote, muy triste de verse tan malparado[19] por los mismos a quien tanto bien había hecho.

[12]looking for a problem where there is none
[13]attacked [14]to thank
[15]archaic usage for *Usted*
[16]to pray [17]sane [18]fled
[19]left in such a sorry state

¿Recuerdas?

En el español antiguo, se utilizaban los pronombres personales *vosotros* y *vosotras*, y las formas verbales correspondientes. En la actualidad, estas formas casi no se usan en los países de habla hispana con excepción de España.

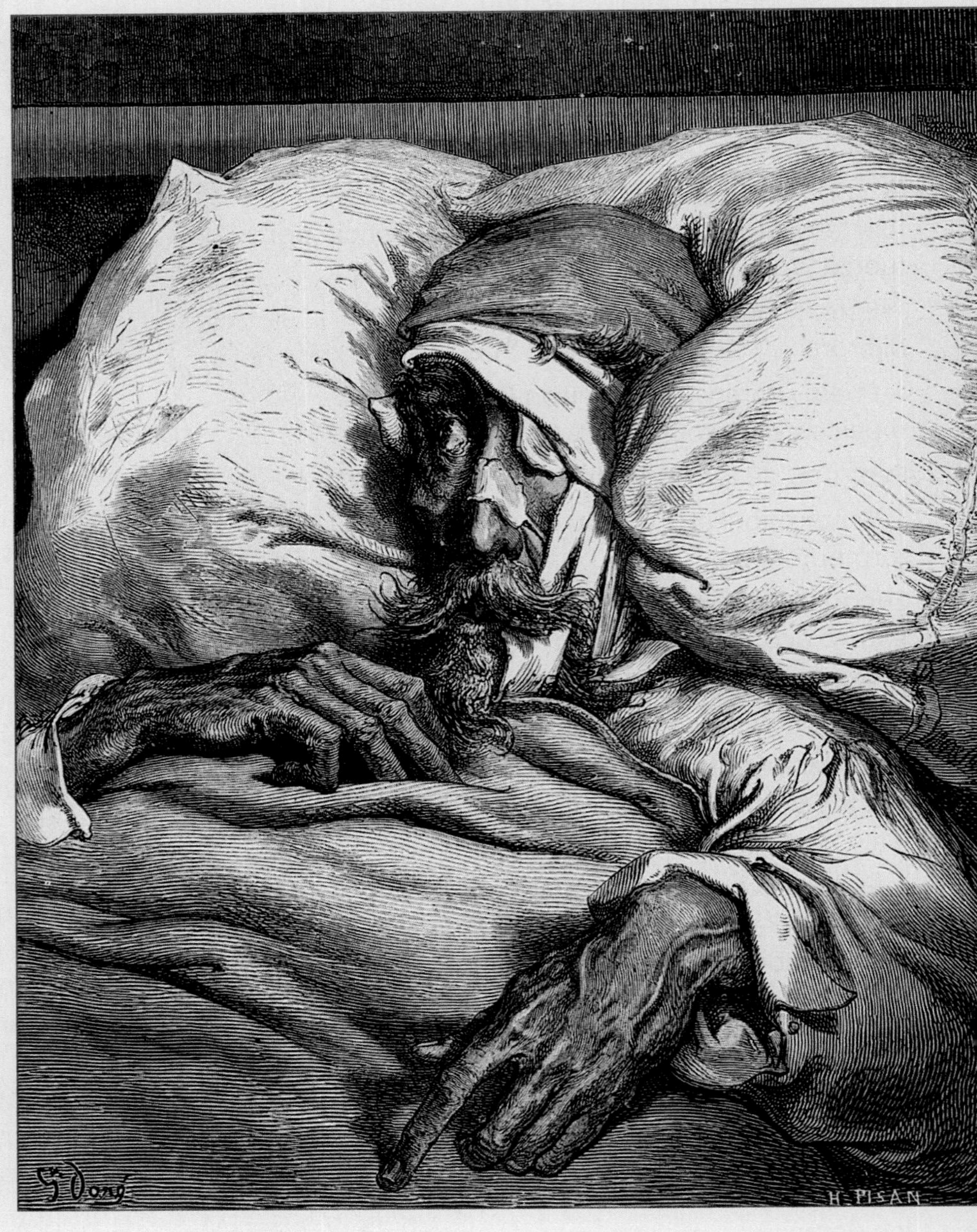

Go **Online** to practice PEARSON realize PearsonSchool.com/Autentico

WRITING

Interacción con la lectura

1 Completa una tabla como la siguiente a medida que lees.

2 Trabaja con otro(a) compañero(a) para comparar la información de las tablas de cada uno(a). Añadan cualquier otro detalle interesante que recuerden.

Preguntas	Respuestas
1. ¿Cuál es la situación?	
2. ¿Qué piensa Don Quijote que ocurre?	
3. ¿Qué sucede en realidad?	
4. ¿Qué hace Don Quijote?	
5. ¿Qué resultados tiene su acción?	

¿Comprendiste?

1. Parafrasea la idea principal del cuento. Incluye el tema y los detalles más importantes.
2. Don Quijote escucha las historias de los prisioneros. ¿Cómo reacciona Don Quijote después de escucharlas? ¿Considera que el castigo *(punishment)* de los prisioneros es justo?
3. ¿Por qué quiere Don Quijote que los prisioneros ya libres vayan a ver a la señora Dulcinea? ¿Qué nos dice de su personalidad?
4. Don Quijote ve las cosas de manera diferente que los demás personajes. ¿Crees que él piensa que dice la verdad? ¿Crees que él ve las cosas como son? ¿Crees que Sancho ve las cosas como son?
5. Piensa en algún ejemplo de la vida real en el que dos personas vean una misma cosa de diferente forma y compáralo con la lectura. Di qué pueden hacer para ponerse de acuerdo.
6. En tu opinión, ¿qué quiere expresar el autor al escribir acerca de Don Quijote?

CULTURA España

Miguel de Cervantes Saavedra (1547–1616) nació en España, y antes de ser escritor participó en varias guerras. Como soldado *(soldier)*, perdió el uso de la mano izquierda y poco después fue llevado a Argel como esclavo, donde estuvo cinco años. Buscando su libertad *(freedom)* trató de escapar cuatro veces. Un grupo de religiosos lo rescató y pudo regresar por fin a España. Trabajó para el gobierno *(government)* español, pero fue acusado de manejar mal el dinero a su cargo y fue encarcelado durante varios meses. Ya en libertad empezó a escribir novelas y comedias, entre ellas su más famosa novela, *Don Quijote de la Mancha*. Cervantes murió el mismo año que William Shakespeare.

Miguel de Cervantes Saavedra

Pre-AP® Integration: Los héroes y los personajes históricos ¿Cuál de los distintos momentos en la vida de Miguel de Cervantes Saavedra te impresiona más? ¿De qué manera contribuyó Cervantes Saavedra a la cultura hispana?

Auténtico

Partnered with 

El secreto de Machu Picchu

Antes de oír

Usa la estrategia: Usar el conocimiento previo

Observa la foto. Resume lo que ya sabes de Machu Picchu y úsalo para inferir el significado de términos nuevos. Piensas de sitios históricos de tu cultura y si están bien o mal preservados.

Lee el vocabulario clave

nivel del mar = sea level
sismos = earthquakes
manantiales = springs
picos nevados = snow-capped
bajo tierra = underground
drenaje = drainage
ladera = slope
ceja de la selva = rainforest edge

Oye el audio

En casi todo el mundo hay ruinas de grandes ciudades y civilizaciones de la antigüedad. Algunas ruinas se han logrado preservar mejor que otras. ¿A qué crees que se debe esto?

Ve a **PearsonSchool.com/Autentico** para oír el audio ***¿Sabes cuál es el secreto de la juventud eterna de Machu Picchu?.*** Descubrirás por qué esta ciudad tan antigua sigue casi intacta después de tantos siglos.

Haz las actividades

Mientras oyes Mientras oyes el audio, trata de identificar palabras y términos que ya conocías sobre Machu Picchu. Haz una lista de las nuevas palabras o frases que aprendiste. ¿Cómo usaste lo que ya sabías para inferir su significado?

Integración

Después de oír Oye el audio una o dos veces más para poder contestar estas preguntas:

1. Parafrasea el tema, la idea principal y los detalles importantes del audio.
2. Según el audio, ¿a qué se debe la juventud eterna de Machu Picchu?
   a. a las rocas que se usaron para construirla
   b. al sistema de edificaciones bajo tierra
   c. al buen clima de la región
   d. a la manera en que Perú ha cuidado estas ruinas
3. ¿Cómo se llevaba el agua de la montaña a la ciudad de Machu Picchu?

For more activities, go to the Authentic Resources Workbook.

Arquitectura y naturaleza

Expansión Busca otros recursos auténticos en *Auténtico* en línea y contesta las preguntas.

7 Auténtico

Integración de ideas ¿Cómo usaron los grandes constructores del pasado las formaciones naturales de la región para construir estructuras que resistieran el paso del tiempo? Respalda tu respuesta con hechos.

Comparación cultural ¿Conoces otro sitio histórico de importancia en tu cultura? Básate en lo que aprendiste sobre Machu Picchu para escribir una comparación entre las dos construcciones.

Repaso del capítulo

OBJECTIVES

▶ Review the vocabulary and grammar

Vocabulario

descubrimientos

el / la arqueólogo(a)	archaeologist
la civilización	civilization
la escritura	writing
la pirámide	pyramid
las ruinas	ruins
sagrado, -a	sacred
el símbolo	symbol

mitos y leyendas

la creencia	belief
el / la dios(a)	god, goddess
la leyenda	legend
el mito	myth
la nave espacial	spaceship
el origen	origin

para hablar de los fenómenos inexplicables

la estructura	structure
la evidencia	proof, evidence
extraño, -a	strange
el fenómeno	phenomenon
la función	function
la imagen	image
inexplicable	inexplicable
el misterio	mystery
misterioso, -a	mysterious
la teoría	theory

para describir objetos

el alto	height
el ancho	width
el centímetro	centimeter
el círculo	circle
el diámetro	diameter
el diseño	design
la distancia	distance
geométrico, -a	geometric(al)
el largo	length
el óvalo	oval
el rectángulo	rectangle
redondo, -a	round
la tonelada	ton
el triángulo	triangle

otras palabras

el conejo	rabbit
cualquier, -a	any
el intento	attempt

para indicar duda

improbable	unlikely
probable	likely

el universo

el / la astrónomo(a)	astronomer
el eclipse	eclipse
el / la habitante	inhabitant
la Luna	moon
el observatorio	observatory
el planeta	planet
el pueblo	people
la sombra	shadow
la Tierra	Earth
el universo	universe

expresiones

al igual que	as, like
o sea que	in other words
sino	but
ya que	because, due to

verbos

aparecer (zc)	to appear
arrojar(se)	to throw *(oneself)*
brillar	to shine
calcular	to calculate, to compute
convertirse (en)	to turn (into), to become
contribuir (u→y)	to contribute
cubrir	to cover
dudar	to doubt
excavar	to excavate
existir	to exist
medir (e→i)	to measure
pesar	to weigh
ponerse (el sol)	to set (sun)
resolver (o→ue)	to solve
trazar	to trace, to draw

Más recursos PearsonSchool.com/Autentico

 Games  Flashcards

Tutorials Instant check

Gramática

El presente y el presente perfecto del subjuntivo con expresiones de duda

Use the present subjunctive after expressions of doubt, uncertainty, or disbelief.

Dudo que **haya** una nave espacial en el pueblo.

To express doubt, uncertainty, or disbelief about actions in the past, Spanish uses the present perfect subjunctive mode.

Es probable que los arqueólogos **hayan encontrado** nuevas evidencias.

Expressions starting with *creo, no dudo, estoy seguro(a)* are usually followed by the indicative since they do not express doubt, disbelief or uncertainty.

Estoy seguro de que aquellas piedras **pertenecen** a los mayas.

Pero y *sino*

The word *pero* is usually the equivalent of the English conjunction *but*. The word *sino* also means *but*. *Sino* is used when the idea being conveyed is *not this, but rather* that.

No voy a comer carne **sino** vegetales.

You can also use *sino* with no *sólo . . . sino también . . .*

Vino **no sólo** María **sino también** Ana.

You use *sino que* when there is a conjugated verb in the second part of the sentence.

No salí a pasear **sino que** me quedé en casa.

El subjuntivo en cláusulas adjetivas

You can use an entire clause to describe a noun. This is an adjective clause. When you have a specific person or thing in mind, you use the indicative.

Busco a la arqueóloga **que trabaja** con ruinas aztecas.

If you don't have a specific person or thing in mind, or if you are not sure the person exists, you use the subjunctive. To refer to something or someone in the past, you use the present perfect subjunctive.

Necesito un artículo **que hable** sobre las pirámides.
Busco a un joven **que haya estudiado** español.

You also use the subjunctive in an adjective clause when it describes a negative word such as *nadie, nada,* or *ninguno(a).*

No hay **nadie que tenga** tiempo libre.

You use the subjunctive in an adjective clause when it doesn't describe a specific person or thing, using words such as *cualquier* or *cualquiera.*

Escoge **cualquier** cosa **que quieras**.

Repaso del capítulo

OBJECTIVE

▶ Demonstrate that you can perform the tasks on these pages

Preparación para el examen

1 Vocabulario Escribe la letra de la palabra o expresión que mejor complete cada frase. Escribe tus respuestas en una hoja aparte.

1. Un huevo tiene forma de ______ .
   a. triángulo c. pirámide
   b. óvalo d. rectángulo
2. El arqueólogo midió ______ de la roca.
   a. el mito y el origen c. el fenómeno y el misterio
   b. el planeta y el observatorio d. el ancho y el largo
3. Cada civilización tenía sus teorías sobre el ______ del mundo.
   a. origen c. universo
   b. pueblo d. habitante
4. Los astrónomos mayas observaban ______ y los eclipses.
   a. las ruinas c. los planetas
   b. el símbolo d. el círculo
5. A un fenómeno extraño e inexplicable lo llamamos ______.
   a. misterio c. evidencia
   b. geométrico d. estructura
6. El arqueólogo ______ el diámetro del calendario azteca.
   a. cubrió c. pesó
   b. dudó d. midió
7. A las seis de la tarde se ______ el sol.
   a. excavó c. calculó
   b. resolvió d. puso
8. Los astrónomos ______ en la reunión con información sobre los planetas.
   a. brillaron c. se arrojaron
   b. contribuyeron d. existían

2 Gramática Escribe la letra de la palabra o expresión que mejor complete cada frase. Escribe tus respuestas en una hoja aparte.

1. Dudo que ______ naves espaciales en el imperio maya.
   a. existió c. existen
   b. existirán d. hayan existido
2. Algunos creen que es probable que los extraterrestres ______ las Líneas de Nazca.
   a. trazaron c. trazan
   b. hayan trazado d. tracen
3. La arqueóloga está segura de que esta pirámide ______ a la civilización azteca.
   a. pertenecerá c. pertenece
   b. haya pertenecido d. pertenecerían
4. No conozco a ningún arqueólogo que ______ el nombre de todos los dioses aztecas.
   a. sabe c. sabían
   b. sepa d. supo
5. Necesitan a un científico que ______ la edad del templo.
   a. calcula c. calculo
   b. calculen d. calcule
6. Es improbable que los aztecas ______ a la Luna.
   a. han viajado c. hayas viajado
   b. viajan d. hayan viajado
7. No conozco a nadie que ______ para buscar ruinas de la cultura azteca.
   a. haya excavado c. han excavado
   b. excava d. hayan excavado
8. El sol no desapareció ______ que se puso.
   a. también c. sino
   b. pero d. sólo

Más recursos PearsonSchool.com/Autentico

 Games
Tutorials

 Flashcards
Instant check

En el examen vas a . . .	Éstas son las tareas de práctica que te pueden ser útiles para el examen . . .	Para repasar, ve a tu libro de texto impreso o digital . . .
Interpretive		
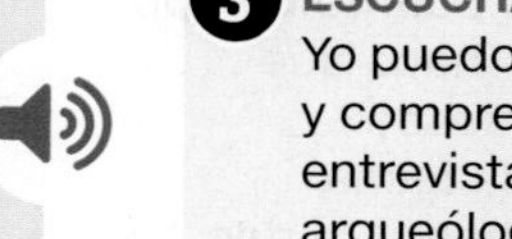 **3 ESCUCHAR** Yo puedo escuchar y comprender una entrevista con un arqueólogo que acaba de regresar de una excavación.	Escucha una entrevista entre un locutor de una estación de radio y la famosa arqueóloga Dra. Cruz, y contesta a las siguientes preguntas: (a) ¿Qué civilización estudió? (b) ¿Qué excavó? (c) ¿Cómo explicó lo que encontró? (d) ¿El locutor cree que es un mito o la realidad?	**pp. 310–313** *Vocabulario en contexto* 1 **p. 311** Actividad 1 **p. 314** *Videohistoria* **p. 321** Actividad 16 **pp. 346–347** *Auténtico*
Interpersonal		
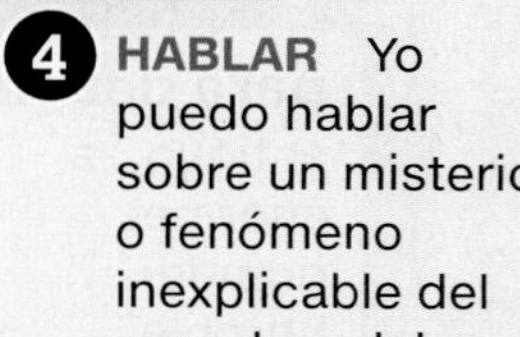 **4 HABLAR** Yo puedo hablar sobre un misterio o fenómeno inexplicable del pasado o del presente.	Piensa en un misterio o fenómeno inexplicable que te interese. Descríbelo y sugiere una explicación lógica de por qué existe o se produce dicho misterio o fenómeno.	**p. 317** Actividad 9 **p. 319** Actividad 13 **p. 321** Actividad 16
Interpretive		
 **5 LEER** Yo puedo leer y comprender una leyenda.	Lee este relato azteca. Según el relato, ¿cuál es la explicación para el principio de la lluvia? (a) A los dioses les gustaba el templo que los aztecas construyeron. (b) Para que lloviera, siete hombres cantaban cuatro canciones. (c) La Luna apareció por 28 días. *Cuenta el relato que los antiguos aztecas construyeron un templo a los dioses del fuego y de la lluvia en una montaña. Y siete hombres se reunían cuando llegaba el tiempo de sembrar la tierra, llamaban al dios de la lluvia y cantaban cuatro canciones, porque cuatro por siete es 28, y veintiocho días tiene el mes de la Luna. Poco después, comenzaba a llover.*	**p. 316** Actividad 8 **p. 323** Actividad 19 **pp. 324–327** *Vocabulario en contexto* 2 **p. 330** Actividad 27 **pp. 336–337** *Puente a la cultura*
Presentational		
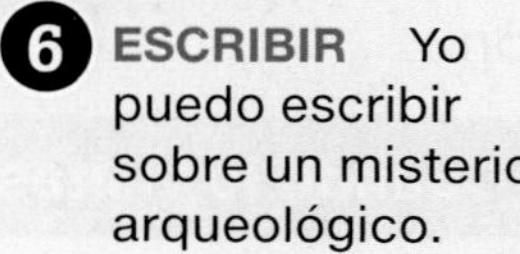 **6 ESCRIBIR** Yo puedo escribir sobre un misterio arqueológico.	Escoge una de las ruinas misteriosas de las que se han hablado en este capítulo y escribe un párrafo sobre lo que piensas de ella. ¿Cuál crees que fue el origen y la función de esa construcción? ¿Está relacionada con algún mito o leyenda de esa civilización? ¿Crees que algún día se descubrirán sus misterios?	**p. 316** Actividad 8 **p. 317** Actividad 9 **p. 321** Actividad 16 **p. 323** Actividad 18 **p. 330** Actividad 27 **pp. 336–337** *Puente a la cultura*
Comparisons		
 **7 COMPARAR** Yo puedo comparar un mito con una leyenda y buscar una explicación posible.	Compara una leyenda y un mito que has estudiado en este capítulo. Explica cómo los orígenes y las funciones que tenían son similares o diferentes.	**p. 317** Actividad 9 **p. 338** *¿Qué me cuentas?*

A ver si recuerdas

OBJECTIVES

- Talk about landmarks and monuments in your town, city, or state
- Write and ask questions about cultural activities

Vocabulario

construcciones
el edificio histórico
la fuente
la iglesia
la mezquita
el monumento
el museo
el palacio
la plaza
el puente
la sinagoga
el teatro

para indicar el lugar
a la derecha
a la izquierda
al lado de
cerca de
debajo de
delante de
detrás de
entre
lejos de

para indicar el tiempo
¿Cuánto tiempo hace que . . . ?
desde
la fecha
hace . . . dos, tres, cuatro años
hace mucho / poco tiempo
recientemente

para describir
antiguo, -a
enorme
grande
horrible
moderno, -a
nuevo, -a
pequeño, -a
viejo, -a

en la ciudad
la avenida
la calle
la cuadra
la esquina

1

En tu ciudad

ESCRIBIR, HABLAR EN PAREJA

1 Haz una lista con tres lugares o edificios famosos de tu pueblo, de tu ciudad o de tu estado, por ejemplo: un monumento, una calle, un teatro o una plaza. En una tabla como la siguiente, escribe dónde quedan esos lugares o edificios, cómo son y cuándo los visitaste. Usa las palabras de la lista de vocabulario. NO escribas el nombre de la construcción.

¿Qué es?	¿Dónde queda?	¿Cómo es?	¿Cuándo lo visitaste?
1. [lugar o edificio]			
2. [lugar o edificio]			

2 Hazle preguntas a otro(a) estudiante sobre los lugares de su lista. Pregúntale sobre la información que escribió y trata de identificar los lugares.

Videomodelo

A —*¿Cuándo visitaste el lugar?*
B —*Lo visité hace un año.*

Go **Online** to practice PEARSON realize. PearsonSchool.com/Autentico

VIDEO

WRITING

SPEAK/RECORD

Gramática

Las palabras interrogativas

Remember that you use interrogative words to ask questions. In Spanish, all interrogative words have a written accent mark.

The interrogative words *¿cómo?, ¿cuándo?, ¿dónde?, ¿adónde?, ¿qué?, ¿para qué?, ¿por qué?* are invariable—they do not change in gender or number.

¿**Cuándo** vas al museo? ¿**Por qué** vamos a la plaza?

The interrogative words *¿cuál? / ¿cuáles?,* and *¿quién? / ¿quiénes?* have both singular and plural forms, but do not change in gender.

¿**Cuáles** son tus amigos? ¿**Quién** es tu mejor amiga?

The interrogative words *¿cuánto? / ¿cuántos? / ¿cuánta? / ¿cuántas?* agree both in number (singular / plural) and gender (masculine / feminine) with the noun they modify.

¿**Cuánto** dinero? ¿**Cuántas** horas?

In Spanish, prepositions always precede interrogative words.

¿**Para qué** hiciste eso? ¿**Con quién** fuiste tú?

Just as in direct questions, interrogative words have a written accent when they are used in indirect questions.

Quiero saber **quiénes** van a la fiesta. Me preguntó **cuál** era mi mochila.

Más recursos ONLINE

Tutorial: Questions with Interrogative Words

2

¿Cómo llegamos?

LEER Dos amigas quieren ir al museo. Completa el diálogo con las palabras interrogativas que correspondan.

A. —¿ 1. vamos al museo, en autobús o a pie?

B. —Depende . . . ¿tú sabes a 2. cuadras de aquí está el museo?

A. —Creo que a unas veinte . . . ¿ 3. no vamos en autobús?

B. —Sí, mejor. Estoy cansada. ¿Sabes 4. está la parada del autobús?

A. —Aquí, paran cuatro autobuses. ¿ 5. tomamos? ¿A 6. le preguntamos?

3

Entrevista

ESCRIBIR, HABLAR EN PAREJA Tú y tu compañero(a) trabajan para una organización de turismo. Deben entrevistar a los turistas que visitan un centro cultural, un teatro o un museo. Escriban diez preguntas para hacerles y lean sus preguntas a la clase. Pueden representar la entrevista con otros(as) compañeros(as).

Modelo

¿De dónde es usted?
¿Por qué ha venido a . . . ?

A ver si recuerdas

OBJECTIVES
- Discuss a conflict you had
- Talk about a movie you saw

Vocabulario

el arte
la artesanía
la creación
la joya
la melodía
el oro
la plata

el comercio
cambiar
comprar
el mercado
pagar
el producto
regatear
vender

reacciones
asustarse
enojarse
estar asustado, -a
estar enojado, -a
ponerse enojado, -a
temer
tener miedo de

las relaciones
colaborar
comunicarse
el conflicto
desconfiar
llevarse bien / mal
la pelea
pelearse
ponerse de acuerdo
reaccionar
relacionarse

acciones
atreverse
capturar
destruir
escaparse
luchar
matar
morirse
refugiarse
salvar

4

Definiciones

LEER, ESCRIBIR, HABLAR EN PAREJA Empareja cada definición con la palabra correspondiente. Luego, escribe cuatro definiciones propias de las listas. Léelas a un(a) compañero(a) para que identifique las palabras apropiadas.

1. arte u obra con una marca personal
2. evitar un peligro
3. no confiar
4. discutir el precio de algo

a. regatear
b. artesanía
c. salvarse
d. desconfiar

5

Una vez yo . . .

ESCRIBIR, HABLAR EN GRUPO Piensa en un conflicto que hayas tenido. Haz una red de palabras y complétala. Usa las palabras del vocabulario. Compara tu red con la de otros(as) compañeros(as). Hablen sobre las causas de los conflictos y sus soluciones.

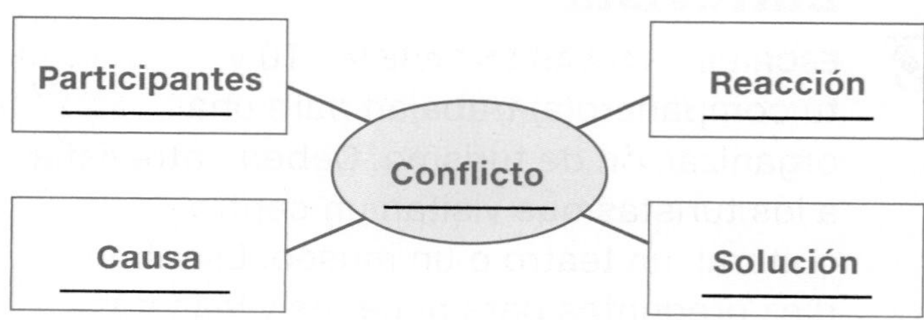

VIDEO

WRITING

SPEAK / RECORD

Gramática

Verbos con cambios en el pretérito

Verbs like *oír*, *leer*, and *creer* change the *i* to *y* in the *Ud. / él / ella* and *Uds./ellos/ellas* forms: *leí, leíste, leyó, leímos, leísteis, leyeron*.

Stem-changing *-ir* verbs like *dormir*, *morir (o → ue), sentir, preferir (e → ie)*, and *pedir, repetir (e → i)* have changes in the *Ud. / él / ella* and the *Uds. / ellos / ellas* form of the preterite.

dormir: d**u**rmió, d**u**rmieron sentir: s**i**ntió, s**i**ntieron

Some verbs, such as *decir*, *traer*, and *traducir* have irregular stems in the preterite but they share the same endings:

decir: di**je**, di**jiste**, di**jo**, di**jimos**, di**jisteis**, di**jeron**
traer: tra**je**, tra**jiste**, tra**jo**, tra**jimos**, tra**jisteis**, tra**jeron**
traducir: tradu**je**, tradu**jiste**, tradu**jo**, tradu**jimos**, tradu**jisteis**, tradu**jeron**

The following verbs also have irregular stems in the preterite and share the following endings: *-e, -iste, -o, -imos, isteis, -ieron*.

tener	estar	saber	poner	andar	poder	venir	hacer
tuv-	estuv-	sup-	pus-	anduv-	pud-	vin-	hic-*

*The *Ud./él/ella* form is *hizo*.

¿Recuerdas?

El verbo *haber* en el pretérito se conjuga *hubo*. Se usa para indicar que algo sucedió en el pasado en un momento específico en el tiempo, no algo que sucedía siempre.

Anoche *hubo* luna llena.

Más recursos ONLINE

Tutorial: Stem-Changes in the Preterite

6 Un día ocupado

LEER Escribe la forma correcta del pretérito en este informe.

Ayer, ellos _1._ *(tener)* muchas actividades. Primero, _2._ *(andar)* por el parque. Después, sus amigos _3._ *(venir)* a su casa. Luego, _4._ *(estar)* en la biblioteca e _5._ *(hacer)* sus tareas. _6._ *(leer)* un cuento para la clase de inglés y _7._ *(traducir)* algunas frases del español al inglés. Al salir, _8._ *(querer)* llamar a Pablo pero no _9._ *(poder)* porque su teléfono no funcionaba. _10._ *(ir)* a un café y _11._ *(pedir)* unos pasteles. ¡Una manera perfecta de terminar un día tan ocupado!

7 Al cine

HABLAR Entrevista a tu compañero(a) sobre la última película que fueron a ver sus amigos(as). Túrnense para hacer preguntas y contestarlas. Usen los siguientes verbos: *ir, estar, andar, dormir, preferir, comenzar, terminar*.

Modelo

ir
¿Qué película fueron a ver?

CAPÍTULO 8

Encuentro entre culturas

Country Connections Explorar el mundo hispano

CHAPTER OBJECTIVES

Communication

By the end of the chapter you will be able to:

- Listen and read about indigenous cultures
- Talk and write about cultural heritage and fusion of cultures in Spain before 1492
- Present a guided city tour

Culture

You will also be able to:

- Understand the historical context of Spanish missions in California
- Express your opinion about cultural exchanges
- Compare cultural practices in an authentic video about the Mapuche culture in Chile

You will demonstrate what you know and can do

- Presentación oral: Una visita a . . .
- Presentación escrita: Mi experiencia con otras culturas

You will use

Vocabulary

- Buildings
- The discovery of America
- Cultural exchanges

Grammar

- Conditional
- Imperfect subjunctive
- Imperfect subjunctive with *si*

ARTE y CULTURA España

Joaquín Sorolla y Bastida (1863–1923) fue un pintor español. Su obra refleja una gran habilidad para capturar los efectos de la luz. En este cuadro de Granada, Sorolla y Bastida captura la majestad de la Alhambra y de la Sierra Nevada usando el contraste entre la luz y la sombra.

▸ ¿Conoces a otros pintores que sean famosos por su uso de la luz? ¿Quiénes son?

"Granada", (1920), Joaquín Sorolla y Bastida ▸

Museo Sorolla, Madrid, Spain/Bridgeman Art Library.

Go **Online** to practice

PEARSON realize

PearsonSchool.com/Autentico

AUDIO

VIDEO

WRITING

SPEAK/RECORD

MAPA GLOBAL

AUTÉNTICO

FLASCHARDS

ETEXT 2.0

GAMES

La mezquita de Córdoba en España es un ejemplo de fusión cultural.

Videonovela *¡Pura vida!*

Vocabulario en contexto 1

OBJECTIVES

Read, listen to, and understand information about

- Interactions between cultures
- Fusion of different cultures in Spain before 1492

El blog de los viajes de Melissa

Viajar por España es una experiencia increíble. La historia de este país es una fusión de cuatro culturas y tres religiones. **Cristianos**, **musulmanes** y **judíos** se influyeron mutuamente y compartieron sus tesoros. ¡Ver **la influencia** de la cultura en la **arquitectura** de distintas construcciones es maravilloso!

Mensaje de Melissa: ¡España te amo!

Melissa Romano hace cinco minutos 

Estos misteriosos **arcos** forman parte de un **acueducto**. **Los romanos** construyeron muchos acueductos en la época de su **conquista** de la Península Ibérica, alrededor de 300 a.C. De esa manera llevaban agua a las ciudades que **dominaban**. También trazaron caminos para permitir llegar su gobierno a todas las regiones del país, porque sabían que **la unidad** política era importante para sostener su **imperio**. Fueron los romanos quienes más tarde llevaron el cristianismo a España.

¿Les gustan los bosques? A mí también, pero no solo de árboles. ¡Lo que ven aquí es un bosque de más de mil columnas! Esta es la mezquita (*mosque*) de Córdoba, uno de los templos musulmanes que construyeron **los árabes** cuando **invadieron** y **conquistaron** la península ibérica en el siglo VIII. Muchas de sus mezquitas están en sitios donde **anteriormente** había iglesias. Los árabes **ocuparon** de 711 a 1492. Fue una **época** de convivencia, o sea armonía, entre las tres religiones.

AUDIO

MAPA GLOBAL

Miren esta foto. ¿No parece un castillo encantado de una película? En realidad es la Catedral de Sevilla. Sevilla fue **reconquistada** por los cristianos en 1248. Antes, en el lugar que ocupa la Catedral, había una mezquita. Lo **único** que quedó de la mezquita es **la torre** más alta, llamada La Giralda.

Sinagoga-Cordoba

A mí también me encantó esa mezcla de culturas. Miren la sinagoga de Córdoba. ¿No les recuerda a una mezquita? Es que los judíos de España **asimilaron** elementos del arte musulmán. Por eso aquí vemos una combinación de diseños árabes con inscripciones en hebreo, la lengua de los judíos. ☺

Pablo Pedrosa hace dos minutos 

¡Yo estuve en España el año pasado! Me contaron que los reyes católicos, quienes **gobernaban** España en 1492, **expulsaron** a los últimos musulmanes, pero conservaron muchos edificios de estilo árabe. Este es el Palacio de la Alhambra, en Granada. Era tan hermoso que los reyes no lo cambiaron. ¿No es **una maravilla**?

1

España y su cultura

ESCUCHAR En una hoja escribe los números del 1 al 6. Escucha las frases. Escribe *C* si la frase es cierta o *F* si la frase es falsa.

Pablo acaba de regresar de San Juan, Puerto Rico. ¡Su prima Ana quiere saber todo sobre el viaje!

Pablo / Ana

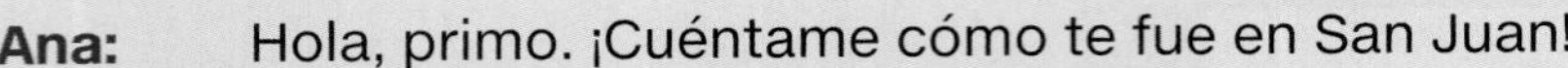

Ana: Hola, primo. ¡Cuéntame cómo te fue en San Juan!

Pablo: ¡Fue un viaje **maravilloso**! Por fin pude conocer bien la ciudad en la que nací. Como me fui de allí cuando era pequeño, no recordaba casi nada.

Ana: ¿Qué fue lo que más te gustó?

Pablo: El Viejo San Juan, o la parte antigua. Caminé mucho por sus calles y tomé fotos de los **balcones** y las **rejas** de las casas. En su arquitectura **se integran** las influencias española y árabe.

Ana: Sí. Estas culturas **dejaron su huella** en las casas y calles de la ciudad.

Pablo: También me gustaron mucho los castillos. ¡El Castillo de San Cristóbal es **una construcción** impresionante!

Ana: ¿Y fuiste a la Casa de España como te recomendé? ¡Esa casa la **fundó** el padre de nuestro abuelo!

Pablo: Sí. ¡Es hermosa! Me encantaron los **azulejos** que decoran muchas casas. Además, allí encontré información muy interesante sobre **el idioma** español de aquel tiempo y sobre **la población** y los **grupos étnicos** del país.

Ana: La próxima vez tenemos que ir juntos a Puerto Rico. ¡Nos falta mucho por conocer!

2

La visita de Pablo a San Juan

ESCRIBIR Contesta las siguientes preguntas:

1. ¿Qué fue lo que más le gustó a Pablo de la ciudad?
2. ¿Qué influencias se integran en la arquitectura del Viejo San Juan?
3. ¿Qué edificio le pareció impresionante a Pablo?

3

¿A qué país prefieres ir?

HABLAR EN PAREJAS Basándote en lo que has leído sobre España y Puerto Rico, dile a un(a) compañero(a) a cuál de estos dos países preferirías ir de vacaciones. Da razones que apoyen tu opinión.

4

España y Puerto Rico

ESCUCHAR Escribe los números del 1 al 4 en una hoja de papel. Escucha cada frase y escribe *C* (cierta) si es correcta o *F* (falsa) si es incorrecta.

Videohistoria

Go **Online** to practice
PEARSON realize™
PearsonSchool.com/Autentico

AUDIO

VIDEO

WRITING

SCRIPT

¡San Antonio te espera!

Antes de ver

Usar las imágenes como contexto ¿Conoces una ciudad en la que haya mezcla de culturas o una gran diversidad cultural? Mira las fotos. Observa el tipo de arquitectura de los edificios y trata de identificar las huellas de otra cultura. Al ver el video, usa las imágenes como contexto para comprender mejor el diálogo.

Haz la actividad

Diversidad cultural Trabaja con un compañero(a). Hagan una lista de las cosas que muestran la diversidad cultural de una ciudad y su gente.

Ve el video

Ximena está muy orgullosa de la ciudad en la que nació. ¿Quieres saber por qué?

Ve a **PearsonSchool.com/Autentico** para ver el video ***¡San Antonio te espera!*** También puedes leer el guión.

Después de ver

ESCRIBIR Contesta las siguientes preguntas:

1. ¿Qué video les muestra Ximena a sus amigos? ¿Para qué hizo ese video?
2. ¿Qué lugares de la ciudad muestra Ximena en su video?
3. Parafrasea lo que dice Ximena sobre las influencias culturales en San Antonio.
4. ¿Qué tipos de festivales hay en San Antonio?

¿Cuál es tu impresión? Escribe un párrafo dando tu impresión sobre San Antonio. Di si te gustaría conocer esta ciudad y por qué. Justifica tu opinión con datos de la Videohistoria.

Vocabulario en uso 1

OBJECTIVES

- Discuss and write about the cities of Toledo, Spain and Buenos Aires, Argentina
- Write about the history of Spain
- Talk about culture and architecture

5

¡Bienvenido a Toledo!

LEER, HABLAR EN PAREJA Completa la siguiente información con las palabras del recuadro. Después, habla con otro(a) compañero(a) y pregúntale si le gustaría visitar Toledo y por qué.

ocuparon	musulmanes	reconquistó	población	étnicos
judíos	maravillas	única	se integraron	unidad

Durante siglos, la ciudad de Toledo ha mantenido su __1.__ mientras recibía la influencia de muchas culturas y religiones. Los romanos entraron en la ciudad en 193 a.C. y la __2.__. Siglos después, los __3.__ que vinieron desde el sur de España y desde África conquistaron Toledo. Durante la Edad Media (*Middle Ages*), que se extendió aproximadamente desde el año 476 al 1492, Toledo fue un centro intelectual y artístico, con una gran __4.__ formada por varios grupos __5.__, como musulmanes, __6.__ y cristianos. El palacio musulmán, llamado El Alcázar, originalmente restaurado (*restored*) en el siglo XIII, fue modificado en 1535 como residencia de Carlos V. Es una de las verdaderas __7.__ de la ciudad. Más adelante, durante la Reconquista, el rey Alfonso VI __8.__ la ciudad en 1085 y volvieron a gobernar los reyes cristianos. Toledo no es la __9.__ ciudad de España donde __10.__ muchas culturas y religiones, pero es uno de los mejores ejemplos.

6

Un patio español

ESCRIBIR Observa la foto de un patio en España. Luego, escribe una descripción de lo que ves y tus impresiones. Incluye las palabras siguientes.

azulejos	arquitectura
construcción	maravilloso(a)
influencia	arco
rejas	musulmán

Patio antiguo, España

7

Una breve historia de España

LEER, HABLAR EN PAREJA Para entender bien las culturas de hoy, es importante que conozcas la historia de otros países. Lee la línea cronológica de esta página. Con otro(a) estudiante, habla de la historia de España. Trata de usar todos los verbos siguientes.

invadir	ocupar	asimilarse	llegar	contribuir
reconquistar	gobernar	expulsar	integrarse	dominar

Videomodelo

A —*¿Qué pasó en el año 1085?*
B —*Los cristianos reconquistaron Toledo.*

300 200 100 0 100 200 300 400 500 600 700 800 900 1000 1100 1200 1300 1400 1500

218 a.C.
Romanos: Conquista de España, construcción de puentes y acueductos

711
Llegada de los musulmanes del África; contribuciones en las matemáticas, las ciencias, el papel, los números que usamos hoy; integración de muchos grupos étnicos en España

1085
Cristianos: reconquista de Toledo

1236
Musulmanes: gobiernan desde La Alhambra de Granada

1496
Reyes Católicos: reconquista y ocupación de Granada; expulsión del último rey musulmán, Boabdil; expulsión de los judíos de España

Ampliación del lenguaje — Palabras árabes

Durante los ochocientos años en que los árabes estuvieron en España, muchas palabras del árabe pasaron a formar parte del español. Muchas de ellas entraron también en otros idiomas de Europa, incluyendo el inglés. Lee las palabras de la tabla y escoge las que mejor completan las frases.

1. En el ______ donde vivo hay una ______ adonde van los musulmanes.
2. El músico estaba tocando su ______ , pero cuando me vio me saludó diciendo " ______ ".
3. En mi casa tenemos una ______ en el piso que está hecha de ______ .
4. Todas las mañanas, mi mamá bebe una ______ de ______ y un jugo de ______ .

Palabras de origen árabe	
alcázar	¡hola!
algodón	jarabe
alfombra	limón
barrio	mezquita
baño	naranja
café	¡ojalá!
chisme	taza
guitarra	

8 Mi Buenos Aires querido

LEER, ESCRIBIR, HABLAR EN GRUPO ¿Has oído alguna vez hablar de la ciudad de Buenos Aires y su origen? Lee el siguiente artículo sobre Buenos Aires y contesta las preguntas.

Conexiones **Las ciencias sociales**

Buenos Aires

Desde que se fundó Buenos Aires en 1536, allí se han mezclado distintas culturas, religiones y tradiciones. Aunque el idioma oficial de Argentina es el español, en la ciudad hay barrios en los que a veces se escucha hablar el italiano, el inglés, el yiddish, el ruso o el árabe y donde se pueden ver mezquitas, sinagogas e iglesias. Anteriormente, la mayoría de los inmigrantes que llegaban a Buenos Aires venían de Europa, pero en los últimos tiempos la mayoría ha llegado de otros países latinoamericanos, sobre todo de Bolivia.

Esta inmigración de diferentes grupos étnicos ha hecho de Buenos Aires una ciudad multicultural y cosmopolita. En algunos casos los inmigrantes se han asimilado a la manera de vivir del lugar. Por ejemplo, aunque muchos hablan sus propios idiomas, la mayoría habla también español.

También puedes encontrar que en un mismo barrio se practican las religiones judía, cristiana y musulmana, y se comen platos que vienen de muchos lugares, como la pasta de Italia o los guisos (*stews*) de España.

Buenos Aires no es la única ciudad de América del Sur con esta mezcla maravillosa de culturas pero es una de las más conocidas por su variedad.

1. ¿Cuáles son algunos de los inmigrantes y grupos étnicos que se establecieron en Buenos Aires?
2. ¿Por qué es bueno que muchas personas de diferentes culturas vivan en una misma ciudad?
3. Trabaja con tres estudiantes. Copien y completen esta tabla, y comparen su ciudad o comunidad con la ciudad de Buenos Aires.

	Buenos Aires	Mi ciudad / comunidad
¿Dónde está?		
¿Cuál es el idioma oficial?		
¿Qué religiones se practican?		
¿Hay muchos inmigrantes?		
¿De dónde son?		

Mapa global interactivo Explora el área metropolitana de Buenos Aires, Argentina. Investiga su desarrollo, sistema de carreteras y relación con la vida urbana.

WRITING SPEAK/RECORD MAPA GLOBAL

9

La cultura en la arquitectura

LEER, ESCRIBIR Puedes aprender sobre otras culturas al observar su arte y su arquitectura. Mira el anuncio y trabaja con otro(a) estudiante para hacer y contestar preguntas por correo électronico. Usa las siguientes preguntas como modelo.

1. ¿Sobre qué es la exposición *(exhibit)*?
2. ¿De dónde son los arquitectos? ¿Son todos de la misma cultura étnica?
3. ¿Crees que las construcciones que se presentan en la exposición van a ser similares? ¿Por qué? ¿Por qué no?
4. Imagina que puedes dejar una huella en tu comunidad. ¿Qué contribución te gustaría hacer? Haz un folleto como éste que la represente.

Museo Histórico Arqueológico  **Museo Regional del Sur**

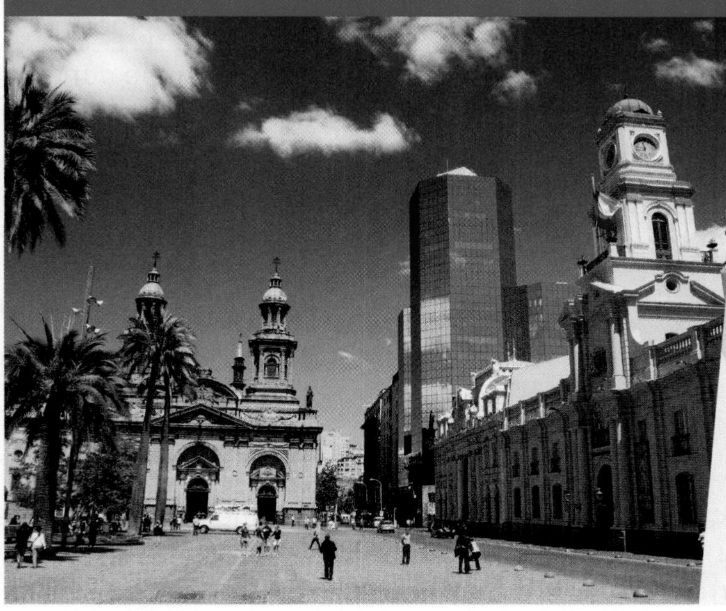

PRESENTAN

HUELLAS DE IDENTIDAD:

Asimilación cultural en la arquitectura Chilena

23 de enero –12 de mayo

- 5 arquitectos de la época moderna
- diversas influencias étnicas
- construcciones únicas

Avenida de la Cruz, no. 32 Valparaíso

10

Y tú, ¿qué dices?

ESCRIBIR, HABLAR

1. ¿Qué cultura(s) representas tú? ¿De dónde eran tus abuelos y bisabuelos *(great-grandparents)*? ¿Qué idioma(s) hablaban? ¿Lo(s) siguen hablando? ¿Por qué?
2. ¿Qué culturas han contribuido a la cultura de los Estados Unidos? ¿Qué huellas han dejado?
3. ¿Alguna vez has tenido que integrarte a una nueva cultura o grupo? ¿Cuándo? ¿Cómo te sentiste? ¿Qué diferencias notaste entre tu manera de ser y la de ellos?
4. Imagina que hay un nuevo estudiante de otro país en tu clase. Di al menos cinco cosas que puedes hacer para ayudarle a integrarse.

Gramática

OBJECTIVES

- Write about things you would do
- Talk about activities you would do in a new community

El condicional

You use the conditional in Spanish to express what a person *would do* or what a situation *would be like.*

Me **gustaría** leer un libro sobre el budismo. Yo le **pedería** ese libro a Tomás.

- As with the future tense, you form the conditional by adding the endings to the infinitive. The conditional endings are the same for all verbs. Here are the conditional forms of *hablar, ser,* and *ir.*

hablar

hablar**ía**	hablar**íamos**
hablar**ías**	hablar**íais**
hablar**ía**	hablar**ían**

ser

ser**ía**	ser**íamos**
ser**ías**	ser**íais**
ser**ía**	ser**ían**

ir

ir**ía**	ir**íamos**
ir**ías**	ir**íais**
ir**ía**	ir**ían**

- All verbs that are irregular in the future tense have the same irregular stems in the conditional.

decir	**dir-**	poder	**podr-**	saber	**sabr-**	tener	**tendr-**
haber	**habr-**	poner	**pondr-**	salir	**saldr-**	querer	**querr-**
hacer	**har-**	componer	**compondr-**	venir	**vendr-**	contener	**contendr-**

Más recursos ONLINE

Tutorial: Use of Conditional

Canción de hip hop: *Bienvenido a Toledo*

11 La Ruta Quetzal

LEER El año pasado tu amiga participó en la Ruta Quetzal, un viaje que muchos jóvenes hacen por España y América Latina. Tú quieres hacer el viaje el año próximo, y ella te cuenta cómo sería. Completa el párrafo con el condicional del verbo apropiado.

¿Te interesa participar en la Ruta Quetzal?

¿Te interesa participar en la Ruta Quetzal? Esta experiencia __1.__ (tener / ser) fantástica para ti. El viaje __2.__ (ocupar / comenzar) en España. Para decidir quiénes __3.__ (ir / poder), tú y los otros estudiantes __4.__ (contribuir / salir) ideas sobre los lugares que se __5.__ (fundar / poder) visitar. Al terminar la experiencia, Uds. __6.__ (saber / fundar) mucho más sobre la integración de la cultura española con la americana y __7.__ (poner / poder) apreciar más las dos culturas. Cuando yo fui, mis padres me dijeron que me __8.__ (ayudar / preferir) a juntar dinero. ¿Te __9.__ (saber / dar) dinero tus padres? ¡No importa! Tienes que ir.

12

¡Ganamos!

HABLAR EN PAREJA Tu familia participa en un concurso para ganar una casa que se construiría según el estilo musulmán. Habla con otro(a) estudiante para describir lo que tu familia prefiere en su nueva casa.

Modelo

A —*¿Qué prefiere tu mamá en la casa?*
B —*A ella le gustan los balcones. Tendría una ventana con un balcón.*

Yo *Nosotros* *Mis hermanos* *Mi hermano(a)* *Mi mamá (o papá)* *Mis padres* **¡Respuesta personal!**	*tener* *poner* *construir* *gustar* *querer* *pedir* *hacer* *preferir* **¡Respuesta personal!**	*balcón* *rejas* *azulejos* *flores* *fuente* *arcos* *torre* *patio* *jardín* **¡Respuesta personal!**

13

No sabía que en . . .

HABLAR EN PAREJA Piensa en una ciudad que visitaste y en las cosas que encontraste que no te habías imaginado. Escoge entre las cuatro columnas para decir tus frases a un(a) compañero(a).

Modelo

No me había dado cuenta de que vería grupos étnicos tan diferentes.

no podía creer que no sabía que no me di cuenta de que nunca pensé que **¡Respuesta personal!**	haber encontrar ver comer escuchar visitar hacer **¡Respuesta personal!**	cosas tan . . . grupos étnicos tan . . . construcciones tan . . . la influencia de . . . música tan . . . comida tan . . . puntos de interés tan . . . personas tan . . . **¡Respuesta personal!**	divertido interesante alto impresionante diferente similar maravilloso único **¡Respuesta personal!**

14

Conoce nuestra comunidad

HABLAR EN PAREJA Imagina que un(a) estudiante de otro país te hace preguntas para informarse sobre tu comunidad y lo que tiene hacer durante su visita. Trabaja con otro(a) estudiante para hacer los papeles de estudiante y estudiante extranjero(a). Usen el condicional.

Videomodelo

¿Qué (tener) que ponerme para ir el primer día de escuela?

A —*¿Qué* ***tendría*** *que ponerme para ir el primer día de escuela?*

B —***Podrías llevar jeans y una camiseta.***

Estudiante A

1. ¿*(Vivir)* en un barrio con muchos o pocos grupos étnicos?
2. ¿A qué lugares *(poder)* ir para ver la vida típica de los jóvenes en tu comunidad?
3. ¿*(Ser)* fácil o difícil asimilarme en tu escuela?
4. ¿*(Tener)* que hablar inglés todo el tiempo?
5. ¿Qué religiones diferentes *(encontrar)*?
6. ¿Qué más *(deber)* hacer para integrarme a la nueva cultura?

Estudiante B

¡Respuesta personal!

15

En un nuevo país

ESCRIBIR Imagina que piensas ir a visitar a tu amigo que vive en Guatemala. Como quieres aprender más sobre su país, le envías un correo electrónico con preguntas. Usa una forma de escribir informal en un estilo apropiado. Incluye expresiones apropiadas.

Modelo

¿Adónde podría ir para encontrar jóvenes de mi edad? ¿Cómo debo saludarlos?

¿Cuál es el equipo de deportes más popular? ¿Cómo alientan a sus equipos?

¿Cuál es el restaurante más popular entre los jóvenes? ¿Debo esperar a que me sienten o elijo la mesa que me guste?

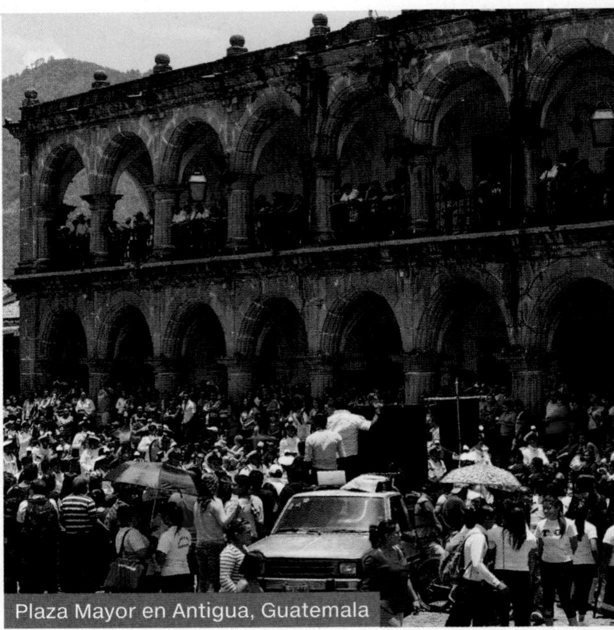

Plaza Mayor en Antigua, Guatemala

Trabaja con un grupo para escoger un mínimo de seis preguntas. Contesten las preguntas con sugerencias y úsenlas para escribir un breve párrafo en el que describan a Guatemala.

Modelo

Si quieres conocer a jóvenes de tu edad, podrías ir a la Plaza Mayor en Antigua. Puedes saludarlos dándoles la mano.

Go Online to practice
PEARSON realize
PearsonSchool.com/Autentico

VIDEO

WRITING

SPEAK/RECORD

MAPA GLOBAL

16

La música llegó por España

LEER, HABLAR Durante la conquista árabe, España se convirtió en la puerta por donde entraban a Europa las nuevas ideas y descubrimientos.

Conexiones La música

Durante la época en que los árabes ocuparon España, Europa recibió muchos instrumentos y conceptos musicales de ese pueblo.

Los árabes fundaron escuelas de música en España. Instrumentos musicales como la guitarra, el órgano y el laúd *(lute)* no se conocían en Europa hasta que los árabes los llevaron a España. Pero quizás la contribución más importante fue el concepto de armonía, que cambió la historia de la música europea.

- ¿Por qué crees que se dice que España era la puerta por donde entraban las nuevas ideas a Europa?
- ¿Cuáles fueron las contribuciones árabes a la música europea?

CULTURA España • Paraguay

El arpa paraguaya nació cuando se mezclaron dos culturas, la española y la guaraní, en el territorio que sería Paraguay. El arpa es originaria de Egipto y es uno de los instrumentos más antiguos que se conocen. Los exploradores españoles que viajaron por el Río de la Plata en 1526 fueron acompañados de un hombre que tocaba el arpa. Los guaraníes, que amaban la música, adoptaron el arpa, la cambiaron a su manera y la hicieron parte de su vida diaria. El resultado fue maravilloso: un instrumento ligero hecho de madera *(wood)* americana, y frecuentemente, con cuerdas *(strings)* de colores diferentes.

Los paraguayos de hoy enseñan a sus niños a tocar con una técnica propia que pasa de padres a hijos. La música que ha resultado de este instrumento, que llegó con los españoles y que ha sido integrada en la cultura indígena, es muy especial y bella.

Mapa global interactivo Explora las rutas que tomaron los exploradores españoles para llegar a Paraguay desde el Río de la Plata.

Pre-AP® Integration: Las tradiciones y los valores ¿De qué manera influyó España en la música de Paraguay? ¿De qué manera influyeron la música de Paraguay y sus instrumentos en la música de los Estados Unidos?

Vocabulario en contexto 2

OBJECTIVES

Read, listen to, and understand information about

- Interaction between cultures
- Fusion of different cultures in the Americas after the arrival of the Europeans

Sección: Paseos por la historia de México

La cultura mexicana nació del **encuentro** entre dos mundos. ¿Cómo pudieron mezclarse dos culturas con tan poca o ninguna **semejanza**? Estos paseos te darán alguna idea de cómo se hizo.

Ruinas de Tenochtitlán al lado de edificios modernos ▲

Ruinas de Tenochtitlán (DF[1])

Tenochtitlán fue una gran ciudad construida por los aztecas, que **se establecieron** en la región durante el siglo XIV. Gracias al comercio, la agricultura y **la guerra**, los aztecas fundaron un **poderoso** imperio. **Al llegar** a esta **tierra**, en el siglo XVI, los españoles admiraron la **riqueza** de Tenochtitlán.

La ciudad fue destruida en 1521. Las ruinas no se descubrieron hasta 1978, cuando unos obreros que cavaban[2] la calle para hacer una instalación eléctrica las encontraron de casualidad[3]. ¡Puedes verlas en el centro del DF!

[1]DF = Distrito Federal, o sea Ciudad de México [2]dug up [3]by chance

Caballos y armas

Aunque los guerreros aztecas se **enfrentaron** a los conquistadores valientemente en muchas **batallas**, los **soldados** españoles establecieron su **poder** gracias a dos elementos **desconocidos** en las Américas: las **armas** de fuego y los caballos.

Go **Online** to practice PEARSON realize™

PearsonSchool.com/Autentico

AUDIO MAPA GLOBAL

La noche triste (DF)

En 1519, cuando llegó Hernán Cortés, los aztecas **se rebelaron. Lucharon** contra los conquistadores y los vencieron en una famosa batalla. Los españoles la recuerdan como la "Noche triste", porque fue tan desastrosa que Cortés se sentó a llorar junto a un árbol. Ese árbol está en el centro del DF.

OAXACA: El Paseo de las Misiones

Los conquistadores triunfantes establecieron la **colonia** de Nueva España e iniciaron **un intercambio** de **mercancías** nuevas. Los **europeos** conocieron delicias como el café, el chocolate y el maíz, y los americanos probaron el pollo y el arroz.

Pero nada cambió tanto la vida de las Américas como las **misiones** católicas. Los franciscanos y dominicos las fundaron porque querían que los **indígenas adoptaran** la religión, la **lengua** y la cultura de España. Los principales conventos dominicos están en Oaxaca. Aunque ya no queda ningún **misionero** de aquella época, podrás apreciar los antiguos edificios de arquitectura europea.

17 Diferentes opiniones

ESCUCHAR En una hoja escribe los números del 1 al 6. Escucha las frases. Escribe *C* si la frase es cierta o *F* si la frase es falsa.

LA FUSIÓN

Durante la época colonial (1521–1821) se mezclaron diferentes **razas**, religiones y costumbres. No solo había gente de **descendencia** europea, sino también indígena y **africana**. Como **resultado** de esta **mezcla**, hay una gran **variedad** de tradiciones y culturas en América.

Celebración del Día de los Muertos ▲

1 Los indígenas influyeron en las prácticas religiosas cristianas que trajeron los españoles. En la celebración del Día de los Muertos, que tiene lugar el dos de noviembre para recordar a los familiares que han muerto, se combinan elementos de las religiones católicas e indígenas.

El mole poblano ▲

2 Una de las cosas en que se vio la influencia española fue la comida. Durante la época colonial, la alimentación de los indígenas cambió debido a los productos traídos por los españoles. Es en esta época que aparecen muchos de los platos mexicanos de hoy día. Por ejemplo, el mole poblano, una salsa típica de la cocina mexicana, fue creado por las monjas[1] de una misión utilizando productos mexicanos, asiáticos y europeos.

[1]nuns

18

Contestar

ESCRIBIR Contesta las preguntas con la información de las páginas 372–373.

1. En la fusión que tuvo lugar durante la época colonial, ¿se veía la influencia de qué tres tradiciones?
2. ¿La celebración del Día de los Muertos representa la combinación de elementos de qué religiones?
3. ¿Por qué dicen que la comida representa una fusión?
4. ¿Por qué representa la herencia de Sandra lo más noble de la historia de las Américas?

Sandra

La herencia

Esta mezcla de culturas sigue presente hoy en día.

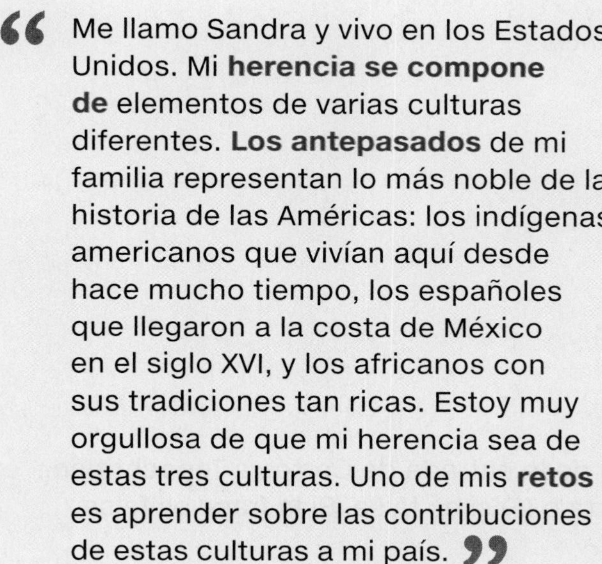
“Me llamo Sandra y vivo en los Estados Unidos. Mi **herencia se compone de** elementos de varias culturas diferentes. **Los antepasados** de mi familia representan lo más noble de la historia de las Américas: los indígenas americanos que vivían aquí desde hace mucho tiempo, los españoles que llegaron a la costa de México en el siglo XVI, y los africanos con sus tradiciones tan ricas. Estoy muy orgullosa de que mi herencia sea de estas tres culturas. Uno de mis **retos** es aprender sobre las contribuciones de estas culturas a mi país.”

19 Las analogías

LEER, ESCRIBIR Escoge la mejor palabra para completar cada analogía.

africano	europeo	poderoso
luchar	desconocido	lengua

1. europeo: Europa; _____ : África
2. igual : diferente; _____ : débil
3. indígena: azteca; _____ : español
4. escribir : lápiz; _____ : arma
5. justo : injusto; _____ : familiar
6. volver : regresar; _____ : idioma

Vocabulario en uso 2

OBJECTIVES

- Discuss cultural heritage and cultural encounters
- Talk about fusion of cultures

20

¿Qué significa esta palabra?

ESCRIBIR Trabaja con otro(a) estudiante para escribir definiciones de las palabras siguientes.

Modelo

poderoso

Una persona que es poderosa tiene mucha influencia.

1. la semejanza
2. el imperio
3. la riqueza
4. la batalla
5. el encuentro
6. el resultado
7. la mezcla
8. la mercancía
9. la misión
10. el reto

21

Cortés llega a Tenochtitlán

ESCUCHAR, ESCRIBIR Escucha una descripción de la entrada de Cortés a Tenochtitlán. Después, lee cada frase y escribe (*C*) si es cierta o (*F*) si es falsa. Si la frase es falsa, vuelve a escribirla para que diga algo cierto.

1. Cortés entró a Tenochtitlán después de una batalla contra los mensajeros de Moctezuma.
2. Los conquistadores no siguieron el camino a Tenochtitlán que les sugirieron los aztecas.
3. Cortés nunca llegó a conocer al líder del imperio azteca.
4. Moctezuma y Cortés se encontraron en un palacio muy grande.
5. Moctezuma le dio armas a Cortés como regalos.

Primera entrada de Hernán Cortés y sus soldados en Tenochtitlán ▲

Ahora usa las frases correctas para ayudarte a parafrasear la idea principal, el tema y los detalles del audio.

AUDIO

WRITING

SPEAK/RECORD

22

¡A describir el cuadro!

ESCRIBIR Mira este cuadro que representa el encuentro entre Cortés y los representantes de Moctezuma. Escríbele a un(a) compañero(a) por texto y hazle preguntas sobre lo que se ve en el cuadro. Él o ella responde con sus descripciones.

23

¿Qué es un imperio?

LEER, ESCRIBIR, HABLAR ¿Sabes qué es un imperio? Lee este párrafo para aprender qué es un imperio y cuáles son sus ventajas y desventajas.

Conexiones Las ciencias sociales

Un imperio es un grupo importante de territorios que dependen de un mismo gobierno. Los territorios que dependen del gobierno central se llaman colonias. Los ciudadanos de las colonias disfrutan por lo general de los mismos derechos y beneficios que los ciudadanos del país del gobierno central. Sin embargo, esto no ha sido siempre así. Como consecuencia, las colonias se han ido separando del gobierno central, creando sus propios gobiernos.

- ¿Cuáles son las características de un imperio? Trabaja con otro(a) estudiante para hacer una lista usando las palabras del recuadro.

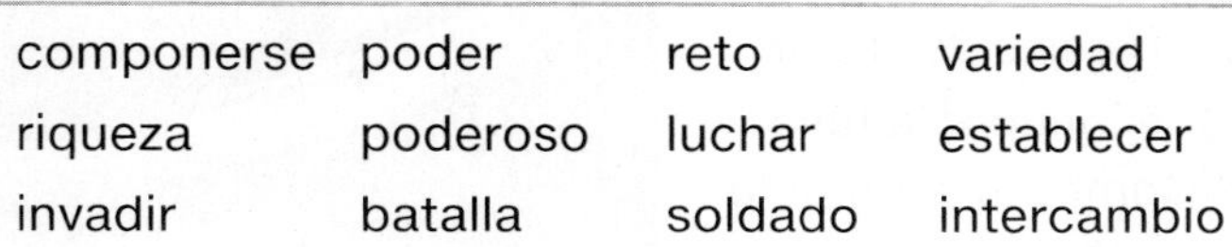

componerse	poder	reto	variedad
riqueza	poderoso	luchar	establecer
invadir	batalla	soldado	intercambio

24 Una mezcla de culturas

LEER, ESCRIBIR Lee la lectura y contesta las preguntas.

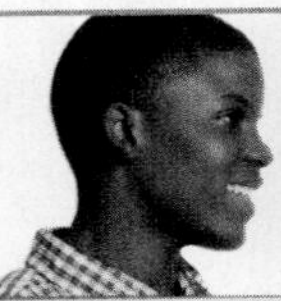

Mi herencia africana

Mi nombre es Norberto y nací en la ciudad de Santo Domingo, en la República Dominicana. Soy el resultado de una mezcla de razas y culturas. De mi padre recibí mi herencia africana. Los antepasados de mi madre eran españoles e indígenas. De niño, la cultura dominicana tuvo más influencia en mi vida. Ahora vivo en los Estados Unidos y me encanta ir a la República Dominicana, donde hay mucha riqueza cultural y donde lo paso muy bien con mi familia y mis amigos. Sin embargo, cuando estoy en la República Dominicana quiero volver a los Estados Unidos, porque también me identifico con este país.

Vivo en Nueva York, una ciudad donde se encuentran y se mezclan muchas culturas: la cultura dominicana, la estadounidense y la africana, entre otras. Para mí, en Nueva York es fácil aprender sobre mi herencia cultural. Voy a una iglesia dominicana, escucho cantantes dominicanos y españoles en la radio y voy a festivales de música y presentaciones de arte africano. Las culturas que forman mi herencia han influido mucho en la vida de toda la ciudad. Me siento orgulloso de mi herencia.

1. ¿De cuántas culturas está formada la herencia de Norberto? Di cuáles son.
2. ¿De dónde son los antepasados del autor?
3. ¿Cuál es la cultura que más ha influido en la vida del autor?
4. ¿Cómo aprende sobre su cultura dominicana?
5. ¿Cómo se siente él de su herencia?
6. ¿Hay una variedad de culturas en tu comunidad? Descríbelas.

CULTURA Estados Unidos • México

¡Qué rica la comida texmex! El estado de Texas está en la frontera con México y allí se encuentran y se mezclan dos culturas, la estadounidense y la mexicana. Algunas personas hablan inglés con acento español o español con palabras del inglés.

La comida texmex es otro resultado de ese encuentro. Es una mezcla de la cocina mexicana y la texana, con influencia de la cocina cajún del Sur de los Estados Unidos. El arroz, los frijoles, el chile y las tortillas de maíz se mezclan con las cebollas texanas y los mariscos del Golfo, para lograr un resultado exquisito.

La comida texmex ya no se encuentra sólo en Texas; en todas las ciudades grandes de los Estados Unidos hay restaurantes de estilo texmex. La próxima vez que veas uno de ellos, no dejes de entrar.

Pre-AP® Integration: Los estilos de vida ¿Qué influencia tuvo la comida de origen mexicana en la texmex? Compara la comida texmex con la que generalmente comes en tu casa.

Go **Online** to practice PEARSON **realize**

PearsonSchool.com/Autentico

AUDIO

WRITING

SPEAK/RECORD

Pronunciación En voz alta

Muchos poemas y cuentos indígenas pasaron a la forma escrita gracias a las personas bilingües que hablaban el idioma nativo y el español. Estas personas realizaron los escritos durante la colonización de las Américas para conservar la cultura y las creencias que antes se trasmitían por tradición oral.

La leyenda *El águila y el nopal*, redactada hacia el año 1600, explica los orígenes de la ciudad de Tenochtitlán, que hoy en día es la capital de México. Según la leyenda, los mexicas salieron del Norte y, guiados por el dios Huitzilopochtli, viajaron largas distancias buscando la señal que indicaría donde deberían construir su ciudad. El dios les dijo que verían un águila comiendo una serpiente encima de un nopal, un tipo de cactus. El encuentro entre los mexicas y el águila es un hecho de tanta importancia en la historia de México que es el único símbolo en la bandera.

Escucha la leyenda y trata de repetirla en voz alta.

- ¿Cómo apoya el tema de fusión de culturas esta leyenda?

¿Recuerdas?

Cuando la letra *c* va antes de *a, o* y *u,* se pronuncia como la *c* de *cat*.
Cuando la *c* va antes de *e* o de *i*, se pronuncia como la *s* de *Sally*.

Para mantener el sonido de la *c* de *cat* antes de la *e* y la *i*, las palabras se escriben con *qu: busqué, aquí.*

El Águila y el nopal

Llegaron al sitio donde se levanta el nopal salvaje allí al borde de la cueva[1], y vieron tranquila parada al Águila en el nopal salvaje: allí come, allí devora y echa a la cueva los restos[2] de lo que come.

Y cuando el Águila vio a los mexicanos, se inclinó profundamente. Y el Águila veía desde lejos. Su nido[3] y su asiento era todo él de cuantas finas plumas[4] hay; plumas de azulejos, plumas de aves rojas y plumas de quetzal. . .

Les habló el dios y les dijo: —¡Ah, mexicanos: aquí sí será! ¡México es aquí!

Y aunque no veían quién les hablaba, se pusieronа llorar y decían: —¡Felices nosotros, dichosos[5] al fin: hemos visto ya dónde ha de ser nuestra ciudad! ¡Vamos y vengamos a reposar aquí!

[1]cave [2]remains [3]nest [4]feathers [5]lucky

25

¿De dónde venimos?

HABLAR EN PAREJA Trabaja con otro(a) estudiante para contestar las preguntas.

1. ¿Cómo se muestran las diferentes herencias culturales en tu comunidad? ¿Y en los Estados Unidos?
2. Intercambia tus preferencias personales sobre algunas celebraciones que tengan raíces *(roots)* culturales. ¿Qué te parece más atractivo? ¿En cuál preferías participar?
3. ¿Cómo se ve la influencia de diferentes herencias en la lengua que hablamos? ¿Puedes pensar en algún ejemplo?
4. ¿Hay influencia indígena en el lugar donde vives? ¿En qué cosas la ves?
5. ¿Qué grupo étnico te parece más interesante? ¿Por qué?

Gramática

OBJECTIVES

- Express doubts and wishes about family and cultural heritage in the past
- Talk about an important event in your childhood

El imperfecto del subjuntivo

You know that you use the subjunctive to persuade someone else to do something, to express emotions about situations, and to express doubt and uncertainty. If the main verb is in the present tense, use the present subjunctive. If the main verb is in the preterite or imperfect, use the imperfect subjunctive.

Los indígenas **dudan** que los europeos **aprendan** su lengua.
Los indígenas **dudaban** que los europeos **aprendieran** su lengua.

El profesor **sugiere** que **aprendamos** los nombres de las colonias.
El profesor **sugirió** que **aprendiéramos** los nombres de las colonias.

- To form the imperfect subjunctive, take the *Uds. / ellos / ellas* form of the preterite and replace the ending *-ron* with the imperfect subjunctive endings. Here are the forms of the imperfect subjunctive for *cantar, aprender,* and *vivir.*

cantar

cant**ara**	cant**áramos**
cant**aras**	cant**arais**
cant**ara**	cant**aran**

aprender

aprend**iera**	aprend**iéramos**
aprend**ieras**	aprend**ierais**
aprend**iera**	aprend**ieran**

vivir

viv**iera**	viv**iéramos**
viv**ieras**	viv**ierais**
viv**iera**	viv**ieran**

- Note that the *nosotros* form has a written accent.

Irregular verbs, stem-changing verbs, and spelling-changing verbs follow the same rule for forming the imperfect subjunctive.

ir: fueron → fue-
haber: hubieron → hubie-
pedir: pidieron → pidie-
construir: construyeron → construye-

El rey les dijo que **fueran** al Nuevo Mundo.
Dudaba que **hubiera** semejanzas.
No era necesario que **pidieran** tantas armas.
Los europeos querían que los habitantes **construyeran** una iglesia.

Más recursos ONLINE

Tutorial: Use of Imperfect of Subjunctive

26

Historia de la conquista

LEER, ESCRIBIR Bernal Díaz del Castillo (1492–1581) escribió uno de los libros más interesantes sobre la conquista de México. Completa estas opiniones de Bernal Díaz del Castillo con el imperfecto del subjuntivo del verbo apropiado.

1. Era impresionante que la capital de los aztecas *(ser / ver)* tan enorme.
2. Era increíble que los edificios de la ciudad *(tener / traer)* torres tan altas.
3. No podíamos creer que la gente *(creer / poder)* navegar por la ciudad.
4. Nos parecía interesante que los indígenas *(saber / decir)* cultivar el maíz en un lago.

VIDEO

WRITING

27 Durante la conquista . . .

LEER ESCRIBIR Imagina que estuviste presente cuando Cortés llegó a México. Tu trabajo era relatar lo que veías. Completa las siguientes oraciones con el imperfecto del subjuntivo del verbo apropiado.

ser	rebelarse	adoptar	comprender	establecer

1. Era imposible que los aztecas _____ la lengua de los españoles.
2. Los españoles esperaban que los indígenas _____ sus costumbres inmediatamente.
3. Los reyes querían que las colonias _____ un intercambio de mercancías.
4. Según los aztecas era posible que los españoles _____ enviados por sus antepasados.
5. Los españoles temían que los indígenas _____ contra ellos.

28 Nuestras raíces

ESCRIBIR Completa las frases de una manera original y conversa por texto con un amigo(a). Ofrece tus sugerencias y usa el imperfecto del subjuntivo de los verbos que están en el recuadro.

hablar	aprender	comer
adoptar	venir	ir
haber	sentirse	abandonar

Modelo

Papá quería que todos nosotros . . . (hablar)

*Papá quería que todos nosotros **habláramos la lengua de nuestros antepasados.***

1. Mis padres preferían que mis hermanos y yo . . .
2. Mi mamá exigía que todos . . .
3. Mis padres no querían que yo . . .
4. Todos estábamos orgullosos que nuestros antepasados . . .
5. Mi hermana tenía miedo que nuestro hermano . . .
6. A mis abuelos no les gustaba que los jóvenes de la familia . . .
7. Nadie creía que . . .
8. Era importante que todos nosotros . . .

El español en el mundo del trabajo

Salud y ciencia . . . en español

La ciudad de Houston, en Texas, es la cuarta de los Estados Unidos con mayor número de hispanohablantes. Sin embargo, al abrir sus puertas en marzo de 1996, el Museo de Salud de Houston sólo tenía un trabajador bilingüe.

Actualmente el museo ofrece visitas guiadas en español. También hay videos educativos con subtítulos en español. Además, se publica una guía en español y el servicio telefónico de atención al público tiene menús bilingües.

29

¿Qué querían que hicieras?

HABLAR EN PAREJA Piensa en las cosas que esperaban tus familiares u otras personas que hicieras de pequeño(a). Trabaja con otro(a) estudiante para hablar sobre lo que querían esas personas que hiciera cada uno(a) de pequeño(a). Añadan detalles a sus frases.

Videomodelo

los maestros / querer / compartir

A —*¿**Qué querían los maestros** de la escuela primaria?*

B —*Los maestros querían que **compartiéramos** los materiales con nuestros compañeros.*

Estudiante A

los maestros	querer
mi mamá	esperar
mi papá	pedir
mis padres / abuelos	decir
mi(s) hermano(s)	prohibir
mi(s) hermana(s)	aconsejar
el(la) director(a) de la escuela	sugerir
mi entrenador(a)	exigir
¡Respuesta personal!	

Estudiante B

respetar
adoptar
salir
llevarse bien
ir
dormir
jugar
despertarse
¡Respuesta personal!

30

¿Qué pasó?

LEER, HABLAR Piensa en un momento importante de tu niñez. Según lo que recuerdas, completa las siguientes frases.

1. Yo esperaba que . . .
2. Yo quería que . . .
3. [Nombre de un(a) amigo(a) o un familiar] quería que . . .
4. Era importante que . . .
5. (No) me sorprendió que . . .
6. Me gustó que . . .
7. Me molestó que . . .
8. Me pareció interesante que . . .

Gramática

OBJECTIVES
- Talk about things you could do
- Discuss and write about cultural exchange

Go **Online** to practice PEARSON **realize**™ PearsonSchool.com/Autentico

AUDIO

VIDEO
WRITING

SPEAK / RECORD

El imperfecto del subjuntivo con *si*

Use the imperfect subjunctive after *si* when a situation is unlikely, impossible, or not true.

Si tuviera tiempo, aprendería más sobre las misiones.
***If I had** time, I'd learn more about the missions.*

Si viviéramos en México, adoptaríamos las costumbres del país.
***If we lived** in Mexico, we'd adopt the customs of the country.*

Ese imperio sería más poderoso **si tuviera** oro.
*That empire would be more powerful **if it had** gold.*

- Notice that you use the imperfect subjunctive form after *si,* and the conditional in the main clause.

After *como si* ("as if") you always use the the imperfect subjunctive regardless of the tense of the first verb in the sentence. Notice that the other verb can be in either the present or the past tense.

Él se vestía **como si fuera** un rey.
*He dressed **as if he were** a king.*

Hablan **como si supieran** la lengua desde niños.
*They speak **as if they knew** the language since childhood.*

Más recursos ONLINE

 ***Canción de hip hop:*** *Una mezcla de culturas*

31

¡A pensar!

LEER ESCRIBIR Imagina que has ido a ver un espectáculo de bailes tradicionales de América Latina. Completa el texto con el imperfecto del subjuntivo del verbo apropiado.

Si las personas que crearon los bailes __1.__ *(enfrentarse / vivir)* ahora, les gustaría ver a los bailarines interpretarlos. Ellos bailaban como si __2.__ *(estar / establecer)* en una gran fiesta. Las joyas que llevaban brillaban como si __3.__ *(ser / ir)* de oro. Si los antepasados los __4.__ *(ver / adoptar)* bailar, se emocionarían mucho. Si yo __5.__ *(poder / querer)*, aprendería más sobre las tradiciones y herencias de los países de América Latina. Me gustaría estudiar sobre los países que no __6.__ *(salir / tener)* muchas semejanzas con el mío.

32 Como si . . .

ESCRIBIR En la escuela Gabriela Mistral los estudiantes están participando en una obra musical sobre la conquista de México. Describe lo que pasó usando expresiones de las dos columnas y el imperfecto del subjuntivo.

Modelo

Los estudiantes actuaron . . . / ser actores profesionales

Los estudiantes actuaron como si fueran actores profesionales.

Columna A

1. Antes de la obra el director les habló a los jóvenes . . .
2. Las armas de los actores brillaron . . .
3. Los jóvenes lucharon . . .
4. El actor principal actuó . . .
5. El jóven que hizo el papel de misionero actuó . . .
6. La actriz principal actuó . . .
7. El público aplaudió . . .

Columna B

estar enamorada del rey

sentir compasión

haber visto una obra de teatro de Broadway

ser un rey de verdad

ser de oro

saber lo que estaban haciendo

participar en una batalla

33 Nuestra sociedad

ESCRIBIR Tú y tu amigo(a) intercambian mensajes de texto sobre las características y los problemas de la sociedad actual. Escribe cuatro ideas usando el imperfecto del subjuntivo con *si* y tu amigo(a) responde con cuatro ideas suyas.

Modelo

Si los niños y los adultos trataran de comprenderse mejor, no habría tantos conflictos en nuestras casas.

Sí, y si....

1. Si (encontrar)...
2. Si (tener)...
3. Si (hablar)...
4. Si no (perder)...
5. Si (comprar)...
6. Si (llegar)...
7. Si no (cerrar)...
8. Si (escuchar)...

34

Si pudiera . . .

LEER, HABLAR EN PAREJA

1. Lee el siguiente anuncio de una agencia de viajes y completa las frases.

   Modelo
   Si nada me parara . . .
   *Si nada me parara, **invitaría a** mi mejor amigo(a) a un viaje a la Antártida.*

2. Ahora, trabaja con otro(a) estudiante para comparar lo que escribieron.

35

Encuentros

HABLAR EN GRUPO, ESCRIBIR

1. En grupo, van a describir un encuentro de dos culturas del pasado. Pueden tomar ideas de este capítulo o de la clase de estudios sociales. Describan lo siguiente:
   - ¿Qué culturas se encontraron?
   - ¿Cuándo y dónde fue el encuentro?
   - ¿Cómo fue el encuentro?
   - ¿Exigía un grupo que el otro hiciera algo?
   - ¿Cambió un grupo más que el otro?
   - ¿Cuál fue el resultado del encuentro?

2. Compara el encuentro sobre el que escribieron con una situación del presente. Habla con otro(a) estudiante por texto. Pregúntale lo que deben hacer si hay algún conflicto y traten de llegar a una solución.

Puente a la cultura

OBJECTIVES

- Read about Spanish missions and learn about their role in California's history
- Distinguish between fact and fiction

Estrategia

Fact and opinion

As a critical reader, you must distinguish between the facts and opinions of your source to judge the information's reliability. As you read, try to determine if any of the information presented is the opinion of the author, or whether it is based on facts.

Las misiones de California

Durante el siglo XVIII, los españoles colonizaron el territorio de California. En 1767, el gobierno español y la Iglesia Católica les dieron la tarea a los padres franciscanos de construir misiones y encargarse de ellas.

Las misiones fueron creadas no solo para enseñar la religión cristiana a los indígenas sino también para enseñarles tareas que pudieran realizar en la nueva sociedad española. Asimismo[1] tenían la función de recibir y alimentar a las personas que viajaban a través del territorio desconocido de California.

Las misiones incluían una iglesia, cuartos para los sacerdotes, depósitos, casas para mujeres solteras, barracas para los soldados, comedores y talleres. Los indígenas casados vivían en una villa cerca de la misión.

[1]likewise

Online Cultural Reading

Go to Auténtico ONLINE to read and understand a website about the different civilizations and religions that have existed in Spain during the last 2000 years.

Estrategia Use prior knowledge: As you explore the website, ask yourself if the cultural practices are similar to those in your area.

¡Inténtalo! Read the website. Are the festivals celebrated in Toledo similar to those you know? Do the restaurants feature cuisine you enjoy?

Estatua del Fray *(Brother)* Junípero Serra

Misión de San Diego de Alcalá, la más antigua de las misiones

Iglesia de la Misión de Santa Bárbara, también llamada "Reina de las Misiones", pues es la más grande de todas

El Camino Real

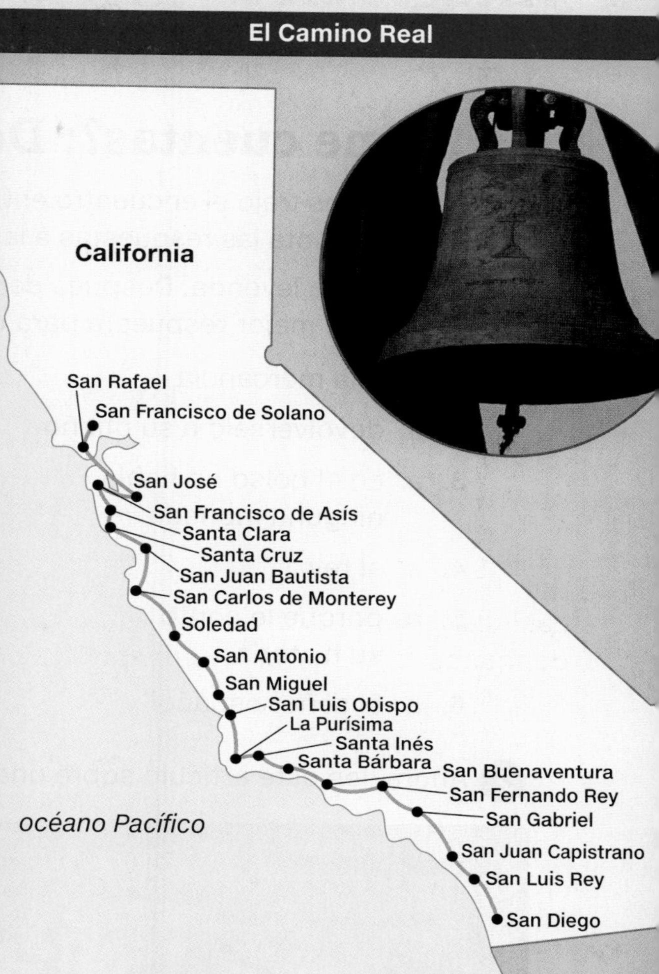

Fray Junípero Serra fue escogido por los españoles para fundar las misiones. Serra fundó nueve misiones en California: se encuentran en el Camino Real, una ruta que va desde San Diego hasta la Bahía de San Francisco. Muchas personas recorren hoy el Camino Real para visitar las misiones y aprender sobre su historia.

¿Comprendiste?

1. ¿Para qué fueron creadas las misiones?
2. ¿Qué hizo Fray Junípero Serra?
3. ¿Conoces otros edificios que representen el encuentro entre distintas culturas? Explica tu respuesta.

Mapa global interactivo Explora las misiones franciscanas de California. Investiga su historia, sus ubicaciones y estilos, y compáralas con otras instituciones similares en los Estados Unidos.

Videodocumentario *Unas herencias ricas*

Pre-AP® Integración

OBJECTIVES

- Listen to and read about a legend and an Inca temple
- Discuss the relation between indigenous and European cultures

¿Qué me cuentas?: De leyendas y ciudades

¿Qué resultados trajo el encuentro entre los españoles y los indígenas en las Américas? Escucha una leyenda. Anota las respuestas a las preguntas y guárdalas para usarlas en el paso 3.

1 Escucha la leyenda. Después de cada párrafo vas a oír dos preguntas. Escoge la mejor respuesta para cada pregunta.

1. **a.** una mercancía **b.** un bolso lleno de oro **c.** un azulejo
2. **a.** devolvérselo a su dueño **b.** llevárselo a su familia **c.** comprar muchas cosas
3. **a.** en el bolso no había ninguna moneda **b.** en el bolso había cuarenta monedas **c.** faltaban dos monedas en el bolso
4. **a.** al rey **b.** al representante del rey **c.** a sus amigos
5. **a.** porque le contó su historia **b.** porque compró pocas cosas con el oro **c.** porque devolvió el bolso
6. **a.** al señor español **b.** al mensajero **c.** al señor azteca

2 Ahora, lee este artículo sobre una construcción colonial.

Destinos andinos

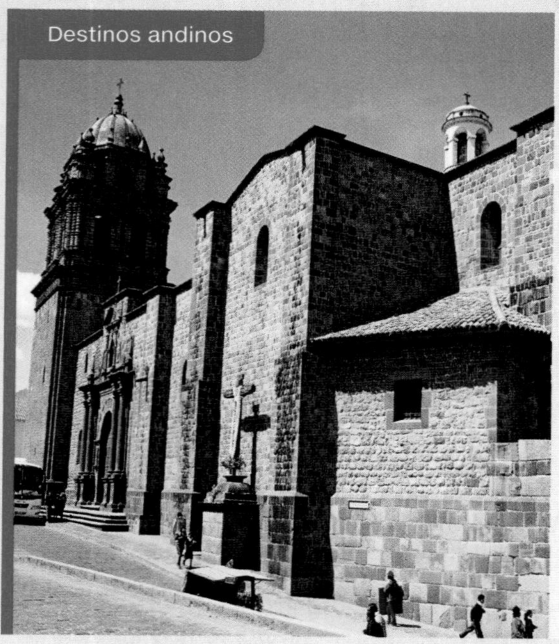

Koricancha: Templo e iglesia

El Templo del Sol de Koricancha en la ciudad de Cusco, Perú fue la construcción más impresionante del imperio inca. Estaba decorado totalmente con oro. Había páneles, figuras religiosas y altares de oro, y en el interior había colgado un enorme disco dorado que reflejaba el sol. Durante la conquista, los incas utilizaron gran parte de este oro para pagar la fianza[1] de Atahualpa, el líder capturado por los españoles. Los españoles sacaron lo que quedaba del oro cuando conquistaron Cusco. Después, ellos construyeron el convento y la iglesia de Santo Domingo encima del templo, integrando los muros[2] incaicos de piedra en la base del edificio. El resultado fue una mezcla única de arquitectura colonial.

◀ Vista del muro incaico en la Iglesia de Santo Domingo, Cusco.

[1]ransom [2]walls

3 Habla con un(a) compañero(a) sobre la relación entre la cultura indígena y la europea en las Américas. ¿Cómo crees que se sentían los indígenas y españoles? ¿Cómo se refleja la fusión de las culturas en la leyenda y en la iglesia? Compara este encuentro entre culturas con lo que pasó en España. Usa las siguientes expresiones para conectar tus ideas.

antes de	anteriormente	también	durante	para ilustrar

Presentación oral

OBJECTIVES

- Demonstrate how to give a guided city tour
- Identify a purpose to improve your presentation

Una visita a . . .

TAREA Eres guía turístico(a) en una ciudad multicultural. Planeas una visita a los lugares más importantes de la ciudad.

Estrategia

Speaker's purpose Before giving an oral presentation, you must think what the purpose of your speech is. Do you want to inform, persuade, or entertain your audience?

In this case, your purpose will be to inform. You need your audience—the tourists—to be both interested in the tour and informed. Use interesting facts about the city and present them in an engaging way.

1 Prepárate Escoge la ciudad que te gustaría visitar. Completa una tabla con sus características.

nombre de la ciudad
herencia cultural
religiones
restaurantes típicos
edificios históricos

Puedes dibujar un plano de la ciudad y marcar con una flecha *(arrow)* los lugares sobre los que hablarás.

2 Practica Vuelve a leer la información que anotaste en la tabla. Practica tu presentación. Puedes usar tus notas para practicar, pero no al hablar ante la clase. Recuerda:

- describir con detalles la parte de la ciudad de la que hablas
- añadir detalles sobre cómo se relacionan entre sí los diferentes grupos culturales de la ciudad
- mirar directamente al público
- usar el vocabulario y la gramática del capítulo

Modelo

Hoy visitaremos el centro de la ciudad de San Francisco de Quito.
La ciudad tiene herencia cultural española e indígena. La religión de sus habitantes es la cristiana, por eso tiene muchas iglesias . . .

3 Haz tu presentación Imagina que tus compañeros de clase son los turistas. Explícales cómo es la ciudad, como si estuvieran allí.

4 Evaluación Tu profesor(a) utilizará la siguiente rúbrica para evaluar tu presentación.

Rubric	Score 1	Score 3	Score 5
How clearly you state your purpose	Your purpose is not stated or evident.	You hint at a purpose but don't clearly state it.	You clearly state your purpose at the beginning.
How well you organize and present information	You give very little information.	You lack important information. You do not organize your information.	Your information is complete, interesting, and well-organized.
How effectively you deliver your speech	Your speech is read. You make no eye contact with the audience.	You make some eye contact with the audience.	You make good eye contact with the audience.

Presentación escrita

OBJECTIVES
- Narrate a personal experience
- Order facts chronologically
- Add details to make a story more interesting

Mi experiencia con otras culturas

¿Cómo sería ir a vivir a otro país? ¿Te mudaste de país? ¿Tus padres nacieron en otro país? ¿Conservan en tu familia tradiciones de sus antepasados? ¿Conoces a alguna persona que haya nacido en otro país y esté viviendo aquí? Escribe un episodio *(episode)* autobiográfico sobre una experiencia personal, o inventa una historia. Puedes relatar cómo te sentiste cuando llegaste al país, qué piensas de la integración con otras culturas o qué tradiciones conserva tu familia.

Estrategia

Chronological ordering Putting events in chronological order means listing them in the order they occurred. This usually means starting with the first event and continuing to the last. You can also use reverse chronological order if it's more appropriate for the story you are telling. Remember to use signal words that indicate chronological order, like *primero, luego, después, segundo, finalmente, por último.*

1 **Antes de escribir** Piensa en ideas para tu episodio y hazte estas preguntas:
- ¿Con qué claridad recuerdo o me imagino la experiencia?
- ¿Estoy listo(a) para compartirla con otros?
- ¿Qué aprendí o aprendería de la experiencia?

Ordena tus ideas completando una tabla como esta.

Personajes	Lo que sucedió	Época	Lugar	Pensamientos/Sentimientos
yo, mamá, papá, abuela	*mudarnos a Estados Unidos*	*cinco años atrás*	*Nueva York*	• *triste por dejar a mis amigos* • *nervioso por ir a un país desconocido*

2 **Borrador** Al escribir el borrador, ordena tus ideas lógicamente para que el relato sea fácil de leer. Añade todos los detalles necesarios e incluye tus preferencias y recomendaciones. Recuerda usar expresiones apropiadas. Escribe en un estilo formal y apropiado para tu audiencia.

Modelo

Topic sentence and introductory paragraph: What is the composition about?

Hace cinco años que vivo con mi familia en los Estados Unidos. Antes vivíamos en México. Tenía muchos amigos allí. Cuando mi papá me dio la noticia de que íbamos a mudarnos a los Estados Unidos, mis amigos no querían que los dejara. Yo les pedí que fueran a . . .

Recuerdo que cuando llegamos a Nueva York me sentía feliz. Nuestro apartamento estaba . . .

Details: The writer expresses his or her feelings in the autobiographic composition.

Signal words: The writer uses words that indicate the chronological order of events.

Al principio no sentí mucho la diferencia, pues todas las personas del barrio hablaban español. Era increíble que hasta en los almacenes y los restaurantes hablaban el mismo idioma que yo . . .

Finalmente, me di cuenta de que debía aprender inglés porque . . .

Conclusion: The writer uses a signal word that indicates chronological order.

3 **Redacción/Revisión** Después de escribir el primer borrador, trabaja con otro(a) estudiante para intercambiar los trabajos y leerlos. Luego, hagan sugerencias para mejorar sus composiciones.

Haz lo siguiente: Subraya con una línea los verbos en pretérito o en imperfecto y con dos líneas los verbos en imperfecto del subjuntivo.

- ¿Siguieron el plan de la tabla que hicieron?
- ¿Organizaron la información en orden cronológico?
- ¿Están empleados correctamente el pretérito, el imperfecto y el imperfecto del subjuntivo?

Cuando mi papá me dio la noticia de que íbamos a mudarnos a los Estados Unidos, mis amigos no querían que los ~~deje~~ dejara. Yo les ~~pediré~~ pedí que fueran a . . .

4 **Publicación** Antes de escribir la versión final, lee de nuevo tu borrador y repasa los siguientes puntos:

- ¿Incluí detalles para expresar mis preferencias y recomendaciones?
- ¿Estoy relatando un episodio interesante?
- ¿Refleja la integración con otras culturas?

Después de revisar el borrador, escribe en limpio tu composición.

5 **Evaluación** Se utilizará la siguiente rúbrica para evaluar tu presentación.

Rubric	Score 1	Score 3	Score 5
Completion of task	Your idea is not stated or is unclear. There is little or no development of it.	Your main idea is hinted at, but your development of it is weak.	Your main idea is clear and interestingly developed.
Use of chronological order and transitions	You present too few events and use no transitions.	Some of your events are out of order or lacking helpful transitions.	You sequence events and use effective transitions.
Sentence structure/ grammar, spelling, mechanics	Sentences run on or are fragmented. You make many grammar, spelling, and/or mechanics errors.	You use sentences consistently. You make some grammar, spelling, and/or mechanics errors.	Your sentence structure is correct and varied. You make few grammar, spelling, and/or mechanics errors.

Lectura

OBJECTIVES

- Read and understand a story based on historical facts
- Use context to guess the meaning of unfamiliar words
- Learn about Aztec heritage and borrowed words

Estrategia

Skipping and guessing When reading for pleasure, you may try to skip unfamiliar words. If the word is truly essential to the meaning of the passage, try to guess the word's meaning. If you guess correctly, the text will make sense!

Al leer

¿Alguna vez has sentido que nadie te entiende? Vas a leer un cuento de Elías Miguel Muñoz, un destacado novelista y cuentista cubano que reside en los Estados Unidos. Al leer este cuento te verás transportado(a) a otro mundo, el mundo del México antiguo, Tenochtitlán. Lee el cuento una primera vez sin pararte. No te preocupes por las palabras que no conozcas. Trata de adivinarlas. Cuando leas el cuento por segunda vez, mira los significados para ver si las entendiste. Mientras lees, presta atención a los siguientes puntos para que puedas llenar la tabla que aparece al final de la lectura:

- quiénes son los personajes
- dónde ocurre la acción, cómo cambia
- cómo cambia la relación de los personajes
- cómo reacciona el narrador
- cómo se siente el narrador al final de la lectura

Universidad Nacional Autónoma de México

El último sol
Fragmento adaptado

Daniel, el protagonista de "El último sol" *es un joven que estudia en la Ciudad de México. A Daniel le encanta compartir pasajes de la historia de México con su novia Chalchi. Un día Daniel se queda dormido y sueña con la Piedra del Sol, el calendario azteca que había visto en el Museo de Antropología. Cuando se despierta, Daniel se encuentra en un mundo diferente . . .*

"¡Tozani!" Escucho una voz de mujer que viene de lejos. "¡Tozani!" Trato de despertar, pero me pesan los párpados[1]. Siento mucho frío. "¡Tozani!" La voz se hace más fuerte. Abro por fin los ojos y veo mi cuerpo, casi desnudo. Sólo llevo un taparrabo[2] y estoy acostado en una cama que no es la mía; es un petate[3]. Busco a la dueña de la voz y por fin la veo, parada frente a mí.

—Despierta ya —me dice ella.

Habla un idioma extraño que yo, de una manera también muy extraña, puedo comprender. Sus palabras llegan a mí como filtradas por el aire frío de este cuarto.

—Despierta —repite—. Es hora de ir al lago.

La observo. Es una muchacha joven, hermosa. Tiene el cabello atado atrás, con dos trenzas[4] sobre la frente. Lleva un vestido largo, blanco; en la cintura, un amplio cincho[5] bordado. Sus ojos son de un verde intenso. Se parece tanto a Chalchi que la llamo por ese nombre, Chalchiunenetl, y ella responde . . .

—Sí. Has dormido mucho, Tozani.

—Levántate ya, esposo.

[1]eyelids [2]loincloth [3]bedroll [4]braids [5]belt

¡Me ha llamado esposo! Miro a mi alrededor y descubro que no estoy en casa de mis padres. Este lugar es mucho más grande; las paredes son blancas y a lo largo de cada una hay tiestos[6] enormes con flores de varios tipos y colores. Los muebles son escasos pero hermosos, de madera densa: un pequeño armario, una mesa baja y dos sillas. Hay una armonía total en este sitio. La puerta que da a la calle está inundada de luz.

¿Dónde estoy?

Trato de ordenar mis pensamientos. Debo estar soñando. Cierro los ojos. Me golpeo la cara para despertar, ¡una, dos, tres veces! Y escucho la voz asustada de Chalchi; sus manos sujetan las mías.

—¡Tozani! —exclama—. ¡¿Qué haces?! ¿Por qué te golpeas?

No puedo contestarle. Algo en la garganta me impide hablar.

—Estabas soñando, esposo —me dice ella, mientras me acaricia.

—¿Soñando? —le pregunto, incrédulo.

—Sí. Pero ya, por fin, empiezas a despertar.

Me muevo. Respiro. Tengo los ojos muy abiertos. Sí. Estoy despierto.

—Cuando regreses del lago, comeremos —me dice Chalchi. Y se va a otro cuarto.

El lago. ¿Qué tendré que hacer en el lago? Me acuesto otra vez en el petate incómodo. ¿Cómo explicar todo esto?

[6]flowerpots

Mapa global interactivo Explora el famoso Museo Nacional de Antropología e investiga la zona cerca del museo en Ciudad de México. Compara el museo con instituciones similares en los Estados Unidos

—¡Chalchi! —la llamo, y ella aparece ante mí.

—Estoy amasando *tlaxcalli*[7], preparando tu *atolli*[8]. ¿Por qué no te has ido al lago?

—¡Porque no sé para qué tengo que ir al lago!

—¿Estás soñando otra vez, querido mío? —ella me dice, sonriendo—. Tienes que ir al lago para bañarte, claro. Luego te vestirás de guerra para asistir al Templo Mayor. No olvides que el Reverendo Padre quiere verte.

—¿El Reverendo Padre?

—Sí. El señor emperador, Moctezuma.

—¡¿Quién?!

—Pobre de ti. Ese sueño de anoche te obsesiona.

—¿En qué año estamos, Chalchi?

—Acatl. El año 1-Caña[9], el día de 2-Casas.

Trato de recordar el calendario azteca. Un escalofrío[10] me invade el cuerpo cuando por fin descifro el significado de aquella fecha. *Acatl*, equivalente al año 1519 del calendario cristiano. El día 2-Casas, o sea, el 29, probablemente del mes de junio. Un mes antes de la entrada de Hernán Cortés en Tenochtitlán.

—Chalchi, ¿por qué quiere verme Moctezuma?

Ella me mira como diciéndome, "despierta ya, querido esposo". Exasperada y sin comprender mi pregunta, me explica:

—El reverendo señor Moctezuma, *Huey-Tlatoani* de los aztecas, quiere encomendarte una misión muy importante . . .

—¿Qué misión es?

—¿Tampoco lo recuerdas? ¡Ese sueño de anoche te ha convertido en otro hombre, Tozani!

—Mi misión tiene que ver con los "dioses blancos", ¿verdad?

—Sí. En la última reunión del consejo gobernante, nuestro emperador decidió enviar una comisión para recibir a los seres blancos, para llevarles regalos y guiarlos

hasta nuestra ciudad. El consejo te escogió a ti para encabezar la comisión.

—Esos seres no son dioses, Chalchi.

—¿Cómo lo sabes?

—Lo sé. Simplemente lo sé.

Chalchi se queda pensativa unos minutos. Luego me dice, agitada:

—Los mensajeros de Moctezuma que han visto a esos seres, cuentan que son grandes de estatura, que tienen la cara cubierta de cabello. Y algunos de ellos tienen cuatro patas enormes y dos cabezas, una de animal y otra de hombre . . .

—Son los españoles, Chalchi —le digo, sabiendo que no me entenderá. Repito: —Son los soldados de Cortés.

—Los soldados . . . ¿de quién?

—De Cortés, un hombre que viene a destruirnos.

—¡No! Moctezuma dice que son dioses. Dice que nuestro creador, Quetzalcóatl, ha regresado para recuperar su reino.

—¡Está loco el emperador!

[7]corn tortillas [8]corn gruel [9]1-Reed, represents a month in the Aztec calendar [10]chill

Interacción con la lectura

1 Llena la tabla con la información del cuento.

CAMBIOS EN LA NARRACIÓN		
	Antes	**Ahora**
Nombre de los dos personajes principales		
Cuándo ocurre la acción		
Lugar donde ocurre la acción		
Cuál es la relación entre los personajes		
Cómo se sienten los personajes		

2 Trabaja con un grupo de estudiantes para comentar lo que escribieron en sus tablas y contestar las siguientes preguntas.

- ¿Qué le ha ocurrido a Daniel? ¿Cómo lo sabes?
- ¿Cómo es la nueva vida de Daniel?
- ¿Por qué es importante la fecha? ¿Quiénes son esos seres con dos cabezas y cuatro patas?
- ¿Qué tarea le ha encargado el emperador a Daniel?
- ¿Qué sabe Daniel que nadie más sabe?
- ¿Daniel puede cambiar lo que ocurrirá?

3 Trabaja con tu grupo para describir a los personajes en el mundo azteca: ¿Cómo se vestían? ¿Qué comían? Usa el vocabulario de la lectura.

4 Conocemos el final de la historia: Hernán Cortés conquistó el imperio Azteca. ¿Qué crees que hizo Daniel? ¿Trató de prevenir *(warn)* a los demás? ¿Trató de parar a los españoles? Comenta tus ideas con tus compañeros.

CULTURA México

La herencia azteca Aunque el mundo de los aztecas desapareció con la llegada de Hernán Cortés en 1519, en México todavía se siente la herencia azteca. En México todavía usan petates para acostarse en el campo y tanto los niños como los adultos toman atole. Además, en todo el mundo se usan las palabras tomate, chocolate, chile, coyote. Las otras lenguas americanas de Norteamérica, el Caribe y Sudamérica también han contribuido con palabras que se usan hoy en todo el mundo: *caimán, canoa, caribú, cóndor, gaucho, huracán, iglú, iguana, jaguar, maíz, mocasín, papaya, poncho, puma.* Generalmente, estas palabras se refieren a objetos que se desconocían en Europa antes del descubrimiento de América.

- ¿Conoces más palabras como éstas?
- ¿Qué tipos de palabras pasan de una lengua a otra? ¿Por qué?
- ¿Tú usas palabras nuevas o distintas a las que usan los demás? ¿De dónde vienen? ¿Por qué las usas?

Auténtico

Partnered with  IDB

Chile y la diversidad

Antes de ver

Usa la estrategia: Parafrasear

Mira la imagen. ¿Cómo se relaciona con el tema de este capítulo? Al ver el video, haz pausas para parafrasear lo que has aprendido. Recuerda que no es necesario entender todas las palabras para entender la idea. Toma notas de los comentarios importantes y lee el texto que sale en la pantalla.

Lee el vocabulario clave

fortalecer = to strengthen
saberes ancestrales = ancestral knowledge
sabiduría = wisdom
ruca = Mapuche hut
mapundungu = Mapuche language
raíces = roots

Ve el video

¿Qué crees que se puede hacer para que los indígenas de un país no se sientan excluidos de la sociedad moderna? ¿Y qué se puede hacer para que toda la sociedad conozca y aprecie mejor las tradiciones indígenas?

Ve a **PearsonSchool.com/Autentico** para ver el video ***Chile acepta la diversidad.*** Conocerás un programa de integración para los mapuches, un grupo de indígenas que viven en algunas regiones de América del Sur.

Haz las actividades

Mientras ves Algunas partes del video te pueden parecer confusas por el acento con el que hablan las personas. Trata de concentrarte en lo que entiendes y usa las imágenes y el texto escrito como ayuda. A medida que ves el video, trata de identificar a cada una de las personas de la siguiente lista y anota dos o tres palabras claves *(key words)* que te recuerden lo que dice o hace esa persona:

- el niño mapuche
- la profesora (educadora) joven
- el coordinador general
- la profesora vieja
- el director de la escuela
- la niña mapuche

Integración

Después de ver Vuelve a ver el video una o dos veces más y después contesta estas preguntas:

1. Parafrasea el tema, la idea principal y los detalles importantes del video.
2. Según la profesora joven, ¿por qué es importante la educación intercultural bilingüe?
3. ¿Cómo pueden los indígenas contribuir a la sociedad moderna?
4. ¿Qué es lo que la profesora vieja quiere que aprendan los niños mapuche?

 **For more activities, go to the Authentic Resources Workbook.**

Identidad étnica y vida contemporánea

Expansión Busca estos recursos en *Auténtico* en línea y contesta las preguntas.

 **8 Auténtico**

Integración de ideas ¿Crees que los indígenas y otros grupos étnicos pueden integrarse a la vida contemporánea sin perder su identidad étnica? ¿Por qué?

Comparación cultural Identifica un grupo de indígenas nativos de Estados Unidos y comenta los retos de vivir en medio de la sociedad moderna. Compara los retos que ese grupo tiene con los retos de los mapuches.

Repaso del capítulo

OBJECTIVE

▶ Review the vocabulary and grammar

Vocabulario

para hablar de construcciones

el acueducto	aqueduct
el arco	arch
la arquitectura	architecture
el azulejo	tile
el balcón, *pl.* **los balcones**	balcony
la construcción	construction
la reja	railing, grille
la torre	tower

para hablar de la llegada a las Américas

anteriormente	before
el arma, *pl.* **las armas**	weapon
la batalla	battle
la colonia	colony
la conquista	conquest
el imperio	empire
el / la indígena	native
la maravilla	marvel, wonder
la misión	mission
el / la misionero(a)	missionary
la población	population
el poder	power
poderoso, -a	powerful
el reto	challenge
la riqueza	wealth
el / la soldado	soldier
la tierra	land

para hablar del encuentro de culturas

africano, -a	African
el antepasado	ancestor
el / la árabe	Arab
cristiano, -a	Christian
la descendencia	descent, ancestry
desconocido, -a	unknown
el encuentro	meeting
la época	time, era
europeo, -a	European
la guerra	war
el grupo étnico	ethnic group
la herencia	heritage
el idioma	language
la influencia	influence
el intercambio	exchange
el / la judío(a)	Jew
la lengua	language
la mercancía	merchandise
la mezcla	mix
el musulmán, la musulmana	Muslim
el / la romano(a)	Roman
la raza	race
el resultado	result, outcome
la semejanza	similarity
la unidad	unity
la variedad	variety

verbos

adoptar	to adopt
asimilar(se)	to assimilate
componerse de	to be formed by
conquistar	to conquer
dejar huellas	to leave marks, traces
dominar	to dominate
enfrentarse	to face, to confront
establecer (zc)	to establish
expulsar	to expel
fundar(se)	to found
gobernar (ie)	to rule, to govern
integrarse	to integrate
invadir	to invade
luchar	to fight
ocupar	to occupy
rebelarse	to rebel, to revolt
reconquistar	to reconquer

otras expresiones y palabras

al llegar	upon arriving
maravilloso, -a	wonderful
único, -a	only

Más recursos PearsonSchool.com/Autentico

 Games  Flashcards 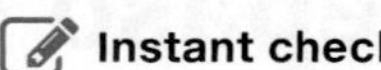 Instant check

Tutorials

Gramática

el condicional

Use the conditional to express what you would do or what a situation would be like.

hablar

hablar**ía**	hablar**íamos**
hablar**ías**	hablar**íais**
hablar**ía**	hablar**ían**

ser

ser**ía**	ser**íamos**
ser**ías**	ser**íais**
ser**ía**	ser**ían**

ir

ir**ía**	ir**íamos**
ir**ías**	ir**íais**
ir**ía**	ir**ían**

Verbs that are irregular in the future tense have the same irregular stems in the conditional.

tener

tendría	**tendr**íamos
tendrías	**tendr**íais
tendría	**tendr**ían

future and conditional stems of other irregular verbs:					
decir	**dir-**	poder	**podr-**	saber	**sabr-**
haber	**habr-**	poner	**pondr-**	salir	**saldr-**
hacer	**har-**	querer	**querr-**	venir	**vendr-**

el imperfecto del subjuntivo

Use the subjunctive to say what one person asks, hopes, tells, insists, or requires someone else to do. If the main verb is in the preterite or imperfect tense, use the imperfect subjunctive.

cantar

cant**ara**	cant**áramos**
cant**aras**	cant**arais**
cant**ara**	cant**aran**

aprender

aprend**iera**	aprend**iéramos**
aprend**ieras**	aprend**ierais**
aprend**iera**	aprend**ieran**

vivir

viv**iera**	viv**iéramos**
viv**ieras**	viv**ierais**
viv**iera**	viv**ieran**

el imperfecto del subjuntivo con *si*

Use the imperfect subjunctive after *si* when a situation is unlikely, impossible, or not true. Use the conditional in the main clause.

Si hablaras más, tendrías muchos amigos.
Si Marcos **no fuera** tan travieso, lo llevaría de paseo.

After *como si* you always use the imperfect subjunctive.

Ella se sentía **como si estuviera** en un lugar desconocido.

Repaso del capítulo

OBJECTIVE

▶ Demonstrate that you can perform the tasks on these pages

Preparación para el examen

1 Vocabulario

Escribe la letra de la palabra o expresión que mejor complete cada frase. Escribe tus respuestas en una hoja aparte.

1. Un ejemplo de un ______ fue el pueblo romano, porque tuvo tanto poder que pudo decidir el futuro de otros pueblos.
   a. misionero c. arte
   b. imperio d. arma

2. Empezó un intercambio de ______ entre Europa y las Américas.
   a. riquezas c. mercancías
   b. banderas d. libertad

3. Cuando un país invade a otro país y se queda allí por muchos años, decimos que lo ______.
   a. expulsa c. lucha
   b. ocupa d. permite

4. Como resultado de la mezcla de españoles, indígenas y africanos hay una gran ______ de culturas en América.
   a. batalla c. variedad
   b. reja d. mercancía

5. La Mezquita de Córdoba es un ejemplo de la arquitectura árabe porque tiene muchos ______, igual que la Alhambra, en Granada.
   a. caballos c. budistas
   b. retos d. arcos

6. Los misioneros tenían opiniones diferentes sobre ______ de los españoles en la vida de los indígenas.
   a. la semejanza c. la arquitectura
   b. el azulejo d. la influencia

7. España era un imperio ______ en la época de la conquista de América.
   a. único c. débil
   b. poderoso d. africano

8. Cuando los cristianos reconquistaron Sevilla, muchos árabes se habían ______ con los españoles.
   a. rebelado c. asimilado
   b. reconquistado d. expulsado

2 Gramática

Escribe la letra de la palabra o expresión que mejor complete cada frase. Escribe tus respuestas en una hoja aparte.

1. Yo ______ con Luisa por teléfono todos los días si tuviera tiempo, pero estoy muy ocupada.
   a. hablo c. hablaría
   b. he hablado d. hablaba

2. Nosotros ______ al balcón, pero hace mucho frío y está lloviendo.
   a. saldremos c. salíamos
   b. saldríamos d. saldrían

3. El arquitecto le dijo al dueño de la casa que ______ el azulejo de color amarillo porque era mejor.
   a. compré c. comprara
   b. compró d. compras

4. El rey de España lo miró como si ______ que estaba mintiendo.
   a. creyera c. creía
   b. crea d. creerá

5. La madre le dijo al niño que ______ a la escuela después de comprar la comida.
   a. vendría c. vinieron
   b. vienen d. viene

6. Si ______ todas tus riquezas, te regalaría mis caballos, le dijo el español al indígena.
   a. me das c. me diste
   b. me dieras d. me dieron

7. Aprenderíamos otros idiomas, como el chino, si ______ la oportunidad de estudiarlos en la escuela.
   a. tuviéramos c. tuvieran
   b. tuvimos d. tuvieras

8. Los misioneros querían que los indígenas ______ su religión.
   a. adoptáramos c. adoptamos
   b. adoptaron d. adoptaran

Más recursos PearsonSchool.com/Autentico

 Games  Flashcards  Instant check

Tutorials

En el examen vas a . . .	Éstas son las tareas de práctica que te pueden ser útiles para el examen . . .	Para repasar, ve a tu libro de texto impreso o digital . . .
Interpretive		
  **ESCUCHAR** Yo puedo escuchar y comprender la descripción de una visita a un pueblo indígena	La visitante describe su visita a un pueblo. Parafrasea la idea principal, el tema y los detalles más importantes del audio.	**pp. 358–361** *Vocabulario en contexto* 1 **p. 361** Videohistoria **p. 371** Actividad 17 **pp. 394–395** *Auténtico*
Interpersonal		
 **HABLAR** Yo puedo presentar una visita guiada para conocer una ciudad	Escoge una ciudad que te guste. Imagina que le hablas de esta ciudad a un recién llegado. Tu amigo(a) te pregunta sobre lo que tiene hacer en la ciudad. Responde y menciona (a) los edificios históricos, (b) las culturas y religiones, (c) una breve historia de la ciudad y (d) lugares donde los jóvenes se divierten.	**p. 364** Actividad 8 **p. 368** Actividad 14 **p. 387** *Presentación oral*
Interpretive		
5 **LEER** Yo puedo leer y comprender un cuento	Lee este párrafo sobre las aventuras de un indígena azteca y di (a) ¿En qué ciudad crees que se despierta Maco? ¿En qué época sería? (b) ¿Qué lengua habla la gente? (c) ¿Crees que es un sueño o es la realidad? *Un día, Maco, un joven indígena azteca, cerró sus ojos y cuando los abrió se vio en medio de una ciudad muy diferente a la que habitaba. La gente era alta con los cabellos claros. Llevaban ropas largas y zapatos. Hablaban una lengua familiar, parecida a la de las personas que habían llegado a su tierra hacía poco tiempo. La gente lo miraba, pero nadie se paraba a hablarle...*	**pp. 390–393** *Lectura*
Presentational		
 **ESCRIBIR** Yo puedo escribir una reseña sobre la herencia cultural	Escribe una reseña sobre qué cosas pueden hacer las familias para mantener sus raíces culturales y las tradiciones de sus antepasados. Sugiere qué pueden hacer para mantener el idioma, las comidas y otras tradiciones familiares.	**p. 365** Actividad 9 **p. 366** Actividad 11 **pp. 388–389** *Presentación escrita*
Comparisons		
 **COMPARAR** Yo puedo comparar ejemplos de intercambio cultural en el mundo de hoy y decir si son positivos o no	Da un ejemplo de un intercambio entre culturas en el mundo de hoy en día. Di por qué crees que ese intercambio es positivo o crea conflictos. ¿Crees que ayuda a que las personas se integren o no?	**p. 364** Actividad 8 **p. 376** Actividad 24 **pp. 384–385** *Puente a la cultura*

A ver si recuerdas

OBJECTIVES
- Discuss and write about the environment
- Express likes and dislikes

Vocabulario

la basura
la campaña
el centro de reciclaje
la contaminación
el medio ambiente
reciclar
recoger
separar

la comunidad
la avenida
el barrio
la calle
la carretera
la gente
el lago
el parque
la plaza
el pueblo
el río
los vecinos

para reciclar
la botella
el cartón
la lata
el plástico
el vidrio

el tráfico
la ambulancia
el camión
el coche
el peatón
la sirena
la zona escolar
la zona de construcción

actividades
adoptar
arrojar
beneficiar
colaborar
contar con
establecer
evitar
mejorar
obligar
prevenir
reducir

opiniones
me encanta(n)
me gusta(n)
me importa(n)
me interesa(n)
me molesta(n)
me parece(n)
me preocupa(n)

1

Opiniones

ESCRIBIR, HABLAR EN PAREJA ¿Te importa el medio ambiente? Escribe cinco preguntas que le puedes hacer a un(a) compañero(a) para saber si le importa a él / ella. Luego, trabaja con tu compañero(a) para hacer preguntas y contestarlas.

Videomodelo

A —*¿Te importa reciclar el vidrio?*
B —*Sí, me importa mucho. Mi familia y yo siempre reciclamos.*

2

Definiciones

ESCRIBIR, HABLAR EN PAREJA Trabaja con otro(a) estudiante para escribir definiciones de las palabras siguientes. Lean sus definiciones a otros estudiantes para ver si pueden identificar las palabras correctas.

1. tráfico
2. carretera
3. arrojar
4. botella
5. peatones
6. evitar
7. sirena
8. vecinos

Go **Online** to practice
PEARSON realize
PearsonSchool.com/Autentico

VIDEO

WRITING

SPEAK / RECORD

Gramática

Verbos como *gustar*

You know that *gustar* is used to talk about likes and dislikes. When you use *gustar*, the subject of the sentence is what is liked or disliked. You use the singular form *gusta* when what is liked is a singular noun or an action (an infinitive). You use the plural form *gustan* when what is liked is a plural noun.

Nos **gusta** este barrio.
Me **gustan** las calles de este barrio.
Le **gusta** trabajar para la comunidad.

Use the indirect object pronoun to indicate to whom something is pleasing.

Me gustaría participar en la campaña de reciclaje.

Other Spanish verbs that often follow the same pattern as *gustar* are:

doler *to ache, to be painful*	importar *to matter*	parecer *to seem*
encantar *to love*	interesar *to interest*	preocupar *to worry*
faltar *to lack, to be missing*	molestar *to bother*	quedar (bien / mal) *to fit*

- The personal *a* plus a pronoun or a person's name can be used for emphasis, or to make clear to whom you are referring.

A nosotros nos preocupa la contaminación del aire.
¿Le interesaron ***a Sergio*** los libros?

Más recursos ONLINE
Tutorial: *Gustar* and Similar Verbs

3 Escoger

LEER, ESCRIBIR Unos vecinos escribieron un correo electrónico al periódico. Usa *preocupar, interesar* o *molestar* para completarlo.

Estimado Sr. Director:

Le escribimos porque __1.__ el tráfico en la calle Ramos. Aunque a todos nosotros __2.__ que se construya un nuevo centro médico, la construcción __3.__ A nosotros __4.__ también la basura que se está acumulando en el lugar. Favor de mejorar la situación.

Atentamente,

Los vecinos de la calle Ramos

4 Según ellos

HABLAR EN PAREJA Tu compañero(a) describe a sus amigos y a su familia usando las palabras siguientes. Responde con ejemplos de tu propia experiencia.

Videomodelo

A mi hermano(a) y a mí (molestar) . . .
A —*A nosotros(as)* ***nos molesta el frío.***
B —*A mis hermanos(as) no* ***les molesta*** *nada el frío.*

1. A mí *(molestar)*
2. A mi compañero(a) *(interesar)*
3. A mis amigos(as) *(preocupar)*
4. A mi madre (padre) no *(gustar)*
5. A mí *(faltar)*
6. A mi mejor amigo(a) *(encantar)*

A ver si recuerdas

OBJECTIVES

- Talk and write about places and natural phenomena
- Refer to people, places and addresses

Vocabulario

fenómenos naturales
la explosión
el huracán
el incendio
la inundación
la lluvia
la nieve
el relámpago
el terremoto
la tormenta
el trueno

acciones
capturar
cuidar
eliminar
matar
permitir
prohibir
proteger
rescatar
salvar

lugares
el bosque
el campo
el desierto
el fondo del mar
las montañas
el océano
el parque nacional
la selva tropical
la sierra
los valles

animales
el caballo
la cebra
el conejo
el elefante
el gato
el hipopótamo
la hormiga
los insectos
el jaguar
el mono
la mosca
el mosquito
el oso
el pájaro
los peces
el perro
el tigre

5 Lugares interesantes

HABLAR EN PAREJA, ESCRIBIR Decide con tu compañero(a) qué lugares de la lista les interesan más y cuáles les interesan menos y por qué. Hagan una tabla como la siguiente y compartan los resultados con la clase.

Nos gustan más . . .	Porque . . .	Nos gustan menos . . .	Porque . . .
1. las montañas		1. el desierto	
2. el océano		2. las sierras	

6 Titulares

LEER, ESCRIBIR Lee con un(a) compañero(a) los siguientes titulares y anuncios de periódicos y luego complétenlos con las palabras o expresiones del recuadro.

insectos	océano	mosquitos	árboles
incendio	inundaciones	peces	lluvias

1. ¡_____ en el bosque! Se quemaron miles de _____.
2. Si quiere que los _____ se mantengan lejos, use el repelente de _____.
3. Grandes _____ en Zamora a causa de las _____ recientes.
4. Una exploración del _____ descubre nuevas especies de _____.

PearsonSchool.com/Autentico

WRITING

Gramática

Usos del artículo definido

In general, the definite article *(el, la, los, las)* is used in Spanish the same way it is in English. In the following cases, however, it is used in Spanish but not in English.

When people are referred to by name and an accompanying title, preceding the title (but not when people are addressed directly using a title):

La profesora Estévez enseña ciencias. Buenas tardes, **doctor Zabala**.

Before the name of a street, avenue, park, or other proper names:

Los vecinos de **la calle Ramos** se quejaron.

Before any noun representing an entire species, institution, or general concept:

El perro es el mejor amigo del hombre. **La educación** es muy importante.

With certain time expressions:

Llegó a **las siete** de la tarde. *(hours)* Me encanta **la primavera**. *(seasons)*
Van a reunirse **el lunes** próximo. *(days)* Salió de su país a **los diez años**. *(age)*

When it is an inseparable part of the name of a country, such as *El Salvador* and of some cities, such as *El Cairo, La Habana, El Havre, La Haya, La Paz*.

The words *al* and *del* result from contracting the prepositions *a* and *de* with the article *el*, but there is no contraction when *El* is part of a proper name.

Vamos **al** parque. Venimos **del** bosque. Vamos a **El Paso**. Venimos de **El Paso**.

7 Practicar

ESCRIBIR Con un(a) compañero(a) escriban sustantivos (con el artículo definido) para completar las frases.

Modelo

_____ es bueno para la salud.
El aire puro / El ejercicio / El jugo de naranja *es bueno para la salud.*

1. _____ Romero nos recibirá a las cuatro.
2. _____ es / no es un país de Asia.
3. _____ son / no son muy caros.
4. Generalmente _____ por la tarde voy al club.

8 Un diálogo

ESCRIBIR Completa los diálogos con artículos definidos o con las contracciones *al* o *del*. Si el artículo no es necesario, deja el espacio en blanco.

1. —Lo siento, ya son _____ siete y debo irme.
   —Claro, Carmen, nos vemos _____ miércoles. Recuerda que es _____ reunión.
2. — ¡Mira! Aquí llega _____ doctora López.
   —¿Cómo está, _____ doctora López?

CAPÍTULO 9

Cuidemos nuestro planeta

Country Connections Explorar el mundo hispano

CHAPTER OBJECTIVES

Communication

By the end of the chapter you will be able to:

- Listen and read about pollution and other environmental issues
- Talk and write about environmental problems and solutions
- Make suggestions to protect the environment

Culture

You will also be able to:

- Demonstrate understanding of a culturally authentic audio recording about reducing trash production
- Understand the causes of environmental issues in Latin America
- Compare an environmental problem in Latin America with one in the U.S.

You will demonstrate what you know and can do

- Presentación oral: Campaña para limpiar la comunidad
- Presentación escrita: Cuidemos nuestros océanos

You will use

Vocabulary

- Pollution
- Natural resources
- Animals
- The environment

Grammar

- Conjunctions used with the subjunctive and the indicative tenses
- Relative pronouns *que, quien, lo que*

ARTE y CULTURA México

Diego Rivera (1886–1957) En 1921, el pintor Diego Rivera conoció a José Vasconcelos, que estaba a cargo del Ministerio de Educación de México. Una de las ideas de Vasconcelos era crear murales en edificios públicos para educar al pueblo. En 1922, Vasconcelos le encomendó (*commissioned*) a Rivera su primer mural. Este mural se llamó "Creación". En este mural Rivera combina elementos de la tradición indígena, como se ve en el dibujo del jaguar, con elementos religiosos e intelectuales basados en el arte clásico europeo.

▶ ¿Qué otras cosas asocias con la tradición indígena mexicana?

"Creación", (1922–1923), Diego Rivera ▶

Go **Online** to practice
PEARSON realize™
PearsonSchool.com/Autentico

AUDIO

VIDEO

WRITING

SPEAK/RECORD

MAPA GLOBAL

AUTÉNTICO

FLASCHARDS

ETEXT 2.0

GAMES

Guacamayas rojas

Videonovela **¡Pura vida!**

Vocabulario en contexto 1

OBJECTIVES

Read, listen to, and understand information about

- environmental issues
- what we can do to protect the environment

Así conservamos y protegemos nuestros recursos naturales

NUESTRO MUNDO

El estado del medio ambiente **depende de** cómo tratamos nuestros recursos naturales. Si no los cuidamos, **se agotarán**. Somos responsables de los **desperdicios** que **echamos** en los ríos y mares, y de la tierra y del aire **contaminados debido al** uso de productos **químicos** o **pesticidas**. Pero hay grupos en Latinoamérica que están **tomando medidas** para resolver estos problemas.

ARGENTINA

En Patagonia, la población **crece** y **amenaza** la calidad del agua de los ríos y lagos. Algunos científicos trabajan con grupos allí para **fomentar** la conservación de los ecosistemas. **La escasez** de agua limpia es un **grave** problema en algunas regiones del mundo.

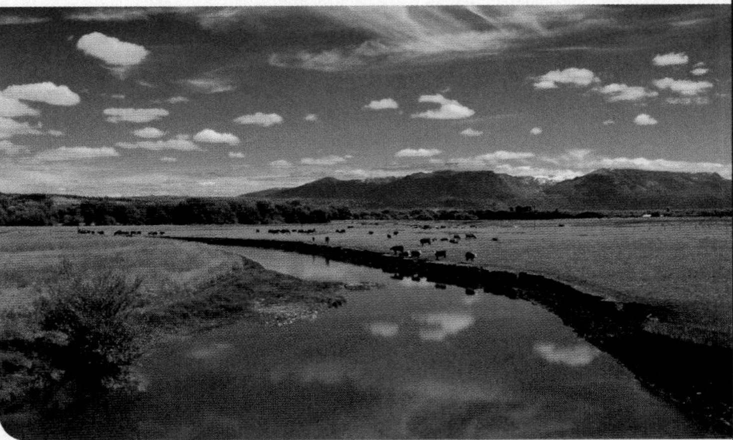

MÉXICO

El **gobierno está a cargo de** un programa llamado *ProAire* que ha mejorado el aire de la Ciudad de México. Cerraron una refinería de **petróleo** y limitaron la circulación de autos. Además, construyeron un edificio con un exterior especial que puede reducir la **contaminación** del aire.

Go **Online** to practice
PEARSON realize™

PearsonSchool.com/Autentico

AUDIO

CHILE

En ciudades como Santiago, hay programas que exigen a **las fábricas** que protejan los recursos naturales. Algunos procesos industriales producen **venenos**, como mercurio o arsénico. Si el gobierno encuentra algún problema, las industrias tienen que resolverlo **tan pronto como** sea posible o serán **castigados**.

un río **contaminado**

PANAMÁ

Un proyecto organizado por El Cuerpo de Paz es la construcción de estufas **económicas** para personas que normalmente cocinan sobre un fuego abierto. Habrá menos contaminación y mejorará la vida de la comunidad. Además ayudará **la protección** de los bosques porque usan menos leña.

1

El medio ambiente

ESCUCHAR Escribe los números del 1 al 6 en una hoja de papel. Escucha lo que dice cada persona y di si es cierto *(C)* o falso *(F)*.

2

¿De qué hablan?

ESCUCHAR Escucha lo que dicen los jóvenes e identifica el país del que hablan indicándolo en la página.

Julia escribe para el periódico de su escuela. Hoy entrevista al director de un centro de protección del medio ambiente.

Julia / Director

Julia: ¿Cuáles son los objetivos de este centro?

Director: Queremos **promover** la protección del medio ambiente y reducir la contaminación **ambiental**.

Julia: ¿Qué recomendaciones le hace el centro a la población en general?

Director: Todos debemos tomar medidas para evitar que se agoten nuestros recursos. Para comenzar, debemos tener **suficiente** información sobre lo que **daña** al medio ambiente, como la contaminación del aire y del agua y el mal uso de nuestros recursos.

Julia: ¿Qué medidas específicas sugiere?

Director: Cada persona puede ayudar desde su casa. Hay que enseñarles a los niños a no **desperdiciar** el papel y a apagar las luces para ahorrar **electricidad**. Hay que **deshacerse** de la basura del modo apropiado y **colocar** las cosas de plástico en los **recipientes** de reciclaje. Y lo más importante: hay que **limitar** el uso de productos que contaminen el medio ambiente. Por ejemplo, **en vez de** usar detergentes, debemos usar productos naturales, como el vinagre.

Julia: ¿Alguna otra recomendación?

Director: ¡Sí! Olvidé algo que casi nadie hace: **las pilas** viejas no se deben botar con el resto de la basura porque contaminan el suelo. Hay sitios especiales donde se pueden llevar las pilas viejas.

Julia: Muchas gracias. Su información me ha servido mucho.

3

Proteger al medio ambiente

ESCRIBIR Lee las frases. Escribe *C* (cierto) si la frase es correcta o *F* (falso) si la frase es incorrecta.

1. Julia habló con el director de un centro que protege plantas y animales.
2. El director del centro dice que debemos usar bien los recursos.
3. Un modo de proteger el ambiente es usar vinagre en vez de detergentes.
4. Las pilas se deben botar con el papel en los recipientes de reciclaje.

Videohistoria

Go **Online** to practice PEARSON realize PearsonSchool.com/Autentico

AUDIO

VIDEO

WRITING

SCRIPT

Heroína del medio ambiente

Antes de ver

Determinar el propósito Al ver la Videohistoria, piensa en el propósito de las personas que la hicieron. ¿Qué mensaje te quieren transmitir? Usa el título, las imágenes y los diálogos para determinar el propósito y el tema.

Haz la actividad

Tipos de problemas Observa las fotos. Escribe una descripción del tipo de problema ambiental que representa cada una.

Ve el video

Valentina ha encontrado la historia perfecta para su informe sobre el medio ambiente. ¿De qué se tratará?

Ve a **PearsonSchool.com/Autentico** para ver el video ***Heroína del medio ambiente.*** También puedes leer el guión.

Camila

Teo

Seba

Valentina

Ximena

Después de ver

ESCRIBIR Contesta las siguientes preguntas:

1. Valentina narró la historia de Érica Fernández. Parafrasea los detalles que expliquen qué ha hecho Érica por el medio ambiente.
2. Infiere el significado de esta frase de Seba: "El planeta nos va a castigar por no conservar los recursos naturales".
3. Parafrasea la idea principal y el tema de esta Videohistoria.

¿Qué pasará? Habla con un(a) compañero(a). Comenten qué podrá pasar si continúa aumentando la contaminación.

Vocabulario en uso 1

OBJECTIVES

- Read and write about environmental issues and solutions
- Discuss pollution and the shortage of natural resources
- Read and write about population growth

4

Problemas y soluciones del medio ambiente

LEER, ESCRIBIR Lee las siguientes frases que describen problemas del medio ambiente y las soluciones. Escoge la palabra que mejor complete cada frase.

1. En la capital de Chile, se *(castiga / desperdicia)* con una multa a las personas que echan basura en la calle.
2. En España, reciclan los teléfonos celulares *(en vez de / a cargo de)* echarlos a la basura, pero primero se separa *(el veneno / la pila)* del teléfono.
3. En la Ciudad de México, el aire *(contaminado / económico)* es un problema tan *(químico / grave)* que se prohíbe el uso del coche ciertos días de la semana.
4. En Perú, para reciclar, se *(agota / coloca)* el vidrio y el papel en un recipiente especial.
5. Argentina tiene mucho gas natural, que sirve para producir *(desperdicios / energía)*.
6. Debido a la *(escasez / medida)* en la Ciudad de México, hay que *(promover / conservar)* el agua.

5

Un cartel ecológico

LEER, ESCRIBIR

1 Lee el cartel y responde a las preguntas.

1. ¿Qué consejos da el cartel para reducir la basura?
2. Según el cartel, ¿qué es reciclar?
3. ¿Cuál es el objetivo de este cartel?

2 Piensa en las tres "R"s de las que habla el cartel. Escribe otros dos consejos sobre cosas específicas que la gente pueda hacer para reducir, reciclar y reutilizar.

3 Escribe un correo electrónico a un(a) compañero(a) y hazle preguntas sobre las tres "R"s. Él o ella te responderá con lo que debes hacer, incluyendo sus razones.

Modelo

A —Me interesa reutilizar las botellas de plástico. ¿Cómo lo hago?

B —Deberías lavarlas y usarlas de nuevo. Así les darás todo el uso posible.

Reducir

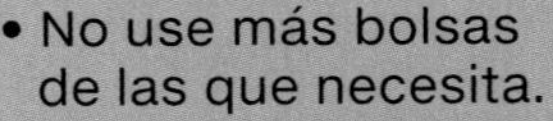

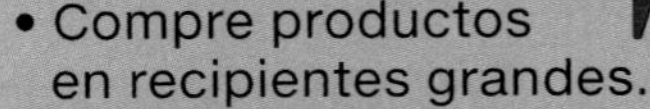

- No use más bolsas de las que necesita.
- Compre productos en recipientes grandes.
- Evite los productos desechables[1].

Reciclar

- Reciclar es devolver a las fábricas todos los materiales que se pueden volver a usar, como el cartón y el vidrio.

Reutilizar

- Dé a cada producto todo el uso posible antes de considerarlo basura.
- Es importante ser consumidores responsables y pedir a las empresas que vendan productos que se puedan reutilizar.

[1] disposable

Go Online to practice PEARSON realize PearsonSchool.com/Autentico

VIDEO WRITING SPEAK/RECORD

6

Las cosas que contaminan

LEER, ESCRIBIR En cada grupo de palabras busca algo que contamina el medio ambiente. Después, escribe frases que describan cómo esas cosas contaminan el medio ambiente. Además, sugiere una solución al problema.

Modelo

el petróleo

El petróleo que se usa en los coches contamina mucho.

Tenemos que inventar coches que no usen petróleo.

1. **a.** el reciclaje **b.** las medidas **c.** los productos químicos
2. **a.** el recipiente **b.** el gobierno **c.** los pesticidas
3. **a.** el veneno **b.** la protección **c.** la electricidad
4. **a.** las verduras **b.** la energía **c.** la pila
5. **a.** la población **b.** los desperdicios **c.** los derechos
6. **a.** la basura **b.** lo suficiente **c.** el ambiente

7

En el futuro

HABLAR EN PAREJA Muchos jóvenes se preocupan por el futuro, pues no saben cómo se resolverán los problemas de contaminación y la escasez de recursos naturales que tenemos hoy. Con un(a) compañero(a), hagan y contesten preguntas acerca de las soluciones posibles. Expresen sus opiniones.

Videomodelo

A —*En el futuro, ¿crees que* ***se fomentará*** *el uso del* ***transporte público****?*

B —*Sí, porque es mucho más* ***económico****.*

fomentar

Estudiante A

Estudiante B

económico(a)
grave
medida
escasez
¡Respuesta personal!

8 Para proteger el futuro

ESCRIBIR, HABLAR EN PAREJA

1. Piensa en los problemas del medio ambiente y lo que se puede hacer para protegerlo. Copia la tabla y complétala con, por lo menos, cuatro problemas.

2. Trabaja con otro(a) estudiante. Hablen de las medidas que indicaron en sus tablas y expliquen quiénes deben estar a cargo de tomar esas medidas.

el problema	lo que se puede hacer	quiénes están a cargo
contaminación del océano	*no echar basura*	*los ciudadanos*
los desperdicios industriales		

Videomodelo

proteger el océano

A —*¿Qué medidas se pueden tomar para proteger el océano de la contaminación?*

B —*No debemos echar basura ni desperdicios al océano.*

A —*¿Quiénes están a cargo de protegerlo?*

B —*Todos los ciudadanos podemos proteger el océano al no echar basura.*

3. Ahora, hagan una presentación para explicar a la clase los problemas y las soluciones de los que han hablado. Usen oraciones conectadas con detalles y elaboración.

9 Y tú, ¿qué dices?

ESCRIBIR, HABLAR

1. ¿Qué problemas ambientales existen en tu comunidad?
2. ¿Qué medidas toman tú, tu familia y tu comunidad para proteger el medio ambiente?
3. ¿Qué pueden hacer que no estén haciendo ya?
4. Nombra al menos una cosa que quieras no desperdiciar, promover, limitar o conservar.

CULTURA Chile

Restricción de vehículos El aire en la ciudad de Santiago de Chile está muy contaminado. El problema es tan grave, que el gobierno ha tenido que establecer la "restricción vehicular". Eso quiere decir que algunos días de la semana no puedes usar tu coche en la ciudad. El día depende del último número de la patente *(license plate)* del coche y el color de sello.

Pre-AP® Integration: Los temas del medio ambiente La "restricción vehicular" es una solución al problema del aire contaminado en Santiago de Chile. ¿Cuáles son otras posibles soluciones?

Mapa global interactivo Investiga la geografía de Santiago de Chile y conecta esta información con el tráfico de la ciudad y la contaminación del aire.

10

La población crece

LEER, ESCRIBIR

1 Lee la tabla y contesta las preguntas.

1. Según la tabla, ¿en qué siglo creció más la población?
2. ¿Qué problemas crees que ha causado este gran aumento en la población?

2 Ahora, lee el artículo siguiente y contesta las preguntas.

¿HAY AGUA PARA TODOS?

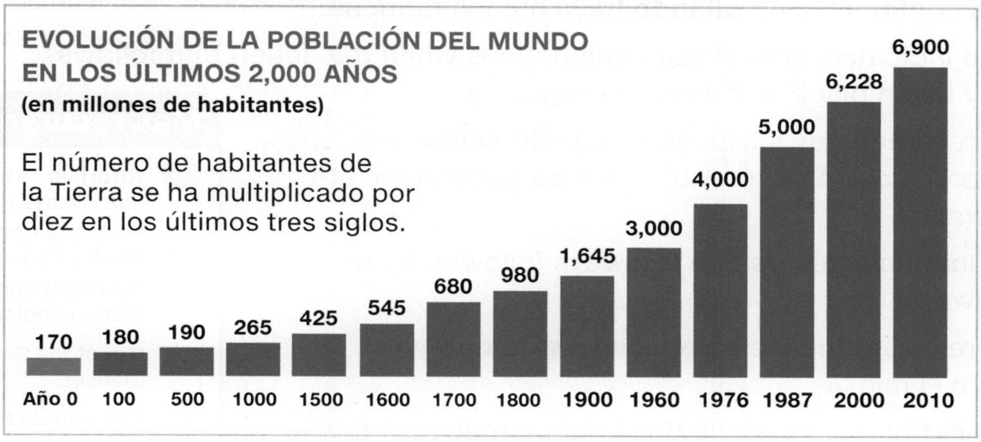

EVOLUCIÓN DE LA POBLACIÓN DEL MUNDO EN LOS ÚLTIMOS 2,000 AÑOS
(en millones de habitantes)

El número de habitantes de la Tierra se ha multiplicado por diez en los últimos tres siglos.

Año	0	100	500	1000	1500	1600	1700	1800	1900	1960	1976	1987	2000	2010
Habitantes	170	180	190	265	425	545	680	980	1,645	3,000	4,000	5,000	6,228	6,900

La población crece y los recursos se agotan. ¿Qué pasará en el futuro?

¿Qué pasará en el futuro si la población sigue creciendo? Los científicos no tienen una respuesta.

Uno de los problemas más graves que tendremos que resolver es la escasez de agua. Hoy día 783 millones de personas no tienen acceso a agua potable. Es estimado que la población del mundo crecerá de 7 billones a 9.6 billones en 2050. En el año 2050, el 52 por ciento de la población mundial tendrá problemas para conseguir el agua que necesita. Además muchas fuentes de agua están contaminadas debido al uso de los pesticidas.

Esto hace aun más grave el problema, pues la agricultura es la mayor fuente de alimentos del planeta, su principal recurso nutritivo. El trigo *(wheat)*, el arroz y el maíz son los alimentos más consumidos en todo el planeta.

¿Comprendiste?

1. ¿Cuál será uno de los problemas más graves si la población sigue creciendo?
2. ¿Cuáles son los alimentos más consumidos en todo el planeta?
3. En tu opinión, ¿quién debe tomar medidas para resolver estos problemas: los gobiernos de cada comunidad, los gobiernos de cada país, las Naciones Unidas o los ciudadanos?

Gramática

OBJECTIVES

- Talk and write about events that have happened and that have not yet happened
- Discuss measures that could be taken against pollution

Conjunciones que se usan con el subjuntivo y el indicativo

Certain conjunctions related to time are followed by either the indicative or the subjunctive.

después (de) que *after*	**mientras** *while, as long as*	**cuando** *when*
en cuanto *as soon as*	**tan pronto como** *as soon as*	**hasta que** *until*

You use the subjunctive after these conjunctions when the action that follows has not yet taken place.

Van a seguir contaminando **hasta que** el gobierno los castigue. Habrá menos contaminación **cuando haya** menos fábricas.

You use the indicative after these conjunctions when the action that follows has already taken place or if it occurs regularly.

Siempre apagamos las luces en cuanto **salimos** de casa.
La empresa cerró tan pronto como **se puso** grave el problema.

- The conjunction *antes de que* is always followed by the subjunctive.

Siempre se agotan los boletos **antes de que yo compre** el mío.

- If the subject of the sentence does not change, use the infinitive after *antes de, después de* and *hasta*:

Después de visitar (nosotros) la fábrica, debemos escribir el informe.
Marisa no piensa descansar **hasta resolver** (ella) el problema.

Más recursos ONLINE

- **Tutorials:** Adverbial Conjunctions that Always Require Indicative
- Adverbial Conjunctions that Always Require Subjunctive
- Adverbial Conjunctions that may Require Indicative or Subjunctive
- Use of the Subjunctive in Noun Clauses
- ***Canción de hip hop:*** *Cuidemos nuestro planeta*

11

La contaminación

LEER, ESCRIBIR Dos amigos están dialogando sobre la contaminación. Completa el diálogo con el presente del subjuntivo del verbo apropiado del recuadro.

estar	echar	saber
tomar	agotarse	

- La contaminación es un problema muy grave. Va a seguir aumentando hasta que el gobierno __1.__ medidas serias.
- Sí, seguro. Mientras la gente __2.__ desperdicios en lugares públicos, no vamos a resolver el problema.
- La gente debe saber que tan pronto como los recursos naturales __3.__, no vamos a tener lo suficiente para poder vivir.
- ¡Debemos hacer algo!
- Sí. Podemos hacer una campaña en la escuela. Mientras los estudiantes __4.__ en recreo, pueden informarse sobre cómo conservar los recursos naturales.
- Después de que nuestros compañeros __5.__ más sobre el tema todos van a querer colaborar.

AUDIO

VIDEO

WRITING

SPEAK/RECORD

Ampliación del lenguaje — Familias de palabras

Las familias de palabras son grupos de palabras relacionadas por tener una misma raíz. Lee las familias de palabras de la tabla. Piensa en palabras que conoces que pertenezcan a esas familias. Escribe en una hoja de papel las palabras que faltan para llenar los recuadros.

Sustantivos	Adjetivos	Verbos
1. desperdicios	desperdiciado(a)	
2. contaminación		contaminar
3.	protegido(a)	proteger
4. amenaza	amenazante	
5. agotamiento	agotado(a)	
6. economía		economizar

12 ¿Cuándo?

HABLAR EN PAREJA Tu compañero(a) quiere saber cuándo se van a reconocer las amenazas del futuro. Responde a sus preguntas usando las conjunciones *antes de que, cuando, tan pronto como, después de que, mientras, hasta que, en cuanto.*

Videomodelo

el gobierno *(tomar)* medidas para fomentar la protección de la Tierra / reducir los recursos naturales

A —*¿Cuándo va a tomar medidas el gobierno para fomentar la protección de la Tierra?*

B —*Cuando se reduzcan los recursos naturales.*

Estudiante A

1. las fábricas *(deshacerse)* de los desperdicios sin contaminar
2. voluntarios *(fomentar)* el cuidado de la comunidad
3. *(promoverse)* leyes para proteger los recursos naturales
4. los ciudadanos *(colocar)* los objetos reciclables en lugares apropiados
5. las compañías que producen coches *(limitar)* el uso de petróleo

Estudiante B

castigarlas el gobierno
poder organizarse y recibir fondos
agotarse los recursos naturales
ser fácil y económico hacerlo
dejar de comprar coches ineficientes
tener más influencia los ciudadanos que las empresas
reconocer que el problema es grave

13 ¡No a la contaminación!

LEER, ESCRIBIR Lee el siguiente folleto *(brochure)* sobre una fábrica de tu comunidad y responde a las preguntas que aparecen a continuación.

MARCHA EN CONTRA DE LA CONTAMINACIÓN

¿Sabías que la fábrica de pesticidas no respeta el medio ambiente? Contamina el agua del río con los desperdicios y también contamina el aire. Aunque el gobierno ha promovido leyes para la protección de la comunidad, la fábrica continúa deshaciéndose de su basura en nuestras aguas y en nuestro aire.

Mientras fábricas como ésta no respeten las medidas de protección, van a dañar cada vez más a nuestro planeta. ¡Debemos exigir que la fábrica coloque sus desperdicios en lugares apropiados antes de que sea demasiado tarde! Juntos, podemos fomentar un cambio. ¡Toma medidas para proteger al planeta! ¡Deja de comprar los pesticidas! ¡Exige que la fábrica use recipientes apropiados para sus productos químicos!

Para mostrar tu apoyo, puedes participar en la marcha frente a la fábrica, o puedes firmar una petición en contra de la persona que está a cargo.

La protecció de la comunidad depende de ti.

1. ¿Cómo contamina el medio ambiente la fábrica de pesticidas?
2. ¿Existen leyes para proteger a la comunidad? ¿Las obedece la fábrica?
3. ¿Qué medidas pueden tomar los ciudadanos? Nombra dos medidas.
4. ¿Cómo pueden apoyar la causa los ciudadanos?
5. Escribe un texto al organizador de la marcha. Pregúntale qué se debe hacer para apoyar la causa. Un(a) compañero(a) juega el papel del organizador y te responde para decir lo que debes hacer, incluyendo sus razones.

14 Problemas y soluciones

ESCRIBIR, HABLAR

1 Con otro(a) estudiante, escribe cinco frases que identifiquen amenazas en tu comunidad respecto al medio ambiente y soluciones posibles, usando las conjunciones *antes de que, cuando, tan pronto como, después de que, mientras, hasta que.*

Modelo

Los ciudadanos no ahorran electricidad. Hasta que los ciudadanos hagamos un esfuerzo por ahorrar electricidad tendremos problemas.

2 Cada pareja va a compartir sus ideas con la clase. Para cada problema que se menciona, la clase va a sugerir soluciones. Prepárense para defender sus recomendaciones y opiniones.

Go **Online** to practice PEARSON realize

PearsonSchool.com/Autentico

VIDEO WRITING SPEAK/RECORD

15 En cuanto podamos . . .

ESCRIBIR, HABLAR EN PAREJA

1. Trabaja con otro(a) estudiante. Imaginen que se reunieron para hablar sobre lo que harán después de graduarse de la escuela. Hagan una lista de cosas que pueden hacer.

Modelo
- ir a la universidad
- buscar un trabajo
- viajar

2. Escojan una idea de su lista y hablen de sus planes y de los pasos necesarios para realizarla, usando las siguientes conjunciones.

después de que	tan pronto como	después de	mientras
cuando	hasta que	en cuanto	

Videomodelo

ir a la universidad

A —*En cuanto me gradúe iré a la universidad.*

B —*Me quedaré con mis padres hasta que empiecen las clases.*

16 La lluvia ácida

LEER, ESCRIBIR Lee el siguiente artículo sobre la lluvia ácida y contesta las preguntas que aparecen a continuación.

Conexiones Las ciencias

En más de una docena de países europeos está ocurriendo una corrosión acelerada en los edificios y monumentos históricos. Así, por ejemplo, el Partenón ha sufrido más el efecto de la erosión en los últimos 30 años que durante los 2,400 años anteriores, y en España las pinturas del museo del Prado se han estado deteriorando a causa de la contaminación.

Todo ello es debido a las emisiones de dióxido de azufre *(sulfur)* y óxidos de nitrógeno, que se convierten en ácidos fuertes y atacan tanto a edificios antiguos como nuevos. Los más afectados son los objetos y estructuras de materiales fácilmente degradables, como la piedra caliza *(limestone)* y la arenisca *(sandstone)*.

- ¿Qué otros ejemplos de corrosión por lluvia ácida conoces?
- ¿Hay corrosión por lluvia ácida en tu comunidad? Descríbela.

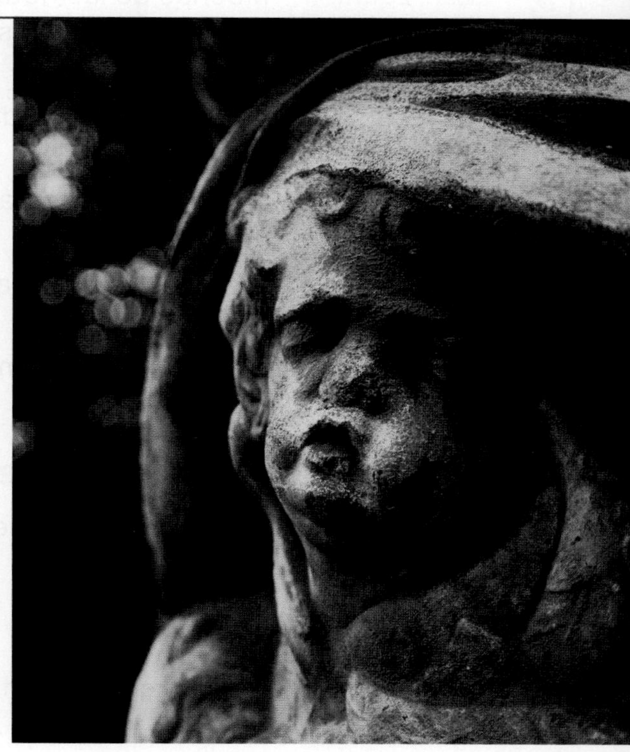

Gramática

OBJECTIVES

- Describe people and issues related to the environment
- Read and write about environmental disasters

Los pronombres relativos *que, quien y lo que*

You use relative pronouns to combine two sentences or to give clarifying information. The most common relative pronoun in Spanish is *que*. It can mean "that," "which," "who," or "whom," and it may refer either to persons or to things.

Ésta es la fábrica **que** visité ayer. La fábrica, **que** hace productos químicos, fomenta la protección del medio ambiente. El Sr. Ríos es el profesor **que** nos llevó a la fábrica.

After a preposition, use *que* to refer to things and *quien(es)* to refer to people.

No encuentro el papel **en que** escribí tu dirección.
El problema **del que** te hablé ocurrió en otro barrio.
La señora **a quien** te presenté trabaja en una fábrica de recipientes.

- Use the relative phrase *lo que* to refer to a situation, concept, action, or object not yet identified.

No recuerdo **lo que** me dijo.
Lo que más me gusta es estar a cargo del proyecto.

Más recursos ONLINE

Tutorial: Relative Pronouns

17 El medio ambiente

LEER, ESCRIBIR Muchas de las noticias del periódico hablan sobre el medio ambiente. Completa las frases con los pronombres relativos *que, quien(es)* o *lo que.*

1. El gobierno anunció las medidas _____ limitan el uso de pesticidas.
2. _____ más amenaza a la población es la escasez de recursos.
3. La persona de _____ habla el artículo tira los desperdicios en el río.
4. Las medidas _____ fueron tomadas por el gobierno no resuelven los problemas más graves.
5. El petróleo _____ se echa en el océano produce contaminación.
6. Las personas a _____ ayudó el gobierno viven ahora en una zona sin contaminación.

18 Lo que a mí me parece es . . .

HABLAR Conversa con un compañero(a). Completa las frases siguientes con sus opiniones personales.

1. Lo que más me molesta de la contaminación es . . .
2. El gobierno es la organización que . . .
3. Nuestros padres son las personas con quienes . . .
4. (Nombres) son las personas que . . .
5. No estoy de acuerdo con lo que . . .

Go **Online** to practice PEARSON realize

PearsonSchool.com/Autentico

VIDEO

WRITING

SPEAK/RECORD

19

El petróleo

LEER, ESCRIBIR, HABLAR EN GRUPO

1 En grupo, lean el siguiente artículo sobre el petróleo en el mar.

Petróleo en el mar

En nuestra sociedad, el petróleo y sus derivados son imprescindibles[1] como fuente de energía y para la fabricación[2] de productos químicos, alimentos, medicinas, etc.

Por otro lado, alrededor del 0.1% al 0.2% de la producción mundial de petróleo termina en el mar. Esto produce la contaminación de las aguas y daña el ecosistema marino. Aves[3] y mamíferos mueren constantemente a causa del petróleo en sus cuerpos.

¿Cómo llega el petróleo al mar? El petróleo debe ser transportado muchas millas por el mar hasta llegar al lugar donde se va a usar. En el camino se producen a veces accidentes que pueden ser muy graves. Pero, la mayor parte del petróleo que termina en el mar procede de la tierra, de desperdicios de las casas, automóviles, combustible, fábricas, etc.

En la actualidad[4] se usan productos de limpieza especiales para limpiar el petróleo, pero evitar la contaminación es la única solución verdaderamente aceptable.

[1]indispensable, essential [2]manufacture
[3]Birds [4]currently, today

2 Decidan cuáles son las ideas más importantes del artículo. Escríbanlas en una lista y añadan detalles.

Modelo

Necesitamos el petróleo como fuente de energía.

3 Usen las ideas que anotaron para pensar en una propuesta sobre cómo resolver el problema del petróleo en el mar y en cómo se puede evitar la contaminación de las aguas. Pueden usar la Internet o la biblioteca para investigar sobre el tema.

Modelo

Cuando se transporta el petróleo por mar,
se deben usar barcos que sean más modernos.

4 Usen las ideas que anotaron para informar a la clase. Presenten sus ideas usando oraciones conectadas con detalles y elaboración.

Vocabulario en contexto 2

OBJECTIVES

Read, listen to, and understand information about

- environmental issues and endangered species
- measures to protect the environment and endangered species

La feria de ciencias

Nuestra clase de ciencias organizó una feria sobre los problemas más graves del mundo de hoy y sus posibles soluciones. Mi tema era los animales **en peligro de extinción**. Yo creo que hay tres razones importantes de por qué están en peligro muchos animales: **la caza, la falta** de hábitat y el cambio climático.

La caza

Los humanos de este planeta siempre han cazado **las aves**, o para comerlas o para usar sus **plumas**. Pero si no dejamos de **explotar** los animales, sus números van a **disminuir** o desaparecer por completo. Casi se extinguió **el águila calva** en Estados Unidos. La protección del gobierno la salvó.

Los peligros

Algunas especies marinas, como las **focas** y **ballenas** también están amenazadas por la caza, así como por los **derrames de petróleo**. En 2010, por ejemplo, hubo un gran derrame en el Golfo de México. Muchos voluntarios tuvieron que ayudar en **el rescate** de animales y en **la limpieza** de las plumas y **la piel** de los animales.

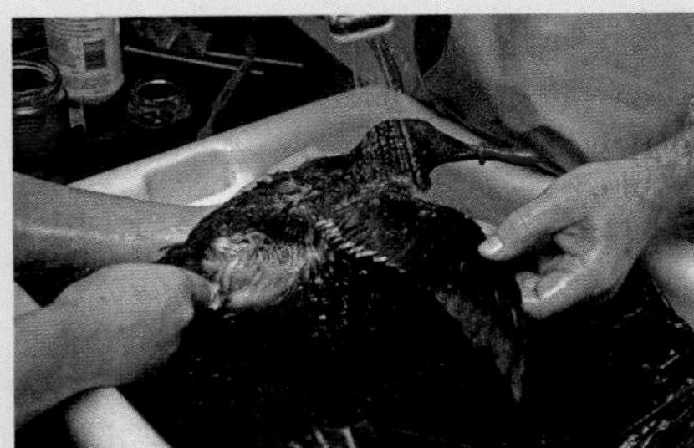

Go **Online** to practice PEARSON realize PearsonSchool.com/Autentico

AUDIO

WRITING

El clima

Un peligro aún mayor es **el recalentamiento global**. Cuando **la atmósfera** contiene cantidades **excesivas** de gases como CO_2, que se **produce** cuando quemamos gasolina en los aviones y automóviles, **atrapa** el calor del sol. Esto se llama **el efecto invernadero**, y hace que suba la temperatura del planeta. **La selva tropical** absorbe mucho CO_2 y por esto su **preservación** es tan importante. **En cuanto** suba la temperatura, por ejemplo, **el hielo** en los polos norte y sur **se derrite**, dejando menos hábitat para los animales **salvajes**.

la selva tropical

el hielo

El futuro

Según muchos científicos, el problema del recalentamiento global es uno de los más graves de este siglo. **A menos que** lo **detengamos**, no solo van a sufrir los animales y las plantas sino todos nosotros. Es por esto que 195 países firmaron el acuerdo sobre **el clima** de París de diciembre de 2015. Podemos preservar la vida del planeta y de todos sus habitantes **con tal de** que todos los países trabajen juntos.

Como dijeron en la Conferencia: **¡Viva el planeta! ¡Viva la humanidad! ¡Viva la vida!**

20 ¿Será cierto?

ESCUCHAR Escribe los números del 1 al 6 en una hoja. Escucha cada frase y escribe *C* o *F*. En el caso de las falsas, vuelve a escribir la frase para que sea cierta.

21 ¿Qué quiere decir?

ESCUCHAR, ESCRIBIR Trabaja con otro(a) estudiante para escribir definiciones de estas palabras y expresiones. Luego, escriban frases usando tres de las palabras y expresiones del recuadro.

el efecto invernadero	la caza	derretir	el rescate	disminuir

www...

Punta Arenas: Miedo al sol

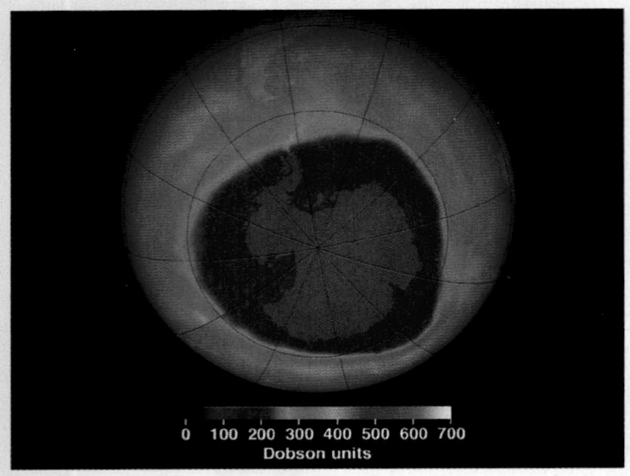

¿Has oído hablar de **la capa de ozono?** El ozono es un gas que forma una capa en la atmósfera que nos protege de los rayos ultravioleta del sol. A veces esta capa contiene **agujeros** a causa del uso excesivo de productos que usamos todos los días, como **los aerosoles.** Es importante **tomar conciencia** de este problema, ya que **afecta** nuestra vida diaria.

Punta Arenas, en Chile, es una de las ciudades más cercanas al polo Sur. Y es en esa región donde está el agujero más grande de la capa de ozono.

Desde hace años, los habitantes de Punta Arenas viven bajo **la amenaza** de los rayos ultravioleta y ajustan *(adjust)* sus vidas a los niveles de ozono de la atmósfera. Si las noticias del tiempo indican que los niveles de ozono son muy altos, se recomienda llevar ropa que proteja todo el cuerpo, ponerse anteojos de sol y loción protectora para el sol.

Los científicos no saben aún cómo afectará este fenómeno en el futuro a los habitantes de esta ciudad.

22

La amenaza del sol

LEER, ESCRIBIR Parafrasea la idea principal, el tema y los detalles del artículo. Luego, contesta las preguntas.

1. ¿Por qué es importante la capa de ozono? ¿Qué pasará si no la cuidamos?
2. ¿Dónde está Punta Arenas? ¿Qué problema hay allí?
3. ¿Qué pueden hacer los habitantes de Punta Arenas para protegerse de los rayos ultravioleta?
4. ¿Cómo crees que se sentirán los habitantes de esa ciudad viviendo bajo esta amenaza todos los días?
5. ¿Qué podemos hacer para que la gente tome conciencia de la importancia que tiene cuidar nuestro medio ambiente?

Mapa global interactivo Explora la geografía de Punta Arenas, Chile, e investiga el agujero en la capa de ozono.

Go **Online** to practice

PEARSON realize

PearsonSchool.com/Autentico

WRITING MAPA GLOBAL

El Parque Nacional de Guanacaste

En los últimos años se ha hecho muy popular el ecoturismo. Los turistas ecológicos no solo quieren visitar lugares hermosos, sino que desean aprender sobre la fauna y la flora de la región, las características del terreno *(terrain)* y su clima. Este tipo de turista desea ayudar a cuidar y preservar la naturaleza.

Costa Rica

Uno de los países que promueve el ecoturismo es Costa Rica. El Parque Nacional de Guanacaste, en la región del Pacífico Norte, por ejemplo, es un refugio para muchos animales y plantas, pero también uno de los lugares favoritos de los ecoturistas. En los años 80, se creó un Programa de Ecoturismo para que los visitantes pudieran disfrutar de los hermosos paisajes mientras participan en los programas educativos.

Lagartija verde, Guanacaste

Guanacaste es una **reserva natural** para muchos animales y plantas, pues en sus **tierras** hay varios tipos de bosques. Según los científicos, este parque tiene 3,000 tipos de plantas, 300 especies de aves y mamíferos, como el armadillo, el puma y el mono de cara blanca, y 5,000 especies de mariposas.

23 Cuando vaya a Guanacaste . . .

ESCRIBIR, HABLAR EN PAREJA Pregunta a otro(a) estudiante sobre los esfuerzos que deben hacer en un parque nacional de Costa Rica por proteger el medio ambiente. Él/ella debe incluir sus razones.

Vocabulario en uso 2

OBJECTIVES

- Discuss animals and their well-being
- Write and talk about tropical forests and endangered animals
- Exchange information about environmental concerns

24 Definiciones ambientales

LEER, ESCRIBIR Indica a qué palabra se refiere cada definición. Luego, escribe un párrafo en el que usas por lo menos tres de las palabras.

1. mamífero *(mammal)* enorme que vive en el agua
2. animal con piel que vive en el mar y en la tierra
3. acción de limpiar
4. cubre el cuerpo del ave
5. hacer o causar algo
6. parar
7. agua sólida
8. ave que representa un símbolo de los Estados Unidos

a. el águila calva
b. el hielo
c. detener
d. producir
e. la ballena
f. la pluma
g. la foca
h. la limpieza

25 El efecto invernadero

LEER, ESCRIBIR Completa esta conversación entre Tomás y Ana con las palabras del recuadro.

una amenaz	el recalentamiento global	la capa de ozono	los aerosoles
el clima	efecto invernadero	la atmósfera	

mensajes 08:07 AM

Tomás Hace mucho calor, ¿verdad?

Ana Sí, mucho. Tal vez es a causa del __1.__.

Tomás ¿Qué es eso?

Ana Es la producción de gases que atrapan el calor del sol en __2.__. Cuando estos gases aumentan, hay cambios graves en __3.__ del mundo. Hace más calor o llueve más.

Tomás Pero __4.__ protege la Tierra de los rayos del sol, ¿verdad?

Ana Sí, pero __5.__ y otros productos químicos son __6.__ para la capa de ozono. Ya han creado un agujero en la capa de ozono sobre la Antártida. Un resultado es __7.__ en todas partes del mundo.

26

Peligros

ESCRIBIR, HABLAR EN PAREJA

escasez
derretir
contaminado(a)
capa de ozono
derrame de petróleo
especia
caza excesiva
falta
explotar
amenaza

1. Escribe una lista de cinco cosas que pueden afectar la vida y la salud de los animales y de los seres humanos. Puedes usar las palabras del recuadro.
2. Luego, intercambia tu lista con otro(a) estudiante y comenten qué se debe hacer para solucionar los problemas. Hablen de posibles soluciones.

Videomodelo

la pesca excesiva

A—*La pesca excesiva es una amenaza a la población de peces.*

B—*Podemos establecer leyes en contra de la pesca excesiva.*

27

Un rescate problemático

LEER, HABLAR EN PAREJA Imagina que hay un derrame de petróleo y tienes que llevar a la otra orilla *(bank)* del río a una anaconda, un cocodrilo y un ave. En el barco hay lugar solo para ti y uno de ellos. Como no puedes dejarlos juntos en ninguna orilla porque la anaconda se comería al cocodrilo o el cocodrilo se comería al ave, ¿cómo podrías rescatar a todos sin problemas? Con un(a) compañero(a), hagan y contesten preguntas acerca de las soluciones posibles.

CULTURA Argentina • Chile

Pingüinos magallánicos Los pingüinos magallánicos son los pingüinos más grandes de las zonas templadas. Reciben su nombre de Fernando de Magallanes, quien los vio por primera vez en 1519. Estos pingüinos tienen plumas negras y blancas en la cara, el cuello y el pecho. Viven en las costas rocosas del sur de Argentina y Chile y comen calamares[1] y peces pequeños. Aunque actualmente son numerosos los pingüinos magallánicos, se consideran amenazados porque las aguas donde comen están expuestas[2] al peligro de derrames de petróleo y algunas veces los pingüinos quedan atrapados en las redes de los pescadores[3].

- **Pre-AP® Integration: Los temas del medio ambiente** ¿Qué peligros hay en las aguas donde viven los pingüinos y cuáles son algunas de sus posibles soluciones?

Mapa global interactivo Explora los hábitats de los pingüinos magallánicos en Chile y Argentina y compara los esfuerzos que se hacen para protegerlos con los programas de protección similares en los Estados Unidos.

[1]squid [2] exposed [3] fishermen's nets

28 Las selvas tropicales de Costa Rica

LEER, HABLAR EN PAREJA, ESCRIBIR

1 Lee la siguiente entrevista de Nelly Anderson, una estudiante de Costa Rica que se dedica a la preservación de la flora y la fauna de su país.

Entrevista con Nelly Anderson

¿Por qué te interesa la ecología?

Porque Costa Rica tiene muchas especies de plantas y animales salvajes.

¿Cuáles son los problemas que afectan las selvas tropicales y la naturaleza en el mundo?

Muchos países han explotado las selvas sin control. Se cortan los árboles para hacer cosas de madera[1] y tener tierras libres para que coman las vacas[2]. Ahora hay una escasez de recursos naturales.

¿Quién debe ejercer[3] este control?

El gobierno y todos los habitantes de países como Costa Rica. Además, los agricultores no deben cortar tantos árboles y deben respetar la naturaleza.

¿Qué hace el gobierno de Costa Rica ante este problema?

El gobierno ayuda al Instituto Costarricense de Turismo. Los turistas vienen a Costa Rica por su flora y fauna. Por lo tanto, el gobierno trata de fomentar más interés por la ecología.

¿Qué se puede hacer para que los niños y los adultos tomen conciencia del medio ambiente?

Pienso que la gente no tiene suficiente información. Por eso usan productos como aerosoles y pesticidas, que contaminan la atmósfera. Hay que educarlos.

[1] wood [2] cows [3] to exercise

2 Contesta las preguntas sobre la entrevista.

1. ¿Por qué se cortan muchos árboles?
2. ¿Qué hace el gobierno de Costa Rica para apoyar la causa de Nelly?
3. ¿Qué recomienda Nelly para que la gente tome conciencia del problema?

3 Trabaja con un(a) compañero(a) para crear un lema *(slogan)* o un anuncio que ayude a la gente a tomar conciencia de la importancia de no destruir las selvas tropicales.

29

Para el futuro

HABLAR EN GRUPO, ESCRIBIR

1 En grupos de tres o cuatro estudiantes escojan uno de estos temas. Hagan una lista de todas las palabras o expresiones relacionadas con ese tema.

- los derrames de petróleo
- se disminuyen los árboles en las selvas tropicales
- los animales que están en peligro de extinción
- el agujero en la capa de ozono
- el recalentamiento global
- la falta de preservación de la flora del planeta

2 Luego diseñen un cartel para que la gente de su comunidad tome conciencia del problema que han escogido. Indiquen qué cosas hace la gente diariamente que producen el problema y lo que se puede hacer para mejorar la situación. Usa oraciones conectadas con detalles y elaboración.

Cada vez que usas una botella de plástico en vez de un recipiente reutilizable, creas basura que no es necesaria.

30

Y tú, ¿qué dices?

LEER, ESCRIBIR, HABLAR

Contesta las preguntas:

1. ¿Puedes nombrar animales en el mundo que estén en peligro de extinción? Usa un diccionario para buscar los nombres en español. ¿Por qué es importante salvar a los animales que están en peligro de extinción?
2. ¿Cómo han cambiado la Tierra las personas? Escribe un párafo e incluye cuatro o cinco cosas que han hecho. Usa oraciones conectadas con detalles y elaboración.
3. ¿Qué te preocupa más? Pon en orden la lista de temas, de lo más a lo menos serio, en tu opinión. Después explica por qué te preocupa el tema que escogiste como el más serio.
   a. el recalentamiento global
   b. la amenaza de una guerra nuclear
   c. la destrucción de las selvas tropicales
   d. la caza excesiva
   e. la falta de recursos naturales
   f. la contaminación de las aguas
   g. el derretimiento de los glaciares
   h. las nuevas enfermedades
   i. la violencia en la sociedad
4. ¿De qué se preocupan tus compañeros(as)? Haz una encuesta en tu clase para conocer la opinión de los demás estudiantes. Comenta los resultados con el resto de la clase.

Gramática

OBJECTIVES

- Express intentions, purpose, and uncertainty
- Discuss intentions to deal with environmental issues

Más conjunciones que se usan con el subjuntivo y el indicativo

The following conjunctions are usually followed by the subjunctive to express the purpose or intention of an action:

a menos que *unless*
sin que *without*
con tal (de) que *provided (that)*
para que *so that*
aunque *although, even though*

Te doy este libro **para que** tengas más información sobre la capa de ozono.

If the subject of the sentence does not change, use the infinitive after *para* and *sin*.

No puedes saber el final **sin ver** la película.

With the conjunction *aunque*, use the subjunctive to express uncertainty. Use the indicative when there is no uncertainty. Compare the following:

Aunque llueve, vamos a la reserva natural.	*Although it is raining, we're going to the nature preserve.*
Aunque llueva, vamos a la reserva natural.	*Although it may rain, we're going to the nature preserve.*

Más recursos ONLINE

- **Tutorial:** Adverbial Conjunctions that Require Indicative or Subjunctive
- ***Canción de hip hop:*** *Animales en peligro de extinción*

31

En el zoológico

LEER, ESCRIBIR Completa las frases con el subjuntivo del verbo apropiado.

1. Nos han dado información para que (nosotros) (*producir / saber*) más.
2. El guardia del zoológico limpia el lugar de las focas sin que (*ellas*) (*molestarse / derretirse*).
3. Aunque (*explotar / haber*) contaminación el río parece limpio.
4. Se construyen reservas para que los animales salvajes no (*desaparecer / afectar*).

32

El rescate

ESCRIBIR, HABLAR Imagina que se produjo un derrame de petróleo. Pregunta a otros lo que se debe hacer para rescatar los animales. Completa las frases de una manera lógica.

1. Nosotros vamos a trabajar hasta tarde con tal de que Uds. . . .
2. No pueden tocarles la piel a las focas a menos que . . .
3. Leonardo y María, Uds. deben limpiar el área sin . . .
4. Escribe un informe sobre el rescate para que la gente . . .

33

¡Delicioso!

LEER, ESCRIBIR Una empresa que crea anuncios para revistas necesita tu ayuda. Completa los anuncios usando la conjunción apropiada de la página 428. Usa como modelo el anuncio sobre el turrón, un alimento dulce en forma de tableta típico de España.

1. El chocolate . . . cómelo _____ te sientas más dulce.
2. ¡No manejes este coche _____ todos lleven su cinturón de seguridad (*seat belts*)!
3. El único teléfono celular que funciona _____ estés bajo tierra.
4. El reloj que sigue funcionando durante un año _____ cambies la pila.
5. ¡Salgan de casa! Vengan de viaje con nosotros . . . ¡_____ tengan un niñero!

En voz alta

José Martí (1853–1895) fue una de las grandes figuras históricas y literarias de América. Además de escribir poesía, artículos periodísticos y muchísimos ensayos, Martí dedicó su vida a la lucha por la libertad de Cuba. Fue uno de los fundadores del modernismo, un estilo literario que se caracteriza por su interés en la belleza y el estilo. La poesía de Martí es directa y clara. *Versos sencillos,* del cual las siguientes estrofas representan una pequeña parte, refleja la visión que tenía del mundo. Escucha las estrofas y luego contesta las preguntas.

- Según el poema, ¿cómo es el poeta?
- ¿Cómo le da importancia el poeta a la naturaleza en el poema?

De *Versos sencillos,* 1891

José Martí

Yo soy un hombre sincero
de donde crece la palma,
y antes de morirme, quiero
echar mis versos del alma.[1]
Yo vengo de todas partes,
y hacia todas partes voy:
arte soy entre las artes,
en los montes,[2] monte soy.

[1]soul [2]forests

¿Recuerdas?

Generalmente se divide una palabra en sílabas después de una vocal o entre las consonantes. Cada línea de estas estrofas de *Versos sencillos* tiene ocho sílabas. Escribe el poema en una hoja de papel y divide las palabras en sílabas.

34 Cómo cuidar el planeta

HABLAR EN PAREJA Imagina que vas a una conferencia sobre cómo cuidar el planeta en que vivimos. En ella se habla sobre diferentes temas ambientales. Trabaja con un(a) compañero(a) para hacer preguntas y respuestas sobre los temas de la conferencia. Usen las expresiones apropiadas para la conversación, que es seria pero informal.

Videomodelo

el recalentamiento global / a menos que

A —*¿Qué va a suceder con el recalentamiento global?*

B —*A menos que los gobiernos no tomen conciencia del problema, el recalentamiento global aumentará cada año.*

Estudiante A

1. la caza excesiva
2. la destrucción de árboles en la selva tropical
3. la capa de ozono
4. las reservas naturales del planeta
5. la contaminación de los ríos
6. la extinción de algunos animales
7. los derrames de petróleo

Estudiante B

a menos que
para que
sin que
con tal (de) que
aunque
sin

35 Ecoturismo en Chile

LEER, HABLAR Imagina que vas a hacer ecoturismo a Chile con un(a) amigo(a). Como él (ella) todavía no ha llegado, le cuentas tus planes por teléfono. Completa las frases de una manera apropiada.

1. Visitaremos varias reservas naturales a menos que . . .
2. No saldré hasta que tú . . .
3. Iremos a una conferencia sobre la capa de ozono con tal que . . .
4. Sacaremos fotos de las especies del lugar para que . . .
5. Nos quedaremos en un pueblo cerca del océano aunque . . .
6. No haré nada sin que tú . . .
7. Planearemos nuestras excursiones en cuanto . . .

WRITING SPEAK/RECORD VIDEO

36

La vaquita en peligro

LEER, ESCRIBIR

1. Lee el artículo en línea acerca del reporte del Comité Internacional para la Recuperación de la Vaquita (CIRVA).

2. Ahora, contesta las preguntas.
   1. En el artículo se habla de imponer regulaciones. ¿Qué quiere decir la palabra *regulaciones*?
   2. ¿Qué recomendaciones hace el Comité?
   3. ¿Qué se lograría con las recomendaciones?
   4. ¿Has ido alguna vez a un lugar donde se pueda observar delfines o marsopas como la vaquita? Descríbelo.

La vaquita está en peligro

La vaquita, una marsopa *(porpoise),* está en peligro de extinción. Vive únicamente en una zona del Golfo de California en México y es uno de los mamíferos más amenazados del mundo. La estimación es que la vaquita se extinguirá posiblemente en el año 2018. Pero eso puede ocurrir antes si no se elimina inmediatamente su captura con redes de pesca. México es el líder en los esfuerzos para salvar la vaquita y formó el Comité Internacional para la Recuperación de la Vaquita (CIRVA). Este comité recomienda que el gobierno de México imponga regulaciones de emergencia. La pesca ilegal se ha incrementado y la vigilancia en el mar no es suficiente. Es necesario eliminar el uso, posesión o transporte de redes de pesca en la zona de la vaquita. Además el Comité quiere que el gobierno introduzca otros métodos de pesca.

3. Trabaja con un(a) compañero(a). Uno escribe un correo electrónico al editor del periódico con su opinión del artículo sobre la vaquita. El otro estudiante (el editor) responde con su opinión o posibles consecuencias. Usen el subjuntivo cuando sea posible.

El español en el mundo del trabajo

Rescatista internacional en Sudamérica

En los países de habla hispana existen brigadas de rescate que ayudan a las víctimas de tragedias como, por ejemplo, la de los 33 mineros que quedaron atrapados en una mina el 5 de agosto de 2010 en Copiapó, Chile. Para desempeñar *(perform)* este trabajo se necesita entrenamiento, equipo y conocimiento del idioma para comunicarse y coordinarse con los demás rescatistas *(rescuers)*. No importa cuál sea la especialidad del rescatista: primeros auxilios, excavación, demolición o control de incendios, hablar español le permite al rescatista trabajar en equipo con las otras organizaciones nacionales. Hoy en día, existen numerosos grupos, tanto oficiales como no oficiales, que desempeñan esta labor tan importante.

- ¿Conoces a algún grupo de rescatistas?
- ¿Te gustaría trabajar como rescatista?

Puente a la cultura

OBJECTIVES

- Read about the history of the Galapagos Islands
- Learn about the endangered species of the Galapagos
- Use topic sentences to increase comprehension

Galápagos: El encuentro con la naturaleza

Las islas Galápagos son un archipiélago de más de cincuenta islas que se encuentran en el Océano Pacífico a 800 kilómetros de la costa del Ecuador. Estas islas, que forman una provincia del Ecuador, son de origen volcánico y se ubican[1] directamente en la línea ecuatorial. Las islas son famosas por sus tortugas gigantes, que pueden vivir más de 100 años.

A finales del siglo XVI los piratas ingleses se establecieron en el archipiélago para atacar los barcos españoles que traían riquezas del Perú. Los piratas descubrieron que la carne de las tortugas gigantes era una excelente fuente de alimentos. Además, las tortugas podían vivir en los barcos, sin comida ni agua, por muchos meses.

A finales del siglo XVIII llegaron los balleneros. Pronto comenzaron a cazar las tortugas con la misma velocidad con que cazaban las ballenas. Se cree que mataron alrededor de 200,000 tortugas.

En 1835, un joven inglés de 22 años llamado Charles Darwin llegó a las islas en el barco *HMS Beagle* y pasó cinco semanas estudiando su fauna. Las ideas centrales de su libro fundamental, *El origen de las especies*, nacieron a partir de su viaje en el *Beagle.* La teoría propone[2] que las tortugas son las especies más fuertes que sobreviven[3] a través del tiempo.

[1]they are located [2]proposes [3]survive

Estrategia

Using topic sentences to orient you In this text, you will read about the history of a particular place. As you read, notice how the topic sentence of each paragraph helps orient you. Each topic sentence contains a date, and the paragraph then discusses a particular period in history. As you read, think about what other information the topic sentence provides to set the scene for the rest of the paragraph.

Online Cultural Reading

Go to Auténtico ONLINE to read and understand a website about an environmental organization.

Estrategia Use prior knowledge: As you read the website, ask yourself whether what you find is similar to what you already know.

¡Inténtalo! Explore the website. What organizations in your culture are similar to or different from the one in the website? Do they have similar goals, publications, and events?

Go **Online** to practice PEARSON realize. PearsonSchool.com/Autentico

WRITING

VIDEO

MAPA GLOBAL

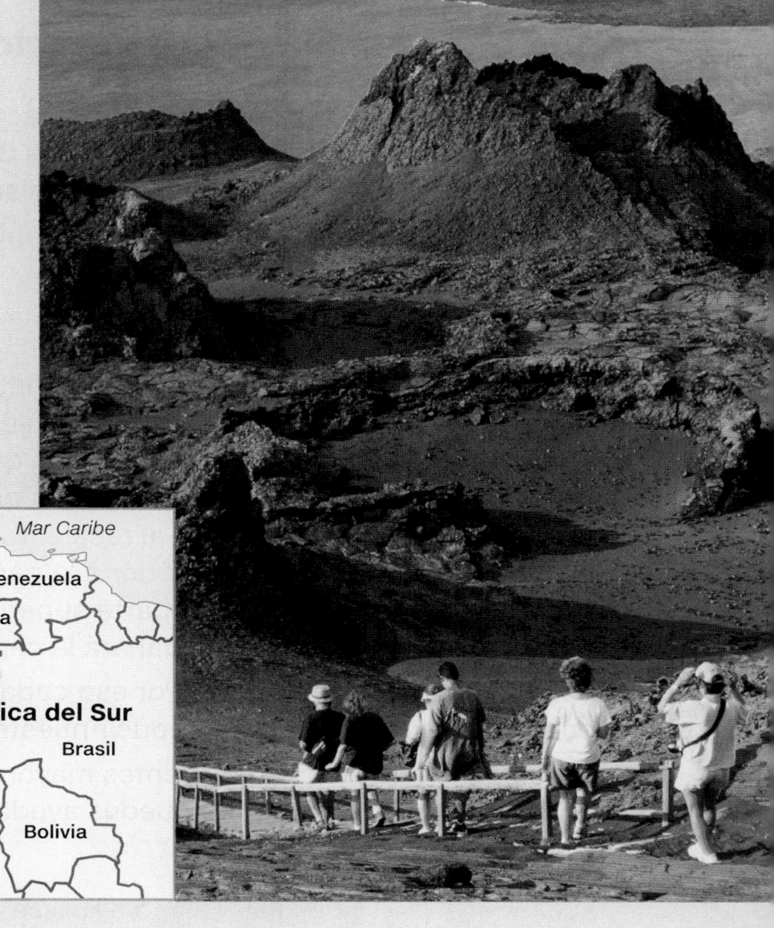

En 1935 el gobierno ecuatoriano decidió establecer una reserva natural de flora y fauna en las islas. En esa época, 3 de las 14 especies de tortugas habían desaparecido junto con algunos mamíferos y aves del lugar. En 1959 se creó la Fundación Charles Darwin para las islas Galápagos. Su trabajo de investigación y protección de los animales logró salvar varias especies que estaban por desaparecer.

El turismo organizado comenzó en 1970, pero se han implementado estrictas reglas para el cuidado de la fauna del lugar. Hoy en día las islas enfrentan muchos problemas, como el exceso de población y la falta de recursos del gobierno ecuatoriano para proteger su flora y fauna. Pero muchos colaboran para preservar este lugar único . . . y sus tortugas gigantes.

¿Comprendiste?

1. Usando las frases que empiezan cada párrafo, dibuja una línea de tiempo identificando los períodos de tiempo en la historia de las islas Galápagos de los que habla el artículo. Usa la línea de tiempo para parafrasear el tema, la idea principal y los detalles.
2. ¿A qué país pertenecen las islas Galápagos? ¿Dónde se encuentran?
3. ¿Por qué se establecieron en Galápagos los piratas ingleses?
4. ¿Qué logró la Fundación Charles Darwin para las islas Galápagos?
5. ¿Qué problemas enfrentan hoy en día las islas?

Videodocumentario Exploremos la naturaleza fascinante.

Mapa global interactivo Explora las islas Galápagos en Ecuador y analiza el papel que las islas jugaron en las investigaciones científicas.

Pre-AP® Integración

OBJECTIVES

- Listen to and read about a vacation that teaches you about global warming
- Write about the environment and how to take care of it

¿Qué me cuentas?: Unas vacaciones inolvidables

1 Escucha estas descripciones de las vacaciones de Catalina. Después de cada párrafo vas a oír dos declaraciones. Escucha cada declaración y escribe *C* (Cierta) o *F* (Falsa).

2 Ahora lee el artículo que Catalina escribió para su periódico escolar.

Recalentamiento global

Además del uso de productos aerosoles, hay otros factores que amenazan la capa de ozono: el recalentamiento global y el efecto invernadero causado por los gases que se quedan en la atmósfera, sobre todo el CO_2. Este gas se queda en la parte inferior de la atmósfera y atrapa el calor, que contribuye al recalentamiento global. Y cuando menos calor pasa de la parte inferior a la parte superior de la atmósfera, donde está la capa de ozono, la parte superior más se enfría. Resulta que mientras más se enfríe, más se dañará la capa de ozono.

El uso de energía produce CO_2. Por eso cada uno de nostros debe reducir la energía que usamos. O sea, reducir nuestra "huella de carbono."[1]

A continuación se indican las fuentes mayores de uso de energía en el país y en las viviendas. ¿Cómo puedes ayudar y usar menos energía?

[1]carbon footprint

Fuentes de emisiones que más contribuyen al recalentamiento global en EE.UU.

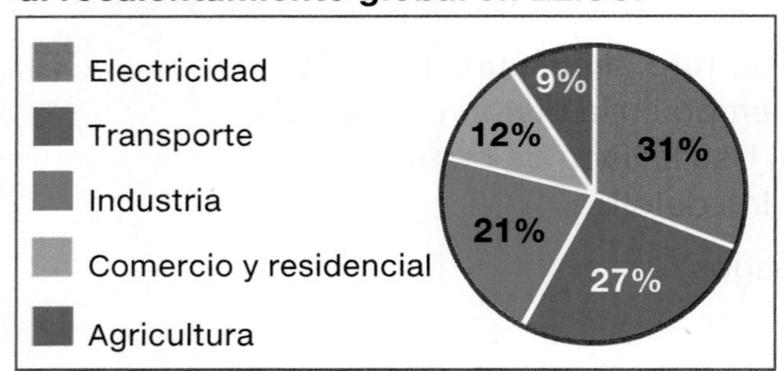

Uso de energía de una casa típica

[1]water heater [2]cooling

3 Escribe un artículo sobre la experiencia que motivó a Catalina a estudiar sobre el medio ambiente y las recomendaciones que ella hace. ¿Qué pueden hacer tú y tus compañeros y por qué? Usa las expresiones para conectar tus ideas.

antes de que	tan pronto como	hasta que	sin que	para que

Presentación oral

OBJECTIVES

- Demonstrate how to organize a campaign to keep your community clean
- Use details to improve your presentation

Go **Online** to practice
PEARSON **realize**

PearsonSchool.com/Autentico

AUDIO

WRITING

SPEAK/RECORD

Campaña para limpiar la comunidad

TAREA Vas a organizar una campaña para limpiar tu comunidad. Tienes que convencer a tus compañeros de que es necesario mantener limpia la ciudad para evitar la contaminación. Haz un discurso persuasivo para presentar tus ideas.

Estrategia

Finding good details When giving a speech, you need to include appropriate details in order to make sense when talking about your topic. Interesting details add color and life to what you talk about and give it more substance. A good way to choose the right details to include is to ask these questions: *Who? What? Where? Why? When? How?*

1 Prepárate Completa una red de palabras como la siguiente.

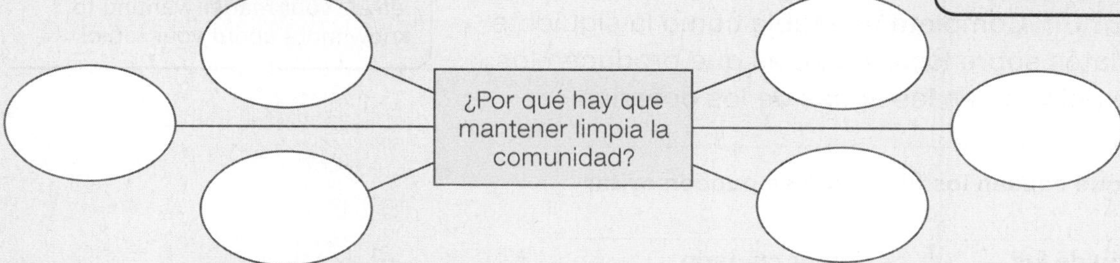

2 Practica Vuelve a leer la red de palabras. Practica tu presentación para recordar los detalles. Puedes usar tus notas para practicar. Recuerda:

- explicar cada razón usando oraciones conectadas con detalles y elaboración
- presentar un plan a tus compañeros de lo que deben hacer
- mirar al público y hablar con voz clara y persuasiva

Modelo

Existen muchas razones para que mantengamos limpia nuestra comunidad. Es importante que sepamos que la contaminación se puede evitar. Cada uno de nosotros puede contribuir con la tarea.

3 Haz tu presentación Imagina que tus compañeros de clase van a ayudar a limpiar la comunidad. Explícales por qué es importante.

4 Evaluación Se utilizará la siguiente rúbrica para evaluar tu presentación.

Rubric	Score 1	Score 3	Score 5
How well you organize information	The information you present is not well organized.	Your information is somewhat organized but hard to follow.	Your information is well organized and easy to follow.
How well you use details	You do not include details that make your speech interesting.	Your details are too few; some do not belong with your main idea.	Your details are interesting and support your main idea.
How well you deliver your speech	You read your speech and make no eye contact.	You make some eye contact, and use some intonation.	Your eye contact is good. Your intonation helps you persuade.

Presentación escrita

OBJECTIVES

- Write a petition to an oil company
- Give reasons and details to explain why the petition is being made
- Use the conclusion to draw your main ideas together

Cuidemos nuestros océanos

Trabajas como voluntario(a) en una asociación para la preservación de los océanos. Tienes que escribir un correo electrónico a una empresa petrolera para que tome conciencia de los problemas que producen los derrames de petróleo y qué cosas se pueden hacer para evitarlos. Puedes concentrarte en los problemas que producen en su flora y fauna y las consecuencias para las personas.

Estrategia

Good conclusions It's always a good idea to end what you write with a good conclusion that draws your main ideas together. For example, your conclusion can review ideas you introduced earlier and give a few sentences that tie them together. Your conclusion can also summarize your main idea in other words, or it can close with an interesting comment that leaves your reader wanting to know more about your topic.

1 **Antes de escribir** Completa una tabla como la siguiente para reunir datos sobre los problemas que producen los derrames de petróleo en las aguas de los océanos.

Problemas que causan los derrames	Cómo se pueden evitar
• destrucción de las plantas • contaminación del alimento de los peces •	• tener cuidado • tomar conciencia de los peligros • •

2 **Borrador** Escribe tu borrador. Expresa tu opinión y defiéndela con una explicación de cómo afectan los derrames de petróleo a los océanos. Incluye tus recomendaciones de qué se puede hacer para evitarlos. Añade todos los detalles necesarios. Recuerda que debes usar el vocabulario y la gramática de este capítulo.

Modelo

A: Sr. López
De: Maricela Pérez
Fecha: 2 de abril
Sujeto: La preservación de las aguas
Mi nombre es Enrique Lomas y trabajo como voluntario en una asociación para la preservación de los océanos. Le escribo esta carta para que ustedes tomen conciencia de lo importante que es la preservación de las aguas de nuestro planeta y de su flora y fauna.
Es importante que se eviten los derrames de petróleo en los océanos antes de que sea demasiado tarde. Los derrames de petróleo destruyen y contaminan los animales y las plantas que viven en los océanos. Esto afecta también a las personas . . .
Mi intención con este correo electrónico es comunicarles que mientras la vida en los océanos no sea respetada no vamos a poder...

Topic sentence: set the purpose of the e-mail.

Details: add information about the topic.

Conclusion: ties everything together.

3 **Redacción/Revisión** Después de escribir el primer borrador, trabaja con otro(a) compañero(a) para intercambiar los trabajos y leerlos. Decidan qué aspectos son más efectivos. Luego, hagan sugerencias para mejorar sus composiciones. Fíjense si:

- ¿Se usó correctamente el subjuntivo o el indicativo después de las conjunciones?
- ¿Están conectadas las oraciones con detalles y elaboración?
- ¿Hay concordancia *(agreement)* entre los sujetos y los verbos?
- ¿Existen errores de ortografía?

En caso de algún error, corríjanlo.

Le escribo esta carta para que ustedes
tomen
~~toman~~ conciencia de lo importante
es preservación
que ~~son~~ la ~~preservasión~~ de las aguas de
nuestro planeta y de su flora y fauna.

4 **Publicación** Antes de hacer la versión final, lee de nuevo tu borrador y repasa los siguientes puntos:

- ¿Muestra el correo electrónico mi punto de vista respecto al tema?
- ¿Incluí detalles y recomendaciones con mi opinión?
- ¿Refleja la importancia de comprender el problema?
- ¿Presenta una conclusión interesante?

Después de revisar el borrador, escribe una copia en limpio.

5 **Evaluación** Se utilizará la siguiente rúbrica para evaluar tu presentación.

Rubric	Score 1	Score 3	Score 5
Completion of task	Important parts of your e-mail are missing.	Parts of your e-mail are missing or disorganized.	You include and organize all the parts needed for a persuasive e-mail.
Effective conclusion	Your e-mail lacks an effective conclusion.	Your e-mail has a conclusion, but it is not effective.	You include an effective conclusion that helps persuade your readers.
Grammar, spelling, mechanics	You make many errors in grammar, spelling, and punctuation.	You make some errors in grammar, spelling, and punctuation.	You make very few errors in grammar, spelling, and punctuation.

Lectura

OBJECTIVES

- Read about the Monarch butterfly
- Use context clues to figure out the meaning of a word
- Discuss festivals dedicated to the fauna and flora

Estrategia

Context clues It is impossible to know the meaning of every word you read, but by developing your guessing ability, you will be able to understand enough to guess at the total meaning of a sentence, paragraph, or essay. Sometimes you can infer the meaning of unfamiliar words or phrases from other words, punctuation, or sentences in the paragraph. These clues are often called context clues.

Al leer

Vas a leer un artículo sobre la mariposa monarca. Como ocurre casi siempre en los textos de no ficción, encontrarás palabras relacionadas con el tema de las mariposas que quizás no conozcas. Recuerda que debes tratar de determinar su significado a partir del contexto antes de consultar el diccionario o pedir ayuda a otra persona. Antes de leer, copia la tabla que aparece al final de la lectura. Mientras lees, complétala para que puedas contestar las preguntas sobre la lectura. Presta atención a los siguientes puntos:

- la migración de la mariposa monarca
- características que diferencian a esta mariposa de las demás
- los problemas que amenazan a la mariposa monarca

La mariposa monarca

Tres cuartas partes de los animales que viven en la tierra son insectos. De todos los insectos, quizás el más hermoso sea la mariposa monarca. Este insecto, además de ser increíblemente bello, es un importante agente polinizador[1] y un factor de equilibrio ecológico.

Las mariposas, en general, viven alrededor de 24 días; sin embargo, la mariposa monarca puede llegar a vivir 8 meses, es decir, 12 veces más que las otras especies de mariposas. Además, es muy resistente a las condiciones del clima.

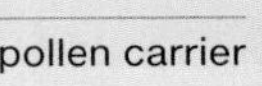

[1]pollen carrier

PearsonSchool.com/Autentico

MAPA GLOBAL

Llegada a México

Cada año, millones de mariposas monarca vuelan desde Canadá, lugar de donde provienen[2], hasta México. Llegan a fines de octubre a la zona entre Michoacán y el Estado de México y a mediados[3] de abril comienzan el viaje de regreso al norte. Es un viaje de más de 4,000 kilómetros.

En el camino, las mariposas se alimentan de asclepias[4], unas plantas que contienen una sustancia que es venenosa para otras especies. Esta sustancia le da a la mariposa un sabor y un olor desagradables, y esto le sirve de protección contra otros animales. La mariposa monarca también ayuda a la asclepia, pues es su agente de polinización.

Las condiciones de las montañas michoacanas son ideales para las mariposas: hay mucho oxígeno, están protegidas del viento y la temperatura es casi siempre agradable. Por otra parte, gracias a que los millones de mariposas que llegan a esta zona son agentes de polinización, hay una gran variedad de plantas en esta región.

[2]come from [3]in the middle of [4]milkweed

Hibernación

Durante mucho tiempo se pensó que la mariposa monarca pasaba el invierno en zonas tropicales; pero nadie sabía adónde iban. Fue un misterio hasta 1975, en que después de décadas de investigación se encontró su lugar de hibernación. Para sorpresa de muchos, estaba en una zona donde las temperaturas normales están cerca de cero grados centígrados, en una región boscosa[5] entre valles y montañas. Esta región tiene una altitud promedio[6] de 3,300 metros sobre el nivel del mar, y se encuentra en la majestuosa Sierra Madre de México, entre Michoacán y el Estado de México.

Como la mariposa es un insecto de sangre fría, puede ajustar[7] la temperatura de su cuerpo al medio ambiente, lo que le permite conservar una gran cantidad de energía y grasa para su largo viaje de regreso.

Migración

Las mariposas monarca deben migrar en invierno porque el clima de Canadá es extremadamente frío durante esa estación. Para asegurar su sobrevivencia[8], las mariposas comienzan a desplazarse[9] al sur a medida que se acerca el invierno. Al llegar a las zonas de hibernación entre los estados de México y Michoacán, las mariposas buscan los lugares con la mejor temperatura para hibernar.

El número de mariposas que llega a los diferentes refugios del Estado de México y Michoacán está entre los 100 y los 140 millones, de acuerdo con las condiciones de su hábitat de verano en Canadá y los Estados Unidos.

[5]wooded [6]average [7]to adjust [8]survival [9]travel

Mapa global interactivo Explora las áreas de hibernación de las mariposas monarca. Investiga la ubicación de uno de sus santuarios que está entre los estados de Michoacán y México.

Sobrevivir[10] el invierno es una tarea difícil para las monarcas. También es importante el papel que juegan los depredadores[11], aves y pequeños mamíferos, ya que de las mariposas muertas el 50% muestra mutilaciones y señales de ataque. La mortalidad natural en invierno se acerca al 35% aunque cambia de acuerdo a las condiciones del clima.

Refugios

Los refugios son lugares donde se reúnen las monarcas para pasar el invierno y reproducirse; se trata de bosques localizados en las laderas de las montañas y que están resguardados[12] del aire polar y de los cambios del clima. Los refugios se localizan entre los 2,700 y 3,200 metros de altitud sobre el nivel del mar, dependiendo de las condiciones del clima de cada año.

Peligros

En los últimos años, el mayor problema de las monarcas es la desaparición[13] de su hábitat. El uso de pesticidas en las cosechas[14] agrícolas y la tala[15] de árboles hacen que desaparezca la planta asclepias, donde estas mariposas ponen huevos.

[10]to survive [11]predators [12]protected
[13]disappearance [14]crops [15]tree felling

Otro problema para las mariposas es el clima en Norteamérica. Las variaciones extremas del clima, como la sequía[16] o las tormentas, han afectado la migración. De acuerdo con el *Center for Biological Diversity*, la población de las mariposas monarca ha disminuido en un 90 por ciento. Pero en 2015 hubo buenas noticias: los científicos registraron por primera vez, en los últimos 4 años, un aumento en el número de mariposas monarca migrando de Estados Unidos a México. Sin embargo, ese número es el penúltimo más bajo desde que empezó el registro en 1994. Se considera incluir la mariposa monarca en la lista de especies en peligro de extinción. En febrero de 2015, el presidente Obama de Estados Unidos, el presidente Peña Nieto de México y el primer Ministro Harper de Canadá acordaron coordinar los esfuerzos para preservar el hábitat de la mariposa monarca en toda Norteamérica.

Las mariposas monarca son insectos bellos, útiles y resistentes. Debemos hacer todo lo posible para proteger los increíbles habitantes que comparten este planeta con nosotros.

[16]drought

Go **Online** to practice
PEARSON realize
PearsonSchool.com/Autentico

WRITING

Interacción con la lectura

1 Trabaja con un grupo de estudiantes para comentar lo que escribieron en sus tablas.

- ¿En qué se diferencia la mariposa monarca de las demás mariposas?
- ¿Conoces otros animales que migran para pasar el invierno en otras zonas? ¿En qué se diferencian esos animales de las mariposas monarca?
- ¿Por qué podemos decir que las mariposas monarca no son solamente hermosas sino también muy útiles?
- ¿Cuáles son los principales problemas que enfrentan las mariposas monarca? ¿Qué podemos hacer para protegerlas?

Mariposa monarca	
¿Dónde vive?	
¿Cuánto tiempo vive?	
¿De qué se alimenta?	
Otras características importantes	
¿Qué peligros la amenazan?	

2 Trabaja con tu grupo para buscar palabras de la lectura que no conocían. Hablen sobre cómo infirieron el significado de esas palabras para entender la lectura.

3 Y tú, ¿qué piensas? ¿Crees que las mariposas monarca son animales extraordinarios o no? ¿Qué otro animal conoces que te parece extraordinario? Habla de ese animal a tu grupo.

CULTURA México

Festival Cultural de la Mariposa Monarca Desde hace más de 20 años, en los pueblos de Michoacán cercanos a los lugares donde hibernan las mariposas monarca, se celebra el Festival Cultural de la Mariposa Monarca. El Festival tiene como objetivo promover las artes de esos pueblos y el ecoturismo en la región oriental del estado de Michoacán.

La fiesta incluye música, danza, pintura y artesanías. La sede central del festival es Angangueo, ciudad que se hizo famosa desde que en 1976 se descubrió cerca de allí el primer santuario de las mariposas monarca. Durante los 16 días del festival, los artesanos trabajan en las plazas de los pueblos y venden sus obras a los visitantes.

- Compara el festival de la mariposa en México con algún otro festival que conozcas. ¿Qué música, danzas u otras actividades incluye el festival?

Auténtico

Partnered with 

¿Cuánta basura generas?

Antes de oír

Usa la estrategia: Conocimiento previo

Mira la foto. ¿Cómo se relaciona con el tema de este capítulo? Al oír el audio, pon atención a los términos que te parezcan familiares. Usa tus conocimientos previos para inferir el significado de palabras desconocidas y así entender mejor lo que dice el experto.

Lee el vocabulario clave

desafíos = challenges
saneamiento de residuos = handling waste
generar = to generate
domiciliarios = *adj.* household
a nivel de hogar = at the household level
asciende = reaches
rellenos sanitarios = landfills
vida útil = lifespan

 Oye el audio

Todos sabemos que el exceso de basura es un gran problema ambiental. Pero, ¿te has puesto a pensar cómo puedes ayudar a combatir ese problema? Piensa en qué hace tu propia comunidad para combatirlo.

Ve a **PearsonSchool.com/Autentico** para oír el audio ***¿Sabes cuánta basura generas en un día?*** y saber qué cantidad de desperdicios produce una persona en promedio *(average)* en América Latina. ¿Se compara esto con otro país? ¿Cuál?

Haz las actividades

Mientras oyes En este audio escucharás muchas cifras *(numbers)* sobre la cantidad de basura que se produce en América Latina. Copia esta tabla y úsala para anotar las cifras sobre la cantidad de basura que se produce en esta región del mundo. Escucha el audio cuantas veces necesites para completar la tabla. Recuerda que en español no se dice "cinco punto tres" (5.3) sino "cinco coma tres" (5,3) para decir 5.3.

1. Cantidad de basura que genera una persona en un día	
2. Cantidad de basura que genera una persona en 75 años	
3. Cantidad de basura que genera una familia de 4 en 75 años	

Integración

Después de oír Vuelve a oír el audio y después contesta estas preguntas:

1. ¿Cuál crees que es el objetivo de este audio?
2. ¿Qué es la basura municipal? Explica cómo usaste tu conocimiento previo para inferir el significado de la frase.
3. ¿Cuáles son las tres formas de contribuir a que no se produzca tanta basura? Parafrasea en qué consiste cada una.
4. ¿Por qué es importante evitar que llegue tanta basura a los rellenos sanitarios? ¿Qué beneficios trae esto?

For more activities, go to the Authentic Resources Workbook.

Medio ambiente y conciencia social

Expansión Busca estos recursos en *Auténtico* en línea y contesta las preguntas.

9 Auténtico

Integración de ideas ¿Qué impacto puede tener la conciencia social *(social awareness)* en la protección del medio ambiente?

Comparación cultural Según el audio, en Estados Unidos se produce casi un kilogramo más de basura municipal al día que en América Latina. ¿A qué crees que se debe esto? Justifica tu respuesta con ejemplos concretos.

Repaso del capítulo

OBJECTIVE

▶ Review the vocabulary and grammar

Vocabulario

sobre la contaminación

el aerosol	aerosol
la contaminación	pollution
contaminado, -a	polluted
el derrame de petróleo	oil spill
el desperdicio	waste
la fábrica	factory
el pesticida	pesticide
el petróleo	oil
la pila	battery
químico, -a	chemical
el recipiente	container
el veneno	poison

sobre los recursos naturales

económico, -a	economical
la protección	protection
el recurso natural	natural resource
suficiente	enough

verbos

afectar	to affect
agotar(se)	to exhaust, to run out
amenazar	to threaten
atrapar	to catch, to trap
castigar	to punish
colocar	to put, place
conservar	to preserve
crecer	to grow
dañar	to damage
depender de	to depend on
derretir	to melt
deshacerse de	to get rid of
desperdiciar	to waste
detener	to stop
disminuir	to decrease, to diminish
echar	to throw (away)
explotar	to exploit, to overwork
fomentar	to encourage
limitar	to limit
producir	to produce
promover (ue)	to promote

sobre los animales

la caza	hunting
(en) peligro de extinción	(in) danger of extinction, endangered
la piel	skin
la pluma	feather
salvaje	wild

otras palabras y expresiones

el agujero	hole
la amenaza	threat
a menos que	unless
con tal que	provided that, as long as
debido a	due to
la electricidad	electricity
en cuanto	as soon as
la escasez	shortage
estar a cargo de	to be in charge of
excesivo, -a	excessive
la falta	lack
el gobierno	government
grave	serious
la limpieza	cleaning
tan pronto como	as soon as
tomar conciencia de	to become aware of
tomar medidas	to take steps (to)

sobre el medio ambiente

la atmósfera	atmosphere
la capa de ozono	ozone layer
el clima	weather
el efecto invernadero	greenhouse effect
el hielo	ice
la preservación	conservation
el recalentamiento global	global warming
el rescate	rescue
la reserva natural	nature preserve
la selva tropical	tropical forest
la tierra	land

animales

el ave	bird
el águila calva, *pl.* **las águilas calvas**	bald eagle
la ballena	whale
la especie	species
la foca	seal

Gramática

Conjunciones que se usan con el subjuntivo y el indicativo

Certain conjunctions related to time are followed by either the indicative or the subjunctive.

en cuanto	**tan pronto como**	**cuando**
mientras	**hasta que**	**después (de) que**

You use the subjunctive after these conjunctions when the action that follows has not yet taken place. You use the indicative with these conjunctions when the action that follows has already taken place or if it occurs regularly.

Van a producir petróleo **hasta que** se agote.
En cuanto salgo del cuarto, siempre apago las luces.

- The conjunction *antes de que* is always followed by the subjunctive.

Pon el helado en el refrigerador **antes de que** se derrita.

- If the subject of a sentence does not change, use the infinitive after *antes de*, *después de*, *hasta*.

Después de salir del trabajo, voy a visitar a mi amigo Juan.

Más conjunciones que se usan con el subjuntivo y el indicativo

The following conjunctions are usually followed by the subjunctive to express the purpose or intention of an action:

a menos que | **para que** | **sin que** | **con tal (de) que** | **aunque**

No haré la limpieza de la casa **a menos que** me ayudes.

- If the subject of the sentence does not change, use the infinitive after *para* and *sin*.

Debemos dejar de usar aerosoles **para** detener la destrucción de la capa de ozono.

- With the conjunction *aunque*, use the subjunctive to express uncertainty. Use the indicative when there is no uncertainty.

Aunque produzcan más petróleo no podrán depender de este recurso por mucho tiempo.
No quiero ver ese programa sobre las ballenas **aunque** todos dicen que es muy bueno.

Los pronombres relativos *que*, *quien* y *lo que*

You use relative pronouns to combine two sentences or to give clarifying information. The most common relative pronoun in Spanish is *que*. It can mean "that," "which," "who," or "whom," and it may refer either to persons or to things.

El artículo **que** salió en el periódico habla sobre la contaminación.

After a preposition, use *que* to refer to things and *quien(es)* to refer to people.

El problema **del que** te hablé es muy grave. La persona **de quien** te hablé se llama Adriana.

Use the relative phrase *lo que* to refer to a situation, concept, action, or object not yet identified.

Te cuento **lo que** me explicó el científico.

Repaso del capítulo

OBJECTIVE

▶ Demonstrate that you can perform the tasks on these pages

Preparación para el examen

1 Vocabulario Escribe la letra de la palabra o expresión que mejor complete cada frase. Escribe tus respuestas en una hoja aparte.

1. Muchos animales salvajes están en peligro de _____ a causa de la caza.
   a. preservación c. población
   b. extinción d. amenaza
2. El uso excesivo de _____ puede destruir la capa de ozono.
   a. venenos c. aerosoles
   b. derrames d. recipientes
3. Es muy peligroso cuando las fábricas arrojan _____ al río.
   a. peces c. recursos
   b. desperdicios d. medidas
4. ¿Qué haremos cuando se acaben los recursos naturales como _____?
   a. el petróleo c. el terreno
   b. la energía d. el clima
5. El número de ballenas ha disminuido a causa de _____ de petróleo.
   a. la contaminación c. la piel
   b. los derrames d. la electricidad
6. Hay que buscar nuevas maneras de _____ de la basura.
   a. depender c. promover
   b. castigar d. deshacerse
7. El _____ es un fenómeno que ocurre cuando las temperaturas suben.
   a. efecto invernadero c. producto químico
   b. derrame de petróleo d. medio ambiente
8. Muchos se dedican a la caza de las focas para usar sus _____.
   a. alimentos c. plumas
   b. pieles d. dientes

2 Gramática Escribe la letra de la palabra o expresión que mejor complete cada frase. Escribe tus respuestas en una hoja aparte.

1. No van a parar de tirar desperdicios hasta que los _____.
   a. castiguen c. castigaran
   b. castigaron d. castigan
2. Mientras la gente no _____ conciencia de los problemas de la contaminación, no podrán disminuirla.
   a. tome c. haya tomado
   b. tomará d. toma
3. Después de _____ los ríos, tendremos que tomar medidas para reducir el número de fábricas.
   a. limpiemos c. limpiaremos
   b. limpiamos d. limpiar
4. Mientras no _____ leyes más justas no voy a contribuir a su campaña.
   a. promuevan c. promoviendo
   b. promueven d. promovieron
5. Allí está el refugio de vida silvestre _____ visitamos el año pasado.
   a. quien c. lo que
   b. del que d. que
6. _____ más le molesta a la gente es el recalentamiento global.
   a. Lo que c. Que
   b. El que d. En que
7. La señora _____ te hablé trabaja en una reserva natural.
   a. a quien c. de quien
   b. del que d. que
8. Siempre _____ las luces en cuanto salimos de casa.
   a. apaguemos c. apagaron
   b. apagamos d. apaguen

Más recursos PearsonSchool.com/Autentico

 Games  Flashcards  Instant check

 Tutorials

En el examen vas a . . .	Éstas son las tareas de práctica que te pueden ser útiles para el examen . . .	Para repasar, ve a tu libro de texto impreso o digital . . .
Interpretive		
 **3 ESCUCHAR** Yo puedo escuchar y comprender unas descripciones sobre la contaminación.	Escucha a una persona que llama al locutor de un programa popular en la radio. Quiere expresar sus opiniones sobre los problemas y las soluciones del medio ambiente. Identifica a) el problema que menciona, y b) la solución que sugiere.	**pp. 406–409** *Vocabulario en contexto 1* **p. 412** Actividades 8–9
Interpersonal		
4 HABLAR Yo puedo hacer unas sugerencias sobre cómo proteger el medio ambiente.	Trabajas para un centro comunitario y te piden que hables con un grupo de jóvenes sobre qué se debe hacer para proteger el medio ambiente. Incluye razones. Diles qué deben hacer en a) casa, b) la escuela y c) la comunidad. Usa expresiones y palabras apropiadas para la conversación, que es seria pero informal.	**p. 410** Actividad 5 **p. 412** Actividades 8–9 **p. 416** Actividad 13 **p. 435** *Presentación oral*
Interpretive		
5 LEER Yo puedo leer y comprender declaraciones sobre los problemas del medio ambiente.	Lee este artículo di a) ¿dónde tuvo lugar el derrame?, b) ¿por qué ha sido un desastre para el turismo?, c) ¿qué medidas deberían tomarse para prevenir estos accidentes? **El derrame de petróleo cerca de la costa de Galicia, en España, ha causado grandes problemas. El gobierno ha gastado millones de euros en la limpieza de las playas y el rescate de la fauna marina. Miles de peces y otras especies marinas han desaparecido. A menos que no haya leyes más estrictas para prevenir desastres de este tipo, la vida marina y el turismo seguirán amenazados.**	**pp. 420–423** *Vocabulario en contexto 2* **p. 426** Actividad 28 **p. 431** Actividad 36
Presentational		
6 ESCRIBIR Escribe un correo electrónico sobre los problemas del medio ambiente.	Escribe un correo electrónico a los jóvenes de tu zona para que tomen conciencia de lo que pueden hacer para proteger la comunidad. Describe por lo menos dos problemas y explica las consecuencias si no se toman las medidas necesarias. Al final, diles qué pueden hacer ellos para ayudar.	**p. 410** Actividad 5 **p. 412** Actividad 9 **p. 416** Actividad 14 **p. 427** Actividad 29 **pp. 436–437** *Presentación escrita*
Comparisons		
7 COMPARAR Yo puedo comparar los problemas ecológicos de los Estados Unidos y los de otros países del mundo.	Piensa en uno de los problemas y su solución mencionados en el capítulo. Descríbelo y piensa si en los Estados Unidos existe o no ese problema y cómo lo resolverías tú.	**p. 425** Cultura **p. 441** Cultura

A ver si recuerdas

OBJECTIVES

- Talk and write about permitted and prohibited activities
- Write a story in the past

Vocabulario

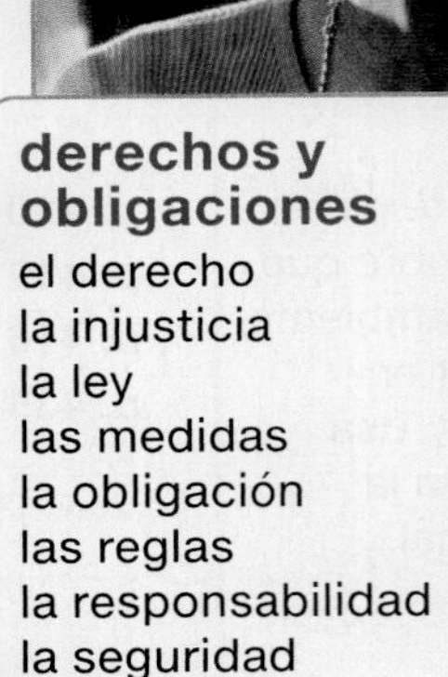

la sociedad
la comunidad
la costumbre
los/las demás
la escuela
la familia
el hermano, la hermana
los padres
la sociedad
el vecino, la vecina

condiciones
la edad
injusto, -a
justo, -a
libre
mayor
menor

derechos y obligaciones
el derecho
la injusticia
la ley
las medidas
la obligación
las reglas
la responsabilidad
la seguridad
las tareas

actividades
alcanzar
beneficiar
conseguir
cumplir (con)
disfrutar (de)
encargarse (de)
luchar
obtener
proteger

expresiones
a favor
de niño
de pequeño
en contra
(me) parece justo/injusto
se permite
se prohíbe

1 Emparejar

HABLAR EN PAREJA, ESCRIBIR Trabaja con otro(a) estudiante para emparejar cada definición con la palabra correspondiente. Luego, escoge 4 palabras y escribe un cuento.

1. cuidar a alguien de cualquier tipo de peligro
2. lo contrario de justo
3. las personas que viven en el mismo barrio
4. lo contrario de prohibir
5. hacer lo que se debe
6. la regla establecida por una autoridad
7. tomar la responsabilidad de hacer algo

a. cumplir
b. la ley
c. permitir
d. injusto
e. los vecinos
f. proteger
g. encargarse

2 Actividades

ESCRIBIR, HABLAR EN PAREJA Haz una lista de tres actividades que se prohíban y tres actividades que se permitan en tu casa o en tu escuela. Compara la lista con la de un(a) compañero(a). Escriban una frase entre los (las) dos para expresar su opinión. Compartan su opinión con la clase.

Modelo

En la escuela se prohíbe hablar mientras la profesora habla. Nos parece justo para mantener el orden en la clase.

Go **Online** to practice
PEARSON realize

PearsonSchool.com/Autentico

VIDEO

WRITING

Gramática

Pretérito vs. imperfecto

Remember that when speaking in Spanish about the past, you can use either the preterite or the imperfect, depending on the sentence and the meaning you want to convey. Compare:

El sábado pasado me **permitieron** llegar tarde a casa.
De niño nunca me **permitían** llegar tarde.

Use the preterite:

- to tell about past actions that happened and are complete.

  Las mujeres **protestaron** para obtener los mismos derechos.

- to give a sequence of actions in the past.

  Llegamos al restaurante, **nos sentamos** y **comimos.**

Use the imperfect:

- to tell about habitual actions in the past.

  Ellas no **tenían l**os mismos derechos que los hombres.

- to give background details such as time, location, weather, mood, age, and physical and mental descriptions.

  Era tarde, **hacía** frío y **estábamos** cansados.

- when two or more actions are taking place simultaneously in the past.

  Nosotros **comíamos** y ellos **se peleaban.**

Use the preterite and the imperfect together when an action (preterite) interrupts another that is taking place in the past (imperfect).

Estábamos comiendo cuando **llegó** mi hermano.

Más recursos ONLINE

Tutorial: Summary of Uses of Preterit and Imperfect

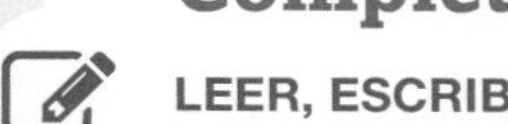

3 Completar

LEER, ESCRIBIR Esteban se asustó ayer por la noche al volver a su casa. Para saber qué le pasó, completa estas frases con el tiempo verbal correcto.

Ayer _1._ *(eran/fueron)* las once de la noche cuando Esteban _2._ *(regresó/regresaba)* a su casa. _3._ *(Estaba/Estuvo)* muy oscuro y no se _4._ *(vio/veía)* nada. De repente _5._ *(se escuchó/se escuchaba)* un extraño ruido en la noche. Esteban _6._ *(salió/salía)* corriendo y _7._ *(se escondió/se escondía)* detrás de un árbol. ¿ _8._ *(Fue/Era)* un fantasma quien _9._ *(se acercó/se acercaba)*? ¡No! _10._ *(Fue/Era)* un gato que _11._ *(tuvo/tenía)* hambre y _12._ *(buscó/buscaba)* algo para comer.

4 Relatar

ESCRIBIR, HABLAR EN GRUPO Con un(a) compañero(a) escribe un relato sobre algo que les haya sucedido, usando el pretérito y el imperfecto. Primero, escojan algo en lo que los (las) dos participaron. Luego, formen frases sobre:

- la causa de lo que sucedió
- la hora de llegada y una descripción del ambiente
- qué hacía la gente
- algo que pasó

Usen oraciones conectadas con detalles y elaboración para describir los eventos y compartan su relato con otros(as) compañeros(as).

Modelo

Era el cumpleaños de [nombre] y él (ella) hizo una fiesta.

A ver si recuerdas

OBJECTIVES
- Write about government and conflicts
- Express ideas in the past

Vocabulario

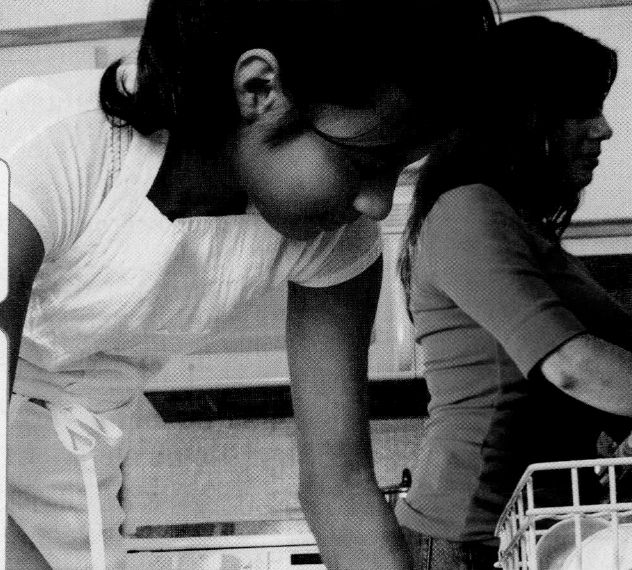

conflictos
acusar
arrestar
capturar
el conflicto
desconfiar
limitar
mentir
molestar
la pelea
pelearse
el problema
quejarse
rebelarse
temer
la víctima

expresiones
decir la verdad
tener la culpa
tener razón

soluciones
los beneficios
la confianza
confiar
garantizar
obedecer
perdonar
resolver
reunirse
solicitar

personas y organizaciones
la campaña
el ciudadano, la ciudadana
la gente
el gobierno
el/la habitante
la manifestación
la organización
la población
la reunión
el sistema

profesiones
el abogado, la abogada
el juez, la jueza
el/la policía

5 Titulares

LEER, ESCRIBIR Lee los titulares y anuncios y complétalos con las palabras del recuadro.

campaña	gobierno	beneficios
juez	habitantes	víctimas
manifestación	población	

1. ¡Arrestaron a quince personas en la _____ de ayer!
2. El conflicto entre los _____ del valle causa problemas al _____.
3. Las _____ del accidente aparecen ante (*before*) el _____.
4. La _____ de limpieza de la plaza Tribunales cuenta con el apoyo de la _____ de ese lugar.
5. Los ciudadanos quieren garantizar _____ para los ancianos.

6 Un conflicto

ESCRIBIR, HABLAR EN PAREJA

1 Piensa en un conflicto que haya sucedido en tu familia, escuela o comunidad recientemente. Luego, copia esta tabla en una hoja y complétala.

¿Quiénes participaron?	¿Qué hicieron?	¿Por qué?	¿Tenían o no razón?
_____	_____	_____	_____

2 Usa la información de la tabla y cuéntale a otro(a) estudiante la historia.

Gramática

Verbos con distinto sentido en el pretérito y en el imperfecto

A few Spanish verbs have different meanings in the imperfect and the preterite tenses.

	IMPERFECT	PRETERITE
saber	*knew* ¿**Sabías** que Ángel Suárez había ganado?	*found out, learned* Sí, lo **supe** esta mañana.
conocer	*knew (somebody)* Mi padre lo **conocía** cuando era pequeño.	*met (somebody) for the first time* Ellos se **conocieron** en la escuela.
(no) querer	*wanted to* Mi hermana **quería** ir a la manifestación. *didn't want to* No **querían** decir la verdad.	*tried to* Yo también **quise** hacerlo pero no pude. *refused to* No **quisieron** decir la verdad.
poder	*was able to, could* Ella **podía** encontrar la solución.	*managed to, succeeded in* Ella **pudo** encontrar la solución.

Completar

LEER, ESCRIBIR Completa esta conversación con el pretérito o el imperfecto del verbo apropiado.

conocer	poder	querer	saber

A— ¿Pudiste estudiar el sábado por la tarde?
B— No, no __1.__. Pablo y Agustín estuvieron en casa toda la tarde.
A— ¡Ah! Pablo es el chico que yo __2.__ el verano pasado, ¿no?
B— No, tú no lo __3.__.
A— Bueno, yo __4.__ conocerlo, pero no __5.__ conocerlo en persona. Lo __6.__ por teléfono.
B— ¿Tú hablaste por teléfono con él? ¡No lo __7.__! ¡Qué bien!

Escoger

LEER, ESCRIBIR Completa el correo electrónico con el verbo apropiado.

¡Hola Mónica!

Hoy __1.__ *(conocí/conocía)* a un chico guapísimo. Julia y yo __2.__ *(quisimos/queríamos)* ir al cine, pero no __3.__ *(pudimos/podíamos)*. No había más entradas para la película que __4.__ *(quisimos/queríamos)* ver. Al salir nos encontramos con el chico guapísimo. Yo no lo __5.__ *(conocí/conocía)*, pero Julia me contó que ella lo __6.__ *(conoció/conocía)* en una fiesta. Él __7.__ *(quiso/quería)* ir a tomar algo pero Julia no __8.__ *(quiso/quería)*.

CAPÍTULO 10

¿Cuáles son tus derechos y deberes?

Country Connections Explorar el mundo hispano

España
Florida
Cuba
México
Venezuela
Perú
Bolivia
Paraguay

CHAPTER OBJECTIVES

Communication

By the end of the chapter you will be able to:

- Listen and read about rules and government
- Write about rights and responsibilities
- Talk about citizen and animal rights

Culture

You will also be able to:

- Compare cultural practices in an authentic video about building girls' leadership skills and confidence through sports
- Understand the historical context of the Latin American independence movement
- Express your opinion on children's rights

You will demonstrate what you know and can do

- Presentación oral: Los derechos de los estudiantes
- Presentación escrita: ¿Cuáles son sus derechos?

You will use

Vocabulary

- Rights and responsibilities
- At home and at school
- Citizens' and people's rights

Grammar

- Passive voice
- Present perfect subjunctive and imperfect subjunctive
- Pluperfect subjunctive
- Conditional perfect

ARTE y CULTURA España

Escenas de la vida La obra de Francisco de Goya (1746–1828) cubrió un período de más de 60 años. En su juventud, cuando pintó este cuadro, Goya aceptó felizmente el mundo tal como era.

Años más tarde, Goya comenzó a sentirse desilusionado con la gente y la sociedad. Como resultado, pintó escenas que criticaban la política de la época. Su selección de temas es evidencia de que creía en el derecho del artista de pintar el mundo tal como lo veía.

▶ ¿Crees que un artista debe tener el derecho de pintar lo que le dé la gana? ¿Por qué? ¿Por qué no?

"El baile a orillas del Manzanares", (1777), ▶
Francisco de Goya y Lucientes

AUDIO

VIDEO

WRITING

SPEAK/RECORD

MAPA GLOBAL

AUTÉNTICO

FLASCHARDS

ETEXT 2.0

GAMES

Manifestación de jóvenes en Lima, Perú

Videonovela ¡Pura vida!

Vocabulario en contexto 1

OBJECTIVES

Read, listen to, and understand information about

- Bullying at school, on line, and by text and how to cope
- Children's rights and responsibilities

¡ALTO al bullying/maltrato!

¿Qué es?

El "bullying" es el **maltrato** e intimidación de una persona o un grupo de personas por otra persona. Muchos **adolescentes,** o sea los jóvenes de 12 a 18 años, son víctimas de esta situación en la escuela o a través de correos, páginas personales, llamadas por teléfono celular o mensajes de texto.

¿Qué puedes hacer si alguien no te trata con respeto y te sientes víctima?

1. Ignóralo. **De ese modo** quitas el control del agresor.
2. Si ese paso no es **adecuado**, pide ayuda y **apoyo** de tus padres. **Ambos** te querrán ayudar y juntos van a encontrar una solución.
3. Tienes que reportar **la injusticia** al consejero(a) de tu escuela. Recuerda que no es una situación normal y no debes aceptarla.
4. Nunca olvides que eres una persona especial. Nadie puede **obligarte** a hacer algo que no quieres hacer. Tienes derecho a tus **libertades** y a tu **felicidad.**

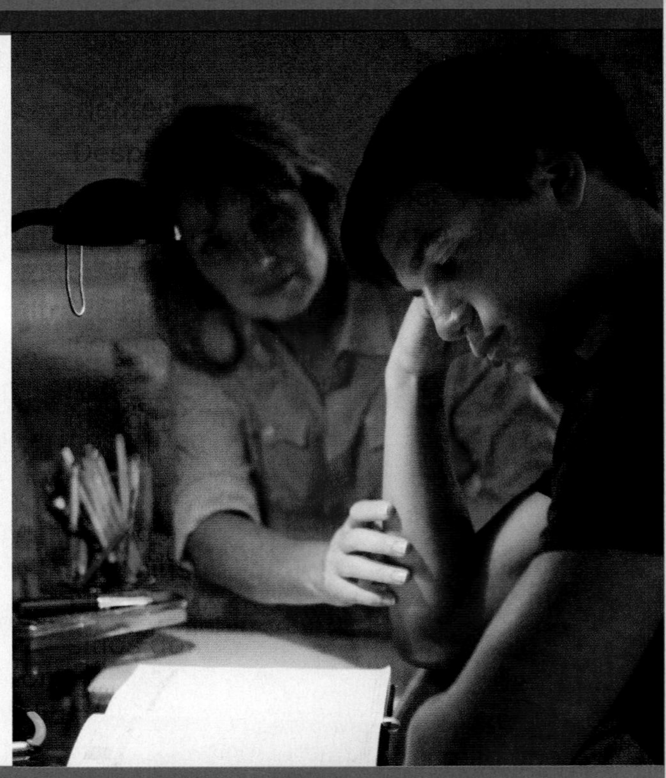

Consejos para los que *maltratan*

Primero, tienes **el deber,** o responsabilidad, de tratar a otras personas con respeto y **tolerancia.**

Tu comportamiento no es aceptable. Tienes que hacer un esfuerzo para cambiar. Te sentirás mejor cuando actúes amablemente con los demás.

¿Cómo puedes ayudar a las víctimas?

Esperamos que nunca hayas tenido experiencia personal con este **asunto,** pero si observas que alguien es víctima, ayúdalo y sé amable. Acércate a él o ella. Háblale. Intenta acompañar a la persona, por ejemplo, invitándola a almorzar con tus amigos.

1

Un asunto triste

ESCUCHAR Escribe los números del 1 al 5 en una hoja de papel. Escucha cada frase y escribe *C* (cierta) o *F* (falsa).

2

¿Quiénes hablan?

ESCUCHAR Escucha lo que dicen las personas e identifica las fotos que correspondan a la situación de la que hablan.

Juanita tiene que hacer un informe sobre los derechos y deberes de los niños. Su tío Carlos, quien es abogado, la está orientando.

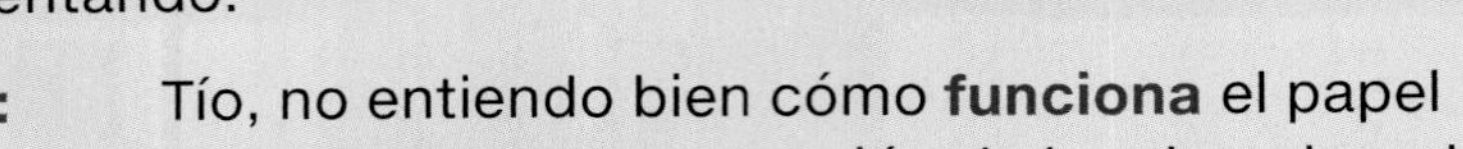

Juanita

Tío Carlos

Juanita: Tío, no entiendo bien cómo **funciona** el papel del **estado** en la protección de los derechos de los niños.

Tío: El estado, o sea el gobierno, es responsable de **aplicar** las leyes que protegen a los niños. Es **la razón** por la que tenemos una **enseñanza gratuita** en las escuelas públicas.

Juanita: ¿Eso quiere decir que debe haber **igualdad** en la enseñanza?

Tío Carlos: Así es. Ningún niño debe ser **discriminado** por ningún **motivo.** Todos tienen derecho a vivir en **paz** y no **sufrir** de **abusos** ni **maltratos. La niñez** debe ser un tiempo para **gozar de** la vida.

Juanita: ¡Y los niños que viven en medio de la **pobreza** tienen derecho a vivir mejor!

Tío: Así es. Muchos niños **están sujetos a** condiciones de vida terribles. Por eso hay que **votar** por leyes que garanticen comida, vivienda y educación para todos los niños.

Juanita: **En cuanto a** los deberes de los niños y adolescentes en la escuela, ¿qué me puedes decir?

Tío Carlos: Ese es otro asunto importante. Tú lo sabes mejor que yo: el primer deber es respetar **la autoridad** de los maestros y tener una conducta **satisfactoria.**

Juanita: ¡Ah, claro! Por eso hay un cartel en **el armario** de cada estudiante con el **código de vestimenta** y de conducta.

Tío Carlos: Y no se te olvide otro deber básico: respetar **el pensamiento** de todos tus compañeros, sin **discriminar.**

3

Deberes y derechos de los niños

ESCRIBIR Contesta las siguientes preguntas:

1. ¿ Quién debe aplicar las leyes que protegen a los niños?
2. ¿Cuáles son dos de los derechos de los niños?
3. ¿Cuáles son dos de los deberes de los niños y adolescentes en la escuela?

4

El código de vestimenta

ESCRIBIR Escribe a un(a) compañero(a) un texto con tus recomendaciones sobre un código de vestimenta de tu escuela. Él o ella responde con sus ideas. Da detalles de apoyo que expliquen las razones.

Modelo

A —*Creo que todos los estudiantes deben usar uniforme para tener menos problemas.*

B —*No estoy de acuerdo. Así no tenemos libertad de expresión.*

Videohistoria

Go **Online** to practice
PEARSON realize
PearsonSchool.com/Autentico

AUDIO

VIDEO

WRITING
SCRIPT

¡Bienvenido al grupo!

Antes de ver

Usar experiencias previas Mira las fotos. ¿Cómo se relacionan con las reglas y responsabilidades que tú tienes que respetar todos los días? Usa tus propias experiencias para inferir palabras o frases desconocidas en el video.

Haz la actividad

¿Qué diferencia hay? Trabaja con un compañero(a). Comenten qué diferencia hay entre una regla y una responsabilidad. Hagan una lista de algunas reglas y una lista de algunas responsabilidades.

 Ve el video

Daniel, el hermano menor de Seba, fue aceptado en el grupo de voluntarios *Codo a Codo*. ¿Qué le dirán los chicos mayores a Daniel sobre esta organización?

Ve a **PearsonSchool.com/Autentico** para ver el video ***¡Bienvenido al grupo!*** También puedes leer el guión.

Después de ver

ESCRIBIR Contesta estas preguntas:

1. ¿Qué intención tiene el grupo de amigos al hablar con Daniel?
2. ¿Por qué causas sociales podrá luchar Daniel en *Codo a Codo*? Parafrasea los detalles de la conversación entre los chicos.
3. Los chicos hablan sobre algunas reglas de la organización. Identifica las reglas que son "en broma" *(in jest).*

Responsabilidades sociales Escribe un párrafo corto en el que expliques qué responsabilidades crees que tú tienes con la sociedad.

Vocabulario en uso 1

OBJECTIVES

- Listen to and talk about students' rights and responsibilities at school
- Discuss social issues in your country
- Write and draw about people's rights and responsibilities

5

Lo positivo y lo negativo

LEER, ESCRIBIR En una hoja de papel, copia esta tabla. Lee las palabras y escríbelas en la columna apropiada. Luego, escribe frases con tres de las palabras.

lo positivo	lo negativo

la libertad	el respeto	la felicidad	el abuso
el deber	discriminar	la tolerancia	el apoyo
maltratar	sufrir	el maltrato	gratuito(a)
la paz	la injusticia	la igualdad	adecuado(a)

6

Entrevista con una joven peruana

LEER, ESCUCHAR

1 Lee esta entrevista con Viviana Gallegos, una adolescente del Perú.

Una entrevista con > **Viviana Gallegos...**

P: ¿Qué nacionalidad tienes?

R: Soy peruana.

P: ¿Es gratuita la enseñanza en Perú?

R: Hay colegios privados y colegios del estado. Los colegios del estado son gratuitos.

P: ¿Hay un código de vestimenta en las escuelas?

R: Sí, tenemos que usar uniformes. Cada escuela tiene su uniforme. Unos son más bonitos que otros.

P: ¿Hay servicios médicos adecuados para todos los ciudadanos?

R: Sí, se llaman postas médicas. Son centros médicos pequeños. Ofrecen consultas con médicos y dan vacunas *(vaccinations)*. Ambos servicios son gratuitos.

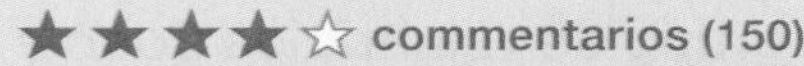

En la Plaza de Armas, Cuzco, Perú

2 Ahora, escucha las preguntas y contéstalas en clase.

7

Los derechos en nuestra escuela

LEER, ESCRIBIR, HABLAR EN PAREJA Túrnate con un(a) compañero(a) para indicar si estás de acuerdo o no con las frases siguientes sobre tu escuela, y explícale por qué. Tu compañero(a) va a tomar apuntes sobre lo que dices, y luego ambos van a compartir sus ideas con la clase.

1. No es necesario seguir un código de vestimenta en esta escuela.
2. Los adolescentes deben tratar a los maestros con más respeto y, de ese modo, respetar su autoridad.
3. En nuestras clases, los chicos tienen más libertad que las chicas.
4. La enseñanza en esta escuela es adecuada para prepararme para lo que voy a hacer en el futuro.
5. Todos los estudiantes tienen derecho a gozar de libertad de expresión.
6. Los profesores deben tener la autoridad y el deber de registrar los armarios.
7. Todos los estudiantes deben estar sujetos a las mismas reglas.

8

En nuestro país

ESCRIBIR, HABLAR

1 Piensa en estos temas sociales. ¿Cuál es el más importante? ¿Y el menos importante? Ponlos en orden de importancia.

1. la libertad de expresión y pensamiento
2. la igualdad entre los hombres y las mujeres
3. cómo tratar a los animales
4. los servicios médicos
5. el apoyo a los niños
6. la pobreza
7. las reglas para manejar
8. los deberes del estado

2 Dile tu opinión a un(a) compañero(a) sobre los temas mencionados en la parte anterior. Usa las palabras del recuadro.

adecuado(a)	satisfactorio(a)	injusticia	en cuanto a
abuso	respeto	gratuito(a)	ambos(as)

Videomodelo

la alimentación

A —*La alimentación en nuestro país es satisfactoria.*

B —*Pues yo no estoy de acuerdo. La gente come demasiada comida basura y . . .*

9 Derechos y responsabilidades

HABLAR EN GRUPO, ESCRIBIR

1. Ser adolescente quiere decir tener muchos derechos pero también responsabilidades. En grupo, completen una tabla como la de la derecha con los derechos y responsabilidades que tienen los adolescentes.

Derechos	Responsabilidades
1.	1.
2.	2.
3.	3.

2. ¿Cómo se comparan los derechos y responsabilidades de los adolescentes con los de los adultos? Usen sus tablas para responder.

10 Y tú, ¿qué dices?

ESCRIBIR, HABLAR

1. ¿Por qué crees que hay códigos de vestimenta en muchas escuelas? ¿Crees que es buena idea tener un código de vestimenta? ¿Por qué?
2. Describe el asunto de tu comunidad que sea más importante para ti. ¿Cómo se debe resolver ese asunto?
3. En tu opinión, ¿por qué la gente discrimina? ¿Tiene motivos personales? Explica.
4. ¿Hasta qué punto piensas que en nuestra sociedad hay igualdad?

Ampliación del lenguaje — El sufijo *-miento*

Un sustantivo que termina en el sufijo *–miento* tiene como base un verbo. Para formar sustantivos, a los verbos en infinitivo que terminan en *-ar*, quítales la *r* y añádeles el sufijo *-miento (tratar → trata**miento**)*, y a los que terminan en *-er* y en *-ir,* quítales la terminación y agrégales una *i* antes del sufijo *(vencer → venc**imiento**)*. Los sustantivos con *-miento* son masculinos. Copia la tabla y escribe los sustantivos. Luego, completa las frases.

verbo	sustantivo
1. funcionar	funcionamiento
2. nacer	nacimiento
3. pensar	
4. mejorar	
5. conocer	
6. comportar	
7. descubrir	
8. mover	

1. El _____ de la electricidad hizo que la vida de mucha gente fuera más fácil. Pero _____ la electricidad tomó mucho tiempo.
2. Muchos científicos trabajan juntos para _____ el medio ambiente. El _____ del medio ambiente es importante.

Go Online to practice PEARSON realize PearsonSchool.com/Autentico

WRITING

SPEAK/RECORD

11

Una tarjeta especial

ESCRIBIR, DIBUJAR Vas a entrar en un concurso para hacer tarjetas que digan algo sobre los derechos y las responsabilidades de la gente. Dibuja una tarjeta con una recomendación o derecho. Por medio de textos, intercambia recomendaciones con otro(a) estudiante.

Modelo

A —*Yo recomiendo que todos los ciudadanos voten.*

B —*Sí, estoy de acuerdo. Es importante para proteger los derechos de todos.*

CULTURA Iberoamérica

En defensa de nuestros derechos

La **Convención Iberoamericana de Derechos de los Jóvenes** fue firmada en 2005 por casi todos los países miembros de la OIJ (Organización Iberoamericana de la Juventud). En sus 44 artículos se reconocen derechos fundamentales para los ciudadanos de 15 a 24 años. Estos son algunos ejemplos:

Aspecto de la vida	Tipo de artículo	Contenido
Civil y político	*Derecho*	*a la vida* *a tener identidad propia*
	Libertad	*de pensamiento* *de expresión*
Económico, social y cultural	*Derecho*	*a la educación* *a la cultura y el arte* *a la salud*

La firma de los países es solo el primer paso, ya que también se necesita el acuerdo de los parlamentos. Una vez que los parlamentos de 5 países han aceptado todos los artículos, cualquier joven de Iberoamérica puede usarlos como evidencia para defender sus derechos.

- ¿Por qué crees que es importante reconocer los derechos de los jóvenes?

Pre-AP® Integration: La conciencia social ¿Qué diferencias y similitudes encuentras entre los derechos reconocidos para los jóvenes iberoamericanos y los estadounidenses?

Gramática

OBJECTIVES

- Listen to and write about "who" and "what" performed the action
- Talk about who did certain things

La voz pasiva: *ser* + participio pasado

In a sentence, the subject usually performs the action. This is called active voice. Sometimes, the subject does not "do" the action but rather has the action "done to it" or receives the action. This is called passive voice.

Santiago **estableció** las reglas del club.
Las reglas del club **fueron establecidas** por Santiago.

In Spanish, like in English, you form the passive voice by using *ser* + past participle. Since the past participle is an adjective, it agrees in number and gender with the subject.

Las reglas **son aplicadas** por el estado.

- If you mention "who" or "what" performs the action, you use *por* to mean "by."
- You often use the impersonal *se* when the subject is unknown.

Se necesita una persona para trabajar en el centro comunitario.

Más recursos ONLINE

Tutorials Use of Passive Voice with ser

Canción de hip hop: *Los derechos y los deberes*

12 Las noticias del día

ESCUCHAR, ESCRIBIR, HABLAR Imagina que enciendes la radio y escuchas las noticias del día. Para cada frase que escuches, escribe las respuestas a estas preguntas: ¿Quién(es) fue(ron) afectado(s)? ¿Qué le(s) pasó? ¿Por quién(es)? Después, usa tus notas para narrar la situación a la clase. Usa oraciones conectadas con detalles y elaboración.

Modelo

***Un niño fue asustado** por **un oso** que había escapado del zoológico.*

13 ¿Quién lo hizo?

HABLAR EN PAREJA Con un(a) compañero(a), comenta por quién o quiénes fueron hechas estas cosas.

Videomodelo

escribir / artículo

A —*¿Quién escribió el artículo sobre la adolescencia?*

B —*El artículo fue escrito por un reportero.*

Estudiante A

1. curar / niños
2. respetar / igualdad
3. leyes / aplicar
4. leer / discurso
5. entrevistar / adolescentes
6. (nombre) / escoger
7. promover / paz
8. evitar / injusticias

Estudiante B

autoridades
gobierno
estudiantes
maestro(a)
médico(a)
reportero(a)
juez

Gramática

OBJECTIVES
- Discuss and read about school and students' responsibilities
- Discuss and write about life as a teenager today

Go **Online** to practice

PearsonSchool.com/Autentico

AUDIO

VIDEO

WRITING

SPEAK / RECORD

El presente y el imperfecto del subjuntivo

Use the present or the present perfect subjunctive when the verb in the main clause is in the:

Present	**Espero** que **hayan votado**.
Command form	**Dile** que **vote** mañana en las elecciones.
Present perfect	No **hemos establecido** ninguna regla que **sea** injusta.
Future	El sistema **funcionará** mejor cuando **se cambien** las leyes.

Use the imperfect subjunctive when the verb in the main clause is in the:

Preterite	Mi mamá me **pidió** que **tratara** con más respeto a mi hermano.
Imperfect	Mis padres **querían** que mi hermano y yo **nos lleváramos** bien.
Pluperfect	El profesor nos **había exigido** que ambos **tuviéramos** más tolerancia.
Conditional	Al jefe le **gustaría** que los empleados **llegaran** a tiempo.

14

Responsabilidades como estudiante

LEER, ESCRIBIR Lee el blog de la Sra. Lupe que habla de las responsabilidades que tenía cuando iba a la escuela. Completa el párrafo con el tiempo correcto del subjuntivo de los verbos.

El blog de Lupe

Cuando era joven, el director de la escuela quería que los estudiantes ___1.___ *(sigan / siguieran)* un código de vestimenta. A mí no me gustaba que ___2.___ *(tenga / tuviera)* que usar ropa especial para ir a clases. Yo quería que nosotros ___3.___ *(gocemos / gozáramos)* de la libertad de vestirnos de cualquier manera. ¡Tú tienes suerte! Los maestros no pueden prohibir que ___4.___ *(lleves / llevaras)* pantalones rotos ni zapatos viejos. Siempre me ha sorprendido que ahora los maestros no ___5.___ *(obliguen / obligaran)* a los estudiantes a sentarse cuando empieza la clase. Es curioso que tampoco les ___6.___ *(pidan / pidieran)* la tarea todos los días. En mis clases era común que todas las semanas nos ___7.___ *(den / dieran)* un examen, así hacían que ___8.___ siempre *(estudiáramos /estudiemos)*. También querían que ___9.___ *(hagamos / hiciéramos)* proyectos especiales después de la escuela. Hoy, el sistema de enseñanza menos formal funciona bien, a menos que los jóvenes ___10.___ *(se rebelen / se rebelaran)*. Ojalá no ___11.___ *(pase / pasara)* eso. Sería triste que los estudiantes ___12.___ *(sufran / sufrieran)* por una falta de organización en la escuela.

15 Los primeros años . . .

HABLAR EN PAREJA ¿Cómo fueron tus primeros años de escuela? Con un(a) compañero(a), comparen las responsabilidades que tenían en sus primeros años de escuela con las que tienen ahora. Usen palabras de las dos columnas.

Modelo

Antes, la maestra prefería que yo hiciera la tarea con mis padres. Ahora, mis profesores quieren que haga la tarea solo(a).

Columna A	**Columna B**
mis padres	exigir
mis maestros(as)	dudar
mis profesores(as)	aconsejar
mis amigos(as)	ser común que
mi entrenador(a)	querer
mis hermanos(as)	sugerir
mis compañeros(as) de clase	preferir
	recomendar
	ser importante que

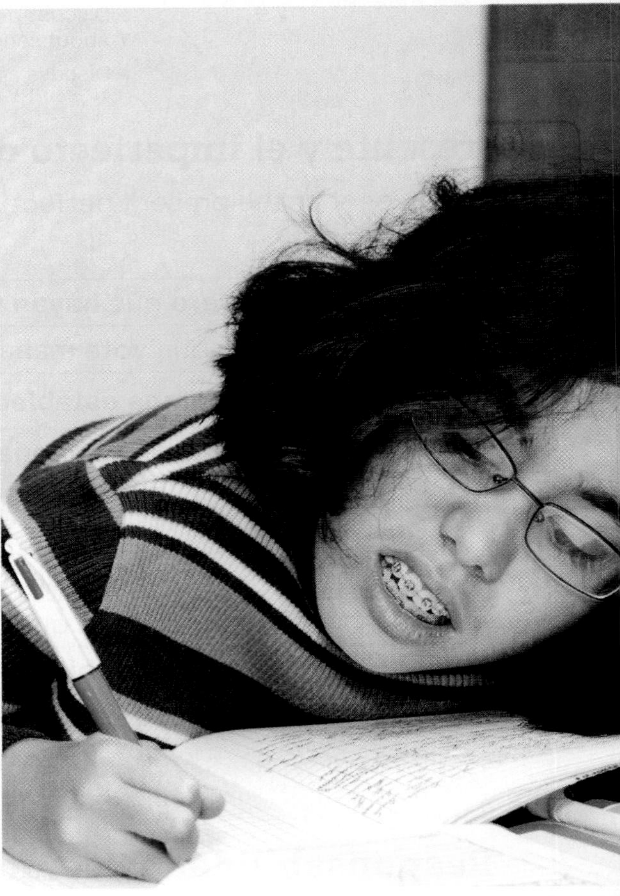

16 Una biografía

ESCRIBIR, HABLAR EN PAREJA Imagina que intercambias correos electrónicos con un(a) compañero(a) en los que lo entrevistas sobre su vida.

1. Escribe cinco preguntas que le puedes hacer a tu compañero(a) sobre su niñez y sobre cómo es diferente hoy por las experiencias que ha tenido.

Videomodelo

A —*¿De qué tenías miedo cuando eras niño(a)?*
B —*Tenía miedo de que mis padres me castigaran.*
A —*Y ahora, ¿de qué tienes miedo?*
B —*Ahora tengo miedo de que las clases de la universidad sean más difíciles.*

2. Haz las preguntas a tu compañero(a) y toma apuntes mientras las contesta. Luego, intercambien papeles.

3. Usa tus notas para escribir una biografía breve.

17

Los adolescentes en el mundo de hoy

HABLAR EN GRUPO, ESCRIBIR Tu clase va a escribir un informe sobre los adolescentes de hoy.

1. Para juntar información, trabajen en grupos de cuatro estudiantes y completen las siguientes frases con tres diferentes respuestas.
   - Nos importa que . . .
   - Queremos que . . .
   - Es una lástima que . . .
   - Nos sorprende que . . .
   - Nos alegramos de que . . .
   - Nos molesta que . . .
2. Compartan sus respuestas con los otros grupos. Escojan las respuestas que más se repitieron y digan en qué orden de importancia las colocarían.
3. Ahora, imaginen que pueden hablar con las autoridades del gobierno para informarles cómo se sienten ustedes como adolescentes. Deben presentarles una propuesta *(proposal)* sobre cuáles son los temas más importantes para los adolescentes. Escríbanlos en forma de frase, dando buenas razones de por qué son importantes.

Modelo

Nos parece injusto que no podamos votar hasta los 18 años. Tenemos . . .

En voz alta

Escucha el poema que escribió Hilario Barrero (Toledo, 1948–), un escritor, traductor y poeta español que vive en Nueva York. Trata de repetir el poema en voz alta. Luego, contesta las preguntas.

- ¿Por qué dice el poeta que el maestro les roba su tiempo a los estudiantes?
- ¿Crees que los estudiantes están interesados en lo que les quiere enseñar el profesor? Repite alguna de las frases del poema para dar un ejemplo.
- ¿Te parece que para el autor es fácil o difícil enseñar a los estudiantes? ¿Por qué?

"Subjuntivo"

de Hilario Barrero

Y tener que explicar de nuevo el subjuntivo,
. . . cuando lo que desean es (. . .)
olvidarse del viejo profesor que les roba
su tiempo inútilmente.
Mientras copian los signos del lenguaje,
emotion, doubt, volition, fear, joy . . .,
y usando el subjuntivo de mi lengua de
humo[1]
mi deseo es que tengan un amor como el
nuestro,
pero sé que no escuchan la frase
que les pongo para ilustrar su duda
ansiosos como están de usar el indicativo.
(. . .)

[1]smoke

Vocabulario en contexto 2

OBJECTIVES

Read, listen to, and understand information about

- Individual rights in society
- The role of government

La Constitución: Los estudiantes de la Sra. Rivera preparan la dramatización de un juicio

Sra. Rivera: Elena, ¿quieres ser la **testigo**?

Elena: Sí, claro. ¿Quién es el **acusado**?

Sra. Rivera: Es Alfredo. Hace el papel de un estudiante que volvía de una manifestación pacífica. Fue detenido como **sospechoso** cuando pasaba por un lugar cercano donde destruyeron tiendas y automóviles, pero es **inocente**.

Libertad de expresión

La detención del sospechoso

Tomás: ¿La testigo vio todo eso?

Sra. Rivera: Sí, es una trabajadora de **prensa** que también volvía de la manifestación. Ella lo vio salir de la manifestación, **de modo que** sabe que no es **culpable**.

Mercedes: Entonces el abogado dirá que el arresto **ha violado** derechos **fundamentales**, como la libertad de reunión y expresión. En una sociedad **libre** y **democrática**, no se puede **detener** a una persona solo porque estaba en el lugar equivocado, en el momento equivocado.

AUDIO

WRITING

Julián: ¿El acusado será **juzgado** por **jurado**?

Sra. Rivera: Sí, porque ahora estamos estudiando la **garantía** constitucional que dice que el acusado tiene derecho a un juicio rápido y que no se permiten **castigos** crueles.

El jurado en la corte

La testigo

Eduardo: ¿Los que hacen de jurado también son estudiantes de la clase?

Sra. Rivera: No. Seleccionaremos a personas de otras clases para **asegurar** que **lleguen a** su conclusión sin saber la situación antes.

Alfredo: Me parece una buena idea. Un jurado real tiene que basar su **punto de vista** en lo que oye en la corte. El derecho a **la igualdad** también asegura que todos podamos opinar en cuestiones de **justicia**.

18 Nuestros derechos y deberes

ESCUCHAR En una hoja escribe los números del 1 al 6. Escucha las frases. Escribe *C* si la frase es cierta o *F* si la frase es falsa.

19 Un buen jurado

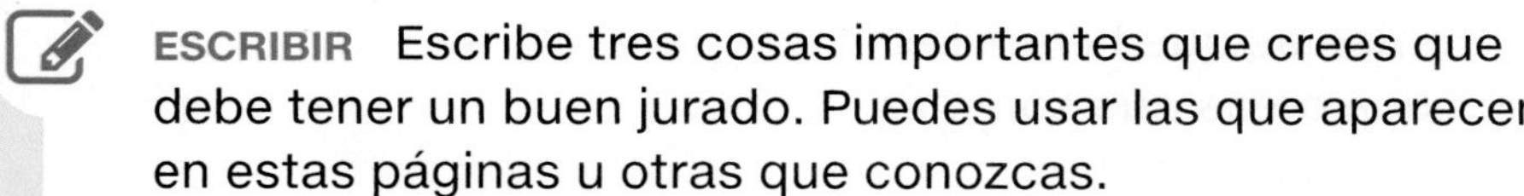

ESCRIBIR Escribe tres cosas importantes que crees que debe tener un buen jurado. Puedes usar las que aparecen en estas páginas u otras que conozcas.

Jóvenes por el desarrollo y la paz

Los jóvenes tienen gran fuerza en el mundo de hoy. El desarrollo de los países depende, entre otras cosas, de la participación de los jóvenes. Hay organizaciones internacionales, como la Red de Jóvenes de las Américas, que reúnen grupos de jóvenes de distintos países. Allí **intercambian** sus ideas y hacen **propuestas** sobre los diferentes **modos** de resolver sus propios problemas y los de otros jóvenes.

Manifestación por la paz en España

A medida que participan en estas reuniones, los jóvenes aprenden a respetar la diferencia de opiniones de otros grupos. Juntos **proponen** soluciones a sus problemas y a los problemas del mundo.

Estos son algunos problemas que enfrentan los jóvenes:

- **las desigualdades** sociales, económicas y políticas
- **el desempleo**
- la discriminación por sexo
- los jóvenes sin hogar
- los conflictos **mundiales**
- la contaminación ambiental
- las enfermedades, el hambre y la mala nutrición
- los problemas en la familia
- **la falta de** oportunidades de educación y entrenamiento

Un participante

20

Problemas de los jóvenes

ESCRIBIR Haz una lista de los problemas que tienen los jóvenes de hoy. Empieza con los que creas que son más importantes y termina con los menos importantes.

 **Blog** > **¿Qué proponen los jóvenes?**

★★★★☆ commentarios (129)

Lydia, *de San Luis Obispo, California.*
Ella quiere ser representante **ante** la Organización de las Naciones Unidas.

"**En lugar de** pensar solo en nosotros mismos, somos responsables de hablar por los jóvenes del mundo que llevan una vida difícil. Ellos también tienen derecho a lograr sus **aspiraciones**".

Mark, *de Atlanta, Georgia.*
Mark dice que trabajará en el gobierno.

"**El fin** de la democracia es que tengamos más libertad para expresar sin miedo lo que **opinamos.** La libertad de expresión es **un valor** democrático fundamental".

Yamiko y Alicia, *de Providence, Rhode Island.* Ellas quieren ser consejeras de estudiantes.

"Si la gente se reúne con fines **pacíficos** e intercambia opiniones cuando no está de acuerdo, puede encontrar soluciones a muchos problemas. Así, habrá menos guerras y también menos problemas en las escuelas".

21 Hagamos algo

ESCUCHAR Escucha las frases. Después de oír cada frase, di quién de los estudiantes de esta página crees que dijo cada cosa.

22 Y tú, ¿qué propones?

ESCRIBIR Imagina que te invitan a representar a los jóvenes de tu país, o de otro país que conozcas, en alguna organización internacional. Prepara un correo electrónico con cinco ideas y envíaselo a un representante de esa organización. El representante te da recomendaciones para que tú puedas ayudar. Apoya las ideas y recomendaciones.

Vocabulario en uso 2

OBJECTIVES

- Read and write about justice
- Express your opinions about rights and responsibilities
- Discuss and write about democracy

23

En la sala de justicia

LEER ¿Quién dijo cada frase en la sala de justicia?

1. Hay que prometer decir la verdad, solo la verdad.
   a. el inocente **b.** el juicio **c.** el juez
2. Desde donde yo estaba, pude ver muy bien lo que hizo el criminal.
   a. el sospechoso **b.** el testigo **c.** la acusada
3. Lo siento, señor juez, pero esa mujer no ha dicho la verdad. Yo no lo hice.
   a. el acusado **b.** el jurado **c.** la víctima
4. No hay suficiente información. ¡El acusado es inocente!
   a. la justicia **b.** la policía **c.** la abogada
5. Sí, soy inocente. ¡Tienen que creerme!
   a. el acusado **b.** el juicio **c.** el castigo
6. Hemos decidido quién es culpable.
   a. el inocente **b.** el jurado **c.** la acusada
7. El jurado deberá juzgar al acusado con justicia.
   a. el juez **b.** los valores **c.** la prensa

24

¿Qué quieren decir?

LEER, ESCRIBIR Para poder defender nuestros derechos, es importante saber lo que quieren decir las palabras de la Declaración de derechos. Empareja cada palabra con su significado. Luego, escribe dos frases usando cuatro palabras de la primera columna.

1. la justicia	dar a cada persona lo que es de esa persona
2. democrático(a)	no respetar una ley
3. detener	las cosas que los ciudadanos pueden hacer o exigir de acuerdo con la ley
4. las garantías	cuando todos participan en el gobierno de un país
5. los derechos	cuando la policía le quita la libertad a una persona porque cree que es sospechosa
6. violar	las da el estado cuando asegura derechos para todos sus ciudadanos

WRITING

25

¿Qué dicen los titulares?

ESCRIBIR, HABLAR EN PAREJA

1 Usa elementos de cada columna para escribir titulares *(headlines)*.

El Sol
Santiago — 23 de septimbre
Presidente asegura derechos a todos los niños.

1. la Organización de las Naciones Unidas	detener	puntos de vista con fines pacíficos
2. la policía	votar	competencia mundial de atletismo
3. el Congreso	asegurar	garantías y derechos de los ciudadanos
4. el juez	proponer	el castigo del culpable
5. la declaración	reunirse	los valores democráticos
6. el presidente del club atlético	defender	los sospechosos
7. el grupo para la defensa de los niños	intercambiar	el derecho a la educación y la alimentación

2 Imagina que eres reportero(a). Trabaja con otro(a) estudiante para escribir tres frases sobre uno de los titulares.

CULTURA México

Políticos y educadores ¿Sabías que muchos líderes políticos en los países hispanohablantes fueron educadores o maestros? Un político famoso, el mexicano José Vasconcelos (1882–1959), también fue educador, además de filósofo, abogado, historiador y escritor. Después de luchar en la Revolución Mexicana, fue rector de la Universidad Nacional y creó la Secretaría de Educación Pública. La dividió en cuatro departamentos: el de Escuelas, el de Bibliotecas, el de Bellas Artes y el de Enseñanza indígena. En su época, miles de campesinos y obreros aprendieron a leer y a escribir y se dio el más importante avance de la educación en México. Los estudiantes lo llamaron "Maestro de la juventud de América".

▲ José Vasconcelos

Vasconcelos, además, creó la orquesta sinfónica de México y promovió la pintura mural y la obra de los grandes muralistas Diego Rivera y José Clemente Orozco.

- ¿Por qué es importante que los políticos sean maestros?

Pre-AP® Integration: Los héroes y los personajes históricos ¿De qué manera puede contribuir un maestro en un puesto de gobierno?

26

Escucha la radio

ESCUCHAR, ESCRIBIR A veces parece que las noticias siempre son malas. Escucha la radio y completa las frases para hacer un resumen de las noticias.

1. En Santa Ana, un grupo de personas . . .
2. En Ciudad Luna, hubo una manifestación . . .
3. Representantes de la organización mundial Los Amigos . . .
4. Desaparecieron 200 cajas de juguetes . . .
5. El alcalde Marino dijo que . . .

27

¿Qué opinas? o “la libertad de opinión”

LEER, HABLAR EN PAREJA Trabaja con otro(a) estudiante. Usa tu derecho a la libertad de opinión y di si estás de acuerdo o no con las siguientes frases. Usa expresiones como: *creo que, me parece que, me preocupa que, dudo que.*

Videomodelo

(no) proteger los derechos fundamentales

A —*Debemos proteger los derechos fundamentales.*

B —*Creo que debemos proteger los derechos fundamentales para no perderlos.*

1. (no) detener a los sospechosos
2. los testigos de un crimen (no) ayudar a la víctima
3. (no) ser culpables los padres de jóvenes desobedientes
4. (no) apoyar la participación de jóvenes en manifestaciones pacíficas
5. (no) luchar contra la falta de justicia en otros países
6. (no) construir más carreteras
7. (no) controlar lo que pueden hacer los jóvenes
8. (no) proponer soluciones pacíficas

28

El noticiero

HABLAR EN PAREJA, ESCRIBIR Con un(a) compañero(a), escribe un breve reportaje sobre “el misterio de la desaparición de una bicicleta” para el programa de noticias. Usa oraciones conectadas con detalles y elaboración. Describe lo que pasó e incluye un comentario de un testigo. Pueden usar las palabras del recuadro. Presenten su reportaje a otra pareja. Uno(a) es reportero(a) del noticiero y otro(a) es testigo.

el / la testigo	culpable	en lugar de	sospechoso(a)
inocente	detener	el punto de vista	opinar

29

Momentos históricos

LEER, HABLAR En todas las épocas hay artistas que representan momentos históricos de la vida de sus países y de sus héroes. Uno de esos momentos es cuando se firman *(sign)* documentos fundamentales, como las declaraciones de independencia y las constituciones. Lee sobre un pintor de la historia de Venezuela y contesta las preguntas.

Conexiones Las artes

Juan Lovera (1776–1841) es un pintor que inició el género de pintura histórica en Venezuela. En su obra, "El 5 de julio de 1811", retrata a más de cien personajes y deja testimonio de un suceso de gran importancia para Venezuela, la firma de la declaración de independencia de España. La pintura muestra con detalles y de manera fiel a los hechos la ropa y la posición de los criollos *(native born)* de esa época. Además de los dibujos de cada uno de los personajes principales, tiene escritos sus nombres. Esta obra muestra la misión de las artes para preservar la historia.

▲ "El 5 de julio de 1811", Juan Lovera, (Venezuela)

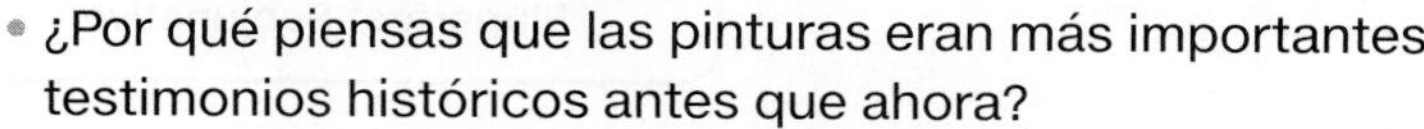

- ¿Por qué piensas que las pinturas eran más importantes testimonios históricos antes que ahora?

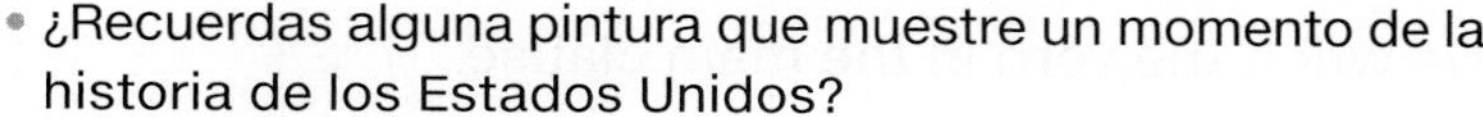

- ¿Recuerdas alguna pintura que muestre un momento de la historia de los Estados Unidos?

30

Y tú, ¿qué respondes?

HABLAR EN PAREJA, ESCRIBIR

1 Imagina que estás en tu clase de educación cívica. En una conversación, haz y contesta estas y otras preguntas originales con un(a) compañero(a). Apoya tus opiniones o recomendaciones y usa expresiones apropiadas.

1. En tu opinión, ¿qué debe garantizar el gobierno a los ciudadanos?
2. ¿Qué debe garantizar el(la) director(a) de tu escuela a los(as) estudiantes?
3. ¿Conoces países donde no respetan el punto de vista de la gente? ¿Puedes mencionar algunos de esos países?
4. ¿El desempleo existe en todos los países del mundo? ¿Cómo crees que afecta a las familias que sufren debido al desempleo?
5. ¿Qué organizaciones mundiales conoces que tengan fines pacíficos? Descríbelas.
6. ¿Conoces países que aseguran una educación gratuita para los ciudadanos?

2 Escribe un párrafo sobre lo que significa para ti la democracia de los Estados Unidos.

Gramática

OBJECTIVES

- Talk and write about events that happened prior to other past events
- Discuss the achievements of a famous person

El pluscuamperfecto del subjuntivo

You use the pluperfect subjunctive to describe actions in the past, when one action takes place before the other. In such cases, the action that takes place before is in the pluperfect subjunctive, and the action that takes place after is in the preterite, the imperfect or the pluperfect of the indicative.

Carlos **se sorprendió** que su amigo **hubiera comprado** todos los materiales.
Esperaba que **hubieran ido** a la fiesta con los niños.
Yo **había querido** que mis hermanos **hubieran venido** a la casa de la abuela.

You form the pluperfect subjunctive using the past subjunctive of *haber* + the past participle of the verb.

hub**iera** sal**ido**	hub**iéramos** sal**ido**
hub**ieras** sal**ido**	hub**ierais** sal**ido**
hub**iera** sal**ido**	hub**ieran** sal**ido**

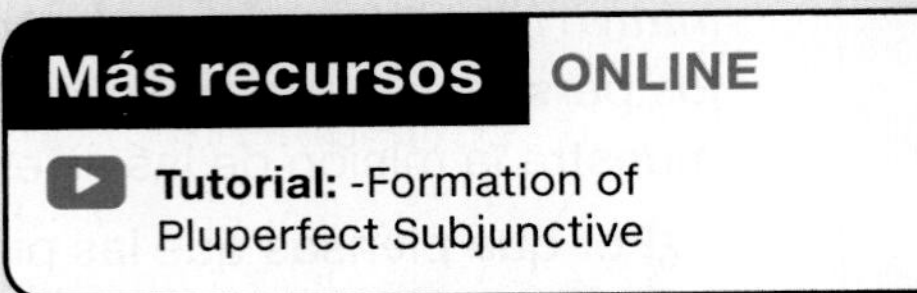

- You also use the pluperfect subjunctive when the verb in the main clause is in the conditional.

  ¿**Sería** posible que Teresa **hubiera terminado** el informe?

- Note that since the expression *como si* (as if) always refers to something that is contrary to the truth, or unreal, it must always be followed by the subjunctive, either the imperfect subjunctive or the pluperfect subjunctive.

  Estaba tan cansada **como si hubiera corrido** todo el día.
  Sergio descansa **como si no tuviera** nada que hacer.

31

Las noticias del día

LEER, ESCRIBIR Imagina que estás leyendo el periódico. Completa las siguientes frases con la forma correcta del verbo en el pluscuamperfecto del subjuntivo.

1. Fue una sorpresa que el gobierno _____ *(detener/proponer)* a tantas personas en el aeropuerto.
2. Los ciudadanos se sorprendieron que los aerosoles _____ *(opinar/destruir)* tanto el medio ambiente.
3. Los estudiantes dudaban que la policía _____ *(castigar/asegurar)* al presidente de la universidad.
4. Los testigos esperaban que las noticias _____ *(estar/ser)* más positivas.
5. Los ciudadanos de ese país esperaban que el gobierno _____ *(garantizar/juzgar)* la libertad de prensa y de expresión.
6. Me sorprendía que el juez _____ *(opinar/violar)* de esa manera.

32

En tu comunidad

HABLAR EN PAREJA Imagina que te encuentras con un(a) amigo(a) y conversan sobre las cosas que sucedieron en tu barrio. Trabaja con un(a) compañero(a). Tu compañero(a) te dice lo que pasó en el barrio y tú le respondes cómo te hizo sentir, usando las expresiones apropiadas, un verbo de emoción y el pluscuamperfecto del subjuntivo.

Videomodelo

Roberto / celebrar su cumpleaños

A —*Roberto celebró su cumpleaños.*

B —*Me alegré mucho que hubiera celebrado su cumpleaños.*

Estudiante A

1. la abuela de Pedro / enfermarse
2. los hijos de Ana / cambiarse de escuela
3. la familia Ortiz / irse de viaje
4. el dueño del supermercado / acusar al vecino
5. los padres de Luisa/comprarse una casa

Estudiante B

Me alegré . . .
Fue una lástima . . .
Me sorprendió . . .
Me enojó . . .
Fue maravilloso . . .

El español en la comunidad

El español y las campañas electorales

Cada día más, en las campañas electorales en los Estados Unidos los candidatos dedican tiempo a comunicarse en español con la comunidad hispanohablante. Además de que ya hay boletas para votar traducidas al español, hoy día los candidatos usan la radio, la televisión y páginas de Internet en español para trasmitir sus mensajes y dar entrevistas en español. Pero esta idea no es nueva; el presidente John F. Kennedy fue el primero que grabó mensajes en español durante su campaña, en 1960.

Como la población de hispanohablantes está creciendo en los Estados Unidos, se espera que durante las campañas presidenciales próximas, los candidatos usarán aún más el español para convencer *(convince)* a los hispanohablantes de votar por ellos. Es probable que entonces quienes puedan hablar los dos idiomas, ¡tendrán más posibilidades de ganar!

El bilingüismo es importante en las campañas electorales de varios países del mundo.

33 El culpable

ESCRIBIR Imagina que eres un(a) detective que investigó un robo en una tienda. Entrevistaste a diferentes personas y su comportamiento fue muy sospechoso. Usa la expresión *como si* y el pluscuamperfecto del subjuntivo para explicar cómo actuaron.

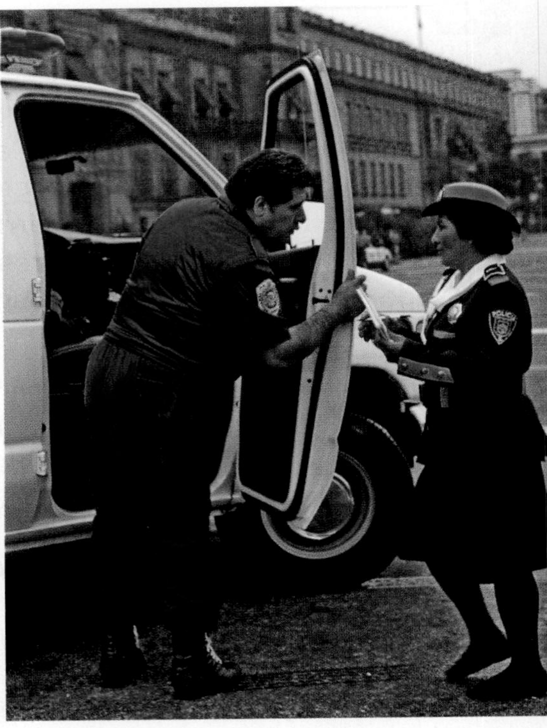

Modelo

el chofer *(reaccionar)* / *estar* enojado con la dueña
El chofer ***reaccionó como si hubiera estado*** *enojado con la dueña.*

1. el vecino *(actuar)* / no importarle nada
2. el contador *(responder)* / estar loco
3. la vendedora *(parecer)* / esconder algo
4. la dueña *(hablar)* / enojarse con la vendedora
5. el cliente *(reírse)* / asustarse con las preguntas

34 Por una sociedad mejor

HABLAR EN GRUPO, ESCRIBIR

1 En grupo, investiguen sobre la vida de una persona famosa que luchó o que lucha por una sociedad más justa. Pueden buscar información en la biblioteca o en la Red. La persona puede ser:

- un(a) presidente(a)
- un(a) escritor(a)
- un(a) pintor(a)
- un héroe o una heroína
- un(a) científico(a)

2 Preparen un cuestionario que incluye detalles y elaboración sobre la vida de la persona que escogieron, por ejemplo, dónde nació, cómo fue su niñez, a qué se dedicaba, cuáles eran o son sus razones para luchar por una sociedad mejor, qué logró hacer. Escriban en una hoja de papel aparte las respuestas a las preguntas del cuestionario.

Modelo

¿Cómo reaccionó el país cuando se murió Lincoln?
El país se sorprendió de que el presidente Lincoln hubiera muerto.

3 Intercámbiense los cuestionarios entre los grupos para responderlos. Luego, devuélvanlos al grupo que los hizo para que revise las respuestas.

4 Corrijan las respuestas y compartan su información sobre la persona famosa con el resto de la clase.

Gramática

OBJECTIVES
- Express what would or should have happened
- Discuss possible outcomes
- Exchange information about animal rights

Go **Online** to practice
PEARSON realize™
PearsonSchool.com/Autentico

AUDIO VIDEO WRITING

El condicional perfecto

You use the conditional perfect to express what would or should have happened at some point in the past.

Y tú, ¿qué **habrías dicho** en esa situación?
*And you, what **would you have said** in that situation?*

Yo le **habría dado** un buen consejo.
*I **would have given** him(her) good advice.*

You form the conditional perfect using the conditional of *haber* + the past participle of the verb.

habr**ía** trabaj**ado**	habr**íamos** trabaj**ado**
habr**ías** trabaj**ado**	habr**íais** trabaj**ado**
habr**ía** trabaj**ado**	habr**ían** trabaj**ado**

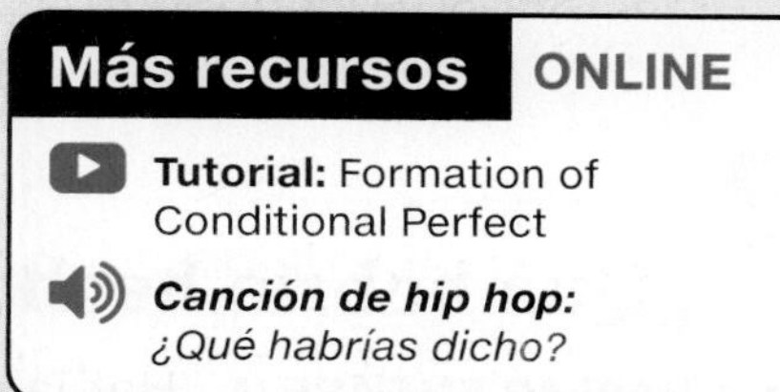
Más recursos ONLINE
Tutorial: Formation of Conditional Perfect
Canción de hip hop: *¿Qué habrías dicho?*

- The conditional is used with *si* clauses to say what might have been if things had been different. In these sentences you use the past perfect subjunctive and the conditional perfect together.

Si **hubiera sabido** que estabas interesada, te **habría invitado** a la reunión.
*If I had **known you were** interested, I **would have invited** you to the meeting.*

Si **no hubieran venido** a este país, **no** los **habrías conocido**.
*If they **hadn't come** to this country, you **would not have met** them.*

35 Lo habrían hecho pero, . . .

LEER Muchas personas quieren resolver problemas, pero no siempre pueden. Completa las frases con el condicional perfecto del verbo apropiado.

1. Yo (*participar / detener*) en la reunión, pero no pude porque estaba enferma.
2. Los profesores (*obligar / asegurar*) el respeto a los derechos de los estudiantes si hubieran ido a la manifestación.
3. Si las personas no hubieran actuado mal, la policía no los (*detener / intercambiar*).
4. Si yo fuera el profesor, (*decir / proponer*) otro código de vestimenta.
5. Si ellos no hubieran tenido problemas, no (*aceptar / sufrir*) nuestra ayuda.
6. Si hubiera tenido problemas como tú, yo (*buscar / asegurar*) el apoyo de mis padres.
7. Con un buen traductor, la confusión entre los dos países (*proponerse / resolverse*).

36

¿Qué habrías hecho?

ESCRIBIR Imagina que te sucedieran las siguientes cosas. Escribe frases sobre lo que habrías hecho si hubieras estado en estas situaciones.

Modelo

ser testigo

*Si **hubiera sido** testigo en un juicio, **me habría olvidado de todo lo que sabía.***

1. estar acusado
2. perder (una cosa)
3. llegar tarde
4. ganar un premio
5. ser sospechoso(a)
6. empezar a trabajar
7. encontrar (una cosa)
8. tener derecho a (algo)
9. ver un extraterrestre
10. tener conocimiento de (una cosa)

37

¿Qué habría hecho yo?

HABLAR EN PAREJA Habla con un(a) compañero(a) de lo que habrías hecho si hubieran pasado las siguientes cosas. Usen la información para hacer la pregunta *¿Qué habrías hecho si . . .?* y contéstenla. Apoyen sus opiniones.

Videomodelo

mudarse nuevos vecinos a tu barrio

A —*¿Qué habrías hecho si **se hubieran mudado nuevos vecinos a tu barrio**?*

B —***Yo habría ido a conocerlos. Siempre es bueno hacer nuevas amistades.***

1. (no) ir de vacaciones
2. perder mucho dinero
3. ocurrir un accidente en la calle
4. invitarte a ir a una fiesta
5. detenerte la policía
6. desaparecer tu coche
7. enterarte de un crimen
8. ignorarte tus amigos

38

Cómo me habría gustado

HABLAR EN PAREJA, ESCRIBIR

1 ¿Qué habrías hecho para mejorar la vida de los jóvenes de tu país y del mundo en el siglo XX? Trabaja con otro(a) estudiante preguntándole qué habría hecho él sobre los siguientes temas:

- la escuela
- los países pobres
- la comunidad
- el gobierno

Modelo

A: *¿Cómo habrías ayudado a los países pobres?*

B: *Habría enviado comida todos los meses.*

2 Ahora, cada pareja debe presentar y defender sus recomendaciones a la clase. La clase debe hacer comentarios y preguntas sobre las recomendaciones.

Go **Online** to practice PEARSON realize | PearsonSchool.com/Autentico

VIDEO WRITING SPEAK/RECORD

39

En otro país

ESCRIBIR, HABLAR EN PAREJA

❶ Imagina cómo habría sido tu vida si hubieras nacido en otro país. Piensa en un país que te interese. Investiga cómo vive la gente en ese lugar. Escribe un párrafo describiendo cómo habría sido tu vida en ese país. Usa oraciones conectadas con detalles y elaboración.

Modelo

Si yo hubiera nacido en España, habría hablado español. Me habría gustado la comida con pescado y mariscos, así como . . .

❷ Trabaja con otro(a) estudiante. Lean los párrafos que escribieron y digan por qué eligieron ese lugar. Añadan detalles de ese país, como el clima, los lugares que pueden visitar, la comida, el idioma y la música.

▲ Madrid, España

40

Por los derechos de los animales

LEER, ESCRIBIR, HABLAR EN GRUPO

❶ Lee el siguiente correo electrónico que se repartió en una manifestación en España a favor de los derechos de los animales.

❷ Responde a las siguientes preguntas sobre el correo electrónico.

1. Según el correo electrónico, ¿cuál es la situación de los perros en España? ¿Cómo ayudan los suizos?
2. ¿Cuál habría sido tu reacción si hubieras recibido este correo electrónico?
3. ¿Qué opinas sobre los derechos de los animales? ¿Piensas que todos los animales deben gozar de los mismos derechos? ¿Por qué?

www...

De: Patricio
A: riojas; marissa; rafael; lauda; professoramartinez
Cc:
Subjectivo: petición

Situación de los perros en España

Estoy obligado a escribir esto, después de toda la información que he recibido sobre el maltrato que dan a muchos animales en España. Ahora vivo en Zurich (Suiza), y me sorprende que la gente de este país tenga que solucionar nuestros problemas. Cada semana, llegan perros de España que son salvados de su sacrificio o rescatados de alguna otra situación difícil.

Por favor, firmen esta petición de apoyo.

—Amante de los animales 

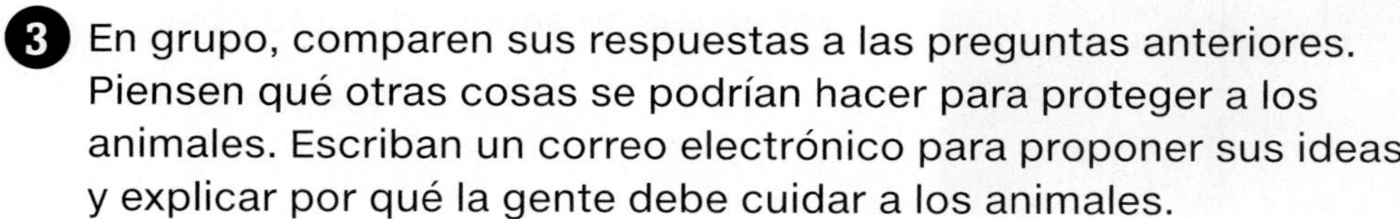

❸ En grupo, comparen sus respuestas a las preguntas anteriores. Piensen qué otras cosas se podrían hacer para proteger a los animales. Escriban un correo electrónico para proponer sus ideas y explicar por qué la gente debe cuidar a los animales.

Puente a la cultura

OBJECTIVES

- Read about heroes of the Latin American independence movement
- Compare and contrast the independence movements of the U.S. and of Spanish-speaking countries
- Create a timeline to organize and compare historical data

Héroes de América Latina

Durante la época colonial, España dominaba un territorio desde California hasta el Cabo de Hornos, al extremo sur de Sudamérica. Este territorio tenía aproximadamente 17 millones de habitantes y estaba dividido en cuatro virreinatos, o unidades políticas. Los representantes de la Corona[1] española controlaban no solo la política en las colonias sino también los impuestos[2], el comercio, y así la vida de los habitantes.

Los habitantes de las colonias en América criticaban a España por su gran poder, pero en 1808, la monarquía española tuvo una crisis. Al sentir que la monarquía estaba débil, los criollos, o hijos de españoles nacidos en América, se rebelaron contra la Corona, iniciando así un movimiento de independencia en las colonias. Este movimiento resultó en la independencia de los países de América Latina.

Aquí hablamos de tres de los héroes de este movimiento. Aunque la historia de cada uno es my diferente, sus sueños de crear naciones independientes en América son muy similares.

Estrategia

Creating a timeline Graphic aids are always useful to show data in a visual way. *Timelines* are graphic aids used to organize data in chronological order. Use them when you have historical information to organize and compare.

Online Cultural Reading

Go to Auténtico ONLINE to read and understand a website about laws against discrimination on the basis of nationality.

Simón Bolívar

Simón Bolívar: El Libertador de América

Simón Bolívar (1783–1830) nació en Caracas, Venezuela. Su sueño era liberar las colonias españolas y unirlas en una gran patria[3]. Casi lo logró en 1819 cuando, después de muchos éxitos militares, creó la República de la Gran Colombia y fue su presidente. La Gran Colombia incluía los territorios que hoy forman Colombia, Venezuela, Panamá y Ecuador. Hacia 1826, Bolívar ya era también jefe supremo del Perú y presidente de Bolivia. Pero Bolívar murió sin realizar su sueño. Nunca pudo unir las repúblicas hispanoamericanas ya que había divisiones entre ellas. Bolivia se independizó en 1825 y Venezuela se separó de Colombia.

[1](Spanish) crown [2]taxes [3]homeland

Go **Online** to practice PEARSON realize™ PearsonSchool.com/Autentico

 VIDEO  WRITING  MAPA GLOBAL

José Martí: El apóstol de la independencia cubana

Además de gran poeta e intelectual, José Martí (1853–1895) es el héroe nacional y el apóstol de la independencia de Cuba. Desde los dieciséis años, ya participaba en la vida política y estuvo en prisión por haber escrito en publicaciones contra las autoridades coloniales españolas. Lo deportaron a España y de allí, fue a Nueva York, donde escribió la mayoría de sus obras. Luego, fundó el Partido Revolucionario Cubano en 1892. Regresó a Cuba cuando comenzó la guerra por la independencia en 1895 y murió en una batalla.

José Martí ▶

Miguel Hidalgo: El precursor de la independencia de México

Miguel Hidalgo se destaca en la historia de México como uno de los precursores de la independencia de ese país. Muchos lo criticaron porque era miembro del clero[1] y tenía ideas revolucionarias. En 1810, durante un sermón, llamó al pueblo a luchar. Miles de indígenas que habían sufrido largos años de maltrato y explotación, decidieron seguirlo junto con los criollos. Miguel Hidalgo y su representante, el general Allende, organizaron el movimiento que llevó a la independencia en 1821.

[1] clergy

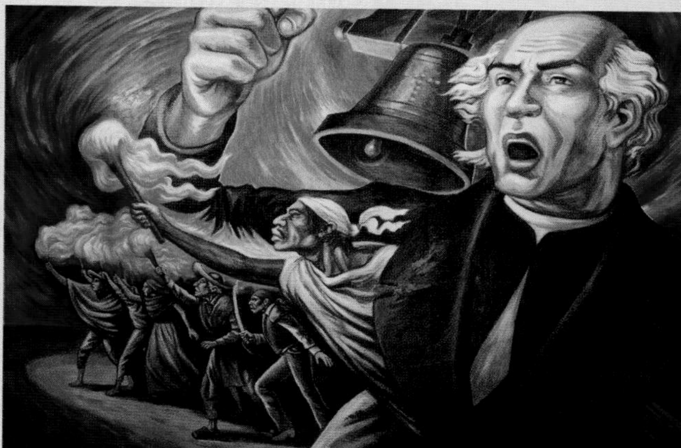

▲ Miguel Hidalgo

¿Comprendiste?

1. ¿En qué siglo se iniciaron los movimientos de independencia de las naciones hispanohablantes de América y cuáles fueron sus causas?
2. ¿Qué tienen en común los héroes del artículo? Da dos ejemplos.
3. Menciona dos héroes de otros países y di quiénes eran y qué hicieron.
4. Compara el movimiento de independencia de los Estados Unidos con el de las naciones hispanohablantes. Di cuáles son sus semejanzas y diferencias.

Cronología de la independencia latinoamericana

Copia la línea cronológica y complétala con la información del texto que leíste. Úsala para parafrasear la idea principal, el tema y los detalles del articulo.

1808	1810	1819	1821	1825	1826	1895
________ ________	Movimiento de independencia de México	________ ________	________ ________	Independencia de Bolivia	________ ________	________ ________

Mapa global interactivo Describe los territorios que Simón Bolívar, José Martí y Miguel Hidalgo ayudaron a liberar en Latinoamérica e investiga sus luchas.

Videodocumentario Gran trabajo para la comunidad

Pre-AP® Integración

OBJECTIVES

- Listen to and read about the legal system in Mexico
- Compare the old and new Mexican legal systems with the current legal system in the U.S.

¿Qué me cuentas?: Justicia para todos

Compara el sistema legal de México con el sistema de los Estados Unidos. Primero escucha la conversación. Anota las respuestas a las preguntas y guárdalas para usarlas en el paso 3.

1 Escucha el siguiente diálogo entre Sergio y su padre. Después de cada sección del diálogo vas a oír tres preguntas. Escoge la mejor respuesta para cada pregunta.

	a.	b.	c.
1.	a una propuesta	a un juicio	a un castigo
2.	un jurado, un juez y testigos	una secretaria y dos policías	un representante del estado
3.	un libro	un video	una obra de teatro
4.	gozarían de igualdad	todos serían culpables	no podría haber testigos
5.	el juez	el abogado	el estado
6.	es interesante	es divertido	es muy necesario

2 Ahora lee sobre el sistema legal de México.

México Hoy — 20 de junio

Aplicación del nuevo sistema penal

CIUDAD DE MÉXICO. En 2016 venció el plazo para aplicar en todo el país el nuevo Sistema de Justicia Penal. La reforma es ley desde 2008, pero los 32 estados tenían un plazo de ocho años para adaptarse a las nuevas condiciones. En el nuevo sistema, los acusados de un crimen son inocentes hasta que se compruebe su culpabilidad en un juicio oral. En el sistema anterior, el juez leía el caso y evaluaba las evidencias a solas. Eran juicios escritos que duraban de 6 a 8 meses. Con el sistema reformado, el juez escucha el caso delante del acusado, los abogados y el público en un juicio que dura solo de 2 a 3 meses.

3 En parejas, comparen el sistema legal antiguo de México con el sistema nuevo. Luego, conversen sobre cuál de los dos sistemas se parece más al sistema estadounidense que describen Sergio y su padre. Consideren estas preguntas: ¿Creen que una persona acusada bajo el sistema antiguo de México hubiera sido considerada culpable o inocente antes del juicio? ¿Y ahora? ¿Qué sistema trata mejor a los acusados y asegura sus derechos? ¿Qué ventajas y desventajas habrían en un juicio escrito y cerrado? ¿Y en un juicio abierto? Usen oraciones conectadas con detalles y elaboración y las siguientes u otras expresiones apropiadas para conectar sus ideas.

cuando	con tal que	antes de	mientras	aunque	después de

Presentación oral

OBJECTIVES

- Demonstrate how to present new rules and rights for your school
- Make a plan to improve your performance

Go **Online** to practice

PEARSON realize

PearsonSchool.com/Autentico

AUDIO

SPEAK/RECORD

Los derechos de los estudiantes

TAREA El director de la escuela ha decidido que los estudiantes propongan qué reglas y derechos les gustaría tener en su escuela. Prepara un discurso para presentar tus recomendaciones.

Estrategia

Think, plan, then speak Before proposing a list of rules, think about what you're going to include. Make a plan and use a table or graphic to organize your thoughts. Then, speak using the information that you have gathered.

1 Prepárate Completa una tabla como la siguiente con las reglas y los derechos que quieres proponer.

Reglas de la escuela	*Derechos de los estudiantes*

2 Practica Vuelve a leer la información que anotaste en la tabla. Practica varias veces tu discurso. Presenta razones por las que crees que estos derechos y reglas son beneficiosos. Usa tus notas para practicar, pero no al hablar ante la clase. Recuerda:

- explicar cada regla y derecho en forma clara y persuasiva
- presentar las situaciones y razones por las que serían beneficiosos
- mirar directamente al público y hablar con voz clara

Modelo

Los estudiantes deberíamos tener derecho a vacaciones más largas. Si hubiéramos tenido antes más tiempo para relajarnos, habríamos aprendido más y mejor. También la escuela debería tener derecho a exigir que . . .

3 Haz tu presentación Imagina que tus compañeros son los que van a analizar las reglas y los derechos que recomiendes. Debes convencerlos de tu opinión y de que tus recomendaciones beneficiarán tanto a los estudiantes como a los profesores. Recuerda usar oraciones conectadas con detalles y elaboración.

4 Evaluación Tu profesor(a) utilizará la siguiente rúbrica para evaluar tu presentación.

Rubric	Score 1	Score 3	Score 5
How well you use organizers	Your speech includes no organizers.	You use one or more organizers, but they contain little useful information.	You use organizers effectively to plan your speech.
How convincing you are	You miss important arguments. Your arguments are weak and lack details and elaboration.	You present some convincing arguments, but your speech lacks some details.	You present convincing arguments. Your sentences are connected and contain details and elaboration.
How effectively you deliver your speech	You read your speech and make no eye contact with your audience.	You make some eye contact, and you use some intonation.	Your eye contact is good. Your intonation helps get your message across.

Presentación escrita

OBJECTIVES

- Write an editorial essay for a newspaper
- Present other people's opinions about a subject
- Use an interesting fact to capture the audience's attention

¿Cuáles son sus derechos?

Eres reportero(a) y escribes un ensayo editorial sobre lo que saben los ciudadanos de los Estados Unidos acerca de los derechos y las garantías que tienen según la Constitución. Entrevista *(interview)* a personas de diferentes edades y usa sus respuestas.

Estrategia

Snappy introductions

An interesting introduction will get your reader involved in your essay immediately. One good way to begin is to ask a question to pique his or her curiosity. Another way to hook your reader is to start with an interesting fact or incident related to your story.

1 Antes de escribir Usa estas preguntas en tus entrevistas. Escribe las respuestas en una tabla como la del modelo.

1. ¿Es ciudadano(a) de los Estados Unidos?
2. ¿A qué se dedica?
3. ¿Sabe qué derechos y garantías tiene?
4. ¿Cómo usa usted sus libertades?
5. ¿Cómo compara su situación en este país con respecto a otros países?

Entrevista a: Ingrid Ramírez

1. ciudadana de los Estados Unidos
2. maestra en Nueva York
3. derecho a la libertad de expresión, libertad de prensa, libertad de religión
4. "Trabajo, me expreso y viajo libremente; tengo la religión que quiero".
5. muy buena situación

Entrevista a: Jorge Ríos

1. ciudadano de los Estados Unidos
2. mecánico en Miami
3. derecho a la libertad de decir lo que uno quiere
4. "Puedo tener una vida cómoda, trabajar y viajar".
5. mejor situación que en otros países

2 Borrador Escribe tu borrador. Presenta las opiniones de las personas entrevistadas. Añade todos los detalles necesarios con oraciones conectadas con detalles y elaboración. Recuerda usar el vocabulario y la gramática de este capítulo.

Modelo

Snappy introduction uses a question to get the readers' attention → *Nuestra Constitución determina los derechos y las garantías que tienen los ciudadanos de este país. Pero, ¿sabe realmente la gente de qué tratan esos derechos y garantías? La mayoría de nosotros vivimos sin preguntarnos qué habría sido de nuestra vida si no se hubieran creado los derechos de los ciudadanos . . .*

Examples of how people think about the topic → *Por ejemplo Ingrid, una maestra de Nueva York, dice que goza de sus libertades ya que trabaja, se expresa y viaja libremente . . .*

Conclusion ties everything together → *Al igual que Ingrid, muchas personas que hubieran vivido en este país en las últimas décadas habrían . . .*

3 **Redacción/Revisión** Después de escribir el primer borrador, trabaja con otro(a) compañero(a) para intercambiar los trabajos y leerlos. Decidan qué aspectos son más interesantes. Luego, hagan sugerencias para mejorar sus composiciones y corregir los errores.

- ¿Se usó correctamente el pluscuamperfecto del subjuntivo y el condicional perfecto?
- ¿Existen errores de ortografía?

La ~~mayorías~~ mayoría de nosotros vivimos sin preguntarnos qué ~~habrían~~ habría sido de nuestra vida si no se ~~hubiera~~ hubieran creado los derechos de los ciudadanos . . .

4 **Publicación** Antes de hacer la versión final, lee de nuevo tu borrador y repasa los siguientes puntos:

- ¿Presenta el ensayo una idea clara sobre el tema?
- ¿Incluí opiniones de otras personas para explicar el tema?
- ¿Incluí razones que apoyan y defienden las opiniones?
- ¿Usé oraciones conectadas con detalles y elaboración?
- ¿Muestra el ensayo la importancia del tema?
- ¿Presenta una conclusión interesante?

Después de revisar el borrador, escribe una copia en limpio de tu composición.

5 **Evaluación** Se utilizará la siguiente rúbrica para evaluar tu presentación.

Rubric	Score 1	Score 3	Score 5
Completion of task	Important parts of your essay are missing.	Information in your essay is disorganized and hard to follow.	You include and organize all the parts needed for an effective essay.
Effective introduction	Your essay lacks an introduction.	You attempt an introduction, but it is not effective.	Your introduction is effective, attracting and orienting readers.
Grammar, spelling, mechanics	You make many errors in grammar, spelling, and punctuation.	You make some errors in grammar, spelling, and punctuation.	You make very few errors in grammar, spelling, and punctuation.

Lectura

OBJECTIVES

- Read and understand an autobiographical account
- Understand the author's reasons for writing the selection
- Read about a Bolivian social activist and give your opinion about social rights movements

Al leer

Este fragmento es parte de una historia oral basada en las experiencias de Domitila Barrios de Chungara en las minas de cobre *(copper mines)* de Bolivia que fue recogida y escrita por Moema Viezzer. En este fragmento, Domitila cuenta cómo tenía que luchar para quedarse en la escuela y continuar su educación. Su testimonio revela a una joven cuyo coraje y determinación lograron vencer los obstáculos y prejuicios que formaban parte de la vida diaria de las mujeres en los pueblos mineros. Mientras lees este relato, presta atención a los siguientes puntos y luego completa la tabla que aparece en la página 489 con la siguiente información:

- el ambiente de pobreza en el hogar de la protagonista
- los errores que cometió y cómo logró superarlos
- los obstáculos que tuvo que enfrentar
- la actitud del padre de Domitila

Estrategia

Investigate the author's reasons Authors must decide which materials are most appropriate for describing the events they want to include in the narration of their experiences. The setting, the selection of special memories and how they affected the author's life, the use of particular details to describe feelings and personal opinions and the inclusion of anecdotes to liven up the narration will give you clues to the author's reasons for writing.

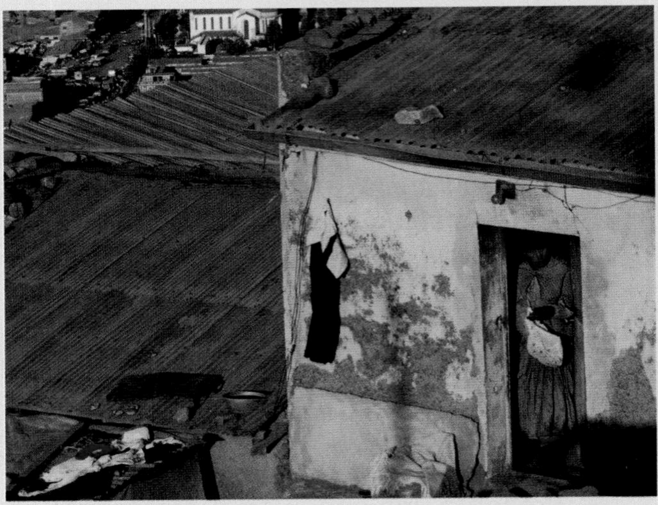

Si me permiten hablar . . . Testimonio de Domitila Barrios, por Moema Viezzer

(Fragmento)

Bueno, en el 54 me fue difícil regresar a la escuela después de las vacaciones, porque nosotros teníamos una vivienda que consistía en una pieza pequeñita donde no teníamos patio y no teníamos dónde ni con quiénes dejar a las wawas[1]. Entonces consultamos al director de la escuela y él dio permiso para llevar a mis hermanitas conmigo. El estudio se hacía por las tardes y por las mañanas. Yo tenía que combinar todo: casa y escuela. Entonces yo llevaba a la más chiquita cargada y a la otra agarrada de la mano y Marina llevaba las mamaderas[2] y las mantillas[3] y mi hermana la otrita llevaba los cuadernos. Y así todas nos íbamos a la escuela. En un rincón teníamos un cajoncito donde dejábamos a la más chiquita mientras seguíamos estudiando. Salía de la escuela, tenía que cargarme la niñita, nos íbamos a la casa y tenía yo que cocinar, lavar, planchar, atender a las wawas. Me parecía muy difícil todo eso. ¡Yo deseaba tanto jugar! Y tantas otras cosas deseaba, como cualquier niña.

Dos años después, ya la profesora no me dejó llevar a mis hermanitas porque ya metían bulla[4]. Mi padre no podía pagar a una sirvienta, pues no le alcanzaba su sueldo ni para la comida y la ropa de nosotras. En la casa, por ejemplo, yo andaba siempre descalza, usando los zapatos solamente para ir a la escuela.

[1]small children [2]baby bottles [3]diapers [4]made noise

Bueno, como la profesora me había dado aquella orden, entonces yo empecé a irme sola a la escuela. Echaba llave a la casa y tenían que quedarse las wawas en la calle, porque la vivienda era oscura, no tenía ventana y les daba mucho terror cuando se la cerraba. Era como una cárcel[5], solamente con una puerta. Y no había dónde dejar a las chicas, porque en ese entonces vivíamos en un barrio de solteros, donde no había familias, puros hombres vivían allí.

Entonces mi padre me dijo que dejara la escuela, porque ya sabía leer y leyendo podía aprender otras cosas. Pero yo no acepté y me puse fuerte[6] y seguí yendo a la escuela.

Mi padre gestionó[7] en la empresa minera de Pulacayo para que le diera una vivienda con patiecito, porque era muy difícil vivir donde estábamos. Y el gerente, a quien mi papá le arreglaba sus trajes, ordenó que le diera una vivienda más grande con un cuarto, una cocina y un corredorcito donde se podía dejar a las chicas.

Sufríamos hambre a veces y no nos satisfacían los alimentos porque era poco lo que podía comprar mi papá. Ha sido duro vivir con privaciones y toda clase de problemas cuando pequeñas. Pero eso desarrolló algo en nosotras: una gran sensibilidad, un gran deseo de ayudar a toda la gente. Nuestros juegos de niños siempre tenían algo relacionado con lo que vivíamos y con lo que deseábamos vivir. Además, en el transcurso de nuestra infancia habíamos visto eso: mi madre y mi padre, a pesar de que teníamos tan poco, siempre estaban ayudando a algunas familias de Pulacayo. Entonces, cuando veíamos pobres por la calle mendigando[8], yo y mis hermanas nos poníamos a soñar. Y soñábamos que un día íbamos a ser grandes, que íbamos a tener tierras, que íbamos a sembrar y que a aquellos pobres les íbamos a dar de comer.

Y bueno, así era nuestra vida. Yo tenía entonces 13 años. Mi padre siempre insistía en que no debía seguir en la escuela. Pero yo le iba rogando[9], rogando y seguía yendo. Claro, siempre me faltaba material escolar[10]. Entonces, algunos maestros me comprendían, otros no.

[5]jail [6]got stubborn [7]negotiated [8]begging [9]pleading [10]school supplies

El problema es que habíamos hecho un trato[11] mi papá y yo. Él me había explicado que no tenía dinero, que no me podía comprar material, que no podía dar nada para la escuela. Y de ahí que me arreglaba como podía. Y por eso tenía yo problemas.

En el sexto curso tuve como profesor a un gran maestro que me supo comprender. Era un profesor bastante estricto, y los primeros días que no llevé el material completo, me castigó severamente. Tuve que irme a la casa, llorando. Pero al día siguiente, volví. Y de la ventana miraba lo que estaban haciendo los chicos.

En uno de esos momentos, el profesor me llamó.

—Seguramente no ha traído su material —me dijo. Yo no podía contestar y me puse a llorar.

—Entre. Ya pase, tome su asiento. Y a la salida se ha de quedar usted.

A la salida me quedé y entonces él me dijo:

—Mira, yo quiero ser tu amigo, pero necesito que me digas qué pasa con vos[12]. ¿Es cierto que no tienes tu mamá?

—Sí, profesor.

—¿Cuándo se murió?

—Cuando estaba todavía en el primer curso.

—Y tu padre, ¿dónde trabaja?

—En la policía minera, es sastre[13].

—Bueno, ¿qué es lo que pasa? Mira, yo quiero ayudarte, pero tienes que ser sincera. ¿Qué es lo que pasa?

Yo no quería hablar, porque pensé que iba a llamar a mi padre como algunos profesores lo hacían cuando estaban enojados. Pero el profesor me hizo otras preguntas y entonces le conté todo. También le dije que podía hacer mis tareas, pero que no tenía mis cuadernos, porque éramos bien pobres y mi papá no podía comprar y que, años atrás, ya mi papá me había querido sacar de la escuela porque no podía hacer ese gasto más. Y que con mucho sacrificio y esfuerzo había yo podido llegar hasta el sexto curso. Pero no era que mi papá no quisiera, sino porque no podía, porque, incluso, a pesar de toda la creencia que había en Pulacayo de que a la mujer no se le debía enseñar a leer, mi papá siempre quiso que supiéramos por lo menos eso.

Sí, mi papá siempre se preocupó por nuestra formación[14]. Cuando murió mi mamá, la gente nos miraba y decía: "Ay, pobrecitas, cinco mujeres, ningún varón . . . ¿Para qué sirven? . . . Mejor si se mueren". Pero mi papá muy orgulloso decía: "No, déjenme a mis hijas, ellas van a vivir". Y cuando la gente trataba de acomplejarnos[15] porque éramos mujeres y no servíamos para gran cosa, él nos decía que todas las mujeres tienen los mismos derechos que los hombres. Y decía que nosotras podíamos hacer las hazañas[16] que hacen los hombres. Nos crió siempre con esas ideas. Sí, fue una disciplina muy especial. Y todo eso fue muy positivo para nuestro futuro. Y de ahí que nunca nos consideramos mujeres inútiles.

El profesor comprendía todo esto, porque yo le contaba. E hicimos un trato de que yo le iba a pedir todo el material que necesitaba. Y así pude terminar mi último año escolar.

[11]deal [12]with you [13]tailor [14]education [15]make us feel bad [16]feats

Vista de La Paz, Bolivia

Mapa global interactivo Describe la historia de Bolivia y su industria minera. Investiga la geografía de la región.

Go **Online** to practice
PEARSON realize™

PearsonSchool.com/Autentico

WRITING

MAPA GLOBAL

Interacción con la lectura

1 Completa la tabla siguiente para investigar por qué Domitila Barrios de Chungara escribió este relato autobiográfico.

Razones de Domitila	Ejemplos
describir las condiciones en que ella y su familia vivían	vivienda pobre, pasar hambre
analizar sus errores para prevenirlos en el futuro	
explicar su actitud frente a los obstáculos que tenía que enfrentar	
explicar el comportamiento de sus maestros	
explicar el comportamiento de su padre	

2 Trabaja con otro(a) compañero(a) para analizar la información de las tablas de cada uno(a). Usa esa información para ayudarte a parafrasear la idea principal del relato. Incluye el tema y los detalles más importantes. Luego, comenten cuáles son las razones principales que llevaron a Domitila Barrios de Chungara a escribir este relato.

¿Comprendiste?

1. ¿Por qué dice Domitila que le fue difícil regresar a la escuela después de las vacaciones de 1954?
2. ¿Qué quiere decir Domitila cuando dijo que tenía que vivir con privaciones? ¿Qué aspecto positivo surgió de las privaciones?
3. ¿Cuál era la actitud del pueblo de Pulacayo hacia las mujeres?
4. ¿Qué piensas de la actitud del padre hacia los derechos de las mujeres?
5. ¿Piensas que Domitila logró superar los obstáculos que tuvo que enfrentar? Explica tu respuesta.

CULTURA Bolivia

Domitila Barrios De Chungara (1937–2012) se crió en Pulacayo, un pueblo minero de Bolivia. Recogió sus memorias de este pueblo en su obra *Si me permiten hablar . . . .* Desde muy pequeña, Domitila estaba consciente del sufrimiento de su pueblo. Su ambición era mejorar las condiciones de vida de los campesinos y mineros de Bolivia. En 1952 se casó con un minero y empezó a participar en el Comité de Amas de Casa *(Homemakers)* del Distrito Minero Siglo XXI, y después, fue nombrada su Secretaria General. Su participación en las protestas contra las injusticias del gobierno causó que la encarcelaran *(jailed)*. Después tuvo que exiliarse *(go into exile)* en Europa. A pesar de estas experiencias, Domitila siguió su campaña por los derechos humanos y fue nominada para el Premio Nobel de la Paz en 2005.

- Parafrasea la idea principal de la biografía. Incluye el tema y los detalles más importantes.

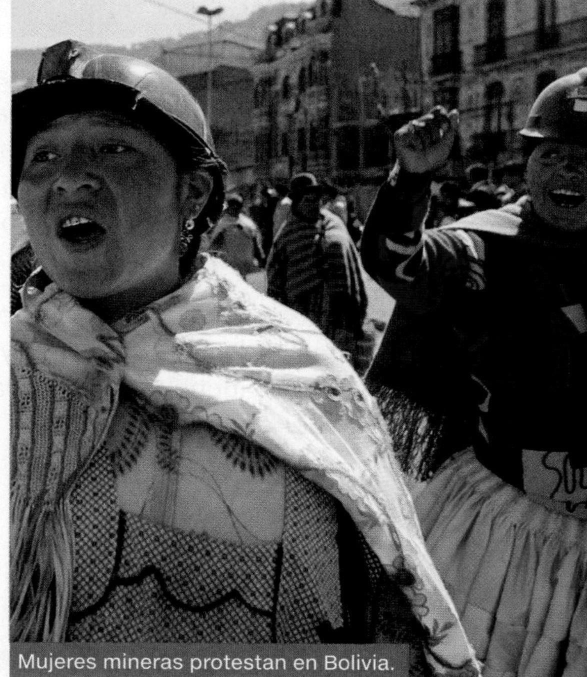
Mujeres mineras protestan en Bolivia.

Auténtico

Partnered with 

Niñas con altura

Antes de ver

Usa la estrategia: Claves visuales y contexto

Mira la imagen. ¿Qué relación tendrá con este capítulo? Al ver el video, usa las imágenes y el texto para entender lo que dicen las personas. Fíjate en sus gestos. ¿Sonríen o no? ¿Mueven las manos o la cabeza al hablar?

Lee el vocabulario clave

altura = height; altitude
en promedio = on average
varón = man
dama = woman
cancha = sports field
contextos masculinos = male settings
arma secreta = secret weapon
aula de clase = classroom
trabajo en equipo = team work
autoestima = self-esteem

 Ve el video

En este capítulo viste que la igualdad es fundamental para que haya una sociedad justa. Piensa en qué pasa cuando no hay igualdad de oportunidades para hombres y mujeres. ¿Cómo se puede solucionar esa desigualdad?

Ve a **PearsonSchool.com/Autentico** para ver el video ***Niñas viviendo con altura*** y conocer un programa que lucha por la equidad de género *(gender equality)* en Bolivia.

Haz las actividades

Mientras ves Mientras ves el video, es importante que no solo oigas lo que dicen las personas sino que leas el texto que aparece en la pantalla y las palabras que identifican a cada persona. Pon atención a los detalles importantes que te ayudarán a entender el resto del video. Anota estos datos:

- ¿Qué ciudad aparece en el video y qué tipo de ciudad es?
- Parafrasea el texto que aparece al comienzo del video. ¿Qué puedes inferir de este texto?

Integración

Después de ver Vuelve a ver el video para poder contestar estas preguntas:

1. Parafrasea lo que dice el entrenador sobre cómo se discriminaba a las mujeres hace unos años.
2. Parafrasea las metas de las niñas que hablan en el video.
3. Resume qué busca el programa a través de la estrategia del deporte.
4. ¿Por qué crees que el video se llama *Niñas viviendo con altura?*

 **For more activities, go to the Authentic Resources Workbook.**

La igualdad y el bienestar social

Expansión Busca estos recursos en *Auténtico* en línea y contesta las preguntas.

 **10 Auténtico**

Integración de ideas ¿De qué manera la equidad de género contribuye al bienestar *(well-being)* social de un país? Antes de escribir, conversa sobre este asunto con un(a) compañero(a). Recuerda usar gestos apropiados al exponer tus ideas.

Comparación cultural Compara la discriminación de la que se habla en el video con un tipo de discriminación que veas en Estados Unidos. Da ejemplos.

Repaso del capítulo

OBJECTIVE

▶ Review the vocabulary and grammar

Vocabulario

sobre tus derechos y responsabilidades

aplicar (las leyes)	to apply (the law)
discriminado, -a	discriminated
discriminar	to discriminate
funcionar	to function
gozar (de)	to enjoy
maltratar	to mistreat
obligar	to force
sufrir	to suffer
tratar	to treat
votar	to vote

en el hogar

el abuso	abuse
el / la adolescente	adolescent
el apoyo	support
la libertad	liberty
la niñez	childhood
la pobreza	poverty

en la escuela

el armario	locker
la autoridad	authority
el código de vestimenta	dress code
el deber	duty
la enseñanza	teaching
la igualdad	equality
el maltrato	mistreatment
el motivo	cause
el pensamiento	thought
la razón	reason
el respeto	respect

otros adjetivos y expresiones

adecuado, -a	adequate
ambos	both
de ese modo	in that way
en cuanto a	with respect to, as for
estar sujeto(a) a	to be subject to
gratuito, -a	free (no cost)
satisfactorio, -a	satisfactory

sobre los derechos de los ciudadanos

el / la acusado(a)	accused, defendant
asegurar	to assure
el castigo	punishment
la desigualdad	inequality
el desempleo	unemployment
detener	to detain
el estado	the state
la felicidad	happiness
fundamental	fundamental, vital
la injusticia	injustice
el juicio	judgement
el jurado	jury
la justicia	justice
juzgar	to judge
la paz	peace
la prensa	the press
la propuesta	proposal
sospechoso, -a	suspicious
el / la testigo	witness
la tolerancia	tolerance
violar	to violate

sobre los derechos de todas las personas

la aspiración	aspiration
el fin	purpose
la garantía	guarantee
la igualdad	equality
intercambiar	to exchange
libre	free
mundial	worldwide
opinar	to think
pacífico, -a	peaceful
proponer	to propose, to suggest
el punto de vista	point of view
el valor	value

otros adjetivos y expresiones

a medida que	as
ante	before
culpable	guilty
democrático, -a	democratic
de modo que	so, so that
el modo	the way
en lugar de	instead of
la falta de	lack of
inocente	innocent
llegar a	to reach, to get to

Más recursos PearsonSchool.com/Autentico

Games 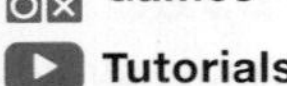 Flashcards Instant check

Tutorials

Gramática

La voz pasiva: ser + participio pasado

Form the passive voice by using *ser* + past participle. The past participle is an adjective, so it agrees in number and gender with the subject. However, use the impersonal *se* when the subject is unknown.

Las reglas **son aplicadas** por el estado. **Se necesita** una persona para trabajar con nosotros.

El presente y el imperfecto del subjuntivo

Use the present subjunctive when the verb in the main clause is in the present, present perfect, command or future tense.

Dile que **vote** mañana en las elecciones.
No hemos dicho que ella **sea** nuestra amiga.
Armando cantará cuando **se lo pidan**.

Use the imperfect subjunctive when the verb in the main clause is in the preterite, imperfect, pluperfect or conditional.

Mi maestra me pidió que **bailara**.
El presidente quería que todos **votaran**.
El adolescente había tratado que **nos conociéramos**.
Le gustaría a mamá que **llegáramos** a tiempo.

pluscuamperfecto del subjuntivo

Use the pluperfect subjunctive when the verb of the main clause is in the preterite, the imperfect or the pluperfect of the indicative.

Esperaba que **hubieran ido** a la fiesta con los niños.
Carlos no pensó que Juan **hubiera intercambiado** su pluma.
Había querido que la prensa **hubiera dicho** la verdad.

To form the pluperfect subjunctive use the past subjunctive of *haber* + the past participle of the verb.

hubier**a**	sal**ido**	hubier**a**	sal**ido**	hubier**ais**	sal**ido**
hubier**as**	sal**ido**	hubié**ramos**	sal**ido**	hubier**an**	sal**ido**

Also use the pluperfect subjunctive when the verb in the main clause is in the conditional.

¿**Sería** posible que él **hubiera terminado** la tarea?

After the expression *como si* (as if), use either the imperfect subjunctive or the pluperfect subjunctive.

Estaba tan alegre **como si hubiera dormido**. El niño descansa **como si no tuviera** nada que hacer.

El condicional perfecto

Form the conditional perfect using the conditional of *haber* + the past participle of the verb.

habr**ía**	trabaj**ado**	habr**ía**	trabaj**ado**	habr**íais**	trabaj**ado**
habr**ías**	trabaj**ado**	habr**íamos**	trabaj**ado**	habr**ían**	trabaj**ado**

In sentences with *si* clauses, use the past perfect subjunctive and the conditional perfect together.

Si **hubieras ido** a la fiesta, te **habrías divertido**. Si **hubieran venido** aquí, no **habrían estudiado**.

Repaso del capítulo

OBJECTIVE

▶ Demonstrate that you can perform the tasks on these pages

Preparación para el examen

1 Vocabulario Escribe la letra de la palabra o expresión que mejor complete cada frase. Escribe tus respuestas en una hoja aparte.

1. El ______ de las opiniones de los demás ayuda a que la gente viva de manera pacífica.
   a. valor c. respeto
   b. código de vestimenta d. maltrato
2. Antes, era muy difícil recibir las noticias ______ si vivías en un pueblo pequeño.
   a. inocentes c. enseñanzas
   b. propuestas d. mundiales
3. La justicia y la paz son ______ que tienen los países de todo el mundo.
   a. democráticas c. aspiraciones
   b. injusticias d. castigos
4. A medida que le hacían preguntas, el sospechoso de ______ la ley se asustaba más.
   a. intercambiar c. opinar
   b. violar d. proponer
5. En los libros que usan los abogados encontrarás frecuentemente las palabras juicio, ______ y juzgar.
   a. jurado c. desempleo
   b. armario d. felicidad
6. Cuando pasan de ______ , muchos adolescentes creen que pueden hacer todo sin avisar a sus padres.
   a. la niñez c. la injusticia
   b. la pobreza d. la libertad
7. La policía tiene ______ de detener a las personas cuando existe un motivo.
   a. la igualdad c. el deber
   b. la tolerancia d. el pensamiento
8. ______ guardar para sus estudios el dinero que ganó con el premio, lo gastó en divertirse.
   a. A pesar de c. Ante
   b. En lugar de d. Debido a

2 Gramática Escribe la letra de la palabra o expresión que mejor complete cada frase. Escribe tus respuestas en una hoja aparte.

1. Luis no esperaba que su jefe lo ______ a quedarse trabajando toda la noche.
   a. obligará c. habrá obligado
   b. habían obligado d. hubiera obligado
2. Las leyes que prohiben maltratar a los animales ______ en muchas ciudades.
   a. aplicarán c. están aplicadas
   b. son aplicados d. son aplicadas
3. Si ______ una educación adecuada, todos los jóvenes se habrían graduado.
   a. tienen c. hubieran tenido
   b. tenían d. han tenido
4. La acusada hablaba sobre el asunto como si ______ la autoridad para acusar a otros durante su propio juicio.
   a. hubiera gozado de c. habría gozado de
   b. han gozado de d. ha gozado de
5. Dile al candidato que te ______ que va a luchar contra la desigualdad.
   a. asegure c. asegura
   b. asegurará d. ha asegurado
6. Si ______ sujeto a todos los problemas que sufrió ese adolescente, tu punto de vista sería muy distinto.
   a. estabas c. hubiste estado
   b. estás d. hubieras estado
7. Ambos estudiantes le pidieron al profesor que ______ de convencer a toda la clase para que votaran por su candidata.
   a. tratará c. tratara
   b. hubiera tratado d. trataría
8. Su amigo le ______ el apoyo que necesitaba si él no lo hubiera tratado así.
   a. sería dado c. había dado
   b. habrá dado d. habría dado

Más recursos PearsonSchool.com/Autentico

 Games  Flashcards  Instant check

Tutorials

En el examen vas a . . .	Éstas son las tareas que te pueden ser útiles para el examen . . .	Para repasar, ve a tu libro de texto impreso o digital . . .
Interpretive		
  **3 ESCUCHAR** Yo puedo escuchar y comprender la descripción de las reglas de un club deportivo.	Responde a las preguntas sobre las reglas del Club Deportivo Veloz. (a) ¿Respetar el código de vestimenta es un derecho o un deber de los miembros? (b) ¿Qué significa que los miembros tendrán derecho de opinar? (c) ¿Qué les pasa a los que no obedecen las reglas? (d) ¿Crees que hay igualdad entre los derechos y los deberes de los miembros? Di por qué.	**pp. 454–457** *Vocabulario en contexto 1* **p. 462** Actividad 12 **p. 482** *Pre-AP® Integración*
Presentational		
 **4 HABLAR** Yo puedo hacer una presentación para explicar por qué los animales también tienen derechos.	Haz una presentación a los jóvenes del barrio sobre lo que deben hacer para cuidar a los animales. Usa oraciones conectadas con detalles y elaboración que incluye: (a) una explicación de los problemas que sufren los animales, (b) qué derechos deberían tener, (c) lo que pueden hacer los jóvenes para protegerlos.	**p. 479** Actividad 40 **p. 483** *Presentación oral*
Interpretive		
 **5 LEER** Yo puedo leer y comprender un párrafo de un ensayo editorial.	Lee un párrafo de un ensayo editorial sobre el mar y Chile. (a) ¿Qué solución propone el autor para desarrollar al país? (b) ¿Quién es el libertador de Chile? (c) ¿De qué depende Chile? *Ante lo que he dicho antes, propongo que hagamos una campaña para que Chile vuelva a mirar hacia el mar como solución para desarrollar al país. Para terminar, debemos recordar a nuestro libertador, Don Bernardo O'Higgins, quien dijo que el pueblo de Chile, "desde siempre y para siempre, depende del mar".*	**pp. 466–468** *Vocabulario en contexto 2* **p. 473** Actividad 29 **pp. 486–489** *Lectura*
Presentational		
 **6 ESCRIBIR** Yo puedo escribir un cuestionario sobre cómo hacer uso de un parque.	En un parque sembraron césped y flores y construyeron un camino para bicicletas, pero la gente no está de acuerdo en cómo usarlos. Escribe un cuestionario para preguntarles cómo habrían usado el parque si hubiera sido de ellos. Incluye (a) el horario, (b) las obligaciones y los derechos, (c) lo que debe garantizar la ciudad.	**p. 460** Actividad 9 **p. 465** Actividad 17 **p. 478** Actividades 36, 38
Comparisons		
7 COMPARAR Yo puedo comparar algunos problemas que enfrentan los jóvenes.	Compara los problemas de la juventud en tu comunidad con algunos de los problemas de la lista de *Vocabulario en contexto 2,* p. 468.	**p. 481** *¿Comprendiste? #4*

Vocabulario adicional

Capítulo 1

El equipo para ir de cámping

el abrelatas can opener
la balsa raft
el bote inflable inflatable boat
la cantimplora canteen
la caña de pescar fishing rod
el casco helmet
el chaleco salvavidas life jacket
los fósforos matches
la leña firewood
el remo oar, paddle

Para indicar cuándo sucede algo

el amanecer dawn
el atardecer dusk
el mediodía noon
la puesta del sol sunset
la salida del sol sunrise

Expresiones para los deportes

empatar to tie (a game)
la cancha (sports) field
el podio podium

Capítulo 2

Los materiales

la acuarela watercolor
el barro clay
el caballete easel
el lienzo canvas
el óleo oleo (paint)
la témpera tempera

Las expresiones de teatro

la escenografía set design
la iluminación lighting
la ovación ovation
poner en escena (una obra) to stage (a play)
el telón curtain
la utilería props
el vestuario wardrobe

Los instrumentos musicales

el arpa harp
el contrabajo double bass
la flauta flute
el instrumento de cuerda string instrument
el instrumento de percusión percussion instrument
el instrumento de viento wind instrument
el violoncelo cello

La literatura

la autobiografía autobiography
la biografía biography
el ensayo essay
la estrofa stanza
la ficción fiction
la prosa prose
la rima rhyme

Capítulo 3

Las expresiones para la salud

el análisis clínico laboratory test
el / la especialista specialist
el estetoscopio stethoscope
el medicamento medicine
los minerales minerals
la presión arterial blood pressure
los primeros auxilios first aid
la respiración breathing
el síntoma symptom
el termómetro thermometer

Las máquinas de ejercicio

la caminadora treadmill
la máquina de remar rowing machine
la máquina de subir escaleras stair climber
las pesas libres free weights

Los condimentos

la mayonesa mayonnaise
la mostaza mustard
la salsa de tomate ketchup

Otro tipo de comidas

los fideos noodles

Capítulo 4

Los estados de ánimo

ansioso, -a anxious
abrumado, -a overwhelmed
agotado, -a exhausted
rendido, -a worn out

Las relaciones con los demás

agradecer to thank
chismear to gossip
disculpar to excuse
insultar to insult
opinar to give / to have an opinion
querer (a alguien) to love (someone)
soportar to tolerate

Capítulo 5

Expresiones para el empleo y trabajo voluntario

comunitario, -a community related
la destreza skill
los estudios (cursados) studies (completed)

el patrón / la patrona boss
los recursos humanos human resources
el / la supervisor(a) supervisor
sin fines de lucro nonprofit

Capítulo 6

Otras profesiones

el / la aprendiz apprentice
el / la camarógrafo(a) cameraman, camerawoman
el / la cirujano(a) surgeon
el /la intérprete interpreter
el / la jardinero(a) gardener
el / la modista(a) dressmaker, designer
el /la oculista eye doctor

Las ciencias

la astronomía astronomy
la física physics
la química chemistry

La tecnología

la energía nuclear nuclear energy
el facsímil fax
la fotocopiadora copier
inalámbrico, -a wireless
el microscopio electrónico electronic microscope
el rayo / la luz láser laser beam / light
el telescopio telescope

Capítulo 7

La arqueología

abandonar to abandon
el / la antropólogo(a) anthropologist
avanzado, -a advanced
los datos data, information
la desaparición disappearance
descifrar to decipher
desenterrar to unearth
la evolución evolution
el / la geólogo(a) geologist
el jeroglífico hieroglyph
la prueba proof
el significado meaning
surgir to arise

Para hablar del universo

la constelación constellation
la galaxia galaxy
intergaláctico, -a intergalactic
el sistema solar solar system

Otras formas geométricas

el cuadrado square
la circunferencia circumference
el cubo cube
la esfera sphere
la rueda wheel

Capítulo 8

La arquitectura

la capilla chapel
la cúpula dome
el muro wall
la muralla (de la ciudad) wall (of a city)

Expresiones para la historia de América

la armadura armor
las armas de fuego firearms
el arribo arrival
cabalgar to ride a horse
la carabela caravel
el escudo shield
la lanza spear
la nave (a vela) sailboat
la pólvora gunpowder
unificar to unify
el yelmo helmet

Capítulo 9

Expresiones sobre el cuidado del planeta

la atmósfera atmosphere
la biosfera biosphere
descomponer(se) to decompose
los desechos industriales industrial waste
el /la ecólogo(a) ecologist
la erosión erosion
la radioactividad radioactivity
radiactivo,-a radiactive
la superpoblación overpopulation
la sustancia substance
la tala de bosques felling of forests

Capítulo 10

Las leyes y los derechos

apelar to appeal
el congreso congress
la Declaración de Derechos Bill of Rights
la democracia democracy
los derechos civiles civil rights
los derechos humanos human rights
encarcelar to put in jail
las enmiendas amendments
el himno nacional national anthem
la monarquía monarchy
la patria homeland
el patriotismo patriotism
el senado senate

Resumen de gramática

Grammar Terms

Adjectives describe nouns: *a* ***red*** *car.*

Adverbs usually describe verbs: *He read it* ***quickly.*** Adverbs can also describe adjectives or other adverbs: ***very*** *tall,* ***quite*** *well.*

Articles are words in Spanish that can tell you whether a noun is masculine, feminine, singular, or plural. In English, the articles are ***the, a,*** and ***an.***

Commands are verb forms that tell people to do something: ***Work!***

Comparatives compare people or things: *more . . . than.*

Conditional tense is used to express what a person would do or what a situation would be like: *I* ***would like*** *to write a book.*

Conjugations are verb forms that add endings to the stem in order to tell who the subject is and what tense is being used: *escrib**o**, escrib**iste**.*

Conjunctions join words or groups of words. The most common ones are ***and, but,*** and ***or.***

Direct objects are nouns or pronouns that receive the action of a verb: *I read* ***the book.*** *I read* ***it.***

Future tense is used to talk about actions in the future: *Tomorrow we* ***will begin*** *working.*

Gender in Spanish tells you whether a noun, pronoun, or article is masculine or feminine.

Imperfect tense is used to talk about actions that happened repeatedly in the past; to describe people, places, and situations in the past; to talk about a past action or situation where no beginning or end is specified; and to describe an ongoing action in the past.

Imperfect progressive tense is used to describe something that was taking place over a period of time in the past: *He* ***was skiing*** *when he broke his leg.*

Indicative mood refers to present, past or future actions or states based on reality: *It* ***snowed*** *all night.* ***It's snowing*** *right now.* ***Will it snow*** *tomorrow?*

Indirect objects are nouns or pronouns that tell you to whom / what or for whom / what something is done: *I gave* ***him*** *the book.*

Infinitives are the basic forms of verbs. In English, infinitives have the word "to" in front of them: ***to walk.***

Interrogatives are words that ask questions: ***What*** *is it?* ***Who*** *is he?*

Nouns name people, places, or things: ***students, Mexico City, books.***

Number tells you if a noun, pronoun, article, or verb is singular or plural.

Past participles are verb forms that are used with forms of *haber* to form compound tenses: ***He escrito*** *una carta.* When a participle is used with *estar*, it functions as an adjective: *La mesa* ***está puesta.***

Prepositions show relationship between their objects and another word in the sentence: *He is* ***in*** *the classroom.*

Present tense is used to talk about actions that always take place, or that are currently happening: *I always* ***take*** *the bus; I* ***study*** *Spanish.*

Present perfect tense is used to say what a person *has done: We* ***have seen*** *the new movie.*

Present progressive tense is used to emphasize that an action is happening *right now: I* ***am doing*** *my homework; he* ***is finishing*** *dinner.*

Preterite tense is used to talk about actions that were completed in the past: *I* ***took*** *the train yesterday.*

Pronouns are words that take the place of nouns: ***She*** *is my friend.*

Reflexive verbs are used to say that people do something to or for themselves: *I* ***wash my*** *hair.* Reflexive verbs often describe a change in emotional or physical state, and express the idea that someone "gets" or "becomes": *They* ***became*** *angry.*

Subjects are the nouns or pronouns that perform the action in a sentence: ***John*** *sings.*

Subjunctive mood is used to say that one person influences the actions of another: ***I recommend that you study*** *more.* It is also used after verbs and expressions of doubt or uncertainty: ***It's possible that there's*** *enough food.*

Verbs show action or link the subject with a word or words in the predicate (what the subject does or is): *Ana* ***writes;*** *Ana* ***is*** *my sister.*

Nouns, Number, and Gender

Nouns refer to people, animals, places, things, and ideas. Nouns are singular or plural. In Spanish, nouns have gender, which means that they are either masculine or feminine.

Singular Nouns	
Masculine	**Feminine**
libro	**carpeta**
pupitre	**casa**
profesor	**noche**
lápiz	**ciudad**

Plural Nouns	
Masculine	**Feminine**
libros	**carpetas**
pupitres	**casas**
profesores	**noches**
lápices	**ciudades**

Definite Articles

El, la, los, and *las* are definite articles and are the equivalent of "the" in English. *El* is used with masculine singular nouns; *los* with masculine plural nouns. *La* is used with feminine singular nouns; *las* with feminine plural nouns. When you use the words *a* or *de* before *el,* you form the contractions *al* and *del: Voy* ***al*** *centro; Es el libro* ***del*** *profesor.*

Masculine	
Singular	**Plural**
el libro el pupitre el profesor el lápiz	los libros los pupitres los profesores los lápices

Feminine	
Singular	**Plural**
la carpeta la casa la noche la ciudad	las carpetas las casas las noches las ciudades

Indefinite Articles

Un and *una* are indefinite articles and are the equivalent of "a" and "an" in English. *Un* is used with singular masculine nouns; *una* is used with singular feminine nouns. The plural indefinite articles are *unos* and *unas.*

Masculine	
Singular	**Plural**
un libro un baile	unos libros unos bailes

Feminine	
Singular	**Plural**
una revista una mochila	unas revistas unas mochilas

Pronouns

Subject pronouns tell who is doing the action. They replace nouns or names in a sentence. Subject pronouns are often used for emphasis or clarification: *Gregorio escucha música.* ***Él*** *escucha música.*

A direct object tells who or what receives the action of the verb. To avoid repeating a direct object noun, you can replace it with a *direct object pronoun*. Direct object pronouns have the same gender and number as the nouns they replace: *¿Cuándo compraste* ***el libro? Lo*** *compré ayer.*

An indirect object tells to whom or for whom an action is performed.

Indirect object pronouns are used to replace an indirect object noun: ***Les*** *doy dinero. (I give money to them.)* Because *le* and *les* have more than one meaning, you can make the meaning clear, or show emphasis, by adding *a* + the corresponding name, noun, or pronoun: ***Les*** *doy dinero a* ***ellos.***

When two object pronouns are used together, the indirect object pronoun comes before the direct object pronoun: *Si necesitas este libro,* ***te lo*** *doy.*

The indirect object pronoun *le* or *les* becomes *se* before the direct object pronoun *lo, la, los,* or *las: María quiere escuchar esta canción.* ***Se la*** *voy a cantar.*

A *reflexive pronoun* is used to show that someone does an action to or for themselves. Each reflexive pronoun corresponds to a different subject and always agrees with the subject pronoun: *Todos los días* ***me ducho*** *y* ***me arreglo*** *el pelo.*

The Personal a

When the direct object is a person, a group of people, or a pet, use the word *a* before the object. This is called the "personal *a*": *Visité* ***a*** *mi abuela. Busco* ***a*** *mi perro, Capitán.*

Subject Pronouns		Direct Object Pronouns		Indirect Object Pronouns		Reflexive Pronouns		Objects of Prepositions	
Singular	**Plural**	**Singular**	**Plural**	**Singular**	**Plural**	**Singular**	**Plural**	**Singular**	**Plural**
yo tú usted (Ud.), él, ella	nosotros, nosotras vosotros, vosotras ustedes (Uds.), ellos, ellas	me te lo, la	nos os los, las	me te le	nos os les	me te se	nos os se	(para) mí, conmigo (para) ti, contigo Ud., él, ella	nosotros, nosotras vosotros, vosotras Uds. ellos, ellas

Adjectives

Words that describe people and things are called adjectives. In Spanish, most adjectives have both masculine and feminine forms, as well as singular and plural forms. Adjectives must agree with the noun they describe in both gender and number. When an adjective describes a group including both masculine and feminine nouns, use the masculine plural form.

Masculine	
Singular	**Plural**
alto	**altos**
inteligente	**inteligentes**
trabajador	**trabajadores**
fácil	**fáciles**

Feminine	
Singular	**Plural**
alta	**altas**
inteligente	**inteligentes**
trabajadora	**trabajadoras**
fácil	**fáciles**

Shortened Forms of Adjectives

When placed before masculine singular nouns, some adjectives change into a shortened form.

bueno → **buen chico**
malo → **mal día**
primero → **primer trabajo**
tercero → **tercer plato**
grande → **gran señor**

One adjective, ***grande,*** changes to a shortened form before any singular noun: *una **gran** señora, un **gran** libro.* In these cases, ***gran*** means "great."

Possessive Adjectives and Pronouns

Possessive adjectives are used to tell what belongs to someone or to show relationships. Like other adjectives, possessive adjectives agree in number with the nouns that follow them.

Only *nuestro* and *vuestro* have different masculine and feminine endings. *Su* and *sus* can have many different meanings: *his, her, its, your,* or *their.*

Singular	Plural
mi	**mis**
tu	**tus**
su	**sus**
nuestro, -a	**nuestros, -as**
vuestro, -a	**vuestros, -as**
su	**sus**

Singular	Plural
mío/mía	**míos/mías**
tuyo/tuya	**tuyos/tuyas**
suyo/suya	**suyos/suyas**
nuestro/nuestra	**nuestros/nuestras**
vuestro/vuestra	**vuestros/vuestras**
suyo/suya	**suyos/suyas**

The long forms of possessive adjectives agree in number and gender with the noun. They are used for emphasis and come *after* the noun. They may also be used without a noun: *¿Esta chaqueta es **tuya**? Sí, es **mía**.*

Possessive pronouns use the long form of possessive adjectives preceded by the definite article. *Tu cuarto es grande. **El mío** es* pequeño.

Demonstrative Adjectives and Pronouns

Demonstrative adjectives are used to point out people or things that are nearby and farther away. A demonstrative adjective agrees in gender and number with the noun that follows it.

Use *este, esta, estos, estas* ("this" / "these") before nouns that name people or things that are close to you. Use *ese, esa, esos, esas* ("that" / "those") before nouns that name people or things that are at some distance from you.

Use *aquel, aquella, aquellos,* or *aquellas* ("that one [those] over there") before nouns that name people or things that are far from both you and the person you are speaking to.

Demonstrative adjectives can be used as pronouns to replace nouns. Accents are no longer required on demonstrative pronouns as of 2010. Anything written before 2009 will include accents on demonstratives.

	Close to you		Closer to the person you are talking to		Far from both of you	
Adjectives	**este**	**estos**	**ese**	**esos**	**aquel**	**aquellos**
	esta	**estas**	**esa**	**esas**	**aquella**	**aquellas**
Pronouns	**éste**	**éstos**	**ése**	**ésos**	**aquél**	**aquéllos**
	ésta	**éstas**	**ésa**	**ésas**	**aquélla**	**aquéllas**

Interrogative Words

You use interrogative words to ask questions. When you ask a question with an interrogative word, you put the verb before the subject. All interrogative words have a written accent mark.

¿Adónde?	**¿Cuándo?**	**¿Dónde?**
¿Cómo?	**¿Cuánto, -a?**	**¿Por qué?**
¿Con quién?	**¿Cuántos, -as?**	**¿Qué?**
¿Cuál?	**¿De dónde?**	**¿Quién?**

Comparatives and Superlatives

Comparatives Use *más . . . que* or *menos . . . que* to compare people or things: *más interesante que . . . , menos alta que . . . .*

When talking about number, use *de* instead of *que: Tengo más de cien monedas en mi colección.*

To compare people or things that are equal, use *tan . . . como: tan popular como . . . . Tanto / tanta . . . como* is used to say "as much as" and *tantos / tantas . . . como* is used to say "as many as": *tanto dinero como . . . tantas amigas como . . . . Tanto* and *tanta* match the number and gender of the noun to which they refer.

Superlatives Use this pattern to express the idea of "most" or "least."

el
la + *noun* + más / menos + *adjective*
los
las

Es la chica más seria de la clase.

Son los perritos más pequeños.

Several adjectives are irregular when used with comparisons and superlatives.

older	**mayor**
younger	**menor**
better	**mejor**
worse	**peor**

Affirmative and Negative Words

To make a sentence negative in Spanish, *no* usually goes in front of the verb or expression. To show that you do not like either of two choices, use *ni . . . ni.*

Alguno, alguna, algunos, algunas and *ninguno, ninguna* match the number and gender of the noun to which they refer. *Ningunos* and *ningunas* are rarely used. When *alguno* and *ninguno* come before a masculine singular noun, they change to *algún* and *ningún.*

Affirmative	Negative
algo	**nada**
alguien	**nadie**
algún	**ningún**
alguno, -a, -os, -as	**ninguno, -a, -os, -as**
siempre	**nunca**
también	**tampoco**

Adverbs

To form an adverb in Spanish, *-mente* is added to the feminine singular form of an adjective. The *-mente* ending is equivalent to the "-ly" ending in English. If the adjective has a written accent, such as *rápida, fácil,* and *práctica,* the accent appears in the same place in the adverb.

general	→ **generalmente**
especial	→ **especialmente**
fácil	→ **fácilmente**
feliz	→ **felizmente**
rápida	→ **rápidamente**
práctica	→ **prácticamente**

Past Participles

Past participles are used with forms of the verb *haber* to form compound tenses: ***Había escrito** un poema muy hermoso.* They can also be used as adjectives: *El espejo estaba **roto**.* To form a past participle, add *-ado* to the root of *-ar* verbs and *-ido* to the root of *-er* and *-ir* verbs.

Some past participles are irregular.

decorar decorado	**conocer conocido**	**preferir preferido**

abrir: abierto	**morir: muerto**
cubrir: cubierto	**poner: puesto**
decir: dicho	**resolver: resuelto**
descubrir: descubierto	**romper: roto**
escribir: escrito	**ver: visto**
hacer: hecho	**volver: vuelto**

Por and *para*

Both *por* and *para* are prepositions. Their usages are quite different.

Use *por* to indicate:	
length of time or distance	**Caminamos por dos horas.**
where an action takes place	**El perro corría por la playa.**
an exchange	**Le doy diez pesos por ese dibujo.**
an action on behalf of someone or something	**Vamos a la marcha por la paz.**
a means of communication or transportation	**Lo vimos por televisión.**

Use *por* in certain expressions:
por ejemplo
por eso (tanto)
por la (mañana, tarde, noche)
por favor
por lo general
por primera (segunda, tercera, última) vez
por supuesto

Use *para* to indicate:	
purpose	**Como frutas para obtener vitaminas.**
destination	**Hace una hora salieron para la playa.**
a point in time	**Para mañana ya tendrás lo que encargaste.**
use	**¿Dónde hay una cuchara para sopa?**
opinion	**Para los niños el helado es muy rico.**

Pero and *sino*

The word *pero* is usually the equivalent of the English conjunction *but*. The word *sino* also means *but*.

***Sino* is used after a negative, to convey the idea of an alternative: "not this, but rather that."**

No compré pastel *sino* helado.

Yo can also use *sino* with *no sólo . . . sino* también.

Me regaló *no sólo* dulces *sino* también flores.

You use *sino que* when there is a conjugated verb in the second part of the sentence.

No fuimos a la ciudad *sino que* salimos a navegar.

Relative Pronouns *que*, *quien*, and *lo que*

You use relative pronouns to combine two sentences or to give clarifying information. The most common relative pronoun in Spanish is *que*. It can mean *that, which, who*, or *whom*, and it may refer either to persons or to things.

El artículo ***que*** *salió en el periódico habla sobre la contaminación.*

After a preposition, use *que* to refer to things and *quien(es)* to refer to people.

El problema del que te hablé es muy grave.
La persona de quien te hablé se llama Adriana.

Use the relative phrase *lo que* to refer to a situation, concept, action, or object not yet identified.

Te cuento lo que me explicó el científico.

Conjunctions Used with the Subjunctive and the Indicative

Certain conjunctions related to time are followed by either the indicative or the subjunctive:

antes de que	**tan pronto como**	**cuando**	**en cuanto**
después (de) que	**hasta que**	**mientras**	

You use the subjunctive after these conjunctions when the action that follows has not yet taken place. You use the indicative with these conjunction when the action that follows has already taken place or if it occurs regularly.

Van a producir petróleo hasta que se agote.
En cuanto salgo del cuarto, siempre apago las luces.

The conjunction *antes de que* is always followed by the subjunctive.

Pon el helado en el refrigerador antes de que se derrita.

If the subject of a sentence does not change, use the infinitive after *antes de, después de* and *hasta*.

Voy a salir después de terminar la tarea.

The following conjunctions are usually followed by the subjunctive to express the purpose or intention of an action:

a menos que	**para que**	**sin que**
a fin de que	**aunque**	**con tal (de) que**

No haré la limpieza de la casa a menos que me ayudes.

If the subject of the sentence does not change, use the infinitive after *para* and *sin*.

Debemos dejar de usar aerosoles para detener la destrucción de la capa de ozono.

With the conjunction *aunque*, use the subjunctive to express uncertainty. Use the indicative when there is no uncertainty.

Aunque produzcan más petróleo, no podrán depender de este recurso por mucho tiempo.
No quiero ver ese programa sobre las ballenas aunque todos dicen que es muy bueno.

Verbos

Regular Verbs

Here are the conjugations for regular *-ar, -er,* and *-ir* verbs in the indicative (present, preterite, imperfect, future, and conditional) and the present and imperfect subjunctive.

Infinitive Present Participle Past Participle	Present		Preterite		Imperfect	
estudiar estudiando estudiado	estudio estudias estudia	estudiamos estudiáis estudian	estudié estudiaste estudió	estudiamos estudiasteis estudiaron	estudiaba estudiabas estudiaba	estudiábamos estudiabais estudiaban
correr corriendo corrido	corro corres corre	corremos corréis corren	corrí corriste corrió	corrimos corristeis corrieron	corría corrías corría	corríamos corríais corrían
vivir viviendo vivido	vivo vives vive	vivimos vivís viven	viví viviste vivió	vivimos vivisteis vivieron	vivía vivías vivía	vivíamos vivíais vivían

Present Progressive and Imperfect Progressive

Progressive tenses are formed with a form of *estar* and the present participle.

Present Progressive	Present Participle	Imperfect Progressive	Present Participle
estoy estás está estamos estáis están	estudiando corriendo viviendo	estaba estabas estaba estábamos estabais estaban	estudiando corriendo viviendo

Reflexive Verbs

Infinitive and Present Participle	Present	Preterite	Subjunctive
lavarse lavándose	me lavo te lavas se lava nos lavamos os laváis se lavan	me lavé te lavaste se lavó nos lavamos os lavasteis se lavaron	me lave te laves se lave nos lavemos os lavéis se laven

Regular Verbs (continued)

Future		Conditional		Present Subjunctive		Imperfect Subjunctive	
estudiaré estudiarás estudiará	estudiaremos estudiaréis estudiarán	estudiaría estudiarías estudiaría	estudiaríamos estudiarías estudiaría	estudie estudies estudie	estudiemos estudiéis estudien	estudiara estudiaras estudiara	estudiáramos estudiarais estudiaran
correré correrás correrá	correremos correréis correrán	correría correrías correría	correríamos correríais correrían	corra corras corra	corramos corráis corran	corriera corrieras corriera	corriéramos corrierais corrieran
viviré vivirás vivirá	viviremos viviréis vivirán	viviría vivirías viviría	viviríamos viviríais vivirían	viva vivas viva	vivamos viváis vivan	viviera vivieras viviera	viviéramos vivierais vivieran

Perfect Tenses

Perfect tenses are formed with an auxiliary verb *(haber)* and a past participle.

Present Perfect		Pluperfect		Future Perfect		Present Perfect Subjunctive		Past Perfect Subjunctive		Conditional Perfect	
he has ha hemos habéis han	estudiado corrido vivido	había habías había habíamos habíais habían	estudiado corrido vivido	habré habrás habrá habremos habréis habrán	estudiado corrido vivido	haya hayas haya hayamos hayáis hayan	estudiado corrido vivido	hubiera hubieras hubiera hubiéramos hubierais hubieran	estudiado corrido vivido	habría habrías habría habríamos habríais habrían	estudiado corrido vivido

Stem-changing Verbs

Here is a list of stem-changing verbs. Only conjugations with changes are shown.

Infinitive in *-ar*

Infinitive	Present Indicative		Present Subjunctive	
pensar (e→ie)	pienso piensas piensa	pensamos pensáis piensan	piense pienses piense	pensemos penséis piensen
Verbs like pensar: calentar, comenzar, despertar(se), empezar, recomendar, tropezar				
contar (o→ue)	cuento cuentas cuenta	contamos contáis cuentan	cuente cuentes cuente	contemos contéis cuenten
Verbs like contar: acostar(se), almorzar, costar, encontrar(se), probar(se), recordar				
jugar (u→ue)	juego juegas juega	jugamos jugáis juegan	juegue juegues juegue	juguemos juguéis jueguen

Infinitive in *-er*

	Present Indicative		Present Subjunctive	
entender (e→ie)	entiendo entiendes entiende	entendemos entendéis entienden	entienda entiendas entienda	entendamos entendáis entiendan
Verbs like entender: encender, perder				
devolver (o→ue) past participle: devuelto	devuelvo devuelves devuelve	devolvemos devolvéis devuelven	devuelva devuelvas devuelva	devolvamos devolváis devuelvan
Verbs like devolver: mover(se), resolver, torcer(se), volver (past participle: vuelto)				

Stem-changing Verbs (continued)

Infinitive in *-ir*

	Indicative				Subjunctive	
	Present		Preterite		Present	
pedir (e→i) (e→i) present participle: pidiendo	pido pides pide	pedimos pedís piden	pedí pediste pidió	pedimos pedisteis pidieron	pida pidas pida	pidamos pidáis pidan
Verbs like pedir: conseguir, despedir(se), repetir, seguir, servir, vestir(se)						
preferir (e→ie) (e→i) present participle: prefiriendo	prefiero prefieres prefiere	preferimos preferís prefieren	preferí preferiste prefirió	preferimos preferisteis prefirieron	prefiera prefieras prefiera	prefiramos prefiráis prefieran
Verbs like preferir: divertir(se), hervir, mentir, sugerir						
dormir (o→ue) (o→u) present participle: durmiendo	duermo duermes duerme	dormimos dormís duermen	dormí dormiste durmió	dormimos dormisteis durmieron	duerma duermas duerma	durmamos durmáis duerman
Verbs like dormir: morir(se) (past participle: muerto)						

Spelling-changing Verbs

These verbs have spelling changes in the present, preterite, and/or the subjunctive tenses. The spelling changes are indicated in boldface.

Infinitive Present Participle Past Participle	Present		Preterite		Subjunctive	
almorzar (z→c) almorzando almorzado	See stem-changing verbs		almorcé almorzaste almorzó	almorzamos almorzasteis almorzaron	almuerce almuerces almuerce	almorcemos almorcéis almuercen
buscar (c→qu) buscando buscado	See regular *-ar* verbs		busqué buscaste buscó	buscamos buscasteis buscaron	busque busques busque	busquemos busquéis busquen
comunicarse (c→qu) comunicándose	See reflexive verbs		See reflexive verbs and buscar		See reflexive verbs and buscar	
conocer (c→zc) conociendo conocido	conozco conoces conoce	conocemos conocéis conocen	See regular *-er* verbs		conozca conozcas conozca	conozcamos conozcáis conozcan
creer (i→y) creyendo creído	See regular *-er* verbs		creí creíste creyó	creímos creísteis creyeron	See regular *-er* verbs	
empezar (z→c) empezando empezado	See stem-changing verbs		empecé empezaste empezó	empezamos empezasteis empezaron	See stem-changing verbs	
enviar (i→í) enviando enviado	envío envías envía	enviamos enviáis envían	See regular *-ar* verbs		envíe envíes envíe	enviemos enviéis envíen
escoger escogiendo escogido	escojo escoges escoge	escogemos escogéis escogen	See regular *-er* verbs		escoja escojas escoja	escojamos escojáis escojan
esquiar (i→í) esquiando esquiado	See enviar		See regular *-ar* verbs		See enviar	
jugar (g→gu) jugando jugado	See stem-changing verbs		jugué jugaste jugó	jugamos jugasteis jugaron	See stem-changing verbs	
leer (i→y) leyendo leído	See regular *-er* verbs		See creer		See regular *-er* verbs	
obedecer (c→zc) obedeciendo obedecido	See conocer		See regular *-er* verbs		See conocer	

Spelling-changing Verbs (continued)

Infinitive Present Participle Past Participle	Present		Preterite	Subjunctive	
ofrecer (c→zc) **ofreciendo** **ofrecido**	See conocer		See regular *-er* verbs	See conocer	
pagar (g→gu) **pagando** **pagado**	See regular *-ar* verbs		See jugar	pague pagues pague	paguemos paguéis paguen
parecer (c→zc) **pareciendo** **parecido**	See conocer		See regular *-er* verbs	See conocer	
practicar (c→qu) **practicando** **practicado**	See regular *-ar* verbs		See buscar	See buscar	
recoger (g→j) **recogiendo** **recogido**	recojo recoges recoge	recogemos recogéis recogen	See regular *-er* verbs	See escoger	
sacar (c→qu) **sacando** **sacado**	See regular *-ar* verbs		See buscar	See buscar	
tocar (c→qu) **tocando** **tocado**	See regular *-ar* verbs		See buscar	See buscar	

Irregular Verbs

These verbs have irregular patterns.

1 Infinitive Present Participle Past Participle	2 Present		3 Preterite		4 Imperfect	
dar **dando** **dado**	**doy** **das** **da**	**damos** **dais** **dan**	**di** **diste** **dio**	**dimos** **disteis** **dieron**	**daba** **dabas** **daba**	**dábamos** **dabais** **daban**
decir **diciendo** **dicho**	**digo** **dices** **dice**	**decimos** **decís** **dicen**	**dije** **dijiste** **dijo**	**dijimos** **dijisteis** **dijeron**	**decía** **decías** **decía**	**decíamos** **decíais** **decían**
estar **estando** **estado**	**estoy** **estás** **está**	**estamos** **estáis** **están**	**estuve** **estuviste** **estuvo**	**estuvimos** **estuvisteis** **estuvieron**	**estaba** **estabas** **estaba**	**estábamos** **estabais** **estaban**
haber **habiendo** **habido**	**he** **has** **ha**	**hemos** **habéis** **han**	**hube** **hubiste** **hubo**	**hubimos** **hubisteis** **hubieron**	**había** **habías** **había**	**habíamos** **habíais** **habían**
hacer **haciendo** **hecho**	**hago** **haces** **hace**	**hacemos** **hacéis** **hacen**	**hice** **hiciste** **hizo**	**hicimos** **hicisteis** **hicieron**	**hacía** **hacías** **hacía**	**hacíamos** **hacíais** **hacían**
ir **yendo** **ido**	**voy** **vas** **va**	**vamos** **vais** **van**	**fui** **fuiste** **fue**	**fuimos** **fuisteis** **fueron**	**iba** **ibas** **iba**	**íbamos** **ibais** **iban**
oír **oyendo** **oído**	**oigo** **oyes** **oye**	**oímos** **oís** **oyen**	**oí** **oíste** **oyó**	**oímos** **oísteis** **oyeron**	**oía** **oías** **oía**	**oíamos** **oíais** **oían**
poder **pudiendo** **podido**	**puedo** **puedes** **puede**	**podemos** **podéis** **pueden**	**pude** **pudiste** **pudo**	**pudimos** **pudisteis** **pudieron**	**podía** **podías** **podía**	**podíamos** **podíais** **podían**
poner **poniendo** **puesto**	**pongo** **pones** **pone**	**ponemos** **ponéis** **ponen**	**puse** **pusiste** **puso**	**pusimos** **pusisteis** **pusieron**	**ponía** **ponías** **ponía**	**poníamos** **poníais** **ponían**

Irregular Verbs (continued)

5		6		7		8	
Future		**Conditional**		**Present Subjunctive**		**Imperfect Subjunctive**	
daré darás dará	daremos daréis darán	daría darías daría	daríamos daríais darían	dé des dé	demos deis den	diera dieras diera	diéramos dierais dieran
diré dirás dirá	diremos diréis dirán	diría dirías diría	diríamos diríais dirían	diga digas diga	digamos digáis digan	dijera dijeras dijera	dijéramos dijerais dijeran
estaré estarás estará	estaremos estaréis estarán	estaría estarías estaría	estaríamos estaríais estarían	esté estés esté	estemos estéis estén	estuviera estuvieras estuviera	estuviéramos estuvierais estuvieran
habré habrás habrá	habremos habréis habrán	habría habrías habría	habríamos habríais habrían	haya hayas haya	hayamos hayáis hayan	hubiera hubieras hubiera	hubiéramos hubierais hubieran
haré harás hará	haremos haréis harán	haría harías haría	haríamos haríais harían	haga hagas haga	hagamos hagáis hagan	hiciera hicieras hiciera	hiciéramos hicierais hicieran
iré irás irá	iremos iréis irán	iría irías iría	iríamos iríais irían	vaya vayas vaya	vayamos vayáis vayan	fuera fueras fuera	fuéramos fuerais fueran
oiré oirás oirá	oiremos oiréis oirán	oiría oirías oiría	oiríamos oiríais oirían	oiga oigas oiga	oigamos oigáis oigan	oyera oyeras oyera	oyéramos oyerais oyeran
podré podrás podrá	podremos podréis podrán	podría podrías podría	podríamos podríais podrían	pueda puedas pueda	podamos podáis puedan	pudiera pudieras pudiera	pudiéramos pudierais pudieran
pondré pondrás pondrá	pondremos pondréis pondrán	pondría pondrías pondría	pondríamos pondríais pondrían	ponga pongas ponga	pongamos pongáis pongan	pusiera pusieras pusiera	pusiéramos pusierais pusieran

Irregular Verbs (continued)

1 Infinitive Present Participle Past Participle	2 Present		3 Preterite		4 Imperfect	
querer queriendo querido	quiero quieres quiere	queremos queréis quieren	quise quisiste quiso	quisimos quisisteis quisieron	quería querías quería	queríamos queríais querían
saber sabiendo sabido	sé sabes sabe	sabemos sabéis saben	supe supiste supo	supimos supisteis supieron	sabía sabías sabía	sabíamos sabíais sabían
salir saliendo salido	salgo sales sale	salimos salís salen	salí saliste salió	salimos salisteis salieron	salía salías salía	salíamos salíais salían
ser siendo sido	soy eres es	somos sois son	fui fuiste fue	fuimos fuisteis fueron	era eras era	éramos erais eran
tener teniendo tenido	tengo tienes tiene	tenemos tenéis tienen	tuve tuviste tuvo	tuvimos tuvisteis tuvieron	tenía tenías tenía	teníamos teníais tenían
traer trayendo traído	traigo traes trae	traemos traéis traen	traje trajiste trajo	trajimos trajisteis trajeron	traía traías traía	traíamos traíais traían
venir viniendo venido	vengo vienes viene	venimos venís vienen	vine viniste vino	vinimos vinisteis vinieron	venía venías venía	veníamos veníais venían
ver viendo visto	veo ves ve	vemos veis ven	vi viste vio	vimos visteis vieron	veía veías veía	veíamos veíais veían

Irregular Verbs (continued)

5		6		7		8	
Future		**Conditional**		**Present Subjunctive**		**Imperfect Subjunctive**	
querré **querrás** **querrá**	**querremos** **querréis** **querrán**	**querría** **querrías** **querría**	**querríamos** **querríais** **querrían**	**quiera** **quieras** **quiera**	**queramos** **queráis** **quieran**	**quisiera** **quisieras** **quisiera**	**quisiéramos** **quisierais** **quisieran**
sabré **sabrás** **sabrá**	**sabremos** **sabréis** **sabrán**	**sabría** **sabrías** **sabría**	**sabríamos** **sabríais** **sabrían**	**sepa** **sepas** **sepa**	**sepamos** **sepáis** **sepan**	**supiera** **supieras** **supiera**	**supiéramos** **supierais** **supieran**
saldré **saldrás** **saldrá**	**saldremos** **saldréis** **saldrán**	**saldría** **saldrías** **saldría**	**saldríamos** **saldríais** **saldrían**	**salga** **salgas** **salga**	**salgamos** **salgáis** **salgan**	**saliera** **salieras** **saliera**	**saliéramos** **salierais** **salieran**
seré **serás** **será**	**seremos** **seréis** **serán**	**sería** **serías** **sería**	**seríamos** **seríais** **serían**	**sea** **seas** **sea**	**seamos** **seáis** **sean**	**fuera** **fueras** **fuera**	**fuéramos** **fuerais** **fueran**
tendré **tendrás** **tendrá**	**tendremos** **tendréis** **tendrán**	**tendría** **tendrías** **tendría**	**tendríamos** **tendríais** **tendrían**	**tenga** **tengas** **tenga**	**tengamos** **tengáis** **tengan**	**tuviera** **tuvieras** **tuviera**	**tuviéramos** **tuvierais** **tuvieran**
traeré **traerás** **traerá**	**traeremos** **traeréis** **traerán**	**traería** **traerías** **traería**	**traeríamos** **traeríais** **traerían**	**traiga** **traigas** **traiga**	**traigamos** **traigáis** **traigan**	**trajera** **trajeras** **trajera**	**trajéramos** **trajerais** **trajeran**
vendré **vendrás** **vendrá**	**vendremos** **vendréis** **vendrán**	**vendría** **vendrías** **vendría**	**vendríamos** **vendríais** **vendrían**	**venga** **vengas** **venga**	**vengamos** **vengáis** **vengan**	**viniera** **vinieras** **viniera**	**viniéramos** **vinierais** **vinieran**
veré **verás** **verá**	**veremos** **veréis** **verán**	**vería** **verías** **vería**	**veríamos** **veríais** **verían**	**vea** **veas** **vea**	**veamos** **veáis** **vean**	**viera** **vieras** **viera**	**viéramos** **vierais** **vieran**

Affirmative and Negative Commands

To form an affirmative *tú* command, use the present-tense indicative *Ud. / él / ella* form. This rule also applies to stem-changing verbs. Some verbs have an irregular affirmative *tú* command.

To form a command with *Ud.,* remove the *-s* from a negative *tú* command form. To form a command with *Uds.,* replace the *-s* of a negative *tú* command with an *-n*.

Regular and stem-changing verbs, and verbs ending in *-car, -gar,* and *-zar*

Infinitive	Tú	Negative tú	Usted	Ustedes
estudiar	estudia	no estudies	(no) estudie	(no) estudien
volver	vuelve	no vuelvas	(no) vuelva	(no) vuelvan
abrir	abre	no abras	(no) abra	(no) abran
sacar	saca	no saques	(no) saque	(no) saquen
llegar	llega	no llegues	(no) llegue	(no) lleguen
cruzar	cruza	no cruces	(no) cruce	(no) crucen

Irregular verbs

Infinitive	Tú	Negative tú	Usted	Ustedes
decir	di	no digas	(no) diga	(no) digan
hacer	haz	no hagas	(no) haga	(no) hagan
ir	ve	no vayas	(no) vaya	(no) vayan
mantener	mantén	no mantengas	(no) mantenga	(no) mantengan
poner	pon	no pongas	(no) ponga	(no) pongan
salir	sal	no salgas	(no) salga	(no) salgan
ser	sé	no seas	(no) sea	(no) sean
tener	ten	no tengas	(no) tenga	(no) tengan
venir	ven	no vengas	(no) venga	(no) vengan

Placement of Pronouns with Commands

Attach reflexive or object pronous at the end of affirmative commands. With negative commands, place them after the word *no*.

Toma esas vitaminas.
*¡Tóma**las*** ahora mismo!
*No **las** tomes*.

Expresiones útiles para conversar

Making an Apology

Perdóname. Forgive me.

Lo siento mucho. I'm very sorry.

Fue un malentendido. It was a misunderstanding.

Hagamos las paces. Let's make up.

Reconciliémonos. Let's reconcile.

Te pido perdón. I'm asking for your forgiveness.

Estoy equivocado, -a. I'm wrong.

Pongámonos de acuerdo. Let's come to an agreement.

Yo tengo la culpa. It's my fault.

Talking about Friendship

Tenemos mucho en común. We have a lot in common.

Te acepto tal como eres. I accept you just the way you are.

Tengo celos. I'm jealous.

No me hace caso. He / She doesn't pay any attention to me.

Sólo piensa en sí mismo, -a. He / She only thinks about himself / herself.

Confío en ti. I trust you.

Cuento contigo. I count on you.

Sé guardar un secreto. I can keep a secret.

Resolvamos este conflicto. Let's resolve this conflict.

Tenemos una diferencia de opinión. We disagree.

Me identifico contigo. I identify with you.

De hoy en adelante . . . From now on . . .

Ten en cuenta . . . Keep in mind . . .

Tengo derecho a . . . I have a right to . . .

Expressing Disagreement

Qué va. No way.

Yo no fui. I didn't do it.

No es cierto que . . . It's not true that . . .

No es verdad que . . . It's not true that . . .

No estoy de acuerdo. I disagree.

Me parece que no tienes razón. I think you're wrong.

Expressing Interest

Me es posible. I can.

Me gustaría . . . I'd like to . . .

Me encantaría . . . I'd love to . . .

Expressing Certainty or Possibility

Es cierto que . . . It's true that . . .

Estoy seguro, -a que . . . I'm sure that . . .

Es probable que . . . It's probable that . . .

Puede ser que . . . It's possible that . . .

Es posible que . . . It's possible that . . .

Es evidente que . . . It's clear that . . .

Quizás . . . Perhaps . . .

Expressing Doubt or Uncertainty

Dudo que . . . I doubt that . . .

No creo que . . . I don't think that . . .

No estoy seguro, -a que . . . I'm not sure that . . .

Es imposible que . . . It's impossible that . . .

Talking about How You Feel Physically

Me siento fatal. I feel awful.

Me caigo de sueño. I'm exhausted.

Estoy resfriado, -a. I have a cold.

Tengo tos. I have a cough.

Estornudo mucho. I'm sneezing a lot.

Tengo gripe. I have the flu.

Tengo fiebre. I have a fever.

Tengo alergia a . . . I'm allergic to . . .

Talking about How You Feel Emotionally

Estoy en la luna. I'm daydreaming.

No puedo concentrarme. I can't concentrate.

No aguanto más. I can't take it anymore.

Estoy de buen humor. I'm in a good mood.

Estoy de mal humor. I'm in a bad mood.

Estoy estresado, -a. I'm stressed out.

Me preocupo por . . . I'm worried about . . .

Me emociono mucho. I'm very emotional.

Estoy orgulloso, -a de . . . I'm proud of . . .

Estoy animado, -a. I'm excited.

Tengo confianza en mí mismo, -a. I have confidence in myself.

Me vuelvo loco, -a. I'm going crazy.

He cambiado de opinión. I've changed my mind.

Me doy cuenta de que . . . I realize that . . .

Me vuelvo . . . I'm getting / becoming . . .

Haré lo que me dé la gana. I'll do whatever I want.

Talking about Personal Goals

Alcancé mi meta. I achieved my goal.

Hice un esfuerzo. I made an effort.

Salí campeón. I won (I was the winner).

¡Felicitaciones! Congratulations!

Eres mi fuente de inspiración. You're my inspiration.

Describing Things or People

Se parece a . . . It / He / She looks like . . .

Suena a . . . It / He / She sounds like . . . .

Está basado, -a en . . . It's based on . . .

Se destaca. It / He / She stands out.

Está a cargo de . . . He / She is in charge of . . .

Vocabulario español-inglés

The *Vocabulario español-inglés* contains all active vocabulary from the text, including vocabulary presented in the grammar sections.

A dash (—) represents the main entry word. For example, **pasar la —** after **la aspiradora** means **pasar la aspiradora.**

The number following each entry indicates the chapter in which the word or expression is presented. A Roman numeral (I) indicates that the word was presented in AUTÉNTICO 1. A Roman numeral (II) indicates that the word was presented in AUTÉNTICO 2.

The following abbreviations are used in this list: *adj.* (adjective), *dir. obj.* (direct object), *f.* (feminine), *fam.* (familiar), *ind. obj.* (indirect object), *inf.* (infinitive), *m.* (masculine), *pl.* (plural), *prep.* (preposition), *pron.* (pronoun), *sing.* (singular).

A

a to *(prep.)* (I)
- **— ... le gusta(n)** he / she likes (I)
- **— ... le encanta(n)** he / she loves (I)
- **— casa** (to) home (I)
- **— causa de** because of (II)
- **— favor de** in favor of (5-2)
- **— la derecha (de)** to the right (of) (I)
- **— la izquierda (de)** to the left (of) (I)
- **— la parrilla** on the grill (II)
- **— la una de la tarde** at one (o'clock) in the afternoon (I)
- **— las ocho de la mañana** at eight (o'clock) in the morning (I)
- **— las ocho de la noche** at eight (o'clock) in the evening, at night (I)
- **— mano** by hand (II)
- **— medida que** as (10-2)
- **— menos que** unless (9-2)
- **— menudo** often (I)
- **— pesar de** despite (10-2)
- **— mí también.** I do (like to) too. (I)
- **— mí tampoco.** I don't (like to) either. (I)
- **¿— qué hora?** (At) what time? (I)
- **— tiempo** on time (II)
- **— tiempo completo** full time (5-1)
- **— tiempo parcial** part time (5-1)
- **— través de** through (2-1)
- **— veces** sometimes (I)
- **— ver.** Let's see. (I)

abdominales crunches (3-2)
abierto, -a open (II)
el abogado, la abogada lawyer (II, 6-1)
abordar to board (II)
abrazar(se) to hug (II)
el abrigo coat (I)
abril April (I)
abrir to open (I)
abstracto, -a abstract (2-1)
el abuelo, la abuela grandfather, grandmother (I)
los abuelos grandparents (I)
aburrido, -a boring (I)
aburrir to bore (I)
aburrirse to get bored (II)
me aburre(n) it bores me (they bore me) (I)
el abuso abuse (10-1)
acabar de + *inf.* to have just... (I)
el accidente accident (II)
el aceite cooking oil (II)
aceptar to accept (4-1)
- **— tal como (soy)** to accept (me) the way (I am) (4-1)

acercarse a to approach (1-1)
acompañar to accompany (II)
aconsejar to advise (3-2)
acostarse (o → ue) to go to bed (II)
las actividades extracurriculares extracurricular activities (II)
el actor actor (I)
la actriz, *pl.* **las actrices** actress (I)
la actuación acting (II)
actuar to perform (2-2)
el acueducto aqueduct (8-1)
acuerdo:
- **Estoy de —.** I agree. (I)
- **No estoy de —.** I don't agree. (I)

el acusado, la acusada accused (10-2)
acusar to accuse (4-2)
adecuado, -a adequate (10-1)
además de in addition to, besides (II, 6-1)
¡Adiós! Good-bye! (I)
la adolescencia adolescence (10-1)
el / la adolescente adolescent (10-1)
¿Adónde? (To) where? (I)
adoptar to adopt (8-2)
la aduana customs (II)
el aduanero, la aduanera customs officer (II)
el aeropuerto airport (II)
el aerosol aerosol (9-2)
afectar to affect (9-2)
afeitarse to shave (II)
el aficionado, la aficionada fan (II)
afortunadamente fortunately (II)
africano, -a African (8-2)
la agencia de viajes travel agency (II)
el / la agente de viajes travel agent (II)
agitado, -a agitated (II)

agosto August (I)
agotar(se) to exhaust, to run out (9-1)
agradable pleasant (5-1)
el agricultor, la agricultora farmer (II)
el agua *f.* water (I)
el — de colonia cologne (II)
el aguacate avocado (II)
aguantar to endure, to tolerate (3-2)
el águila calva, *pl.* **las águilas calvas** bald eagle (9-2)
el agujero hole (9-2)
ahora now (I)
ahorrar to save (II, 6-1)
el aire acondicionado air conditioner (II)
el ajedrez chess (II)
el ajo garlic (II)
al *(a + el),* **a la** to the (I)
— aire libre outdoors (II)
— amanecer at dawn (1-1)
— anochecer at dusk (1-1)
— final at the end (II)
— horno baked (II)
— igual que as, like (7-2)
— lado de next to (I)
— llegar upon arriving (8-2)
— principio at the beginning (1-2)
alcanzar to reach (1-2)
alegrarse to be delighted (4-1)
alegre happy (II)
la alergia allergy (3-1)
la alfombra rug (I)
algo something (I)
¿— más? Anything else? (I)
el algodón cotton (II)
alguien someone, anyone (II)
algún, alguno, -a some (II)
— día some day (II)
algunos, as any (II)
la alimentación nutrition, feeding (3-1)
los alimentos food (3-1)
allí there (I)
una vez — once there (1-1)
el almacén, *pl.* **los almacenes** department store (I)
almorzar (o → ue) to have lunch (II)
el almuerzo lunch (I)
en el — for lunch (I)
alquilar to rent (II)
alrededor de around (II)
alto, -a tall (I); high (II)
el alto height (7-1)
amable kind, nice (4-1)
amanecer:
al — at dawn (1-1)
amarillo, -a yellow (I)
ambicioso, -a ambitious (6-1)
ambiental environmental (9-2)
ambos both (10-1)
la ambulancia ambulance (II)
la amenaza threat (9-2)
amenazar to threaten (9-1)
la amistad friendship (4-1)
el amor love (II)
añadir to add (II)
anaranjado, -a orange (I)
ancho, -a wide (II)
el ancho width (7-1)
el anciano, la anciana elderly man, elderly woman (I)
los ancianos the elderly (I)
andar to walk, to move (1-1)
el anillo ring (I)
animado, -a excited (1-2)
el animador, la animadora cheerleader (II)
el animal animal (I)
el aniversario anniversary (II)
anoche last night (I)
anochecer:
al — at dusk (1-1)
ante before (10-1)
los anteojos de sol sunglasses (I)
el antepasado, la antepasada ancestor (8-2)
anteriormente before (8-1)
antes de before (I, II)
el antibiótico antibiotic (3-1)
antiguo, -a old, antique (II)
anunciar to announce (II)
el anuncio announcement (II)
el — clasificado classified ad (5-1)
el año year (I)
el — pasado last year (I)
¿Cuántos —s tiene(n)...? How old is / are...? (I)
Tiene(n)...—s. He / She is / They are...(years old). (I)
apagar to put out *(fire)* (II); to turn off (II)
el aparato gadget (6-2)
aparecer (zc) to appear (1-1,7-2)
el apartamento apartment (I)
aplaudir to applaud (II)
el aplauso applause (2-2)
aplicar (las leyes) to apply (the law) (10-1)
apoyar(se) to support, to back (each other) (4-1)
el apoyo support (10-1)
aprender (a) to learn (I)
— de memoria to memorize (II)
apretado, -a tight (II)
apropiado, -a appropriate (3-1)
aproximadamente approximately (II)
aquel, aquella that one (over there) (II)
aquellos, aquellas those (over there) (II)
aquí here (I)
el / la árabe Arab (8-1)
el árbol tree (I)
el arco arch (8-1)
los aretes earrings (I)
el argumento plot (II)
el arma, *pl.* **las armas** weapon (8-2)
el armario closet, locker (I, II, 10-1)
la armonía harmony (4-2)
el arqueólogo, la arqueóloga archaeologist (7-1)
el arquitecto, la arquitecta architect (II, 6-1)
la arquitectura architecture (8-1)
arreglar (el cuarto) to straighten up (the room) (I)

arreglarse (el pelo) to fix (one's hair) (II)
arrestar to arrest (II)
arrojar (se) to throw (7-2)
el arroz rice (I)
el arte:
la clase de — art class (I)
la obra de — work of art (2-1)
las artes the arts (II)
las — marciales martial arts (II)
la artesanía handicrafts (II)
el artículo article (II)
el / la artista artist (II)
artístico, -a artistic (I)
asado, -a grilled (II)
asar to grill (II)
el ascensor elevator (II)
asco:
¡Qué —! How awful! (I)
asegurar to assure (10-2)
así this way (1-1)
— que therefore (6-1)
el asiento seat (II)
asimilar(se) to assimilate (8-1)
asistir a to attend (II)
la aspiración aspiration (10-2)
la aspirina aspirin (3-1)
el astrónomo, la astrónoma astronomer (7-2)
el asunto matter (10-1)
asustado, -a frightened (II)
asustar to scare (1-1)
atender to help, to assist (5-1)
atento, -a attentive (II)
el / la atleta athlete (II)
la atmósfera atmosphere (9-2)
la atracción, *pl.* **las atracciones** attraction (I)
atrapar to catch, trap (9-2)
atreverse to dare (4-2)
atrevido, -a daring (I)
la audición, *pl.* **las audiciones** audition (II)
el auditorio auditorium (II)
aumentar to increase (6-2)
aunque despite, even when (3-1)
el autobús, *pl.* **los autobuses** bus (I)
la autoridad authority (10-1)
el autorretrato self-portrait (2-1)
el / la auxiliar de vuelo flight attendant (II)
el avance advance (6-2)
el ave bird (9-2)
la avenida avenue (II)
averiguar to find out (6-1)
el avión airplane (I)
¡Ay! ¡Qué pena! Oh! What a shame / pity! (I)
ayer yesterday (I)
la ayuda help (II)
ayudar to help (I)
el azúcar sugar (I)
azul blue (I)
el azulejo tile (8-1)

B

bailar to dance (I)
el bailarín, la bailarina dancer (II)
el baile dance (I)
bajar to go down (II)
bajar (información) to download (I)
bajo, -a short *(stature)* (I); low (II)
la planta baja ground floor (I)
el balcón, *pl.* **los balcones** balcony (8-1)
la ballena whale (9-2)
el banco bank (II)
la banda (musical) band (II)
la bandera flag (I)
el banquero, la banquera banker (6-1)
bañarse to take a bath (II)
el baño bathroom (I)
el traje de — swimsuit (I)
barato, -a inexpensive, cheap (I)
el barco boat, ship (I)
el barrio neighborhood (I)
¡Basta! Enough! (II)
el básquetbol:
jugar al — to play basketball (I)
bastante enough, rather (I)
basura:
sacar la — to take out the trash (I)
la batalla battle (8-2)
batir to beat (II)
el / la bebé baby (II)
beber to drink (I)
las bebidas drinks (I)
béisbol: jugar al — to play baseball (I)
bello, -a beautiful (II)
beneficiar to benefit (5-2)
los beneficios benefits (II, 5-1)
besar(se) to kiss (II)
la biblioteca library (I)
bien well (I)
— educado, -a well-behaved (II)
pasarlo — to have a good time (1-1)
bienvenido, -a welcome (II)
bilingüe bilingual (II)
los binoculares binoculars (1-1)
el bistec steak (I)
blanco, -a white (I)
los bloques blocks (II)
la blusa blouse (I)
la boca mouth (I)
la boda wedding (II)
el boleto ticket (I)
el bolígrafo pen (I)
los bolos:
jugar a los — to bowl (II)
la bolsa bag, sack (I)
el bolso purse (I)
el bombero, la bombera firefighter (II)
bonito, -a pretty (I)
el bosque wood, forest (II, 1-1)
las botas boots (I)
el bote:
pasear en — to go boating (I)
el — de vela sailboat (II)
la botella bottle (I)
el brazo arm (I)
brillar to shine (7-2)
la brújula compass (1-1)

bucear to scuba dive, to snorkel (I)
bueno (buen), -a good (I)
Buenas noches. Good evening. (I)
Buenas tardes. Good afternoon. (I)
Buenos días. Good morning. (I)
buscar to look for, to search (for) (I)
la **búsqueda** search (II)
hacer una — to do a search (II)
el **buzón,** *pl.* **los buzones** mailbox (II)

C

el **caballo:**
montar a — to ride horseback (I)
la **cabeza** head (I)
cada día every day (I)
la **cadena** chain (I)
caer granizo to hail (1-1)
caerse to fall (II)
— de sueño to be exhausted, sleepy (3-2)
(yo) me caigo I fall (II)
(tú) te caes you fall (II)
el **café** coffee; café (I)
la **caja** box (I); cash register (II)
el **cajero, la cajera** cashier (II)
el — automático ATM (II)
el **calambre** cramp (3-2)
los **calcetines** socks (I)
el **calcio** calcium (3-1)
la **calculadora** calculator (I)
calcular to calculate, to compute (7-1)
el **caldo** broth (II)
la **calefacción** heat (II)
calentar (e → ie) to heat (II)
caliente hot (II)
la **calle** street, road (I)
calor:
Hace —. It's hot. (I)
tener — to be warm (I)

la **cama** bed (I)
hacer la — to make the bed (I)
la **cámara** camera (I)
la — digital digital camera (I)
el **camarero, la camarera** waiter, waitress (I)
el **camarón,** *pl.* **los camarones** shrimp (II)
cambiar to change, to exchange (II)
— de opinión to change one's mind (4-1)
caminar to walk (I)
la **caminata** walk (II)
dar una — to take a walk (II)
el **camión,** *pl.* **los camiones** truck (II)
la **camisa** shirt (I)
la **camiseta** T-shirt (I)
el **campamento** camp (I)
la **campaña** campaign (5-2)
el **campeón, la campeona,** *pl.* **los campeones** champion (II)
el **campeonato** championship (II)
el **campo** countryside, field (I, 6-2)
el **canal** (TV) channel (I)
la **canción,** *pl.* **las canciones** song (I, II)
canoso: pelo — gray hair (I)
cansado, -a tired (I)
el / la **cantante** singer (II)
cantar to sing (I)
la **capa de ozono** ozone layer (9-2)
capaz able (6-1)
capturar to capture (II)
la **cara** face (II)
cara a cara face-to-face (I)
caramba good gracious (II)
el **carbohidrato** carbohydrate (3-1)
cariñoso, -a loving, affectionate (4-1)
la **carne** meat (I)
la — de res beef (II)
el **carnet de identidad** I.D. card (II)
caro, -a expensive (I)
la **carpeta** folder (I)
la — de argollas three-ring binder (I)

la **carrera** race (II, 1-2); career (II)
la **carretera** highway (II)
la **carta** letter (I, II)
echar una — to mail a letter (II)
el **cartel** poster (I)
la **cartera** wallet (I)
el **cartero, la cartera** mail carrier (II)
el **cartón** cardboard (I)
la **casa** home, house (I)
a — (to) home (I)
en — at home (I)
— de cambio money exchange (II)
casado, -a married (6-1)
casarse (con) to get married to (II)
casi almost (I, II)
castaño:
pelo — brown (chestnut) hair (I)
castigar to punish (9-1)
el **castigo** punishment (10-2)
el **castillo** castle (II)
la **catedral** cathedral (II)
catorce fourteen (I)
la **causa** cause (II)
la **caza** hunting (9-2)
la **cebolla** onion (I)
celebrar to celebrate (I)
celos:
tener celos to be jealous (4-1)
celoso, -a jealous (4-1)
la **cena** dinner (I)
centígrado
el grado — centigrade degree (3-1)
el **centímetro** centimeter (7-1)
el **centro** center, downtown (I, II)
el — comercial mall (I)
el — de la comunidad community center (5-2)
el — de reciclaje recycling center (I)
el — de rehabilitación rehabilitation center (5-2)

el — **recreativo** recreation center (5-2)

cepillarse (los dientes) to brush (one's teeth) (II)

el cepillo brush (II)

el — **de dientes** toothbrush (II)

la cerámica pottery (2-1)

cerca (de) close (to), near (I)

el cerdo pork (II)

la chuleta de — pork chop (II)

el cereal cereal (I)

la ceremonia ceremony (1-2)

la cereza cherry (II)

cero zero (I)

cerrado, -a closed (II)

cerrar to close (II)

el certificado certificate, diploma (1-2)

la cesta basket (II)

el champú shampoo (II)

la chaqueta jacket (I)

charlar to chat (II)

el cheque:

cobrar un — to cash a check (II)

el — de viajero traveler's check (II)

el — personal personal check (II)

la chica girl (I)

el chico boy (I)

chismoso, -a gossipy (4-1)

chocar con to crash into, to collide with (II)

la chuleta de cerdo pork chop (II)

el cielo sky (II)

cien one hundred (I)

las ciencias:

la clase de — naturales science class (I)

la clase de — sociales social studies class (I)

el científico, la científica scientist (II, 6-1)

(es) cierto (it is) true (II)

cinco five (I)

cincuenta fifty (I)

el cine movie theater (I)

la cinta adhesiva adhesive tape (II)

el cinturón, *pl.* **los cinturones** belt (II)

el círculo circle (7-1)

la cita date (II)

la ciudad city (I)

la ciudadanía citizenship (5-2)

el ciudadano, la ciudadana citizen (5-2)

la civilización civilization (7-1)

claro, -a light *(color)* (II)

la clase class (I)

la sala de clases classroom (I)

¿Qué — de...? What kind of...? (I)

clásico, -a classical (2-2)

el cliente, la clienta client (5-1)

el clima weather (9-2)

el club, *pl.* **los clubes** club (II)

el — atlético athletic club (II)

cobrar un cheque to cash a check (II)

el coche car (I)

la cocina kitchen (I)

cocinar to cook (I)

el cocinero, la cocinera cook (6-1)

el código de vestimenta dress code (10-1)

el codo elbow (II)

colaborar to collaborate (4-2)

la colección, *pl.* **las colecciones** collection (II)

coleccionar to collect (II)

el colegio secondary school, high school (II)

la colina hill (II)

el collar necklace (I)

colocar to put, place (9-1)

la colonia colony (8-2)

el color, *pl.* **los colores** (I)

¿De qué — ...? What color...? (I)

la comedia comedy (I)

el comedor dining room (I)

el — de beneficencia soup kitchen (5-2)

el comentario commentary (II)

comenzar (e → ie) to start (II)

comer to eat (I)

cómico, -a funny, comical (I)

la comida food, meal (I)

la — basura junk food (3-1)

como like, as (I)

— si fuera as though it were (6-2)

¿Cómo?:

¿— eres? What are you like? (I)

¿— es? What is he / she like? (I)

¿— está Ud.? How are you? *formal* (I)

¿— estás? How are you? *fam.* (I)

¿— lo pasaste? How was it (for you)? (I)

¿— se dice...? How do you say...? (I)

¿— se escribe...? How is... spelled? (I)

¿— se hace...? How do you make...? (II)

¿— se llama? What's his / her name? (I)

¿— se va a...? How do you go to...? (II)

¿— te llamas? What is your name? (I)

¿— te queda(n)? How does it (do they) fit you? (I)

¡Cómo no! Of course! (II)

la cómoda dresser (I)

cómodo, -a comfortable (II)

la compañía firm, company (5-1)

compartir to share (I)

el compás rhythm (2-2)

la competencia competition (II)

competir (e → i) to compete (II)

complicado, -a complicated (I, II)

componerse de to be formed by (8-2)

el comportamiento behavior (4-2)

la composición, *pl.* **las composiciones** composition (I)

comprar to buy (I)
- **— recuerdos** to buy souvenirs (I)

comprender to understand (I)
comprensivo, -a understanding (4-1)
la computación computer science (5-1)
la computadora computer (I)
- **la — portátil** laptop computer (I)
- **usar la —** to use the computer (I)

comunicarse to communicate (I, 6-2)
- **(tú) te comunicas** you communicate (I)
- **(yo) me comunico** I communicate (I)

la comunidad community (I)
con with (I)
- **— destino a** going to (II)
- **— mis / tus amigos** with my / your friends (I)
- **— tal de que** provided that (9-2)
- **¿— qué se sirve?** What do you serve it with? (II)
- **¿— quién?** With whom? (I)

concentrarse to concentrate (3-2)
el concierto concert (I)
el concurso contest (II)
- **el — de belleza** beauty contest (II)

el conductor, la conductora driver (II)
el conejo rabbit (7-2)
confianza trust (4-1)
- **— en sí mismo, -a** self-confidence (3-2)

confiar (i → í) to trust (4-1)
el conflicto conflict (4-2)
congelado, -a frozen (II)
el conjunto band (2-2)
conmigo with me (I)
conocer to know, to be acquainted with (I, II)
los conocimientos knowledge (5-1)
la conquista conquest (8-1)
conquistar to conquer (8-1)
conseguir (e → i) to obtain (II)
el consejero, la consejera counselor (5-1)
el consejo advice (3-2)
consentido, -a spoiled (II)
conservar to conserve (II, 9-1)
considerado, -a considerate (4-1)
la construcción construction (8-1)
construir (i → y) to build (5-2)
el consultorio doctor's / dentist's office (II)
el contador, la contadora accountant (II, 6-1)
la contaminación pollution (II, 9-1)
contaminado, -a polluted (II, 9-1)
contaminar to pollute (6-2)
contar (chistes) (o → ue) to tell (jokes) (II)
- **— con** to count on (4-1)

contener to contain (3-1)
contento, -a happy (I)
contestar to answer (II)
contigo with you (I)
contra against (II, 1-2)
- **en — (de)** against (5-2)

contribuir (u → y) to contribute (7-2)
convertirse (en) to turn (into), to become (7-2)
el corazón heart (3-2)
la corbata tie (I)
el coro chorus, choir (II)
el correo post office (II)
el correo electrónico e-mail (I)
- **escribir por —** to write e-mail (I)

correr to run (I)
cortar to cut (I, II)
- **— el césped** to mow the lawn (I)
- **—se** to cut oneself (II)
- **—se el pelo** to cut one's hair (II)

cortés, *pl.* **corteses** polite (II)
las cortinas curtains (I)
corto, -a short *(length)* (I)
- **los pantalones —s** shorts (I)

la cosa thing (I)
costar (o → ue) to cost (I)
- **¿Cuánto cuesta(n)...?** How much does (do)...cost? (I)

la costumbre custom (II)
crear to create (I)
- **— una página Web** to create a Web page (II)

crecer to grow (9-1)
la creencia belief (7-2)
creer:
- **Creo que...** I think... (I)
- **Creo que no.** I don't think so. (I)
- **Creo que sí.** I think so. (I)

el crimen crime (II)
el / la criminal criminal (II)
el cristiano, la cristiana Christian (8-1)
criticar to criticize (4-2)
el crítico, la crítica critic (II)
el cruce de calles intersection (II)
cruzar to cross (II)
el cuaderno notebook (I)
la cuadra block (II)
el cuadro painting (I)
¿Cuál? Which? What? (I)
- **¿— es la fecha?** What is the date? (I)

la cualidad quality (4-1)
cualquier, -a any (7-2)
¿Cuándo? When? (I)
¿Cuánto?:
- **¿— cuesta(n)...?** How much does (do)...cost? (I)
- **¿— tiempo hace que...?** How long (has)...? (II)
- **¿Cuántos, -as?** How many? (I)
- **¿—s años tiene(n)...?** How old is / are...? (I)

cuanto:
- **en — a** with respect to, as for (10-1)
- **en —** as soon as (9-1)

cuarenta forty (I)
cuarto, -a fourth (I)
y — quarter past *(in telling time)* (I)
el **cuarto** room (I)
cuatro four (I)
cuatrocientos, -as four hundred (I)
cubrir to cover (7-1)
la **cuchara** spoon (I)
la **cucharada** tablespoon(ful) (II)
el **cuchillo** knife (I)
el **cuello** neck (II)
la **cuenta** bill (I)
tener en — to take into account (6-2)
la **cuerda** rope (II)
el **cuero** leather (II)
cuidadoso, -a careful (6-1)
cuidar a to take care of (II)
culpable guilty (10-2)
el **cumpleaños** birthday (I)
¡Feliz —! Happy birthday! (I)
cumplir años to have a birthday (II)
cumplir con to carry out, to perform (5-1)
el **cupón de regalo,** *pl.* **los cupones de regalo** gift certificate (II)
curar to cure (6-2)
el **curso:**
tomar un curso to take a course (I)

D

la **danza** dance (2-2)
dañar to damage (9-1)
dar to give (I)
— + *movie or TV program* to show (I)
— de comer al perro to feed the dog (I)
— puntadas to stitch *(surgically)* (II)
— un discurso to give a speech (II)
— un paseo to take a walk, to stroll (1-1)
— una caminata to take a walk (II)
dar(se) la mano to shake hands (II)
darse cuenta de to realize (1-2)
de of, from (I)
— acuerdo. OK. Agreed. (II)
— algodón cotton (II)
— cuero leather (II)
¿— dónde eres? Where are you from? (I)
— ida y vuelta round trip (II)
— la mañana / la tarde / la noche in the morning / afternoon / evening (I)
— lana wool (II)
— negocios business (II)
— niño as a child (II)
— oro gold (II)
— pequeño as a child (II)
— plata silver (II)
— plato principal as a main dish (I)
— postre for dessert (I)
— prisa in a hurry (II)
¿— qué color...? What color...? (I)
¿— qué está hecho, -a? What is it made of? (II)
— repente suddenly (II)
— seda silk (II)
— sólo un color solid-colored (II)
— tela sintética synthetic fabric (II)
¿— veras? Really? (I)
— vez en cuando once in a while (II)
debajo de underneath (I)
deber should, must (I)
el **deber** duty (10-1)
debido a due to (9-1)
débil weak (3-2)
decidir to decide (I)
décimo, -a tenth (I)
decir to say, to tell (I)
— la verdad to tell the truth (II)
¿Cómo se dice...? How do you say...? (I)
dime tell me (I)
¡No me digas! You don't say! (I)
¿Qué quiere —...? What does...mean? (I)
Quiere — ... It means... (I)
Se dice... You say..., people say... (I)
las **decoraciones** decorations (I)
decorar to decorate (I)
dedicado, -a dedicated (5-1)
dedicarse a to dedicate oneself to (6-1)
el **dedo** finger (I)
Déjame en paz. Leave me alone. (II)
dejar to leave, to let (II)
— de to stop (doing something) (1-1)
— huellas to leave marks, traces (8-1)
no dejes don't leave, don't let (II)
delante de in front of (I)
delicioso, -a delicious (I)
la **demanda** demand (6-2)
los / las **demás** others (I)
demasiado too (I)
democrático, -a democratic (10-2)
el / la **dentista** dentist (II)
dentro de inside (II)
depende it depends (II)
depender de to depend on (9-1)
el **dependiente, la dependienta** salesperson (I)
deportista athletic, sports-minded (I)
derecha:
a la — (de) to the right (of) (I)
derecho straight (II)
el **derecho** *(study of)* law (II)
los **derechos** rights (5-2)
el **derrame de petróleo** oil spill (9-2)
derretir to melt (9-2)

desafortunadamente unfortunately (1-2)
desanimado, -a discouraged (1-2)
desaparecer to disappear (6-2)
desarrollar to develop (3-2)
el desarrollo development (6-2)
el desayuno breakfast (I)
  en el — for breakfast (I)
descansar to rest, to relax (I)
la descendencia descent, ancestry (8-2)
desconfiar to mistrust (4-1)
desconocido, -a unknown (8-2)
descubrir to discover (6-2)
los descuentos:
  la tienda de — discount store (I)
desde from, since (II)
desear to wish (I)
  ¿Qué desean (Uds.)? What would you like? *formal* (I)
desempeñar un cargo to hold a position (6-1)
el desempleo unemployment (10-2)
el desfile parade (II)
deshacerse de to get rid of (9-1)
el desierto desert (II, 1-1)
la desigualdad inequity (10-2)
desobediente disobedient (II)
el desodorante deodorant (II)
desordenado, -a messy (I)
despacio slowly (II)
el despacho office, study (home) (I)
despedirse (e → i) de to say good-bye (II)
el despertador alarm clock (I)
desperdiciar to waste (9-1)
el desperdicio waste (9-1)
despertarse (e → ie) to wake up (II)
después (de) afterwards, after (I)
destacar(se) to stand out (2-2)
la destrucción destruction (II)
destruir (i → y) to destroy (II)
el / la detective detective (II)
detener to detain (10-2), to stop (9-2)
detrás de behind (I)
devolver (o → ue) (un libro) to return (a book) (II)
el día day (I)
  Buenos —s. Good morning. (I)
  cada — every day (I)
  el — festivo holiday (II)
  ¿Qué — es hoy? What day is today? (I)
  todos los —s every day (I)
el diámetro diameter (7-1)
la diapositiva slide (I)
dibujar to draw (I)
el diccionario dictionary (I)
diciembre December (I)
diecinueve nineteen (I)
dieciocho eighteen (I)
dieciséis sixteen (I)
diecisiete seventeen (I)
los dientes teeth (II)
  cepillarse — to brush one's teeth (II)
  el cepillo de — toothbrush (II)
la dieta diet (3-1)
diez ten (I)
la diferencia de opinión difference of opinion (4-2)
difícil difficult (I)
digital:
  la cámara — digital camera (I)
dime tell me (I)
el dinero money (I)
  — en efectivo cash (II)
el dinosaurio dinosaur (II)
el dios, la diosa god, goddess (7-2)
la dirección, *pl.* **las direcciones** direction (II)
  la — electrónica e-mail address (I)
directo, -a direct (II)
el director, la directora (school) principal (II)
el disco compacto compact disc (I)
  grabar un — to burn a CD (I)
discriminado, -a discriminated (10-1)
discriminar to discriminate (10-1)
el discurso speech (II)
discutir to discuss (II)
el diseñador, la diseñadora designer (II, 6-1)
diseñar to design (6-1)
el diseño design (7-1)
disfrutar de to enjoy (II)
disminuir (i→y) to decrease, to diminish (9-2)
la distancia distance (7-1)
divertido, -a amusing, fun (I)
divertirse (e → ie) to have fun (II)
doblar to turn (II)
doce twelve (I)
el documento document (I)
doler (o → ue) to hurt (I, II)
el dolor pain (II)
dominar to dominate (8-1)
domingo Sunday (I)
donar to donate (5-2)
dónde:
  ¿—? Where? (I)
  ¿De — eres? Where are you from? (I)
dormido, -a asleep (II)
dormir (o → ue) to sleep (I)
  —se to fall asleep (II)
  el saco de — sleeping bag (1-1)
el dormitorio bedroom (I)
dos two (I)
los / las dos both (I)
doscientos, -as two hundred (I)
el drama drama (I)
la ducha shower (II)
ducharse to take a shower (II)
dudar to doubt (II, 7-1)
el dueño, la dueña owner (II, 5-1)
dulce sweet (II)
los dulces candy (I)
durante during (I)

durar to last (I, II)
el **durazno** peach (II)
duro, -a hard (1-2)

E

echar to throw (away) (9-1)
— **una carta** to mail a letter (II)
el **eclipse** eclipse (7-2)
ecológico, -a ecological (II)
económico, -a economical (II, 9-1)
la **edad** age (3-1)
el **edificio de apartamentos** apartment building (II)
la **educación física:**
la clase de — physical education class (I)
educar to educate (5-2)
efecto:
el — invernadero greenhouse effect (9-2)
los **efectos especiales** special effects (II)
eficiente efficient (II, 6-1)
egoísta selfish (4-1)
el **ejercicio:**
hacer — to exercise (I)
ejercicios aeróbicos aerobics (3-2)
el *m. sing.* the (I)
él he (I)
la **electricidad** electricity (II, 9-1)
los **electrodomésticos:**
la tienda de — household-appliance store (I)
electrónico, -a:
la dirección — e-mail address (I)
elegante elegant (II)
eliminar to eliminate (II, 1-2)
ella she (I)
ellas *f.* they (I)
ellos *m.* they (I)
emocionado, -a excited, emotional (II)
emocionante touching (I)
emocionarse to be moved (1-2)
el **empate** tie (II)
empezar (e → ie) to begin, to start (I, II)
el **empleado, la empleada** employee (II)
emprendedor, -a enterprising (6-1)
la **empresa** business (6-1)
en in, on (I)
— + *vehicle* by, in, on (I)
— **casa** at home (I)
— **contra (de)** against (5-2)
— **cuanto** as soon as (9-1)
— **cuanto a** with respect to (10-1)
— **la...hora** in the...hour (class period) (I)
— **la Red** online (I)
— **lugar de** instead of (10-2)
— **medio de** in the middle of (II)
— **punto** exactly (II)
¿— qué puedo servirle? How can I help you? (I)
— **realidad** really (II)
— **seguida** right away (II)
— **vez de** instead of (9-2)
enamorado, -a de in love with (II)
enamorarse (de) to fall in love (with) (II)
encantado, -a delighted (I)
encantar to please very much, to love (I)
a él / ella le encanta(n) he / she loves (I)
me encantaría I would love to... (5-2)
me / te encanta(n)... I / you love... (I)
encargarse (de) (g → gu) to be in charge (of) (5-1)
encender (e → ie) to turn on, to light (II)
encima de on top of (I)
encontrar (o → ue) to find (II)
el **encuentro** meeting (8-2)
la **energía** energy (II, 3-1)
la fuente de — energy source (6-2)
enero January (I)
la **enfermedad** illness (6-2)
el **enfermero, la enfermera** nurse (II)
enfermo, -a sick (I)
enfrentarse to face, to confront (8-2)
enlatado, -a canned (II)
enojado, -a angry (II)
enojarse to get angry (II)
enorme enormous (II)
la **ensalada** salad (I)
la — de frutas fruit salad (I)
ensayar to rehearse (II)
el **ensayo** rehearsal (II)
la **enseñanza** teaching (10-1)
enseñar to teach (I)
entender (e → ie) to understand (II)
enterarse to find out (6-2)
entonces then (I)
la **entrada** entrance (II), ticket (2-2)
entrar to enter (I)
entre among, between (II)
la **entrega de premios** awards ceremony (1-2)
entregar to turn in (II)
— **la tarea a tiempo** to turn in homework on time (II)
el **entrenador, la entrenadora** coach, trainer (II)
el **entrenamiento** training (1-2)
entrenarse to train (1-2)
la **entrevista** interview (II, 5-1)
entrevistar to interview (II)
entrometido, -a meddlesome, interfering (4-1)
entusiasmado, -a excited (II)
el **entusiasmo** enthusiasm (2-2)
enviar to send (I, II)
la **época** time, era (8-1)
equilibrado, -a balanced (3-1)
el **equipaje** luggage (II)
facturar el — to check luggage (II)

el equipo team (II)
el — de sonido sound (stereo) system (I)
el — deportivo sports equipment (II)
¿Eres...? Are you...? (I)
es is; (he / she / it) is (I)
— cierto it's true (II)
— el *(number)* **de** *(month)* it is the... of... *(in telling the date)* (I)
— el primero de *(month)*. It is the first of... (I)
— la una. It is one o'clock. (I)
— necesario. It's necessary. (I)
— un(a)... It's a... (I)
la escala stopover (II)
escalar to climb (a rock or mountain) (1-1)
la escalera stairs, stairway (I); ladder (II)
escaparse to escape (II)
la escasez shortage (9-1)
la escena scene (II)
el escenario stage (2-2)
escoger to choose (II)
esconder(se) to hide (oneself) (II)
escribir: to write (I)
¿Cómo se escribe...? How is...spelled? (I)
— cuentos to write stories (I)
— por correo electrónico to write e-mail (I)
— un informe sobre... to write a report about...
Se escribe... It's spelled... (I)
el escritor, la escritora writer (II, 2-2)
el escritorio desk (I)
la escritura writing (7-2)
escuchar música to listen to music (I)
la escuela primaria primary school (I)
la escuela técnica technical school (II)
el escultor, la escultora sculptor (2-1)
la escultura sculpture (2-1)
ese, esa that (I, II)
de ese modo in that way (10-1)
eso:
por — that's why, therefore (I)
esos, esas those (I, II)
el espacio (outer) space (II)
los espaguetis spaghetti (I)
la espalda back (II)
el español:
la clase de — Spanish class (I)
especial special (II)
especialmente especially (I)
la especie species (9-2)
el espectáculo show (2-2)
el espejo mirror (I)
esperar to hope (for) (4-1); to wait (II)
la esposa wife (I)
el esposo husband (I)
el esquí acuático water-skiing (II)
esquiar to ski (I)
la esquina corner (II)
Está hecho, -a de... It is made of... (II)
establecer (zc) to establish (8-2)
la estación, *pl.* **las estaciones** season (I)
la — de servicio service station (II)
el estadio stadium (I)
el estado state (10-1)
el estante shelf, bookshelf (I)
estar to be (I)
¿Cómo está Ud.? How are you? *formal* (I)
¿Cómo estás? How are you? *fam.* (I)
— + *present participle* to be + *present participle* (I)
— a cargo de to be in charge of (9-1)
— basado, -a en to be based on (II)
— de buen / mal humor to be in a good / bad mood (3-2)
— de moda to be in fashion (II)
— en la luna to be daydreaming (3-2)
— en línea to be online (I)
— enamorado, -a de to be in love with (II)
— equivocado, -a to be mistaken (4-2)
— orgulloso / orgullosa de to be proud of (1-2)
— resfriado, -a to have a cold (3-1)
— seguro, -a to be sure (II)
— sujeto, -a a to be subject to (10-1)
Estoy de acuerdo. I agree. (I)
No estoy de acuerdo. I don't agree. (I)
la estatua statue (II)
la estatura height (3-1)
este, esta this (I, II)
esta noche this evening (I)
esta tarde this afternoon (I)
este fin de semana this weekend (I)
el estilo style (II)
estirar to stretch (3-2)
el estómago stomach (I)
estornudar to sneeze (3-1)
estos, estas these (I, II)
Estoy de acuerdo. I agree. (I)
la estrategia strategy (6-2)
estrecho, -a narrow (II)
la estrella (del cine) (movie) star (II)
el estrés stress (3-2)
estresado, -a stressed out (3-2)
la estructura structure (7-1)
el / la estudiante student (I)
estudiar to study (I)
estudioso, -a studious (I)
la estufa stove (II)
estupendo, -a stupendous, wonderful (II)
europeo, -a European (8-2)
la evidencia proof, evidence (7-1)
el evento especial special event (II)
evitar to avoid (3-1)

exagerado, -a outrageous (II)
exagerar to exaggerate (2-2)
examinar to examine, to check (II)
excavar excavate (7-1)
excesivo, -a excessive (9-2)
exigir to demand (3-2)
existir to exist (7-1)
el éxito success (II)
tener — to be successful (II)
la excursión, *pl.* **las excursiones** excursion, short trip (II)
la experiencia experience (I)
la explicación explanation (4-2)
explicar to explain (II)
la explosión, *pl.* **las explosiones** explosion (II)
explotar to exploit, to overwork (9-2)
expresar(se) to express (oneself) (2-1)
expulsar to expel (8-1)
extracurricular extracurricular (II)
extinción:
(en) peligro de — (in) danger of extinction, endangered (9-2)
extranjero, -a foreign (II)
extraño, -a strange (7-1)
el / la extraterrestre alien (II)

F

la fábrica factory (6-2)
fácil easy (I)
facturar (el equipaje) to check (luggage) (II)
la falda skirt (I)
la falta lack (9-2)
la — de lack of (10-2)
faltar to be missing (I)
famoso, -a famous (II, 2-1)
fantástico, -a fantastic (I)
la farmacia pharmacy (II)
fascinante fascinating (I)
fascinar to fascinate (II)
favorito, -a favorite (I)
febrero February (I)
la fecha:
¿Cuál es la —? What is the date? (I)
la — de nacimiento date of birth (5-1)
la felicidad happiness (10-1)
¡Felicidades! Congratulations! (II)
¡Felicitaciones! Congratulations! (1-2)
felicitar to congratulate (II)
¡Feliz cumpleaños! Happy birthday! (I)
fenomenal phenomenal (II)
el fenómeno phenomenon (7-1)
feo, -a ugly (I)
la fibra fiber (3-1)
la fiebre fever (3-1)
la fiesta party (I)
la — de sorpresa surprise party (II)
la figura figure (2-1)
el fin, *pl.* **los fines** purpose (10-2)
el fin de semana:
este — this weekend (I)
los fines de semana on weekends (I)
las finanzas finance (6-1)
flexible flexible (5-1)
flexionar to flex, to stretch (3-2)
flexiones:
hacer — to do push-ups
flojo, -a loose (II)
la flor, *pl.* **las flores** flower (I)
la foca seal (9-2)
la fogata bonfire (II)
fomentar to encourage (9-1)
el fondo background (2-1)
el fósforo match (II)
la foto photo (I)
la fotografía photography (II)
el fotógrafo, la fotógrafa photographer (II)
el fracaso failure (II)
frecuentemente frequently (II)
el fregadero sink (II)
freír (e → í) to fry (II)
las fresas strawberries (I)
fresco, -a fresh (II)
los frijoles beans (II)
el frío:
Hace —. It's cold. (I)
tener — to be cold (I)
frito, -a fried (II)
fue it was (I)
— un desastre. It was a disaster. (I)
el fuego fire (II)
los fuegos artificiales fireworks (II)
la fuente fountain (II); source (II)
la — de energía energy source (6-2)
la — de inspiración source of inspiration (2-1)
fuera (de) outside (II)
fuerte strong (3-1)
la fuerza strength (3-2)
la función function (7-1)
funcionar to function, to work (II, 10-1)
fundamental fundamental, vital (10-2)
fundar to found (8-1)
furioso, -a furious (II)
el fútbol:
jugar al — to play soccer (I)
el fútbol americano:
jugar al — to play football (I)
el futuro future (II)

G

el galán leading man (II)
la galleta cookie (I)
ganar to win; to earn *(money)* (II)
— se la vida to make a living (II)
la ganga bargain (II)
el garaje garage (I)
la garantía guarantee (10-2)
garantizar to guarantee (5-2)
la gasolina gasoline (II)
gastar to spend (II)
el gato cat (I)
el gel gel (II)

el gen *pl.* **los genes** gene (6-2)
generalmente generally (I)
generoso, -a generous (II)
la genética genetics (6-2)
¡Genial! Great! (I)
la gente people (I)
la — sin hogar homeless people (5-2)
geométrico, -a geometric(al) (7-1)
el / la gerente manager (II, 5-1)
el gesto gesture (2-2)
la gimnasia gymnastics (II)
el gimnasio gym (I)
el globo balloon (I)
gobernar (ie) to rule, to govern (8-1)
el gobierno government (9-1)
el gol goal *(in sports)* (II)
meter un — to score a goal (II)
el golf:
jugar al — to play golf (I)
la gorra cap (I)
gozar (de) to enjoy (10-1)
grabar to record (II)
— un disco compacto to burn a CD (I)
gracias thank you (I)
gracioso, -a funny (I)
el grado centígrado centigrade degree (3-1)
la graduación, *pl.* **las graduaciones** graduation (II)
graduarse (u → ú) to graduate (II, 6-1)
los gráficos computer graphics (I)
grande large (I)
el granizo hail (1-1)
caer — to hail (1-1)
la grapadora stapler (II)
grasoso, -a greasy (II)
gratuito, -a free (10-1)
grave serious (II, 9-1)
la gripe flu (3-1)
gris gray (I)
gritar to scream (II)
el grupo étnico ethnic group (8-1)
los guantes gloves (I)
guapo, -a good-looking (I)
guardar (un secreto) to keep (a secret) (4-1)
la guardería infantil day-care center (II)
la guerra war (II, 8-2)
el / la guía guide (II)
la guía guidebook (II)
los guisantes peas (I)
gustar:
a él / ella le gusta(n) he / she likes (I)
(A mí) me gusta... I like to... (I)
(A mí) me gusta más... I like to...better (I prefer to...) (I)
(A mí) me gusta mucho... I like to...a lot (I)
(A mí) no me gusta... I don't like to... (I)
(A mí) no me gusta nada... I don't like to...at all. (I)
Le gusta... He / She likes... (I)
Me gusta... I like... (I)
Me gustaría... I would like... (I)
Me gustó. I liked it. (I)
No le gusta... He / She doesn't like... (I)
¿Qué te gusta hacer? What do you like to do? (I)
¿Qué te gusta hacer más? What do you like to do better / prefer to do? (I)
Te gusta... You like... (I)
¿Te gusta...? Do you like to...? (I)
¿Te gustaría...? Would you like...? (I)
¿Te gustó? Did you like it? (I)

H

haber to have *(as an auxiliary verb)* (II)
había there was / there were (II)
la habilidad skill (5-1)
la habitación, *pl.* **las habitaciones** room (II)
la — doble double room (II)
la — individual single room (II)
el / la habitante inhabitant (7-2)
el hábito alimenticio eating habit (3-1)
hablar to talk (I)
— por teléfono to talk on the phone (I)
habrá there will be (II)
hacer to do (I)
hace + *time expression* ago (I)
Hace + *time* + **que...** It has been... (II)
Hace calor. It's hot. (I)
Hace frío. It's cold. (I)
Hace sol. It's sunny. (I)
— bicicleta to use a stationary bike (3-2)
— caso to pay attention, to obey (4-2)
— cinta to use a treadmill (3-2)
— ejercicio to exercise (I)
— el papel de to play the role of (II)
— escala to stop over (II)
— flexiones to do push-ups (3-2)
— gimnasia to do gymnastics (II)
— la cama to make the bed (I)
— la maleta to pack the suitcase (II)
— las paces to make peace with (4-2)
— ruido to make noise (II)
— un esfuerzo to make an effort (1-2)
— un picnic to have a picnic (II)
— un proyecto to do a project (II)
— un viaje to take a trip (II)
— un video to videotape (I)
— una búsqueda to do a search (II)

— **una gira** to take a tour (II)
— **una parrillada** to have a barbecue (II)
— **una pregunta** to ask a question (II)
haz *(command)* do, make (I)
¿Qué hiciste? What did you do? (I)
¿Qué tiempo hace? What is the weather like? (I)
(tú) haces you do (I)
(yo) hago I do (I)
hacerse to become (6-1)
hacia toward (1-1)
hambre:
Tengo —. I'm hungry. (I)
la hamburguesa hamburger (I)
haré lo que me dé la gana I'll do as I please (6-1)
la harina flour (II)
has visto you have seen (II)
hasta until (II); as far as, up to (II)
— **luego.** See you later. (I)
— **mañana.** See you tomorrow. (I)
hay there is, there are (I)
— **que** one must (I)
haya *(subjunctive)* there is, there are (II)
he visto I have seen (II)
el helado ice cream (I)
la herencia heritage (8-2)
herido, -a injured (II)
el herido, la herida injured person (II)
el hermanastro, la hermanastra stepbrother, stepsister (I)
el hermano, la hermana brother, sister (I)
los hermanos brothers, brother(s) and sister(s) (I)
hermoso, -a beautiful (1-1)
el héroe hero (II)
la heroína heroine (II)
hervir (e → ie) (e → i) to boil (II)
el hielo ice (9-2)
el hierro iron (3-1)
el hijo, la hija son, daughter (I)
los hijos children, sons (I)
histórico, -a historical (II)
el hockey hockey (II)
hogar:
el — de ancianos home for the elderly (5-2)
la gente sin — homeless people (5-2)
la hoja de papel sheet of paper (I)
¡Hola! Hello! (I)
el hombre man (I)
el — de negocios businessman (II, 6-1)
el hombro shoulder (II)
honesto, -a honest (4-1)
la hora:
en la... — in the...hour (class period) (I)
¿A qué —? (At) what time? (I)
el horario schedule (I)
la hormiga ant (II)
el horno oven (II)
al — baked (II)
horrible horrible (I)
el horror:
la película de — horror movie (I)
el hospital hospital (I)
la hospitalidad hospitality (6-2)
el hotel hotel (I)
hoy today (I)
de — en adelante from now on (6-2)
hubo there was (II)
el hueso bone (II)
los huevos eggs (I)
el humo smoke (II)
el huracán, *pl.* **los huracanes** hurricane (II)

I

ida y vuelta round trip (II)
identificarse con to identify oneself with (2-2)
el idioma language (II)
la iglesia church (I)
ignorar to ignore (4-2)
igual: al — que as, like (7-2)
la igualdad equality (10-1)
igualmente likewise (I)
la imagen image (2-1)
impaciente impatient (I)
el imperio empire (8-1)
importante important (I)
importar: me importa(n) it matters (it's important) / they matter to me (II)
impresionante impressive (I)
impresionar to impress (1-1)
improbable unlikely (7-1)
el incendio fire (II)
incluir to include (3-1)
increíble incredible (I)
el / la indígena native (8-2)
la industria industry (6-2)
inexplicable inexplicable (7-1)
infantil childish (I)
la influencia influence (8-1)
influir (i → y) to influence (2-1)
la información information (I)
la informática information technology (6-2)
el informe report (I, II)
el ingeniero, la ingeniera engineer (II, 6-1)
el inglés:
la clase de — English class (I)
el ingrediente ingredient (II)
la injusticia injustice (10-1)
injusto, -a unfair (5-2)
inmediatamente immediately (II)
inocente innocent (10-2)
inolvidable unforgettable (I)
inscribirse to register (1-2)
la inscripción registration (1-2)
insistir en to insist (II)
la inspección, *pl.* **las inspecciones de seguridad** security checkpoint (II)
inspirar to inspire (2-1)
integrarse to integrate (8-1)
inteligente intelligent (I)
el intento attempt (7-2)

intercambiar to exchange (10-2)
el **intercambio** exchange (8-2)
el **interés** interest (II)
interesante interesting (I)
interesar to interest (I)
me interesa(n) it interests me (they interest me) (I)
me interesaría I would be interested... (5-2)
la **interpretación** interpretation (2-2)
interpretar to interpret (2-2)
íntimo, -a intimate (4-1)
la **inundación,** *pl.* **las inundaciones** flood (II)
invadir to invade (8-1)
inventar to invent (6-2)
el **invento** invention (6-2)
investigar to investigate (II)
el **invierno** winter (I)
la **inyección,** *pl.* **las inyecciones** injection, shot (II)
ir to go (I)
— a + *inf.* to be going to + *verb* (I)
— a la escuela to go to school (I)
— a pie to go on foot (II)
— de cámping to go camping (I)
— de compras to go shopping (I)
— de pesca to go fishing (I)
— de vacaciones to go on vacation (I)
¡Qué va! No way! (4-2)
¡Vamos! Let's go! (I)
el **itinerario** itinerary (II)
la **izquierda:**
a la — (de) to the left (of) (I)

J

el **jabón** soap (II)
el **jarabe** syrup (3-1)
el **jardín** garden, yard (I)
los **jeans** jeans (I)
el **jefe, la jefa** boss (6-1)
joven *adj.* young (I)
el / la **joven** young man, young woman (I)
los **jóvenes** young people (II)
las **joyas (de oro, de plata)** (gold, silver) jewelry (II)
la **joyería** jewelry store (I)
las **judías verdes** green beans (I)
el **judío, la judía** Jew(ish) (8-1)
jueves Thursday (I)
el **juez, la jueza,** *pl.* **los jueces** judge (II, 6-1)
el **jugador, la jugadora** player (II)
jugar (a) (u → ue) to play *(games, sports)* (I)
— a los bolos to bowl (II)
— al básquetbol to play basketball (I)
— al béisbol to play baseball (I)
— al fútbol to play soccer (I)
— al fútbol americano to play football (I)
— al golf to play golf (I)
— al tenis to play tennis (I)
— al vóleibol to play volleyball (I)
— videojuegos to play video games (I)
el **jugo:**
el — de manzana apple juice (I)
el — de naranja orange juice (I)
el **juguete** toy (I)
el **juicio** trial (10-2)
julio July (I)
junio June (I)
juntar fondos to fundraise (5-2)
juntarse to join (II)
juntos, -as together (4-1)
el **jurado** jury (10-2)
la **justicia** justice (10-2)
justo, -a fair (5-2)
juzgar to judge (10-2)

L

la the *f. sing.* (I); it, her *f. dir. obj. pron.* (I)
los **labios** lips (II)
el **laboratorio** laboratory (I, II)
el **lado:**
al — de next to (I)
el **ladrón, la ladrona,** *pl.* **los ladrones** thief (II)
el **lago** lake (I)
la **lámpara** lamp (I)
la **lana** wool (II)
el **lápiz,** *pl.* **los lápices** pencil (I)
largo, -a long (I)
el **largo** length (7-1)
las the *f. pl.*; them *f. dir. obj. pron.* (I)
— dos, los dos both (I)
lástima:
¡Qué —! What a shame! (II)
lastimarse to hurt oneself (II)
la **lata** can (I)
lavar to wash (I)
— el coche to wash the car (I)
— la ropa to wash the clothes (I)
— los platos to wash the dishes (I)
—se la cara to wash one's face (II)
le (to / for) him, her, it, *(formal)* you *sing. ind. obj. pron.* (I)
— gusta... He / She likes... (I)
— traigo... I will bring you... (I)
No — gusta... He / She doesn't like... (I)
la **lección,** *pl.* **las lecciones de piano** piano lesson (class) (I)
la **leche** milk (I)
la **lechuga** lettuce (I)
el **lector DVD** DVD player (I)
leer revistas to read magazines (I)
lejos (de) far (from) (I)
la **lengua** language (8-2)
lentamente slowly (II)
la **leña** firewood (II)
les (to / for) them, *(formal)* you *pl. ind. obj. pron.* (I)
la **letra** lyrics (2-2)

el letrero sign (II)
levantar pesas to lift weights (I)
levantarse to get up (II)
la ley law (II, 5-2)
la leyenda legend (7-2)
la libertad liberty (10-1)
libre free (10-2)
la librería bookstore (I)
el libro book (I)
la liga league (II)
limitar to limit (9-1)
la limonada lemonade (I)
limpiar el baño to clean the bathroom (I)
la limpieza cleaning (9-2)
limpio, -a clean (I)
la línea:
estar en — to be online (I, II)
la — aérea airline (II)
la linterna flashlight (1-1)
la liquidación, *pl.* **las liquidaciones** sale (II)
listo, -a ready (II)
llamar:
— por teléfono to call on the phone (II)
¿Cómo se llama? What's his / her name? (I)
¿Cómo te llamas? What is your name? (I)
Me llamo... My name is... (I)
la llave key (II)
el llavero key chain (I)
la llegada arrival (II)
llegar to arrive
al — upon arriving (8-2)
— a to reach, to get to (10-2)
— tarde to arrive late (II)
llenar (el tanque) to fill (the tank) (II)
lleno, -a full (3-1)
llevar to wear (I); to take, to carry, to bring (I)
llevarse bien / mal to get along well / badly (II)
llorar to cry (II)
llover (o → ue) to rain (II)
Llueve. It's raining. (I)
la lluvia rain (II)
lo que what (II)
lo it, him *m. dir. obj. pron.* (I)
— siento. I'm sorry. (I)
el locutor, la locutora announcer (II)
lograr to achieve (6-1)
los the *m. pl.* (I); them *m. dir. obj. pron* (I)
— dos, las dos both (I)
— fines de semana on weekends (I)
— lunes, los martes... on Mondays, on Tuesdays... (I)
luchar to fight (II, 8-2)
luego then (II)
el lugar place (I)
en — de instead of (10-2)
tener — to take place (1-2)
la Luna the Moon (II, 7-1)
lunes Monday (I)
los lunes on Mondays (I)
la luz, *pl.* **las luces** light (I)

M

la madrastra stepmother (I)
la madre (mamá) mother (I)
maduro, -a mature (6-1)
el maíz corn (II)
mal bad, badly (I)
pasarlo — to have a bad time (1-1)
el malentendido misunderstanding (4-2)
la maleta suitcase (II)
malo, -a bad (I)
maltratar to mistreat (10-1)
el maltrato mistreatment (10-1)
manejar to drive (II)
la manera way, manner (II, 3-1)
la manifestación demonstration (5-2)
la mano hand (I)
darse la — to shake hands (II)
mantener:
para — la salud to maintain one's health (I)
la mantequilla butter (I)
la manzana apple (I)
el jugo de — apple juice (I)
mañana tomorrow (I)
la mañana:
a las ocho de la — at eight (o'clock) in the morning (I)
de la — in the morning (I)
el maquillaje make-up (II)
la máquina machine (6-2)
el mar sea (I)
la maravilla marvel, wonder (8-1)
maravilloso, -a wonderful (8-1)
la marca brand (II)
la marcha march (5-2)
los mariscos shellfish (II)
marrón brown (I)
martes Tuesday (I)
los martes on Tuesdays (I)
marzo March (I)
más:
¿Qué —? What else? (I)
— ...que more...than (I)
— de more than (I)
— o menos more or less (I)
matar to kill (II)
las matemáticas:
la clase de — mathematics class (I)
los materiales supplies, materials (II)
mayo May (I)
la mayonesa mayonnaise (II)
mayor, *pl.* **mayores** *adj.* older (I)
los mayores grown-ups (II)
la mayoría the majority (6-2)
me me *dir. obj. pron.*, (to / for) me *ind. obj. pron.* (I)
— aburre(n) it / they bore(s) me (I)
— encantaría I would love to... (5-2)
— es imposible It is impossible for me... (5-2)
— estás poniendo nervioso, -a. You are making me nervous. (II)
— falta(n)... I need... (I)

— **gustaría** I would like (I)
— **gustó.** I liked it. (I)
— **interesa(n)** it / they interest(s) me (I)
— **interesaría** I would be interested... (5-2)
— **llamo...** My name is... (I)
— **importa(n)** it matters (it's important) / they matter to me (II)
— **parece** it seems to me (II)
— **queda(n) bien / mal.** It / They fit(s) me well / poorly. (I)
— **quedo en casa.** I'm staying at home. (I)
¿— **trae...?** Will you bring me...? *formal* (I)
el **mecánico, la mecánica** mechanic (II)
la **medalla** medal (1-2)
media, -o half (I)
y — thirty, half past (I)
mediano, -a medium (II)
la **medicina** medicine (II)
el **médico, la médica** doctor (II)
el **medio ambiente** environment (II, 5-2)
los **medios de comunicación** media (6-2)
medir (e → i) to measure (7-1)
mejor:
el / la —, los / las —es the best (I)
—(es) que better than (I)
mejorar to improve (II, 4-2)
la **melodía** melody (2-2)
el **melón,** *pl.* **los melones** melon (II)
menor younger (I)
menos:
a — que unless (9-2)
más o — more or less (I)
— ...que less / fewer...than (I)
— de less / fewer than (I)
el **mensajero, la mensajera** messenger (5-1)
mentir (e → ie) to lie (II)
el **menú** menu (I)
menudo:
a — often (I)
el **mercadeo** marketing (6-2)
el **mercado** market (II)
la **mercancía** merchandise (8-2)
la **merienda** snack (3-1)
el **mes** month (I)
la **mesa** table (I)
poner la — to set the table (I)
la **mesita** night table (I)
la **meta** goal (1-2)
meter:
meter un gol to score a goal (II)
el **metro** subway (II)
la **mezcla** mix (8-2)
mezclar to mix (II)
la **mezquita** mosque (I)
mi, mis my (I)
mí:
a — también I do (like to) too (I)
a — tampoco I don't (like to) either (I)
para — in my opinion, for me (I)
el **micrófono** microphone (2-2)
el **microondas** microwave (II)
el **miedo: tener — (de)** to be scared (of), to be afraid (of) (I)
el **miembro** member (II)
ser miembro to be a member (II)
mientras (que) while (II)
miércoles Wednesday (I)
mil thousand (I)
militar *(adj.)* military (II)
un millón de / millones de a million / millions of (II)
mío, -a, -os, -as mine (II)
mirar to look (at) (I)
la **misión** mission (8-2)
el **misionero, la misionera** missionary (8-2)
mismo, -a same (I)
pensar en sí — to think of oneself (4-2)
el **misterio** mystery (7-1)
misterioso, -a mysterious (7-1)
el **mito** myth (7-2)
la **mochila** bookbag, backpack (I)
los **modales** manners (II)
el **modo** the way (10-2)
de ese — in that way (10-1)
de — que so, so that (10-2)
mojado, -a wet (II)
molestar to bother (II)
el **momento:**
un — a moment (I)
la **moneda** coin (II)
el **mono** monkey (I)
las **montañas** mountains (I)
montar:
— a caballo to go (horseback) riding (I)
— en bicicleta to ride a bicycle (I)
— en monopatín to skateboard (I)
el **monumento** monument (I)
morado, -a purple (I)
morirse to die (II)
la **mosca** fly (II)
la **mostaza** mustard (II)
mostrar (ue) to show (2-1)
el **motivo** cause (10-1)
la **moto acuática** personal watercraft (II)
moverse (o → ue) to move (II)
el **movimiento** movement (2-1)
mucho, -a a lot (I)
— gusto pleased to meet you (I)
muchos, -as many (I)
mudarse to move (house) (6-1)
los **muebles** furniture (II)
muerto, -a dead (II)
la naturaleza muerta still life (2-1)
la **mujer** woman (I)
la — de negocios businesswoman (II, 6-1)
las **muletas** crutches (II)
la **multa** ticket (II)
mundial worldwide (10-2)
el **mundo** world (II)
la **muñeca** doll (II); wrist (II)

el muñeco action figure (II)
el mural mural (2-1)
el músculo muscle (II, 3-2)
el museo museum (I)
el músico, la música musician (II)
el musulmán, la musulmana Muslim (8-1)
muy very (I)
  — bien very well (I)

N

nacer to be born (II)
nada nothing (I)
  (A mí) no me gusta — ... I don't like to...at all. (I)
nadar to swim (I)
nadie no one, nobody (II)
la naranja:
  el jugo de — orange juice (I)
la nariz, *pl.* **las narices** nose (I)
la natación swimming (II)
natural:
  la reserva — nature preserve (9-2)
la naturaleza nature (II, 1-1)
  la — muerta still life (2-1)
la nave espacial spaceship (7-1)
navegar to sail, to navigate (II)
  — en la Red to surf the Web (I, II)
necesario:
  Es —. It's necessary. (I)
necesitar:
  necesitas you need (I)
  necesito I need (I)
los negocios business (II)
  el hombre de — businessman (II, 6-1)
  la mujer de — businesswoman (II, 6-1)
negro, -a black
  el pelo — black hair (I)
nervioso, -a nervous (II)
nevar (e → ie) to snow (II)
  Nieva. It's snowing. (I)
ni...ni neither...nor, not...or (I)
ningún, ninguno, -a no, none (II)
el niñero, la niñera babysitter (5-1)
la niñez childhood (10-1)
el niño, la niña young boy, young girl (I)
los niños children (I)
el nivel level (3-1)
No comas. Don't eat. (II)
No dejes Don't leave, don't let (II)
No escribas. Don't write. (II)
No estoy de acuerdo. I don't agree. (I)
No hables. Don't speak. (II)
¡No me digas! You don't say! (I)
no...todavía not yet (II)
la noche:
  a las ocho de la — at eight (o'clock) in the evening, at night (I)
  Buenas —s. Good evening. (I)
  de la — in the evening, at night (I)
  esta — this evening (I)
nos us *dir. obj. pron.,* (to / for) us *ind. obj. pron.* (I)
  ¡— vemos! See you later! (I)
nosotros, -as we (I)
la nota grade, mark (in school) (II)
  sacar una buena — to get a good grade (II)
el noticiero newscast (II)
novecientos, -as nine hundred (I)
noveno, -a ninth (I)
noventa ninety (I)
noviembre November (I)
el novio, la novia boyfriend, girlfriend (I)
la nube cloud (II)
nuestro, -a, -os, -as our (I)
nueve nine (I)
nuevo, -a new (I)
el número shoe size (II)
nunca never (I)
nutritivo, -a nutritious (3-1)

O

o or (I)
  — sea que in other words (7-2)
obedecer to obey (II)
obediente obedient (II)
obligar to force (10-1)
la obra:
  la — de arte work of art (2-1)
  la — de teatro play (I)
observar to observe (II)
el observatorio observatory (7-1)
obtener to obtain, to get (1-2)
ochenta eighty (I)
ocho eight (I)
ochocientos, -as eight hundred (I)
el ocio free time (6-2)
octavo, -a eighth (I)
octubre October (I)
ocupado, -a busy (I)
ocupar to occupy (8-1)
ocurrir to occur (II)
ofender to offend (II)
la oficina office (II)
ofrecer to offer (II)
el oído ear (3-1)
oír to hear (II)
ojalá I wish (4-1)
el ojo eye (I)
la olla pot (II)
el olor odor (II)
olvidarse de to forget about (II)
  no te olvides de don't forget about (II)
once eleven (I)
opinar to think (10-2)
la oportunidad opportunity (II)
ordenado, -a neat (I)
organizar to organize (5-2)
el origen origin (7-2)
el oro gold (II)
la orquesta orchestra (II)
os you *pl. fam. dir. obj. pron.,* (to / for) you *pl. fam. ind. obj. pron.* (I)
oscuro, -a dark (II)
el oso de peluche teddy bear (II)

el otoño fall, autumn (I)
otro, -a other, another (I)
otra vez again (I)
el óvalo oval (7-1)
¡Oye! Hey! (I)
ozono:
la capa de — ozone layer (9-2)

P

la paciencia pacience (II)
tener — to be patient (II)
paciente *adj.* patient (I)
pacífico, -a peaceful (10-2)
el padrastro stepfather (I)
el padre (papá) father (I)
los padres parents (I)
pagar (por) to pay (for) (I)
la página Web Web page (I)
el país country (I)
el paisaje landscape (1-1)
el pájaro bird (I)
la palabra word (II)
el palacio palace (II)
la paleta palette (2-1)
el palo de golf golf club (II)
el pan bread (I)
el — tostado toast (I)
la pantalla (computer) screen (I)
los pantalones pants (I)
los — cortos shorts (I)
las papas potatoes (I)
las — fritas French fries (I)
el papel role (II)
el — picado cut-paper decorations (I)
hacer el — de to play the role of (II)
la hoja de — sheet of paper (I)
la papelera wastepaper basket (I)
para for (I)
— + *inf.* in order to (I)
— la salud for one's health (I)
— mantener la salud to maintain one's health (I)
— mí in my opinion, for me (I)
¿ — qué sirve? What's it (used) for? (I)
— ti in your opinion, for you (I)
parado, -a to be standing (2-1)
el paramédico, la paramédica paramedic (II)
parar to stop (II)
pararse to stand up (2-2)
parecer:
me parece que it seems to me (II)
¿Qué te parece? What do you think? / How does it seem to you? (II)
parecerse a to look, to seem (like) (2-2)
la pared wall (I)
los parientes relatives (II)
el parque park (I)
el — de diversiones amusement park (I)
el — nacional national park (I)
la parrilla grill (II)
el / la participante participant (1-2)
participar (en) to participate (in) (II)
el partido game, match (I)
el pasajero, la pasajera passenger (II)
el pasaporte passport (II)
pasar to pass, to go (II)
¿Cómo lo pasaste? How was it (for you)? (I)
— la aspiradora to vacuum (I)
— tiempo con amigos to spend time with friends (I)
¿Qué pasa? What's happening? (I)
¿Qué te pasó? What happened to you? (I, II)
pasarlo bien / mal to have a good time / bad time (1-1)
el pasatiempo pastime (II)
pasear en bote to go boating (I)
el pasillo aisle (II)
el paso step (2-2)
la pasta dental toothpaste (II)
pastel *adj.* pastel (colors) (II)
el pastel cake (I)
los pasteles pastries (I)
las pastillas pills (II)
patinar to skate (I)
los patines skates (II)
el patio de recreo playground (II)
el pavo turkey (II)
la paz peace (II, 10-1)
hacer las paces to make peace (with) (4-2)
el peatón, *pl.* **los peatones** pedestrian (II)
el pecho chest (3-1)
el pedazo piece, slice (II)
pedir (e → i) to order, to ask for (I)
— ayuda to ask for help (II)
— prestado, -a (a) to borrow (from) (II)
— perdón to ask for forgiveness (4-2)
el peine comb (II)
pelar to peel (II)
la pelea fight (4-2)
pelearse to fight (II)
la película film, movie (I)
la — de acción action film (II)
la — de ciencia ficción science fiction movie (I)
la — de horror horror movie (I)
la — policíaca detective movie, mystery (I)
la — romántica romantic movie (I)
ver una — to see a movie (I)
peligro:
(en) peligro de extinción (in) danger of extinction, endangered (II, 9-2)

peligroso, -a dangerous (II)
pelirrojo, -a red-haired (I)
el pelo hair (I, II)
el — **canoso** gray hair (I)
el — **castaño** brown (chestnut) hair (I)
el — **negro** black hair (I)
el — **rubio** blond hair (I)
la pelota ball (II)
el peluquero, la peluquera hairstylist (6-1)
el pensamiento thought (10-1)
pensar (e → ie) to plan, to think (I)
— **en sí mismo(a)** to think of oneself (4-2)
peor:
el / la —, los / las —es the worst (I)
—(es) que worse than (I)
pequeño, -a small (I)
perder (e → ie) to lose (II)
— **el equilibrio** to lose one's balance (1-1)
perderse to get lost (1-1)
Perdón. Excuse me. (I)
perdonar to forgive (4-2)
perezoso, -a lazy (I)
el perfume perfume (I)
el periódico newspaper (I)
el permiso de manejar driver's license (II)
permitir to permit, to allow (II)
pero but (I)
el perrito caliente hot dog (I)
el perro dog (I)
la persona person (I)
el personaje principal main character (II)
pesar to weigh (7-1)
a — de despite (10-2)
pesas:
levantar — to lift weights (I)
el pescado fish *(as a food)* (I)
el peso weight (3-1)
el pesticida pesticide (9-1)
el petróleo oil (9-1)
el derrame de — oil spill (9-2)

el pez, *pl.* **los peces** fish (II)
picante spicy (II)
picar to chop (II)
el picnic picnic (II)
el pie foot (I)
la piedra rock (II)
la piel skin (9-2)
la pierna leg (I)
la pila battery (9-1)
el / la piloto pilot (II)
la pimienta pepper (I)
el pincel brush (2-1)
pintarse (las uñas) to paint, to polish (one's nails) (II)
el pintor, la pintora painter (II)
la pintura painting (2-1)
la piña pineapple (II)
la piñata piñata (I)
la pirámide pyramid (7-1)
la piscina swimming pool (I)
el piso story, floor (I)
primer — second floor (I)
segundo — third floor (I)
la pizza pizza (I)
planear to plan (II)
el planeta planet (7-2)
la planta plant (II)
la planta baja ground floor (I)
el plástico plastic (I)
la plata silver (II)
el plátano banana (I)
el plato plate, dish (I)
de — principal as a main dish (I)
el — principal main dish (I)
la playa beach (I)
la plaza plaza (II)
la pluma feather (9-2)
la población population (8-1)
pobre poor (I)
pobrecito, -a poor thing (II)
la pobreza poverty (10-1)
poco:
un — (de) a little (I)
poder to be able to (I)
(tú) puedes you can (I)
(yo) puedo I can (I)

el poder power (8-2)
poderoso, -a powerful (8-2)
el poema poem (2-2)
el / la poeta poet (2-2)
el / la policía police officer (II)
policíaca:
la película — detective movie, mystery (I)
la política politics (II)
el político, la política politician (II)
el pollo chicken (I)
poner to put, to place (I)
pon *(command)* put, place (I)
— **la mesa** to set the table (I)
— **una multa** to give a ticket (II)
(tú) pones you put (I)
(yo) pongo I put (I)
ponerse to apply, to put on *(clothing, make up, etc.)* (II); to become (II)
— **de acuerdo** to reach an agreement (4-2)
— **el sol** to set (the sun) (7-2)
por for (how long) (II); by, around, along, through (II)
— **ejemplo** for example (II)
— **eso** that's why, therefore (I)
— **lo general** in general (II)
— **lo tanto** therefore (6-1)
¿— qué? Why? (I)
— **supuesto** of course (I)
—...vez for the...time (II)
porque because (I)
portarse bien / mal to behave well / badly (II)
la posesión, *pl.* **las posesiones** possession (I)
el postre dessert (I)
de — for dessert (I)
la práctica practice (II)
practicar deportes to play sports (I)
práctico, -a practical (I)
el precio price (I, II)
predecir to predict (6-2)
preferir (e → ie) to prefer (I)

(tú) prefieres you prefer (I)
(yo) prefiero I prefer (I)
la pregunta question (II)
hacer una — to ask a question (II)
el premio prize (II)
la prensa the press (10-2)
preocuparse worry (3-2)
preparar to prepare (I)
—se to get ready (II)
la presentación, *pl.* **las presentaciones** presentation (I)
el presentador, la presentadora presenter (II)
presentarse to apply for a job (5-1)
la preservación conservation (9-2)
prestar atención to pay attention (II)
la primavera spring (I)
primer (primero), -a first (I)
— piso second floor (I)
el — plano foreground (2-1)
el primo, la prima cousin (I)
los primos cousins (I)
prisa hurry (II)
tener — to be in a hurry (II)
probable likely (7-1)
probar (o → ue) to taste, to try (II)
probarse (o → ue) to try on (II)
el problema problem (I)
producir to produce (9-2)
el producto product (6-2)
la profesión, *pl.* **las profesiones** profession (II)
el profesor, la profesora teacher (I)
el programa program, show (I)
el — de concursos game show (I)
el — de dibujos animados cartoon (I)
el — de entrevistas interview program (I)
el — de estudios course of studies (II)
el — de la vida real reality program (I)
el — de noticias news program (I)
el — deportivo sports program (I)
el — educativo educational program (I)
el — musical musical program (I)
el programador, la programadora programmer (6-1)
prohibir: se prohíbe it is forbidden (II)
prolongar to prolong, to extend (6-2)
promover (ue) to promote (9-1)
pronto soon (II)
tan — como as soon as (9-1)
la propina tip (II)
propio, -a own (I)
proponer to propose, to suggest (10-2)
la propuesta proposal (10-2)
la protección protection (9-1)
proteger to protect (II, 5-2)
la proteína protein (3-1)
próximo, -a next (6-1)
el proyecto project (II)
el — de construcción construction project (I)
el público audience (II)
el pueblo people (7-1); town (II)
puedes:
(tú) — you can (I)
puedo:
(yo) — I can (I)
el puente bridge (II)
la puerta door (I)
la — de embarque departure gate (II)
pues well *(to indicate pause)* (I)
el puesto position (5-1); food stand (II)
la pulsera bracelet (I)
el reloj watch (I)
las puntadas stitches (II)
dar — to stitch *(surgically)* (II)
el punto de vista point of view (10-2)
puntual punctual (II, 5-1)
el pupitre desk (I)
puro, -a pure (II)

Q

que who, that (I)
qué:
¿Para — sirve? What's it (used) for? (I)
¡— + *adj.!* How...! (I)
¡— asco! How awful! (I)
¡— buena idea! What a good / nice idea! (I)
¿— clase de...? What kind of... ? (I)
¿— desean (Uds.)? What would you like? *formal* (I)
¿— día es hoy? What day is today? (I)
¿— es esto? What is this? (I)
¿— hiciste? What did you do? (I)
¿— hora es? What time is it? (I)
¡— lástima! What a shame! (II)
¿— más? What else? (I)
¿— pasa? What's happening? (I)
¡— pena! What a shame / pity! (I)
¿— quiere decir... ? What does...mean? (I)
¿— tal? How are you? (I)
¿— tal es...? How is (it)...? (II)
¿— te gusta hacer? What do you like to do? (I)
¿— te gusta hacer más? What do you like to do better / prefer to do? (I)
¿— te parece? What do you think? / How does it seem to you? (I, II)
¿— te pasó? What happened to you? (I, II)
¿— tiempo hace? What's the weather like? (I)
¡— va! No way! (4-2)
quedar to fit, to be located (I, II)
quedarse to stay (II)
el quehacer (de la casa) (household) chore (I)
quejarse to complain (3-2)
quemar(se) to burn (oneself), to burn up (II)
querer (e → ie) to want (I)

¿Qué quiere decir...? What does...mean? (I)
Quiere decir... It means... (I)
quisiera I would like (I)
(tú) quieres you want (I)
(yo) quiero I want (I)
¿Quién(es)? Who? (I)
químico, -a chemical (9-1)
quince fifteen (I)
quinientos, -as five hundred (I)
quinto, -a fifth (I)
el **quiosco** newsstand (II)
quisiera I would like (I)
quitar to take away, to remove (II)
— el polvo to dust (I)
quizás maybe (I)

R

la **radiografía** X-ray (II)
rápidamente quickly (I, II)
la **raqueta de tenis** tennis racket (II)
un rato a while (1-1)
el **ratón,** *pl.* **los ratones** (computer) mouse (I)
la **raza** race (8-2)
razón reason (10-1)
tener — to be correct (I)
reaccionar to react (4-2)
la **realidad virtual** virtual reality (6-2)
realista realistic (I)
realizar to perform, to accomplish (2-2)
rebelarse to rebel, to revolt (8-2)
el **recalentamiento global** global warming (9-2)
la **recepción** reception desk (II)
el / la **recepcionista** receptionist (5-1)
la **receta** prescription (II); recipe (II)
recetar to prescribe (II)
recibir to receive (I)
reciclar to recycle (I)
recientemente recently (II)
el **recipiente** container (9-1)
recoger to collect, to gather (I)
recomendar (e → ie) to recommend (II)
reconciliarse to become friends again (4-2)
reconocer (c → zc) to admit, recognize (4-2)
reconquistar to reconquer (8-1)
recordar (o → ue) to remember (II)
el **rectángulo** rectangle (7-1)
los **recuerdos** souvenirs (I)
comprar — to buy souvenirs (I)
el **recurso natural** natural resource (9-1)
la **Red:**
en la — online (I)
navegar en la — to surf the Web (I)
el **redactor, la redactora** editor (6-1)
redondo, -a round (7-1)
reducir (zc) to reduce (II, 6-2)
reemplazar to replace (6-2)
la **referencia** reference (5-1)
el **refresco** soft drink (I)
el **refrigerador** refrigerator (II)
refugiarse to take shelter (1-1)
el **refugio** refuge, shelter (1-1)
regalar to give (II)
el **regalo** gift, present (I)
regatear to bargain (II)
registrar to inspect, to search *(luggage)* (II)
la **regla** rule (II)
regresar to return (I)
regular okay, so-so (I)
la **reina** queen (II)
reírse (e → í) to laugh (II)
la **reja** grate (8-1)
relajar(se) to relax (3-2)
el **relámpago** lightning (1-1)
el **reloj** clock (I)
el — pulsera watch (I)
reparar to repair (5-1)
el **repartidor, la repartidora** delivery person (5-1)
repartir to deliver (5-1)
el **repelente de insectos** insect repellent (1-1)
repetir (e → i) to repeat (II)
el **reportero, la reportera** reporter (II)
el / la **representante** representative (1-2)
representar to represent (2-1)
el **requisito** requirement (5-1)
la **res** cattle (II)
rescatar to rescue (II)
el **rescate** rescue (9-2)
la **reseña** review (2-2)
la **reserva natural** nature preserve (9-2)
la **reservación,** *pl.* **las reservaciones** reservation (II)
reservado, -a reserved, shy (I)
resolver (o → ue) to resolve (4-2); to solve (II)
respetar to respect (II)
el **respeto** respect (10-1)
respirar to breathe (3-2)
la **responsabilidad** responsibility (5-2)
responsable responsible (5-1)
el **restaurante** restaurant (I)
el **resultado** result, outcome (8-2)
resultar to result, to turn out (II)
el **reto** challenge (8-2)
el **retraso** delay (II)
el **retrato** portrait (2-1)
la **reunión,** *pl.* **las reuniones** meeting, gathering (II)
reunirse (u → ú) to meet (II)
el **rey** king (II)
rico, -a rich, tasty (I)
el **río** river (I)
la **riqueza** wealth (8-2)
el **ritmo** rhythm (2-2)
robar to rob, to steal (II)
la **roca** rock (1-1)
la **rodilla** knee (II)
rojo, -a red (I)
el **romano, la romana** Roman (8-1)
romántico, -a:
la película — romantic movie (I)

romper to break (I)
—se to break, to tear (II)
la ropa:
la tienda de — clothing store (I)
rosado, -a pink (I)
roto, -a broken (II)
rubio, -a blond (I)
el ruido noise (II)
las ruinas ruins (II, 7-1)

S

sábado Saturday (I)
saber to know (how) (I, II)
(tú) sabes you know (how to) (I)
(yo) sé I know (how to) (I)
el sabor taste (II)
sabroso, -a tasty, flavorful (I)
el sacapuntas, *pl.* **los sacapuntas** pencil sharpener (I)
sacar:
— fotos to take photos (I)
— la basura to take out the trash (I)
— un libro to take out, to check out a book (II)
— una buena nota to get a good grade (II)
el saco de dormir sleeping bag (1-1)
sagrado, -a sacred (7-2)
la sal salt (I)
la sala living room (I)
la — de clases classroom (I)
la — de emergencia emergency room (II)
el salario (*o* **el sueldo)** salary (II, 5-1)
la salchicha sausage (I)
la salida exit (II); departure (II)
salir to leave, to go out (I)
— campeón, campeona to become the champion (1-2)
el salón de belleza, *pl.* **los salones de belleza** beauty salon (II)
los salones de chat chat rooms (II)
la salsa salsa, sauce (II)
la — de tomate ketchup (II)
saltar:
— a la cuerda to jump rope (II)
— una comida to skip a meal (3-1)
la salud:
para la — for one's health (I)
para mantener la — to maintain one's health (I)
saludable healthy (3-1)
saludar(se) to greet (II)
salvaje wild (9-2)
salvar to save (II)
el / la salvavida lifeguard (5-1)
la sandía watermelon (II)
el sándwich de jamón y queso ham and cheese sandwich (I)
la sangre blood (II)
la sartén frying pan (II)
satélite:
vía satélite via satellite (6-2)
satisfactorio, -a satisfactory (10-1)
se abre opens (II)
se cierra closes (II)
se me olvidó I forgot (II)
se murieron they died (II)
se prohíbe... it's forbidden... (II)
se puede you can (II)
sé:
(yo) — I know (how to) (I)
el secador blow dryer (II)
secarse to dry (II)
seco, -a dry (II)
el secretario, la secretaria secretary (II)
el secreto secret (4-1)
sed:
Tengo —. I'm thirsty. (I)
la seda silk (II)
seguir (e → i) to follow, to continue (II)
— *(+ gerund)* to keep on (doing) (5-1)
— una carrera to pursue a career (II, 6-1)
según according to (I)
— mi familia according to my family (I)
segundo, -a second (I)
— piso third floor (I)
seguro, -a sure (II)
seis six (I)
seiscientos, -as six hundred (I)
el sello stamp (II)
la selva tropical tropical rainforest (II, 9-2)
el semáforo stoplight (II)
la semana week (I)
este fin de — this weekend (I)
la — pasada last week (I)
los fines de — on weekends (I)
sembrar (ie) to plant (5-2)
la semejanza similarity (8-2)
el sendero trail (II)
sentado, -a to be seated (2-1)
el sentimiento feeling (2-1)
sentirse (e → ie) to feel (II)
— fatal to feel awful (3-2)
la señal sign (II)
la — de parada stop sign (II)
señor (Sr.) sir, Mr. (I)
señora (Sra.) madam, Mrs. (I)
señorita (Srta.) miss, Miss (I)
separar to separate (I)
septiembre September (I)
séptimo, -a seventh (I)
ser to be (I)
¿Eres...? Are you...? (I)
es he / she is (I)
fue it was (I)
no soy I am not (I)
— miembro to be a member (II)
soy I am (I)
ser:
será it, he, she will be (II)
serio, -a serious (I)
el servicio service (6-2)
el — social social service (5-2)
la servilleta napkin (I)
servir (e → i) to serve, to be useful (I)

¿**En qué puedo —le?** How can I help you? (I)

¿**Para qué sirve?** What's it (used) for? (I)

sirve para it is used for (I)

sesenta sixty (I)

setecientos, -as seven hundred (I)

setenta seventy (I)

sexto, -a sixth (I)

si if, whether (I)

sí yes (I)

siempre always (I)

siento:

Lo —. I'm sorry. (I)

la sierra sierra, mountain range (1-1)

siete seven (I)

el siglo century (2-1)

siguiente next, following (II)

la silla chair (I)

la — de ruedas wheelchair (II)

el símbolo symbol (7-2)

simpático, -a nice, friendly (I)

sin without (I)

— duda without a doubt (II)

— embargo however (1-2)

la sinagoga synagogue (I)

sincero, -a sincere (4-1)

sino but (7-2)

el sitio Web Web site (I)

sobre about (I)

sociable sociable (I)

la sociedad society (5-2)

¡Socorro! Help! (II)

el software software (I)

el sol:

Hace —. It's sunny. (I)

los anteojos de — sunglasses (I)

tomar el — to sunbathe (I)

solar solar (II)

el / la soldado soldier (8-2)

soler (ue) to usually do something (5-1)

solicitar to request (5-1)

la solicitud de empleo job application (5-1)

sólo only (I)

solo, -a alone (I)

soltero, -a single (6-1)

la sombra shadow (7-2)

Son las... It is... *(in telling time)* (I)

sonar (ue) (a) to sound like (2-2)

sonreír (e → í) to smile (II)

la sopa de verduras vegetable soup (I)

sorprender(se) to (be) surprise(d) (4-1)

la sorpresa surprise (II)

sospechoso, -a suspicious (10-2)

el sótano basement (I)

soy I am (I)

su, sus his, her, your *formal,* their (I)

subir to go up (II)

suceder to occur (1-1)

sucio, -a dirty (I)

la sudadera sweatshirt (I)

el suelo ground, floor (II)

sueño: tener — to be sleepy (I)

el suéter sweater (I)

suficiente enough (9-1)

sufrir to suffer (10-1)

sugerir (e → ie) to suggest (II)

el supermercado supermarket (II)

supuesto: por — of course (I)

el surf de vela windsurf (II)

T

tal: ¿Qué — ? How are you? (I)

tal vez maybe, perhaps (II)

talentoso, -a talented (I)

la talla size (II)

el taller workshop (2-1)

también also, too (I)

a mí — I do (like to) too (I)

el tambor drum (2-2)

tampoco:

a mí — I don't (like to) either (I)

tan so (II)

— + *adj.* so + *adj.* (II)

— + *adj.* **+ como** as + *adj.* + as (II)

— pronto como as soon as (9-1)

el tanque tank (II)

el tanteo score (II)

tanto so much (I)

por lo — therefore (6-1)

tantos, -as + *noun* + **como** as much / many + *noun* + as (II)

tarde late, afternoon (I)

a la una de la — at one (o'clock) in the afternoon (I)

Buenas —s. Good afternoon. (I)

de la — in the afternoon (I)

esta — this afternoon (I)

llegar — to arrive late (II)

la tarea homework (I)

la tarjeta card (I, II)

la — de crédito credit card (II)

la — de embarque boarding pass (II)

la — postal postcard (II)

la taza cup (I)

te you *sing. dir. obj. pron.*, (to / for) you *sing. ind. obj. pron.* (I)

¿— gusta...? Do you like to...? (I)

¿— gustaría...? Would you like...? (I)

¿— gustó? Did you like it? (I)

— importa(n) it matters (it's important), they matter to you (II)

— ves (bien) you look (good) (II)

el té tea (I)

el — helado iced tea (I)

el teatro theater (I)

la obra de — play (2-1)

el teclado (computer) keyboard (I)

el técnico, la técnica technician (II)

la tecnología technology / computers (I)

la clase de — technology / computer class (I)

tecnológico, -a technological (6-2)

la tela sintética synthetic fabric (II)

la telenovela soap opera (I)
el televisor television set (I)
el tema subject (2-1)
temer to fear (4-1)
el templo temple, Protestant church (I)
temprano early (I)
el tenedor fork (I)
tener to have (I)
¿Cuántos años tiene(n)...? How old is / are...? (I)
— calor to be warm (I)
— celos to be jealous (4-1)
— cuidado to be careful (II)
— en común to have in common (4-1)
— en cuenta to take into account (6-2)
— éxito to succeed, to be successful (II)
— frío to be cold (I)
— la culpa to be guilty (4-2)
— lugar to take place (1-2)
— miedo (de) to be scared (of), to be afraid (of) (I)
— paciencia to be patient (II)
— prisa to be in a hurry (II)
— razón to be correct (I)
— sueño to be sleepy (I)
Tengo hambre. I'm hungry. (I)
Tengo que... I have to... (I)
Tengo sed. I'm thirsty. (I)
Tiene(n)...años. He / She is / They are...(years old). (I)
el tenis:
jugar al — to play tennis (I)
la teoría theory (7-2)
tercer (tercero), -a third (I)
terminar to finish, to end (I)
el terremoto earthquake (II)
el / la testigo witness (10-2)
ti you *fam. after prep.*
¿Y a —? And you? (I)
para — in your opinion, for you (I)
el tiempo:
a — on time (II)
a — completo full time (5-1)
a — parcial part time (5-1)
el — libre free time (I)
pasar — con amigos to spend time with friends (I)
¿Qué — hace? What's the weather like? (I)
la tienda store (I)
la — de acampar tent (1-1)
la — de descuentos discount store (I)
la — de electrodomésticos household-appliancestore (I)
la — de ropa clothing store (I)
Tiene(n)...años. He / She is / They are...(years old). (I)
la Tierra Earth (II, 7-2); **la tierra** land (8-2)
las tijeras scissors (II)
tímido, -a timid (II)
típico, -a typical (II)
el tío, la tía uncle, aunt (I)
los tíos uncles, aunt(s) and uncle(s) (I)
tirar to spill, to throw away (II)
no tires don't spill, don't throw away (II)
la toalla towel (II)
el tobillo ankle (II)
tocar la guitarra to play the guitar (I)
el tocino bacon (I)
todavía still (II)
todo el mundo everyone (II)
todos, -as all (I)
— los días every day (I)
la tolerancia tolerance (10-1)
tomar to take, to drink (3-1)
— conciencia de to become aware of (9-2)
— decisiones to make decisions (6-1)
— el sol to sunbathe (I)
— lecciones to take lessons (II)
— un curso to take a course (I)
los tomates tomatoes (I)
la tonelada ton (7-1)
tonto, -a silly, stupid (I)
torcerse (o → ue) to twist, to sprain (II)
la tormenta storm (II)
la torre tower (8-1)
la tortuga turtle (II)
la tos cough (3-1)
trabajador, -ora hardworking (I)
trabajar to work (I)
el trabajo work, job (I)
el — voluntario volunteer work (I)
traducir to translate (6-1)
el traductor, la traductora translator (6-1)
traer:
Le traigo... I will bring you... (I)
¿Me trae...? Will you bring me...? *formal* (I)
el tráfico traffic (II)
el traje suit (I)
el — de baño swimsuit (I)
tranquilo, -a calm (II)
tratar to treat (10-1)
— de to try to (II)
tratarse de to be about (II)
travieso, -a naughty, mischievous (II)
trazar to trace, to draw (7-1)
trece thirteen (I)
treinta thirty (I)
treinta y uno thirty-one (I)
tremendo, -a tremendous (I)
el tren train (I)
el — eléctrico electric train (II)
tres three (I)
trescientos, -as three hundred (I)
el triángulo triangle (7-1)
el triciclo tricycle (II)
triste sad (I)
el trofeo trophy (1-2)
la trompeta trumpet (2-2)
tropezar (e → ie) (con) to trip (over) (II)
el trueno thunder (1-1)
tu, tus your (I)
tú you *fam.* (I)

el / la turista tourist (II)
tuyo, -a, -os, -as yours (II)

U

Ud. (usted) you *formal sing.* (I)
Uds. (ustedes) you *formal / informal pl.* (I)
¡Uf! ugh!, yuck! (I)
último, -a the last / final (II)
un, una a, an (I)
— **poco (de)** a little (I)
la una:
a la — at one o'clock (I)
único, -a only (8-1)
la unidad unity (8-1)
la universidad university (II)
el universo universe (7-2)
uno one (I)
unos, -as some (I)
las uñas nails (II)
usado, -a used (I)
usar la computadora to use the computer (I)
el uso use (6-2)
usted (Ud.) you *formal sing.* (I)
ustedes (Uds.) you *formal / informal pl.* (I)
las uvas grapes (I)

V

las vacaciones: ir de — to go on vacation (I)
vacío, -a empty (3-1)
valiente brave (II)
el valle valley (II, 1-1)
el valor value (10-2)
¡Vamos! Let's go! (I)
vanidoso, -a vain, conceited (4-1)
la variedad variety (8-2)
varios, -as various, several (II)
el vaso glass (I)
el vecino, la vecina neighbor (II)
veinte twenty (I)
veintiuno (veintiún) twenty-one (I)
la vela sail (II)
vencer to beat (1-2)
la venda bandage (II)
el vendedor, la vendedora vendor (II)
vender to sell (I)
el veneno poison (9-1)
venir to come (I)
la ventana window (I)
la ventanilla (airplane) window (II)
ver to see (I)
a — ... Let's see... (I)
¡Nos vemos! See you later! (I)
— **la tele** to watch television (I)
— **una película** to see a movie (I)
el verano summer (I)
veras:
¿De —? Really? (I)
la verdad truth (II)
¿Verdad? Really? (I)
verde green (I)
el vestido dress (I)
vestirse (e → i) to get dressed (II)
el veterinario, la veterinaria veterinarian (II)
la vez, *pl.* **las veces:**
a veces sometimes (I)
en — de instead of (10-1)
otra — again (I)
una — allí once there (1-1)
vía satélite via satellite (6-2)
viajar to travel (I)
el viaje trip (I)
la víctima victim (II)
la vida life (II)
el video video (I)
los videojuegos: jugar — to play video games (I)
el vidrio glass (I)
viejo, -a old (I)
viernes Friday (I)
el vinagre vinegar (II)
violar to violate (10-2)
la violencia violence (II)
violento, -a violent (I)
visitar to visit (I)
— **salones de chat** to visit chat rooms (I, II)
la vitamina vitamin (3-1)
la vivienda housing (6-2)
vivir to live (I)
vivo, -a bright *(color)* (II); living, alive (II)
el vóleibol: jugar al — to play volleyball (I)
el voluntario, la voluntaria volunteer (I)
volver (o → ue) to return (II)
—se loco, -a to go crazy (II)
volverse (ue) to become (2-1)
vosotros, -as you *fam. pl.* (I)
votar to vote (10-1)
la voz, *pl.* **las voces** voice (II)
el vuelo flight (II)
vuestro, -a, -os, -as your (I)

Y

y and (I)
¿— a ti? And you? (I)
— **cuarto** quarter past (I)
— **media** thirty, half-past *(in telling time)* (I)
¿— tú? And you? *fam.* (I)
¿— usted (Ud.)? And you? *formal* (I)
ya already (I, II)
— **que** because, due to (7-1)
el yeso cast (II)
yo I (I)
¡Yo no fui! It was not me! (4-2)
el yoga yoga (3-2)
el yogur yogurt (I)

Z

las zanahorias carrots (I)
la zapatería shoe store (I)
los zapatos shoes (I)
el zoológico zoo (I)

English–Spanish Vocabulary

The *English-Spanish Vocabulary* contains all active vocabulary from the text, including vocabulary presented in the grammar sections.

A dash (—) represents the main entry word. For example, **to play —** after **baseball** means **to play baseball.**

The number following each entry indicates the chapter in which the word or expression is presented. A Roman numeral (I) indicates that the word was presented in AUTÉNTICO 1. A roman numeral II indicates the word was presented in AUTÉNTICO 2.

The following abbreviations are used in this list: *adj.* (adjective), *dir. obj.* (direct object), *f.* (feminine), *fam.* (familiar), *ind. obj.* (indirect object), *inf.* (infinitive), *m.* (masculine), *pl.* (plural), *prep.* (preposition), *pron.* (pronoun), *sing.* (singular).

A

a, an un, una (I)
a little un poco (de) (I)
a lot mucho, -a (I)
a while un rato (1-1)
able capaz (6-1)
able:
  to be — to poder (o → ue) (I)
about sobre (I)
abstract abstracto, -a (2-1)
abuse el abuso (10-1)
to accept aceptar (4-1)
  — (me) the way (I am) aceptar tal como (soy) (4-1)
accident el accidente (II)
to accompany acompañar (II)
to accomplish realizar (2-2)
according to según (I)
  — my family según mi familia (I)
accountant el contador, la contadora (II, 6-1)
to accuse acusar (4-2)
accused el acusado, la acusada (10-2)
to achieve lograr (6-1)
acquainted:
  to be — with conocer (I, II)
acting la actuación (II)
action figure el muñeco (II)
actor el actor (I)
actress la actriz, *pl.* las actrices (I)
to add añadir (II)
address:
  e-mail — la dirección electrónica (I)
adequate adecuado, -a (10-1)
adolescence la adolescencia (10-1)
adolescent el / la adolescente (10-1)
to adopt adoptar (8-2)
advance el avance (6-2)
advice el consejo (3-2)
to advise aconsejar (3-2)
aerobics ejercicios aeróbicos (3-2)
aerosol el aerosol (9-2)
to affect afectar (9-2)
affectionate cariñoso, -a (4-1)
afraid:
  to be — (of) tener miedo (de) (I)
African africano, -a (8-2)
after después de (I)
afternoon:
  at one (o'clock) in the afternoon a la una de la tarde (I)
  Good —. Buenas tardes. (I)
  in the — de la tarde (I)
  this — esta tarde (I)
afterwards después (I)
again otra vez (I)
against contra (II, 1-2), en contra de (5-2)
age la edad (3-1)
agitated agitado, -a (II)
ago hace + *time expression* (I)
agree:
  I —. Estoy de acuerdo. (I)
  I don't —. No estoy de acuerdo. (I)
Agreed. De acuerdo. (II)
air conditioner el aire acondicionado (II)
airline la línea aérea (II)
airplane el avión (I)
airport el aeropuerto (II)
aisle el pasillo (II)
alarm clock el despertador (I)
alien el / la extraterrestre (II)
alive vivo, -a (II)
all todos, -as (I)
allergy la alergia (3-1)
almost casi (I, II)
alone solo, -a (I)
along por (II, II)
already ya (I)
also también (I)
always siempre (I)
am:
  I — (yo) soy (I)
  I — not (yo) no soy (I)
ambitious ambicioso, -a (6-1)
ambulance la ambulancia (II)
among entre (II)
amusement park el parque de diversiones (I)
amusing divertido, -a (I)
ancestor el antepasado, la antepasada (8-2)
ancestry la descendencia (8-2)
and y (I)
  — you? ¿Y a ti? *fam.* (I); ¿Y tú? *fam.* (I); ¿Y usted (Ud.)? *formal* (I)
angry enojado, -a (II)

to **get —** enojarse (II)
animal el animal (I)
ankle el tobillo (II)
anniversary el aniversario (II)
another otro, -a (I)
to **announce** anunciar (II)
announcement el anuncio (II)
announcer el locutor, la locutora (II)
to **answer** contestar (II)
ant la hormiga (II)
antibiotic el antibiótico (3-1)
antique antiguo, -a (II)
any algunos, -as (II); cualquier, -a (7-2)
anyone alguien (II)
Anything else? ¿Algo más? (I)
apartment el apartamento (I)
— building el edificio de apartamentos (II)
to **appear** aparecer (zc) (1-1, 7-2)
to **applaud** aplaudir (II)
applause el aplauso (2-2)
apple la manzana (I)
— juice el jugo de manzana (I)
to **apply for a job** presentarse (5-1)
to **apply (the law)** aplicar (las leyes) (10-1)
to **approach** acercarse a (1-1)
appropriate apropiado, -a (3-1)
approximately aproximadamente (II)
April abril (I)
aqueduct el acueducto (8-1)
Arab el / la árabe (8-1)
arch el arco (8-1)
archaeologist el arqueólogo, la arqueóloga (7-1)
architect el arquitecto, la arquitecta (II, 6-1)
architecture la arquitectura (8-1)
Are you...? ¿Eres...? (I)
arm el brazo (I)
around por (II); alrededor de (II)
to **arrest** arrestar (II)
arrival la llegada (II)
to **arrive late** llegar tarde (II)
art class la clase de arte (I)
article el artículo (II)
artist el artista, la artista (II)
artistic artístico, -a (I)
arts las artes (II)
martial — las artes marciales (II)
as como (I), al igual que (7-2), a medida que (10-2)
— a child de niño (II); de pequeño (II)
— a main dish de plato principal (I)
— far as, up to hasta (II)
— soon as en cuanto, tan pronto como (9-1)
— though it were como si fuera (6-2)
as much / many + ***noun*** **+ as** tantos, -as + *noun* + como (II)
as + ***adj.*** **+ as** tan + *adj.* + como (II)
to **ask for** pedir (e → i) (I)
to — forgiveness pedir perdón (4-2)
— help pedir ayuda (II)
to **ask a question** hacer una pregunta (II)
asleep dormido, -a (II)
aspiration la aspiración (10-2)
aspirin la aspirina (3-1)
astronomer el astrónomo, la astrónoma (7-2)
to **assimilate** asimilar(se) (8-1)
to **assist** atender (5-1)
to **assure** asegurar (10-2)
at:
— dawn al amanecer (1-1)
— dusk al anochecer (1-1)
— eight (o'clock) a las ocho (I)
— eight (o'clock) at night a las ocho de la noche (I)
— eight (o'clock) in the evening a las ocho de la noche (I)
— eight (o'clock) in the morning a las ocho de la mañana (I)
— home en casa (I)
— one (o'clock) a la una (I)
— one (o'clock) in the afternoon a la una de la tarde (I)
— the beginning al principio (1-2)
— the end al final (II)
— what time? ¿A qué hora? (I)
ATM el cajero automático (II)
atmosphere la atmósfera (9-2)
attempt el intento (7-2)
to **attend** asistir a (II)
attentive atento, -a (II)
athlete el / la atleta (II)
attraction(s) la atracción, *pl.* las atracciones (I)
audience el público (II)
audition la audición, *pl.* las audiciones (II)
auditorium el auditorio (II)
August agosto (I)
aunt la tía (I)
aunt(s) and uncle(s) los tíos (I)
authority la autoridad (10-1)
autumn el otoño (I)
avenue la avenida (II)
avocado el aguacate (II)
to **avoid** evitar (3-1)
awards ceremony la entrega de premios (1-2)

B

baby el / la bebé (II)
babysitter el niñero, la niñera (5-1)
back la espalda (II)
to **back (each other)** apoyarse (4-1)
background el fondo (2-1)
backpack la mochila (I)
bacon el tocino (I)

bad malo, -a (I); mal (I)
badly mal (I)
bag la bolsa (I)
baked al horno (II)
balanced equilibrado, -a (3-1)
balcony el balcón, *pl.* los balcones (8-1)
bald eagle el águila calva, *pl.* las águilas calvas (9-2)
ball la pelota (II)
balloon el globo (I)
banana el plátano (I)
band *(musical)* la banda (II), el conjunto (2-2)
bandage la venda (II)
bank el banco (II)
banker el banquero, la banquera (6-1)
bargain la ganga (II)
to bargain regatear (II)
baseball:
to play — jugar al béisbol (I)
basement el sótano (I)
basket la cesta (II)
basketball:
to play — jugar al basquétbol (I)
bathroom el baño (I)
battery la pila (9-1)
battle la batalla (8-2)
to be ser (I); estar (I)
He / She is / They are... (years old). Tiene(n)... años. (I)
How old is / are...? ¿Cuántos años tiene(n)...? (I)
to — + *present participle* estar + *present participle* (I)
to — a member ser miembro (II)
to — able to poder (o → ue) (I)
to — about tratarse de (II)
to — acquainted with conocer (I)
to — afraid (of) tener miedo (de) (I)
to — based on estar basado, -a en (II)
to — born nacer (II)
to — cold tener frío (I)
to — correct tener razón (I)
to — daydreaming estar en la luna (3-2)
to — delighted alegrarse (4-1)
to — exhausted caerse de sueño (3-2)
to — formed by componerse de (8-2)
to — going to + *verb* ir a + *inf.* (I)
to — guilty tener la culpa (4-2)
to — in a good / bad mood estar de buen / mal humor (3-2)
to — in charge of encargarse (5-1), estar a cargo de (9-1)
to — in fashion estar de moda (II)
to — in love with estar enamorado, -a de (II)
to — jealous tener celos (4-1)
to — located quedar (I, II)
to — mistaken estar equivocado, -a (4-2)
to — moved emocionarse (1-2)
to — online estar en línea (I)
to — proud of estar orgulloso, -a de (1-2)
to — scared (of) tener miedo (de) (I)
to — sitting sentado, -a (2-1)
to — sleepy tener sueño (I), caerse de sueño (3-2)
to — standing parado, -a (2-1)
to — subject to estar sujeto, -a a (10-1)
to — sure estar seguro, -a (II)
to — surprised sorprenderse (4-1)
to — useful servir (I)
to — warm tener calor (I)
beach la playa (I)
beans los frijoles (II)
bear el oso (I)
to beat batir (II), vencer (1-2)
beautiful bello, -a (II), hermoso, -a (1-1)
beauty salon el salón de belleza, *pl.* los salones de belleza (II)
because porque (I), ya que (7-1)
— of a causa de (II)
to become ponerse (II), volverse (ue) (2-1), hacerse (6-1), convertirse (en) (7-2)
to — aware of tomar conciencia de (9-2)
to — friends again reconciliarse (4-2)
to — the champion salir campeón/campeona (1-2)
bed la cama (I)
to make the — hacer la cama (I)
bedroom el dormitorio (I)
beefsteak el bistec (I)
before antes de (I), anteriormente (8-1), ante (10-1)
to begin empezar (e → ie) (I)
to behave well / badly portarse bien / mal (II)
behavior el comportamiento (4-2)
behind detrás de (I)
belief la creencia (7-2)
belt el cinturón, *pl.* los cinturones (II)
to benefit beneficiar (5-2)
benefits los beneficios (II, 5-1)
best:
the — el / la mejor, los / las mejores (I)
better than mejor(es) que (I)
between entre (II)
bicycle:
to ride a — montar en bicicleta (I)
bilingual bilingüe (II)
bill la cuenta (I)

binder:
three-ring — la carpeta de argollas (I)
binoculars los binoculares (1-1)
bird el pájaro (I), el ave (9-2)
birthday el cumpleaños (I)
Happy —! ¡Feliz cumpleaños! (I)
black hair el pelo negro (I)
block la cuadra (II)
blocks los bloques (II)
blond hair el pelo rubio (I)
blood la sangre (II)
blouse la blusa (I)
blow dryer el secador (II)
blue azul (I)
to board abordar (II)
boat el barco (I)
sail— el bote de vela (II)
boating:
to go — pasear en bote (I)
to boil hervir (e → ie) (II)
bone el hueso (II)
bonfire la fogata (II)
book el libro (I)
bookbag la mochila (I)
bookshelf el estante (I)
bookstore la librería (I)
boots las botas (I)
to bore aburrir (I)
it / they bore(s) me me aburre(n) (I)
to get bored aburrirse (II)
boring aburrido, -a (I)
to borrow (from) pedir prestado, -a (a) (II)
boss el jefe, la jefa (6-1)
both los dos, las dos (I), ambos (10-1)
to bother molestar (II)
bottle la botella (I)
to bowl jugar a los bolos (II)
box la caja (I)
boy el chico (I)
young — el niño (I)
boyfriend el novio (I)
bracelet la pulsera (I)
brand la marca (II)
brave valiente (II)
bread el pan (I)
to break romper (I); romperse (II)
breakfast el desayuno (I)
for — en el desayuno (I)
to breathe respirar (3-2)
bridge el puente (II)
bright *(color)* vivo, -a (II)
to bring traer (I); llevar (I)
I will — you... Le traigo... (I)
Will you — me... ? ¿Me trae... ? (I)
broth el caldo (II)
brother el hermano (I)
brothers; brother(s) and sister(s) los hermanos (I)
brown marrón (I)
— (chestnut) hair el pelo castaño (I)
brush el cepillo (II), el pincel (2-1)
tooth— el cepillo de dientes (II)
to brush (one's teeth) cepillarse (los dientes) (II)
to build construir (i → y) (5-2)
to burn a CD grabar un disco compacto (I)
to burn (oneself), to burn up quemar(se) (II)
bus el autobús, *pl.* los autobuses (I)
business los negocios (II), la empresa (6-1)
—man el hombre de negocios (II, 6-1)
—woman la mujer de negocios (II, 6-1)
busy ocupado, -a (I)
but pero (I), sino (7-2)
butter la mantequilla (I)
to buy comprar (I)
— souvenirs comprar recuerdos (I)
by por (II)
— + *vehicle* en + *vehicle* (I)
— hand a mano (II)

C

café el café (I)
cake el pastel (I)
calcium el calcio (3-1)
to call:
to — on the phone llamar por teléfono (II)
to calculate calcular (7-1)
calculator la calculadora (I)
calm tranquilo, -a (II)
camera la cámara (I)
digital — la cámara digital (I)
camp el campamento (I)
campaign la campaña (5-2)
can la lata (I)
can:
I — (yo) puedo (I)
you — (tú) puedes (I)
candy los dulces (I)
canned enlatado, -a (II)
cap la gorra (I)
to capture capturar (II)
car el coche (I)
carbohydrate el carbohidrato (3-1)
card la tarjeta (I)
credit — la tarjeta de crédito (II)
post— la tarjeta postal (II)
cardboard el cartón (I)
career la carrera (II)
careful cuidadoso, -a (6-1)
carrots las zanahorias (I)
to carry llevar (I)
— out cumplir con (5-1)
cartoon el programa de dibujos animados (I)
cash el dinero en efectivo (II)
to cash a check cobrar un cheque (II)
cash register la caja (II)
cashier el cajero, la cajera (II)
cast el yeso (II)
castle el castillo (II)
cat el gato (I)
to catch atrapar (9-2)
cathedral la catedral (II)

cattle la res (II)

cause la causa (II), el motivo (10-1)

CD:

to burn a — grabar un disco compacto (I)

to celebrate celebrar (I)

center, downtown el centro (I, II)

centigrade degree el grado centígrado (3-1)

centimeter el centímetro (7-1)

century el siglo (2-1)

cereal el cereal (I)

ceremony la ceremonia (1-2)

certificate el certificado (1-2)

chain la cadena (I)

chair la silla (I)

wheel— la silla de ruedas (II)

challenge el reto (8-2)

champion el campeón, la campeona, *pl.* los campeones (II)

to become the — salir campeón, campeona (1-2)

championship el campeonato (II)

to change cambiar (II)

to — one's mind cambiar de opinión (4-1)

channel *(TV)* el canal (I)

to chat charlar (II)

chat rooms los salones de chat (II)

cheap barato, -a (I)

check:

to cash a — cobrar un cheque (II)

traveler's — el cheque de viajero (II)

personal — el cheque personal (II)

to check (luggage) facturar (el equipaje) (II)

to check out a book sacar (II)

cheerleader el animador, la animadora (II)

chemical químico, -a (9-1)

cherry la cereza (II)

chess el ajedrez (II)

chest el pecho (3-1)

chicken el pollo (I)

childhood la niñez (10-1)

childish infantil (I)

children los hijos (I); los niños (I)

to chop picar (II)

chore:

household — el quehacer (de la casa) (I)

chorus, choir el coro (II)

to choose escoger (II)

Christian el cristiano, la cristiana (8-1)

church la iglesia (I)

Protestant — el templo (I)

circle el círculo (7-1)

citizen el ciudadano, la ciudadana (5-2)

citizenship la ciudadanía (5-2)

city la ciudad (I)

civilization la civilización (7-1)

class la clase (I)

classical clásico, -a (2-2)

classified ad el anuncio clasificado (5-1)

classroom la sala de clases (I)

clean limpio, -a (I)

to clean the bathroom limpiar el baño (I)

cleaning la limpieza (9-2)

client el / la cliente / a (5-1)

to climb (a rock or mountain) escalar (1-1)

clock el reloj (I)

to close cerrar (II)

close (to) cerca (de) (I)

closed cerrado, -a (II)

closes se cierra (II)

closet el armario (I)

clothing store la tienda de ropa (I)

club el club, *pl.* los clubes (II)

athletic — el club atlético (II)

coach el entrenador, la entrenadora (II)

coat el abrigo (I)

coffee el café (I)

coin la moneda (II)

cold:

It's —. Hace frío. (I)

to be — tener frío (I)

to collaborate colaborar (4-2)

to collect recoger (I)

to collect coleccionar (II)

collection la colección, *pl.* las colecciones (II)

to collide with chocar con (II)

cologne el agua de colonia (II)

colony la colonia (8-2)

color:

What — ... ? ¿De qué color ... ? (I)

—s los colores (I)

comb el peine (II)

to come venir (I)

comedy la comedia (I)

comfortable cómodo, -a (II)

comical cómico, -a (I)

commentary el comentario (II)

to communicate comunicarse (I, 6-2)

I — (yo) me comunico (I)

you — (tú) te comunicas (I)

community la comunidad (I)

— center el centro de la comunidad (5-2)

compact disc el disco compacto (I)

to burn a — grabar un disco compacto (I)

company la compañía (5-1)

compass la brújula (1-1)

to compete competir (e → i) (II)

competition la competencia (II)

to complain quejarse (3-2)

complicated complicado, -a (I, II)

composition la composición, *pl.* las composiciones (I)

to compute calcular (7-1)

computer la computadora (I)

— graphics los gráficos (I)

— keyboard el teclado (I)

— **mouse** el ratón (I)
— **screen** la pantalla (I)
— **science** la computación (5-1)
—**s / technology** la tecnología (I)
laptop — la computadora portátil (I)
to use the — usar la computadora (I)
conceited vanidoso, -a (4-1)
to concentrate concentrarse (3-2)
concert el concierto (I)
conflict el conflicto (4-2)
to confront enfrentarse (8-2)
to congratulate felicitar (II)
Congratulations! ¡Felicidades! (II), ¡Felicitaciones! (1-2)
to conquer conquistar (8-1)
conquest la conquista (8-1)
conservation la preservación (9-2)
to conserve conservar (II)
considerate considerado, -a (4-1)
construction la construcción (8-1)
— **project** el proyecto de construcción (I)
to contain contener (3-1)
container el recipiente (9-1)
contest el concurso (II)
beauty — el concurso de belleza (II)
to contribute contribuir (u → y) (7-2)
cook el cocinero, la cocinera (6-1)
to cook cocinar (I)
cookie la galleta (I)
cooking oil el aceite (II)
corn el maíz (II)
corner la esquina (II)
correct:
to be — tener razón (I)
to cost costar (o → ue) (I)
How much does (do)... —? ¿Cuánto cuesta(n)? (I)
cotton el algodón (II)
cough la tos (3-1)
counselor el consejero, la consejera (5-1)
to count on contar con (4-1)
country el país (I)
countryside el campo (I)
course:
to take a — tomar un curso (I)
— **of studies** el programa de estudios (II)
cousin la prima, el primo (I)
—**s** los primos (I)
to cover cubrir (7-1)
cramp el calambre (3-2)
to crash into chocar con (II)
to create crear (I)
to — a Web page crear una página Web (II)
crime el crimen (II)
— **movie** la película policíaca (I)
criminal el / la criminal (II)
critic el crítico, la crítica (II)
to criticize criticar (4-2)
to cross cruzar (II)
crunches los abdominales (3)
crutches las muletas (II)
to cry llorar (II)
cup la taza (I)
to cure curar (6-2)
curtains las cortinas (I)
custom la costumbre (II)
customs la aduana (II)
customs officer el aduanero, la aduanera (II)
to cut cortar (I, II)
to — oneself cortarse (II)
to — one's hair cortarse el pelo (II)
to — the lawn cortar el césped (I)
cut-paper decorations el papel picado (I)

D

to damage dañar (9-1)
dance el baile (I), la danza (2-2)
to dance bailar (I)
dancer el bailarín, la bailarina (II)
dangerous peligroso, -a (II)
to dare atreverse (4-2)
daring atrevido, -a (I)
dark oscuro, -a (II)
date:
What is the —? ¿Cuál es la fecha? (I)
date la cita (II)
date of birth la fecha de nacimiento (5-1)
daughter la hija (I)
day el día (I)
every — todos los días (I); cada día (I)
What — is today? ¿Qué día es hoy? (I)
day-care center la guardería infantil (II)
dead muerto, -a (II)
December diciembre (I)
to decide decidir (I)
to decorate decorar (I)
decorations las decoraciones (I)
to decrease disminuir (9-2)
to dedicate oneself to dedicarse a (6-1)
dedicated dedicado, -a (5-1)
delay el retraso (II)
delicious delicioso, -a (I)
delighted encantado, -a (I)
to deliver repartir (5-1)
delivery person el repartidor, la repartidora (5-1)
demand la demanda (6-2)
to demand exigir (3-2)
democratic democrático, -a (10-2)
demonstration la manifestación (5-2)
dentist el / la dentista (II)
department store el almacén, *pl.* los almacenes (I)
departure gate la puerta de embarque (II)

to depend on depender de (9-1)
deodorant el desodorante (II)
descent la descendencia (8-2)
desert el desierto (II, 1-1)
design el diseño (7-1)
to design diseñar (6-1)
designer el diseñador, la diseñadora (II, 6-1)
desk el pupitre (I); el escritorio (I)
despite aunque (3-1), a pesar de (10-2)
dessert el postre (I)
for — de postre (I)
to destroy destruir (i → y) (II)
destruction la destrucción (II)
to detain detener (10-2)
detective el / la detective (II)
detective movie la película policíaca (I)
to develop desarrollar (3-2)
development el desarrollo (6-2)
diameter el diámetro (7-1)
dictionary el diccionario (I)
Did you like it? ¿Te gustó? (I)
to die morirse (II)
diet la dieta (3-1)
difference of opinion la diferencia de opinión (4-2)
difficult difícil (I)
digital camera la cámara digital (I)
to diminish disminuir (9-2)
dining room el comedor (I)
dinner la cena (I)
dinosaur el dinosaurio (II)
diploma el certificado (1-2)
direct directo, -a (II)
direction la dirección, *pl.* las direcciones (II)
dirty sucio, -a (I)
to disappear desaparecer (zc) (6-2)
disaster:
It was a —. Fue un desastre. (I)
discount store la tienda de descuentos (I)
discouraged desanimado, -a (1-2)
to discover descubrir (6-2)
to discriminate discriminar (10-1)
to discuss discutir (II)
dish el plato (I)
as a main — de plato principal (I)
main — el plato principal (I)
disobedient desobediente (II)
distance la distancia (7-1)
to do hacer (I)
— *(command)* haz (I)
— you like to ... ? ¿Te gusta ... ? (I)
I — (yo) hago (I)
to — a project hacer un proyecto (II)
to — a search hacer una búsqueda (II)
to — gymnastics hacer gimnasia (II)
to — push-ups hacer flexiones (3-2)
to — the laundry lavar la ropa (I)
you — (tú) haces (I)
What did you —? ¿Qué hiciste? (I)
doctor el médico, la médica (II)
doctor's / dentist's office el consultorio (II)
document el documento (I)
dog el perro (I)
to feed the — dar de comer al perro (I)
doll la muñeca (II)
to dominate dominar (8-1)
to donate donar (5-2)
Don't eat. No comas. (II)
Don't leave, Don't let No dejes (II)
Don't speak. No hables. (II)
Don't write. No escribas. (II)
door la puerta (I)
to doubt dudar (II, 7-1)
to download bajar (información) (I)
drama el drama (I)
to draw dibujar (I)
dress el vestido (I)
— code el código de vestimenta (10-1)
dresser la cómoda (I)
to drink beber (I), tomar (3-1)
drinks las bebidas (I)
to drive manejar (II)
driver el conductor, la conductora (II)
driver's license el permiso de manejar (II)
drum el tambor (2-2)
dry seco, -a (II)
to dry secarse (II)
due to ya que (7-1), debido a (9-1)
during durante (I)
to dust quitar el polvo (I)
duty el deber (10-1)
DVD player el lector DVD (I)

E

e-mail:
— address la dirección electrónica (I)
to write — escribir por correo electrónico (I)
ear el oído (3-1)
early temprano (I)
to earn *(money)* ganar (II)
Earth la Tierra (II, 7-2)
earthquake el terremoto (II)
earrings los aretes (I)
easy fácil (I)
to eat comer (I)
eating habit el hábito alimenticio (3-1)
eclipse el eclipse (7-2)
ecological ecológico, -a (II)
economical económico, -a (II, 9-1)
editor el redactor, la redactora (6-1)
to educate educar (5-2)
educational program el programa educativo (I)

efficient eficiente (II, 6-1)
eggs los huevos (I)
eight ocho (I)
eight hundred ochocientos, -as (I)
eighteen dieciocho (I)
eighth octavo, -a (I)
eighty ochenta (I)
either tampoco (I)
I don't (like to) — a mí tampoco (I)
elbow el codo (II)
elderly man, woman el anciano, la anciana (I)
the elderly los ancianos (I)
electricity la electricidad (II, 9-1)
elegant elegante (II)
elevator el ascensor (II)
eleven once (I)
to **eliminate** eliminar (II, 1-2)
else:
Anything —? ¿Algo más? (I)
What —? ¿Qué más? (I)
emergency room la sala de emergencia (II)
empire el imperio (8-1)
employee el empleado, la empleada (II)
empty vacío, -a (3-1)
to **encourage** fomentar (9-1)
to **end** terminar (I)
endangered (en) peligro de extinción (9-2)
to **endure** aguantar (3-2)
energy la energía (II, 3-1)
— source la fuente de energía (6-2)
engineer el ingeniero, la ingeniera (II, 6-1)
English class la clase de inglés (I)
to **enjoy** disfrutar de (II), gozar (de) (10-1)
enormous enorme (II)
enough bastante (I), suficiente (9-1)
Enough! ¡Basta! (II)
to **enter** entrar (I)
enterprising emprendedor, -a (6-1)
enthusiasm el entusiasmo (2-2)
entrance la entrada (II)
environment el medio ambiente (II, 5-2)
environmental ambiental (9-2)
equality la igualdad (10-1)
era la época (8-1)
to **escape** escaparse (II)
especially especialmente (I)
establish establecer (zc) (8-2)
ethnic group el grupo étnico (8-1)
European europeo, -a (8-2)
even when aunque (3-1)
evening:
Good —. Buenas noches. (I)
in the — de la noche (I)
this — esta noche (I)
every day cada día (I), todos los días (I)
everyone todo el mundo (II)
evidence la evidencia (7-1)
exactly en punto (II)
to **exaggerate** exagerar (2-2)
to **examine, to check** examinar (II)
to **excavate** excavar (7-1)
excessive excesivo, -a (9-2)
exchange el intercambio (8-2)
to **exchange** cambiar (II)
to **exchange** intercambiar (10-2)
excited entusiasmado, -a, emocionado, -a (II), animado, -a (1-2)
excursion, short trip la excursión, *pl.* las excursiones (II)
Excuse me. Perdón. (I)
to **exercise** hacer ejercicio (I)
to **exhaust** agotar(se) (9-1)
to **exist** existir (7-1)
exit la salida (II)
to **expel** expulsar (8-1)
expensive caro, -a (I)
experience la experiencia (I)
to **explain** explicar (II)
explanation la explicación (4-2)
to **exploit** explotar (9-2)
explosion la explosión, *pl.* las explosiones (II)
to **express (oneself)** expresar(se) (2-1)
to **extend** prolongar (6-2)
extinction:
in danger of — en peligro de extinción (9-2)
extracurricular extracurricular
— activities las actividades extracurriculares (II)
eye el ojo (I)

F

face la cara (II)
to **face** enfrentarse (8-2)
face-to-face cara a cara (I)
factory la fábrica (6-2)
failure el fracaso (II)
fair justo, -a (5-2)
fall el otoño (I)
to **fall** caerse (II)
I — (yo) me caigo (II)
to — asleep dormirse (II)
to — in love (with) enamorarse (de) (II)
you — (tú) te caes (II)
famous famoso, -a (II, 2-1)
fan el aficionado, la aficionada (II)
fantastic fantástico, -a (I)
far (from) lejos (de) (I)
farmer el agricultor, la agricultora (II)
to **fascinate** fascinar (II)
fascinating fascinante (I)
fast rápidamente (I)
father el padre (papá) (I)
favorite favorito, -a (I)
to **fear** temer (4-1)
feather la pluma (9-2)
February febrero (I)
to **feed the dog** dar de comer al perro (I)

to feel sentirse (e → ie) (II)
to — awful sentirse fatal (3-2)
feeling el sentimiento (2-1)
fever la fiebre (3-1)
fewer:
— ...than menos... que (I)
— than... menos de... (I)
fiber la fibra (3-1)
field el campo (6-2)
fifteen quince (I)
fifth quinto, -a (I)
fifty cincuenta (I)
fight la pelea (4-2)
to fight luchar (II, 8-2), pelearse (II)
figure la figura (2-1)
to fill (the tank) llenar (el tanque) (II)
film la película (I)
final último, -a (II)
finance las finanzas (6-1)
to find encontrar (o → ue) (II)
— out averiguar (6-1), enterarse (6-2)
finger el dedo (I)
to finish terminar (I)
fire el incendio (II); el fuego (II)
firefighter el bombero, la bombera (II)
firewood la leña (II)
fireworks los fuegos artificiales (II)
firm la compañía (5-1)
first primer (primero), -a (I)
fish el pescado (I); el pez, *pl.* los peces (II)
to go —ing ir de pesca (I)
to fit:
It / They —(s) me well / poorly. Me queda(n) bien / mal. (I)
five cinco (I)
five hundred quinientos, -as (I)
to fix (one's hair) arreglarse (el pelo) (II)
flag la bandera (I)
flashlight la linterna (1-1)
flavorful sabroso, -a (I)
to flex flexionar (3-2)
flexible flexible (5-1)
flight el vuelo (II)
flight attendant el / la auxiliar de vuelo (II)
flood la inundación, *pl.* las inundaciones (II)
floor el piso (I); el suelo (II)
ground — la planta baja (I)
second — el primer piso (I)
third — el segundo piso (I)
flour la harina (II)
flower la flor, *pl.* las flores (I)
flu la gripe (3-1)
fly la mosca (II)
folder la carpeta (I)
to follow seguir (e → i) (II)
following siguiente (II)
food la comida (I), los alimentos (3-1)
food stand el puesto (II)
foot el pie (I)
football:
to play — jugar al fútbol americano (I)
for para (I)
— breakfast en el desayuno (I)
— lunch en el almuerzo (I)
— me para mí (I)
— you para ti (I)
for (how long) por (II)
— example por ejemplo (II)
— the ... time por ... vez (II)
forbidden:
It is — . Se prohíbe. (II)
to force obligar (10-1)
foreground el primer plano (2-1)
forest el bosque (II, 1-1)
to forget about olvidarse de (II)
don't — no te olvides de (II)
to forgive perdonar (4-2)
fork el tenedor (I)
fortunately afortunadamente (II)
forty cuarenta (I)
to found fundar (8-1)
fountain la fuente (II)
four cuatro (I)
four hundred cuatrocientos, -as (I)
fourteen catorce (I)
fourth cuarto, -a (I)
free gratuito, -a (10-1), libre (10-2)
free time el tiempo libre (I), el ocio (6-2)
French fries las papas fritas (I)
frequently frecuentemente (II)
fresh fresco, -a (II)
Friday viernes (I)
fried frito, -a (II)
friendly simpático, -a (I)
friendship la amistad (4-1)
frightened asustado, -a (II)
from de (I); desde (II)
— now on de hoy en adelante (6-2)
Where are you —? ¿De dónde eres? (I)
frozen congelado, -a (II)
fruit salad la ensalada de frutas (I)
frying pan la sartén (II)
full lleno, -a (3-1)
— time a tiempo completo (5-1)
fun divertido, -a (I)
function la función (7-1)
to function, to work funcionar (II, 10-1)
fundamental fundamental (10-2)
to fundraise juntar fondos (5-2)
funny gracioso, -a (I); cómico, -a (I)
furious furioso, -a (II)
furniture los muebles (II)
future el futuro (II)

G

gadget el aparato (6-2)
game el partido (I)
game show el programa de concursos (I)
garage el garaje (I)
garden el jardín (I)
garlic el ajo (II)
gasoline la gasolina (II)
to **gather** recoger (I)
gathering la reunión, *pl.* las reuniones (II)
gel el gel (II)
gene, genes el gen, *pl.* los genes (6-2)
generally generalmente (I)
generous generoso, -a (II)
genetics la genética (6-2)
geometric(a) geométrico, -a (7-1)
gesture el gesto (2-2)
to **get** obtener (1-2)
  to — a good grade sacar una buena nota (II)
  to — along well / badly llevarse bien / mal (II)
  to — dressed vestirse (e → i) (II)
  to — lost perderse (1-1)
  to — married (to) casarse (con) (II)
  to — ready prepararse (II)
  to — rid of deshacerse de (9-1)
  to — up levantarse (II)
gift el regalo (I)
gift certificate el cupón de regalo, *pl.* los cupones de regalo (II)
girl la chica (I)
  young — la niña (I)
girlfriend la novia (I)
to **give** dar (I); regalar (II)
  to — a speech dar un discurso (II)
  to — a ticket poner una multa (II)
glass el vaso (I); el vidrio (I)
global warming el recalentamiento global (9-2)
gloves los guantes (I)
to **go** ir (I); pasar (II)
  Let's —! ¡Vamos! (I)
  to be —ing to + *verb* ir a + *inf.* (I)
  to — to bed acostarse (o → ue) (II)
  to — boating pasear en bote (I)
  to — camping ir de cámping (I)
  to — crazy volverse loco (II)
  to — down bajar (II)
  to — fishing ir de pesca (I)
  to — on foot ir a pie (II)
  to — on vacation ir de vacaciones (I)
  to — out salir (I)
  to — shopping ir de compras (I)
  to — to school ir a la escuela (I)
  to — up subir (II)
goal ***(in sports)*** el gol (II); la meta (1-2)
  to score a — meter un gol (II)
god, goddess el dios, la diosa (7-2)
going to con destino a (II)
gold el oro (II)
golf:
  — club el palo de golf (II)
  to play — jugar al golf (I)
good bueno (buen), -a (I)
  — afternoon. Buenas tardes. (I)
  — evening. Buenas noches. (I)
  — gracious caramba (II)
  — morning. Buenos días. (I)
Good-bye! ¡Adiós! (I)
good-looking guapo, -a (I)
gossipy chismoso, -a (4-1)
to **govern** governar (8-1)
government el gobierno (9-1)
grade ***(in school)*** la nota (II)
  to get a good — sacar una buena nota (II)
to **graduate** graduarse (u → ú) (II, 6-1)
graduation la graduación, *pl.* las graduaciones (II)
grandfather el abuelo (I)
grandmother la abuela (I)
grandparents los abuelos (I)
grapes las uvas (I)
grate la reja (8-1)
gray gris (I)
  — hair el pelo canoso (I)
greasy grasoso, -a (II)
Great! ¡Genial! (I)
green verde (I)
  — beans las judías verdes (I)
  —house effect el efecto invernadero (9-2)
to greet saludar(se) (II)
to **grill** asar (II)
grill la parrilla (II)
grilled asado, -a (II)
ground floor la planta baja (I)
ground el suelo (II)
to **grow** crecer (9-1)
grown-ups los mayores (II)
guarantee la garantía (10-2)
to **guarantee** garantizar (5-2)
guide el / la guía (II)
guidebook la guía (II)
guilty culpable (10-2)
guitar:
  to play the — tocar la guitarra (I)
gym el gimnasio (I)
gymnastics la gimnasia (II)

H

hail granizo (1-1)
  to hail caer granizo (1-1)
hair el pelo (I)
  black — el pelo negro (I)
  blond — el pelo rubio (I)
  brown (chestnut) — el pelo castaño (I)
  gray — el pelo canoso (I)

hair stylist el peluquero, la peluquera (6-1)

half media, -o (I)

— past y media *(in telling time)* (I)

ham and cheese sandwich el sándwich de jamón y queso (I)

hamburger la hamburguesa (I)

hand la mano (I)

to shake —s darse la mano (II)

handicrafts la artesanía (II)

happiness la felicidad (10-1)

happy contento, -a (I); alegre (II)

— birthday! ¡Feliz cumpleaños! (I)

harmony armonía (4-2)

hardworking trabajador, -ora (I)

to have tener (I)

I — to... tengo que + *inf.* (I)

to — a barbecue hacer una parrillada (II)

to — a birthday cumplir años (II)

to — a cold estar resfriado, -a (3-1)

to — a good / bad time pasarlo bien / mal (1-1)

to — a picnic hacer un picnic (II)

to — fun divertirse (e → ie) (II)

to — in common tener en común (4-1)

to — just... acabar de + *inf.* (I)

to — lunch almorzar (o → ue) (II)

to have haber *(as an auxiliary verb)* (II)

he él (I)

he / she is es (I)

He / She is / They are... (years old). Tiene(n) ... años. (I)

head la cabeza (I)

health:

for one's — para la salud (I)

to maintain one's — para mantener la salud (I)

healthy saludable (3-1)

to hear oír (II)

heart el corazón (3-2)

heat la calefacción (II)

to heat calentar (e → ie) (II)

height la estatura (3-1), el alto (7-1)

Hello! ¡Hola! (I)

help la ayuda (II)

to help ayudar (I), atender (5-1)

How can I — you? ¿En qué puedo servirle? (I)

her su, sus *possessive adj.* (I); la *dir. obj. pron.* (I); le *ind. obj. pron.* (I)

here aquí (I)

heritage la herencia (8-2)

hero el héroe (II)

heroine la heroína (II)

Hey! ¡Oye! (I)

to hide (oneself) esconder(se) (II)

high alto, -a (II)

high school el colegio (II)

highway la carretera (II)

hill la colina (II)

him lo *dir. obj. pron.* (I); le *ind. obj. pron.* (I)

his su, sus (I)

historical histórico, -a (II)

hockey el hockey (II)

to hold a position desempeñar un cargo (6-1)

hole el agujero (9-2)

holiday el día festivo (II)

home: la casa (I)

at — en casa (I)

— for the elderly el hogar de ancianos (5-2)

— office el despacho (I)

(to) — a casa (I)

homeless people la gente sin hogar (5-2)

homework la tarea (I)

honest honesto, -a (4-1)

to hope (for) esperar (4-1)

horrible horrible (I)

horror movie la película de horror (I)

horseback:

to ride — montar a caballo (I)

hospital el hospital (I)

hospitality la hospitalidad (6-2)

hot caliente (II)

— dog el perrito caliente (I)

It's —. Hace calor. (I)

hotel el hotel (I)

hour:

in the ... — en la ... hora *(class period)* (I)

house la casa (I)

household:

— appliance store la tienda de electrodomésticos (I)

— chore el quehacer (de la casa) (I)

housing la vivienda (6-2)

how!

— + *adj.*! ¡Qué + *adj.*! (I)

— awful! ¡Qué asco! (I)

How? ¿Cómo? (I)

— are you? ¿Cómo está Ud.? *formal* (I); ¿Cómo estás? *fam.* (I); ¿Qué tal? *fam.* (I)

— can I help you? ¿En qué puedo servirle? (I)

— do you go to...? ¿Cómo se va...? (II)

— do you make ...? ¿Cómo se hace ...? (II)

— do you say... ? ¿Cómo se dice... ? (I)

— does it (do they) fit (you)? ¿Cómo te queda(n)? (I)

— does it seem to you? ¿Qué te parece? (II)

— is ... spelled? ¿Cómo se escribe ...? (I)

— is (it)...? ¿Qué tal es...? (II)

— long...? ¿Cuánto tiempo hace que...? (II)

— many? ¿Cuántos, -as? (I)

— much does (do) ... cost? ¿Cuánto cuesta(n) ... ? (I)

— old is / are ... ? ¿Cuántos años tiene(n) ... ? (I)

— was it (for you)? ¿Cómo lo pasaste? (I)

however sin embargo (1-2)
to **hug** abrazar(se) (II)
hundred:
one — cien (I)
hungry:
I'm —. Tengo hambre. (I)
hunting la caza (9-2)
hurricane el huracán, *pl.* los huracanes (II)
to **hurt** doler (o → ue) (I, II)
to **hurt oneself** lastimarse (II)
hurry prisa (II)
to be in a — tener prisa (II)
husband el esposo (I)

I

I yo (I)
— am soy (I)
— am not no soy (I)
— do too a mí también (I)
— don't either a mí tampoco (I)
— don't think so. Creo que no. (I)
— forgot se me olvidó (II)
— have seen he visto (II)
— 'll do as I please haré lo que me dé la gana (6-1)
—'m hungry. Tengo hambre. (I)
—'m sorry. Lo siento. (I)
—'m thirsty. Tengo sed. (I)
— stay at home. Me quedo en casa. (I)
— think ... Creo que ... (I)
— think so. Creo que sí. (I)
— will bring you ... Le traigo ... (I)
— wish ojalá (4-1)
— would like Me gustaría (I); quisiera (I)
— would be interested ... Me interesaría ... (5-2)
— would love to ... Me encantaría ... (5-2)

ice el hielo (9-2)
ice cream el helado (I)
iced tea el té helado (I)
I.D. card el carnet de identidad (II)
to **identify oneself with** identificarse con (2-2)
if si (I)
to **ignore** ignorar (4-2)
illness la enfermedad (6-2)
image la imagen (2-1)
immediately inmediatamente (II)
impatient impaciente (I)
important importante (I)
impress impresionar (1-1)
impressive impresionante (I)
to **improve** mejorar (II, 4-2)
in en (I)
— addition to además de (6-1)
— danger of extinction (en) peligro de extinción (II)
— favor of a favor de (5-2)
— front of delante de (I)
— general por lo general (II)
— love with enamorado, -a de (II)
— my opinion para mí (I)
— other words o sea que (7-2)
— order to para + *inf.* (I)
— that way de ese modo (10-1)
— the ... hour en la ... hora (class period) (I)
— the middle of en medio de (II)
— your opinion para ti (I)
include incluir (3-1)
to **increase** aumentar (6-2)
incredible increíble (I)
industry industria (6-2)
inequity la desigualdad (10-2)
inexpensive barato, -a (I)
inexplicable inexplicable (7-1)
influence la influencia (8-1)
to **influence** influir (i → y) (2-1)

information la información (I)
— technology la informática (6-2)
ingredient el ingrediente (II)
inhabitant el / la habitante (7-2)
injection, shot la inyección, *pl.* las inyecciones (II)
injured herido, -a (II)
injured person el herido, la herida (II)
injustice la injusticia (10-1)
innocent inocente (10-2)
insect repellent el repelente de insectos (1-1)
inside dentro de (II)
to **insist** insistir en (II)
to **inspect** registrar (II)
to **inspire** inspirar (2-1)
instead of en vez de (9-1), en lugar de (10-2)
to **integrate** integrarse (8-1)
intelligent inteligente (I)
interest el interés (II)
to **interest** interesar (I)
it / they interest(s) me me interesa(n) (I)
interesting interesante (I)
interfering entrometido, -a (4-1)
to **interpret** interpretar (2-2)
interpretation la interpretación (2-2)
intersection el cruce de calles (II)
interview la entrevista (II, 5-1)
— program el programa de entrevistas (I)
to **interview** entrevistar (II)
intimate íntimo, -a (4-1)
to **invade** invadir (8-1)
to **invent** inventar (6-2)
invention el invento (6-2)
to **investigate** investigar (II)
iron el hierro (3-1)
is es (I)
he / she — es (I)
it — true es cierto (II)
it la, lo *dir. obj. pron.* (I)

— **depends** depende (II)

— **fits (they fit) me well / poorly.** Me queda(n) bien / mal. (I)

— **has been...** Hace + *time* + que... (II)

— **is ...** Son las *(in telling time)* (I)

— **is forbidden...** Se prohíbe... (II)

— **is impossible for me...** Me es imposible... (5-2)

— **is made of...** Está hecho, -a de... (II)

— **is one o'clock.** Es la una. (I)

— **is the ... of ...** Es el *(number)* de *(month)* *(in telling the date)* (I)

— **is the first of ...** Es el primero de *(month)*. (I)

— **seems to me** me parece que (II)

— **was** fue (I)

—**was not me!** ¡Yo no fui! (4-2)

— **was a disaster.** Fue un desastre. (I)

—**'s a ...** es un / una ... (I)

—**'s cold.** Hace frío. (I)

—**'s hot.** Hace calor. (I)

—**'s necessary.** Es necesario. (I)

—**'s raining.** Llueve. (I)

—**'s snowing.** Nieva. (I)

—**'s sunny.** Hace sol. (I)

it / he / she will be ser: será (II)

itinerary el itinerario (II)

J

jacket la chaqueta (I)

January enero (I)

jealous celoso, -a (4-1)

jeans los jeans (I)

jewelry (gold, silver) las joyas (de oro, de plata) (II)

jewelry store la joyería (I)

Jew(ish) el judío, la judía (8-1)

job el trabajo (I)

— **application** la solicitud de empleo (5-1)

to join juntarse (II)

judge el juez, la jueza, *pl.* los jueces (II, 6-1)

to judge juzgar (10-2)

juice:

apple — el jugo de manzana (I)

orange — el jugo de naranja (I)

July julio (I)

to jump (rope) saltar (a la cuerda) (II)

June junio (I)

junk food la comida basura (3-1)

jury el jurado (10-2)

just:

to have — ... acabar de + *inf.* (I)

justice la justicia (10-2)

K

to keep (a secret) guardar un secreto (4-1)

to keep on (doing) seguir (+ present participle) (5-1)

ketchup la salsa de tomate (II)

key la llave (II)

key chain el llavero (I)

keyboard (computer) el teclado (I)

to kill matar (II)

kind:

What — of ... ? ¿Qué clase de ... ? (I)

kind amable (4-1)

king el rey (II)

to kiss besar(se) (II)

kitchen la cocina (I)

knee la rodilla (II)

knife el cuchillo (I)

to know saber (I); conocer (I, II)

I — (yo) conozco (I)

I — (how to) (yo) sé (I)

you — (tú) conoces (I)

you — (how to) (tú) sabes (I)

knowledge los conocimientos (5-1)

L

laboratory el laboratorio (I)

lack la falta (9-2)

ladder la escalera (II)

lake el lago (I)

lamp la lámpara (I)

language el idioma (II)

land la tierra (8-2)

landscape el paisaje (1-1)

language la lengua (8-2)

laptop computer la computadora portátil (I)

large grande (I)

last último, -a (II)

last:

— **night** anoche (I)

— **week** la semana pasada (I)

— **year** el año pasado (I)

to last durar (I)

late tarde (I)

to arrive — llegar tarde (II)

later:

See you — ¡Hasta luego!; ¡Nos vemos! (I)

to laugh reírse (e → í) (II)

laundry:

to do the — lavar la ropa (I)

law *(study of)* el derecho (II)

law la ley (II, 5-2)

lawyer el abogado, la abogada (II, 6-1)

lazy perezoso, -a (I)

leading man el galán (II)

league la liga (II)

to learn aprender (a) (I)

leather el cuero (II)

to leave salir (I), dejar (II)

don't — no dejes (II)

to — marks / traces dejar huellas (8-1)

Leave me alone. Déjame en paz. (II)
left:
to the — (of) a la izquierda (de) (I)
leg la pierna (I)
legend la leyenda (7-2)
lemonade la limonada (I)
length el largo (7-1)
less:
— ... than menos ... que (I)
— than menos de (I)
to let dejar (II)
don't — no dejes (II)
Let's go! ¡Vamos! (I)
Let's see ... A ver ... (I)
letter la carta (I, II)
to mail a — echar una carta (II)
lettuce la lechuga (I)
level el nivel (3-1)
liberty la libertad (10-1)
library la biblioteca (I)
to lie mentir (e → ie) (II)
life la vida (II)
lifeguard el / la salvavida (5-1)
to lift weights levantar pesas (I)
to light encender
light *(color)* claro, -a (II)
light la luz, *pl.* las luces (I)
to light encender (e → ie) (II)
lightning el relámpago (1-1)
like como (I)
to like:
Did you — it? ¿Te gustó? (I)
Do you — to ...? ¿Te gusta ... ? (I)
He / She doesn't — ... No le gusta ... (I)
He / She —s ... Le gusta ... (I); A él / ella le gusta(n) ... (I)
I don't — to ... (A mí) no me gusta ... (I)
I don't — to ... at all. (A mí) no me gusta nada ... (I)
I — ... Me gusta ... (I)
I — to ... (A mí) me gusta ... (I)
I — to ... a lot (A mí) me gusta mucho ... (I)
— to ... better (A mí) me gusta más ... (I)
I —d it. Me gustó. (I)
I would — Me gustaría (I); quisiera (I)
What do you — to do? ¿Qué te gusta hacer? (I)
What do you — to do better / prefer to do? ¿Qué te gusta hacer más? (I)
What would you — ? ¿Qué desean (Uds.)? (I)
Would you —? ¿Te gustaría? (I)
You — ... Te gusta ... (I)
likely probable (7-1)
likewise igualmente (I)
to limit limitar (9-1)
lips los labios (II)
to listen to music escuchar música (I)
little:
a — un poco (de) (I)
to live vivir (I)
living vivo, -a (II)
living room la sala (I)
locker el armario (I, II, 10-1)
long largo, -a (I)
to look:
to — (at) mirar (I)
to — for buscar (I)
to — like parecerse a (2-2)
loose flojo, -a (II)
to lose perder (e → ie) (II)
— one's balance perder el equilibrio (1-1)
lot:
a — mucho, -a (I)
to love encantar (I)
He / She —s ... A él / ella le encanta(n) ... (I)
I / You — ... Me / Te encanta(n)... (I)
love el amor (II)
loving cariñoso, -a (4-1)
low bajo, -a (II)
luggage el equipaje (II)
to check — facturar el equipaje (II)
lunch el almuerzo (I)
for — en el almuerzo (I)
lyrics la letra (2-2)

M

machine máquina (6-2)
madam (la) señora (Sra.) (I)
magazines:
to read — leer revistas (I)
majority la mayoría (6-2)
mail:
— carrier el cartero, la cartera (II)
—box el buzón, *pl.* los buzones (II)
to — a letter echar una carta (II)
main:
— character el personaje principal (II)
— dish el plato principal (I)
as a — dish de plato principal (I)
to maintain one's health para mantener la salud (I)
to make:
— *(command)* haz (I)
to — a living ganarse la vida (II)
to — an effort hacer un esfuerzo (1-2)
to — decisions tomar decisiones (6-1)
to — the bed hacer la cama (I)
to — noise hacer ruido (II)
to — peace with hacer las paces (4-2)
You are making me nervous. Me estás poniendo nervioso, -a. (II)
make-up el maquillaje (II)
mall el centro comercial (I)

man el hombre (I)
business— el hombre de negocios (II)
elderly — el anciano (I)
manager el / la gerente (II, 5-1)
manner la manera (II)
manners los modales (II)
many muchos, -as (I)
How —? ¿Cuántos, -as? (I)
March marzo (I)
march la marcha (5-2)
mark *(in school)* la nota (II)
to get a good — sacar una buena nota (II)
market el mercado (II)
marketing el mercadeo (6-2)
married casado, -a (6-1)
marvel la maravilla (8-1)
match el partido (I); el fósforo (II)
materials los materiales (II)
mathematics class la clase de matemáticas (I)
matter el asunto (10-1)
mature maduro, -a (6-1)
May mayo (I)
maybe quizás (I)
mayonnaise la mayonesa (II)
me me *dir. obj. pron., ind. obj. pron.* (I)
for — para mí (I), me (I)
it matters / they matter to — me importa(n) (II)
it seems to — me parece que (II)
— too a mí también (I)
to — me (I)
with — conmigo (I)
meal la comida (I)
to mean:
It —s ... Quiere decir ... (I)
What does ... —? ¿Qué quiere decir ... ? (I)
to measure medir (i) (7-1)
meat la carne (I)
mechanic el mecánico, la mecánica (II)
medal la medalla (1-2)
media los medios de comunicación (6-2)
medicine la medicina (II)
medium mediano, -a (II)
meddlesome entrometido, -a (4-1)
to meet reunirse (u → ú) (II)
meeting la reunión, *pl.* las reuniones (II), el encuentro (8-2)
melody la melodía (2-2)
melon el melón, *pl.* los melones (II)
to melt derretir (9-2)
member el miembro (II)
to be a — ser miembro (II)
to memorize aprender de memoria (II)
menu el menú (I)
merchandise la mercancía (8-2)
messenger el mensajero, la mensajera (5-1)
messy desordenado, -a (I)
microphone el micrófono (2-2)
microwave el microondas (II)
military *(adj.)* militar (II)
milk la leche (I)
million un millón (II)
—s of millones de (II)
mine mío, -a, -os, -as (II)
mirror el espejo (I)
Miss (la) señorita (Srta.) (I)
missing:
to be — faltar (I)
mission la misión (8-2)
missionary el misionero, la misionera (8-2)
to mistreat maltratar (10-1)
mistreatment el maltrato (10-1)
to mistrust desconfiar (4-1)
misunderstanding el malentendido (4-2)
mix la mezcla (8-2)
to mix mezclar (II)
moment:
a — un momento (I)
Monday lunes (I)
on —s los lunes (I)
money el dinero (I)
money exchange la casa de cambio (II)
monkey el mono (I)
month el mes (I)
monument el monumento (I)
moon la Luna (II)
more:
— ... than más ... que (I)
— or less más o menos (I)
— than más de (I)
morning:
Good —. Buenos días. (I)
in the — de la mañana (I)
mosque la mezquita (I)
mother la madre (mamá) (I)
mountain range sierra (1-1)
mountains las montañas (I)
mouse (computer) el ratón (I)
mouth la boca (I)
to move moverse (o → ue) (II), andar (1-1); *(house)* mudarse (6-1)
movement el movimiento (2-1)
movie la película (I)
action — la película de acción (II)
— theater el cine (I)
to see a — ver una película (I)
to mow the lawn cortar el césped (I)
Mr. (el) señor (Sr.) (I)
Mrs. (la) señora (Sra.) (I)
much:
so — tanto (I)
mural el mural (2-1)
muscle el músculo (II)
museum el museo (I)
music:
to listen to — escuchar música (I)
—al program el programa musical (I)
musician el músico, la música (II)

Muslim el musulmán, la musulmana (8-1)
must deber (I)
one — hay que (I)
mustard la mostaza (II)
my mi (I); mis (I)
— name is ... Me llamo ... (I)
mysterious misterioso, -a (7-1)
myth el mito (7-2)
mystery la película policíaca (I); el misterio (7-1)

N

name:
My — is ... Me llamo ... (I)
What is your —? ¿Cómo te llamas? (I)
What's his / her —? ¿Cómo se llama? (I)
nails las uñas (II)
napkin la servilleta (I)
narrow estrecho, -a (II)
native el / la indígena (8-2)
naughty travieso, -a (II)
national park el parque nacional (I)
natural preserve la reserva natural (9-2)
natural resource el recurso natural (9-1)
nature la naturaleza (II, 1-1)
near cerca (de) (I)
neat ordenado, -a (I)
necessary:
It's —. Es necesario. (I)
neck el cuello (II)
necklace el collar (I)
to need
I — necesito (I)
I — ... Me falta(n) ... (I)
you — necesitas (I)
neighbor el vecino, la vecina (II)
neighborhood el barrio (I)
neither ... nor ni ... ni (I)
nervous nervioso, -a (II)
never nunca (I)
new nuevo, -a (I)
news program el programa de noticias (I)
newscast el noticiero (II)
newspaper el periódico (I)
newsstand el quiosco (II)
next siguiente (II), próximo (6-1)
— to al lado de (I)
nice simpático, -a (I), amable (4-1)
night:
at — de la noche (I)
last — anoche (I)
night table la mesita (I)
nine nueve (I)
nine hundred novecientos, -as (I)
nineteen diecinueve (I)
ninety noventa (I)
ninth noveno, -a (I)
No way! ¡Qué va! (4-2)
nobody nadie (II)
noise el ruido (II)
none ningún, ninguno, -a (II)
nose la nariz, *pl.* las narices (I)
not:
— yet no...todavía (II)
— ... or ni ... ni (I)
notebook el cuaderno (I)
nothing nada (I)
November noviembre (I)
now ahora (I)
nurse el enfermero, la enfermera (II)
nutrition la alimentación (3-1)
nutritious nutritivo, -a (3-1)

O

obedient obediente (II)
to obey obedecer to (II); hacer caso (4-2)
observatory el observatorio (7-1)
to observe observar (II)
to obtain conseguir (e → i) (II), obtener (1-2)
to occupy ocupar (8-1)
to occur ocurrir (II), suceder (1-1)
o'clock:
at eight — a las ocho (I)
at one — a la una (I)
October octubre (I)
odor el olor (II)
of de (I)
— course por supuesto (I)
What is it made —? ¿De qué está hecho, -a? (II)
to offend ofender (II)
to offer ofrecer (II)
office (home) el despacho (I)
office la oficina (II)
often a menudo (I)
Oh! What a shame / pity! ¡Ay! ¡Qué pena! (I)
oil el petróleo (9-1)
— spill el derrame de petróleo (9-2)
okay regular (I)
old viejo, -a (I); antiguo, -a (II)
He / She is / They are ... years —. Tiene(n) ... años. (I)
How — is / are ... ? ¿Cuántos años tiene(n) ... ? (I)
—er mayor, *pl.* mayores (I)
on en (I)
— Mondays, on Tuesdays ... los lunes, los martes ... (I)
— the grill a parrilla (II)
— time a tiempo (II)
— top of encima de (I)
— weekends los fines de semana (I)
once there una vez allí (1-1)
one uno (un), -a (I)
at — (o'clock) a la una (I)
— hundred cien (I)
— must hay que (I)
onion la cebolla (I)
online en la Red (I)
to be — estar en línea (I)
only sólo (I), único, -a (8-1)

to open abrir (I)
open abierto, -a (II)
opens se abre (II)
opinion:
in my — para mí (I)
opportunity la oportunidad (II)
or o (I)
orange anaranjado, -a (I)
— juice el jugo de naranja (I)
orchestra la orquesta (II)
to order pedir (e → i) (I)
to organize organizar (5-2)
origin el origen (7-2)
other otro, -a (I)
others los / las demás (I)
our nuestro(s), -a(s) (I)
outcome el resultado (8-2)
outdoors al aire libre (II)
outer space el espacio (II)
outrageous exagerado, -a (II)
outside fuera (de) (II)
oval el óvalo (7-1)
oven el horno (II)
to overwork explotar (9-2)
own propio, -a (I)
owner el dueño, la dueña (II, 5-1)
ozone layer la capa de ozono (9-2)

P

to pack the suitcase hacer la maleta (II)
pain el dolor (II)
to paint (one's nails) pintarse (las uñas) (II)
painter el pintor, la pintora (II)
painting el cuadro (I), la pintura (2-1)
palace el palacio (II)
palette la paleta (2-1)
pants los pantalones (I)
paper:
sheet of — la hoja de papel (I)
parade el desfile (II)
paramedic el paramédico, la paramédica (II)
parents los padres (I)
park el parque (I)
amusement — el parque de diversiones (I)
national — el parque nacional (I)
part time a tiempo parcial (5-1)
participant el / la participante (1-2)
to participate (in) participar (en) (II)
party la fiesta (I)
surprise — la fiesta de sorpresa (II)
to pass pasar (II)
passenger el pasajero, la pasajera (II)
passport el pasaporte (II)
pastel *(colors)* pastel *adj.* (II)
pastime el pasatiempo (II)
pastries los pasteles (I)
patience la paciencia (II)
patient paciente (I)
to be — tener paciencia (II)
to pay (for) pagar (por) (I)
to pay attention prestar atención (II)
— to hacer caso a (4-2)
peace la paz (II, 10-1)
peaceful pacífico, -a (10-2)
peach el durazno (II)
peas los guisantes (I)
pedestrian el peatón, *pl.* los peatones (II)
to peel pelar (II)
pen el bolígrafo (I)
pencil el lápiz, *pl.* los lápices (I)
— sharpener el sacapuntas, *pl.* los sacapuntas (I)
people la gente (I); el pueblo (7-1)
elderly — los ancianos (I)
pepper la pimienta (I)
to perform realizar (2-2); actuar (2-2); cumplir con (5-1)
perfume el perfume (I)
to permit, to allow permitir (II)
person la persona (I)
personal watercraft la moto acuática (II)
pesticide el pesticida (9-1)
pharmacy la farmacia (II)
phenomenal fenomenal (II)
phenomenon el fenómeno (7-1)
phone:
to talk on the — hablar por teléfono (I)
photo la foto (I)
to take —s sacar fotos (I)
photographer el fotógrafo, la fotógrafa (II)
photography la fotografía (II)
physical education class la clase de educación física (I)
piano lesson (class) la lección de piano (I)
picnic el picnic (II)
piece el pedazo (II)
pills las pastillas (II)
pilot el / la piloto (II)
piñata la piñata (I)
pineapple la piña (II)
pink rosado, -a (I)
pizza la pizza (I)
place el lugar (I)
to place poner (I), colocar (9-1)
to plan pensar (e → ie) (I)
plant la planta (II)
to plant sembrar (5-2)
plastic el plástico (I)
plate el plato (I)
play la obra de teatro (I)
to play jugar (a) (u → ue) *(games, sports)* (I); tocar *(an instrument)* (I)
to — baseball jugar al béisbol (I)
to — basketball jugar al básquetbol (I)
to — football jugar al fútbol americano (I)
to — golf jugar al golf (I)
to — soccer jugar al fútbol (I)

to — **sports** practicar deportes (I)
to — **tennis** jugar al tenis (I)
to — **the guitar** tocar la guitarra (I)
to — **the role of** hacer el papel de (II)
to — **video games** jugar videojuegos (I)
to — **volleyball** jugar al vóleibol (I)
player el jugador, la jugadora (II)
playground el patio de recreo (II)
plaza la plaza (II)
pleasant agradable (5-1)
to **please very much** encantar (I)
pleased to meet you mucho gusto (I)
plot el argumento (II)
poem el poema (2-2)
poet el / la poeta (2-2)
point of view el punto de vista (10-2)
poison el veneno (9-1)
police officer el / la policía (II)
to **polish (one's nails)** pintarse (las uñas) (II)
polite cortés, *pl.* corteses (II)
politician el político, la política (II)
to **pollute** contaminar (6-2)
polluted contaminado, -a (II, 9-1)
pollution la contaminación (II, 9-1)
pool la piscina (I)
poor pobre (I)
— **thing** pobrecito, -a (II)
population la población (8-1)
pork el cerdo (II)
— **chop** la chuleta de cerdo (II)
portrait el retrato (2-1)
position el puesto (5-1)
possession la posesión, *pl.* las posesiones (I)
post office el correo (II)
poster el cartel (I)
pot la olla (II)
potatoes las papas (I)
pottery la cerámica (2-1)
poverty la pobreza (10-1)
power el poder (8-2)
powerful poderoso, -a (8-2)
practical práctico, -a (I)
practice la práctica (II)
to **predict** predecir (6-2)
to **prefer** preferir (e → ie) (I)
I — (yo) prefiero (I)
I — **to ...** (a mí) me gusta más ... (I)
you — (tú) prefieres (I)
to **prepare** preparar (I)
to **prescribe** recetar (II)
prescription la receta (II)
present el regalo (I)
presentation la presentación, *pl.* las presentaciones (I)
presenter el presentador, la presentadora (II)
to **preserve** conservar (9-1)
press la prensa (10-2)
pretty bonito, -a (I)
price el precio (I)
principal ***(of a school)*** el director, la directora (II)
primary school la escuela primaria (I)
prize el premio (II)
problem el problema (I)
to **produce** producir (9-2)
product el producto (6-2)
profession la profesión, *pl.* las profesiones (II)
program el programa (I)
programmer el programador, la programadora (6-1)
project el proyecto (II)
to **prolong** prolongar (6-2)
to **promote** promover (ue) (9-1)
proposal la propuesta (10-2)
to **propose** proponer (10-2)
proof la evidencia (7-1)
protein la proteína (3-1)
Protestant church el templo (I)
to **protect** proteger (II, 5-2)
protection la protección (9-1)
provided that con tal que (9-2)
punctual puntual (II, 5-1)
to **punish** castigar (9-1)
punishment el castigo (10-2)
pure puro, -a (II)
purple morado, -a (I)
purpose el fin, *pl.* los fines (10-2)
purse el bolso (I)
to **pursue a career** seguir una carrera (II, 6-1)
to **put** poner (I), colocar (9-1)
— *(command)* pon (I)
I — (yo) pongo (I)
to — **on** ***(clothing, make-up, etc.)*** ponerse (II)
to — **out** ***(fire)*** apagar (II)
you — (tú) pones (I)
pyramid la pirámide

Q

quality cualidad (4-1)
quarter past y cuarto (I)
queen la reina (II)
question la pregunta (II)
to **ask a** — hacer una pregunta (II)
quickly rápidamente (I)

R

rabbit el conejo (7-2)
race la carrera (II, 1-2), la raza (8-2)
rain la lluvia (II)
to **rain** llover (o → ue) (II)
It's —ing. Llueve. (I)
rather bastante (I)
to **reach** alcanzar (1-2), llegar a (10-2)
— **an agreement** ponerse de acuerdo (4-2)
to **react** reaccionar (4-2)

to read magazines leer revistas (I)
ready listo, -a (II)
realistic realista (I)
reality program el programa de la vida real (I)
to realize darse cuenta de (1-2)
Really? ¿Verdad? (I); ¿De veras? (I)
really en realidad (II)
reason la razón (10-1)
to rebel rebelarse (8-2)
receptionist el recepcionista, la recepcionista (5-1)
to receive recibir (I)
recently recientemente (II)
reception desk la recepción (II)
recipe la receta (II)
to recommend recomendar (e → ie) (II)
to reconquer reconquistar (8-1)
to record grabar (II)
recreation center el centro recreativo (5-2)
rectangle el rectángulo (7-1)
to recycle reciclar (I)
recycling center el centro de reciclaje (I)
red rojo, -a (I)
— -haired pelirrojo, -a (I)
to reduce reducir (zc) (II), (6-2)
reference la referencia (5-1)
refrigerator el refrigerador (II)
refuge el refugio (1-1)
to register inscribirse (1-2)
registration la inscripción (1-2)
rehabilitation center el centro de rehabilitación (5-2)
rehearsal el ensayo (II)
to rehearse ensayar (II)
relatives los parientes (II)
to relax descansar (I), relajar(se) (3-2)
to remember recordar (o → ue) (II)
to rent alquilar (II)
to repair reparar (5-1)
to repeat repetir (e → i) (II)
to replace reemplazar (6-2)
report el informe (I)
reporter el reportero, la reportera (II)
to represent representar (2-1)
representative el / la representante (1-2)
to request solicitar (5-1)
requirement el requisito (5-1)
rescue el rescate (9-2)
to rescue rescatar (II)
reservation la reservación, *pl.* las reservaciones (II)
reserved reservado, -a (I)
to resolve resolver (o → ue) (4-2)
respect el respeto (10-1)
to respect respetar (II)
responsibility la responsabilidad (5-2)
responsible responsable (5-1)
to rest descansar (I)
restaurant el restaurante (I)
result el resultado (8-2)
to result resultar (II)
to return regresar (I, II)
to — a book devolver (o → ue) (un libro) (II)
review la reseña (2-2)
to revolt rebelarse (8-2)
rhythm el ritmo, el compás (2-2)
rice el arroz (I)
rich rico, -a (I)
to ride:
to — a bicycle montar en bicicleta (I)
to — horseback montar a caballo (I)
right:
to the — (of) a la derecha (de) (I)
— away en seguida (II)
rights los derechos (5-2)
ring el anillo (I)
river el río (I)
road la calle (I)
to rob robar (II)
rock la piedra (II), la roca (1-1)
role el papel (II)
to play the — of hacer el papel de (II)
Roman romano, -a (8-1)
romantic movie la película romántica (I)
room el cuarto (I); la habitación, *pl.* las habitaciones (II)
double occupancy — la habitación doble (II)
single occupancy — la habitación individual (II)
to straighten up the — arreglar el cuarto (I)
rope la cuerda (II)
round redondo, -a (7-1)
round-trip ida y vuelta (II)
ruins las ruinas (II, 7-1)
rug la alfombra (I)
rule la regla (II)
to rule gobernar (8-1)
to run correr (I)
to — out agotar(se) (9-1)

S

sack la bolsa (I)
sacred sagrado, -a (7-2)
sad triste (I)
sail la vela (II)
to sail navegar (II)
salad la ensalada (I)
fruit — la ensalada de frutas (I)
salary el salario (II, 5-1)
sale la liquidación, *pl.* las liquidaciones (II)
salesperson el dependiente, la dependienta (I)
salsa la salsa (II)
salt la sal (I)
same mismo, -a (I)
sandwich:
ham and cheese — el sándwich de jamón y queso (I)

satisfactory satisfactorio, -a (10-1)
Saturday sábado (I)
sausage la salchicha (I)
to save ahorrar (II, 6-1)
to save salvar (II)
to say decir (I)
How do you —? ¿Cómo se dice? (I)
to — good-bye despedirse (e → i) de (II)
You — ... Se dice ... (I)
You don't —! ¡No me digas! (I)
to scare asustar (1-1)
scared:
to be — (of) tener miedo (de) (I)
scene la escena (II)
schedule el horario (I)
science:
— class la clase de ciencias naturales (I)
— fiction movie la película de ciencia ficción (I)
scientist el científico, la científica (II, 6-1)
scissors las tijeras (II)
to score (a goal) meter un gol (II)
score el tanteo (II)
to scream gritar (II)
screen:
computer — la pantalla (I)
to scuba dive bucear (I)
sculpture escultura (2-1)
sculptor el escultor, la escultora (2-1)
secret el secreto (4-1)
sea el mar (I)
seal la foca (9-2)
to search (for) buscar (I)
search la búsqueda (II)
to do a — hacer una búsqueda (II)
to — *(luggage)* registrar (II)
season la estación, *pl.* las estaciones (I)
seat el asiento (II)
second segundo, -a (I)
— floor el primer piso (I)
secretary el secretario, la secretaria (II)
security checkpoint la inspección, *pl.* las inspecciones de seguridad (II)
to see ver (I)
Let's — A ver ... (I)
— you later! ¡Nos vemos!; Hasta luego. (I)
— you tomorrow. Hasta mañana. (I)
to — a movie ver una película (I)
to seem like parecerse a (2-2)
self-confidence confianza en sí mismo, -a (3-2)
self-portrait el autorretrato (2-1)
selfish egoísta (4-1)
to sell vender (I)
to send enviar (I, II)
to separate separar (I)
September septiembre (I
serious serio, -a (I), grave (9-1)
to serve servir (e → i) (I)
service el servicio (6-2)
— station la estación de servicio (II)
to set (sun) ponerse (el sol) (7-2)
to set the table poner la mesa (I)
seven siete (I)
seven hundred setecientos, -as (I)
seventeen diecisiete (I)
seventh séptimo, -a (I)
seventy setenta (I)
shadow la sombra (7-2)
shake hands dar(se) la mano (II)
shame:
What a —! ¡Qué lástima! (II)
shampoo el champú (II)
to share compartir (I)
to shave afeitarse (II)
she ella (I)
sheet of paper la hoja de papel (I)
shelf el estante (I)
shellfish los mariscos (II)
shelter el refugio (1-1)
to shine brillar (7-2)
ship el barco (I)
shirt la camisa (I)
T-— la camiseta (I)
shoe store la zapatería (I)
shoes los zapatos (I)
shoe size el número (II)
short bajo, -a *(stature);* corto, -a *(length)* (I)
shortage la escasez (9-1)
shorts los pantalones cortos (I)
should deber (I)
shoulder el hombro (II)
show el programa (I); el espectáculo (2-2)
to show + *movie or TV program* dar (I); mostrar (ue) (2-1)
shower la ducha (II)
shrimp el camarón, *pl.* los camarones (II)
shy reservado, -a (I)
sick enfermo, -a (I)
sierra la sierra (1-1)
sign el letrero (II); la señal (II)
stop — la señal de parada (II)
silk seda (II)
silly tonto, -a (I)
silver la plata (II)
similarity la semejanza (8-2)
since desde (II)
sincere sincero, -a (4-1)
to sing cantar (I)
singer el / la cantante (II)
single soltero, -a (6-1)
sink el fregadero (II)
sir (el) señor (Sr.) (I)
sister la hermana (I)
site:
Web — el sitio Web (I)
six seis (I)
six hundred seiscientos, -as (I)
sixteen dieciséis (I)
sixth sexto, -a (I)

sixty sesenta (I)
size la talla (II)
to skate patinar (I)
to skateboard montar en monopatín (I)
skates los patines (II)
to ski esquiar (I)
skill la habilidad (5-1)
skin la piel (9-2)
to skip (a meal) saltar (una comida) (3-1)
skirt la falda (I)
sky el cielo (II)
to sleep dormir (I)
sleeping bag el saco de dormir (1-1)
sleepy:
to be — tener sueño (I)
slice el pedazo (II)
slide la diapositiva (I)
slowly lentamente (II); despacio (II)
small pequeño, -a (I)
to smile sonreír (e → í) (II)
smoke el humo (II)
snack la merienda (3-1)
to sneeze estornudar (3-1)
to snorkel bucear (I)
to snow: nevar (e → ie) (II)
It's —ing. Nieva. (I)
so tan (II), de modo que (10-2)
— + ***adj***. tan + *adj.* (II)
— much tanto (I)
so-so regular (I)
— that de modo que (10-2)
soap el jabón (II)
soap opera la telenovela (I)
soccer:
to play — jugar al fútbol (I)
sociable sociable (I)
social service el servicio social (5-2)
social studies class la clase de ciencias sociales (I)
society la sociedad (5-2)
socks los calcetines (I)
soft drink el refresco (I)
software el software (I)
solar solar (II)
soldier el / la soldado (8-2)
solid-colored de sólo un color (II)
to solve resolver (o → ue) (II)
some unos, -as (I); algún, alguno, -a (II)
some day algún día (II)
someone alguien (II)
something algo (I)
sometimes a veces (I)
son el hijo (I)
—s; —(s) and daughter(s) los hijos (I)
song la canción, *pl.* las canciones (I,II)
soon pronto (II)
sorry:
I'm —. Lo siento. (I)
sound (stereo) system el equipo de sonido (I)
to sound like sonar (ue) a (2-2)
soup:
vegetable — la sopa de verduras (I)
soup kitchen el comedor de beneficencia (5-2)
source la fuente (II)
— of inspiration la fuente de inspiración (2-1)
souvenirs los recuerdos (I)
to buy — comprar recuerdos (I)
spaceship la nave espacial (7-1)
spaghetti los espaguetis (I)
Spanish class la clase de español (I)
special especial (II)
special effects los efectos especiales (II)
special event el evento especial (II)
species la especie (9-2)
speech el discurso (II)
to spell:
How is ... spelled? ¿Cómo se escribe ... ? (I)
It's spelled ... Se escribe ... (I)
to spend gastar (II)
to — time with friends pasar tiempo con amigos (I)
spicy picante (II)
to spill tirar (II)
don't — no tires (II)
spoiled consentido, -a (II)
spoon la cuchara (I)
sports:
— equipment el equipo deportivo (II)
— -minded deportista (I)
— program el programa deportivo (I)
to play — practicar deportes (I)
spring la primavera (I)
stadium el estadio (I)
stage el escenario (2-2)
stairs, stairway la escalera (I)
stamp el sello (II)
to stand:
— out destacarse (2-2)
— up pararse (2-2)
stapler la grapadora (II)
star:
movie — la estrella (del cine) (II)
to start empezar (e → ie) (I); comenzar (e → ie) (II)
state el estado (10-1)
statue la estatua (II)
to stay: quedarse (II)
I — at home. Me quedo en casa. (I)
steak la carne de res (II), el bistec (I)
to steal robar (II)
step el paso (2-2)
stepbrother el hermanastro (I)
stepfather el padrastro (I)
stepmother la madrastra (I)
stepsister la hermanastra (I)
stereo system el equipo de sonido (I)
still todavía (II)
still life la naturaleza muerta (2-1)

to **stitch *(surgically)*** dar puntadas (II)
stitches las puntadas (II)
stomach el estómago (I)
to **stop** parar (II), detener (9-2)
— doing something dejar de (1-1)
— over hacer escala (II)
stoplight el semáforo (II)
stopover la escala (II)
store la tienda (I)
book— la librería (I)
clothing — la tienda de ropa (I)
department — el almacén, *pl.* los almacenes (I)
discount — la tienda de descuentos (I)
household-appliance — la tienda de electrodomésticos (I)
jewelry — la joyería (I)
shoe — la zapatería (I)
stories:
to write — escribir cuentos (I)
storm la tormenta (II)
story el piso (I)
stove la estufa (II)
straight derecho (II)
to **straighten up the room** arreglar el cuarto (I)
strange extraño, -a (7-1)
strategy la estrategia (6-2)
strawberries las fresas (I)
street la calle (I)
strength la fuerza (3-2)
stress el estrés (3-2)
stressed out estresado, -a (3-2)
to **stretch** estirar (3-2)
to **stroll** dar un paseo (1-1)
strong fuerte (3-1)
structure la estructura (7-1)
student el / la estudiante (I)
studious estudioso, -a (I)
to **study** estudiar (I)
stupendous estupendo, -a (II)
stupid tonto, -a (I)
style el estilo (II)
subject el tema (2-1)
subway el metro (II)
success el éxito (II)
to be —ful tener éxito (II)
suddenly de repente (II)
to **suffer** sufrir (10-1)
sugar el azúcar (I)
to **suggest** sugerir (e → ie) (II), proponer (10-2)
suit el traje (I)
suitcase la maleta (II)
summer el verano (I)
to **sunbathe** tomar el sol (I)
Sunday domingo (I)
sunglasses los anteojos de sol (I)
sunny:
It's —. Hace sol. (I)
supermarket el supermercado (II)
supplies los materiales (II)
support el apoyo (10-1)
to **support (each other)** apoyarse (4-1)
sure seguro, -a (II)
to **surf the Web** navegar en la Red (I)
surprise la sorpresa (II)
suspicious sospechoso, -a (10-2)
sweater el suéter (I)
sweatshirt la sudadera (I)
sweet dulce (II)
to **swim** nadar (I)
swimming la natación (II)
swimsuit el traje de baño (I)
symbol el símbolo (7-2)
synagogue la sinagoga (I)
synthetic fabric la tela sintética (II)
syrup el jarabe (3-1)

T

T-shirt la camiseta (I)
table la mesa (I)
to set the — poner la mesa (I)
to **take** llevar (I), tomar (3-1)
to — a bath bañarse (II)
to — a course tomar un curso (I)
to — a shower ducharse (II)
to — a tour hacer una gira (II)
to — a trip hacer un viaje (II)
to — a walk dar una caminata (II), dar un paseo (1-1)
to — away quitar (II)
to — care of cuidar a (II)
to — into account tener en cuenta (6-2)
to — lessons tomar lecciones (II)
to — out the trash sacar la basura (I)
to — photos sacar fotos (I)
to — place tener lugar (1-2)
to — shelter refugiarse (1-1)
talented talentoso, -a (I)
to **talk** hablar (I)
to — on the phone hablar por teléfono (I)
tall alto, -a (I)
tank el tanque (II)
taste el sabor (II)
to **taste** probar (o → ue) (II)
tasty sabroso, -a (I); rico, -a (I)
tea el té (I)
iced — el té helado (I)
to **teach** enseñar (I)
teacher el profesor, la profesora (I)
teaching la enseñanza (10-1)
team el equipo (II)
to **tear** romperse (II)
technical school la escuela técnica (II)
technician el técnico, la técnica (II)
technological tecnológico, -a (6-2)
technology / computers la tecnología (I)
technology / computer class la clase de tecnología (I)
teddy bear el oso de peluche (II)

teeth los dientes (II)
to brush one's — cepillarse los dientes (II)
television:
to watch — ver la tele (I)
television set el televisor (I)
to **tell** decir (I)
— me dime (I)
to — jokes contar (chistes) (o → ue) (II)
to — the truth decir la verdad (II)
temple el templo (I)
ten diez (I)
tennis:
to play — jugar al tenis (I)
tent la tienda de acampar (1-1)
tennis racket la raqueta de tenis (II)
tenth décimo, -a (I)
thank you gracias (I)
that que (I); ese, esa (I)
—'s why por eso (I)
that one (over there) aquel, aquella (II)
the el, la, los, las (I)
— best el / la mejor, los / las mejores (I)
— worst el / la peor, los / las peores (I)
theater el teatro (I)
movie — el cine (I)
their su, sus (I)
them las, los *dir. obj. pron.* (I), les *ind. obj. pron.* (I)
then entonces (I)
then luego (II)
theory la teoría (7-2)
there allí (I)
— is / are hay (I); haya *(subjunctive)* (II)
— was hubo (II)
— was / — were había (II)
— will be habrá (II)
therefore por eso (I), así que (6-1), por lo tanto (6-1)
these estos, estas (I)
they ellos, ellas (I)
they died se murieron (II)
thief el ladrón, la ladrona, *pl.* los ladrones (II)
thing la cosa (I)
to **think** pensar (e → ie) (I), opinar (10-2)
I don't — so. Creo que no. (I)
I — ... Creo que ... (I)
I — so. Creo que sí. (I)
to — of oneself pensar en sí mismo, -a (4-2)
What do you — (about it)? ¿Qué te parece? (I)
third tercer (tercero), -a (I)
third floor el segundo piso (I)
thirsty:
I'm —. Tengo sed. (I)
thirteen trece (I)
thirty treinta (I); y media *(in telling time)* (I)
thirty-one treinta y uno (I)
this este, esta (I)
— afternoon esta tarde (I)
— evening esta noche (I)
— way así (1-1)
— weekend este fin de semana (I)
What is — ? ¿Qué es esto? (I)
those esos, esas (I)
those (over there) aquellos, aquellas (II)
thought el pensamiento (10-1)
thousand:
a — mil (I)
threat la amenaza (9-2)
to **threaten** amenazar (9-1)
three tres (I)
three hundred trescientos, -as (I)
three-ring binder la carpeta de argollas (I)
through por (II), a través de (2-1)
to **throw** arrojar(se) (7-2)
to — away tirar (II), echar (9-1)
thunder el trueno (1-1)
Thursday jueves (I)
ticket el boleto (I), la entrada (2-2)
ticket la multa (II)
tie la corbata (I); el empate (II)
tight apretado, -a (II)
tile el azulejo (8-1)
time la época (8-1)
time:
At what —? ¿A qué hora? (I)
free — el tiempo libre (I)
on — a tiempo (II)
to spend — with friends pasar tiempo con amigos (I)
What — is it? ¿Qué hora es? (I)
timid tímido, -a (II).
tip la propina (II)
tired cansado, -a (I)
to a *prep.* (I)
in order — para + *inf.* (I)
— the a la, al (I)
— the left (of) a la izquierda (de) (I)
— the right (of) a la derecha (de) (I)
toast el pan tostado (I)
today hoy (I)
together juntos, -as (4-1)
tolerance la tolerancia (10-1)
to **tolerate** aguantar (3-2)
tomatoes los tomates (I)
tomorrow mañana (I)
See you —. Hasta mañana. (I)
ton la tonelada (7-1)
too también (I); demasiado (I)
I do (like to) — a mí también (I)
me — a mí también (I)
toothbrush el cepillo de dientes (II)
toothpaste la pasta dental (II)
top:
on — of encima de (I)
touching emocionante (I)
tourist el / la turista (II)
toward hacia (1-1)
towel la toalla (II)

tower la torre (8-1)
town el pueblo (II)
toy el juguete (I)
to trace trazar (7-1)
traffic el tráfico (II)
trail el sendero (II)
train el tren (I)
electric — el tren eléctrico (II)
to train entrenarse (1-2)
training el entrenamiento (1-2)
trainer el entrenador, la entrenadora (II)
to translate traducir (zc) (6-1)
translator el traductor, la traductora (6-1)
transparent tape la cinta adhesiva (II)
to trap atrapar (9-2)
to travel viajar (I)
travel agency la agencia de viajes (II)
travel agent el / la agente de viajes (II)
to treat tratar (10-1)
tree el árbol (I)
tremendous tremendo, -a (I)
trial el juicio (10-2)
triangle el triángulo (7-1)
tricycle el triciclo (II)
trip el viaje (I)
to trip (over) tropezar (e → ie) (con) (II)
trophy el trofeo (1-2)
tropical rain forest la selva tropical (II, 9-2)
truck el camión, *pl.* los camiones (II)
true:
it's true es cierto (II)
trumpet la trompeta (2-2)
trust la confianza (4-1)
to trust confiar (i → í) (4-1)
truth la verdad (II)
to try on probarse (o → ue) (II)
to try to tratar de (II)
Tuesday martes (I)
on —s los martes (I)
turkey el pavo (II)
to turn doblar (II)
to — in entregar (II)
to — in homework on time entregar la tarea a tiempo (II)
to — into convertirse en (7-2)
to — off apagar (II)
to — on encender (e → ie) (II)
to — out resultar (II)
turtle la tortuga (II)
TV channel el canal (I)
twelve doce (I)
twenty veinte (I)
twenty-one veintiuno (veintiún) (I)
to twist torcerse (o → ue) (II)
two dos (I)
two hundred doscientos, -as (I)
typical típico, -a (II)

U

Ugh! ¡Uf! (I)
ugly feo, -a (I)
uncle el tío (I)
uncles; uncle(s) and aunt(s) los tíos (I)
underneath debajo de (I)
to understand comprender (I); entender (e → ie) (II)
understanding comprensivo, -a (4-1)
unemployment el desempleo (10-2)
unfair injusto, -a (5-2)
unfortunately desafortunadamente (1-2)
unity la unidad (8-1)
universe el universo (7-2)
university la universidad (II)
unforgettable inolvidable (I)
unknown desconocido, -a (8-2)
unless a menos que (9-2)
unlikely improbable (7-1)
until hasta (II)
upon arriving al llegar (8-2)
us nos *dir. obj. pron.* (I)
(to / for) — nos *ind. obj. pron.* (I)
to usually do something soler (ue) (5-1)
use el uso (6-2)
to use:
to — a stationary bike hacer bicicleta (3-2)
to — a treadmill hacer cinta (3-2)
to — the computer usar la computadora (I)
What's it —d for? ¿Para qué sirve? (I)
used usado, -a (I)
it's — for sirve para (I)
useful:
to be — servir (I)

vacation:
to go on — ir de vacaciones (I)
to vacuum pasar la aspiradora (I)
vain vanidoso, -a (4-1)
valley el valle (II), (1-1)
value el valor (10-2)
variety la variedad (8-2)
various varios, -as (II)
vegetable soup la sopa de verduras (I)
vendor el vendedor, la vendedora (II)
very muy (I)
— well muy bien (I)
veterinarian el veterinario, la veterinaria (II)
via satellite vía satélite (6-2)
victim la víctima (II)
video el video (I)
video games:
to play — jugar videojuegos (I)
to videotape hacer un video (I)
vinegar el vinagre (II)
to violate violar (10-2)

violence la violencia (II)
violent violento, -a (I)
virtual reality la realidad virtual (6-2)
to visit visitar (I)
to — chat rooms visitar salones de chat (I)
vital fundamental (10-2)
vitamin la vitamina (3-1)
voice la voz, *pl.* las voces (II)
volleyball:
to play — jugar al vóleibol (I)
volunteer el voluntario, la voluntaria (I)
— work el trabajo voluntario (I)
to vote votar (10-1)

W

to wait esperar (II)
waiter, waitress el camarero, la camarera (I)
to wake up despertarse (e → ie) (II)
to walk caminar (I), andar (1-1)
to take a — dar una caminata (II)
wall la pared (I)
wallet la cartera (I)
to want querer (e → ie) (I)
I — (yo) quiero (I)
you — (tú) quieres (I)
war la guerra (II, 8-2)
warm:
to be — tener calor (I)
was fue (I)
to wash lavar (I)
to — the car lavar el coche (I)
to — the clothes lavar la ropa (I)
to — the dishes lavar los platos (I)
to — one's face lavarse la cara (II)
waste el desperdicio (9-1)
to waste desperdiciar (9-1)
wastepaper basket la papelera (I)
watch el reloj pulsera (I)
to watch television ver la tele (I)
water el agua (I)
watermelon la sandía (II)
waterskiing el esquí acuático (II)
way la manera (II, 3-1), el modo (10-2)
we nosotros, -as (I)
weak débil (3-2)
wealth la riqueza (8-2)
to wear llevar (I)
weapon el arma, *pl.* las armas (8-2)
weather el clima (9-2)
What's the — like? ¿Qué tiempo hace? (I)
Web:
to surf the — navegar en la Red (I)
— page la página Web (I)
— site el sitio Web (I)
Wednesday miércoles (I)
wedding la boda (II)
week la semana (I)
last — la semana pasada (I)
weekend:
on —s los fines de semana (I)
this — este fin de semana (I)
to weigh pesar (7-1)
weight el peso (3-1)
welcome bienvenido, -a (II)
well bien (I); pues ... *(to indicate pause)* (I)
very — muy bien (I)
— -behaved bien educado, -a (II)
wet mojado, -a (II)
whale la ballena
What? ¿Cuál? (I)
— a shame! ¡Qué lástima! (II)
— are you like? ¿Cómo eres? (I)
(At) — time? ¿A qué hora? (I)
— color ... ? ¿De qué color ... ? (I)
— day is today? ¿Qué día es hoy? (I)
— did you do? ¿Qué hiciste? (I)
— do you like to do better / prefer to do? ¿Qué te gusta hacer más? (I)
— do you like to do? ¿Qué te gusta hacer? (I)
— do you think (about it)? ¿Qué te parece? (I, II)
— does ... mean? ¿Qué quiere decir ... ? (I)
— else? ¿Qué más? (I)
— happened to you? ¿Qué te pasó? (I, II)
— is she / he like? ¿Cómo es? (I)
— is the date? ¿Cuál es la fecha? (I)
— is this? ¿Qué es esto? (I)
— is your name? ¿Cómo te llamas? (I)
— kind of ... ? ¿Qué clase de... ? (I)
— time is it? ¿Qué hora es? (I)
— would you like? ¿Qué desean (Uds.)? (I)
—'s happening? ¿Qué pasa? (I)
—'s his / her name? ¿Cómo se llama? (I)
—'s it (used) for? ¿Para qué sirve? (I)
—'s the weather like? ¿Qué tiempo hace? (I)
what!:
— a good / nice idea! ¡Qué buena idea! (I)
— a shame / pity! ¡Qué pena! (I)
what lo que (II)
When? ¿Cuándo? (I)
Where? ¿Dónde? (I)
— are you from? ¿De dónde eres? (I)
(To) —? ¿Adónde? (I)
whether si (I)
Which? ¿Cuál? (I)
while mientras (que) (II)

once in a — de vez en cuando (II)
white blanco, -a (I)
who que (I)
Who? ¿Quién? (I)
Why? ¿Por qué? (I)
wide ancho, -a (II)
width el ancho (7-1)
wife la esposa (I)
wild salvaje (9-2)
Will you bring me ... ? ¿Me trae ... ? (I)
window la ventana (I)
window *(airplane)* la ventanilla (II)
windsurf el surf de vela (II)
winter el invierno (I)
with con (I)
— me conmigo (I)
— my / your friends con mis / tus amigos (I)
— respect to en cuanto a (10-1)
— whom? ¿Con quién? (I)
— you contigo (I)
What do you serve it —? ¿Con qué se sirve? (II)
without sin (I)
— a doubt sin duda (II)
witness el / la testigo (10-2)
woman la mujer (I)
business— la mujer de negocios (II)
elderly woman la anciana (I)
wonder la maravilla (8-1)
wonderful estupendo, -a (II), maravilloso, -a (8-1)
wood el bosque (1-1)
wool la lana (II)
word la palabra (II)
work el trabajo (I)
— of art la obra de arte (2-1)
volunteer — el trabajo voluntario (I)
to work trabajar (I)
workshop el taller (2-1)
world el mundo (II)
worldwide mundial (10-2)
to worry preocuparse (3-2)
worse than peor(es) que (I)
worst:
the — el / la peor, los / las peores (I)
Would you like? ¿Te gustaría? (I)
wrist la muñeca (II)
to write:
to — e-mail escribir por correo electrónico (I)
to — stories escribir cuentos (I)
writer el escritor, la escritora (II, 2-2)
writing la escritura (7-2)

X

X-ray la radiografía (II)

Y

yard el jardín (I)
year el año (I)
He / She is / They are ... —s old. Tiene(n) ... años. (I)
last — el año pasado (I)
yellow amarillo, -a (I)
yes sí (I)
yesterday ayer (I)
yoga el yoga (3-2)
yogurt el yogur (I)
you *fam. sing.* tú (I); *formal sing.* usted (Ud.) (I); *fam. pl.* vosotros, -as (I); *formal and informal pl.* ustedes (Uds.) (I); *fam. after prep.* ti (I); *sing. dir. and ind. obj. pron.* te (I); *sing. formal dir. obj. pron.* lo, la (I); *pl. fam. ind. obj. pron.* os (I); *ind. obj. pron.* le, les (I)
And —? ¿Y a ti? (I)
for — para ti (I)
it matters (it's important), they matter to — te importa(n) (II)
to / for — *fam. pl.* os (I)
to / for — *fam. sing.* te (I)
with — contigo (I)
— can se puede (II)
— don't say! ¡No me digas! (I)
— have seen has visto (II)
— know conocen (II)
— look (good) te ves (bien) (II)
— say ... Se dice ... (I)
young joven (I)
— boy / girl el niño, la niña (I)
— man el joven (I)
— people los jóvenes (II)
— woman la joven (I)
—er menor, *pl.* menores (I)
your *fam.* tu (I); *fam. pl.* tus, vuestro(s), -a(s) (I); *formal* su, sus (I)
yours tuyo, -a, -os, -as (II)
yuck! ¡Uf !(I)

Z

zero cero (I)
zoo el zoológico (I)

Grammar Index

Structures are often presented first in *Vocabulario en contexto*, where they are practiced lexically in conversational contexts. They are then explained in a *Gramática* section or are placed as reminders in a *¿Recuerdas?* or *Nota.* Lightface numbers refer to the pages where these structures are initially presented lexically or, after explanation, where student reminders occur. Lightface numbers also refer to pages that review structures first presented in Level 2. **Boldface numbers** refer to pages where new structures are explained.

Acknowledgments

Cover Fitopardo/Moment/Getty Images

Front Matter **xix:** Dikobrazik/Fotolia; **xix:** Noche/Fotolia; **xxiii:** Noche/Fotolia; **xxii-xxiii:** frans lemmens/Alamy Stock Photo; **xxii-xxiii:** Frans Lemmens/Alamy Stock Photo; **xxivBC:** Noche/Fotolia; **xxivBL:** Noche/Fotolia; **xxivBR:** Noche/Fotolia; **xxiv-xxv:** Joakim Lloyd Raboff/Shutterstock; **xxixBC:** Globe Turner/Shutterstock; **xxixBL:** Noche/Fotolia; **xxixBR:** Noche/Fotolia; **xxvBC:** Esancai/Fotolia; **xxvi:** Gary Ives/Shutterstock; **xxviBC:** Noche/Fotolia; **xxviBL:** Noche/Fotolia; **xxviBR:** Vector Icon/Fotolia; **xxviiiBL:** Noche/Fotolia; **xxviiiBR:** Noche/Fotolia; **xxx:** Noche/Fotolia; **xxxiBC:** Noche/Fotolia; **xxxiBL:** Noche/Fotolia; **xxxiBR:** Noche/Fotolia; **xxxiiB:** incamerastock/Alamy Stock Photo; **xxxiii:** Javier Gil/Photoshot/Newscom; **xxxiiiBL:** Noche/Fotolia; **xxxiiiBR:** Stakes/Shutterstock; **xxxv:** Noche/Fotolia

Para Empezar **000:** Kim Karpeles/Alamy Stock Photo; **001:** Carlos Mora/Alamy Stock Photo; **002B:** Jim Lane/Alamy Stock Photo; **002T:** Image Source/Photodisc/Getty Images; **004:** Monkey Business/Fotolia; **006B:** Andreas Pollok/The Image Bank/Getty Images; **006T:** Tracy Frankel/The Image Bank/Getty Images; **008B:** Ted Foxx/Alamy Stock Photo; **008C:** Bst2012/Fotolia; **008T:** Jim West/Alamy Stock Photo; **010B:** Monart Design/Fotolia; **010C:** Svyatoslav Lypynskyy/Fotolia; **010CL:** Ajr Images/Fotolia; **010T:** Ajr Images/Fotolia; **013:** Pearson Education, Inc; **013:** Pearson Education, Inc.; **014B:** Joe McBride/Corbis; **014T:** Katja Heinemann/Aurora Photos/Alamy Stock Photo; **015:** Monkey Business/Fotolia

Chapter 01 **016:** Image Source/Photodisc/Getty Images; **018:** Cathy Yeulet/123RF; **020:** Artists Rights Society; **021:** Prisma Bildagentur AG/Alamy Stock Photo; **022BL:** Michael Marquand/Lonely Planet Images/Getty Images; **022BR:** Rickszczechowski/iStock/Getty Images; **022MC:** Design Pics Inc/Alamy Stock Photo; **022ML:** Juan Carlos Muñoz/AGE Fotostock/Alamy Stock Photo; **022MR:** Trevor Chriss/Alamy Stock Photo; **022T:** Pearson Education, Inc.; **022TR:** Daniel Pangbourne/Dorling Kindersley Ltd; **022TR:** Daniel Pangbourne/Dorling Kindersley, Ltd.; **023C:** Andrea Jemolo/Encyclopedia/Corbis; **023L:** e54/ZUMA Press/Newscom; **023R:** Traveller Martin/Shutterstock; **024BL:** Mark Romesser/Alamy Stock Photo; **024BR:** Gerault Gregory/Hemis/Alamy Stock Photo; **024TL:** Pearson Education, Inc.; **024TR:** Kim Smith/Alamy Stock Photo; **025C:** Tucapress/LatinContent Editorial/Getty Images; **025L:** Patrick J. Endres/Alamy Stock Photo; **025R:** Adrian hepworth/Alamy Stock Photo; **026BCL:** Trevor Chriss/Alamy Stock Photo; **026BCR:** Lawrence Manning/Corbis; **026BL:** Susanna Price/DK Images; **026BL:** Susanna Price/Dorling Kindersley, Ltd.; **026BR:** Lawrence Manning/Keepsake RF/Corbis; **026ML:** Daniel Pangbourne/Dorling Kindersley Ltd; **026ML:** Daniel Pangbourne/Dorling Kindersley, Ltd.; **026MR:** Design Pics Inc/Alamy Stock Photo; **027B:** Jorisvo/Shutterstock; **027BC:** Kevin Schafer/Encyclopedia/Corbis; **027T:** Kevin Schafer/Encyclopedia/Corbis; **027TC:** Michael Marquand/Lonely Planet Images/Getty Images; **027TL:** Juan Carlos Muñoz/AGE Fotostock/Alamy Stock Photo; **027TR:** Andrea Jemolo/Encyclopedia/Corbis; **028:** Ostrs Zdravko/Chromorange/Alamy Stock Photo; **029:** Luke Dodd/Science Source.; **030:** Gregory G. Dimijian, M.D./Science Source; **033BL:** Juan Carlos Muñoz/AGE Fotostock/Alamy Stock Photo; **033BR:** Susanna Price/Dorling Kindersley, Ltd.; **033T:** Monkey Business Images/Corbis; **034:** Jacques Jangoux/Science Source; **035:** SeBuKi/Alamy Stock Photo; **036BCL:** BillionPhotos.com/Fotolia; **036BCR:** Mega Pixel/Shutterstock; **036BL:** D.Nakashima/Aflo Co. Ltd/Alamy Stock Photo; **036BR:** Chones/Shutterstock; **036TR:** Anna Moskvina/Fotolia; **037B:** PJPhoto69/E+/Getty Images; **037T:** Andrew Rich/E+/Getty images; **038BR:** IPG Gutenberg UK Ltd/iStock/Getty Images; **038TR:** A.J.D. Foto Ltd./Alamy Stock Photo; **039C:** Inti St Clair/DigitalVision/Getty Images; **039L:** Inti St Clair/DigitalVision/Getty Images; **039R:** Inti St Clair/DigitalVision/Getty Images; **041B:** Alamy; **041CL:** Africa Studio/Shutterstock; **041CR:** PhIllStudio/Shutterstock; **041ML:** Hundreddays/iStock/Getty Images; **041MR:** Mega Pixel/Shutterstock; **043:** Todd Warnock/Digital Vision/Getty Images; **045B:** Tanya Constantine/Blend Images/Alamy Stock Photo; **045T:** Jiro Mochizuki/Image of Sport/Newscom; **047BCL:** CaialmageJV/OJO+/Getty Images; **047BL:** Ted Foxx/Alamy Stock Photo; **047TCL:** Rafael Ramirez Lee/Shutterstock; **047TCR:** Desiree Navarro/Everett Collection/Alamy Stock Photo; **047TL:** Dmitrij Skorobogatov/Shutterstock; **047TR:** Jiri Hubatka/ImageBroker/Newscom; **048:** Reproduction of Map of Routes of St. James of Compostel, originally engraved by D.Serveaux 1648, French School, (17th century) (after)/Private Collection/Archives Charmet/Bridgeman Images; **048L:** Jennie Hart/Alamy Stock Photo; **048R:** Leandro Hermida/Alamy Stock Photo; **049R:** James Sturcke/Alamy Stock Photo; **050:** Tony Waltham/Robertharding/Getty Images; **054:** Blend Images/SuperStock, Inc.; **055:** Diego Rivera/Art Resource; **055:** Diego Rivera/Art Resource, NY; **055:** The Culture of Totonaken, detail of Totonac nobility trading with Aztec merchants, 1950 (mural), Rivera, Diego (1886-1957)/Palacio Nacional, Mexico City, Mexico/

Bridgeman Images; **056:** Detail from 'The Great City of Tenochtitlan', from the 'Pre-Hispanic and Colonial Mexico' cycle, 1945 (fresco) (see also 136705 and 277723), Rivera, Diego (1886-1957)/Palacio Nacional, Mexico City, Mexico/Bridgeman Images; **057:** Marco Regalia/Shutterstock; **58-59:** Univision

Chapter 02 "Amigos" from Mientras Mas lo Pienso... Tu, by Juan Luis Guerra. Copyright ©1995 Karen Publishing Co. Reprinted by permission.; 00BR: Dina Bursztyn; **064:** Collection OAS AMA/Art Museum of the Americas; **066:** Ted Foxx/Alamy Stock Photo; **068:** Photo: © The Museum of Modern Art/Scala/Art Resource, NY; **069:** Graham Jeremy/Dbimages/ Alamy Stock Photo; **070BC:** Painting/Alamy Stock Photo; **070L:** Massimo Sestini/Mondadori Portfolio/ Getty Images; **070TC:** Leo Bild/Alamy Stock Photo; **070TL:** Fine Art Images/Heritage Image Partnership Ltd/Alamy Stock Photo; **071BR:** Street Art/Alamy Stock Photo; **071L:** Jeff Greenberg/Alamy Stock Photo; **071TR:** David Lyons/Alamy Stock Photo; **072:** AGE Fotostock/Alamy Stock Photo; **073C:** DEA/G. DAGLI ORTI/De Agostini Picture Library/ Getty Images; **073L:** Glow Images/Getty Images; **073R:** World History Archive/Alamy Stock Photo; **074BCL:** Alex.pin/Fotolia; **074BCR:** Olllinka2/Fotolia; **074BR:** G-stockstudio/Shutterstock; **074T:** Dinga/ Shutterstock; **075B:** Erich Lessing/Art Resource, NY; **075T:** Naturaleza Muerta/Alfonso Fernandez; **076:** SuperStock; **076L:** SuperStock; **076R:** Dennis Hallinan/Alamy Stock Photo; **077:** Digital Image ©The Museum of Modern Art/Licensed by SCALA/ Art Resource, NY; **079:** ©2009 VEGAP, Madrid/Artists Rights Society; **080B:** Schalkwijk/Art Resource, NY; **082B:** Walker Art Center; **083T:** ChameleonsEye/ Shutterstock; **084BL:** Piotr & Irena Kolasa/Alamy Stock Photo; **084BR:** CaiaImageJV/OJO+/Getty Images; **084C:** Myrleen Pearson/Alamy Stock Photo; **084L:** Steve Debenport/iStock/Getty Images; **084TR, C:** Myrleen Pearson/Alamy Stock Photo; **085:** Ted Foxx/ Alamy Stock Photo; **085BL:** Tushin Anton Itar-Tass Photos/Newscom; **085TL:** Lifestylepics/Alamy Stock Photo; **086B:** Holger Leue/LOOK Die Bildagentur der Fotografen GmbH/Alamy Stock Photo; **086T:** Michael Owen Baker/ZUMA Press/Newscom; **087:** Janet Mayer/ Splash News/Newscom; **088:** David Friedman/Reuters; **091:** Leanna Rathkelly/Photographer's Choice/Getty Images; **093:** Ingolf Pompe/LOOK Die Bildagentur der Fotografen GmbH/Alamy Stock Photo; **094:** Clasos/ CON/Latin Content Editorial/Getty Images; **095T:** CTK/ Alamy Stock Photo; **096:** Scala/Art Resource, NY; **096R:** NewsCom; **097B:** Goya y Lucientes, Francisco Jose de (1746-1828)/Bibliotheque Nationale, Paris, France/Archives Charmet/Bridgeman Images; **097T:** Erich Lessing/Art Resource, NY; **098L:** Schalkwijk/Art Resource; **098R:** Salvador Dali Museum; **099:** Daniel DeSlover/ZUMA Press/Newscom; **103:** Anne-Christine Poujoulat/AFP/Getty Images; **105:** Angel M. Rivera/ STAFF/El Nuevo Dia de Puerto Rico/Newscom; **106:** Dorothy Alexander / Alamy; **106-107:** GV Cruz/ WireImage/Getty Images; **108-109:** Univision

Chapter 03 "Cambia tus hábitos!" from 15 a 20 by Danae Salazar. August 2. Reprinted by permission.; **112:** Michelle D. Bridwell/PhotoEdit, Inc.; **114:** Jaume Gaul/age fotostock/Getty Images; **116:** Christie's Images/Fine Art/Corbis; **116:** USDA; **117:** Terry Williams/Photographer's Choice/Getty Images; **118BL:** David Buffington/Blend Images/Getty Images; **118BR:** Hinterhaus Productions/DigitalVision/Getty Images; **118C:** B. BOISSONNET/BSIP SA/Alamy Stock Photo; **118TL:** Wavebreakmedia Micro/Fotolia; **118TR:** Pearson Education, Inc.; **118TR:** Rob/Fotolia; **119B:** Melissa Vis/123RF; **119C:** Asha Yoganandan/Flickr Flash/Getty Images; **119T:** Obak/iStock/Getty Images; **121C:** Marsan/Shutterstock; **121L:** whiteaster/Fotolia; **121R:** ISchmidt/Shutterstock; **122CL:** MBI/Alamy Stock Photo; **122CR:** Russell Underwood/Upper Cut Images/Getty Images; **122L:** David Buffington/ Blend Images/Getty Images; **122R:** Lorena Natalia Fernandez/Getty Images; **123BL:** Pearson Education, Inc.; **123BR:** B. BOISSONNET/BSIP SA/Alamy Stock Photo; **123CL:** EPF/Alamy Stock Photo; **123T:** Catalin Petolea/Alamy Stock Photo; **124:** Patsy Michaud/ Shutterstock; **125:** Viktor/Fotolia; **126T:** Helen Norman/ Corbis; **127:** Dotshock/Shutterstock; **128:** Melissa Vis/123RF; **130BC:** Moodboard/Getty Images Plus/ Getty Images; **130BL:** Andersen Ross/Blend Images/ Getty Images; **130BR:** Image Source Plus/Alamy Stock Photo; **130TL:** Brocreative/Shutterstock; **130TR:** Dotshock/123RF; **131BL:** Yew! Images/Image Source/Getty Images; **131BR:** Jozef Polc/123RF; **131TL:** Brocreative/Shutterstock; **131TR:** Andresr/ Shutterstock; **133CR:** Andres Rodriguez/Fotolia; **135BC:** Andersen Ross/Blend Images/Getty Images; **135BL:** Image Source Plus/Alamy Stock Photo; **135BR:** Yew! Images/Image Source/Getty Images; **135TC:** Moodboard/Getty Images Plus/Getty Images; **135TL:** Brocreative/Shutterstock; **135TR:** Dotshock/123RF; **137B:** John Alves/Mystic Wanderer Images; **137T:** Yellow Dog Productions/Iconica/Getty Images; **138:** Andres Rodriguez/Fotolia; **140BCL:** Moodboard/Getty Images; **140BCR:** Blend Images/Getty Images; **140L:** EPF/Alamy Stock Photo; **140R:** Catalin Petolea/Alamy Stock Photo; **140T:** Implementar Films/Alamy Stock Photo; **143:** Gavin Rodgers/Alamy Stock Photo; **144:** Erich Lessing/Art Resource, NY; **145B:** Heritage Image Partnership Ltd/Alamy Stock

Photo; **145C:** Dorling Kindersley, Ltd.; **145T:** Macduff Everton/Encyclopedia/Corbis; **146:** Foodcollection RF/ Getty Images; **148:** Susanna Price/Dorling Kindersley, Ltd.; **150:** Russell Underwood/Upper Cut Images/Getty

Images; **151B:** Aksenova Natalya/Shutterstock; **151T:** Jonathan Kantor Studio/Photodisc/Getty Images; **152:** ©Michael Prince/Flirt/Corbis; **152:** Michael Prince/Flirt/Corbis; **152T:** Susanna Price/Dorling Kindersley Ltd; **153:** David R. Frazier/Danita Delimont Photography/Newscom; **156-157:** NBC Learn videos.

Chapter 04 "Homenaje a los Padres Chicanos" from It's Cold: 52 Cold Thought Poems of Abelardo by Abelardo Delgado. Copyright (c) 1974 Barrio Publications. Reprinted by permission.; "Como tú" Autor: Roque Dalton. Reproducido con permiso de acuerdo e asta contrato.; "Poema 15" from VEINTE POEMAS DE AMOR Y UNA CANCIÓN DESESPERADA ©1924, Fundación Publo Neruda.; **160:** Lucky Images/Shutterstock; **160:** LuckyImages/Shutterstock; **162:** Pearson Education, Inc.; **164:** RMN-Grand Palais/Art Resource, NY; **165:** Blend Images/Alamy Stock Photo; **166B:** Daniel M Ernst/Shutterstock; **166MR:** Blend Images/Shutterstock; **166TL:** Jennie Hart/Alamy Stock Photo; **166TR:** Yellow Dog Productions/Taxi/Getty Images; **167:** Image Source/Photodisc/Getty Images; **168:** Image Source/Photodisc/Getty Images; **169L:** Ariel Skelley//Blend Images/Getty Images; **169R:** KidStock/Blend Images/Getty Images; **170BL:** Emyerson/Getty Images; **170BR:** Gelpi JM/Shutterstock; **170C:** Rubberball/Fotolia; **170CL:** Necip Yanmaz/iStock/Getty Images; **170CR:** Daniel M Ernst/Shutterstock; **170T:** Erik Isakson/Blend Images/Getty Images; **173:** Eurobanks/Shutterstock; **175:** Ghislain & Marie David de Lossy/Cultura/Getty Images; **176:** Ronnie Kaufman/Blend Images/Alamy Stock Photo; **180BL:** Diego Cervo/iStock/Getty Images; **180BR:** Emyerson/Getty Images; **180T:** Hill Street Studios/Blend Images/Getty Images; **181BL:** Hill Street Studios/Blend Images/Getty Images; **181MR:** E.Myerson/Getty Images; **181T:** Juanmonino/E+/Getty Images; **182:** Pearson Education Inc; **182:** Pearson Education, Inc.; **183:** Myrleen Pearson/PhotoEdit, Inc.; **184:** Victor Chavez/WireImage/Getty Images; **185:** Wolfgang Dietze/Carmen L. Garza; **186:** Art Resource, NY; **189BC:** Igor Mojzes/Fotolia; **189BL:** Purestock/AGE Fotostock; **189BR:** Minerva Studio/Fotolia; **189T:** PT Images/Getty Images; **191:** Jack Hollingsworth/Corbis; **192:** Tony Freeman/PhotoEdit, Inc.; **193:** Bill Ross/Flirt/Corbis; **194:** Rubberball/Mike Kemp/Getty Images; **198:** Kurt Stier/Corbis; **199:** Enzo Figueres/Moment/Getty Images; **200:** Album/Art Resource, NY; **200:** Woman in Spanish Costume (La Salchichona) (1917) by Pablo Picasso/Giraudon/Art Resource, NY; **201:** Philip Scalia/Alamy Stock Photo; **202-203:** Jose Luis Pelaez Inc/Blend Images/Getty Images; **202-203:** Univision

Chapter 05 **00:** Pearson Education, Inc.; **208:** Sturti/E+/Getty Images; **210:** Tetra Images/Brand X Pictures/Getty Images; **212:** Girl with Sunflowers, 1941 (oil on masonite), Rivera, Diego (1886-1957)/Private Collection/Photo ©Christie's Images/Bridgeman Images; **213:** RosalreneBetancourt 8/Alamy Stock Photo; 214 TC: Tyler Olson/123RF; **214BL:** Nicolas McComber/E+/Getty Images; **214BL:** NicolasMcComber/E+/Getty Images; **214BR:** Hero Images/DigitalVision/Getty Images; **214TL:** Daniel Dempster Photography/Alamy Stock Photo; **214TR:** Andresr/Shutterstock; **215BL:** Gareth Boden/Pearson Education Ltd; **215BL:** Gareth Boden/Pearson Education, Inc.; **215BR:** Antonio Diaz/Fotolia; **215TL:** Echo/Cultura/Getty Images; **215TR:** sturti/E+/Getty Images; **216L:** Jason Stitt/Shutterstock; **216R:** Pearson Education, Inc.; **217C:** RosalreneBetancourt 9/Alamy Stock Photo; **217L:** RosalreneBetancourt 2/Alamy Stock Photo; **217R:** RosalreneBetancourt 5/Alamy Stock Photo; 219 BL: Daniel Dempster Photography/Alamy Stock Photo; 219 CCR: Nicolas McComber/E+/Getty Images; 219 TL: Hero Images/DigitalVision/Getty Images; **219BCL:** Claudia Veja/Shutterstock; **219BR:** Antenna/Getty Images; **219CCR:** Inmagineasia/Getty Images; **219CL:** Tetra Images/Shutterstock; **219CR:** Kablonk Micro/Fotolia; **220:** Moxie Productions/Blend Images/Getty Images; **224:** Paul Froggatt/Alamy Stock Photo; **226:** Tyler Olson/123RF; **227:** Detroit Industry, north wall, 1933 (fresco) (detail), Rivera, Diego (1886-1957)/Detroit Institute of Arts, USA/Bridgeman Images; **228:** Pamela Moore/iStockphoto/Getty Images; **229BL:** KidStock/Blend Images/Getty Images; **229BR:** Enigma/Alamy Stock Photo; **229T:** Steve Debenport/iStock/Getty Images Plus/Getty Images; **230:** Jennifer Paley/Pearson Education Inc.; **231B:** ERproductions Ltd/Blend Images/Getty Images; **231T:** Monkey Business/Fotolia; 233 BC: KidStock/Blend Images/Getty Images; 233 BL: Enigma/Alamy Stock Photo; 233 CC: Steve Debenport/iStock/Getty Images Plus/Getty Images; 233 CL: Pamela Moore/iStockphoto/Getty Images; **233T:** Wavebreak Media Micro/Fotolia; **236:** Dwayne Newton/PhotoEdit, Inc.; **237B:** Jari Hindstrom/123RF; **237C:** Andres Rodriguez/Fotolia; **237T:** Myrleen Pearson/Alamy Stock Photo; **238:** Alejandro Zepeda/Corbis Wire/Corbis; **239:** Julio Etchart/Alamy Stock Photo; **240:** CD1 WENN Photos/Newscom; **241B:** epa european pressphoto agency ./Alamy Stock Photo; **241C:** CD1 WENN Photos/Newscom; **241T:** Alvarado Construction Inc.; **246:** G. Kiner/Getty Images; **247:** DEA / G. KINER/De Agostini/Getty Images; **248:** Stephen Clarke/123RF; **249:** Tia Chucha's Centro Cultural; **250-251:** Hero Images/Getty Images

Chapter 06 "Rosa" by Angel Balzarino. Reprinted by permission.; **256:** Ariel Skelley/Blend Images/Getty Images; **258:** Carolyn Brown/The Image Bank/Getty Images; **260:** CNAC/MNAM/Dist. RMN-Grand Palais/Art Resource, NY; **261:** Right Perspective

Images/Alamy Stock Photo; **262BC:** Wavebreakmedia/Shutterstock; **262BL:** Wavebreak Media Ltd/123RF; **262BR:** Andersen Ross/Blend Images/Getty Images; **262CC:** ImageSource/Photodisc/Getty Images; **262CL:** West Coast Surfer/Glow Images; **262TC:** LL28/E+/Getty Images; **262TL:** Jetta Productions/Iconica/Getty Images; **262TR:** Karan Kapoor/Compassionate Eye Foundation/DigitalVision/Getty Images; **263C:** Bill Aron/PhotoEdit, Inc.; **263L:** Agnormark/Fotolia; **263R:** Diego Cervo/123RF; **264B:** moodboard/Cultura/Getty Images; **264L:** Agencja Fotograficzna Caro/Alamy Stock Photo; **264R:** Blend Images/Alamy Stock Photo; **265C:** Greenshoots Communications/Alamy Stock Photo; **265L:** Andrew Brookes/Cultura Exclusive/Getty Images; **265R:** Greenshoots Communications/Alamy Stock Photo; **267B:** Dev Carr/Cultura Creative/Alamy Stock Photo; **272:** Congressional Hispanic Caucus Institute; **273:** Monkey Business Images/Shutterstock; **275:** Timothy Oleary/ShutterStock; **276B:** Misha/Fotolia; **276C:** Leungchopan/Shutterstock; **276CR:** Leezsnow/iStock/Getty Images Plus/Getty Images; **276TL:** Pearson Education; **276TL:** Pearson Education, Inc.; **276TR:** Pearson Education; **276TR:** Pearson Education, Inc.; **277BL:** Nicola Tree/The Image Bank/Getty Images; **277L:** Nataliya Hora/Fotolia; **277T:** Comaniciu Dan/123RF; **278B:** John Cogill/AP Images; **278C:** Bob Thomas/The Image Bank/Getty Images; **278T:** Erik Isakson/Glow Images; **279:** Jamie Grill/JGI/Blend Images/Getty Images; **280:** Paul Fleet/123RF; **281:** Jim Weber/The Commercial Appeal/ZUMAPRESS.com/Newscom; **282:** Carol and Mike Werner/Alamy Stock Photo; **284:** Car Culture/Getty Images; **285:** Digital Art/Corbis; **286:** Alex Segre/Alamy Stock Photo; **287:** Science and Society/SuperStock; **288C:** Andy Selinger/AGE Fotostock/Getty Images; **288L:** Jan Butchofsky/Encyclopedia/Corbis; **288R:** Randy Faris/Flirt/Corbis; **289:** John Anderson/Fotolia; **291:** Blend Images/Alamy Stock Photo; **292:** Paul Barton/Corbis; **296-297:** La banca del futuro, Inter- American Development Bank.

Chapter 07 "Sueño Cuarto" from Los Siete Sueños by Feliciano Sánchez Chan. Reprinted by permission.; **294:** Kotenko Oleksandr/Shutterstock; **294:** National Geographic RF/Getty Images; **296:** Charles & Josette Lenars/Fine Art/Corbis; **304:** Anthony Haigh/Alamy Stock Photo; **308:** Charles & Josette Lenars/Fine Art/Corbis; **309:** Danita Delimont/Alamy Stock Photo; **310BR:** John Mitchell/Alamy Stock Photo; **310TL:** Dea Picture Library/Getty Images; **311:** Sean White/Design Pics/Newscom; **311BL:** Yiming Chen/Moment/Getty Images; **311BR:** Jo Ann Snover/Shutterstock; **311TL:** World History Archive/Alamy Stock Photo; **312L:** Bill Bachmann/PhotoEdit, Inc.; **312R:** Terex/Fotolia; **312TL:** George Wada/Fotolia; **312TR:** Bikeriderlondon/Shutterstock; **313L:** Maxime Dube/Gallo Images/Alamy Stock Photo; **313R:** Danita Delimont/Gallo Images/Getty Images; **315:** Kevin Schafer/Encyclopedia/Corbis; **316:** Michael Nicholson/Fine Art/Corbis; **320BC:** Joe Sohm Visions of America/Newscom; **320BL:** Gianni Dagli Orti/Fine Art/Corbis; **320BR:** Akg/Bildarchiv Steffens/Newscom; **320C:** Dariya Maksimova/123RF; **320CL:** La Venta/Sygma/Corbis; **320T:** Danny Lehman/Terra/Corbis; **324:** James L. Amos/Latitude/Corbis; **324BL:** Glow Images/Getty Images; **324BR:** Khlongwangchao/Fotolia; **324CL:** Carlos Santa Maria/Fotolia; **324CR:** David Lyons/Alamy Stock Photo; **324TL:** Maria Teijeiro/Photodisc/Getty Images; **324TR:** Christopher Meder/Shutterstock; **325BR:** Native American - Indian culture/Alamy Stock Photo; **325TL:** Chris Boswell/Fotolia; **325TR:** Joseph Ryczaj/iStock/Getty Images Plus/Getty Images; **326TL:** Charles & Josette Lenars/Encyclopedia/Corbis; **330:** Kevin Schafer/Photographer's Choice/Getty Images; **333:** John Neubauer/PhotoEdit, Inc.; **334:** Terrance Klassen/AGE Fotostock; **335:** Mary Evans Picture Library/Alamy Stock Photo; **336:** Shin/Shutterstock; **337B:** Charles & Josette Lenars/Encyclopedia/Corbis; **337T:** Gianni Dagli Orti/Fine Art/Corbis; **338:** Pasquale Sorrentino/Science Source; **342:** Heritage Images/Hulton Fine Art Collection/Getty Images; **343:** Walker Art Library/Alamy Stock Photo; **344:** Heritage Image Partnership Ltd/Alamy Stock Photo; **345:** Falkensteinfoto/Alamy Stock Photo; **346-347:** Adwo/Fotolia; Darrell Gulin/Dembinsky Photo Associates; **348-349:** ¿Sabes cuál es el secreto de la juventud eterna de Machu Pichu?, Inter- American Development Bank

Chapter 08 "Uno" from Viajes Fantásticos by Miguel Elías Muñoz. Copyright ©1999 McGraw-Hill Education. Reprinted by permission.; **338:** gvictoria/Shutterstock; **340:** Piumatti Sergio/Prisma Bildagentur AG/Alamy Stock Photo; **342:** Granada, 1920, Sorolla y Bastida, Joaquin (1863-1923)/Museo Sorolla, Madrid, Spain/Index/Bridgeman Images; **343:** HP Canada/Alamy Stock Photo; **348:** Charlie Wait/The Image Bank/Getty Images; **349:** Realy Easy Star/Salvatore Pipia/Alamy Stock Photo; **350:** Pearson Education, Inc.; **350:** Sonderegger Christof/Prisma Bildagentur AG/Alamy Stock Photo; **351:** Gunter Hartnage/Moment Open/Getty Images; **353:** John Mitchell/Alamy Stock Photo; **354:** Cecilia Colussi Stock/Alamy Stock Photo; **358B:** Barone Firenze/Shutterstock; **358TL:** Pearson Education, Inc.; **358TR:** Patrick Ward/Corbis; **359:** Jordan Chastang; **359BR:** Jon Arnold/Jon Arnold Images Ltd/Alamy Stock Photo; **359C:** PHB.cz(Richard Semik)/Shutterstock; **359T:** Stuart Black/Robertharding/Alamy Stock Photo; **360:** Bridgeman-Giraudon/Art Resource, NY; **360B:** Triocean/iStock/Getty Images; **360C:** Olga Kolos/Alamy Stock Photo; **360TL:** Pearson Education, Inc.;

360TR: Pearson Education, Inc.; **361C:** Brian Jannsen/ Alamy Stock Photo; **361L:** f11photo/Shutterstock; **361R:** Gabriel Perez/Moment/Getty Images; **362:** Mofles/iStock/Getty Images; **363:** Gianni Dagli Orti/ Fine Art/Corbis; **365:** Stephen Finn/Alamy Stock Photo; **367:** Charles Sleicher/Danita Delimont/Alamy Stock Photo; **368:** Valery Sidelnykov/Shutterstock; **369:** Kelly Cheng Travel Photography/Moment Open/ Getty Images; **369B:** Diego Benitez/EFE/Newscom; **369T:** Steve Hix/Somos Images/Corbis Super RF/ Alamy Stock Photo; **370BR:** Ken Welsh/Alamy Stock Photo; **370T:** iStock/Getty Images; **371B:** Nora Doa/ Fotolia; **371TL:** North Wind Picture Archives/Alamy Stock Photo; **371TR:** Especial/Notimex/Newscom; **372:** Melvyn Longhurst/Alamy Stock Photo; **372B:** Judy Bellah/Alamy Stock Photo; **372T:** Sarah Bossert/ E+/Getty Images; **373:** Kymri Wilt/Danita Delimont Photography/Newscom; **375TR:** Prisma Archivo/ Alamy Stock Photo; **376:** Carlos S. Pereyra/Pixtal/AGE Fotostock; **377:** Dea/G. Dagli Orti/De Agostini Picture Library/Getty Images; **378:** Hulton Archive/Stringer/ Getty Images; **379:** Luis Marden/National Geographic Creative/Alamy Stock Photo; **384L:** Philip James Corwin/Corbis; **384R:** Richard Cummins/Corbis; **385L:** Michael DeFreitas North America/Alamy Stock Photo; **385R:** Richard Cummins/Corbis; **386-387:** Chile acepta su diversidad, Inter- American Development Bank.

Chapter 09 **369:** Frontpage/Shutterstock; **384:** AFP/Getty Images; **386:** Kristi J. Black/Corbis; **392:** Pearson Education, Inc.; **392BR:** Milena Boniek/ Photo Alto Agency RF Collections/Getty Images; **404:** Schalkwijk/Art Resource, NY; **405:** Juniors Bildarchiv GmbH/Alamy Stock Photo; **406B:** Agustín Salinas/ El Universal/Newscom; **406T:** Marcos Radicella/ Moment Select/Getty Images; **407BL:** Sean Sprague/ AGE Fotostock; **407BR:** Danny Lehman/Encyclopedia/ Corbis; **407TR:** Erlucho/iStock/Getty Images Plus/ Getty Images; **408:** Bepsimage/iStock/Getty Images; **409C:** Marina Lohrbach/Fotolia; **409L:** Sauletas/Fotolia; **409R:** Matt Mawson/Moment/Getty Images; **411:** W. Cody/Flirt/Corbis; **411BL:** Best Images/Shutterstock; **411BR:** Zorro12/123RF; **411MR:** ArtisticPhoto/ Shutterstock; **411T:** James Brunker/Alamy Stock Photo; **413:** Pearson Education, Inc.; 413BKGD: VGF/ Fotolia; **415:** Robert Brenner/PhotoEdit, Inc.; **416:** W. Cody/Flirt/Corbis; **417:** Gordon Scammell/Alamy Stock Photo; **419:** Jim McKinley/Alamy Stock Photo; **420BL:** Claude Huot/Shutterstock; **420BR:** Olivia Heywood/Eye Em/Getty Images; **420ML:** Vince Bevan/ Alamy Stock Photo; **420MR:** Signature Message/ Shutterstock; **420T:** Florida Stock/Shutterstock; **421BL:** David Bertho/Alamy Stock Photo; **421TL:** Gustavofrazao/Fotolia; **421TR:** Jan Martin Will/ Shutterstock; **422B:** Wanderluster/Alamy Stock Photo; **422T:** Goddard Space Flight Center/NASA; **423:** Kevin Schafer/Encyclopedia/Corbis; **423B:** Craige Bevil/Alamy Stock Photo; **425B:** Theo Allofs/Terra/ Corbis; **425T:** Medford Taylor/National Geographic Creative; **426:** Kevin Schafer/Alamy Stock Photo; **427:** Brooke Becker/Shutterstock; **431B:** Martin Bernetti/ AFP/Getty Images; **431T:** William Sheperd/World Wildlife Foundation; **432:** Jele/Shutterstock; **433:** Kevin Schafer/Encyclopedia/Corbis; **438:** Alberto Loyo/123RF; **440:** Jhvephoto/Fotolia; **442:** Ashley Cooper/Terra/Corbis; **442-443:** sauletas/Fotolia; **444-445:** ¿Sabes cuánta basura generas en un día?, Inter-American Development Bank.

Chapter 10 "Si me permiten hablar..." from "Si me permiten hablar...Testimonio de Domitila: Una Mujer de las Minas de Bolivia by Moema Viezzer. Copyright (c) 1977 Siglo XXI Editores S.A. Reprinted by permission of the author.; "Subjuntivo" by Hilario Barrero. Reprinted by permission.; **438:** Jim Lane/ Alamy Stock Photo; **445:** Diego cervo/Fotolia; **450:** VStock/Alamy Stock Photo; **452:** Scala/Art Resource, NY; **453:** Sergio Urday/EPA/Newscom; **454B:** Monkey Business Images/Shutterstock; **454T:** Highwaystarz/ Fotolia; **455B:** Yellow Dog Productions/The Image Bank/Getty Images; **455T:** Pamela Moore/iStockphoto/ Getty Images;

456L: Studio 8/Pearson Education, Inc.; **456R:** Monkey Business Images/Shutterstock; **457L:** Designpics/123RF; **457R:** Stephen Finn/Fotolia; **458:** Bill Bachmann/PhotoEdit, Inc.; **463:** Creatista/ Shutterstock; **464:** Andres Balcazar/iStock/Getty Images; **466:** Jaro Munoz/EPA/Newscom; **466B:** Orlando Sierra/AFP/Getty Images; **466T:** Jaro Munoz/ EPA/Newscom; **467B:** Colleen Cahill/Design Pics Inc/Alamy Stock Photo; **467T:** Bikeriderlondon/ Shutterstock; **468:** Jeff Greenberg 6 of 6/Alamy Stock Photo; **469:** Izabela Habur/iStock/Getty Images Plus/ Getty Images; **469C:** Monkey Business/Fotolia; **469T:** holbox/Shutterstock; **471:** Bettmann/Corbis; **472:** Roger Bamber/Alamy Stock Photo; **473:** Signing of the Act of Independence on 5th July 1811 (oil on canvas), Lovera, Juan (1776-1841)/Collection of the Concejo Municipal, Caracas, Venezuela/Index/Bridgeman Images; **474:** Cathy Melloan Resources/PhotoEdit, Inc.; **475B:** Gaston De Cardenas/Getty Images News/ Getty Images; **479:** Martin Regner/Westend61 GmbH/ Alamy Stock Photo; **480:** Simon Bolivar(1783-1830) (chromolitho)/Private Collection/Archives Charmet/ Bridgeman Images; **481B:** Kim Karpeles/Alamy Stock Photo; **481T:** Robyelo357/Fotolia; **482:** Peter Donaldson/Alamy Stock Photo; **486:** Christophe Boisvieux/Terra/Corbis; **487:** Ed Young/Documentary Value/Corbis; **488:** Hubert Stadler/Encyclopedia/ Corbis; **489:** Ali Burafi/AFP/Getty Images; **490-491:** Niñas viviendo con altura, Inter- American Development Bank.

Grateful acknowledgement is made to the following for copyrighted material:

ACTFL

World Readiness Standards for Language Learners by The American Council on the Teaching of Foreign Languages. Copyright ©ACTFL. Used by permission.

Agencia Literaria Carmen Balcells

"Poema 15" from *Veinte Poemas De Amor Y Una Canción Desesperada*. Copyright ©1924 Fundación Publo Neruda. Used by permission.

Angel Balzarino

"Rosa" by Angel Balzarino. Copyright ©Angel Balzarino. Used by permission.

Barrior Publications

"Homenaje a los Padres Chicanos" from *It's Cold: 52 Cold Thought Poems of Abelardo by Abelardo* Delgado. Copyright ©1974 Barrio Publications. Used by permission.

Da Capo Press

From *When I Was Puerto Rican* by Esmeralda Santiago, copyright (c) 1993. Reprinted by permission of Da Capo Press, an imprint of Perseus Books, a division of PBG Publishing, LLC, a subsidiary of Hachette Book Group, Inc.

Feliciano Sánchez Chan

"Sueño Cuarto" from *Los Siete Sueños* by Feliciano Sánchez Chan. Copyright ©Feliciano Sánchez Chan. Used by permission.

Hilario Barrero

"Subjuntivo" by Hilario Barrero. Copyright ©Hilario Barrero. Used by permission.

Karen Publishing

"Amigos" from *Mientras Mas lo Pienso...Tu,* by Juan Luis Guerra. Copyright ©1995 Karen Publishing Co. Used by permission.

McGraw-Hill Education

"Uno" from *Viajes Fantásticos* by Miguel Elías Muñoz. Copyright ©1999 McGraw Hill Education. Used by permission..

Moema Viezzer

"Si me permiten hablar..." from *Si me permiten hablar...Testimonio de Domitila: Una Mujer de las Minas de Bolivia* by Moema Viezzer. Copyright (c) 1977 Siglo XXI Editores S.A. Used by permission.

Notmusa S.A. de C.V.

"Cambia tus hábitos!" from *15 a 20, Agoato, 2002* by Danae Salazar. Copyright ©Notmusa, S.A. de C.V. Used by permission.

Estate of Roque Dalton

"Como tú" from *Poetry Like Bread* by Roque Dalton. Reproducido con permiso de acuerdo e asta contrato. Copyright ©Estate of Roque Dalton. Used by permission.

Vintage Espanol

Excerpt from *Cuando Era Puertorriqueña* by Esmeralda Santiago, translation copyright ©1994 by Penguin Random House LLC. Used by permission of Vintage Espanol, an imprint of the Knopf Doubleday Publishing Group, a division of Penguin Random House LLC. All rights reserved.

Note: Every effort has been made to locate the copyright owner of material reproduced in this component. Omissions brought to our attention will be corrected in subsequent editions.